KB169410

한국 근대교육, 어떻게 생성 변화해갔나?

다시 읽는

조선근대교육의 사상과 운동

한국 근대교육, 어떻게 생성 변화해갔나?

다시 읽는

조선근대교육의 사상과 운동

초판 1쇄 인쇄 2016년 8월 15일
초판 1쇄 발행 2016년 8월 29일

지은이 윤건차
옮긴이 이명실·심성보
펴낸이 김승희
펴낸곳 도서출판 살림터

기획 정광일
편집 조현주
북디자인 꼬리별

인쇄·제본 (주)현문
종이 월드페이퍼(주)

주소 서울시 영등포구 양평로21가길 19 선유도 우림라이온스밸리 1차 B동 512호
전화 02-3141-6553
팩스 02-3141-6555
출판등록 2008년 3월 18일 제313-1990-12호
이메일 gwang80@hanmail.net
블로그 http://blog.naver.com/dkffk1020

ISBN 971-11-5930-023-3 93370

*가격은 뒤표지에 있습니다.
*잘못된 책은 바꾸어 드립니다.

한국 근대교육, 어떻게 생성 변화해갔나?

다시 읽는 조선근대교육의 사상과 운동

윤건차 지음 | 이명실·심성보 옮김

살림터

서문

1982년 12월에 일본 도쿄대학출판회에서 간행되었던 『조선근대교육의 사상과 운동朝鮮近代教育の思想と運動』이 이번에 다시 한국에서 번역·출간된다고 하니 감개무량하다. 이 책은 1987년 1월 심성보가 『한국근대교육의 사상과 운동』이라는 제목으로 번역해 한국의 도서출판 청사에서 출간된 바 있다.

1987년 봄 무렵, 도쿄에 살고 있던 나는 서울에 사는 지인으로부터 소포 하나를 받았다. 그 안에는 내가 쓴 책의 번역서 한 권이 들어 있었는데, 번역자의 이름도 출판사도 나에게는 생소함 그 자체였다. 내 책이 서울에서 출판될 것이라는 소식을 접하지 못했던 나는 그야말로 아닌 밤에 홍두깨 같은 기분이 들었다. 1987년 초라고 하면 한국이 같은 해 6월에 일어난 민중항쟁을 앞두고 있던 암흑의 시대로 한국의 정치정세가 긴박함으로 일희일우一喜一憂하던 시기였다. 당시 한국 민주화 운동의 일환으로 많은 일본 서적이 '해적 출판'되고 있었다는 것은 들어 알고 있었지만, 설마 내 책이 서울에서 항공편으로 그렇게 보내지리라고는 꿈에도 생각하지 못했다. 곧바로 읽어보니 번역도 그런대로 괜찮았고, 내가 조금은 한국의 민주화에 도움이 되는 일을 한 것은 아닌가 하는 기분도 들었다.

내가 한국에 자주 왕래하게 된 것은 1987년 6월의 '민주화 선언' 이후의 일이었다. 그때까지 대학원생 시절에 두 번 한국에 다녀온 적이 있었지만, 재일 한국인 출신의 유학생이 왕왕 정보기관에 체포·수감되는 등 아주 공포스러운 분위기의 시대였으므로 비행기에 몸을 싣는 것은 쉽지 않았다. 그 후 점차 서울에서 열리는 학회 등에서 한국 연구자들과 대화할 기회가 늘어났고, 예상치 않게 나의 번역서가 읽히고 있다는 것을 알아차리고 기뻐했던 적도 있었다. 2000년을 지나서였을까, 이전의 '해적판'을 정확히 다시 번역해 "정식으로 출판하고 싶다" 혹은 "출판할 수 있다면 좋겠는데……"라는 이야기를 몇 번인가 듣게 되었다. 그만큼 이 책이 의미 있는 것으로 받아들여졌던 것일 터인데, 실제로 번역·출판하려는 움직임은 나타나지 않았다. 그것이 지금 이렇게 이명실·심성보의 공동 번역으로 살림터에서 출간을 앞두고 있다고 하니 연구자로서 아주 기쁜 마음이다.

일본에서 책이 출간된 지 33년, '해적판'이 나온 지 28년 만에 다시 한국에서 번역·출간된다는 것은 원저자로서 분에 넘치는 영광이고, 또 일본에서 태어나 자란 재일동포 2세의 활동이 조국에서 인정되었다는 의미에서 대단히 감사한 일이라 생각한다. 한편, 30여 년을 경과해 다시 옛날의 책이 그대로 출판되는 것이 축하할 일인가를 생각해 보면 안타까운 마음도 든다. 현재 한국은 사상과 학문의 자유가 상당한 정도로 보장될 만큼 민주화되었고, 교육사 및 역사 연구의 연구자도 증가하여 엄청난 수의 연구 업적이 축적되었다. 이런 상황에서 여전히 이 책을 필요로 하는 현실에 대해 마냥 기뻐만 하여도 좋은 것일까?

1980년 5월 도쿄대학에 제출한 학위청구논문(원제 『朝鮮近代教育の思想と運動』)의 심사 결과 1981년 3월 나에게 교육학 박사 학위가 수여되었다. 논문 집필의 동기, 그리고 경과에 관해서는 저자 후기에 썼는데, 책의 출간에 즈음해 전체적으로 내용의 수정이 이루어졌고 동시에 분량도 조절하였다.

이 책이 현대 한국에 어떤 의미를 줄 수 있을지에 관해 내 나름대로 생각해보았는데, 오히려 장황하게 쓰지 않는 편이 좋다는 결론을 내렸다. 어디까지나 독자들 각자의 생각이 중요하다고 본다. 다만 지금 생각하면 '서장 조선근대의 전제'에서 유교적 사회구조와 과거·구교육을 상당히 엄격히 평가해 썼는데, 조선왕조의 역사 연구, 유교적 사회의 구조 해명이 진전된 오늘날의 관점에서 보면 약간은 일방적인 이해, 평가는 아니었던가 하는 반성도 있다.

여기서는 이 책의 중심적 과제, 문제의식에 관해 정리해보기로 한다.

한국의 근대와 일본의 근대는 상호 규정하는 관계로, 한국근대사의 해명은 일본의 근대사를 이해하는 데 커다란 영향을 미친다. 그럼에도 일본에서 한국근대사를 연구하는 데에는 많은 어려움이 존재한다. 특히 근대교육의 사상과 운동을 중심으로 그것을 본격적으로 통찰한 연구는 아직 불충분한 단계에 있다고 보아도 좋을 것이다. 그것은 무엇보다, 한국근대교육(사상)에 대한 역사적 연구가 전통적 유교사회에 대한 제국주의적 충격과 이에 대응했던 반침략·반봉건 민족운동을 양 축으로 하는 역사적 전체상 속에서 파악되어야 하고, 또 최근에 한국근대사에 관한 기본 사료가 많이 영인되었다고는 하지만, 한국의 근대교육이 걸어온 역사적 특수성에 비추어 교육(사상)에 관한 정리된 사료가 적다는 데에 기인한다.

이 책에서는 근대의 서막이 열린 1860년대부터 1919년 3·1운동에 이르는 시기까지의 한국 근대교육과 교육사상, 그리고 교육운동에 대한 역사적 연구를 바탕으로 그 전체상을 제시하고자 했다. 즉 봉건적 질서가 근대적 질서, 특히 식민지적 질서로 편입되어가는 구조 전환 과정에서, 조선시대의 교육(구교육)을 대신하는 근대교육(신교육)이 어떻게 생성되고 어떻게 바뀌어갔는가를 규명하고자 했다. 따라서 사상사와 교육사의 양 분야를 관통하는 연구인 이 책은 교육을 축으로 하는 한국근대사의 과학적 연구를 의도한 것이며, 동시에 한정된 시기 및 지역에 관한 특수 연구를 통해 교육 독자의 논리를 고찰하고자 했다.

동아시아에 위치한 한국은 1860년대에 이르러 근대로 돌입했다. 그 당시 조선 사회는 안으로 통치 이데올로기인 주자학에 대한 내재적 비판으로 실학사상이 대두되었고 봉건관리의 가렴주구苛斂誅求에 반대하는 농민반란이 격화되고 있었으며, 천주교 및 서양근대 지식·과학기술을 일체一體로 인식한 서학西學의 전래로 인해 봉건적 사회체제가 동요하고 있었다. 또 밖으로는 구미 선진 제국諸國의 무력 침략이라는 위협에 직면하였다. 이러한 가운데 주자학적 세계를 고수하면서 열강에 맞섰던 '위정척사', 서학에 대항하는 민족종교인 '동학', 자본주의적 부국강병을 지향하는 '개화'라는 세 가지 민족사상이 새롭게 역사무대에 등장했다. 이로써 당시 조선은 격동하는 자본주의 세계에 편입됨과 동시에 대내적인 부국강병과 대외적인 자주독립이라는 두 개의 기본 과제를 짊어지게 되었다. 이는 부르주아 민족운동의 최종 목표가 우여곡절 속에서도 문명개화를 통한 자주적 근대국가의 건설이었음을 의미한다. 따라서 한국의 근대, 특히 1860년대부터 1919년 3·1운동에 이르는 부르주아 민족운동의 역사는 반봉건·반침략의 대오를 정비함과 동시에 거국적인 사상 전환을 도모하려는 노력을 통해 민족 구성원을 역사변혁의 주체로 형성해가는 시기였다고 해야 할 것이다.

그러나 주자학적 사유를 타파하고 근대적 사유를 획득해가는 것이 자주적 변혁을 쟁취하기 위한 전제조건이었다고 할지라도, 삼강오륜의 유교적 가치체계가 지배적이었던 조선 사회에서 그것은 지극히 어려운 일이었다. 이처럼 고뇌에 가득 찬 역사적 전환기에 세계사적 발전에 순응하려 했던 조선은, 필연적으로 구교육의 결함을 내재적으로 극복함과 동시에 근대교육의 실천을 통한 역사 주체=국민의 형성을 중요한 과제로 삼았다. 실제로 모든 투쟁은 교육에서 시작되기에 자주독립과 부국강병을 지향하는 근대 부르주아 민족운동의 핵심은 기본적으로 근대교육운동이었다. 그래서 이 책에서는 한국 근대의 다양한 정치적 사건, 즉 구미 열강의 무력 침략, 개국, 갑신정변의 실패, 갑오농민전쟁, 갑오개혁, 독립협회운동, '보호조약'의 강요, 반일의병투쟁과 애국계몽운동, 일본제국주의에 의한 '병합', 3·1독립운동 등을 꿰뚫은 근대 부르주아 민족운동의 출발·전개·좌절의 역사적 과정을 다루면서, 거기서 교육과 교육사상, 그리고 교육운동의 역사적 전개를 해명하고자 했다.

이 책에서 사용하는 '근대교육'이라는 용어는 전근대와 구별되는 것으로 '근대'라는 역사적 진보성이 전제된 교육을 의미하며, 따라서 그것은 이전 시대의 교육인 구교육=봉건적 교육을 대신하는 신교육=근대적 교육과 같은 말이다. 이것은 '근대교육'이 일반적으로 민족적 자각nationalism이나 과학적 합리성, 인간적 보편성, 교육에 대한 아동의 권리 등을 교육적 가치의 중심에 두는 것과 관련이 있다. 조선이 식민지화의 길을 걷게 되었을 때 조선의 '근대교육'은 아주 왜곡된 발전과정을 밟을 수밖에 없었다. 이처럼 '근대' 그 자체가 역사적으로 진보성과 동시에 억압성을 더불어 가지는 가운데, 조선의 '근대교육' 개념 자체도 상대적 성질을 띠지 않을 수 없게 되었다. 실제로 기독교나 일본의 영향을 크게 받았던 조선의 '근대교육'은 이전 시대의 교육과 구별되는 진보성을 가짐과 동시에 근대 조선의 역사 주체=국민의 형성을 방해하는 억압성을 함께 가짐으로써 한국의 역사 발전에 부정적 역할도 하게 되었다.

이 책은 서장과 종장을 포함해 총 5장으로 구성되었으며, 책의 맨 앞과 뒤에 저자의 서문과 후기가 덧붙어 있다. 먼저 서장에서는 제1장

이후의 내용 전체를 이해하기 위한 전제로서 근대로 돌입했던 조선의 유교적 사회구조를 개략적으로 제시했다. 특히 유교적 사회구조의 근간을 이루었던 과거科擧와 구교육의 특징을 파악함으로써 그것이 초래했던 폐해를 분석하고자 했다.

제1장에서는 개국 전후 근대 부르주아 민족사상이 어떻게 형성되었으며, 그 과정에서 서양근대사상을 수용하는 데 어떠한 사상적 갈등이 있었는지를 추적하였다. 그리고 조선의 근대교육을 담당했던 개화사상의 구조를 해명함과 동시에 근대교육의 출발과 그 사회 상황의 관련성을 고찰했다. 또 갑오농민전쟁으로 상징되는 조선 사회의 계급모순과 민족모순의 격화, 그리고 이와 밀접한 관련을 가진 사상적 대립이 근대교육의 정상적 발전을 어떻게 방해했는지를 분명히 했다.

제2장에서는 조선에 진출한 일본이 조선의 자주적 변혁을 억누른 궤적을 명확히 함과 동시에 근대적 국민교육제도 확립의 시초였던 정부 교육개혁의 개요와 그 기본적 성격을 제시했다. 그리고 자유·민권·독립이라는 목표를 내걸었던 독립협회운동의 교육사적 의의를 구명하고, 각지에 설립되기 시작했던 근대학교의 성격을 논했다. 특히 열강 침략 세력의 균형이 미묘하게 변화하고 조선의 사회구조가 급속히 전환되는 과정에서 관공립학교, 기독교계 학교, 일어학교, 민족계 사립학교 등의 근대학교가 어떻게 전개되었으며, 그것이 조선 역사의 발전에 어떤 작용을 했는지를 구명하는 데 커다란 비중을 두었다.

제3장에서는 스스로의 손으로 근대국가를 확립하지 못한 채 러일전쟁 후 일본의 '보호국'으로 전락한 조선에서 반일의병투쟁과 애국계몽운동이라는 두 가지 형태의 국권회복운동이 전개되는데, 그 가운데에서 일본 유학을 포함해 교육이 어떤 위상을 가지는지, 또 역으로 교육이 그러한 투쟁에 투입된 민족적 에너지의 창출과 어떤 관련성을 가지는지를 규명했다. 더불어 근대교육이 식민지 지배의 도구가 되

고 혹은 민족운동 전개의 중요한 무기로 평가되면서, 그런대로 조선의 땅에 뿌리를 내려가는 역사적 과정과 조선 민중의 항일애국적 열정의 분출인 교육구국운동의 교육사상을 검토하고, 거기에서 유교적 전통 사상이나 기독교, 근대학문 등의 역할을 고찰했다.

종장에서는 '병합'에서 3·1독립운동에 이르는 시기 동안 전개되었던 근대교육의 실상을 개괄함과 동시에, 비록 왜곡된 형태일지라도 근대교육이 민족의 잠재적 에너지를 축적해가는 데 가장 중요한 역할을 담당했고 국민사상의 통합에 의한 근대 내셔널리즘의 성립에도 힘입어 항일 주체=역사 주체의 형성에 크게 관여하고 있었음을 규명했다.

이 책은 전체적으로 실증적 역사 연구와 사상사 연구의 성과를 전제로 하면서 그것을 더욱 심화시켜 봉건과 근대, 내재적 발전과 외래 침략자에 의한 왜곡이라는 상극相剋 속에서 구교육과 근대교육, 교육사상과 교육운동의 긴장관계를 규명하고자 했다. 또 민중과 역사에 뿌리내린 구체적 실상을 검토함으로써 조선근대사에서 전개되었던 교육 및 그에 기초한 개별적 인간과 민족운동, 그리고 국가와 민족, 자본주의 열강의 침략 등이 의미하는 바를 재검토하려고 했다. 동시에 이러한 연구를 통해 이 분야에 관한 역사적 연구의 한 방법론을 제시함으로써 현실에 직면한 정치, 사상, 교육 등의 제 문제를 역사적으로 분석하는 데 유효한 방법론을 확보하고자 했다.

따라서 이 책은 반드시 정밀한 실증적 역사 연구를 목적으로 하지도 않았고, 또 개별 연구의 나열이나 인물 중심의 사상 형성사를 지향하지도 않았다. 필자의 의도는 인간의 사고나 행동을 규정하는 교육을 사회의 기본 구조나 사회제도, 정치체제, 경제, 법률, 도덕, 학문, 종교, 그리고 열강의 침략과 민족운동의 전개 등 모두를 포함하는 사회적 제 관계의 복합으로 파악하고, 역으로 그러한 교육으로 형성된 인간이 사회와 역사에 미치는 영향력을 역동적으로 해명하는 것이었다.

실제의 서술에서는 역사, 사상, 교육 등 한국근대사에 관한 선행 연구를 가능한 한 참고함과 동시에 새로운 자료를 발굴하고자 노력했다. 또 일본에서 이루어진 사회과학 연구의 성과를 수용하는 데 주의를 기울였다.

2016년 여름

윤건차

차례

서문

서장 조선근대의 전제
-유교적 사회구조와 과거科擧·구교육舊敎育

1. 근대의 시작과 유교적 사회구조 18
2. 과거와 구교육 23

제1장 근대사상의 형성과 민족운동의 전개

Ⅰ. 개국 전후의 사상적 갈등
1. 서구 열강의 침입과 '위정척사'사상 38
2. 개국과 '동도서기'론 41

Ⅱ. 개화파의 계몽활동과 교육사상
1. 개화파의 형성과 개화사상 51
2. 개화파의 계몽활동과 개화 교육사상의 특징 61

Ⅲ. 근대교육의 시작과 갑오농민전쟁
1. 근대교육에 대한 민간 및 정부의 노력 74
2. 미국인 선교사의 조선 입국과 기독교계 학교 및 육영공원의 창설 78
3. 갑오농민전쟁과 동학운동: 근대교육에 대한 소극적 인식 93

제2장 근대학교의 설립과 추진 과정

Ⅰ. 갑오개혁과 교육개혁
1. 갑오개혁의 실시와 역사적 의미 116

2. 교육개혁의 기본적 성격 124
3. 민비시해사건과 의병투쟁의 전개 135

Ⅱ. 독립협회와 교육계몽운동

1. 독립협회운동의 사상 137
2. 독립협회의 교육·학문론과 역사적 성격 148
3. 독립협회의 대중 토론회와 정치투쟁 162

Ⅲ. 정부의 근대학교 추진과 유학생 파견 사업

1. 학부 행정의 보수성 169
2. 정부의 근대학교 추진 과정 174
3. 관비 유학생의 파견 186

Ⅵ. 기독교계 학교와 기독교 포교의 확대

1. 기독교계 학교의 전개와 특징 191
2. 조선에서 기독교 포교의 의미 205
3. 기독교계 학교의 교육사적 의의 210

Ⅴ. 일본의 교육 침략과 일어학교

1. 일본의 조선교육론과 일어학교의 설립 215
2. 경성학당의 침략적 본질 223
3. 일본어의 침략성과 식민지 교육론의 형성 229

Ⅵ. 개화 지식인의 형성과 민족계 사립학교의 설립

1. 사회구조의 전환과 기성 지식인의 자기변혁 232
2. 일본 유학과 신지식인의 형성 243
3. 개화 지식인의 민족계 사립학교 설립 246

Ⅶ. 교육개혁 좌절의 배경

1. 구교육기관의 방치와 봉건적 사유의 지속 251
2. 교육개혁 좌절의 요인 256

제3장 '보호조약'의 강요와 저항의 교육

Ⅰ. 반일의병투쟁과 애국계몽운동의 전개

1. 일본제국주의의 식민지정책과 조선 민중의 국권회복운동 296
2. 반일의병투쟁의 사상적 제약 304
3. 애국계몽운동의 전개 309
4. 애국계몽운동의 사상적 기반 323
5. 애국계몽운동의 역사적 성격 331

Ⅱ. 통감부의 교육정책과 식민지 교육의 부식扶植

1. 교육행정권의 장악과 '모범교육' 338
2. 통감부의 각종학교 정책과 고등교육의 억압 344
3. 통감부 교육정책의 침략적 본질 354
4. 식민지 교육에 대한 조선 민중의 반발 364

Ⅲ. 애국계몽운동의 교육사상과 교육구국운동의 전개

1. 국권회복을 목적으로 하는 교육운동 368
2. 애국계몽운동의 교육사상 371
3. 교육구국운동과 사립학교의 설립 385
4. 민족교육의 실천 400
5. 교육구국운동의 한계 411

Ⅵ. 애국계몽운동과 교육구국운동의 역사적 의의

1. 애국계몽운동의 한계와 국문운동·교육운동의 전개 417
2. 애국계몽운동의 윤리·도덕적 성격 424
3. 일본 유학생의 근대학문 섭취와 근대 내셔널리즘의 형성 429

종장 '병합' 후의 교육과 민족운동
-1910년대의 교육과 3·1독립운동

1. 일본제국주의의 조선 '병합'과 교육의 전개 460
2. 항일 주체의 형성과 3·1독립운동 473

결론 479

저자 후기 486
역자 후기 491
찾아보기 496

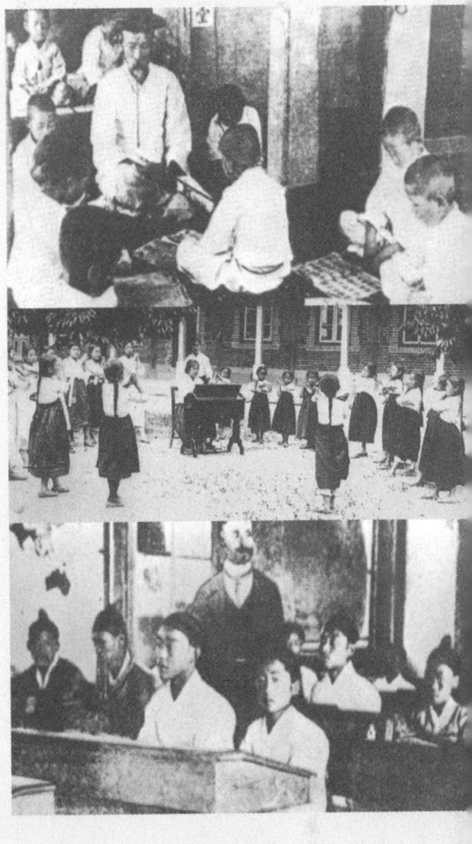

서장

조선근대의 전제
-유교적 사회구조와 과거科擧·구교육舊敎育

1. 근대의 시작과 유교적 사회구조
2. 과거와 구교육

1. 근대의 시작과 유교적 사회구조

한국은 아시아 대륙의 한 모퉁이에 돌출한 반도로서 중국·시베리아·일본을 각각 분리하는 동시에 연결하는 지리적 위치에 있으며, 또한 일본과 대륙을 연결하는 교량적 역할도 한다. 전시에는 군사상의 병참기지였으며, 평화 시에는 문화 교류를 위한 길이 되었다. 세계의 분할과 재편성을 꾀하는 자본주의 열강의 대립이 격화됨에 따라 "한반도가 극동 지배의 전략적 요충"[1]이 되었던 것도 이러한 지리적 조건 때문이었다.

봉건사회였던 조선은 임진왜란(1592~1598) 및 정묘호란(1627, 후금의 침입)과 병자호란(1636~1637, 청의 침입)을 거치면서 사회경제의 구조 변화와 계급 대립의 격화라는 상황과 마주하게 되었다. 이는 봉건체제의 해체를 촉진하는 요인이 되었고, 이 과정에서 나타난 실학사상,[2] 농민반란의 격화, 서학의 전래라는 세 가지 사회적 특징은 점차 봉건지배의 이데올로기인 주자학의 절대성을 동요시켰다. 그리고 서구 자본주의 열강은 상품 판매시장과 원료 공급지를 구하기 위해 아시아로 침략의 초점을 맞추었고, 조선의 국내 상황도 사회·정치·경제적 모순이 극도로 첨예화했던 1860년대에 이르러 봉건체제를 지양하지 못한 채 새로운 역사 단계에 도달해 있었다. 이러한 가운데 안으로는 실학사상과 농민반란을 계승하고, 밖으로는 자본주의 열강의 침입과 그 사상적 영향을 받아들여 새로운 사상이 생겨났다. 즉 위정척사사상, 동학사상, 개화사상이 거의 동시에 한국의 근대를 담당하는 민족사상으로 등장했던 것이다. 주자학적 세계관을 고수하면서 열강의 침략에 대응하고자 했던 '위정척사衛正斥邪', 서학에 대항하는 민족종교로서의 '동학', 자본주의적 부국강병을 지향하는 '개화'라는 세 사상은 모두 서구의 침략을 계기로 그 위기감에 대처하고자 성립했던 것인데, 이들은 그 후 반봉건·반침략 투쟁의 지도 이념이 되었다.

생각해보면, 한국근대사는 반봉건·반침략 투쟁 속에서 고뇌에 가득 찬 자주적 변혁을 쟁취해가야 했던 형극의 길이었으며, 특히 1860년대부터 1919년 3·1독립운동에 이르는 부르주아 민족운동의 역사는 반봉건·반침략 투쟁을 전개하면서 동시에 근대적 사유를 획득하려는 노력을 통해 역사변혁의 주체로서 자기自己를 형성해가야 했던 시기였다. 이 역사 주체의 형성은 한국의 근대에서 가장 중요한 과제였고, 따라서 그 역할을 담당한 근대교육에는 중대한 책무가 부과되었다.

그런데 조선은 유교의 나라였다. 누구든지 한국의 근대를 말하고자 할 때는 조선의 봉건체제를 지탱해온 유교의 잔상을 싫든 좋든 찾아낼 수밖에 없다. 유학에 조예가 깊은 박은식(朴殷植, 1859~1925)은 "조선이 공자孔子를 스승으로 삼아 삼강오륜三綱五倫을 국가의 기강으로 하며 사서육경四書六經을 배워 유학의 전통을 계승하고, 예의를 수명修明해 사회를 교화해왔다"[3]라고 말한 바 있다. 여기서 말하는 삼강이란 군신君臣·부자父子·부부夫婦의 도리를 말하며, 오륜이란 부자유친, 군신유의, 부부유별, 장유유서, 붕우유신 등의 인륜도덕人倫道德을 말한다. 이는 공자를 종사宗師로 하는 유학을 기반으로 사회질서를 유지하기 위한 기본적 윤리였다.

유교윤리儒教倫理의 기본은 충효忠孝이다. 같은 유교권인 일본은 충忠에 역점을 두는 데 비해 조선은 효孝를 근본적 덕목으로 삼았다. 효는 자녀가 양친의 뜻에 따르는 것으로 다른 모든 덕목에 우선했다. 부모에 대한 복종은 구체적인 친자親子 관계에서 당연한 인간적 행위이지만, 조선 말기에 이르는 역사 과정에서 그것은 결국 "궁극적 가치를 갖는다는 인적人的 관계에 대한 복종"[4]이라는 성격을 매우 짙게 띠게 되었다. 게다가 그것은 단지 생존해 계신 부모에 대해서만이 아니라, 선조先祖에 대해서도 요구되어 개인은 선조 대대로 전해오는 가계家系의 한 사람으로서만 존재가치를 가졌다. 그런 까닭에 가계를 기록한 '족보族譜'는 무엇과도 바꿀 수 없는 삶의 증거가 되었다. 여기서 알 수 있듯이, 조선의 가부장적 유교윤리는 단지 사상의 영역에서만 아니라 일상생활 속에도 깊이 침투해 있었다. 예를 들어 조선의 가옥에는 부친의 방인 '사랑방'과 주로 모친이 사용하는 '내방內房'만이 있을 뿐, 그 외의 가족 성원이 자신의 생활을 영위할 수 있었던 방은 없었고, 또 가족 전원이 자유롭게 담소할 수 있었던 방도 없었다.[5] 그 때문에 조선에 머물렀던 서구인이 적절하게 표현했던 것처럼, "조선어에는 영어의 Home을 의미하는 적절한 말이 없으며, 조선인은 Home이 포함하는 많은 의미를 알지 못한 채 생활하고 있다"[6]는 상황이 벌어졌다. 그러나 이는 가정이라는 말로 표현되는 서구 사회의 시민가족市民家族이 조선에는 존재하지 않음을 주장한 것으로 그 의미에서 아주 서구적 관점에 선 평가였다고 해야 할 것이다.

봉건체제의 이념으로 주자학을 도입했던 조선에서 그 담당자인 유학자가 중국을 사모하는 것은 당연한 일이었다. 그러나 16세기 말 임진왜란이 일단락되고, 17세기 중국에서 명나라에 이어 청조가 성립하자 조선의 유학자는 '소중화小中華'를 자처하며 모화사상慕華思想을 고취해 '북벌론'을 공공연히 주장했다. 그리고 관념적으로 이민족 지배하의 중국을 포함하는 전 세계가 적이라는 사상적 고립에 빠졌고, 이는 필연적으로 쇄국주의 정책을 초래하였다. 그 결과 조선의 유학자는 외부 세계와 단절됨으로써 자주성도 상실하게 되었고 오로지 허학虛學과 허사虛事를 추구했는데, 19세기 후반에 들어 자본주의적 발전의 추진이 불가피해졌을 때에도 사대주의에 빠져 주체적으로 자기전개自己展開를 할 수 없었다.

일반적으로 조선 사회의 계급은 양반·중인·상민·천민으로 구분되었는데, 양반은 관직에 오를 수 있는 특권을 점유함으로써 지배계급을 형성했다. 실제로 양반의 대부분은 지주였으며, 다른 계급은 이 양반계급에 봉사하기 위하여 존재했다. 그리고 이러한 양반의 자손으로 유학의 소양을 쌓아 문묘文廟와 교학기관敎學機關을 중심으로 지방 교화의 임무를 맡았던 사람들이 있었는데 이들을 유림儒林 혹은 유생儒生이라 불렀다. 따라서 양반과 유림(유생)은 서로 중첩되는 부분이 많은 관계로 사실상 동일체에 가까웠다고 볼 수 있다.

프랑스 신부인 달레Dallet가 그의 저서 『조선교회사Histoire de l'Eglise de Corée』[7] 서론에 기록하고 있듯이, 양반은 사회적으로 커다란 특권을 갖고 있었기에 봉건적 권위를 내세워 횡포를 부렸으며, 이는 사회혼란의 커다란 요인이 되었다. 그것은 관직이 양반에게 명예스러운 유일한 직업이며, 또 많은 경우 유일한 생활수단이기도 했던 상황에서 중앙집권체제를 유지하기 위한 하나의 방책으로 관직의 임기가 한정되어 있었던 것과도 관련된다. 보통 관직의 임기는 2~3년으로 운이 없어 다른 직책을 찾을 수 없으면 꼼짝없이 기다려야만 했다. 게다가 관직에서 물러나 단지 유림으로 남을 경우, 설령 굶어 죽는 한이 있더라도 먹기 위해 노동하는 것은 스스로 유림임을 방기한 것으로 다시 관직에 오를 수 없음을 의미했다. 시간이 지남에 따라 세습을 원칙으로 하는 양반계급이 확대 재생산되어 모두에게 관직을 제공해줄 수 없게 되자 곤경에 처한 양반은 권세 있는 자에게 아부하거나 또는 이미 관직에 오른 친족에게 기식하거나 혹은 민중의 재산을 불법적으로 약탈했다. 그 결과 조선시대 권력의 담당자였던 양반은 봉건체제 말기에 이르러 조선 사회의 진보를 가로막는 최대의 장애물이 되었던 것이다.

아무튼 유교는 조선시대 봉건체제의 기둥이면서 동시에 많은 병폐를 만들어내는 요인이기도 하였다. 유교는 무엇보다 사대주의의 근원인 모화사상을 키웠으며 지배계급 내부의 당쟁을 격화시켰고, 가부장적 가족주의, 명문주의名文主義, '상문尙文'='천무賤武' 사상, 과학과 산업의 경시 등과 같은 많은 폐해를 만들어냈다. 특히 일상생활에서 권위와 명예를 중시했던 반면 현실을 해결해가는 지식과 행동은 경시했으며, 어려움을 해결해가는 지식의 창조보다 과거의 학문과 관습을 고수하는 데 중점을 두었다. 이러한 특징은 유교의 자연과학적 사유의 결여, 특히 수학적 사고의 결여와 밀접하게 관련되었다. 뿐만 아니라 서구 열강의 압력에 직면했던 아시아의 유교권, 특히 조선과 일본이 각기 다른 반응을 나타낸 것에서 알 수 있듯이, 사상의 내재적 발전의 전제가 되는 학문의 존재 방식 자체도 조선의 역사 전개를 좌우하는 요소가 되었다.

즉, 관학官學으로 주자학이 채용되었다고는 해도 사상의 획일적 통제가 일어나지 않았던 일본과 달리, 조선에서는 권력에 의한 사상의 통제가 있었다. 거기서 조선의 유학자는 사회적으로 특권 계급을 구성하고 세습적으로 경학經學을 독점해 정치적 권력과 사회적 명예의 담지자가 되었다. 그리고 역관·의학·천문지리학 등의 실학은 사회적 신분이 한 단계 낮은 계급인 중인中人의 영역이 됨으로써 사회적 신분의 차이에 따른 학문의 구별이 엄격히 진행되었다. 이것은 에도江戶시대의 일본에서 유학자의 신분이 대체로 낮았고 정치적 권력과도 밀접하지 않았으며, 또 많은 유학자가 병학·의학 등의 실학을 배웠다는 것과 비교할 때[8] 아주 대조적이었다. 이것과 관련해 19세기 후반 서구 열강에 의한 개국의 강요와 침략이라는 새로운 역사 단계에 이르러 아시아 유교권儒教圈에 속하는 조선·중국·일본이 각기 반침략적 사유를 스스로의 노력으로 어떻게 구축해야 하는가라는 과제에 직면했을 때, 유연성이 결여된 사상적 풍토를 가졌던 조선은 아주 어려운 길을 걷지 않을 수 없었다.[9]

2. 과거와 구교육

근대 시기 조선시대의 교육을 일반적으로 '구교육舊教育'이라 했고, 그것을 뒷받침해준 학문을 '구학문' 혹은 '구학'이라 불렀다. 이러한 호칭은 1876년 개국 후에 도입되었던 새로운 교육이나 학문을 이전의 것과 구별하기 위해 사용되었는데, 호칭 자체에 이미 비판적 의미가 포함되어 있었다. 여기서 말하는 '구교육'이나 '구학문'에 유교사상의 특징이 내포되어 있음은 말할 필요도 없다. 조선 말기의 애국사상가였던 이기(李沂, 1848~1909)에 의하면 영국의 교육이 '자치독립'을 목적으로 했음에 비해, 독일은 '발휘조국發揮祖國', 일본은 '존왕상무尊王尙武', 그리고 조선은 '과명환록科名宦祿', 즉 관리 채용 시험인 과거에 합격해 관직에 오르는 것을 목적으로 삼았다고 한다.[10] 따라서 '구교육'은 어느 것보다 과거科擧제도에 의해 규정되었으며, 더욱이 과거제도와 유교는 조선시대 봉건체제의 두 기둥으로 그 역할을 담당했다.

과거제도는 중국의 한漢 시대에 처음으로 실시되었고 아주 일찍 우리나라에 도입되었다. 788년 통일신라에서 '독서출신과'가 시행되어 독서력을 시험해 관리를 선발했다. 그 후 고려시대인 958년(광종 9년)에 과거법이 제정되었는데, 이것이 한국 최초로 확립된 과거제도라고 전해진다. 조선 건국과 함께 종래의 불교를 대신하여 유교가 기본 이념이 되었으며, 또 이전의 과거법을 모방하여 1392년(태조 원년) 새롭게 과거법이 제정되었다. 그 이후 과거제도는 1894년에 폐지되기까지 조선 500년에 걸쳐 관리등용제도로서 부동의 지위를 차지해왔다. 이러한 조선의 과거제도는 시대의 진전과 함께 몇 차례 수정되었지만, 과거科擧 그 자체는 국가의 입장에서는 관리등용제도로서, 개인의 입장에서는 높은 지위와 영달을 추구할 수 있는 관문으로서 야심을 가진 청년들 모두가 기대하는 목표였다.

과거의 종류에는 문관 등용을 목적으로 강서講書와 제술製述을 시험과목으로 했던 문과文科, 무관 등용을 목적으로 경서經書와 무서武書와 무예를 시험과목으로 했던 무과武科, 문과의 준비와 장학을 목적으로 제술을 시험과목으로 했던 생원진사과生員進仕科, 그리고 전문기술자를 선발하기 위해 각종 전문기술을 시험과목으로 했던 잡과가 있었다. 시험은 3년에 1회 치르는 식년시式年試를 원칙으로 했고, 경사가 있을 때마다 그것을 기념하기 위해서 치렀던 증광시增廣試를 비롯하여 별시別試, 정시庭試 등의 많은 특별시험이 있었다. 그리고 국가에 커다란 불행이 있었을 경우에는 국상國喪을 치르는 3년 동안 과거는 실시되지 않았다. 과거에 응시하는 자는 초시初試, 복시覆試, 전시殿試의 3단계를 거쳐야만 했다. 초시는 식년의 전년도에 전국 각지에서 실시되었으며, 초시에 합격한 자는 식년에 수도에 모여 복시를 치렀다. 그리고 전시는 복시와 같은 날 국왕의 참석하에 치러졌다.[11] 예비시험이라고도 할 수 있는 초시에는 10만을 넘는 응시자가 모였으며, 국왕이 참석하는 전시도 수천 명의 응시자가 있었다.

문과는 상급 관직으로 나아가는 길을 여는 가장 중요했던 것으로, 응시자는 양반의 적출자嫡出者이어야 했다. 같은 양반이라도 서자이거나 오랫동안 관직에 채용되지 않았던 자의 자손은 응시할 수 없었다.

시험과목 중 강서講書란 사서육경의 암송을 시험하는 것, 제술은 시부詩賦를 지어 그 문장력을 시험하는 것이었다. 무과는 문과와는 큰 차이가 있어, 가문이 높은 양반은 무과에 응시하지 않았으며 어떤 사정이 있어 무관직에 종사해야 할 경우에는 무시험으로 허가되기도 하였다. 똑같은 양반이라도 상속권이나 문과 응시의 자격이 없었던 서자나, 아주 가난한 양반 등은 무과에 지원하여 하급관리로서 일생을 보냈다. 또 문과 응시를 준비하기 위한 생원진사과는 주로 성균관의 입학 자격이 주어진다는 의의가 있었다. 그리고 잡과의 영역이었던 역관, 의관, 천문관 등의 전문기술직은 중인이 독점하였다. 그 직무는 자손에게 계승되었고 도중에 다른 기술직으로 옮기는 것은 허락되지 않았고, 결혼도 같은 중인끼리 이루어졌다. 유교적 봉건체제하에서 기술이 경시되었기 때문에 이러한 전문관은 하급관리에 머물렀으며 정치에 관여하는 경우는 없었다.

과거제도의 기본 목적은 관리의 선발과 등용이었는데, 그것은 또한 지배자로서 양반계급의 영속성을 보증하고 사회적 특권을 합법화하는 기능도 맡았다. 실제로 사회적·경제적 지위가 견고했기 때문에 긴 시간에 걸친 시험 준비가 가능했을 뿐 아니라 과거 합격자가 관직에 오를 때에도 국왕이나 고관의 임명이 필요했던 것이다. 즉 과거제도는 양반계급과 관리를 결부시킴으로써, 조선시대 봉건체제의 사회·경제적 기구를 지탱하는 중요한 역할을 담당하였다. 과거 합격은 양반 자제에게 모든 희생을 지불해서라도 이루어야 할 지상 과제이었던 반면, 과거 합격자에게는 관직에 오를 수 있는 자격뿐만 아니라 "법률상 살인죄 이외의 죄로는 체포되지 않는 특권"[12]조차 인정했던 것이다. 조선 전기에는 문과 합격자 중 80%가 관직에 올랐고, 중기 이후에는 95% 정도였던 것이 말기에 이르러는 50%로 떨어졌는데,[13] 이는 양반계급의 증가에 비해 관직의 절대수가 부족했고, 그로 인해 관직의 사적 매매가 이루어졌기 때문이다.

과거의 시험 내용인 중국의 경전은 조선시대 학문, 즉 구학문의 중심이 되었는데, 구학문이 시대의 변화에 적극 대응하는 창조력을 만들어내는 데 실패하고 오히려 시대에 역행하는 성격을 갖게 된 것은 조선시대 봉건체제에서 과거제도의 위상 때문이었다. 그리고 과거제도를 뒷받침했던 구학문, 즉 조선 유학의 주류를 이룬 주자학은 인륜관계와 학문적 인식을 구별하여 파악하는 사고가 결여되어 있었고, 거기서 주장되었던 윤리·도덕은 역으로 자연을 설명하는 원리가 되어 인간은 그것에 순종만 하도록 강요되었고, 따라서 자연과 인간은 일정한 사회적 질서와 경험의 틀 내에서 일원적으로 파악되었다. 더구나 조선시대의 주자학은 이단을 허용하지 않았기 때문에 "만약 주자학 이외의 다른 학설을 주장하면, 사문난적斯文亂賊이라는 이름을 붙였으며 일반 유학자도 그것을 이단사설異端邪說로 배척하고" "주자의 학문 이외에 다른 학파가 존재할 수 없"[14]는 상황이 벌어졌다. 실제로는 다른 학설은 제쳐두고라도 중국의 경전과 자구字句 하나만 달라도 혹독한 비난을 받았다. 주자학은 이렇듯 절대성을 과시함으로써 국왕이나 양반계급의 학문으로서 피지배자인 민중에게 복종만을 강요했던 것이다.

그런데 조선시대 교육기관으로는 수도에 성균관成均館, 동·서·남·중의 사학四學, 지방의 각 군에 향교鄉校, 그리고 각 면·동에 일본의 데라코야寺子屋에 해당하는 서당書堂 등이 있었다. 성균관은 태학太學이라고 해서 조선시대 최고학부의 역할을 담당했는데 사학이나 향교와 함께 관학이었다. 이들 관학은 많은 경우 국가 부역을 기피하는 피난소로 이용되었다. 다른 한편 서당은 민간이 설립하고 운용했던 사설교육기관으로, 그 규모는 몇 명에서 많게는 몇십 명의 학생을 수용했을 정도로 작았다. 이러한 구교육기관은 과거제도와 밀접한 관련을 가지고 기본적으로는 과거에 응시하기 위한 준비교육의 실시를 목적으로 하였다. 조선시대 초기부터 중기에 걸쳐 이미 양반 자제의 수학 체계로서 '서당(8, 9세) → 향교 또는 사학(15, 16세) → 생원진사과 응시(20세 전후) → 성균관 → 문과 응시'라는 체계가 성립되었다.[15] 그러나 이것은 어디까지나 경제력과 학력이 뒷받침되어 상급교육기관에 진학할 수 있었던 경우이고, 그렇지 않은 경우에는 중도에서 면학을 포기해야만 했다. 근대에 가까워짐에 따라 과거 응시와는 무관한 농민 자제가 몇 년에 걸쳐 서당에서 공부하게 되었는데, 이는 교육이 민중의 수준까지 확대되었음을 의미한다.

조선시대 교육기관의 교육 내용은 과거 시험의 내용과 같았다. 이 경우의 과거란 어디까지나 문과를 지칭한다. 학과는 시대에 따라 혹은 교사나 지역에 따라 약간의 차이가 있고 학습의 순서도 부분적인 변경이 있기는 했지만, 기본적으로는 거의 일정했다. 강서는 『천자문』에서 시작해 『동몽선습』, 『통감』, 『소학』, 『사서』, 『삼경』, 『사기』, 『당송문』, 『당률』 등이 보통이었으며, 제술은 각종의 시부詩賦를 강습했다. 이 이외에 습자가 있고 해서와 초서를 강습했다.[16] 이들 교과서는 학습 기간 중 『천자문』부터 차례대로 사용되었는데, 학력이 뛰어난 자는 다음 교재로 빨리 나아갈 수 있었다. 여기서 말하는 학력이란 "한서를 암송하고 거기에 나온 문자 장구를 식별하며, 또한 능히 쓸 수 있고 그 자구를 모방할 수 있는"[17] 능력을 말하는 것으로 내용의 이해는 경시되었다. 사실상 대다수의 경우 어린 아동은 난해한 한문을 능숙하게 읽을 수 없었으며 그 내용도 이해할 수 없었다. 이렇게 조선의 유교적 한문교육은 조선의 것에 관해서는 어느 한 가지도 가르치지 않고, 중국의 것만을 머릿속에 넣는 사대주의를 주입시켰고, 애당초 서당에도 갈 수 없었던 절대다수의 농민 자제를 포함해 대량의 문맹을 만들어냈다. 더욱이 이러한 불충분한 학교교육조차 남자에게 한정되고 여자에게는 전혀 실시되지 않았다. 여자는 중류·상류 계층에서 부분적으로 약간의 학습이 가정 내에서 이루어졌고 대부분은 가사노동에 종사할 뿐이었다.

조선시대 초기부터 중기에 걸쳐 구축된 '서당 → 향교·사학 → 성균관'이라는 수학 체계 가운데 중기에서 후기에 걸쳐 중간 단계인 향교와 사학이 쇠퇴하고, 또 성균관도 조선 말기에 그 실질적 기능을 상실함에 따라 서당만이 커다란 교육적 기능을 맡게 되었다.[18] 그러나 시대에 따라 약간의 변화는 있어도 구교육은 봉건사회에서 지배자의 원리를 관철시켜, 양반·중인·상민·천민으로 구성된 위계를 합리화시키는 역할을 맡아왔다. 여기서 교육은 사회에 통일을 부여할 뿐 아니라, 역으로 신분이나 사회집단을 구별하고 고립시키는 수단으로, 즉 사회를 분리하고 통치하는 수단으로 기능했던 것이다. 구교육이 이러한 사회적 기능을 달성하는 가운데, 정규의 교육기관에 들어갈 수 없었던 상민이나 천민도 각각의 영역 내에서 생활에 필요한 지식이나 기술을 배움과 동시에 소속된 계층이 가져야 할 봉건신분적 의식을 체득할 것이 요구되었다. 그것은 직접 생산자로서 농업이나 공업 등의 노역에 종사했던 상민이나 천민이 주로 실생활 속에서 교화되었음을 의미한다.

조선시대에 지배계급이 피지배계급에 대해 행한 대표적인 교화사업으로 향약을 들 수 있다. 향약이 촌락 집단이었고 또 자치조직이었으므로 이를 교화만을 위한 기관이라고 말하기에는 약간 무리가 따를 수도 있지만, 향약의 교화적 역할은 다른 어떤 교육적 시설의 역할보다 컸다. 그리고 향약은 유교와 마찬가지로 중국에서 전래되었는데,[19] 봉건적 사회구조의 최하층에 위치하며 다양한 사회적 모순에 대한 대중요법을 실시하는 민간단체의 역할을 담당했다. 즉 향약은 일반적으로 군을 단위로 조직되어 군·면·동리에 걸친 체계를 갖고서 지방 교화에 힘쓰는 한편 상호부조를 통하여 생활의 안정을 꾀하고자 했다. 실제로 존재했던 향약 모두가 정연하게 조직되어 있었던 것은 아니지만, 그것은 주로 양반유생에 의해 구성되었고 상민이나 천민에게 적용되었다. 또 향교나 서당을 중심으로 만들어지기도 했는데, 그중에는 향약계를 조직하고 사창社倉을 유지하여 경제적 실력을 쌓아간 곳도 있었다.[20]

이러한 향약의 본질은 원래 양반유생의 사약私約이지만 그들의 위세로 지방민 일반에게 강제로 '준수'하도록 한 일종의 공약公約이라고 할 수 있다.[21] 예를 들어, 가장 잘 완비되었다는 이율곡의 향약에는 덕업상권德業相勸, 과실상규過失相規, 예속상교禮俗相交, 환난상휼患難相恤 등이 열거되어 있는데,[22] 그것은 유교의 실천도덕을 구체화한 것이었다. 문자를 거의 이해할 수 없으며 경서를 손에 들어본 적이 없는 일반 민중이 전통적으로 체득했던 도덕관념은 이러한 향약의 조목과 일치한다. 더구나 이 유교윤리는 봉건사회를 영속시키고자 하는 양반유생의 뜻을 반영한 것이다. 따라서 향약의 규칙은 위반자에 대한 실력적 제재를 수반하였으며, 민중이 지켜야만 하는 생활의 철칙이기도 하였다. 남녀유별과 장유유서 등으로 대표되는 유교적 도덕규범은 이러한 일상의 교화를 통해서 확고한 생활 원리로 유지되었다. 조선의 농촌생활에서 물질적 문화가 대단히 낮은 데 비해 윤리문화가 놀랄 만큼 정비되어 있었던 것도[23] 향약이 맡았던 기능과 연관되어 있다.

여기서 향약에 의한 교화사업을 포함해 구교육 최대의 특징을 든다면, 그것은 가부장적 유교윤리의 철저성이라고 할 수 있다. 환언하면 구교육은 사회 각층의 지배·피지배 관계를 유지하면서 동시에 봉건적 친자관계를 재생산함으로써 가문 및 지배계급의 존속을 보장하려고 했다. 실제로 부조父祖 중심의 유교사상이 압도적 영향을 미치는 가운데, 아이 중심이 아니라 노인 중심의 가정이 영위된 결과 조선시대는 물론 근대에 이르기까지 자녀들은 독립된 인격체로서가 아니라 "선조에게 제사를 올리기 위한 존재"[24]로서만 인정이 되는 경향이 있었다. 그것은 비교적 근대에 이르기까지 종교적 기능과 함께 민중의 오락이라는 중요한 기능을 담당했던 연중행사[25]에서도 볼 수 있다. 즉 이러한 연중행사에서조차 그 중심은 여자보다 남자, 아이들보다는 노인, 노인보다는 죽은 선조에 있었다. 또 일본의 연중행사와 비교해보아도 "조선의 행사가 죽은 선조를 향하고 있음에 비해 일본의 행사는 성장해가는 아이들을 향하고 있다"[26]는 점도 조선에서 가부장적 유교사상이 얼마나 뿌리 깊었던가를 말해준다.

이처럼 유교적 사회구조의 근간을 이루었던 과거와 구교육은 시대의 진전과 함께 더욱더 그 폐해를 드러냈다. 세도나 혈연에 의해 관직이 독점되고 관료 지배층의 폐쇄화가 진행되는 한편, 봉건적 신분구조의 변화, 즉 상민이나 천민의 일부가 축재에 의해 양반의 생활양식을 모방하고, 또 상인 가운데 양반을 자칭하는 자가 출현[27]하며 과거시험의 부정, 뇌물수수, 매관매직 등 과거제도의 문란이 한층 심화되었다. 그리고 조선 오백 년의 구교육은 과거제도의 형해화形骸化와 맞물려 서구 열강이나 일본이 침략해오던 19세기 후반에 그 결함을 일거에 노정시켰다.

국가의 격동기에 구교육이 초래한 폐해는, 다른 가치관을 갖고 포교에 종사했던 기독교 선교사에 의해 보다 객관적으로 파악될 수 있었다. 그들의 관찰에 의하면, 교육의 개념에서 서구와 조선은 정반대 입장에 있었다. 즉 서구의 교육이 장래의 실생활을 준비하는 데에 그 목적을 두었음에 반해, 조선의 교육은 지나간 과거에 정신을 고정시키는 것을 목적으로 하였다. 서구의 이념은 발달이고 조선의 그것은 제한이었다.[28] 더욱이 조선에서는 개인을 왜소화시키고 가족을 과장했다.[29] 선교사 기포드D. L., Gifford는 이러한 구교육을 받은 양반의 특징을 다음과 같이 집약적으로 표현했다. 즉 교육을 받은 평균적 조선인은 일반적으로 어느 정도 정신적 기발함과 존엄함을 갖추고 있고 훌륭한 기억력을 지녔다. 어느 정도 지력知力을 갖추었지만 현실생활에 필요한 유용한 지식은 아이 수준이다. 근대적인 것 모두에 대해서는 색맹이며 항상 과거過去, 특히 중국의 과거에 눈을 빼앗기고 있다. 전통을 숭배하고 낡은 관습에 속박되어, 사상에서는 어떤 새로운 기운이나 개성도 볼 수 없다. 그리고 이기적 개인주의에 빠져 있어 자기희생적인 공덕심公德心이나 이웃에 대한 진실한 애정이 깃들 여지가 조금도 없다.[30]

이러한 특징에 덧붙여, 한문의 반복 학습으로 시종일관했던 지육에 대한 편중은 허약한 신체를 만들었고 그것은 결국 사고의 위축을 초래했다. 19세기 후반의 조선은 정말로 이러한 '문약'의 폐해 속에서 외국 열강의 침략을 맞이해야만 했다. 한 민간 신문은 이러한 사태에 대하여 "조선인은 지위가 높고 세력이 있으면 있을수록 신체가 허약하며……, 그 때문에 기지가 약해져 자그마한 일에도 두려워한다……. 외국을 매우 무서워하며 외국이 조선을 어떻게 취급하든 그것에 거역하지 못하며, 또 실제로 거역해본 적도 없으므로 부끄러움도 없이 그러한 취급을 받는 것을 당연하게 생각"하고 있다고 날카롭게 비판했다.

뿐만 아니라 구교육을 포함한 조선시대 봉건체제는 사회 구성의 기본단위인 가정의 붕괴를 초래하고 사회의 번성을 크게 저해했다. 이는 무엇보다 가족 노동력의 확보 및 성에 관한 도덕을 엄격히 규정했던 유교윤리와 더불어 조선의 자녀가 12~13세가 되면 부모의 뜻대로 결혼하여 엄격한 의례적 형식에 따라 생활을 강요당했던 것과 관련이 있다. 그들은 성장기에 마을의 청년조직 등에서 사회교육을 받지도 못했으며,[32] 또 가부장적 체제하에서 독립적인 결혼생활을 영위할 수도 없었다. 오히려 조혼早婚은 부부에게 불화를 초래하여 결국에는 축첩의 풍조를 만들어내는 요인이 되었다. 그리고 상하귀천을 불문하고 주색에 빠져, 19세기 말에는 조선 가정 가운데 10 중의 8~9가 부부의 불화로 인하여 가정이 화목하지 않다[33]고 얘기될 정도였다.

여하튼 봉건사회에서 교육이 일반적으로 미숙한 가운데 조선의 구교육도 학교교육·사회교육·가정교육 각각의 측면에서 많은 문제를 내포했는데, 조선 사회가 새로운 역사 단계에 도달함에 따라 구교육에 대한 변혁 내지는 개선이 절실하게 요구되었다. 그리고 사회진보를 위한 대부분의 내적 에너지가 교육에 의해 창출되는 까닭에 구교육의 결함을 내재적으로 극복하고 동시에 민중을 계몽함으로써 역사 주체를 형성해가는 교육운동이 반봉건·반침략을 꾀하는 한국근대 부르주아적 민족운동의 중심이 되지 않을 수 없었다. 그것은 모든 투쟁이 교육에서 시작한다는 것을 의미했다.

• 주석

1. A. J. Brown, *The Mastery of The Far East*, New York, 1919, p. 5.
2. 실학사상은 청조의 고증학과 천주교를 매개로 한 서학의 영향을 받아 형성되었다. 초기의 대표적 실학자로는 이수광·유성원·이익을 들 수 있으며, 18세기 이후의 실학자로는 홍대용·박지원·박제가 그리고 19세기 들어서는 정약용·이규경·최한기 등이 있다. 이들은 공리공담에 반대하여 '이용후생(利用厚生)'을 위한 실학을 주장하였다. 이들은 조선의 역사를 연구하고 현실 사회를 분석했으며, 또한 광범위한 자연과학과 기술의 개발에 힘썼다. 이러한 실학사상은 정치·경제·사회 등 광범위한 분야를 그 고찰 대상으로 하여 토지제도, 조세제도, 신분제도, 산업 장려 등 각종 개혁안을 제시함으로써, 환란에 빠져 있던 조선 봉건체제를 바로 세우고자 했다.
3. 박은식, 『학규신론(學規新論)』, 1904(『박은식 전서』, 단국대학교출판부, 1975, p. 26 중에 수록).
4. R. N. Vera. 河合秀和 譯, 『社會變革 宗教倫理』, 未來社, 1974, p. 149.
5. 崔在錫, 中根千枝 감수, 『韓國人の社會的性格』, 學生社, 1977, p. 34.
6. H. B. Hulbert, *The Passing of Korea*, New York, 1906. reprinted by Yonsei University Press, Seoul, 1969, p. 41.
7. Charles Dallet, *Histoire de l'Eglise de Corée*, Paris, 1874. 달레는 프랑스인 신부로서, 조선에서 포교활동에 종사했던 천주교 신부와 조선인 신도들의 보고에 기초해 『조선교회사』를 집필했다. 이 책은 조선인이 처음 천주교에 접했던 1593년부터 천주교에 대해 대대적 탄압이 가해졌던 1871년까지의 천주교 포교사인 동시에 조선 사회에 대한 기록이기도 하다. 이 책에서는 원서의 서론 부분에 해당하는 한국어 번역판인 『조선교회사 서론』(정기수 역, 탐구신서, 1977)을 참조했다.
8. 阿部吉雄, 『日本朱子學と朝鮮』, 東京大學出版會, 1976, pp. 557~558.
9. 근대로 돌입한 아시아 유교권에서는 "안으로의 자립·자강과 밖으로의 순응·종속이라는 두 가지 측면이 미분화된 새로운 이데올로기"(遠山茂樹, 『日本近代史 Ⅰ』, 岩波書店, 1978, p. 6)가 복잡한 형태를 띠며 나타났는데, 그 과정에서 전통적 사상이었던 유교가 어떤 역할을 맡았는가는 각각의 역사 전개와 관련된 중요한 문제였다. 다만 보다 엄밀하게 말하면, 조선·중국·일본의 3국에서 정통적 이데올로기인 주자학을 기반으로 한 봉건적 사유의 해체가 곧바로 근대적 사유의 획득으로 연결되었던 것이 아니고, 도리어 주자학적 사유의 해체과정이 본래적인 근대 의식의 성숙을 준비하는 전제조건이었다.
10. 李沂, 『教育宗旨』(『海鶴遺書』에 수록, 국사편찬위원회, 1955, p. 70).
11. 과거에 대한 설명으로는 이만규의 『조선교육사』 上(을유문화사, 1947) 및 오천석의 『한국신교육사』(한국교육총서 출판사, 1964)를 참조했다.
12. 김도태(金道泰), 『서재필 박사 자서전』, 을유문화사, 1974, pp54~55.
13. 김영모, 『조선지배층연구』, 일조각, 1977, p. 268.
14. 박은식, 『유교구신론』(『박은식 전서』 下에 수록, p. 47).
15. 渡部學, 「朝鮮における'書堂'の展開過程」, 『教育學研究』 第23卷 第4號, 1956, p. 37.
16. 이만규, 앞의 책, pp. 250~251.

17. 岡倉由三郎, 「朝鮮國民教育新案」, 『東邦協會會報』 第2號 부록, 1894. 10, p. 3. 그는 1891년 조선 봉건정부가 설립한 일어학교의 교사로 초빙되었다. 이 「朝鮮國民教育新案」은 일본으로 돌아온 후 조선교육의 개혁을 주장했던 연설문이다.
18. 渡部學, 앞의 논문, pp. 37~41.
19. '주자증손여씨향약(朱子增損呂氏鄕約)'으로 조선의 향약은 그것을 수용·이식·적용한 것이었다. 그리고 조선의 향약은 중종 11년(1516) 김안국(金安國)이 여씨향약을 우리말로 반포한 것에서 시작해 1904년까지 지속되었다고 한다(田花爲雄, 『朝鮮鄕約教化史の研究』 歷史編, 鳴鳳社, 1972, pp. 1~19를 참조).
20. 鈴木榮太郎, 『朝鮮農村社會の研究』, 未來社, 1973, p. 82.
21. 富永文一, 『往時の朝鮮に於ける自治の萌芽 鄕約一班』, 朝鮮總督府, 1923, p. 4.
22. 앞의 책 부록 참조.
23. 鈴木榮太郎, 앞의 책, p. 83.
24. 『동아일보』, 1920년 7월 19일.
25. 依田千百子, 「年中行事より見た朝鮮に於ける中國文化の受容形式についての一考察」, 『朝鮮學報』 第52輯, 1969, 7, p. 95.
26. 鈴木榮太郎, 앞의 책, p. 351. 여기서 필자는 조선과 일본의 연중행사의 차이를 다음과 같이 설명하고 있다. "일본에서 아기가 태어나면 남자는 7일째에, 여자는 35일째에 마을신에게 간다. 백일째에 산모 자신이 정장을 하고 아기와 함께 마을신에게 가서, 자기 가정의 안녕을 빈다. 만 1년째에는 탄생을 축하하는 궁예가 있으며, 7세 때에도 축하행사가 있다. 매년 11월 15일에는 7세·5세·3세 아이들이 마을신에 참배한다. 아기의 탄생을 축하하고 그의 장래를 축복하는 행사가 조선에도 있다고 할지라도 일본만큼 많지는 않다. 일본에서는 아무리 가난한 빈농이라도 위와 같은 행사를 치르는데, 조선에서는 상류층에서만 아이들의 탄생을 축하하는 행사를 벌인다. 탄생 축하는 일본에서는 오직 아이들만을 위한 것인데, 조선에서는 주로 노인들을 위해 축하 행사를 한다. 조선에서는 미신을 믿고 아이들을 팔거나 액년(厄年)에 태어난 아이를 위한 푸닥거리는 하지만, 장래의 발전을 적극적으로 축복하는 행사는 없다. 일본의 제사가 신사(神社)와 청소년·아이들의 미래 발전을 표상하는 것이라고 한다면, 조선의 제사는 조제(祖祭)와 과거로 표상될 수 있을 것이다. 일본의 제사가 주로 낮에 이루어지는 반면, 조선의 제사는 주로 밤에 이루어진다. 일본의 연중행사에서는 마을신 참배가 중요시되는데, 조선의 연중행사에서는 선조(先祖)가 중요시된다(같은 책, pp. 351~353).
27. 김영모, 앞의 책, p. 42.
28. J. S. Gale, *Korean Sketches*, Toronto, 1898, reprinted by Kyung-In Publishing Co., Seoul, 1975, p. 176.
29. The educational needs of Korea, *The Korean Review*, reprinted by Kyung-In Publishing Co., Seoul, Vol. 4, Oct. 1904, p. 443.
30. D. L. Gifford, *Education in the Capital of Korea(1), The Korean Repository*, reprinted by Kyung-In Publishing Co., Seoul, Vol. 3, July, 1896, p. 282.
31. 『독립신문』, 1897년 2월 20일 「논설」.
32. 鈴木榮太郎은 조선과 일본의 사회교육의 차이를 다음과 같이 설명하고 있다. "일본 농촌에서는 14~15세의 남자 어린이가 세상물정을 알게 될 즈음에 가정교육을 계속 받으면서도 촌락의 사회교육기관에 수용된다. 촌락의 사회교육기관이란 젊은이들이 모이는

청년 조직으로 사회교육은 대체로 결혼할 때까지 지속된다. 결혼해 남편이 되고 아버지가 되기 이전의 이러한 사회교육이 그 후의 생애에 얼마나 큰 영향을 미치는가를 상상하기 어렵지 않다. 조선에서는 이런 조직이 결여되어 있다. 더욱이 촌락의 청년 조직에서 지낸 젊은이들의 공동 체험이 촌락의 평화와 발전에 얼마나 유용한가를 이해하지 못했으며, 또 젊은이들 상호 간의 구김살 없는 생활의 체험이 인생에 얼마나 희망과 힘을 주는가를 알지 못했다. 조선인의 생애에는 이 시대가 없다"(앞의 책, p. 170).

33. 『독립신문』, 1899년 7월 20일, 「논설」. 가정의 비참함에 대해 소설가 이광수도 1917년에 발표한 「혼인론」에서 "대체로 조선의 가정은 풍파와 적막, 반목, 죄악, 그리고 불행의 소굴이다. 조선의 부부는 혐오와 불화, 원차(怨嗟), 그리고 고통의 집합이다. 현대조선의 불행과 비참함의 과반은 가정과 부부에서 생기는 것이다"라고 서술하면서 조선에서 행복한 가정은 천에 하나, 만에 하나에 지나지 않는다라고 논했다 (『이광수 전집』 제17권, 삼중당, p. 139).

제1장

근대사상의 형성과 민족운동의 전개

Ⅰ. 개국 전후의 사상적 갈등
Ⅱ. 개화파의 계몽활동과 교육사상
Ⅲ. 근대교육의 시작과 갑오농민전쟁

Ⅰ. 개국 전후의 사상적 갈등

1. 서구 열강의 침입과 '위정척사'사상

조선시대 봉건체제의 전면적 동요가 심화됨에 따라 주자학은 더욱 공허한 명분주의로 빠져들었으며, 계속 일어나는 각지의 농민반란에서 나타나는 계급대립도 더욱 첨예화되었다. 그리고 이러한 사상적·사회적 혼란을 틈타 1830년대 이후 천주교가 급속히 그 세력을 확대해 프랑스인 선교사의 조선 침입이 이어짐과 동시에 조선인 신도가 해마다 증가했다. 한편 1860년경 심각한 사회 불안을 배경으로 몰락 양반 출신인 최제우(崔濟愚, 1824~1864)가 서학으로 인식되었던 침략적 천주교에 대항해 동학을 창시하고, 주자학적 봉건질서에 정면으로 도전했다.

이와 같은 사회적 상황 속에서 한국의 근대는 서구 자본주의 열강에 의한 무력 침입으로 그 막을 올렸다. 이미 중국과 일본은 각각 1842년과 1854년에 서구 열강에 의해 강제적으로 개국을 맞이해 세계시장에 편입되었다. 조선도 스스로의 힘으로 자본주의적 발전을 성취하지 못한 채, 1866년 미국 셔먼호의 대동강 침입, 그에 이어지는 프랑스 함대의 한강·강화도 침략, 그리고 1867~1871년에 걸친 미국함대의 재침략 등으로 자본주의적 질서 속으로 끌려 들어가고 있었다. 이러한 역사적 시기에 1863년 어린 나이로 고종(1852~1919)이 즉위하자 섭정으로 실권을 장악한 대원군(1820~1898)은 서구 침략의 첨병인 외국인 선교사를 적발하는 등 강력한 쇄국양이鎖國攘夷 정책을 실행했다. 당시 각계각층의 다양한 대립에도 불구하고 반침략이 일반적인 분위기였으며, 침략자들의 보조도 일치하지 않아 조선은 과감한 투쟁을 통해 외래 침략자를 격퇴할 수 있었다. 그 결과 자본주의 열강의 식민지가 될 위험성에서 일시적으로 벗어날 수 있었다.

대원군은 집권 후 중앙집권적 군주제를 강화하고, 서원[1]의 정리·철폐, 인재의 공정한 등용, 삼정三政: 田政·軍政·還政의 정비, 경복궁 재건, 국방의 강화 등 수많은 국내개혁을 단행했다. 봉건체제의 정비 및 쇄국정책을 중심으로 한 대원군의 이러한 정책은 외래 침략자에 대한 위기의식으로 일정한 성과를 올릴 수 있었다. 그러나 그것은 첨예화된 모순을 일시적으로 완화했을 뿐, 국내외를 둘러싼 객관적 정세에 전진적으로 대처할 수 있었던 것은 아니었다. 특히 천주교와 서양 문명을 한 몸이라고 파악했던 대원군의 양이정책으로 조선은 격동하는 외부 세계에 스스로를 개방하지 않는 쪽을 선택했다. 결과적으로 조선은 군사기술을 비롯한 서양 문명의 흡수와 인재 육성을 등한시함으로써 이후 외압의 강화에 대항하는 주체적 역량 형성, 특히 쇄국양이 정책하에서 단결했던 민중의 에너지를 신시대의 전개에 대처할 수 있는 사회사조의 형성으로 이끌어가는 데 실패하였다.

이 시기 조선이 자주적으로 서양 문명을 수용할 수 없었던 커다란 요인 중 하나는 대원군의 쇄국양이 정책이 위정척사사상으로 뒷받침되었기 때문이었다. 원래 위정척사사상은 주자학의 민족주의적·대의명분주의적 정치 성격을 강조했고, '정正'을 지키고 '사邪'를 배척할 것을 주장하였다. 여기서 '정'이란 조선의 기본 이념인 주자학을 가리키며, '사'란 천주교나 과학기술을 포함하는 모든 서양 문명 및 불교, 도교, 그리고 유학의 분파인 양명학을 의미했다. 더욱이 1860년대에 이르러 서구 열강의 침략이 현실화되자 위정척사사상은 종래의 반反이단적 성격에 덧붙여 반反침략적 성격을 강하게 띠게 되었고, 이는 국가적 위기 상황에서 주자학이 양반유생의 수양철학으로부터 외래 자본주의에 대한 실천철학으로 전화됨으로써 광범위한 민중의 애국적 반침략 투쟁을 뒷받침하는 이데올로기가 되었음을 의미했다. 그렇지만 위정척사사상이 양이론의 전개와 함께 의병·양민·인재등용 제도 개혁 등의 '내수'책을 강조했다고 해도, 현실적으로는 그 보수적 성격으로 인해 근대적 개혁을 추진하는 적극성을 갖지 못했으며,[2] 또 서양 문명의 도입이나 그 배후에 있는 근대적 사유의 획득에도 공헌할 수 없었다.

서구의 침공을 성공적으로 저지했던 조선의 봉건 통치층은 더욱 노골화되는 외래의 침략에 대비해 국내에 싹트고 있었던 자본주의적 요소를 육성하거나 자주자강을 위한 시책에는 관심을 보이지 않고 도리어 족벌적인 내부 투쟁에 몰두했고, 1873년에는 예전부터 지배권 확립을 꾀했던 민씨 일가가 국왕친정國王親政이라는 이름 아래 대원군에게서 정권을 탈취했다. 당시 메이지유신明治維新을 거친 일본이 서구 자본주의 열강보다 한걸음 늦게 신생 자본주의국으로 등장했고, 그 구조적 취약성으로 인해 일본은 처음부터 군사적·봉건적 특질을 강하게 띠면서 조선에 침략의 손길을 뻗치기 시작했다. 이러한 일본의 침략적 의도에 대해 민씨 정권은 어떠한 주체적 준비도 하지 않은 채, 자신만의 정권 안정을 도모하고자 굴종적 자세를 취함과 동시에 개국에 반대하는 위정척사론자에 대한 가혹한 탄압을 단행했다.

메이지유신 후의 일본에 관해서는 이미 1870년 이후 국왕이 북경에 파견한 사절을 통해서 단편적으로 파악하고 있었다. 즉 1872년부터 1875년에 걸쳐 중국을 왕래한 동지사冬至使, 진하사進賀使, 사은사謝

恩使, 주청사奏請使 등은 국왕을 중심으로 한 지배층의 양청탐문洋淸探問에 응해 중국에 서양인이 들어간 동기, 외국 사신의 설관設館·상주常駐 제도, 청국 사절의 외국 파견, 서양 문물의 유입과 그 반향, 일본 등에 관한 견문見聞을 상세히 보고했다. 그중 일본에 대해서는 1873년 일본에 다녀온 진하사가 "왜인들은 하나같이 경전을 훼기毁棄하고 사교邪教를 전상專尙하며, 심지어 의복제도에 이르기까지 모두 양이洋夷와 똑같으며", "금일 왜倭와 양洋은 차이가 없다"[3]라고 보고한 것처럼, 이미 양이와 차이가 없는 나라로서 인식하기 시작했다. 더욱이 이 왜양일체관은 조선 집권층의 동요를 일찍부터 간파한 일본이 1875년 9월 군함 운양호를 강화도에 파견해 무력 충돌을 일으킨 끝에 개국을 요구하게 되면서 한층 명확해졌다. 그리고 국내에서는 이러한 일본의 개국 요구에 대하여, 일본과의 조약 체결을 용인하면서도 무력적 위협에 반대하는 박규수(朴珪壽, 1807~1877)와, '이적夷狄'으로 변한 일본과의 통교通交를 단호히 반대하는 전투적 위정척사론자인 최익현(崔益鉉, 1833~1906) 사이에 격한 논쟁이 확대되었다.

2. 개국과 '동도서기'론

1876년 2월 조선은 일본과 강화도조약을 체결함으로써 개국했다. 중국·일본·조선의 개국은 모두 서구 열강의 아시아 진출을 계기로 타의적으로 이루어졌는데, 중국과 일본이 각각 영국과 미국에 의해 개국되었던 것과 달리, 조선은 같은 문화권에 속하는 인접국 일본에 의해 개국되었다. 당시의 역사 상황에서 아시아 각국에 "개국의 의미에는 자기를 바깥, 즉 국제사회에 개방하는 동시에 국제사회에 대해 자기를 국가=통일국가로 기획한다는 양면성이 내포되어 있"[4]었다.

그러나 조선의 개국은 기본적으로 군사적 색채가 농후한 일본의 압력으로 강요되었으므로, 조선은 서구 열강의 무력 침략적 위협하에 놓였던 중국과 마찬가지로 국내적 통일을 달성하는 데 더욱더 많은 어려움이 있었다. 이는 무엇보다 위정척사사상이 뿌리 깊이 존재하는 조선에서 개국=개화라는 등식은 성립하지 않았고 '개국'이라는 현실 속에서 '쇄국'의 관념이 지속되었다는 것에서도 단적으로 볼 수 있다.

이렇듯 보수적 사상으로 응고된 조선에서 일본은 1877년 일본 공사관을 설치하고, 1879년에는 부산에 이어 원산을 개항시켰다. 그리고 많은 일본인이 조선에 진출하기 시작하는 가운데 조선 측 관세권의 부인, 일본 화폐의 유통, 영사재판권의 행사라는 일방적 특권을 장악했던 일본은 서구 상품의 반입과 농업·광업 생산물의 반출을 주로 하는 조선 무역을 독점함으로써 그 영향력을 서서히 증대시켜갔다. 또한 이러한 일본의 진출은 종래부터 종주국의 입장에 서 있던 청국을 자극했고, 이에 청국은 조선에 대한 영향력을 회복하고자 경제 면에서는 중국 상인과 상품을 진출시켰고, 정치 면에서는 조선 정계의 보수파를 지원했다. 더불어 서구 여러 나라와의 통교通交를 조선에 권고함으로써 일본을 견제하고자 했다. 이렇게 되자 조선의 정계는 청일 양국의 세력 경쟁에 휘말려 수구파親淸와 개화파親日로 분열되어 서로 싸우게 되었다.

한편 일본이 강화도조약 때 파견했던 사절단에 대한 답례를 조선에 요청하자 국왕은 1876년 4월 김기수(金綺秀, 1832~?)를 수신사로 하는 사절단을 일본에 파견했다. 개화한 바깥세계에 처음으로 공식 사절로서 파견된 이 사절단은 히비야比谷 연병장을 비롯해 병학료兵學寮·근위보병영近衛步兵營·포병본창砲兵本廠·아카바네赤羽 제작소·서적관·개성학교開成學校·여자사범학교·원로원의사당 등을 시찰하고,[5] 주자학적 관점에 서면서도 일본의 문물이나 제도를 사실에 근거하여 관찰했다.

일본의 새로운 모습을 직접 보고 들은 김기수는 귀국 후 시찰 결과를 국왕에 보고하고, 또 그것을 『일동기유日東記遊』로 남겼다. 그는 일본의 "양학의 유무에 대해서는 상세히 알지 못하나 양병養兵·경전耕田에 모두 양술洋術을 사용한다"[6]고 하며 일본이 부국강병으로 나아가는 모습을 명확히 파악했다. 일본의 학교에 대해서는 "소위 학교라 불리는 것으로 개성학교開成學校, 여자학교女子學校, 영어학교, 제국어학교諸國語學校를 포함해 많은 학교가 있으며 사범師範이 존중되고 교사는 근면하여 일본 사회의 앞날이 교육에 있다"[7]는 것을 분명히 했다. 더욱이 교육 내용에 관해서도 "정령政令은 오로지 믿음을 주로 한다. 만약 뛰어난 인재가 있으면 가능한 한 그를 기른다. 소위 학교의 교육 방법은 사대부 자제에서 민중의 우수한 자에 이르기까지 7~8세부터 쓰기를 가르치고 문자를 배우게 한다. 처음에는 일본 글자를 가르치고 뒤에 한자를 가르친다. 16세가 되면 그 이상의 경전을 가르치지 않고, 크게는 천문지리나 측량학을, 작게는 농기農器, 군기軍器, 도형圖形의 설명을 배우고 실습한다. 여자도 역시 학교에 가서 크게는 천지병농天地兵農, 작게는 시문서화詩文書畵를 배워 모두가 한 가지 기예에 전념한다. …… 또 사람을 각국에 파견하여 배우게 하고, 각지에서 화륜선火輪船, 화륜차를 제조하여 무역을 발전시키고 이익을 얻는다. 군신 상하가 모두 이익을 추구하며, 부국강병을 급선무로 삼고 있다"[8]라고 서술하면서, 일본 교육의 실정과 부국강병 정책과의 관련을 명확히 하고 있다. 특히 근대적인 교육제도의 정비·국문교육·여자교육·각종 교과목 등을 일본 교육의 특질로 파악했다는 것은 주목할 가치가 있다.

김기수에 이어 1880년 7월 김홍집(金弘集, 1842~1896)이 재차 수신사로 일본에 파견되어 일본의 인천 개항 요구와 무관세 조항 개정 등의 정치 교섭을 행하는 동시에 일본의 실정을 시찰했다. 이때도 일본 교육에 관해 배울 필요가 있는 것은, 모두 학교가 설립되어 부녀자뿐만 아니라 황실과 귀족의 자제도 배우며 관민 모두 교육에 힘을 다하며 거기서 배웠던 자가 곧 산업의 발전에 참가하는 모습이 명확하게 파악되어 있었다.[9]

이렇게 두 번에 걸친 일본사절단의 파견을 통해 조선의 지배층은 조금이나마 일본의 개화 상황과 거기서 서양 문물이 담당하고 있던 역할을 이해하게 되었다. 그리고 유교적 세계에 틀어박혀 고전古典의 반복 학습만을 학문과 교육의 진수로 여겨온 주자학적 세계관이 점차 무너지고, 개화의 필요성 특히 서양 문물을 내용으로 하는 교육의 중요성을 이해하게 되었다. 하지만 개화로 향하는 이러한 움직임 가운데 국내에서는 격렬한 사상투쟁이 전개되었다.

김홍집은 귀국에 즈음해 주일청국참사관 황준헌(黃遵憲, 1848~1905)이 쓴 『조선책략朝鮮策略』[10]을 가지고 들어왔는데, 그것은 조선이 취해야 할 외교정책과 그에 대응하는 국내정책을 논한 것이었다. 거기에서는 조선이 "중국과는 친하게 지내고 일본과는 결속을 다지며 미국과는 연합"함으로써 러시아의 위협에 대항할 것을 주장했고, 동시에 부국강병을 위한 식산흥업의 실시, 과학기술의 도입, 특히 중국·일본·서구 각국에 유학생 파견, 군사·기계·조선·천문·화학의 습득, 학교 설립 및 서양인 교사의 초빙 등을 강조했다. 중국의 이익을 염두에 두었던 이러한 논리는 서구 자본주의 열강의 힘을 빌려 일본의 세력을 끌어안으려고 했던 것이지만, 그것을 접한 조선 정부는 김홍집의 귀국 보고를 포함해서 지금이야말로 서구 각국과의 외교관계 설정이 불가피하다는 결론에 도달했다. 따라서 조선 정부는 즉각 『조선책략』을 복사해 전국에 배포했는데, 그것은 일본 세력을 등에 업고 부국강병을 꾀하려 했던 개화파를 분발하도록 하는 한편, 청국 이외의 '이적夷狄'과의 수교를 반대한 위정척사론자를 경화시켰다.

『조선책략』에 반대하는 운동은 1881년 3월 영남유생 이만손(李晩孫,

1811~1891)이 일만 명의 서명을 모아 '영남만인소嶺南萬人疏'[11]를 국왕에 제출하면서부터 전국적으로 파급되었다. 1860년대 이후의 위정척사론을 계승한 '영남만인소'는 서구 여러 나라의 기독교를 비판하고 러시아·미국·일본의 침략성을 규탄하며, 서구의 학문·기술을 반대하는 것이었는데, 각지에서 전개되었던 상소운동에서도 기독교는 '아비도 임금도 없는 사교邪教'이고, 서양기술은 '곡기曲技'이며, 서양 상품은 '기기음교지물奇技淫巧之物'로 파악되었다. 그에 대해 민씨 정권은 중요한 척사斥邪적 상소자를 유죄 혹은 사형에 처했는데, 그럼에도 불구하고 이런 양이洋夷적 주장은 당시 커다란 세력을 차지하였다. 더욱이 그러한 위정척사론은 반침략 투쟁에서 커다란 정신적 지주가 되었고, 그것이 가진 애국적 논리가 자본주의 열강의 침략적 본질을 정확하게 파악했다는 점은 그 후의 역사적 사실에 의해 증명되는 바였다.

하지만 보수적 사조의 고양에도 불구하고 1880년경부터 정부 내부나 재야인사 사이에 개화 풍조가 서서히 침투하기 시작했다. 종래에 거의 수구파가 점유했던 정부 중추부에도 조금이나마 개화파가 진출할 수 있었으며, 또 개화정책의 실시과정에서 그 성과가 정계에 미묘한 영향을 끼치고 있었다. 이윽고 정부기구의 개혁과 병행해 신문화를 도입하기 위하여 1881년 5월 일본에 '신사유람단紳士遊覽團'이, 11월에 청국에 '영선사營繕司'가 파견되었다.

청국에 파견된 '영선사'에는 김윤식(金允植, 1835~1922)의 인솔하에 38명의 유학생이 포함되었는데, 그들은 약 1년에 걸쳐 양무운동洋務運動 정책으로 건설된 각 공장에서 무기·화약·탄약의 제조법, 전기·화학 등의 기술 및 외국어 습득에 힘을 다했다. 그러나 이것은 기대했던 성과를 거두지 못하고 전원이 도중에 귀국하는 결과로 끝났다.[12] 한편 영선사보다 조금 일찍 일본에 파견되었던 '신사유람단'은 커다란 성과를 거두어, 이후 개화운동의 전개에 중요한 역할을 맡았다. '신사유람단'은 박정양(朴定陽, 1841~1945)·홍영식(洪英植, 1855~1884)·어윤중(魚允中, 1848~1896) 등 12명의 조사朝士와 이상재(李商在, 1850~1929)·유길준(兪吉濬, 1856~1914)·유정수(柳正秀, 1887~1938)·윤치호(尹致昊, 1865~1945) 등 26명의 수행원, 그리고 통사通事와 하인을 합해 총 62명으로 구성되었다. 당시 국내에서는 위정척사사상이 맹렬하게 전개되었기 때문에, 이 유람단은 동래 지방의 민정시찰이라는 목적을 가진 '암행어사'의 명목으로 파견되었다. 일행은 각각 분담해 일본의 여러 정부기관과 군사시설을 비롯해 조선소·제지공장·조폐국·인쇄국·방적공장 등의 산업시설과 박물관·병원·신문사·천문대·각종학교 등의 교육·문화 시설을 4개월에 걸쳐 시찰했다.[13]

서구 여러 나라와 국교가 이루어지지 않은 상태에서 파견되었던 이 '신사유람단'은 아직 미약했던 개화세력의 확대에 적지 않은 공헌을 함과 동시에 개화사상 보급에도 많은 역할을 담당했다. 그것은 무엇보다 유람단에 참가했던 양반이나 청장년이 새로운 사조에 접함으로써 식견을 넓혔으며, 또 유람단의 보고에 근거하여 정부기구의 개편이 실시되는 한편 많은 개화파가 정부 내의 요직에 진출했던 것에서도 알 수 있는 바이다. 실제로 이상재·윤치호·유길준·박정양·어윤중 등은 그 후 조선 말기의 정치에 커다란 궤적을 남겼다. 뿐만 아니라 유람단의 성공은 한국 근대교육의 계기를 창출해내었다. 그것은 그때까지의 봉건교육과 구별되는 근대교육에 관한 인식을 봉건 지식인에게 이식시켰고 또 한국 최초의 유학생[14]이라는 직접적 성과도 가져왔다. 즉 유람단의 일원이었던 어윤중은 유람단 일행이 귀국한 후에도 일본에 남아 후쿠자와 유키치(福澤諭吉, 1835~1901)를 비롯해 각계의 인사와 접촉했는데, 수행원 가운데 유길준과 유정수를 경응의숙慶應義塾에, 어학 학습을 위해 윤치호를 동인사同人社에 각각 유학시킬 수 있었다. 이것은 한국의 개화사에서 아주 중요한 사건으로 유길준과 윤치호는 그 후 개화운동에 지대한 영향을 미쳤다.

그런데 시찰단 파견 등의 개화를 향한 자주적 노력을 배경으로 전통적 유학자들 가운데 위정척사론자와 구별되는 새로운 움직임이 대두했다. 그것은 격렬한 척사상소가 세계의 대세를 무시함으로써 도리어 유교적 봉건질서 전체를 위험에 빠뜨리고 있다는 염려에 근거한 것이었다. 이전 사헌부 장령掌令이었던 곽기락(郭基洛, 1825~?)은 1881년 7월(음력 6월)의 상소에서, 일본이 서양과 수교해 양복을 착용하며 양학洋學을 배우는 것은 조선이 관여할 바가 아니라고 하면서, 왜양분리倭洋分離의 입장에서 주자학적 도덕의 고수 및 서양 과학기술의 도입을 통한 자강론을 전개했다. 이어서 1882년 7월에 국왕이 전국의 백성에게 교서를 내려 국정에 대한 의견의 진언을 요구하자 많은 유학자가 개화의 가부可否에 대해 상소했다. 그리고 주자학적 도덕을 고수하면서도 개화를 인정하는 논리가 차츰 유력해졌는데, 그러한 논리는 1883년 1월(음력 1882년 12월) 윤선학尹善學의 상소에서 가장 잘 표현되었다. 거기에서 그는 "서양의 정밀한 기기나 부국의 방법은 매우 우수한 것인데, 동양의 인륜도덕은 하늘로부터 부여받은 것이다. 천지만고에 불변하는 이치를 '도道'라 하고, 주차군농기계舟車軍農器械는 '기器'라 한다. 변하고자 하는 것은 '기'이지 '도'는 아니다"[16]라고 주장했다. 여기서 자주자강의 방책으로 동양의 도덕과 서양의 기계를 합일하는 '동도서기'의 논리가 성립했다.

확실히 '동도서기'론에서는 개화도서의 간행, 외국어 교육, 외국인 기사 채용, 과학기술 및 지식의 도입, 탄광 채굴, 상회소商會所·국립은행 설치, 화륜선의 건조 및 군항 설치[17] 등 조선의 자주자강에 필요한 서양 과학기술의 채용이 주장되었는데, 그 반면 기독교를 포함한 일체의 서양사상은 배제되었다. 따라서 이 '동도서기'론은 주자학적 교조주의의 틀 속에서 새로운 시대 조류에 대응하려는 봉건 지식인이 가졌던 고뇌의 산물이었다고 할 수 있다. 즉 개국 후 서구 상품이나 기선, 무기 등 서양 문물의 우수성을 구체적으로 알게 되면서 위기의식이 심화되자 그들은 '채서採西'하는 것으로 그 돌파구를 열려고 했다. 이 '동도서기'론은 체제 측의 관점에서 당시 급속하게 확대되었던 개화사상과는 기본적인 차이를 가지고, 오히려 개화사상에 대한 과도기적 사상이라고 해야 할 성격을 갖고 있었다. 그럼에도 불구하고 그것은 단단히 뭉쳐 있던 주자학적 사유를 점차 전환시켜 근대적 사유의 초보적 형태인 개화의식을 서서히 보급시키는 역할을 담당했다.

이러한 새로운 사상의 출현은 서구 여러 나라를 '이적'으로 보았던 서양관을 변화시켜, 근대를 담당하는 계몽사상이 형성되어가는 사상적 전개의 제일보였다. 이제 교조주의로 뒷받침되었던 추상적인 전통적 세계상이 점차 붕괴하고, 민족적 이익을 상호 추구하는 국제관계 속에서 세계가 새롭게 파악되었다. 더구나 이러한 유교사상의 변용, 더욱이 그 해체는 근대사상의 형성에서 필연적 과정이었고, 조선뿐 아니라 같은 유교권이었던 중국이나 일본도 마찬가지 과정을 겪었다. 중국에서는 전통적 학문인 유학을 주체로 하고 서양의 학문을 실용으로 하는 '중체서용론中體西用論'이 주장되었으며, 일본에서는 '동양도덕·서양예술', 혹은 '화혼양재和魂洋才'가 제창되었다. 조선·중국·일본에서 볼 수 있는 이러한 과도적 사상은 서양 문명에 거부반응을 나타내면서도 그 극복 방법으로 동양의 도덕과 서양의 과학기술을 결합시킨다고 하는 사상적 전환기에 불가피한 것이었음을 보여준다.

아무튼 '동도서기'론에서 종래의 주자학과는 다른 사상이 싹텄는데, 거기에는 구교육과 구별되는 새로운 교육을 주장하는 논리도 포함되었다. 그것은 말할 필요도 없이, 서양 과학기술의 도입은 그것을 수용하기 위한 교육을 필요로 했기 때문이다. 구체적으로는 개화도서의 간행이나 외국어 교육에 대한 주장[18]뿐만 아니라, 유학생(사절단) 파견

[19]이나 기술 습득을 중심으로 한 국민교육의 전개[20]가 논의되었다. 또한 지석영(池錫永, 1855~1935)의 상소[21]에서 볼 수 있듯이, 개화서적 및 각종 문명의 이기利器를 수집하고 지식의 보급을 전제로 하는 기기 제조와 서적 간행이 이루어졌다. 여기서 '서양기술'은 사상적으로 양립하지 않는 조선과 서양을 결합시키는 매개체 역할을 담당했다. 즉 봉건유교 체제하에서 과학기술을 경시해왔던 조선은 종래 가장 부족한 기술을 서양에서 배움으로써 이질적 문화권과 자주적으로 접촉하고자 하는 사고를 갖기에 이르렀다. 더구나 그것은 단지 기술에만 머무르지 않고 그 모태인 서양의 사상 및 제도를 수용하는 계기를 창출해내었다.

지금까지의 내용을 정리해보면 1881년에 개화정책에 반대하는 위정척사론이 격렬하게 주장되었고, 다음 해인 1882년에 그에 대응하는 '동도서기'론이 활발하게 전개되었다. 그러나 다른 한편에서 개화파 인사의 활동에 의해 사회의 전면적 변혁을 의도하는 개화사상이 착실히 성장하였다. 더구나 1882년부터 1883년에 걸쳐 미국·영국·독일과 수호조약이 체결되고, 그 후 러시아·프랑스와도 조약이 체결됨으로써 개화의식은 더욱더 고양될 수 있는 계기를 맞이했으며, 또 개화파 세력의 정부 진출도 더 한층 촉진되어갔다.

그러나 당시 허약해진 조선의 봉건정부는 만성적인 재정난에 더해 여러 외국과의 외교관계 수립이나 정부기구의 개편에 수반하는 지출의 증대, 일본인 상인의 진출에 따른 식량 부족, 곡물 가격의 앙등, 수공업의 파괴 등으로 인해 커다란 위기에 빠져 있었다. 이러한 위기는 가혹한 민중 수탈로 귀결되었는데, 그 결과 일본의 침략과 민씨 정권의 가렴주구苛斂誅求에 반대하는 병사와 도시빈민은 1882년 7월 임오군란壬午軍亂을 일으킴으로써 과감한 반침략·반봉건 투쟁을 전개했다. 더욱이 서구 여러 나라의 조선 진출은 이러한 봉건체제의 혼란을 한층 더 복잡하게 만들었다. 그렇지만 1884년경까지 조선이 일본이나 서구 여러 나라의 조선 진출로 봉건사회에서 반半봉건·반半식민지 사회로 넘어가기 시작했다고는 해도, 조선의 정치와 경제적 지배권은 외국 열강에게 완전히 장악될 정도는 아니었다. 즉, 봉건 통치계급과 농민·도시빈민의 계급대립이 기본모순으로 존재하면서도 자주독립과 부국강병을 정책적으로 달성해갈 수 있는 여지는 충분히 남아 있었다.

Ⅱ. 개화파의 계몽활동과 교육사상

1. 개화파의 형성과 개화사상

첨예화한 국내 정세 속에서 정치적 변혁을 시도한 것은 김옥균(金玉均, 1851~1894)·박영효(朴泳孝, 1861~1930)·홍영식·유길준·서재필 등의 개화파 세력이었다. 그 기반인 개화사상은 서구 열강의 아시아 진출을 계기로 1860년대의 위정척사사상 및 동학사상과 함께 조선의 근대를 담당한 민족사상으로 형성되기 시작해, 서구의 근대사상을 적극적으로 흡수함으로써 자본주의 세계에 편입된 조선의 자주자강을 실천하는 근대사상으로 성숙되어갔다.[1]

이러한 개화사상의 근원은 실학사상에서 찾을 수 있는데, 특히 실학사상가인 최한기(崔漢綺, 1803~1873)는 당시의 제약 조건 속에서 천문학·지리학·물리학·수학 등의 광범위한 학문을 연구함으로써 자연과학을 주자학적 관념론의 범주에서 해방시켰고, 또 서양기술을 수용하는 철학적 기반을 구축하는 동시에 실학사상과 개화사상을 잇는 교량 역할을 했다. 따라서 개화사상은 실학의 연장선상에서 근대로 향하는 사상의 영역에서 주체적 자기전개를 나타내는 것이었는데, 실제로 개화사상가는 실학자들의 저작을 열심히 연구했다. 특히 실학파의 거장 박지원(朴趾源, 1737~1805)의 문집인 『연암집燕岩集』에서 많은 실학적 전통을 배웠다. 또한 김옥균·홍영식·서광범·박영교 등의 청년 지식인은 박지원의 손자이며 당시 사상적·정치적으로 커다란 위치를 점했던 박규수로부터 실학사상 및 격변하는 외국의 정세나 시국에 대해 많이 배웠다. 뿐만 아니라 위원(魏源, 1794~1856)의 『해국도지海國圖誌』로 대표되는 개화도서의 입수·연구에 진력했던 역관 오경석(吳慶錫, 1831~1878)이나 의관 유대치劉大致 및 개국 후 그때까지의 중국 통로를 바꿔 일본에서 의욕적으로 신문명을 섭취했던 개화승開化僧 이동인(李東仁, ?~1881)의 선구적 노력도 개화파 인사의 사상적 성장에 지대한 공헌을 하였다.

따라서 조선근대의 개화사상은 봉건적 틀 내에 머물러 있던 실학사상을 기반으로 하면서도 새로운 서양사상과 서양 문물의 지식을 포섭함으로써 조선의 근대적 개혁을 담당하는 사상으로 형성되었다. 그리고 이러한 개화사상의 성숙을 배경으로, 주자학적 명분주의의 입장을 견지하고 서양 문물을 배격했던 위정척사적 사상 풍토 속에서, 1870년대 후반에 김옥균을 중심으로 하는 정치세력으로 개화파가 성립했고, 1880년대에 들어서는 적극적인 활동을 전개하게 되었다. 더욱이 개화파는 조선근대의 지도적 그룹으로서 결국 정국의 중심에 위치함과 동시에 근대국가 건설의 담지자가 되었는데, 사회적 신분은 그때까지의 봉건적 지배층과 같았다. 즉 실학사상과 개화사상의 교량 역할을 했던 최한기·박규수가 양반의 명문 출신이었던 것에 반해 개화사상의 선구자였던 오경석·유대치는 중인 출신이었고, 또 이동인은 당시 사회에서 가장 낮은 신분인 승려였다. 엄격한 봉건적 신분질서와 지배계급인 양반유생의 재생산을 담당하는 과거 체제하에서 정치에 관여하지 않고 오로지 실무에 종사했던 중인과 승려가 새로운 사상의 창시자가 되었던 것은 결코 우연한 일이 아니었다.[2] 그러나 낮은 신분으로 인해 그들은 봉건적 사회의 두터운 벽에 막혀 개화운동의 추진 주체가 되지 못한 채, 김옥균 등의 명문 출신 양반에게 압력을 가할 수밖에 없었다. 실제로 개화파의 주요 인물인 김옥균·박영효·홍영식·박영교 등은 모두 유교적 한문교육을 받고 성장한 명문 출신의 양반으로 장래가 촉망되는 소장 관료였다.

1880년대에 역사무대에 등장한 개화파는 정치적 주도권을 확보하기 위해 어느 정도 일본의 세력을 이용하려고 했는데, 그것은 민씨 정권의 반동적 정책에 대결하기 위해서만이 아니라, 일본이 메이지유신에서 이룩한 근대적인 여러 개혁의 성과에 주목했기 때문이기도 했다. 특히 김옥균·박영효의 도움으로 1879년에 도일渡日한 개화승려 이동인이 도쿄에서 메이지 계몽사상가의 거장인 후쿠자와 유키치와 접촉한 것은 개화파와 일본의 교류를 심화시키는 계기가 되었다. 1881년에 '신사유람단'에 참가했던 유길준·유정수 2명이 경응의숙慶應義塾에 입학한 것을 시작으로, 1882년 2월에는 김옥균·서광범이, 또 같은 해 9월에는 수신사 일행으로 박영효와 홍영식이 일본에 건너갔는데, 그들 모두는 후쿠자와와 접촉했다. 특히 수신사는 정사正使 박영효, 종사관從事官 홍영식, 수행원 서광범, 고문 김옥균을 포함해 큰 규모로 구성되었는데, 그 후 개화파와 일본의 결합을 크게 촉진시켰다. 그중에서도 김옥균은 수신사 일행이 귀국한 후에도 일본에 남아 일본의 재야인사와 교류를 깊이하면서 조선의 개화방책을 연구했는데, 이 과정에서 조선 진출을 꾀하고 있던 후쿠자와는 김옥균에게 커다란 관심을 기울이게 되었다.

최초의 유학생이 된 유길준은 "일본에 가서 민중의 근면한 습속習俗과 사물이 번영한 모습을 보고, 단지 추측했었던 것과는 실정이 다르다는 것을 알았다. …… 일본의 시설이나 제도 가운데 서양의 것을 모방한 것이 10개 중 8~9는 된다. 원래 일본은 네덜란드와 통교한 지 약 200년이 되는데, 그들을 이적夷狄으로서 배척하고 소홀히 대해왔다. 그런데 서구 여러 나라와 조약을 체결한 후 교류가 친밀해짐에 따라 시대의 변화를 잘 관찰하고 그들의 장점을 받아들여 제도를 답습함으로써 이와 같은 부강을 달성할 수 있었다. 붉은 머리털에 파란 눈을 가진 서양인 중에는 재예견식才藝見識이 뛰어난 자가 반드시 있으며, 지금까지 생각했던 것처럼 아무것도 모르는 야만인은 아닌 것 같다"[3]라고 하면서, 서양 문명을 받아들였던 일본이 예상을 뒤엎고 상당한 발전을 한 것에 놀라움을 나타내면서 서양에 대한 이해를 심화시켰다. 여기서는 일본과 서양을 하나로 보는 위정척사적 이적관이 배제되어 있을 뿐만 아니라, 서양의 문물제도를 기독교와 분리해서 파악하였다. 유길준의 이러한 관찰에서 시작하는 개화파의 일본문명관은 기본적으로 서양 과학기술이 단기간에 도입·소화된 것이었다는 인식이었다. 이는 일본이나 서구 여러 나라의 조선 진출이 아직 본격화되지 않고 있던 역사 단계에서 조선의 선진적 지식인이 서양 문명의 본질과 그 위력을 올바르게 이해하고 있었음을 의미한다.

그러나 이렇게 형성된 개화파는 확고한 세력 기반을 구축하지 못한 채, 종래부터 종주국이었던 청국과 그에 결탁한 국내 보수반동 지배층의 도전을 받아야 했다. 특히 개화파와 수구파의 대립은 개화파의 중심인물인 김옥균과 수구파의 중심인물인 민영익(閔泳翊, 1860~1914)의 대립으로 진전했다. 민영익은 수호조약 체결의 보빙사報聘使로서 1883년 미국에 특파되어 선진 문명을 상세히 견문하고 왔음에도 불구하고, 개화파의 기대를 배반하고 더욱 청국 측으로 기울어 있었다. 그리고 수구파의 방해와 곤란한 재정 문제에도 근대적인 여러 개혁의 실현에 분주했던 개화파는 정부 내에서의 입장이 급속히 악화되자 일본의 세력을 이용하여 일거에 개혁운동의 달성을 기획하고, 1884년 12월 4일(음력 10월 17일) 쿠데타로 권력 탈취를 꾀하는 갑신정변[4]을 실행했다.

그런데 개화파의 활동을 뒷받침한 개화사상은 급진적 개화파로서 갑신정변을 기획했던 김옥균·박영효와 갑신정변에 참가하지 않았던 유길준 사이에 약간의 차이가 있었다고 해도, 그 총체로서는 기본적으로 일치한 내용을 갖고 있었다.

유길준은 『서유견문』 제14편의 「개화의 등급」에서 개화를 '행실의 개화', '학술의 개화', '정치의 개화', '법률의 개화', '기계의 개화', '물품의 개화'로 나누고, 그 실현의 정도에 따라 각국을 '개화', '반개화', '미개화'의 3등급으로 구별하고 있다. 여기서 개화를 "인간의 천사만물千事萬物이 선善에 이르고 미美가 극진한 영역에 도달하는" 것으로 규정하고, "개화의 경역境域은 한정할 수 없으며", 따라서 천하고금天下古今의 모든 분야에 걸쳐 "개화가 극진한 곳까지 도달했던" 나라는 없다고 했다.[5] 여기서 개화는 역사 발전의 과정으로 파악되었으며, 또 그것은 아주 낙관적이고 진보적인 역사관을 나타내는 것이었다. 그리고 개화란 행실行實(품행의 의미-필자 주)·학술·정치·법률·기계·물품 등 인간생활 전반에 걸친 개혁을 의미하는 것이고, 그를 위해 서구의 우수한 기술문명을 수용하고 그것을 수용하는 데 필요한 교육 활동을 포함하는 것이었다. 여기서는 인간 그 자체가 매우 중시되어 역사의 주체로서 주장하고 실행해가는 '개화의 주인'[6]이 될 것을 강조했다. 이렇게 유길준은 고정적 인간관계를 중시하는 주자학적 세계관이나 혹은 단순한 과학기술의 도입을 주장하는 '채서론'과는 달리, 개화를 인간학적 범주에서 파악하고 사회 전체의 개혁을 주장했다. 그것은 본질적으로 자본주의 사회를 염두에 둔 것이었다.

열강의 각축이 격화하고 아시아가 식민지 쟁탈의 무대가 되는 상황하에서, 개화사상은 자주자강을 도모함으로써 대외적 독립과 대내적 부강을 달성해야 한다는 중요한 과제를 짊어지게 되었다. 그러나 당시의 국내 정세가 매우 심각했기 때문에 개화사상은 외래 침략자에 대한 경계보다 국내 체제의 부르주아적 개혁에 더욱더 큰 비중을 두게 되었다. 그리고 국가·군주·민중의 구도 속에서 군주가 맡아야 할 역할을 중시했던 김옥균·박영효·유길준은 모두 입헌군주제를 채용함으로써 '위로부터'의 개혁을 수행하려고 했다. 그때 유길준은 입헌군주제의 수립을 주장하면서도 "그러나 민중의 지식이 부족한 나라는 갑자기 그 민중에게 국정참여권을 주어서는 안 된다. 만약에 배우지 못한 민중이 학문을 닦지도 않은 채 타국의 훌륭한 정체를 바란다면, 그것은 나라에 큰 혼란의 씨앗을 뿌리게 된다. 따라서 위정자는 민중을 교육하고 국정 참여의 지식을 갖게 한 후에 이러한 정체에 대해 논의해야 한다"[7]라고 서술함으로써 민중의 무학無學을 개탄함과 동시에 민중의 혁명적 에너지에 대해서는 아주 커다란 경계심을 나타내는 태도를 취했다.

개화사상가가 지향했던 근대적 입헌군주제는 봉건적 전제군주제와는 본질적으로 구별되는 부르주아 국가이며, 지주·자본가를 비롯한 지배계급의 이익을 옹호하는 것이었다. 거기서는 민중의 안녕은 국가의 안태를 좌우하는 가장 기본적인 과제가 되었고, 그 때문에 개화사상가는 민심의 안정에 기초한 국내 체제를 확립하기 위해 법과 교육을 대단히 중시했다. 사실 유길준이 "민중의 권리는 자유와 통의通義를 지칭한다"[8]라고 말한 것에서 상징되듯이, 개화사상에서는 인간의 자유와 사회 공통의 도리로서 보편적 규범이 강조되었다. 자유는 태어날 때부터 인간이 가진 천부적인 것으로 누구라도 빼앗을 수 없는 기본적 권리이다. 그런데 현실의 사회생활은 그러한 자유를 규제하는 보편적 규범이 지켜질 때 비로소 유지될 수 있다. 즉 유길준에게 자유와 통의는 분리할 수 없는 인간 존재의 기본 개념으로 파악되었고, 그는 개화사회를 실현하는 데 이러한 이념의 실천이 필요하다고 강조했던 것이다. 자유와 통의는 사회계약에 기반을 둔 법에 의해서만 실현되며, 또 그 법은 궁극적으로 교육을 통한 각자의 자각에 의해 사회에 정착한다. 따라서 "민중의 교육이 부족하면 자유의 좋고 나쁨, 통의의 참과 거짓을 이해하지 못하고, 권리를 오용하는"[9] 폐해를 초래한다. 그러므로 민중의 권리를 서로 향유하기 위해서는 무엇보다 교육에 힘을 쏟아, 민중이 지켜야 할 지식을 갖도록 하는 것이 정치의 대도大道이다. 더욱이 민중의 권리가 옹호되어야 비로소 국가의 권리도 보증되고, 개인이 독립해야 비로소 국가의 독립도 가능해진다. 이러한 논리 전개를 볼 때, "국가의 대본大本은 교육하는 데 있다"[10]라는 유길준의 사상이 한국근대 부르주아 민족운동의 기본 과제인 자주독립 및 부국강병과 불가분으로 결합되어 있다는 점을 알 수 있다.

법과 교육을 주장하는 개화사상의 목적이 근대국가의 건설에 있음은 말할 필요도 없지만, 그 사상 전체에는 자주와 애국이 기본정신으로서 관철되어 있었다. 더욱이 이 정신은 단지 사상으로서만이 아니라 개화파의 정치활동 속에서도 구체화되었다. 이처럼 당시의 봉건체제를 단번에 뒤엎을 만한 사회세력이 아직 형성되지 않았고, 또 그것을 뒷받침해줄 만한 사상적 성장도 미숙한 가운데 개화사상은 조선의 위기를 타개하고 근대국가를 건설하기 위한 유일한 사상적 무기가 되었다. 그리고 개화사상가는 국내 체제의 개혁을 선결 과제로 제기하였고, 입헌군주제를 실현하는 데 현실적 장애가 되었던 무위도식하는 팽대한 양반을 비난의 대상으로 삼았다. 김옥균은 『지운영사건규탄상소문池運永事件糾彈上疏文』에서 "민중이 물건 하나를 만들면 양반관리의 무리들이 이것을 가로채고, 백성이 고생하여 조금을 벌어들이면 양반관리 등이 와서 이것을 약탈한다"라고 유리걸식하는 백성이 전국에 가득 차 국력이 날로 소모되는 모습을 서술하면서, "지금 세계가 상업을 주로 하여 생업의 대부분을 경쟁하는 때를 맞이하여 양반을 없애고 그 폐해를 완전히 제거하지 않는 한, 국가는 멸망의 길을 밟을 뿐이다"[11]라고 하면서 봉건적 양반계급의 일소一掃만이 부국강병의 제일보라고 역설했다. 이러한 주장은 문벌을 폐지하고 민권을 확장하며 민중의 신뢰를 얻어야만 구체적인 부국강병책을 실시할 수 있다는 논리로 이어졌다.

국가의 근대적 건설을 뒷받침하는 민권의 확장은 박영효가 『건백서』[12]에서 더욱 명쾌히 논했는데, 개화사상의 기본적 특징인 자주·애국이 민중의 권리를 옹호함으로써 그 내실을 가질 수 있다고 한다면, 민권을 확립하기 위한 계몽활동이 불가결한 실천 과제로 요청되었던 것은 당연했다. 그리고 이 계몽활동은, 부르주아적 개혁 없이는 민족적 독립을 확보할 수 없고 민족적 독립 없이는 자본주의적 발전을 기대하는 것도 불가능하다는 당시 조선 사회의 역사 단계에서, 개화파가 정치적 기반을 확대하기 위해서도 필요한 것이었다. 이러한 의미에서 개화사상은 본질적으로 자주·애국·계몽을 유기적으로 결합하는 것이기도 했다.

그런데 계몽이란 칸트의 말에도 나타난 것처럼, 인간이 자기의 이성을 스스로 사용할 자유와 용기를 갖는 상태에 이르도록 하는 것을 의미한다. 그리고 개화사상에서의 계몽도 이념적으로는 근대서양에서 전개되었던 그러한 계몽주의 사조의 흐름을 갖는 것이었다. 그러나 각 사회가 놓여 있는 역사적·문화적 조건의 차이에 따라 조선의 계몽주의는 서양의 계몽과는 다양한 점에서 다른 양상을 드러냈다. 영국이나 프랑스에서 계몽주의의 의미가 정치적·경제적 조건의 변혁을 문제로 하는 동시에 인간 사유 방식의 변혁을 과제로 했음에 비해, 조선의 계몽주의는 인간정신의 전환에 중점을 두기보다는 단기간에 근대국가를 형성하는 데 커다란 비중을 두었다. 그 때문에 조선의 개화사상은 계몽의 대상으로서 인간에게 관심을 가졌던 것이 아니라, 부강한 근대국가를 건설하기 위한 수단으로서 인간에게 관심을 가졌다. 여기서 그 이유를 몇 가지 든다면, 첫째로 자본주의 열강의 침략이라는 대외적 위기를 배경으로 개화파가 어떻게 근대적 국가기구를 건설할 것인가라는 절박한 과제에 직면해 있었다는 점, 둘째로 국내의 계급대립이 극한에 달했고 더욱이 주자학적 사유가 전일적으로 지배해 새로운 사상을 수용할 수 있는 유연성이 결여되어 있었다는 점, 셋째로 그러한 상황에서 선진 사상의 실천자여야 할 개화사상가가 지배계급에 속해 있었다는 점, 넷째로 개화파가 그 목적 달성을 위해 자본주의 침략세력을 이용함으로써 개화사상과 그 계몽의 대상인 일반 민중과의 괴리·대립이 증폭되었다는 점 등을 들 수 있다.

유럽 근대의 계몽주의는 근대적 통일국가의 성립을 전제로 그 통일국가를 어떻게 이성화하고 국민화해가는가, 즉 근대국가로서의 내실을 어떻게 획득해가는가를 문제로 삼았다. 거기서는 개인의 자유나 권리에 대한 관념은 국가권력에 대항하는 형태를 띠고 전개되었다. 그에 비해 조선은 명목적으로 통일국가였다고는 하지만 봉건적 전제군주체제하에서 아주 혼란스러운 상황을 노정하고 있었고, 조선의 계몽주의는 주자학적 사유를 타파하고 일반 민중을 새롭게 건설해야 할 근대국가의 담지자로 육성해갈 충분한 시간적 여유를 가질 수 없었다.

김옥균·박영효·유길준은 농민을 주체로 한 민중의 안녕이 나라의 근본이며, 또 계몽·교육이 부르주아적 부국강병을 실현하는 데 불가결한 요소라는 점에 관해서는 공통된 인식을 하고 있었다. 김옥균은 "우매한 민중의 교화를 문명의 도道로 삼아 상업을 일으키고 재정을 정리해……"[13]라고 내정개혁의 최우선 사항으로 '우민'의 교육을 들었고, 박영효나 유길준도 일반 민중의 교육을 국가 존립의 기초로 생각했다. 그러나 엄밀히 말한다면 그러한 교육 요구가 피착취계급에 대한 전면적 신뢰에서 출발한 것이 아니라, 그들이 이상으로 하는 부르주아 국가의 건설에 봉사해야 할 도구로서 한정된 범위 내에서만 민중의 문명화를 요구했던 것이다. 다시 말하면, 개화사상에서 교육의 역할은 무엇보다 소란을 막고, 국가의 안태를 도모하는 데 있었다. 박영효는 무지하고 몰상식하며 방탕하고 무뢰한 무리는 시비곡직是非曲直을 구별할 수 없고, 국법도 몰라 한번 민란이 일어나면 거기에 편승해 참혹하고 흉폭한 행위를 제멋대로 하여 눈앞의 이익을 위해 말로 표현하기 어려운 악행을 행하며, 이와 반대로 조금이라도 교육을 받아 학식의 귀중함을 아는 자는 심력心力을 다하고 재산을 털어서라도 학업에 노력하며 사회에 공헌한다고 했는데, 정부는 '화禍를 미연에 방지'하기 위해 교육에 힘써야 한다고 주장했다.[14] 치안을 위한 교육이라는 이러한 발상은 프랑스 혁명에서 민중의 진보적 역할을 전면적으로 부정했던[15] 유길준에게서 더욱 명확하게 논의되었다.

이와 같이 김옥균·박영효·유길준에게 민중이란 사회혼란을 일으킬 수 있는 위험한 존재였고, 교육 없이는 국가의 일원으로 인정될 수 없는 우민에 불과하였다. 환언하면 조선의 개화사상에서 민중관은 자각한 혹은 자각할 능력을 가진 민중이 아니라, 지배계급이 손을 뻗어 혼란을 일으키지 않도록 계몽해야 하는 우민이었다. 그들에게 민중이란 동정해야 할 민중이기는 했지만 함께 신사회를 건설해나갈 동맹자는 아니었으며, 오히려 부르주아 계급에 이익을 가져다주어야 할 봉사자였다. 그리고 박영효나 유길준의 저작에서 사회개혁에 대한 제안이 구체적이고 높은 수준이었음에도 불구하고, 그 사상 전체 속에서 주장된 계몽은 민중의 자주적인 노력을 끌어내려는 사고가 결여된 것으로, 군주의 정치적 영지英知에 호소하고 위정자의 이성에 기대하는 계몽전제주의에 불과했다. 따라서 그들이 주장하는 개화 그 자체도 일부의 개화 엘리트가 추진 주체가 되는 '위로부터'의 개혁이었고, '아래로부터'의 반봉건·반침략 투쟁에 근거한 것은 아니었다.

이를 사상적으로 말한다면, 개화사상은 위정척사사상이나 동학사상과 격렬한 대립을 거듭하면서도 조선의 근대적 개혁을 뒷받침하는 지도 이념이 되었다. 그것은 과학기술의 측면에서 '채서採西'를 주창했던 '동도서기'론과는 본질적으로 구별되는 것으로, 그 주장에서 보아도 사회 전체의 변혁을 설파하는 것이었다. 다만, 근대사상의 하나로 당연시되었던 개화사상의 결함은 중국과 일본의 근대사상과 비교해 더욱 현저했다고 말하지 않을 수 없다. 그것은 조선의 개화사상이 개인의 자유나 인권, 혹은 보편적 근대문명보다 국가의 독립을 전면에 강하게 내세우는 경향이 있었다는 데 그치지 않는다. 이는 개화사상이 대응해야 할 역사적 과제의 곤란과 함께, 특히 그 사상 형성 과정의 특수성에서 찾아볼 수 있다. 즉 김옥균·박영효·유길준 등의 개화사상가는 문명국 일본을 강조하는 후쿠자와를 비롯해 일본의 지식인에게 배움으로써 일본의 조선 침략을 정당화하는 논리를 부지불식간에 갖게 되었고, 결과적으로 일본의 침략을 쉽게 받아들이는 사상적 토양을 구축하는 데 가담했다.[16] 더욱이 개화사상은 그 후 일본에 이어 조선에 진출하는 자본주의 열강, 특히 미국의 영향을 크게 받아들임으로써 사상 표현도 다양해졌다. 그 과정에서 개화사상은 근대 부르주아 민족운동을 뒷받침하는 진보성을 갖는 동시에, 항상 외래 침략 세력에 이용되는 결함도 계속 갖게 되었다.

2. 개화파의 계몽활동과 개화 교육사상의 특징

1884년의 갑신정변은 결과적으로 실패했지만, 그것은 개화사상을 사상적 무기로 하는 정치적 변혁의 시도였다. 정변의 과정에서 개화파가 국정개혁안으로 제출했던 '갑신정강甲申政綱'[17]은 조선의 근대에서 아주 큰 역사적 의의를 갖는다. 그러나 개화파가 일본 세력을 이용함으로써 도리어 그에 반발하는 청국의 개입을 초래한 것은 조선의 부르주아 개혁운동이 처음부터 열강과의 대결이나 타협, 혹은 탄압에 직면할 수밖에 없었다는 것을 의미했다. 조선 개화운동의 이러한 특징은 조선 사회의 발전을 기형화시키고 척사적 사상의 만연과 개혁의 지연이라는 악순환을 초래함으로써, 그 후 조선 사회의 발전을 낮은 단계에서 머물도록 억눌렀다.

조선의 근대적 개혁이 갑신정변의 실패로 일시 중단되었다고는 해도, 조선이 이미 자본주의 세계에 편입되어 있었으므로 그것은 피할 수 없는 시대의 추세였다. 더욱이 갑신정변 이전에 수구파의 압력으로 참의교섭통상사무參議交涉通商事務, 동남제도개척사 겸 관포경사東南諸島開拓使兼管捕鯨事, 이조참의吏曹參議, 호조참판戶曹參判 등의 정부 관직을 전전해야만 했던 김옥균을 중심으로 전개된 개화파의 정력적인 계몽활동은 사회 각층에 커다란 의식변혁을 불러일으키기 시작했다. 원래 개화파는 개화의 방책으로 (1) 국왕의 개명화에 노력하고, (2) 정부 안에서 부분적 개혁에 착수하며, (3) 근대적 신문을 발행하여 개화사상을 보급시킨다고 하는 세 가지 방법을 사용하여 '위로부터'의 부르주아적 개혁을 실현하려고 했다.[18] 그리고 갑신정변 실패 후의 개화정책은 이러한 개화파의 활동에 영향을 받은 국왕과 잔존 개화파 세력, 즉 점진적 개화파라고 불리는 일부 정부 관료에 의해 추진되었다. 이 경우 국왕, 혹은 김윤식을 비롯한 점진적 개화파가 실행했던 개화정책은 본질적으로 봉건지배계급의 이익을 지킨다는 성격을 강하게 가지면서, 그때그때의 정세에 따라 청국·일본·미국·러시아 등의 외국 세력과 결탁하여 실시되었다.

그런데 김옥균 등의 개화파 인사에 의해 추진된 계몽·교육 활동은 조선의 근대적인 여러 개혁의 출발점이 되었고, 특히 그들이 제시한 교육사상 및 교육개혁안은 조선근대교육의 원점이 되었다.

우선 무엇보다 개화파는 신식군대의 설립, 경찰제도의 창설 등 근대적 사업 추진에 필요한 간부 양성 문제의 해결을 위해 정부로 하여금 다수의 유학생을 일본에 파견하도록 하는 계획을 세웠다. 그러나 실제로 개화파와 격렬하게 대립했던 민씨 정권이 그 예산조치를 강구하지 않았기 때문에, 김옥균은 후쿠자와 유키치 등의 주선으로 일본은행에서 차관을 받아 그 일부인 25,000엔円을 유학생 파견비용으로 충당했다. 그리고 1883년 3월 향반(지방의 양반-필자 주)·중인·상민 출신으로 이루어진 우수한 청년 61명을 선발해 유학생으로 일본에 파견했다.[19] 또 이러한 유학생 파견 사업과 병행하여 개화파는 근대적 신문과 서적의 간행을 준비했는데, 특히 박영효는 일본에서 귀국한 후 한성부 판윤에 임명되자마자 곧 박문국을 설치하고 조선 최초의 근대적 신문 발행에 착수했다. 박영효는 이후 수구파와의 대립으로 어쩔 수 없이 좌천되었지만, 신문사업은 정부 내의 김윤식·김만식 등으로 이어져 후쿠자와 문하인 이노우에 가쿠고로井上角五郎의 기술적 원조를 받아 1883년 10월에 『한성순보』가 창간되었다.

관보로 창간된 『한성순보』는 '국내사보', '각국근사各國近事', '논설' 등의 기사를 통해 개화파의 주장을 대변했는데, 순한문을 사용했고 또 그 편집이 급진적 개화파가 아니고 점진적 개화파에 의해 주도되었음에도 불구하고, 적지 않은 계몽적 효과를 올리게 되었다. 거기서는 국내 정세와 함께 각국 사정을 소개하는 방식으로 근대 과학지식이나 자본주의 여러 나라들의 동향을 설명하고, 또 서구의 이념이나 제도를 체계적으로 선전함으로써 서양 문명의 수용을 도모하였다. 따라서 그 내용은 지리·자연과학 등의 일반 지식에서부터 기술·기계 등의 실용 지식, 각국역사, 국제분쟁 등의 수준 높은 정치문제에 이르기까지를 포괄하는 백과전서적인 것이었다. 더불어 『한성순보』에는 개화파가 의도하는 국내 개혁의 기본 방향, 예를 들어 군권君權의 축소와 민권

民權의 확장, 입헌군주제, 삼권분립, 민회설립 등이 서구 각국을 사례로 하여 소개되었고, 그러한 기초 지식 아래 김옥균의 '치도약론治道略論', '회사설會社說' 등 문명개화와 부국강병을 지향하는 구체적인 부르주아적 개혁안도 주장되었다.

그렇다고 해도 당초의 의도와 달리 『한성순보』가 순한문을 사용[20]했던 것은 당시 조선 사회에서 개화사상의 침투가 얼마나 곤란했는가를 시사한다. 부르주아 사회의 건설을 지향하는 개화파에게 국민대중의 계몽은 제1의 과제이고, 그를 위해서는 국문이나 국한혼용문의 사용은 불가결했다. 왜냐하면 종래의 유교적 한문은 인격 도야나 지식 보급, 사회적 합의나 연대의 육성, 즉 근대시민사회의 형성에 커다란 장애가 되었기 때문이다.

원래 조선이 고유의 문자를 가졌던 것은 조선 제4대 국왕 세종이 1446년에 훈민정음을 제정한 이후로 그것은 '정음正音', '언문諺文', '국문國文' 등으로 불렸다. 그러나 지배계급이 난해한 한문을 독점하고, 그것을 기초로 과거 체제를 지속시키면서 봉건적 특권을 유지했으므로, 이 뛰어난 조선 문자는 수백 년에 걸쳐 부녀자와 서민들만 사용해 왔다. 사실상 『한성순보』가 창간된 1883년을 전후한 시기에 이러한 국문이 갖는 의의를 이해하고 있었던 조선의 지식인은 극히 적었다. 유길준과 함께 최초의 유학생으로 일본에서 배웠던 윤치호도 국문 사용을 주장했는데, 유학생이 먼저 국문의 의의를 인정한 것은 외국에서 신문명을 접촉함으로써 과거 합격을 위한 한문 학습이 개화에 얼마나 커다란 장애가 되는가를 자각했기 때문이었다. 더구나 그 당시 오직 관념적이고 사변적인 세계에 젖어 있던 조선의 지배층이 국문 사용을 단호히 반대했음에 비해, 오히려 과학적 사고의 세계에 있던 외국인들은 국문의 이점을 잘 이해했다. 박영효가 좌천된 후 『한성순보』의 발간 책임자가 되었던 김만식이나 점진적 개화파였던 김홍집이 외국인(나가사키長崎 주재의 일본 영사 W. G. Aston 및 조선 주재 미국 공사 Lucius H. Foote)의 국문 사용 권고에도 불구하고 국문을 읽을 수 없다는 이유로 거절했던 것도 그 일례이다.[21]

여하튼 『한성순보』가 봉건 지식인에 대한 계몽·교육을 통해 구학문·구교육의 극복과 신학문·신교육으로의 전환을 의도했던 것은 말할 필요도 없다. 그것은 대의명분적인 '허학虛學'을 버리고 근대과학으로 뒷받침되는 '실학實學'을 섭취하려는 싸움이기도 하였다. 그러한 예로서 『한성순보』 제15호의 '각국학업소동'[22]에서 서양 각국의 학교는 모국어로 교육하고, 교과 내용도 독서·작자作字, 심산心算, 지구도설地球圖說 등이라고 하면서, 그 연원을 그리스·로마시대로까지 거슬러 올라가 설명했다. 그리고 코페르니쿠스와 베이컨 등에 의한 근대과학·학문의 수립을 개략적으로 설명함으로써 조선의 주자학적 사유와 고전의 반복 학습을 간접적으로 비판했다.

또한 『한성순보』는 서양의 근대교육제도와 교육 상황을 소개함으로써 조선에서도 근대교육을 시작해야 한다고 요청하였다. 역시 제15호의 '학교'[23]에서는, 서양 여러 나라에 학교가 설치되지 않은 곳이 없고, 그 종류는 소학교·중학교·대학교로 나뉘어 있다고 하면서 학교의 개념에 관해 설명했다. 즉, 소학교는 촌락마다 있고 5세부터 13세까지의 아이들이 남녀귀천의 구별 없이 의무로 취학한다. 중학교는 부현府縣에 2~3개씩 있고, 농업·공업·상업·외국어 등의 여러 학과가 있다. 대학교는 수도에 설치되어 이학·화학·법학·의학 등의 학과목을 두는데, 학생들은 모두 총명하고 재기가 있으며 치국·경세에 뜻을 가진 사람들이라고 했다. 여기서는 의무교육의 실시 방법이나 구체적인 법제, 교과 내용, 학교의 규모, 경비 부담 방법, 시험제도 등에 걸친 서양의 근대적 교육제도의 요점을 조선과 중국의 사회제도에 바탕을 둔 용어를 사용해 설명하고 있다.

『한성순보』의 근대교육에 관한 설명은 특히 소학교의 의의와 의무교육의 필요성을 강조하는 데 중점이 두어져 있었다. 제32호 '태서泰西각국소학교'[24]에서는 "특히 소학교는 오직 국내의 아이들을 계몽하기 위해 설치된 것이다. 아이들이 책을 통해서 도리를 분명히 하고 사회에 봉사하며 법을 지키게 하고, 또 읽기와 쓰기를 통해 자립의 생활을 가능하게 한다. 이것은 일생의 대사大事이다"라고 하면서, 국가가 교육에 힘을 쏟는 이유는 아이들에게 자립적 사회생활을 영위할 수 있는 능력을 갖게 하는 데 있고, 이것이 부국강병의 기초임을 시사하고 있다. 그리고 세계 31개국의 취학률을 열거한 뒤에 특히 일본의 소학교에 대해서, 학교 수 28,742개교, 교원 76,605명, 학령 아동 수 5,615,007명, 그중 취학하는 학생이 2,109,217명이라는 구체적 숫자를 열거했던 것은 조선에서 초등교육의 실시에 큰 기대를 걸었기 때문이었을 것이다.

그러나 개화파의 계몽활동이 유학생 파견 등 일부에서 결실을 맺었다고 할지라도, 당시 근대교육의 실시는 지지부진하여 오히려 그를 위한 노력이 거의 이루어지지 않았다고 보는 편이 좋을 것이다. 개화파가 실제 정치 과제로 구상했던 교육개혁의 내용을 음미하기 위해, 각종 자료에서 볼 수 있는 갑신정변의 정강 중 다소라도 교육에 관계된다고 여겨지는 조목을 제시해보면, (1) 문벌을 폐지하여 민중의 평등권을 제정하고 재능에 따라 인재를 등용할 것, (2) 규장각[25]을 폐지할 것, (3) 과거 급제의 방법을 폐지할 것, (4) 내외의 공채를 모집해서 운수·교육·군비의 충실을 기할 것, (5) 국민은 일제히 단발할 것, (6) 준수한 청소년을 선발해 외국에 유학시킬 것 등이었다.[26] 이외에도 총 80여 조목에 이른다는 정강 가운데 교육에 관한 조목이 존재했을 가능성을 부정할 수는 없지만, 현재로는 이 여섯 조목 이외에는 알 수가 없다. 이 가운데 (1) 민중의 평등권이나 인재등용에 관해서는 국왕의 교서가 이미 내려졌다고는 하지만 실효성이 없었고, (2) 출판기관이었던 규장각의 폐지에 따른 근대적 출판조직도 이미 동문학同文學[27]이 발족되었지만 내용이 따르지 못했고, (3) (4) (5) 근대교육 발족의 사회적 기반은 거의 없다시피 했으며, (6) 외국 유학은 개화파의 노력으로 61명의 일본 유학생 파견으로 실현되었지만, 갑신정변의 실패로 대부분이 참살되거나 행방불명되었다. 따라서 만약 갑신정변이 성공했다면 근대교육이 비교적 빠른 시기에 발족되었을지도 모르겠지만, 조선이 역사적으로 물려받았던 구교육의 유산 및 당시의 전반적 상황으로 볼 때 신교육 실시는 아주 곤란한 사업이었다고 말하지 않을 수 없다.

그런데 급진적 개화파에 의한 정치적 변혁이 실패했다고는 하지만, 조선근대의 세 가지 사상, 즉 위정척사사상, 동학사상, 개화사상 가운데 근대교육의 추진을 뒷받침했던 것은 바로 개화사상이었다. 따라서 개화사상의 교육론은 우여곡절을 겪으면서도 구교육의 내재적 극복과 신교육의 전개를 지탱해주는 사상적 근거가 되었다.

김옥균은 국가 쇠약의 원인을, 일반 민중에 대한 기술교육의 부재와 지배계급의 무지·몰상식에서 찾았는데,[28] 유길준도 구교육을 "옛사람의 보잘것없는 찌꺼기를 선택하여 활용하는 기술과 힘이 없는"[29] 것이라고 엄격히 비판했다.

근대국가 건설을 지향하는 개화사상가는 이러한 구교육의 부정에서 출발해 국내 개혁의 근간을 이루어야 할 교육개혁안을 제기했다. 그중에서도 박영효는 『건백서』의 '교민재덕문예이치본教民才德文藝以治本'이라는 조목에서 교육은 자석과 마찬가지로 나아가야 할 길을 가르쳐주는 것으로, 사람은 교육을 받음으로써 비로소 자각할 수 있기 때문에 학교를 설립하는 것이 지금 국가의 급선무라고 주장하면서 교육개혁의 구체적 항목을 열거했다. 그 요점은 (1) 소·중학교를 설치해 6세 이상의 모든 남녀를 취학시킬 것, (2) 장년壯年 학교를 설치하여 한문 또는 언문으로 정치·재정·법률·역사·지리·산술·이화학대의理化學大意 등의 외국 서적을 번역하고, 소장 관료 및 장년의 선비를 교육하여 과거시험을 거쳐 문관으로 채용할 것, (3) 민중에게 국사·국어·국문을 가르칠 것, (4) 외국인 교사를 고용해 민중에게 법률·재정·정치·의술·궁리窮理 및 여러 가지 재예를 가르칠 것, (5) 서적을 널리 인쇄 출판할 것, (6) 박물관을 설치할 것, (7) 집회·연설을 허가하고 그 고루固陋함을 벗겨낼 것, (8) 외국어를 배워 교제交際를 편리하게 할 것, (9) 민간 신문의 발행을 허락할 것, (10) 종교의 자유를 인정할 것 등이었다.

박영효의 이 개혁안은 남녀평등과 봉건적 신분제도의 철폐를 전제로 하여 근대적 학교제도의 창설, 의무교육의 실시, 근대학문의 도입, 국사·국문의 중시 등을 주장했다는 점에서 조선교육사에서 획기적인 내용이었다. 더욱이 이 개혁안은 사대주의적 전통 속에서 그때까지 부분적으로 표명되었던 개화파의 신교육에 대한 지향을 확고한 정책적 지표로 집중적이고 체계적으로 표현한 것이었다. 국왕에게 제시한 『건백서』 가운데 분명했던 것은 박영효의 주장이 당연하게도 정부에 의한 '위로부터'의 교육을 강조했다는 점이다. 따라서 그 중점은 국민 자제에게 교육의 필요성을 설명하는 것이 아니라, 민중을 무지몽매한 상태로 방치했던 정부의 반성을 구하는 데 있었다.

이에 대해 일본 및 미국 최초의 유학생이었던 유길준[30]은 불충분했지만 근대교육을 실제적으로 받음으로써 더욱더 넓은 시야를 가지고 교육에 관해 논할 수 있었다. 그의 저서 『서유견문』 제9편 '교육하는 제도'는 학교의 개념을 설명하는 것에서 시작해, 학교에는 소학교(최초의 학교)·중학교(문법학교)·고등학교·대학교 등이 있으며, 대학의 교과목에는 화학·이학·수학·농학·의학·금석학·초목학·금석학·묘목학·금수학·법률학·기계학·각국어학 및 그 밖에 열거할 수 없을 정도의 많은 과목이 있다고 기록하고 있다. 학교제도에 이어 취학연령, 진급, 진학, 교사 양성, 교육비 부담 방법 등을 설명하고 있는데, 이것은 근대교육의 개요에 관해 조선에서는 처음으로 포괄적으로 소개하는 것이었다.

유길준은 이 외에도 『서유견문』의 여러 곳에서 과학기술교육과 국사·국문교육의 실시, 여자교육·아동교육·가정교육의 구별, 지·덕·체 균형의 필요성, 신문, 박물관, 식물원, 도서관 등 문화시설의 역할 등에 관해서도 서술하고 있다. 이러한 설명은 모두 조선에서 조기에 실현되기를 의도한 것이었다. 이러한 유길준의 교육개혁론은 박영효와 비교해 더욱 광범한 것이었는데, 그 실현 방법으로, 교육사업의 중요성과 긴박성에 비추어, 정부가 국가예산에서 우선적으로 이 분야에 자금을 할당하는 동시에 민중도 자발적으로 교육사업에 참여해야 한다는 것으로 '위로부터'의 노력뿐 아니라 '아래로부터'의 공민적 의무도 강하게 요구하였다.[31]

박영효와 유길준의 교육론은 세부적으로 약간의 차이가 있다고는 해도 대체로 일치하는 내용이 있었다. 즉 부국강병을 달성하기 위해 서구문화의 광범위하고 조직적인 섭취를 꾀하고, 국민교육을 그 기축에 두려고 했던 것이다. 여기에서 교육은 정치·경제적 목표에 종속하는 것으로 파악되었는데, 한편 교육 그 자체에도 커다란 의의가 부여되었다. 당연하게도 그것은 정치나 경제와 분리된 교육이라는 개념 자체가 가진 독자적 가치를 인정했음을 의미한 것은 아니었다.

개화사상가가 자신들의 교육론에서 가장 강조했던 바는 국가 쇠약의 원인인 '허학'을 버리고 부국강병에 도움이 되는 '실학'을 받아들이자는 것이었다. 그렇지만 교육개혁의 최대 과제인 구학문에서 신학문으로의 전환은 그들에게 유교의 포기를 의미하는 것이 아니라, 오히려 거기서 주장된 서양의 '실학'이 유교적 전통의 기초 위에서 수용되어야 하는 것이었다. 더욱이 개화사상의 전체 구조에서 볼 때, 그들이 강조한 신학문은 개명되어야 할 지배층을 향한 것이었고, 교화되어야 할 민중을 대상으로 한 것은 아니었다. 부르주아 국가관의 입장에 섰던 개화사상가로서 근대국가 건설에서 민중의 능동적 역할을 인정하기는 했어도, 그 우민관愚民觀으로 인해 민중이란 어디까지나 '위로부터'의 개화정책에 따라야 할 존재였다. 그렇기 때문에 개화사상가의 주된 관심은 정부의 개화정책에 대해 민중이 자발적으로 협력하도록 계몽하는 것에만 있고, 이에 따라 민중에게 요구된 학문이란 직업적 실용 기술과 교화적 지식에 한정되는 것뿐이었다. 다만 개화파의 교육사상에서 봉건적 교육체제를 부정하고 근대적 대중교육을 주장하는 핵核으로 '실학'이 위치 지어졌다는 것은 커다란 역사적 의의를 가졌다.

어쨌든 개화파의 교육사상은 종래의 양반·중인·상인·천민이라는 봉건적 신분제도의 철폐를 전제로 함으로써, 이념적으로는 교육 기회의 균등과 능력에 의한 인재등용의 길을 열 수 있었다. 이것은 "양반은 열등해도 항상 귀하고, 상인은 재덕才德이 있어도 항상 천하다"[32]고 하는 불공평을 타개하고, 구교육하에서 닫혀 있던 인간적인 모든 능력을 해방할 수 있는 가능성을 가져왔다. 또한 이성에 근거한 자기의 성장과 국가의 발전에도 결부된다는 교육 본래에 역할을 현실적 과제로 제시한 것이기도 했다. 유교 체제 아래서는 볼 수 없었던 이러한 교육적 기능은, 부르주아 국가의 형성과 함께 근대교육 그 자체를 새로운 민중 지배의 도구로서 이용하는, 즉 교육을 받는 자와 받지 않은 자라는 대립관계를 창출하는 계기가 되었지만, 적어도 전통적 봉건사회를 크게 전환시킬 수 있는 힘의 원천도 되는 것이었다.

교육의 최종 목적이 개인이 아니라 국가에 있다는 개화파의 교육사상에서 '충군애국' 도덕의 주입은 가장 중요한 교육 내용이었다. 그것은 개화사상가가 이상으로 한 입헌군주제도 아래서 개인을 국가 목적 달성을 위해 동원할 수 있는 유효한 수단이었다. 유길준의 『서유견문』 제3편에서는 교육을 (1) 도덕교육, (2) 재예교육, (3) 공업교육으로 구분하고 "사람의 마음을 교도敎導하여 윤이倫彝의 기강을 세우고, 언행의 절조節操를 바로잡아 사회의 교제交際를 단속하는" 도덕교육을 제1순위로 삼는[33] 한편, 제12편에서는 '애국하는 충성'이라는 항목을 설정하고 '충군애국'이 민중에게 최고의 도덕임을 강조했다. 이처럼 지·덕·체 가운데 덕육에 중점을 두는 것은 개화사상가의 공통된 자세였는데, 더욱이 그들은 거기서 종교가 맡은 역할을 아주 중시했다. 예를 들어 유길준은 종교를 "세상 사람의 몸과 마음을 단속하여 마음에 스며들도록 하는"[34] 것으로 파악해 민중교화에 불가결한 것이라고 인식했고, 신앙의 자유를 주장한 박영효도 『건백서』에서 종교란 민중이 교화의 본으로 삼아야 하는 것으로, 종교의 성쇠는 국가의 성쇠와 직결한다고 주장했다. 당시의 역사적 조건하에서 개화사상가가 염두에 두었던 종교란 기독교(프로테스탄트)였는데, 독실한 불교도였던 김옥균[35]과 평생 기독교에 입신入信하지 않았던 박영효,[36] 그리고 점차 기독교 신앙으로 기울었던 유길준[37] 등 모두가 덕육에서 기독교의 유효성을 설파했고, 실제로 미국인 선교사가 추진했던 조선 포교를 중개하고 지원했다. 이러한 기독교 도입에 따른 민중의 교화는 현실 사회에서 봉건적 유교윤리를 대신하는 부르주아적 근대도덕의 수립을 의도했던 것이고, 더욱이 입헌군주제 구상에서 국왕의 권위와 기독교를 기반으로 하는 도덕은 상호 보완적 역할을 맡음으로써 근대적 복장을 한 '충국애군'으로 일체화된 셈이었다.

이러한 측면에서도 개화파의 교육사상은 본질적으로 민중에 대해 지적知的 인식보다 덕성德性의 함양을 강조하는 교화사상이었다. 그것은 부르주아 계몽주의의 한계를 나타냄과 동시에 민중을 치안의 대상으로 파악하는 의도를 분명히 하는 것이었다. 따라서 개화파의 교육사상은 봉건적 교육을 부정하고 문명개화를 추진하는 근대적 교육을 주장했다는 점에서 일정한 진보성을 가진다고 할지라도, 교육을 인권의 실현 과정으로 파악하는 근대교육사상으로서는 불충분했다. 물론 김옥균·박영효·유길준은 조선 사회 전체의 개혁을 지향했던 개화사상가였고, 교육 및 교육사상에 관해서만 관심을 가졌던 것은 아니었다. 그러나 그들은 모두 교육을 사회변혁의 중심에 두고, 오히려 교육만이 가장 유효한 수단일 수 있다고 주장했다. 그럼에도 불구하고 개화사상에서 교육은 국가·정치·경제 등에 종속되고 아동이나 학교 등의 용어도 그러한 사회적 관련 범위 내에서만 사용되었다. 확실히 박영효의 『건백서』나 유길준의 『서유견문』에서는 근대 합리주의의 사상 표현으로서 봉건적 신분차별을 규탄하고 인간평등을 주장하기는 했지만, 그것은 어디까지나 민중의 소란을 방지하고 국가의 평안을 도모하기 위해 실시해야 할 사회제도개혁의 일환으로서만 논의되는 데 불과했다. 거기에는 아동의 건강한 성장을 염원하고 아동의 무한한 가능성을 추구하는 동시에 가정과 국가에도 유용한 인간을 육성한다는 관점은 희박했다고 하지 않을 수 없다.[38]

지금 개화사상가가 교화의 대상으로 삼았던 민중에 관해 말한다면, 민중의 대부분은 농민으로 전 인구의 90%를 차지하였다. 그리고 그들 농민은 양반유생과 달리 오직 노동에 의해서만 생계를 꾸려나갈 수 있었다. 그들은 새벽부터 밤늦게까지 논밭에 나가 일을 하면서 내일의 희망을 갖고 작은 세계 속에서 삶을 영위했다.[39] 이들 민중이야말로 국가를 현실적으로 지탱해주는 역사 주체였다. 따라서 개화사상가가 주장하는 국가화란國家禍亂의 위험은 매일매일의 노동으로 세월을 보내는 민중이 아니라 무위도식하는 양반계급에게 있었던 것이다. 그러나 선진적 지식을 몸에 익힌 개화파 인사에게 이러한 민중은 부끄

러워해야 할 후진성에 젖어 있는 우민으로밖에 여겨지지 않았다. 그들은 부르주아 사회를 건설하는 데 자신들의 계급적 이익을 지키기 위해서라도 사회적 통제 수단으로 교육을 의식적으로 이용하려고 했다. 그리고 그때 그들이 가진 강렬한 엘리트 의식은 우민을 계몽한다는 자기 사명감을 더욱 다그치는 역할을 담당했다.

일반적으로 교화敎化란 "고정된 권위에 근거한 본보기나 규칙에 따라 개인의 행동을 통제하여 형성하려는 작용"[40]이고, 또 그것은 가치의 다양성을 인정하지 않고 위정자의 지향을 유일한 진실이라고 일방적으로 강요하는 것이기도 하다. 지배계급에 속했던 개화사상가는, 아직 부르주아 사회 형성이 미숙한 조건 아래서, 스스로 정치권력을 장악함으로써 국가질서에 의거해 민중의 계몽·교육을 기도하려고 했다. 따라서 개화파가 의도한 교화란 계몽전제주의이고, 거기서 민중은 교육의 주체가 아니고 교화되어야 할 객체였다. 환언하면 김옥균·박영효·유길준에게서 볼 수 있는 개화파의 교육사상은 서구사상과 근대학문의 도입에 따라 구축된 것이기는 하지만, 그 현실적 역할은 전통적인 봉건적 교화의 기능을 적지 않게 계승하고 재편한 것이기도 했다.

Ⅲ. 근대교육의 시작과 갑오농민전쟁

1. 근대교육에 대한 민간 및 정부의 노력

1884년 갑신정변이 실패한 후, 조선에서는 민씨일가閔氏一家를 중심으로 한 수구파가 다시 정권을 장악했고 민중의 반일反日, 반개화反開化 감정은 더욱 고조되었다. 그사이 일본 세력이 일시 후퇴했다고는 해도 조선의 지배권을 둘러싸고 여전히 대립했던 청일 양국은 1885년 4월 천진조약天津條約을 체결함으로써 조선에서 동등한 외교적 지위를 상호 인정하게 되었다. 이 조약은 근대화에 뒤떨어져 있던 청국을 대신해 일본이 더욱 지속적으로 조선에 침투하는 계기가 되었을 뿐만 아니라, 조선에게는 자주독립을 확보하고 근대적 개혁을 수행할 수 있는 기회가 되어 침략 세력의 일시적 균형을 가져오게 되었다. 그러나 봉건 통치자는 그 보수적 성격으로 인해 자기에게 유리한 국제적 모순을 이용하지 못하고 도리어 계속 이어지는 민란에 두려움을 느껴, 외국 침략 세력의 손을 빌려 봉건지배를 유지·강화하고자 했다. 보수반동의 민씨정권은 이러한 목적을 달성하기 위해 정변 후에도 간신히 정권 내부에 머물렀던 점진적 개화파를 이용해 일정한 범위 내에서 서양 문물의 도입을 시도했다. 구체적으로는 『한성순보』를 대신하는 『한성주보漢城周報』의 발간, 각국의 지리·역사·사회제도 등의 소개를 목적으로 하는 『만국정표萬國政表』(4권)의 간행, 그리고 농업시험장·직조국織造局·광무국鑛務局 등의 설립으로 나타났다.

당시 다방면에 걸친 개혁에 다급해 있던 조선에서 근대교육의 시작은 중요한 정책 과제의 하나였다. 그런데 근대교육에 대한 노력은 미약하기는 하지만 이미 갑신정변 이전에도 행해졌다. 특히 1883년 전반 개항장 원산의 향중부형鄕中父兄이 설립한 원산학사[1]는 사실상 조선 최초의 근대학교로서 교육사에서 차지하는 의의가 아주 큰 것이었다. 그렇지만 자주독립과 부국강병 달성에 빼놓을 수 없는 근대교육의 창시라는 의의를 가졌던 원산학사는 오늘날 한국의 근대교육사에서 분명히 하고 있듯이, 정부에 의해 근대학교가 설립되기 이전에 민간에 의해 설립된 유일한 근대학교이다. 그만큼 당시 주체적인 근대교육을 건설하기 위해 한층 더 정부에 의한 강력한 정책 전개가 필요시되었다고 할 수 있다.

이러한 가운데 근대교육에 대한 조선 정부의 노력은 각국과의 교류에 필요한 어학교육에서 먼저 시작되었다. 이미 1880년에 제2차 수신사인 김홍집이 국왕에게 귀국 보고를 할 때, 국왕은 일본에서 실시되고 있었던 외국어교육에 지대한 관심을 나타냈다.[2] 1883년에 조선 정부의 외교고문이었던 묄렌도르프Paul Georg von Möllendorff, 穆麟德가 통역을 양성하는 영어학교를 통상아문의 부속기관으로 설립했다. 이 영어학교는 동문학同文學으로 불렸는데, 그것은 청국의 '동문관同文館'에서 유래한 것으로, 1881년 영선사로 북경에 갔던 김윤식 일행이 '동문관'을 시찰한 후에 묄렌도르프가 실제로 설립했던 것이라고 할 수 있다.[3] 이 영어학교의 교사는 중국인 오중현吳仲賢과 당소위唐紹威였고 약 40명의 학생으로 시작했는데, 학교 설립 2개월 후에 일본에 있던 영국인 할리팍스T. E. Hallifax가 책임자로 부임했다.[4] 그는 원래 선원이었다고도 하는데 전신기술을 배워 조선에 건너왔고, 소기의 목적과는 다르게 영어학교에서 교편을 잡게 되었다.[5] 따라서 영어학교의 교사진은 빈약했으며 짧은 시간에 급조했다고 볼 수 있다.

당시 묄렌도르프는 조선에서 긴급한 사업은 일반 사람들의 국민교육과 생산능력이 높은 공업을 건설하는 것이라고 생각했다. 특히, 교육에 관해서는 1883년 초에 천만 인구를 위해 800개의 소학교와 84개의 중학교, 그리고 수도首都에 자연과학·외국어·공업의 전문학교를 하나씩 설치할 것을 구상하고 있었다.[6] 앞서 서술한 영어학교가 용의주도한 준비 끝에 설립된 것은 아니었지만, 그것도 이러한 구상의 일환으로 조직된 것으로 조선 정부가 만든 최초의 근대학교라는 성격을 띠었다.

서양 문명의 영향을 급속하게 받기 시작했던 조선에서 갑신정변 이전에 영어학교 이외에도 의학교[7]와 사관학교[8] 설립이 구체적으로 논의되고 있었고, 또 후쿠자와 유키치의 지원을 받은 급진개화파나 미국의 기독교 선교회도 근대학교의 설립에 관심을 보였다. 그렇지만 연이은 서구 각국과의 통상조약 체결 교섭이나 나날이 증대하는 외국인과의 교제를 위해 무엇보다 어학교육기관, 특히 영어학교의 설립과 그 충실한 운영이 절실히 요구되었다. 그 당시의 어학교육은 서양 문물의 도입 수단으로서가 아니라 통역의 양성이라는 실리적 관점에서 먼저 필요시되었다. 영어학교의 설립 자체는 당시 수구파와 개화파의 심한 대립과는 관련이 없었고, 현실적으로 통역 양성은 조선의 자주독립과 직결했던 문제였다. 그것은 무엇보다 미국과의 조약 체결 교섭에 즈음해 중국인 통역을 사용할 수밖에 없었던 조선이, 그 후 외교고문으로 청국의 뜻을 대변하는 묄렌도르프를 고용한 이래 항상 청국의 내정간섭을 받고, 또 많은 외교적 불이익을 감수해왔기 때문이다.[9] 따라서 자주적 외교의 추진을 주장했던 개화파에게 외국어에 능통한 외교관리를 양성하는 것은 초미의 과제였으며, 실제로 개화파에 속했던 윤치호는 1884년 7월 영어통역관 한 사람을 외무아문에 배치할 것을 김옥균에게 제기했는데, 이는 묄렌도르프가 가져온 악영향을 제거하고 외교의 자주성을 회복하려는 의도에서 출발한 것이다.[10]

어학교육의 필요가 증대함에 따라 성급하게 설립되었던 영어학교는 당연히 그 충실·개조가 과제로 제시되었다. 그리고 청국의 내정간섭이 날이 갈수록 심해지는 가운데 미국의 외교적·군사적 지원을 기대했던 국왕[11]은 교육에 대해서도 미국의 조력을 바랐고, 1884년 9월 미국 공사 푸트에게 3명의 교사 파견을 요청했다.[12] 본디부터 국왕과 정부 고관들은 미국을 수호조약 체결 이래 공평무사公平無私하고 신뢰할 만한 우호국으로 인식하고 있었다. 특히 조약 체결 다음 해인 1883년에 민영익을 대표로 한 보빙사 일행이 미국에 특파되었던 것은 미국과의 관계를 확대함과 동시에 국내 개혁의 지원을 미국에서 구하는 큰 계기가 되었다.

당시 영어는 '이적夷狄'의 언어였는데, 외국인 교사를 고용하여 지배계급의 자제에게 어학을 가르치는 교육기관을 창설하는 것은 동도서기론 내지는 개화사상이 어느 정도 보급되었음을 전제로 하는 것이었다. 기독교를 적대시하지 않고 오히려 기독교의 도입조차 주장했던 김옥균은 서양 문명을 직접 수용하기 위해서는 적극적인 영어 학습이 필요하다고 주장했는데,[13] 이러한 입장은 당시에 소수파에 속했다. 많은 경우 기독교는 어디까지나 사교邪教였으며, 따라서 서양 문명의 섭취와 그것에 필요한 근대학교의 설립은 기본적으로 기독교와 분리되어 생각되었다. 다만 『조선책략朝鮮策略』이 국내에 들어온 이래 조금이나마 천주교(가톨릭)와 야소교耶蘇教(프로테스탄트)가 구별되어 인식되었다. 또 일부에서는 대원군의 천주교 탄압을 비판하면서, 서양인 교사를 초빙하여 서양 문물과 근대학문에 기초한 교육을 적극적으로 실시할 때에만 국민 스스로가 기독교의 허위성을 인식해갈 수 있다고 하는 논리도 등장했다.[14] 즉 조선 사회는 기독교에 대한 태도의 여하에 관계없이 서서히 서양의 근대교육을 받아들일 자세를 갖기 시작했다.[15]

그러나 국왕과 조선 정부가 용의주도한 준비하에 교사의 파견을 미국에 의뢰한 것은 아니었다. 오히려 외교·군사 등 각 분야에 고문의 파견을 요청한 것과 마찬가지로 면밀한 계획을 입안할 수도, 또 파견되어야 할 인물에 관해 구체적인 조건을 제시할 수도 없었다. 당시의 집권층에게는 그러한 조사·연구에 필요한 주체적 역량도 없었고, 또 오랜 쇄국정책으로 인해 갖게 된 일정한 가치관 때문에 개인적으로 외국인 교사를 인솔할 수 있는 민간인도 존재하지 않았다. 그리고 정부 차원에서의 대응이 필연적으로 국가의 이해와 밀접하게 관련되어 있음에도 불구하고, 교사의 선택은 전면적으로 미국 정부의 재량에 맡겨졌다. 역설적으로 말하면, 미국 정부는 자기의 이익에 합당한 인물을 조선 정부의 교사와 고문으로 파견할 수 있는 입장에 서게 된 것이다. 사실상 이미 전략적 요충지가 되었던 조선에 높은 지위의 정부고문을 들여보내는 것은, 푸트가 국무장관에게 보낸 보고서에서 지적했던 것처럼 "즉, 파견국 정부의 영향력을 증대시키는"[16] 것과 관련되었다. 더욱이 미국 정부에 의한 교사의 파견은, 아직 근대교육이 실시되지 않았던 조선에 미국식 교육, 즉 기독교 교리에 입각한 교육이 부식될 가능성을 의미했다. 다만 갑신정변의 발발로 그 실현은 당초의 예정보다 약간 늦어지게 되었다.

2. 미국인 선교사의 조선 입국과 기독교계 학교 및 육영공원의 창설

갑신정변의 실패로 개화파 인사가 곤란한 조건 속에서 축적해왔던 근대교육에 대한 자주적 노력은 일거에 붕괴했으며, 또한 개화파를 지원함으로써 조선에서 신교육의 실시를 자기에게 유리한 방향으로 이끌려고 했던 일본 세력도 일시 후퇴하지 않을 수 없었다. 그러한 가운데 조선 근대교육의 시작은 미국인 선교사의 주도하에 이루어지게 되었다.

기독교(프로테스탄트)는 이미 1830년대부터 바닷길을 통하거나 혹은 만주와 일본을 경유하여 조선과 접촉하기 시작했다. 그 후 1884년 4월, 중국에서 선교활동에 종사하고 있었던 길버트 레드Gilbert Reid는 지부芝罘에서 미국 선교본부에 보고서를 보내, 조선을 기독교 선교지로 확보하는 것이 긴급한 과제라고 역설했다. 그 방법으로 처음에는 선교사가 아니라 교사와 의사의 자격으로 선교 사업을 시작해야 하며, 그를 위하여 교사는 영어교육에 필요한 서적을 준비하고 의사는 각종 약품과 의료 기구를 지참해야 한다면서 경제적 진출에 앞서 선교사업을 통해 서양 문명의 명성을 조선에 가르쳐야 한다고 주장했다.[17] 이것은 같은 해에 비준된 영국 및 독일과의 수호조약에서 개항장에서 외국인 예배를 허락하며 조선인 고용도 인정한다는 새로운 정세를 근거로 한 것이었다. 더욱이 이에 앞서 세계전략으로 기독교가 담당하는 중요성을 인식하고 있었던 미국 정부는 푸트에게 보낸 국무성 훈령에서 "정부는 신앙의 자유가 개화된 모든 나라에서 당연한 정책이라고 믿으며 귀하가 적절한 범위 내에서 선교사를 도와주고, 또한 모든 선교사에게 친절히 대해주도록 조선인을 독려해줄 것을 희망한다"[18]라고 하면서 조선에 입국하는 기독교 선교사에게 외교적 노력으로 최대한 지원해주도록 지시했다.

이러한 가운데 1884년 9월 미국의 북장로파 선교회 소속인 알렌Horace N. Allen이 영국 및 미국 공사관 소속 의사로서 조선에 상륙했다. 알렌은 실제로 조선 최초의 프로테스탄트 선교사인데, 기독교를 기피하는 조선의 사정을 고려해 면밀한 계획하에 의사의 자격으로 입국했던 것이다. 그러나 부임한 지 몇 개월이 지난 후 알렌이 갑신정변에서 부상당한 수구파의 민영익을 근대의학으로 치료하고 나서 기독교의 포교활동은 사실상 묵인되었다. 그리고 다음 해인 1885년에는 북장로파 선교회의 언더우드H. G. Underwood, 미국 북감리파 선교회의 아펜젤러H. G. Appenzeller와 스크랜턴Mrs. M. F. Scranton이 공식적인 선교사로서 조선에 도착했다.

천주교를 대신해 새롭게 등장한 프로테스탄트는 머지않아 집권층에 접근하는 것에 성공했고, 병원과 학교 그리고 개인의 친밀한 대화를 통해 일반 민중 속으로 서서히 침투해갔다. 게다가 위정자에게도 서양 문화의 유입을 저지하는 것이 더 이상 불가능해지고, 오히려 기독교 선교사가 가져오는 근대적 문물을 이용함으로써 왕조권력의 강화를 도모하는 것이 정책으로 되었다. 그리고 1885년 이후 통치기구의 혼란, 국가재정의 파탄, 민중 수탈의 강화, 계속되는 농민반란 등 봉건체제의 위기가 한층 심각해지는 가운데 수구파의 주선으로 기독교 선교사가 주도하는 근대교육이 연이어 실시되게 되었다.

조선에서 설립된 근대적 교육기관을 연대순으로 열거하면, 1885년에 국왕의 두터운 신임을 받았던 알렌이 미국 공사관의 적극적 지원[19]을 받으며 최초의 국립병원인 '광혜원'을 설립했는데, 다음 해부터 학생과 연구생을 받아들이면서 선구적인 서양 교육기관으로서의 성격을 갖게 되었다.[20] 또한 같은 해인 1885년에 아펜젤러가 최초의 사립학교인 배재학당을 설립해 기독교교리에 기초를 둔 일반 보통교육을 시작했다. 다음 해인 1886년에 스크랜턴 부인이 조선 최초의 여자 교육기관으로 이화학당을 창설했고, 언더우드는 남자고아원을 설립했다. 이 고아원은 당시 언더우드학당으로 불렸는데 일종의 기숙사학교였다.[21] 같은 해 미국에서 3명의 교사를 받아들여 관립의 육영공원이 설립되었는데, 이것은 정부가 최초로 창설한 본격적인 근대학교였다. 그리고 1887년에 유학교육의 최고학부이면서도 실질적 기능을 잃고 있었던 성균관과는 별도로, 시대의 요구에 부응하기 위해 경학원經學院이 설립되었으며, 또 1888년에는 미국에서 군사교관이 부임해 연무공원鍊武公院을 설치해 무관교육을 실시하기에 이르렀다. 더욱이 1891년에는 오카쿠라 요시사부로岡倉由三郎를 초빙해 관립일어학교가 설립되었다.

이러한 근대학교 가운데 육영공원의 설치는 한국의 근대교육사에서 획기적인 사건이었는데, 그것은 정부에 의한 근대교육의 출발을 의미했다. 당초 미국인 교사의 조선 진출은 1884년 말 혹은 1885년 초로 예정되었었는데, 갑신정변 발발로 연기되어 정부가 1885년 6월 미국 정부에게 "본국의 어려움으로 겨를이 없었으나 지금 민심이 조금 안정되었으니 속히 교사를 보내달라"[22]고 재차 교사 파견을 요청함으로써 드디어 실현되었다. 그 결과 3명의 교사, 즉 헐버트H. B. Hulbert, 벙커D. A. Bunker, 길모어G. W. Gilmore가 요코하마橫浜를 경유해 조선에 도착했던 것은 다음 해인 1886년 7월 4일이다.[23] 그들은 모두 뉴욕의 유니온 신학교Union Theological Seminary의 졸업생으로 전도에 열의를 가진 청년 선교사였다. 교사의 선발은 국무장관을 통해 조선 정부의 의뢰를 받았던 내무성의 이튼G. J. Eaton 교육국장에 의해 이루어졌는데,[24] 이는 미국 정부 및 기독교 선교회의 대외정책과 일치하였다. 더욱이 미국 정부가 교사 선발이 완료되었음을 조선 정부에 알릴 때, 그들 3명은 "유능한 동시에 선량하고 근면한 사람들men or ability, good characters, and willing to work"이며 또한 "모두 유명한 대학의 졸업생a graduation of a well-known college"이라는 점만이 통고되었다.[25]

당시 계속해서 기독교 선교사가 조선에 입국하고 있었음에도, 조선 정부는 이전과 다름없이 기독교가 외국의 침략이나 내란의 요인이 될 수 있다고 하여 포교활동에 강한 의구심을 품고 있었다.[26] 따라서 교사 선발도 조선 정부의 뜻에 부합되지 않았던 것임은 말할 필요가 없다. 그러나 교사 파견에 앞서 조선 주재 공사관을 통해 상세한 초빙 내용의 통보를 요구한 국무장관에게 교섭통상사무아문독판交涉通商事務衙門督辨 김윤식이 "학과 내용은 교사가 도착한 후에 협의하여 결정한다"[27]라고 회답했듯이 조선 정부는 교육 내용의 확정 및 그것에 기초한 교사의 인선에 적극적으로 관여할 수 있는 입장이 아니었다.

여하튼 미국인 교사를 맞이한 정부는 곧 내무부에 보고하며 "지금 각국과 교류하는 데 어학이 급무이니 공원公院을 세워 어리고 총명한 자를 선발해 배우게 한다"[28]라고 육영공원 창설의 의도를 분명히 하는 한편, 감찰 전양묵全良默과 교섭아문주사 이전李琠을 공원주사로 임명하여 개설 준비를 착수했다. 여기서 분명해진 것처럼 육영공원은 각국과의 교제에 필요한 어학교육을 기본 목적으로 했으며, 더욱이 "학도는 고급관리인 내외아문당랑內外衙門堂郎의 자서제질子壻弟姪"[29]로 한정했다. 9월 17일에 발표된 육영공원설학절목育英公院設學節目에 의하면 공원은 좌우로 나누어, 좌원에는 나이 어린 현직 관리 중 10명이 선발되었고, 우원에는 15세부터 20세까지의 총명한 자제 20명이 입학했다. 좌원의 학생은 자택에서 통학하였으며, 우원의 학생은 기숙사생활을 하는 것이 원칙이었다. 교과 내용은 처음에 독서·습자·학해자법學解字法·산학算學·사소습산법寫所習算法·지리·학문법學文法 등이 있었고, 이 초학과정初學課程을 마치면 대산법大算法·각국언어·제반학법諸般學法·첩경역각서捷經易覺書·격치만물(格致萬物: 醫學·農理·地理·天文·機器)·각국역사·정치(각국의 조약법 및 부국용병술) 및 금수초목禽獸草木 등의 과정이 있었다. 또 시험은 월말과 연말 및 3년마다 '대고大考'가 있고, 수업연한은 특별히 정해진 바 없이 '대고'에 급제하면 졸업으로 간주되었다. 그리고 총 30명의 학도를 위해 매달 6,000냥의

국비가 지출되었다.[30]

그러나 육영공원 그 자체는 급속하게 변화하는 내외 정세에 대응해 왕조권력의 재편 강화를 도모하고자 설립된 것으로, 그 목적도 정치 외교상의 현실적 필요에 대처하기 위해 약간의 근대적 지식을 갖춘 인재를 육성하는 데 있었다. 이것은 『매천야록梅泉野錄』의 기록처럼 학생 선발에서 "노론·소론·남인·북인의 사색당파四色黨派를 안배하면서 당시의 일류 문벌 출신자로 한정"[31]했던 것에서도 나타나 있다. 따라서 봉건적 특권계급을 중시했던 육영공원은 구교육에서 신교육으로 가는 가교의 존재는 될 수 있을지언정, 참다운 의미로 부르주아 국가 건설에 기여하는 근대학교로서의 내실을 가질 수는 없었다.

교사 가운데 한 사람이었던 길모어는 이러한 육영공원의 현실적 역할에 대해 "조선에는 수구파와 개화파라는 두 당파가 있고 국왕은 마음속으로 개화파였다. 국왕은 급진적이지는 않았지만 국민이 따라올 정도로 지도함으로써 국민을 보다 높은 수준으로 끌어올리는 것이 국가에 유익하다고 생각했다. 당시 국왕은 사대주의적 교조주의와 보수주의로 똘똘 뭉친 관리들로 둘러싸여 있었다. …… 따라서 국왕의 진보적 정책을 지지하는 인재의 양성이 절실히 필요했고, 이 학교에 바로 그러한 역할을 기대했다. 학도는 서양적 문물을 대표하는 교사와 접촉함으로써 문명과 그 은혜의 의미를 배우고, 그리고 자유주의자가 되어 국왕의 확고한 지지자가 될 것이라고 생각되었다"[32]라고 서술했다. 그러나 실제로 보수적 전통과 특권 유지를 고집하는 양반귀족의 자제만을 입학시켰다는 것 자체가 이미 신문명의 수용을 곤란하게 만들었으며, 미국인 교사의 의도와는 다르게 육영공원이 맡아야 할 기능을 처음부터 제한하는 것이었다.

1886년 9월 26일 개교한 육영공원의 수업은 영어로 행해졌고 교과서도 영어로 된 것이 사용되었다. 그리고 영어를 완전히 이해하지 못하는 학도를 위해 이미 영어학교에서 양성된 통역이 3명의 교사에게 각자 한 사람씩 붙었다. 통역은 알파벳부터 시작하는 수업의 진행에는 도움이 되었지만, 한 단어라도 영어를 많이 사용하는 것이 학교 설립의 목적에 부합한다는 이유로 곧 폐지되었다. 그리고 학도가 약간의 영어 단어를 익히자, 곧 자연과학과 수학의 강의가 시작되었는데 이런 과목을 통해서도 영어 습득이 이루어졌다. 길모어에 의하면 학도는 한문 수업의 덕택으로 기억력이 뛰어났으며, 따라서 학습은 매우 빠른 속도로 진전되었다고 한다. 폐쇄적인 유교적 세계 속에서 자라난 이들은 특히 지리 강의에 흥미를 나타냈는데, 세계지리를 배움으로써 당시 '대조선'이라 불렸던 자신의 나라가 실제로는 작은 왕국에 지나지 않음을 발견했다.[33] 결국 미국인 교사는 조선인 학도의 뛰어난 지적 능력을 인정했지만, 동시에 그들이 단지 기억하는 것에 열중하고 문장을 통째로 암기하는 경향이 있음을 눈치챘다. 또한 면학에 전념하는 학도가 장래 뛰어난 논리학자나 수학자, 혹은 유능한 언어학자가 될 소질을 갖추고 있다는 것도 알았다.[34] 아무튼 수업의 진전에 따른 이러한 변화는 수백 년에 걸친 유교적 한문 학습으로 축적되어온 주자학적 사유가 서양 문명 및 근대학문과의 접촉을 통해 서서히 해체되어가는 것을 나타냈다.

이렇게 순조롭게 나아가기 시작한 육영공원의 사업은 얼마 지나지 않아 뿌리 깊은 외국인에 대한 불신감으로 교사와 정부 고관의 마찰, 교과 내용과 수업 시간에 대한 학도의 불만 등 많은 문제를 노정시키게 되었다. 그러나 길모어가 "단지 한 사람의 예외를 빼면 이 학교의 모든 학도는 교사와의 접촉과 면학을 통해 조선을 봉쇄한 상태에 가둬놓으려는 정책에 반대하게 되었다. 이것은 학교 설립 목적의 하나가 달성되었음을 의미한다. 그리고 중국의 간섭을 물리치고 일본에서 훌륭하게 결실을 본 학교제도처럼 이 수도首都에 설립된 학교를 전개시킨다면 이 반도의 발전은 가능할 뿐만 아니라 확실한 것이다"[35]라고 단언했던 것처럼, 육영공원을 통한 근대교육의 시도는 근대학교를 전국적으로 보급시키는 출발점이 되고, 또 자주독립과 부국강병을 달성하는 기초가 될 수 있었다.

그럼에도 불구하고 현실적으로는 그러한 기대에 반해, 거듭되는 관리의 공원 운영비 횡령, 결석률 증가로 대표되는 학도의 소극적 면학태도, 완고한 정부의 반동적 정책 등으로 그 교육 기능은 점차 저하되어갔다. 또한 1888년 봄부터 여름에 걸쳐 서울과 원산을 비롯한 전국 각지에서 다수의 영아嬰兒가 행방불명되는 사건이 계속 발생하자 외국인 특히 기독교 선교사를 배척하는 소란이 일어났던 것도 육영공원의 정상적인 발전을 방해하는 요인이 되었다. 이 당시 외국인이 영아를 유괴하거나 혹은 매식買食한다는 유언비어가 전국에 퍼져 격노한 민중 때문에 외국인의 생명·재산은 극도의 위험에 놓이게 되었다. 이는 민중의 반침략적 감정의 분출이었는데, 또한 스크랜턴부인이 지적했던 것처럼 민심을 선동하려 했던 청국의 정치적 책략이 얽혀 있을 수도 있었다.[36] 미국·영국·독일·프랑스·일본의 각 공사는 조선 정부에 엄중히 항의하고, 특히 미국·러시아·프랑스가 각각 군대를 수도에 투입한 가운데 모든 미국인 선교사는 곧 포교활동을 중지하고, 심지어 즉시 본국에 귀환할 준비조차 갖추었다.

한편, 당시 조선 정부는 궤도에 오르기 시작했던 미션 스쿨을 근거지로 하는 기독교 선교사의 포교활동에 신경이 예민해져 있었다. 1888년 4월 조선 정부는 서울 주재 미국 공사에게 각서를 보내 "교사로 학교에 고용된 미국인이 학교 안에서뿐만 아니라 일반 국민의 전도에 종사하고 있다"고 기독교 선교사의 포교활동에 항의하는 동시에 그것을 그만두도록 미국 공사관이 적절한 조치를 취해줄 것을 요구했다.[37] 이것은 미국 공사관이 국무장관 앞으로 보낸 보고서의 문맥으로 보아, 직접적으로는 배재학당의 아펜젤러나 고아원을 경영하는 언더우드에 대한 경고라고 이해해도 좋은데, 마찬가지로 선교사인 육영공원의 교사도 크게 속박하는 것이었다. 그것은 당시 육영공원의 교사였던 기독교 선교사가 학교 내의 종교교육까지 금지되었음에도, 실제로는 비밀리에 포교활동에 종사했기 때문이었다.[38]

육영공원을 둘러싼 내외 상황의 악화는 큰 뜻을 품고 조선에 부임해 온 미국 교사의 의욕을 상실시켜, 결국 사의를 표명하고 귀국을 요청하는 사태로까지 발전했다. 이에 공원의 부진을 우려한 국왕은 1889년에 좌원생의 격일隔日 통학을 하가하고 우원생에게는 과일 독학課日篤學을 엄수시키며, 또 위반자에 대해서는 부형이나 추천자의 책임을 묻는 등 일련의 개혁을 실시했다.[39] 육영공원에 대한 국왕의 개인적 열의에도 불구하고 학도의 면학 의욕 저하, 정부 관료의 무관심, 학교 재정의 악화 및 급료의 체불 등 공원의 교육 기능은 날로 쇠퇴할 뿐이었다. 그리고 1889년에 먼저 길모어가 사직하고, 1892년에 헐버트가 공원과의 관계를 끊었으며, 또 1894년에는 벙커가 사임함으로써 육영공원은 실질적으로 폐지된 것이나 다름없게 되었다.[40] 그 후 육영공원은 전년인 1893년부터 강화도에 설치되었던 해군무관학교의 영어 교사였던 영국인 허치슨W. du F. Hutchison이 계속 맡게 되었는데, 학교 이름도 '영어학교'로 바꾸고 갑신정변 전에 묄렌도르프가 설립한 영어학교인 동문학에서 교편을 잡고 있던 할리팍스도 이 학교로 들어와 단순한 영어교육기관으로 재출발하게 되었다.[41]

이처럼 육영공원은 정부가 창설한 최초의 근대학교로서 서양 문명에 대한 인식을 높이는 데 일정한 역할을 달성했고, 또 그 후의 근대교육 전개에도 약간의 공헌을 했다. 그러나 지금 육영공원의 실패를 근대교육사의 관점에서 파악해보면, 단지 육영공원뿐만 아니라 그 후 정부가 추진했던 근대교육 전반과도 관계되는 몇 가지의 치명적인 결함을 지적하지 않을 수 없다.

첫째는 위정자가 근대학교의 진정한 의미를 이해하지 못하고 학생 선발을 비롯한 학교행정을 예전과 똑같은 관점에서 행했다는 점이다. 그것은 무엇보다 육영공원의 학도를 입학시험으로 선발한 것이 아니라, 내외아문당랑內外衙門堂郎의 자서제질子壻弟姪의 친족 가운데서 일차적으로 추천하고 그중에서 국왕이 직접 선발했던 것에서 잘 드러난다. 이러한 학도 선발 방법은 단지 육영공원뿐만 아니라 1887년에 설립된 경학원이나[42] 1888년의 연무공원鍊武公院[43]에도 이어졌다. 이는 학도 모집이 능력 본위가 아니라 집권층의 인맥에 기초해 이루어졌음을 나타내는 것이며, 따라서 관립학교가 이미 그 출발점부터 지배층에 새로운 활력을 불어넣고 시대의 변화에 대응할 수 있는 인재를 사회 각층으로부터 발굴할 기회를 잃어버렸음을 의미한다. 게다가 당시의 지식인에게 유일하게 명예로운 직업이 여전히 관직이었던 상황에서 육영공원의 졸업이 곧바로 관리등용의 자격 취득(과거 합격)이 되지 않았던 것은 학도의 면학 의욕을 상실시키고, 그들로 하여금 더욱 신분이나 재물에 집착하도록 만들었다. 그리고 통학할 때 서적과 담뱃대를 든 하인과 동행하는 등 전통적 양반사회에서 성장했던 학도의 행동양식[44] 그 자체가 이미 근대교육의 추진과 보급에 커다란 장애가 되었다. 환언하면 학교행정의 합리화, 특히 입학자의 신분차별 폐지 및 과거 폐지가 실시되지 않는 한, 육영공원에서 시도되었던 근대교육의 발전은 기대할 수 없는 것이었다.

둘째는 육영공원이 지배계급의 이익을 옹호하고 확대하는 것을 제일 중요한 목적으로 삼았고, 학도의 인격 도야나 인간 이성의 개화를 의도했던 학교가 아니었다는 점이다. 그것은 국왕이 입학자를 선발하는 데 양반 고관에게 기한부로 후보자의 추천을 강요했고, 또 입학자의 면학에 관해서도 부형이나 추천자에게 책임을 묻는 등 극히 강압적인 방침을 취했던 것에서도 나타난다. 국왕이 정부 고관에게 명령하고 그 명령을 받은 고관이 자제에게 학습을 강제한다. 역으로 학도의 면학 태도 여하는 국왕에 의한 친권자의 징벌과 직결된다. 이러한 도식은 봉건적 전제군주체제하의 가부장주의를 교육의 장에서 교화의 형태로 관철시키고자 하는 것이었고, 그것은 학도의 자발적이고 창조적인 학습을 기대하는 것이 아니라 권력에 의한 일방적 지식의 주입을 의도한 것이었다. 이것과 관련해 선교사 기포드D. L. Gifford는 궁정에서 실시된 육영공원의 시험 광경을 다음과 같이 기록하였다.

"방의 한편에 세 명의 공원 수뇌가 궁정 복장을 하고 허리를 구부리고 있으며, 그 뒤쪽으로 세 명의 외국인 교사가 정장을 하고 앉아 있다. 국왕과 왕세자가 매우 아름다운 띠를 두르고 방 뒤쪽에 일렬로 놓여 있는 주빈석에 앉았는데, 국왕의 모습은 최대의 우아함을 내보이고 있다. 그리고 작게 움츠러든 통역들, 혈색이 나쁜 내시들, 마구 고함치는 시험관, 그리고 마지막으로 두려움에 떠는 학생들……."[45]

여기서 볼 수 있는 광경은 그야말로 전통적인 과거 시험을 상기시키기에 충분하며, 육영공원에서 실시된 교육이 학도의 자발적 의지와는 동떨어진 것이었음을 말해준다.

셋째는 육영공원이 일반 보통교육을 경시하고 주로 영어교육기관으로 일관했다는 점이다. 당시 위정자는 육영공원 창설을 명확히 했던 1886년의 내무부 보고에서 "어학이 급무이니 공원을 세"우라고 했을 뿐만 아니라, 육영공원의 침체를 구하기 위해 개혁을 시도했던 1889년에도 "어학을 널리 함으로써……"[46]라면서 육영공원을 영어교육기관으로 생각하였다. 물론 국왕이나 정부 고관도 육영공원은 단지 통역을 양성하는 것만이 아니라, 영어와 함께 약간의 근대적 지식을 체득한 새로운 인재를 양성할 것을 논하기는 했지만, 그것은 일반 보통교육을 기본으로 하는 근대교육의 개념과는 동떨어진 것으로 집권층은 오히려 법률·경제·물리 등의 일반 학문을 영어학 속에 포함된 부수적인 것으로 생각했던 듯하다. 이에 반해 길모어 등 3명의 교사는 단순한 통역의 양성이 아니라 조선 사회를 문명화하기 위한 인재 양성을 자기들의 임무라고 이해했다. 이는 미국인 교사들이 의도했던 교육이 근대학문의 교수를 중심으로 하는 폭넓은 일반 보통교육이었고, 영어는 그것을 위해 수단에 불과했음을 의미한다.[47] 사실 미국인 교사들이 두려워했던 것처럼 육영공원에서 약간의 영어를 습득했던 우수한 학도는 차례차례 정부기관으로 뽑혀갔고 계통적인 일반 보통교육을 육영공원에서 실시하는 것은 불가능하게 되었다.[48]

여기서 볼 수 있는 육영공원 실패의 원인이 된 세 가지 기본 결함은 본격적인 최초의 근대학교에서 나타난 것이었던 만큼, 이후 근대학교의 추진에서 시급하게 극복되어야 할 과제가 되었다.

일반적으로 아시아 3국에서 근대학교의 발전은 먼저 봉건정부의 외국어 번역기관이 어학교로 독립하는 것에서 시작하여, 그것이 각종의 근대학교, 더 나아가 대학교로 발전해갔다. 예를 들어 일본의 경우, 에도시대江戶時代부터 메이지明治에 걸쳐 번서조소蕃書調所 → 양서조소洋書調所 → 개성학교開成學校 → 도쿄대학東京大學으로 나아가는 과정에서 많은 근대학교가 갈라져 나와 설립되는 동시에 그 교육 내용도 어학 중심에서 어학을 포함한 수학·물리·역사·지리 등의 보통학이 중시되어갔다.[49] 청국도 마찬가지로 1861년 외교 담당 기관인 총리각국사무아문總理各國事務衙門이 성립된 이후 영문관英文館·불문관佛文館·로문관露文館 등의 각국 어학기관이 잇달아 설립되었다. 그리고 경사동문관京師同文館으로 총칭되었던 이들 어학교육기관은 외국어교육에 머무르지 않고 과학을 교수하는 고등교육기관으로 발전하여 드디어 경사대학당京師大學堂의 설립으로 이어진다.[50] 그리고 조선의 경우도 봉건정부의 역학譯學 전통 아래서 동문학영어학교가 창설되었고 이것이 육영공원으로 발전했다. 따라서 일본과 청국의 역사적 경과를 참고로 한다면 육영공원은 영어교육기관으로서의 사명을 담당하면서 근대학문의 교수, 즉 일반 보통교육을 실시하였고 드디어 많은 근대학교를 파생시키는 모태가 되어야 할 역사적 위치에 있었다. 그러나 현실적으로 그러한 교육 기능은 충분히 발휘될 수 없었을 뿐만 아니라, 보다 낮은 수준의 영어학교로 후퇴해간다. 더욱이 그 이유는 외국 열강의 방해라는 외적 요인이 아니라, 어디까지나 주체적 역량의 부족이라는 내적 요인이었다. 이는 결국 조선의 근대교육 구축이 그 출발점부터 아주 곤란한 상황에 놓여 있음을 나타내는 것이었다.

그런데 육영공원과 함께 조선에서 근대학교의 출발점이 되었던 기독교계 학교는 당초 기독교와 외국인을 이단시하는 유교적 사회 풍토로 인해 많은 곤란에 직면해야만 했다. 그러나 그것은 머지않아 헌신적인 서구 선교사들의 노력으로 조금씩 조선 사회에 뿌리를 내리기 시작했다.

아펜젤러의 배재학당은 영어학습을 열렬히 희망하는 두 명의 청년을 학생으로 받아들임으로써 시작되었다. 당시 과거에 합격해 관직에 오르는 것이 최대의 바람이었던 조선 청년에게 새로운 언어인 영어를 배운다는 것이 정규의 사관仕官 코스에서는 빗나간 것이었다 할지라도 관리등용으로 나아가는 길을 여는 또 하나의 방법이었다. 그렇지만 실제로 배재학당이 학생을 모집하기 위해서는 수업료를 징수하기는커녕, 도리어 모든 식비를 지급하고 공책과 연필 등의 학용품을 무상으로 제공하지 않으면 안 되었다.[51] 개교 다음 해인 1886년 6월부터 시작된 수업에는 처음에 여섯 명의 학생이 참가했는데, 곧바로 한 학생이 "고향에 용무가 있다"며 나가버리고, 또 한 명은 "삼복三伏인 6월에 외국어를 배우는 것은 적당하지 않다"는 이유로 떠나고, 다른 한 명은 "가족에 불행이 있었다"고 하여 출석하지 않는 등 학생 확보에 많은 곤란이 따랐다. 이러한 어려움을 겪으면서도 1887년에는 67명의 학생을 헤아릴 정도로 발전하였고, 드디어 정부의 정식 인가를 받았으며, 또 미국 시민의 기금으로 도서관, 공작실을 갖춘 르네상스식 새 교사校舍를 건설하는 등 크게 성장해갔다.[52] 덧붙여 말한다면 '배재학당'이라는 학교 이름도 신교육에 기대를 걸었던 국왕이 하사한 것이었다.

스크랜턴 부인이 설립했던 이화학당의 경우도 역시 입학자 모집에 많은 어려움을 겪으면서도 빈곤 가정의 여아女兒를 중심으로 1886년 말에는 4명, 1887년에는 7명, 1888년에는 18명의 학생을 모집하기에 이르렀고, 민비는 '이화학당'이라고 이름까지 붙여주었다. 이화학당의 목적은 길모어가 언급했듯이 "그녀들의 생활환경 속에서 모범적인 가정부인이 되고, 또 친족이나 친구들에게 기독교 복음을 전달할 수 있는 사람"[53]을 육성하는 데 있었다. 이화학당은 여성해방과 관련된 교육 목표로 인해 유교 체제 아래서 억압받았던 여성들의 지지를 점차 얻게 되었고, 드디어 여자교육의 선구자적 역할을 담당하게 되었다. 또한 처음에 '제중원' 부속 의학강습소에서 화학과 물리를 가르쳤던 언더우드는 자비로 학교에 오는 학생이 한 사람도 없었던 당시의 상황을 고려해, 학동學童 모두를 기숙사에 수용하고 식사를 제공하는 기숙학교의 설립을 구상하게 된다. 그리고 국왕의 윤허와 미국선교본부의 승인을 얻어 시작하게 된 고아원 언더우드학당은 얼마 지나지 않아 40명 이상의 남아男兒가 생활하는 교육기관으로 발전했다.[54]

이처럼 기독교 선교사의 교육 활동은 서양인이나 기독교에 대해 강한 공포심을 가진 조선 사회에서 기독교의 복음을 전파하는 중요한 수단으로 실천되고 있었다. 그 출발은 관리등용을 바라는 청년의 영어교육이나 의지할 곳 없는 아이들에 대한 자선사업 등으로, 주로 하층계급을 대상으로 하는 아주 한정된 것이었지만, 결국 그것은 폐쇄적인 사회에 새바람을 불어넣고 조선교육에 새로운 국면을 열게 되었다. 그리고 열심히 포교활동을 한 결과, 1886년에는 비밀리에 최초의 조선인 세례자까지 탄생하기에 이르렀다. 게다가 같은 해에 프랑스와의 수호조약 체결에서 기독교 포교가 사실상 공인되자, 기독교는 지배계급의 부패 타락과 유교 체제의 실추에 편승해 점점 그 세력을 확대하였고 1890년에는 북감리파 선교회에서 165명,[55] 북장로파 선교회에서 116명[56]의 입신자를 헤아릴 정도까지 되었다.

생각해보면, 갑신정변 이후의 10년간은 서양 문물을 도입하여 자주적 근대화를 꾀할 수 있는 절호의 기회였다. 그럼에도 불구하고 정권을 잡고 있었던 수구파는 이홍장과 그의 뜻을 받들었던 원세개(袁世凱, 위안스카이)의 노골적인 내정간섭에 보조를 맞추어 무위무책無爲無策으로 일관했고, 도리어 외래 자본주의에 의한 침략을 격화시키면서 재정 지출의 증대를 이유로 가혹한 민중 수탈을 강화할 뿐이었다. 특히 봉건 통치자가 조선 체제의 근간인 과거제도를 방치한 것은 단지 교육개혁의 전진을 막았을 뿐 아니라, 부패했던 관리의 가렴주구를 격화시켰고 계속되는 민란과 국가통치의 무력화까지 초래했다. 그 사이 조선을 둘러싼 국제적 환경은 크게 변화하여 일본을 비롯한 러시아·영국·미국·프랑스·독일 등 자본주의 여러 나라가 식민지적 이익을 위해 조선에 쇄도했다. 게다가 그들은 조선 진출에서 민중의 반항이나 자본주의 여러 나라 간의 갈등을 고려해 봉건지배층을 통해 침투하려고 했는데, 그 결과 조선 정부가 외국의 힘을 빌려 추진하려고 했던 개화정책은 그 성취를 보기도 전에 자본주의 열강에 의해 침략의 도구로 역이용되었다.

이는 교육에서도 예외는 아니었다. 기독교 선교사가 주도했던 교육 분야에서 미국 세력의 침투는 그 전형적인 예라고 할 수 있는데, 그것은 당연히 다른 침략국의 반발과 대항 조치를 불러일으키게 되었다.

1891년 서울 주재 일본 공사의 권고를 단서로[57] 설립되었던 관립일어학교[58]는 미국에 대항해 그 영향력을 확대시키고자 했던 일본군국주의의 속마음을 드러낸 것이었다. 게다가 이러한 교육 분야에 대한 일본의 진출은 일본어가 영어보다 습득하기 쉽고 사상의 전달에도 편리했기 때문에, 역으로 미국의 우려를 불러일으켜[59] 기독교 세력을 한층 더 광범하게 투입시키는 사태를 가져오게 만들었다. 바야흐로 조선의 교육은 이미 자본주의 열강에 의한 침략의 도구로 변하고 있었던 것이다.

3. 갑오농민전쟁과 동학운동: 근대교육에 대한 소극적 인식

1890년대에 들어 조선 사회의 계급적·민족적 모순이 급속하게 첨예화되자, 이어지는 민란은 동학과 연결됨으로써 고립적이고 분산적인 투쟁에서 점차 대규모적인 농민반란으로 발전하게 된다. 즉 악덕관리와 양반지주의 수탈에 반항한다는 지역적·개별적 투쟁으로 일관했던 농민은 반봉건·반침략의 동학사상에 공감을 나타냈고, 또 그 조직을 이용함으로써 봉건제도 그 자체에 반기를 드는 전국적 반항운동을 전개하게 되었다. 게다가 그러한 반항운동의 고양은 원래 동학이 서학=천주교에 대항하여 만들어진 민족종교였던 만큼, 기독교가 사실상 공인되어 포교활동뿐만 아니라 근대교육을 활발하게 전개할 정도로까지 되었던 것과도 결코 무관한 것은 아니었다.

동학사상 그 자체는 위정척사사상과 마찬가지로 서구 자본주의 열강의 아시아 침략에 대한 민족적 위기의식에서 출발했는데, 그것은 동시에 계급관계의 변동에 따라 안정된 봉건적 공동체의 파탄을 극복하고자 생겨난 것이었다. 전자는 서학西學에 대항해서 동학東學이라고 명명되었던 것에서 단적으로 나타나고, 후자는 민중경제를 지향했던 '인내천人乃天'[60] 사상에 구체적으로 표현되어 있다. 동학은 일종의 종교로서 집권세력에 직접 도전하는 정치 이데올로기가 아니었음에도 불구하고, 일체의 이단을 허용하지 않은 봉건권력은 조선 체제의 근간이라고도 해야 할 주자학적 신분질서에 반대하는 사교邪敎로 간주해 가혹한 탄압을 가했다. 초대 교조 최제우가 창교한 지 겨우 4년 만에 혹세무민惑世誣民의 죄목으로 처형되었던 것도, 소수 양반 특권층에 의한 민중지배를 거절하고 민중 자신에 의한 '보국안민輔國安民'을 주장했기 때문이었다. 그러나 1890년대 전반에 이르러 동학은 전라·충청을 중심으로 한 삼남 지방으로 퍼져나갔고, 정부권력에 공공연히 대항할 수 있는 조직 동원력을 갖게 되었으며, 그 사상은 '밑으로부터'의 반봉건·반침략 운동을 지탱하는 강력한 정신적 무기가 되었다. 이는 조선근대 부르주아 민족운동을 지탱했던 세 개의 사상 가운데 위정척사사상 및 개화사상이 지배계급 내부의 일부 양반 지식인의 사상에 머물러 있었던 것에 반해, 동학사상은 거대한 에너지를 동원할 수 있는 민중사상으로 성장했다는 것을 의미한다.

동학운동은 그 성장과정에서 개인의 내면적 구제라는 종교적 요소와 농민의 분노라는 정치적 요소를 결합한 민중운동으로 전개되었는데, 그것은 결국 조직적인 상소운동이나 항의 집회로 발전했다. 이들은 1892년에는 '교조신원敎祖伸冤'이라는 독자적 목표를 내걸고 수천의 신도를 동원했던 삼례역취회參禮驛聚會를 열고, 다음 해인 1893년에는 40여 명의 동학상소단東學上疏團이 서울의 왕궁 앞에서 복합伏閤상소를 결행했으며, 연이어 2만여 명이 참가 한 보은취회報恩聚會를 조직해 안팎으로 커다란 충격을 주었다. 그리고 한국의 근대사회에 한 획을 긋는 대사변이라고 해야 할 1894년의 갑오농민전쟁이 이러한 역사적 배경하에서 전라도 고부민란古阜民亂을 발화점으로 해서 일어났다. 즉, 고부군수의 탐욕과 악정을 견뎌낼 수 없었던 천여 명의 농민은 전봉준(全琫準, 1854~1895)의 지도하에 봉기하여 관아를 점령하고 무기를 탈취해서 불법으로 징수되었던 세미稅米를 탈환했다. 그러나 일단 해산했던 반란 농민에 대해 이전부터 동학 탄압의 기회를 엿보았던 봉건정부가 고부군은 물론 인근 지역의 동학 신도와 일반 농민에게까지 박해를 가하고, 재산의 약탈이나 살인·방화 등의 만행을 제멋대로 저지르자, 동학조직을 매개로 한 각지의 농민군이 재결집해 전면적인 무력투쟁으로 발전했다. 여기서 동학은 사상적으로 비폭력적 성격을 갖고 있었음에도 불구하고 농민군의 조직화, 즉 민중 에너지의 결집에서는 '종교적 외피'[61]를 유효하게 작동시켰다.

무력투쟁의 확대에 놀란 봉건정부는 1894년 6월 농민군 토벌을 위해 청국에 출병을 요청하는 한편, 농민군과 타협공작을 벌였다. 봉건체제 그 자체를 타도한다는 명확한 정치강령을 갖고 있지 않았던 농민군은 외국군의 무력 개입을 피하기 위해서라도 정부군에 '폐정개혁안弊政改革案'을 제시하고 전주화약全州和約을 맺어 자발적으로 해산했다. 그리고 농민군은 자치적 기관으로 '집강소執綱所'를 전라도 각지에 설치하여 농민의 요구를 실현하는 새로운 방책을 시도하기 시작했지만, 다른 한편 조선 진출을 노리는 일본군의 아산 상륙과 그에 이은 청일 양국의 전면 충돌로 인해 사태는 조선을 무대로 하는 노골적 침략전쟁으로 전개되는 양상을 띠었다. 그리고 청일 양국의 출병을 저지하지 못하고 조선의 내부 모순을 외국 침략 세력과의 민족모순으로 전화시켜버렸던 반동적 조선 정부는 정부군과 일본군의 연합으로 농민군의 탄압에 편승해 충청도에서 격렬한 전투를 한 끝에 농민군을 격파했다. 그 결과 전봉준을 비롯한 농민군 간부는 모두 체포·처형되었고 조선은 반半식민지화의 길을 걷게 되었다.

갑오농민전쟁에서는 『동학사東學史』에 기록되어 있는 것처럼, "관리·양반·유림·아전과 더 나아가 그 아래 노령에 이르기까지 놀고 먹는 것을 좋아하는 무리들 모두는 '동학당'을 적대시했고, 다양한 불만을 수백 년 동안 가슴에 품어왔던 상민·노비·서자 등은 동학군의 힘을 빌려 단번에 에너지를 폭발시켰으며", 또 "소위 문자와 문장을 다루는 자"는 농민군의 핵심이었던 "토지 등을 경작하며 살아가는 무식자"와 달리 농민군이 일단 패배하기 시작하자 곧 정부군으로 넘어가기도 했다.[62] 그러기에 갑오농민전쟁은 수백 년에 걸친 봉건지배에 대한 반체제 운동의 최종 도달점인 동시에 개국 이래의 외세 침투에 대해 본격적으로 반항하는 근대민족해방운동의 출발점이 되었다. 그리고 일본군국주의의 급속한 세력 확대는 외세와 개화에 반발해온 민중의 위기의식을 적대의식으로 만들었으며, 그러한 적대의식은 농민전쟁의 과정에서 점차 명확한 민족의식으로 자리 잡게 되었다.

그런데 반봉건·반침략을 표방했던 동학운동은 봉건체제 비판 때문에 위정척사론자에게 비난을 받았으며, 동시에 반침략적 성격 때문에 반서구·반일본의 요소를 띠어 결과적으로 반反개화로 기울어졌다. 사상적으로 동학은 반봉건으로 위정척사론과 대립했고, 반침략의 철저성에서 개화사상과 크게 달랐다. 그리고 현실적 역사 전개에서 동학은 반침략적인 성격으로 인해 한때 위정척사와 결합한 적은 있었지만, 개화사상과 결합한 적은 없었다. 이러한 사상적 상황에서 광범위한 민중적 기반을 가진 동학사상이 그 자체로 부르주아 개혁을 담당하는 근대사상으로 개화하지 못했을 뿐만 아니라, 일시적으로라도 개화사상과 제휴할 수 없었던 것은 조선의 근대화 작업에서 커다란 결손 요인이 되었다.

지금 이를 교육과 관련해 파악해본다면, 동학사상과 개화사상의 결합은 이념적으로도 정책적으로도 근대교육의 추진에 커다란 역할을 담당할 수 있는 것이었다. 이미 고찰했듯이 개화사상에서 교육은 자주독립과 부국강병을 달성하기 위한 가장 유효한 수단이 되기는 했지만, 교육의 대상은 한정되어 진정으로 모든 민중을 포괄했던 것은 아니었다. 한편, 동학사상은 봉건적 신분제도의 해체를 주장했으므로 현실의 역사무대에서 개화사상과 결합하여 근대교육을 민중화하는 역할을 맡을 수 있었다. 즉, 동학의 '인내천' 사상에 따라 인간해방의 사상적 기반이 구축되고 신분차별의 철폐와 남녀평등 등이 실현되고, 이것이 개화사상에서 주장하는 서양 문물로 보완될 때 근대교육을 광범위하게 구체화하는 전망이 열리게 된다. 최제우가 자기 집의 여자 노비 두 명을 해방시키고 한 명을 양녀로, 다른 한 명을 자신의 며느리로 삼았던 것, 그리고 제2대 교주 최시형(崔時亨, 1827~1898)이 동학조직의 간부 배치에서 귀천貴賤이나 적서嫡庶의 구별을 배제한 것 등은 동학사상의 혁명성을 나타낸다. 이와 같은 구체적 실천이 쌓여나가고, 또 개화사상과 결합해 동학조직을 효과적으로 활용했을 때, 그것은 근대교육을 전국적으로 보급시킬 수 있는 거대한 에너지를 창출할 수 있게 될 것이다.

그러나 현실적으로 동학운동은 1900년대에 이르기까지 개화사상에 접근하는 일이 없었고, 또 근대교육에 관해서도 어떠한 적극적인 반응을 나타내지 않았다. 그것은 농민군이 제기했던 폐정개혁안 가운데 반봉건·반침략적 요구를 반영한 상당히 수준 높은 구체적 시책들이 분명해졌음에도 불구하고, 근대교육에 관해서는 어떠한 언급도 없었다는 점에서도 나타난다. 이는 근대교육이 국가 건설의 기본 과제였음을 생각할 때, 동학이 근대교육에 대하여 적극적이지 않았음을 의미한다. 게다가 박은식이 지적했던 것처럼 갑오농민전쟁 그 자체는 "외국의 간섭이 없고, 또 유능한 지도자가 동학에 나타났더라면 그러한 파괴 속에서 훌륭한 신생 독립국의 건설이 그래도 불가능한 일은 아니다"[63]라는 역사적 위치에 있었다.

여기서 동학운동이 근대교육에 소극적이었던 이유를 다음 세 가지로 정리해두자.

첫째로 동학운동, 특히 농민군의 최종 목적은 당시의 운동 단계에서 봉건체제의 전면적 타도를 꾀했던 것이 아니라, 봉건적 지배 형태 중 개혁해야 할 것과 유지해야 할 것을 구별하여 '밑으로부터'의 체제 재건을 의도한 것이었다. 즉, 어느 정도 봉건체제의 기본 모순을 제거하면서도 봉건국가권력 그 자체의 강화를 도모함으로써 외국 침략 세력에 대처하고자 했다. 따라서 농민군의 정치적 요구도 지배체제인 봉건제를 전면 부정했던 것이 아니라, 탐관오리의 배격, 신분해방, 경제적 평등 등을 실현함으로써 국가와 민족의 위기를 극복하자는 것이었다.[64] 이러한 논리는 당연히 동학이 갖고 있는 학문과 윤리도덕에 대한 견해와 연결된다.

동학은 부패 타락했던 조선의 정통 이데올로기인 주자학을 배격했지만, 그것이 곧 삼강오륜의 유교윤리를 전면 부정하는 것은 아니었다. 동학은 오히려 '인의예지仁義禮智'에 '수심정기守心正氣'를 덧붙여 일반 민중이 받아들이도록 동양도덕東洋道德의 재편을 도모함으로써 서학을 극복해내고자 했다.[65] 그리고 동학은 1893년 양반유생의 왜곡비방을 변명하는 가운데 동서의 학學이 서로 다투고 있지만 서양의 학은 빙탄氷炭처럼 서로 용납되지 않는 것이며, 서양에서 말하는 시비是非와 정사正邪는 동양에서 말하는 것과는 다르다. 서양의 학學과 동양의 학學도 또한 다른 것으로, 서양은 그들의 학을 배우는데 우리는 우리의 학을 배워 부모에게 효도하고 스승을 존경하며 임금에게 충성한다[66]고 자신들의 주장을 분명히 했다. 여기서 볼 수 있듯이, 서양 학문과 동양 학문 사이에는 일정한 거리가 있고, 따라서 당시의 동학운동에서 비록 '근대'교육을 운운한 적이 있었다 하더라도, 그것은 외래의 서양적 학문을 근간으로 한 것이라기보다는 오히려 조선 사회의 내재적 발전에 바탕을 둔 동학 독자의 것, 즉 봉건교육의 일정한 개혁이라고 해야 할 것이다. 이는 원래 서학에 대응해 만들어진 동학이 그 원칙을 고수하는 한 피할 수 없는 제약이었다고 할 수 있다.

둘째로 반침략을 기본 이념으로 하는 동학운동이 1880년대 후반 기독교 포교활동의 본격화에 대항해 적극적으로 전개되었던 것과 관련한 것이다. 즉 갑신정변의 실패로 근대교육을 포함한 국내 개혁을 자주적으로 수행할 수 있는 주체적 역량을 확보할 수 없었던 상황에서 기독교 선교사는 교육을 유력한 무기로 조선에 진출했는데, 이것은 당연히 동학의 격분을 불러일으켰다. 그리고 조선의 근대교육을 기독교 선교사가 담당해 자본주의 열강의 침략 도구로 등장하게 됨으로써 동학이라는 한층 더 강한 반대와 마주하게 되었다.

1893년 3월 동학은 민중에게 격문檄文을 내려 조선은 '동방기천년예의지국東方幾千年禮義之國'으로 "예의를 존중하는 나라에서 태어나 예의를 행하며 사는데 다른 가르침을 운운하는 것은 타당하지 않다"[67]라고 논했다. 같은 해 봄, 동학의 일파는 외국인 및 기독교를 공격하는 격문을 외국 공관과 선교사 집에 붙여 서울 시내를 공포의 도가니에 몰아넣었는데 거기에는 "처음에는 영어를 습득시키면서도 한문을 가르친다고 하여 양가의 자제를 유혹하여 결국 교회로 데리고 가고, 또 학도에게 의식衣食을 주어 강제로 포교에 종사하게 만드니 얼마나 비열한 일인가"[68]라고 기독교 선교사를 격렬하게 비난하는 내용이 담겨 있었다. 이것은 물론 동학 전체의 의견이 아니며, 또 직접적으로는 기독교 선교사의 침략적 저의를 공격한 것이기는 하지만, 여하튼 동학은 내외 모순이 집중했던 당시의 급박한 상황에서 겨우 싹트고 있었던 근대교육에 대해 호감을 갖고 있지 않았다는 것은 사실이다.

셋째로 동학이 근대교육에 소극적이었던 이유는 더 근본적으로 동학사상 그 자체에서 찾을 수 있다. 동학의 '인내천' 사상은 '보국안민'의 논의를 요구하고, 빈부귀천의 구별이 없는 인간평등의 실현을 목적으로 했다. 따라서 동학은 양반계급의 사회적 특권을 부정하는 동시에 도덕적 수양에 따른 모든 인간의 '신선화神仙化'를 강조했다. 거기서는 일체의 권세나 학문이 부정되고, 단지 관념적인 인간 본성의 추구만이 문제가 되었다. 즉 동학에서 최제우가 도인道人으로 설법했던 것처럼 "도덕은, 즉 내가 생명이며 그것보다 귀한 것은 둘도 없다"[69]라는 도덕지상주의의 입장이 견지되었다.

따라서 동학은 "13자를 깨우치면 만 권의 시서詩書가 무슨 필요인가"[70]라고 일상적인 주문의 구송口誦을 주장하는 동시에 문필의 숭상을 엄하게 경계했다. 이것은 문벌이나 권세에 사로잡힌 봉건지배계급이 장기간에 걸친 한문 학습을 필수로 하는 과거시험을 악용해서 사회적 특권을 유지·확대하고 국가의 쇠약을 초래한 것에 대한 반발이기도 했다. 그리고 최제우가 "만일 모든 사람이 사람으로서의 덕을 잃어버리고 문필만을 숭상한다면, 문필 때문에 세상이 망하는 날이 온다. 제군은 약간의 재조才操를 숭상함으로써 커다란 인덕人德을 잃어버려서는 안 된다. 내가 도道는 한없이 넓고 큰 것이라고 말하지만 그것을 닦는 방법은 간단하다. 오직 정성이 있고, 공경이 있고, 신앙이 있을 뿐으로, 이 세 가지를 잘해야만 사람다운 자기自己를 찾고, 잃어버렸던 생명을 구할 수 있을 것이다"[71]라고 말했던 것처럼, 동학은 기본적으로 도덕적 교화로 인간과 사회의 개량을 실현하려고 했다. 원래 양반의 무위도식을 비판하기 위해 도덕적 수양을 더욱 강조했던 측면도 있으며, 또 동학이라 해도 1860년대의 동학과 1890년대의 동학은 그 주장에서도 변화가 있을 것이지만, 적어도 동학의 교의教義를 보면 동학은 근대교육에 대해 소극적이었다고 말하지 않을 수 없다.

이처럼 동학운동은 반봉건·반침략을 지향했던 대중적인 일대 반항운동이었지만, 그것은 부르주아 사회의 건설을 촉진하는 근대교육운동이 될 수는 없었다. 그럼에도 불구하고 동학운동은 이후 근대교육의 전개에 커다란 자극을 주었다. 그 하나는 동학이 서양 계몽주의에서 말하는 인간 이성의 해방이나 비과학적 사유의 극복을 주장하는 데까지 이르지는 못했지만, 봉건적이고 사대주의적인 주자학에 반대하고 만민평등·자주독립을 민중의 차원에서 이념화함으로써 일부 양반자제의 점유물이었던 교육을 민중적이고 자주적인 것으로 전화시켜 가는 사상적 기반을 내발적內發的으로 창출했다는 점이다. 두 번째는 동학의 교주가 한문을 이해하지 못하는 하층 민중 및 부녀자를 대상으로 하여 동학경전의 하나인 『용담유사龍潭遺詞』를 평이한 순국문을 사용해 씀으로써 국문의 보급을 촉진하고 민중교육의 여지를 만들어 냈다는 점이다. 동학의 국문 사용은 동학사상이 민중 가운데 널리 침투했던 이유이기도 한데, 이는 중국의 태평천국太平天國에서 전개되었던 광범위한 민중교육과 비교해 소극적인 것이기는 했지만, 삼강오륜을 말하는 유교적 한문에 반대해 국문을 원칙으로 하는 근대교육의 보급과 연결되는 민중교화운동의 중요한 무기가 되었다.[72]

아무튼 동학운동은 침략자에 반대하고, 서양인과 기독교를 배척하며, 국가 몰락의 원흉인 봉건관료와 싸우다가 결국에는 반동 정부군 및 일본군과 충돌하여 좌절했다. 게다가 동학조직을 이용했던 농민군은 근대적 지식도 근대적 무기도 갖추지 못한 반란 농민이 주체였고, 전투에 임해서는 농민군 간부가 말하는 '마술적인 힘'[73]조차 믿고 있었다. 그리고 동학으로 결집했다가 결국 패배한 농민 중에는 진압군의 집요한 추적에서 벗어나기 위해 치외법권의 특권을 가진 서양인, 특히 기독교 선교사에게 생명의 보호를 요청했던 자도 생겨났다. 뿐만 아니라 그러한 과정에서 동학운동의 와중에 몸을 내던진 서양인이 스스로의 체험에 근거해 보고하고 있듯이 "고통과 불안 때문에 기독교의 신에게 귀의하는"[74] 자도 나타나게 되었다.

• 주석

Ⅰ. 개국 전후의 사상적 갈등

1. 서원은 지방의 유림이 유교 경전을 가르치는 일종의 교육기관이면서, 또한 저명한 유학자의 위패를 모신 사당이기도 했다. 국가권력의 통제를 받지 않는 합법적인 것으로 토지 소유도 인정되었고, 일정하게 부역과 세금도 면제되었다. 그러나 그것은 곧 지방의 토호나 대지주에게 이용되어 무위도식하는 자들의 소굴로 되어버렸다. 당시 전국의 서원은 679개에 이르렀는데, 붕당(朋黨)과 민중 수탈의 장이면서도 또한 지방관과 중앙정부를 은근히 견제하는 존재이기도 했다.
2. 위정척사사상은 외부 세력의 침입이 계속된 조선근대의 역사에서 대외적으로는 반침략으로 일관했는데, 그 계급적·사상적 제약으로 인해 근대적 개혁에 대해서는 부정적이었다. 이는 1876년의 개국 후에도 기독교와 서양 문물 거부, 제도개혁 반대, 사회관습과 신분적 차별의 변혁에 대한 반대, 신교육·국문 사용·단발 반대 등 근대적 개혁의 대부분에 대해 부정적이었다.
3. 한우근, 「개항 당시의 위기의식과 개화사상」(『한국사연구』 제2호, 1968, p. 112) 및 구범모, 「개화기의 정치의식상황」(『한국정치학회보』 제3집, 1969, p. 142).
4. 丸山眞男, 『日本の思想』, 岩波書店, 1960, p. 9.
5. 조항래, 『개항기 대일관계사 연구』, 형설출판사, 1973, p. 27.
6. 『수신사기록』, 국사편찬위원회, 1974, p. 131.
7. 『수신사기록』, p. 65.
8. 『수신사기록』, p. 108.
9. 『수신사기록』, p. 153.
10. 『조선책략』은 황준헌의 의견을 한 권의 책으로 정리한 것인데, 이홍장의 의견이 많이 반영되어 있다. 원문은 『수신사기록』에 포함되어 있다.
11. 『승정원일기(承政院日記)』, 고종 18년 2월 26일.
12. 권석봉, 「영선사일행에 대한 고찰」(『역사학보』 제17·18합집호) 참조. 영선사 일행의 인원 구성은 정식 인원으로 유학생 38명, 관원 12명, 수종(隨從) 19명이었으며, 이 외에 유학생 개인의 수종이 14명 있었다. 유학생의 연령은 16살에서 40살 전후까지 두루두루 분포되어 있었다. 이 유학생은 '학도'와 '공장(工匠)'으로 구분되었고, '학도' 20명은 양반계급 출신 중에서, '공장' 18명은 중인계급 출신 중에서 선발되었다. 개인 수종이 있었다는 점, 유학생의 구분, 즉 학습 내용이 봉건적 신분관계로 결정되었다는 점 등에서 이 유학생 파견의 보수적 성격이 드러난다. 1882년 6월에 국내에서 일어난 임오군란은 유학생 조기 귀국의 결정적 이유가 되었지만, 실제로는 학습 내용의 불비, 재정적 곤궁, 그리고 특히 본인의 병, 가족의 불행 등의 개인적 이유와 더불어 학습 능력의 결여라는 측면이 컸다.
13. 정옥자, 「신사유람단고」(『역사학보』 제27집) 참조.
14. 근대에 들어 이 이전에도 서양 문물을 배우기 위해 국외로 나갔던 지식인이 있었다. 승려 이동인은 이미 1877년에 조선에 들어온 혼간지(本願寺) 부산 별원을 통해 근대적으로 변화해가는 일본에 관심을 보이고 있었는데, 1879년 개화파 김옥균과 박영효의 도움

으로 일본에 갔다. 그는 유신 후의 일본으로 밀항했던 최초의 민간인이었는데, 그의 도일은 개화파가 필요로 하는 서적 구입과 일본 시찰을 목적으로 한 것이었다(김도태, 위의 책, pp. 85~86 및 石河幹明, 『福澤諭吉傳』 第三卷, 岩波書店, 1932, pp. 287~288). 또한 '신사유람단'이 일본에 도착하기 1개월 전 한국주재 일본대리공사 하나부사(花房)의 사주로 임태경(林泰慶)·이원순(李元淳)·김재우(金在愚)·박인순(朴仁淳)[통역] 등 4명이 구리와 가죽의 제조기술을 배우러 일본으로 갔다. 이것은 메이지(明治) 정부의 많은 관료가 문화정책을 중시하지 않는 상황 속에서, 실제로 한국 문제에 관계하고 있었던 하나부사가 일본의 외교 책략상 문화정책이 불가결한 수단의 하나라고 생각하고 조선 정부에 압력을 가해 실현된 것이다(彭澤周, 『明治初期日韓淸關係の硏究』, 塙書房, 1969, pp. 338~341). 그러나 근대학교에 입학해 체계적인 공부를 했다는 점이나 한국의 개화운동에 미친 영향이라는 관점에서 볼 때, 유길준·유정수·윤치호가 한국 유학생의 시초라고 할 수 있다. 그들이 재학했던 경응의숙(慶應義塾)이나 동인사(同人社)는 메이지 초기 일본의 대표적인 사숙(私塾)이었다.

15. 『承政院日記』, 고종 18년 6월 8일.
16. 『承政院日記』, 고종 19년 12월 22일.
17. 이광린, 『한국 개화사 연구』, 일조각, 1969, pp. 38~42.
18. 『承政院日記』, 고종 19년 9월 6일, 유정수의 상소. 여기서 그는 "既結外和, 與之通涉, 則各邦語音, 再所當詳, 而如干譯員之中間承紹, 不無聲瞶之歎, 且於軍中事務, 何可只憑文字, 茫昧自莞乎"라고 하면서, 외국과 체결하는 조약 교섭에서 우리나라 역관은 중간에 서서 귀를 기울이고 있을 뿐, 무엇을 말하고 있는지 알지 못한다고 개탄하고 있다. 그런데 한국인 중에서 최초로 서양어를 통역한 사람은 윤치호였다. 그는 일본에서 2~3개월 영어를 배웠을 뿐인데, 동경에서 초대 주한공사 푸트의 의뢰를 받고, 푸트와 함께 귀국하면 영어를 더욱 배워야 되겠다고 생각하고 통역이 되었다(『서재필 박사 자서전』, pp. 88~89).
19. 『承政院日記』, 고종 19년 9월 22일, 高穎聞의 상소.
20. 『承政院日記』, 고종 19년 9월 20일. 趙汶의 상소.
21. 『承政院日記』, 고종 19년 8월 23일.

Ⅱ. 개화파의 계몽활동과 교육사상

1. 개화사상은 한국 근대사상 연구에서 비교적 연구가 진척된 분야이다. 이 책에서는 그것들 중 김희일(金熙一)의 「1880년대 개화사상연구-'서유견문'을 중심으로」(『역사과학』 1965년 제6호 및 1966년 제1호), 이광린의 『한국 개화사 연구』(일조각, 1969), 강재언(姜在彦)의 『조선근대사 연구』(日本評論社, 1970), 사회과학연구원 역사연구소의 「조선에 있어서 부르조아 혁명운동」(『역사과학논문집』Ⅰ, 사회과학출판사, 1970), 김영작의 『한말 내셔널리즘 연구』(東京大學出版會, 1975), 이광린의 『한국 개화사상 연구』(일조각, 1979) 등의 선행 연구를 바탕으로 논의를 전개했다. 여전히 개화사상을 교육사상적 관점에서 논한 연구는 아직 없는데, 본고 집필 후에 입수했던 연구서로 교육사상을 전문적으로 다룬 김원회의 『한국의 개화교육사상』(재동문화사, 1979) 및 교육도 포함하여 한국근대사 전반에 걸친 개화사상을 다룬 강재언의 『朝鮮の開化思想』(岩波書店, 1980)이 있다.
2. 사회과학원 역사연구소 편, 일본 조선연구소 번역, 『김옥균 연구』, 1968, p. 262 참조.

3. 유길준, 『서유견문』, 東京: 交詢社, 1895(영인본, 경인문화사, 1969, 序).

4. 갑신정변은 개화파의 한 사람인 홍영식을 총변(總辯)으로 우정국 신축 축하연에 다수의 각국 외교관과 수구파 대신이 초청된 가운데 결행되었다. 개화파는 수구파 민영익에게 자상(刺傷)을 가한 것을 비롯해 민씨 일파 몇 명을 처단하고, 그 후 왕궁으로 가서 국왕에게 일본군 출동을 요청하도록 했다. 정변에서 일본의 사관학교로 유학했다가 이날을 위해 귀국한 서재필을 비롯해 사관학교생이 커다란 역할을 맡았다. 쿠데타에 성공한 개화파는 곧 새 정부를 조직하고 새 정강을 발표했다. 그러나 원세개의 무력 침입이 시작되고, 믿고 있었던 일본군도 정세의 불리함을 이유로 약속을 어기고 후퇴하자, 결국 문자 그대로 3일 천하로 끝났다. 정변 실패의 결과 홍영식·박영교 및 7명의 사관학교생이 청국군에게 참살되었고, 김옥균·박영효·서재필 등 9명은 각각 일본과 미국으로 망명했다. 이 중 김옥균은 1894년 조선 정부에서 파견한 자객에게 상해에서 암살되었다.

5. 『서유견문』, pp. 375~377. 『서유견문』 영인본의 김영호 '해제(解題)'에 의하면, 유길준은 1881년에 도일할 때 이 책의 집필을 이미 구상하고 후일 국민계몽의 참고자료로 제공하려고 했다고 한다. 임오군란의 소식을 접해 귀국한 후에도 관리가 되는 것을 거절하고 그 완성에 노력했는데, 원고의 분실과 미국 유학 등으로 진척이 잘 안 되었고 1892년에 겨우 원고를 마쳤으며, 1895년 도쿄의 출판사에서 비로소 간행될 수 있었다. 당초 1,000부가 인쇄되어 각계각층의 인사에게 무료로 배포되었는데, 당시의 지식인에게 커다란 영향을 주었다고 한다. 이처럼 『서유견문』은 10여 년에 걸쳐 정리된 개화사상의 집대성이다. 이광린은 「유길준의 개화사상-서유견문을 중심으로」(『역사학보』 제75·76호, 1977)에서 『서유견문』이 후쿠자와(福澤)의 『서양사정(西洋事情)』에서 많은 영향을 받았다는 것을 실증하고 있는데, 근대사상 섭취의 초기에 외국인의 저서를 많이 인용했다는 것은 후쿠자와의 저작 자체가 버클리, 스미스, 벤담 등으로부터 많이 배웠다는 것을 보더라도, 어쩔 수 없는 현상일 것이다. 유길준의 '개화의 등급'은 후쿠자와의 『문명론지개략(文明論之概略』에서 문명의 나라(유럽 여러 나라·미국), 반개(半開)의 나라(중국·일본), 야만의 나라(아프리카·오스트레일리아)의 구별(岩波文庫版, p. 24)에서 배운 것이라고 생각되는데, 양자의 주장에는 약간의 차이가 있다.

6. 『서유견문』, p. 378.

7. 『서유견문』, p. 152.

8. 『서유견문』, p. 105.

9. 『서유견문』, p. 128.

10. 『서유견문』, p. 233.

11. 김옥균, 『지운영사건 규탄상소문』, 1886(한국문헌연구소 편, 『김옥균전집』, 아세아문화사, 1979, p. 147). '지운영사건 규탄상소문'은 종래 '거문도 사건에 대한 상소문'으로 불렸다.

12. 이 『건백서(建白書)』는 정변 실패 후 일본에 망명했던 박영효가 1888년에 개화를 거듭 주장하면서 국왕에게 보낸 상소문이다. 전체가 전문과 8개조로 구성된 장문의 개화 방책이다. 원문은 『日本外交文書』 제12권에 수록되어 있다.

13. 김옥균, 앞의 책, p146.

14. 박영효, 앞의 『건백서』.

15. 『서유견문』 pp. 100~101 참조. 민중의 혁명성을 부정하는 이러한 주장은 기본적으로 유길준의 계급적 제약에 의한 것인데, 후쿠자와로부터 커다란 영향을 받은 것으로 생각

된다. 실제 유길준은 후쿠자와의 『서양사정』 중에 있는 문장(『福澤諭吉 全集』 第1卷. 岩波書店. 1969, p. 452)과 똑같은 문장을 사용하여 프랑스혁명에서 민중의 진보적 역할을 부정하고 있다.

16. 후쿠자와 유키치와의 관계에 한정해 말한다면, 그와 많은 접촉을 가졌던 김옥균·박영효·유길준 등의 개화사상가가 그들의 사상 형성에서 일본의 침략을 정당화하는 논리를 부지불식간에 내포하고 있었다는 것은 충분히 추측할 수 있다. 환언하면 그들 개화사상가는 후쿠자와의 계몽주의를 배움으로써 친일적으로 되었고, 결과적으로 일본의 침략을 쉽게 받아들이는 토양을 구축하는 데에 가담했다. 후쿠자와는 서구화=자본주의화=부국강병이라는 코스를 생각하고 선진적 서양 문명에 도달하는 것을 최대의 목표로 삼음으로써, 서구 각국이 아시아에 진출해오는 역사적 조건 속에서 일본의 독립을 확보하려 했다. 1875년 당시 일본에서 비등했던 '정한론'에 반대하는 입장이었던 후쿠자와에게 조선은 "아세아주 가운데 작은 야만국으로, 그 문명 상태는 우리와 비교가 안 될 만큼 거리가 있다. 조선과 무역하여 이(利)가 될 것은 없으며, 조선과 통신하여 익(益)이 될 것도 없다. 조선의 학문은 받아들일 만하지 못하며, 그 병력은 두려워할 것이 못 된다. 가령 조선을 우리 속국으로 삼을지라도, 기뻐할 만한 것이 못 된다"(『福澤諭吉全集』 第十卷, p. 148)라고 일본의 독립에 어떤 쓸모도 없는 나라로 파악하였다. 그러나 그 후 대외적 위기감을 강하게 느낀 후쿠자와는 일본을 서구의 아시아 침략으로부터 동양 전체를 방위하는 '맹주'로서, 또 중국과 일본을 '예방선'으로서 위치 짓고, 1882년 7월의 임오군란 이전에 이미 조선을 '문명개화'라는 이름 아래 일본에 종속시켜야 할 나라로 파악했다. 후쿠자와가 조선에 관심을 가졌던 것은 일본의 독립과 자본주의적 발전을 이룩하기 위해서였으며, 따라서 후쿠자와가 개화파를 원조하고 조선의 근대적 개혁에 관여했던 것도 궁극적으로는 일본의 이익을 추구하기 위함이었다. 후쿠자와에게 "지나조선(支那朝鮮)은…… 역사적 필연이라고 믿었던 문명개화의 세계적 침투에 저항하는 보수반동세력의 최후 아성으로 비침"(丸山眞男, 『福澤諭吉儒教の批判』)으로써 그가 개화파를 이용했던 것도 이 '문명의 적'='일본의 적'을 일소하기 위해서였다. 따라서 학교 설립과 신문 발간이 개화파에게는 개혁운동의 주요 사업이었지만, 차관을 주선하여 그것을 지원하려 했던 후쿠자와에게는 침략을 위한 문화공작에 지나지 않았다. 그럼에도 불구하고, 후쿠자와와 접촉했던 김옥균을 비롯한 개화사상가는 일본을 문명의 선진국으로 보아 그 침략성을 경시하였다. 특히 갑신정변의 실패를 계기로, 후쿠자와가 1885년에 「탈아론(脫亞論)」을 발표하여 노골적으로 조선 침략을 주장했음에도 불구하고, 개화사상가는 문명에 중점을 둔 나머지 대외정세에 대한 투철한 인식을 가질 수 없었다. 이것은 문명국 일본을 강조하여 자기에 대한 추종을 기대했던 후쿠자와로부터 많은 것을 배웠던 개화사상가가 갖지 않을 수 없었던 당연한 한계였다. 더욱이 김옥균·박영효·유길준 등의 개화사상가뿐만 아니라 1894년 이후 갑오개혁의 일환으로 일본에 파견된 유학생들도 예외 없이 후쿠자와와 접촉하고, 그로부터 많은 영향을 받았다. 이에 대해 일제강점기인 1944년에 간행된 『김옥균전』 上(경웅출판사)은 "선생은 실로 조선의 총 고문으로서, 정부든 민간이든 일본을 시찰했고, 일본에 유학했던 사람들 대부분은 선생으로부터 직접적인 교도(教導)를 받았다"라고 서술했다.

17. 『갑신정강(甲申政綱)』에는 정치·경제·사회·교육 등의 개혁사상이 열거되어 있으며, 그 총 합계가 80여 조목에 달한다고 한다(김도태, 『서재필 박사 자서전』, pp. 155~156).

18. 강재언, 『조선근대사 연구』, p. 80.

19. 자료에 따라서는 이때의 유학생이 40여 명이라는 설도 있는데, 여기서는 서재필의 설에 의한다. 그들 유학생은 도쿄에서 일본어를 배운 뒤 김옥균의 의뢰를 받은 후쿠자와의 소개로 9명은 도야마육군학교(陸軍戶山學校)에 입학했고 나머지는 경응의숙(慶應義塾)에 입학하거나 요코하마(橫濱) 세관 등에서 전문기술을 배웠다(김도태, 앞의 책, pp. 95~96 및 石河幹明, 『福澤諭吉傳』 第三卷, 岩波書店, 1932, p. 297).

20. 당초 박영효 밑에서 신문 발간을 구체적으로 준비하고 있었던 유길준은 국한혼용문을 사용하고자 했는데, 민씨 정권에 의하여 갑자기 박영효가 중앙체계에서 추방되자 유길준도 관직을 사퇴하여, 국한혼용문을 사용하고자 한 구상도 실현되지 않았다. 국한혼용문은 조선 말기의 뛰어난 한학자이며, 실학적 전통을 계승한 개화사상가인 강위(姜瑋)가 창안했던 문체로서, 그는 이미 1864년에 『의정국문자모분해(擬定國文字母分解)』라는 선구적 저작을 완성시켰다. 그것은 공간(公刊)되지는 않았는데, 국문의 조직과 기원 등을 논하고 있다(小倉進平, 河野六郎 補注, 『增訂補注朝鮮語學史』, 刀江書店, 1964, p. 138). 이노우에 가쿠고로(井上角五郎)는 강위를 스승으로 하여 국문(國文)을 배웠는데, 『한성순보』 창간호가 간행된 뒤 신문 발간의 책임자였던 김윤식도 이노우에 가쿠고로의 영향을 받아 국한혼용문이 매우 편리한 문체라는 것을 이해하게 되었다(『井上角五郎先生傳』, 井上角五郎先生傳記編纂會, 1943, pp. 99~100). 그리고 이 국한혼용문은 갑신정변 후인 1885년 12월에 새롭게 발간된 『한성주보』에서 비로소 사용되었다.

21. 윤치호, 송병기 역, 『윤치호 국한문일기』 上, 탐구당, 1975, pp. 25~26(1883년 10월 16일) 및 「풍우(風雨) 20년-한말정객의 회고담」(위의 책 下에 수록, pp. 343~344). 유길준과 윤치호가 국문에 이해를 나타낸 데는 후쿠자와의 영향이 있었다고 보인다. 즉 예전부터 조선의 국문에 착안하고 있었던 후쿠자와는 유길준에게 국한혼용문의 필요성을 강조했을 뿐만 아니라(앞의 책, 『福澤諭吉傳』 第3卷, p. 298), 신문 발간을 지원하는 데 있어서는 인쇄기계, 한문 활자와 함께 언문(諺文)의 활자도 준비하고 있었다(井上角五郎, 『福澤先生の朝鮮御經營と現代朝鮮の文化とに就いて』, 1934, p. 5).

22. 『한성순보』 제15호, 1884년 3월 29일, pp. 15~16(영인본, 서울대학교출판부, 1969, pp. 321~322).

23. 『한성순보』 제15호, 1884년 3월 29일, pp. 16~17(영인본, pp. 322~323).

24. 『한성순보』 제32호, 1884년 8월 31일, pp. 19~20(영인본, pp. 733~734).

25. 규장각은 원래 1776년에 역대 국왕의 시문·친필 등을 관리하는 관청으로 설치되었는데, 조선 말기에 이르러 문운(文運)을 불러일으키기 위한 중심기관으로 많은 서적을 편찬하며, 경서와 사적(史籍)을 인쇄하고 배포했다.

26. (1)(2)는 伊藤博文 編, 『朝鮮文涉資料』 上, 原書房, 1970, pp. 430~467(復刻原本, 1936)의 「金玉均自書日記」, (3)(4)는 이노우에 가쿠고로의 강연속기록(山邊健太郎, 『日本の韓國併合』, 太平出版社, 第12刷, 1976, p. 165). (5)(6)은 앞의 『서재필 박사 자서전』을 참고했다.

27. 동문학(同文學)은 1883년 1월에 통리교섭사무아문의 소속 기관으로서, 청국의 외국어 학교, 서적 출판 기관인 '동문관'을 모방하여 설치되었다. 동문학은 서적 간행, 신문 발간, 학교교육을 그 목적으로 했다. 『한성순보』는 동문학의 하부 기관인 박문국(博文局)에서 발간되었다.

28. 서재필, 「회고 갑신정변」(민태원, 『갑신정변과 김옥균』, 국제문화협회, 1947, p. 83).

29. 『서유견문』, p. 237.

30. 미국과 수호통상조약이 체결된 1882년의 다음 해인 1883년에 민영익을 대표로 한 보빙사가 최초의 사절단으로 미국에 파견되었다. 유길준은 이때 수행원으로 참가했다가, 그대로 국비장학생으로 미국에 남아 도쿄대학에서 생물학을 가르쳤던 모어스(E. S. Morse)로부터 개인지도를 받았다(이광린, 앞의 『한국 개화사 연구』, pp. 258~274).
31. 『서유견문』, pp. 200~212.
32. 박영효, 앞의 『건백서』.
33. 『서유견문』, p. 207.
34. 『서유견문』, p. 123.
35. 김옥균은 "외국의 종교를 유입하여 교화(敎化)의 보조물로 삼는다"라고 말했다(김옥균, 앞의 책, p. 147).
36. 교육에 커다란 기대를 걸고, 이를 위해서 미국에 원조를 구했던 박영효는 어떤 미국인에게 "당신들은 우리들을 위해 커다란 역할을 맡을 수 있습니다. 귀국은 우리나라와 멀리 떨어져 있으므로 이기적인 욕망을 갖고 있다고는 생각하지 않습니다. 우리 국민이 필요로 하는 것은 교육과 기독교입니다. 귀국의 선교사와 미션 스쿨은 우리 국민을 교육하고 향상시킬 수 있습니다. …… 우리 국민에게는 입법에 기초한 개혁에 선행하여 교육을 실시하고, 기독교에 의해 교화하는 일이 필요합니다. 그렇게 함으로써만 우리들은 입헌정부를 수립하고 장래 귀국과 마찬가지로 자유롭고 개화한 나라로 될 수 있습니다"라고 주장했다(F. A. Mckenzie, *Tragedy of Korea*, London, 1908, reprinted by Yonsei University Press, Seoul, 1969, pp. 54~55. 저자는 영국의 『*Daily Mail*』지의 기자였다). 민경배, 「개화기 기독교 수용과정」(『한국학』 제7집, 1975, p. 42)에 의하면, 이것은 일본에 망명 중인 박영효가 1885년 3월 초대 조선선교사로서 부임한 미국 북감리파 선교회 스크랜턴(W. B. Scranton)이 요코하마에서 조선을 향하여 출발할 때 그에게 했던 말이라고 한다.
37. 민경배의 앞의 논문(p. 42)에 의하면 정확한 날짜는 모르지만 유길준이 조선에 있어 최초의 프로테스탄트 세례자라고 한다. 만약 그러하면 유길준이 입신(入信)했던 때는 당연히 1880년대인데 기독교가 이단시되었던 상황에서 기독교 입신을 숨겼으리라는 것은 충분히 가능하다.
38. 개화사상가에게 큰 영향을 주었던 후쿠자와는 '일국독립(一國獨立)·문명개화(文明開化)'라는 과제 달성에 있어서 사회 발전의 원동력으로서의 민중의 에너지를 인정은 했는데, 다른 한편 민중 자체에는 그 에너지를 조직하고 방향 지을 능력이 없다고 하는 우민관(愚民觀)을 벗어나지는 못했다(히로다 마사키, 『福澤諭吉硏究』, 東京大學出版會, 1976, pp. 151~153 참조). 따라서 그의 교육론도 교화사상의 범주에 속한다고 말할 수 있는데, 다만 그의 교육론 중에는 아이들의 구체적인 모습이 파악되어 있으며, 아이들을 아이들로 보는 교육관, 아동의 발달에 대한 이해, 그리고 이를 위한 본래적인 가정이라고 하는 것이 중시되어 있다. 더욱이 이러한 사고방식은 학교의 개념, 교과의 편성 및 학습 방법에도 연장, 적용되어 있다.
39. He is a farmer, *The Korean Repository*, Vol. 5, June 1898, pp. 229~234.
40. 勝田守一, 『教育と教育學』, 岩波書店, 1970, p. 439.

Ⅲ. 근대교육의 시작과 갑오농민전쟁

1. 元山學舍는 신용하, 「우리나라 최초의 근대학교 설립에 대하여」(『한국사연구』 제10집,

1974년 9월 수록)라는 논문에 의해 비로소 그 존재가 분명하게 되었다. 원산은 1880년 5월에 개항했는데, 그 후 일본 상인이 대거 상륙함에 따라 일본인 거류지가 생기고 일본영사관도 설치되었다. 이윽고 일본 상인의 급속한 경제 진출을 받기 시작했던 원산항 일대의 향중부형(鄕中父兄)은 그것에 대처하기 위한 근대학교, 상업회의소, 복세소(卜稅所)를 설치함으로써 자신들의 상업 권익을 지키려고 했다. 당시 일본의 간악한 상인은 일확천금의 꿈을 좇아 개항장에 몰려들어, 일본영사 경찰의 보호하에 약탈적인 각종의 상업 활동을 벌이면서 취약한 조선 경제에 커다란 타격을 주고 있었다. 따라서 원산의 민간인들에게는 일본의 경제 진출에 대응하는 한편 새로운 시대를 담당할 인재를 육성하는 것이 긴급한 과제로 제기되었다. 이러한 상황에서 새로운 학교의 설립은 외세의 도전에 근본적으로 대응하는 가장 중요한 사업이 되었다. 원래 그들 민간인들은 원산이 개항되자 경서강독을 중심으로 한 재래 서당을 개량하여, 일반 과목을 가미했던 이른바 개량 서당이라고도 해야 할 것을 만들어 자제 교육에 임했는데, 1883년에 이르러 개화파 관리의 협력을 얻어 새롭게 근대학교를 설립하게 되었다. 이 원산학사는 정부의 공식 승인을 받았던 근대학교였는데, 그 편성에 있어서는 이미 1887년 같은 개항장인 동래에서 실시되고 있었던 무예교육의 경험을 발전시켜, 문예반과 무예반을 병설하였다. 원산학사의 교과에는 특수 과목으로 문예반은 경의(經義), 무예반은 병서를 채용하고 문·무의 공통과목으로 산수, 물리, 기계, 농업, 양잠, 광채(鑛採) 등의 실용과목이 있었다. 그 외에 일본어, 법률, 지리 등의 근대학문도 동시에 가르쳤다. 당초의 정원은 문예반 50명, 무예반 200명으로 수료 연한은 1년이었다. 여기서 주목할 만한 것은 원산학사 설립기금의 출자자(出資者) 구성이다. 설립기금 총액 6,575냥 중 조선인이 88.8%에 해당하는 6,005냥을 출자하고, 나머지를 중국인, 영국인, 미국인 등 원산세관에 초빙되어 있었던 외국인이 출자하였다. 즉 출자금의 대부분은 조선인 자신의 부담에 의한 것으로서, 외국인의 출자가 있었다고 할지라도 그것은 외국 선교회 등을 통했던 기부금이 아니라 봉급으로서 지불된 조선 정부의 자금이었다. 이제 조선인의 출자금에 한정해서 보면, 관리의 출자는 5%에 300냥[덕원부사(德源府使) 정현석(鄭顯奭), 서북경략사(西北經略使) 어윤중(魚允中), 승지(承旨) 정헌시(鄭憲時)가 각각 100냥씩]에 불과하고, 그 외는 모두 민간인의 출자이다. 더욱이 모두 백수십 명에 달하는 민간인의 출자를 신분별로 보면 출자금에서는 양반이 64.4%, 평민이 35.6%로서 양반이 차지하는 비율이 크고, 또한 출자 인원수에서는 양반이 28.8%, 평민이 71.2%로서 평민이 차지하는 비율이 크다. 즉 개화파 관리가 지원하는 가운데 보수적이라고 많이 비판받은 양반이 근대학교 설립에 커다란 관심을 내보인 동시에 수많은 평민층도 적극적으로 참가하고 있다. 이는, 민간인이 일단 외국 문명과 접촉하여 자각했을 경우 교육의 근대화, 즉 근대학교의 건설에 커다란 에너지를 발휘할 수 있음을 나타내는 것이다.

2. 『수신사기록』, p. 157 참조.
3. 이광린, 앞의 『한국 개화사 연구』, p. 95.
4. 앞의 책, pp. 94~95 및 H. N. Allen, 櫻井義之 譯, 『조선근대 외교사연표』, 淡路書房新社, 1961, pp. 37~38.
5. G. W. Gilmore, *Korea From Its Capital*, Philadelphia, 1892, p. 233.
6. 穆麟德 부인 편, 고병익 역, 「목린덕의 수기」, 『진단학보』 제24호, 1963년 8월, pp. 165~166.
7. 앞의 책과 같음, pp. 162~163.

8. 김도태, 앞의 『서재필 박사 자서전』, p. 107 및 윤치호, 송병기 역, 앞의 『윤치호 국한문일기』 上, 1884년 8월 9일, p. 128.
9. 앞의 『윤치호 국한문일기』 上, 1884년 11월 19일, p. 268~269 참조.
10. 앞과 같음, 1884년 7월 9일, pp. 206~207.
11. 국왕은 1883년 10월 미국 공사 푸트(Foote)를 통해 미국 정부에 대하여 외교고문과 군사고문의 파견을 요청하고 있다(*Korean-American Relation: Documents pertaining to the Far Eastern diplomacy of the United States*, Vol. 1, edited by G. M. Mccune & J. A. Harrison, University of California Press, 1971, No. 32, 'Foote to Secretary of State', Oct. 19, 1883, p. 53). 또한 국왕이 미국에 군사적 원조를 요청했던 것에 대해서는 예를 들어 앞의 『윤치호 국한문일기』 上, 1884년 4월 24일의 기록(상권, pp. 152~153)에도 나타나 있다.
12. *Korean-American Relation*, Vol. 1, No. 109, 'Foote to Secretary of State', Sept. 10, 1884, p. 55 및 앞의 『윤치호 국한문일기』 上, 1884년 9월 7일·9일, pp. 230~231. 국왕은 교원 3명과 신식 농장을 위한 감독관 1명, 모두 4명의 파견을 요청했다.
13. 김옥균은 도쿄의 동인사에서 일본어를 배우고 있던 윤치호에 대해 일본을 경유하지 않고 직접 서양 문물을 도입하기 위해서는 일본어뿐만 아니라 영어의 학습도 필요하다고 설득했다. 그 결과 윤치호는 영어 학습을 시작할 것을 결심했다(앞의 『윤치호 국한문일기』 下, pp. 341~342 참조).
14. 박제형, 이익성 역, 『근세조선정감』 上, 탐구당, 1975, pp. 90~92.
15. 같은 유교권에 속해 있었던 조선, 중국, 일본은 당초 다소간 근대교육을 기독교와 분리하여 고찰했다. 중국은 1862년에 북경에 동문관(同文館)을 개설한 이래, 유교적 기반에 선 중체서용론(中體西用論)을 교육 이념으로 하였고, 또한 일본은 처음으로 미국에 파견했던 사절단이 미국 문명에서 기독교가 맡고 있는 역할이 큰 것임을 인정하면서도, 그것과는 일단 분리하여 '보통교육'의 중요성을 인식하고 있다(『특명전권대사 미구회람실기(特命全權大使米歐回覽實記)』 二, 岩波書店, 1978, 田中彰 '해설', pp. 414~416).
16. *Korean-American Relation*, Vol. 1, No. 32, 'Foote to Secretary of State', Oct. 19, 1883, p. 54. 여기서 푸트는 이러한 파견국 정부가 미치는 영향력의 지대함을 생각하여 "가능한 한 조선 국왕의 뜻에 부합하는 인물을 고문으로 임명할 것을 강력하게 권고합니다"라고 국무장관에게 진언하고 있다.
17. 백낙준, 『한국개신교사』, 연세대학교 출판부, 1973, pp. 75~76.
18. *Korean-American Relation*, Vol. 1, No. 28, 'Frelinghuysen to Foote', Oct. 23, 1883, p. 35.
19. 미국대리공사는 교섭통상사무아문에게 공문서를 보내 "공사관 소속의 미국인 의사 알렌"이 "순수하게 비이기적인 동기(purely unselfish motive)"에서 병원 설치를 계획하고 있다고 하면서 그 승인을 요청하고 있다(『舊韓國外交文書』 제10권, 美案 1, 문서번호 158, pp. 21~23, 강조-필자).
20. '광혜원(廣惠院)'은 설립 13일 후에 '제중원(濟衆院)'으로 이름이 바뀌어, 왕실의 보호하에 근대적 병원으로서 치료 및 서양의학의 강습에 임했다. 그러나 실제의 경영은 상당수 관리의 부정부패와 제도적 불비로 인하여 잘 이루어지지 않아, 1894년에는 장로파선교회로 이관되었다. 병원의 부대사업이었던 의학교육도 선교사의 지도하에 1899년에 발족했던 제중원 의학교로 재출발했다. 이 의학교는 10년 후인 1908년에 제1회 졸업

생 7명을 배출했는데, 1909년에는 교육령 개정에 의해 세브란스 의학교가 되었다(『연세대학교사』, 연세대학교 출판부, 1969, p. 46, p. 52, pp. 58~59).

21. 이 고아원은 이후 경신학교로 발전했는데, 뒤에 민족독립운동가로서 활약했던 안창호와 김규식도 여기서 배웠다. 이 고아원은 구세학당이라고도 불렸다(백낙준, 앞의 책, p. 138).
22. 『舊韓國外交文書』 제10권, 美案 1, 문서번호 199, p. 150.
23. G. W. Gilmore, *op. cit.*, pp. 228~229.
24. D. L. Gifford, Education in the Capital of Korea (I), *The Korean Repository*, Vol. 3, p. 285.
25. 『舊韓國外交文書』 제10권, 美案 1, 문서번호 204, 'Foulk to Kim Yun Sik, President of the Foreign Office', June 19, 1885, pp. 153~154.
26. G.W. Gilmore, *op. cit.*, pp. 301~302.
27. 『舊韓國外交文書』 제10권, 美案 1, 문서번호 219, p. 165 및 *Korean American Relations*, Vol. 1, No. 204, 'Foulk to Secretary of State', July 22, 1985, p. 60.
28. 『日省錄』, 고종 23년 6월 17일.
29. 『고종실록』, 고종 23년 7월 11일.
30. 이광린, 앞의 책, pp. 106~108 및 김운태, 『조선왕조 행정사-근대편』, 일조각, 1975, pp. 143~144.
31. 황현, 『매천야록』, 국사편찬위원회, 1955, p. 91. 더욱이 신교육의 추진에 열의를 갖고 있었던 국왕은 고관의 추천에 기초하여 스스로 학도를 선발하여, 수년간은 시험의 실시를 실제로 지휘하는 등 육영공원의 운영에 크게 관여했다(A. J. Brown, *The Mastery of The Far East*, p. 78).
32. G. W. Gilmore, *op. cit.*, pp. 229~230.
33. *Ibid.*
34. *Ibid.*, p. 231.
35. *Ibid.*, pp. 232~233.
36. M. F. Scranton, 'Women's work in Korea', *The Korean Repository*, Vol. 3, Jan. 1896, p. 6.
37. *Koran-American Relations*, Vol. 2, edited by S. J. Palmer, University of California Press, 1963, No. 106, 'Dinsmore to Secretary of State', Apr. 28, 1888, pp. 208~209. 또한 조선 정부가 미국 공사관에 보낸 공문서의 한문 원본이 『舊韓國外交文書』 제10권, 美案 1, 문서번호 519, p. 353에 수록되어 있다.
38. 백낙준, 앞의 책, p. 147.
39. 『고종실록』, 고종 26년 4월 20일.
40. *Korean-American Relation*, Vol. 2, No. 222, 'Heard to Secretary of State', Dec. 17, 1891, pp. 173~175. 그리고 No. 471, 'Allen to Secretary of State', Oct. 16, 1893, pp. 179~181 및 앞의 『조선근대 외교사연표』, p. 54. 육영공원을 사직했던 3명의 미국인 교사 중 헐버트와 벙커는 북감리파 선교회 소속의 선교사로 다시 조선에 왔는데, 헐버트는 *The Korean Review*(1901~1906년)의 편집을 주관했으며, 또한 벙커는 아펜젤러의 후임으로 배재학당의 교장(1902~1912년)을 역임했다.
41. D. W. Gifford, *op. cit.*, (I), p. 286.

42. 경학원(經學院)의 경우 원임문형(原任文衡)·시원임문임(時原任文任)·반당(泮堂)·반장(泮長)의 자서제질(子壻弟姪) 중에서 각 2명씩 추천되어, 그 가운데서 입학자가 선발되었다(『고종실록』, 고종 24년 7월 20일).

43. 연무공원의 경우 시원임(時原任)의 장신(將臣) 및 아장(亞將)의 자서제질족친(子婿弟姪族親) 중에서 16세~27세의 청년 3명씩 천거되어, 그 가운데서 입학자가 선발되었다(『고종실록』, 고종 24년 12월 1일).

44. 1891년에 창설되었던 일어학교에 교사로서 초빙되었던 오카쿠라 요시사부로(岡倉由三郎)는 3년에 걸친 교육 경험을 근거로 하여 조선인 학도의 결점을 네 가지로 들고 있다. 그 요점은 (1) 학업 도중에 부모가 돌아가시면 3년상을 치르기 위해 등교하지 않는 것. (2) 비가 올 때 외출하지 않는 것, 풀을 먹인 곳이 많은 상의를 입고 있기 때문에 일단 비가 오면 특별한 일이 없는 한 외출하지 않는다. (3) 많을 때는 일 개월에 3~4회 이상에 달하는 과거를 치르기 위해 종종 휴학하는 것. (4) 문지(門地)와 금력(金力)이 없는 학도는 관직에 오를 수 없기 때문에 면학에 열의를 나타내지 않는 것(岡倉由三郎, 앞의 「朝鮮國民教育新案」, pp. 4~5). 이 일어학교의 학도는 주로 중류층이었는데(*Korean-American Relations*, Vol. 2, No. 325, 'Heard to Secretary of State', 1982년 11월 5일, p. 348), 정부 고관의 자제를 대상으로 했던 육영공원 등의 경우는 이러한 폐해가 더욱 컸을 것이었다고 생각된다.

45. D. L. Gifford, *op. cit.* (I), p. 285.

46. 『고종실록』, 고종 26년 1월 13일.

47. 조선 정부와 미국인 교사 사이의 육영공원의 교육 목적에 관한 이러한 인식의 차이는 양자의 교육관의 차이를 나타내는 것이다. 위정자들의 관심은 구체제의 유지·강화에 쓸모 있는 실리적 인재의 양성이었고, 반면 기독교 선교사의 목표는 궁극적으로 기독교 포교에 있다고 해도 광범한 근대교육을 실시함으로써 기독교적 휴머니즘에 입각한 문명사회를 형성하는 데에 쓸모가 있는 인재를 육성하는 것이었다. 고아원을 경영하고 있었던 언더우드는 이미 1888년에 서울 주재 미국 공사를 통해 조선 정부에 대해, 미국의 단과대학과 같은 칼리지를 서울에 건설하여 영어를 비롯한 각국의 언어와 모든 분야의 과학을 조선 청년에게 가르칠 수 있도록 허가해달라고 요청하고 있다(*Korean-American Relation*, Vol. 2, No. 86, F.O., 'Dinsmore to President of Korean Foreign Office', Sept. 8, 1888, pp. 216~217 및 『舊韓國外交文書』 제10권, 美案 1, 문서번호 606, pp. 414~415. 하지만 조선 정부는 결국 이 학교 개설을 허가하지 않았다). 이러한 근대교육에 대한 의욕은 당시 조선에서 활동했던 기독교 선교사의 기본적인 지향이었는데, 육영공원의 미국인 교사에 있어서도 마찬가지였다.

48. 길모어 등 3명의 교사는 처음 서울에 도착하여, 이미 동문학(同文學) 영어학교가 존재하여 몇 명의 영어통역이 현실적으로 양성되고 있다는 것을 알고 나자 그 영어학교의 존속을 강력히 희망했다. 그것은 기존의 영어학교가 존속함으로써 정부기관 등의 영어통역 요구가 원활히 충족될 것이고, 그러면 자신들이 의도하는 육영공원에서의 일반 보통교육이 보장될 것이라고 생각했기 때문이다. 그러나 실제로는 기존의 영어학교는 폐지되었으며, 새롭게 설립된 육영공원에 통역 양성의 책임이 지어졌다(G. W. Gilmore, op, cit., p. 223). 이와 관련해서 당시 통역의 사회적 지위에 대하여 길모어는 "통역의 보수는 조선에서 대단히 많은 액수인 매달 25~30달러였기 때문에, 이와 같이 매력 있는 지위가 우리 학교에서 우수한 학생을 빼내갔다는 것은 쉽게 상상할 수 있을 것이다"라고

말했다.

49. 中山茂, 『帝國大學の誕生』, 中央公論社, 1977, pp. 3~8.
50. 齋藤秋男, 『世界教育史大系4 中國教育史』, 講談社, 1975, pp. 47~52.
51. 『배재 80년사』, 배재학당, 1965, p. 101.
52. 백낙준, 앞의 책, p. 136.
53. G. W. Gilmore, *op. cit.*, p. 300.
54. *Ibid.*, p. 297.
55. 백낙준, 앞의 책, pp. 146~147.
56. 郭安連 編輯, 『長老教會史典彙集』, 朝鮮耶蘇教書會, 1935, p. 233.
57. 鈴木信仁 編, 『朝鮮紀聞』, 博文館, 1894, 5, p. 220.
58. 일어학교의 생도 수는 당초 100명에 달했는데, 1896년 말에는 30명으로 감소했다(ロシア帝國大蔵省, 日本農商務省山林局 抄譯, 『韓國誌』, 1905, p. 348).
59. 서울 주재 미국 공사관은 국무장관에게 보낸 보고서에서 일어학교에 대해 다음과 같이 보고하고 있다. "일어학교의 생도들은 정말로 즐겁게 일본어를 배웁니다. 일본어의 자구가 조선어의 그것과 비슷하기 때문일 것입니다. 거기 교장이 말하기로는 영어라면 배우는 데 5년 걸리는 것을 일본어의 경우에는 1년이면 모든 것을 배울 수 있을 것이라고 합니다"(*Korean-American relations*, Vol. 2, No. 325, *op. cit.*, p. 348). 또한 일본에 있어서 아시아 각국의 교육을 처음으로 체계적으로 논했던 田中登作 編輯의 『亞細亞者國教育一班』(普及舍, 1892)에서는 설립 후 1년을 경과한 관립일어학교의 생도에 대하여 "학력의 진보가 현저하여 지금은 보통의 일본어를 능히 담화하고, 또한 문부성에서 펴낸 고등중학독본(高等中學讀本)도 독습(讀習)하기에 이르렀다고 한다"(p. 13)라고 서술하고 있다.
60. 전통적 주자학과 기독교에 반대하는 동학의 교리에서는 봉건적 신분차별은 없이, 단지 신앙의 정도만을 문제로 삼아 누구라도 사악한 마음을 없애고 천심(天心)을 회복하면 천심즉인심(天心卽人心)에 이르게 되었다. 여기서 동학은 대중적이고 비폭력적이라는 두 가지 성격을 갖는데, 이것은 민중 구제에 있어 인내천(人乃天)이라는 말로 집약적으로 표현되었다.
61. 강재언, 앞의 『조선근대사 연구』, p. 175 참조.
62. 吳知泳, 梶村秀樹 譯注, 『東學史』, 平凡社, 1970, pp. 247~248.
63. 박은식, 『한국독립운동지혈사』, 1920(姜德相 譯註, 『朝鮮獨立運動の血史』 1, 平凡社, 1972, pp. 16~17).
64. 김영작, 『한말 내셔널리즘 연구』, 東京大學出版會, 1975, pp. 241~244.
65. 『동경대전』 「수덕문」, 이돈화 편, 『천도교창건사』, 경인문화사, 1969, 제1편에 수록, p. 61 참조.
66. 『日本外交文書』 제26권, 문서번호 206, p. 420.
67. 『日本外交文書』 제26권, 문서번호 205, p. 417.
68. 앞과 같음, pp. 416~417.
69. 이돈화 편, 앞의 책, 제1편, p. 37.
70. 『용담유사』 「교훈가」, 앞의 책, 제1편에 수록, p. 71.
71. 이돈화 편, 앞의 책, 제1편, p. 37.
72. 동학의 또 하나의 경전인 『동경대전』이 양반유생을 대상으로 한 한문으로 쓰였다는 것

은 민중 종교를 자처하는 동학의 불철저성을 나타내는 것이다. 중국의 경우 청말의 모순이 격화하는 가운데 등장했던 태평천국에 있어서 반봉건적 반유교사상이 평등을 구하는 농민의 요구와 결합하여 그것은 『사서』, 『오경』 등 유교경전의 분서(焚書)와 『유학시(幼學詩)』, 『삼학경(三學經)』, 『어제천자조(御制千字詔)』 등 새로운 식자(識字) 교과서의 발행이라는 형태로 나타나, 식자교육과 정치교육이 결합된 민중교육으로서 광범위하게 전개되었다(復旦大學歷史系中國近代史教硏組 編著, 菅榮一·加藤祐三 監譯, 『中國近代史』, 東方書店, 1976, pp. 63~68). 단 동학의 경우에는 농민전쟁에서 보이는 바와 같이 동학운동이 내외 반동의 압도적 무력 앞에 단시일 내에 좌절될 수밖에 없었으며 또한 유교의식이 민중에게까지 깊이 침투하고 있었음을 고려할 필요가 있을 것이다.

73. Seven months among the Tong Haks, *The Korean Repository*, Vol. 2, June 1895, p. 204.

74. *Ibid*. p. 208.

제2장
근대학교의 설립과 추진 과정

Ⅰ. 갑오개혁과 교육개혁

Ⅱ. 독립협회와 교육계몽운동

Ⅲ. 정부의 근대학교 추진과
유학생 파견 사업

Ⅵ. 기독교계 학교와 기독교 포교의 확대

Ⅴ. 일본의 교육 침략과 일어학교

Ⅵ. 개화 지식인의 형성과
민족계 사립학교의 설립

Ⅶ. 교육개혁 좌절의 배경

Ⅰ. 갑오개혁과 교육개혁

1. 갑오개혁의 실시와 역사적 의미

농민군과 봉건정부의 타협으로 '전주화약'이 성립한 결과, 조선에는 일시적으로나마 평화가 회복되었고, 그러한 가운데 '폐정개혁안'에 명시된 근대적인 여러 개혁을 실시하는 것이 긴급한 정치적 과제로 등장했다. 그러나 조선의 자주적 개혁이 더 이상 피할 수 없이 된 상황에서 불법적으로 군대를 상륙시킨 일본은 조선을 군사적으로 제압할 기회만 노리고 있었다. 이에 대해 조선 정부는 즉각적인 일본군의 철수를 요구하였고, 또 청국도 청·일 양국군의 동시 철수를 제의하였다. 여기서 일본은 스스로의 무력 행사를 정당화하고 서구 열강의 간섭을 배제하기 위한 구실로 조선의 '내정개혁內政改革'을 들고 나왔다. 즉, 이토 히로부미(伊藤博文, 1841~1909)를 수반으로 본국 정부의 훈령에 따라 서울 주재 일본 공사 오토리 게이스케(大鳥圭介, 1833~1911)는 1894년 6월 26일 고종에게 '내정개혁안'을 상주上奏하고, 이어서 7월 3일 외무독판外務督辨 조병직에게 (1)중앙정부의 제도와 지방제도의 개정 및 인재의 채용, (2)재정 정리와 부원富源 개발, (3)법률의 정돈 및 재판법 개정, (4)민란의 진정鎭定과 치안 유지에 필요한 병비兵備의 설치, (5)교육제도의 확립 등 5개조로 이루어진 '내정개혁방안강령內政改革方案綱領'[1]을 제시하고, 조기 실시를 요구하였다.

이러한 일본 정부의 '개혁안'은 이권의 독점과 침략전쟁 준비를 목적으로 하는 군국주의적 야망을 은폐한 것이었고, 또 농민군의 폐정개혁안에 기초한 자주적인 근대개혁을 저지해 조선에서 일본의 정치적 지배권을 확립하려는 것이었다. 그러나 조선 정부의 요청으로 출병했던 청국군이 일본군의 도발에 넘어가지 않아 침략전쟁의 빌미를 잡을 수 없었던 일본은 결국 7월 23일 새벽에 군대를 동원해 왕궁으로 돌입함으로써 민씨 정권을 무너뜨렸다. 그리고 청·일 양국이 포화를 교환하는 가운데 1894년 7월 27일 개화파의 김홍집이 의정부의 영의정에 취임함과 동시에 군국기무처가 설치되었고, 이후 갑오개혁이라고 불리는 근대적 개혁 사업이 본격적으로 수행되었던 것이다.

초정부적 입법기관의 성격을 띠었던 군국기무처는 갑오개혁 추진의 중핵적 역할을 맡아 7월 27일부터 약 4개월간 208건에 달하는 개혁 사항을 의결·공포하였다. 7월 30일의 제1안에는 조선 사회의 근본적 개혁을 목표로 하는 중앙관제 개혁안과 몇 가지의 사회제도 개혁안이 포함되었고, 그 가운데 정부기구의 개편에서는 궁내부와 의정부를 두어 미분리 상태였던 왕실사무와 국정사무를 나누었고, 의정부에는 각국의 통례에 따라 내무·외무·탁지·법무·학무·공무·군무·농상의 8아문을 설치하여 행정을 분담하기로 하였다. 그리고 군국기무처가 의결했던 개혁안으로는 (1) 개국기년開國紀年의 사용(조선 창건의 해를 원년으로 한 것으로 갑오개혁을 실시했던 1894년은 개국 503년에 해당한다), (2) 청국과 조약을 개정하고 열강에 특명전권공사 파견, (3) 문벌·양반·상민 등의 계급 타파 및 공평한 인재 등용, (4) 문무존비의 차별 폐지, (5) 죄인 본인 이외의 연좌율 폐지, (6) 남녀의 조혼 엄금(남자 20세, 여자 16세 이상), (7) 과부 재혼의 자유, (8) 공사 노비의 폐지 및 인신매매 금지, (9) 조관朝官 이하의 복장 간소화 등 중요한 사항이 열거되었다.[2] 이들 개혁안은 모두 전통적인 봉건사회를 일거에 혁신해 근대사회를 실현하려는 것이었고, 군국기무처가 설치된 때부터 그것이 폐지된 1894년 12월 16일에 이르기까지의 제1차 김홍집 내각 및 동년 12월 17일부터 시작하는 제2차 김홍집 내각에서 집중적으로 실행에 옮겨졌다.

이러한 갑오개혁은 비록 그것이 일본의 군사적 압력하에서 수행된 것이기는 했어도, 그 역사적 경위에서 보면 조선 사회의 내재적 발전의 요구를 반영하는 것이었다.[3] 즉, 당시 제1차 김홍집 내각에 들어갔던 개화파는 독자적으로 정권 탈취를 꾀할 만큼의 세력을 형성하고 있지는 않았지만, 최소한의 개화정책을 주체적으로 수행할 능력은 가지고 있었다. 그것은 군국기무처에서 의결되었던 수많은 사회개혁안이 1884년의 '갑신정강甲申政綱'과 기본적으로 성격을 같이한다는 사실에서도 나타난다. 실제로 개화파의 사상적 준비는 박영효의 『건백서』나 유길준의 『서유견문』 등으로 상당한 수준까지 성숙했고, 또 1890년대에 들어서는 소장 인텔리나 개명적 관료를 중심으로 하는 새로운 개화파 인사도 대두하였다. 따라서 갑오개혁은 이러한 개화파 세력이 구상해온 일련의 개화정책을 구체화한 것이었고, 또 그것은 주관적으로 자주독립과 부국강병을 지향하는 부르주아 개혁이었다. 그 국정개혁은 개화파가 주장하는 근대적 입헌군주제에 한 발 다가선 것이면서도 그것은 또 민중의 혁명성을 부정함으로써 교육에 의한 '위로부터'의 개혁을 강조하는 개량주의이기도 했다.

그렇지만 김홍집 정권이 일본군의 민씨 정권 타도라는 조건하에서 타율적으로 성립했다는 것은 개화파 정권의 친일적 성격을 조장하여 개화파가 지향하는 부르주아 개혁의 주체적 실천을 어렵게 했다. 당초 일본 정부는 갑오개혁의 시작에 즈음해 국내에 있는 친일 개화파였던 김가진·조의연·권영진·유길준·김학우·안경수 등을 규합하여 일본의 침략 목적에 동조하는 정치세력의 결집을 꾀하였는데, 이들 개화파 인사가 조선의 정계에서 '제2류의 지위'에 있음을 고려하여 그들의 우두머리로서 저명한 인물을 포섭할 것을 계획하였다.[4] 이러한 정책에 따라 일본의 외무대신 무츠 무네미츠(陸奧宗光, 1844~1897)의 획책 아래 갑신정변의 실패로 해외에 망명해 있던 박영효(일본)·서광범(미국) 등이 귀국했고, 이 뒤에 출현했던 것이 김홍집·김윤식·어윤중·유길준·박영효·서광범 등의 개화파 인사를 결집한 제2차 김홍집 내각이었는데, 이들은 당연히 일본의 후원을 얻어 근대적 개혁을 추진하려는 입장에 서게 되었다.

이러한 가운데 1895년 1월 7일에 국왕은 왕비·왕세자·대원군·종친·신료를 거느리고 종묘에 나아가 독립서고문獨立誓告文을 고했는데, 그 가운데 '홍범14조洪範十四條'를 발표하여 자주독립과 내정개혁의 실시를 선포하였다. '홍범14조'는 개화파 정권이 작성했던 것으로, 그 목적은 봉건지배체제를 지양하고 근대적 제도를 확립한다는 국가 목표를 명시하는 데 있었다. 더욱이 독립서고문이 순국문, 국한혼용문, 순한문의 세 가지 문체로 발표되어 국민 각층에 침투되도록 했던 것은 일찍이 전례가 없던 일로서, 그만큼 국정개혁에 관한 김홍집 내각의 열의를 보여주는 것이었다. 그러나 이후 제2차 김홍집 내각은 내부 대립으로 붕괴되었고, 이어 성립되었던 박정양 내각도 청일전쟁 종결 후 랴오둥반도의 반환을 둘러싼 국제적 이해관계의 충돌로 정치적 혼란에 휩쓸려 순로조운 내정개혁의 실시가 어려워졌다. 얼마 지나지 않아 정계의 중심인물이었던 내부대신 박영효가 왕비 암살의 혐의를 받아 일본으로 망명하고, 정국이 극도로 동요하자 국왕은 1895년 7월 12일 국왕 친정의 시행을 선언하였다. 이리하여 근대국가로의 전환을 꾀했어야 할 갑오개혁은 충분한 결실을 보기도 전에 후퇴할 수밖에 없었고, 또 '홍범14조'에 나타났던 개혁이념도 조선 사회 깊이 뿌리를 내릴 수 없게 되었다.

그런데, 갑오개혁의 성격을 문제로 삼을 때 그것을 크게 규정하는 것은 갑오농민전쟁을 계기로 조선의 자주적 개혁을 억압한 일본 세력의 개입이었다. 농민전쟁의 과정에서 당시의 사회·경제적 상황은 조선의 내재적 발전의 필연적 귀결로서 자주적 내정개혁의 실행이 불가피했음을 보여준다. 그리고 개화파 정권이 주도했던 개혁 사업은 비록 불충분한 것이었다 해도 이러한 조선 사회의 객관적 요구를 반영하는 것이었다. 일본의 내정간섭은 이러한 근대적 개혁의 순조로운 발전을 저해하고 중도 좌절을 초래하여 근대조선의 내재적 발전을 크게 왜곡시켰다.

본래 일본의 조선 진출은 온갖 의미에서 일본의 이익 추구를 의도한 것이었고, 그런 까닭에 '내정개혁'에 대한 일본의 관여도 자신들의 군사적·경제적 침략을 더욱 효과적으로 수행하기 위한 수단에 지나지 않았다. 그것은 갑오개혁을 후원했던 외무대신 무츠 무네미츠가 그의 회고록 『건건록蹇蹇錄』에서 "조선의 내정개혁은 첫째로 일본의 이익을 주로 염두에 둘 정도에 머물러 우리의 이익을 희생할 필요는 없고……나는 처음부터 조선의 내정개혁에 대해서는 별다른 중요성을 두지 않았다"[5]라고 쓴 것에도 잘 나타나 있다. 게다가 청일전쟁을 '서구적 신문명과 동아시아적 구문명 간의 충돌'[6]로 파악했던 무츠 무네미츠는 조선의 '내정개혁'을 구실로 하여, 문명이라는 이름 아래 일본의 전면적 지도가 반드시 필요함을 강조했다. 뿐만 아니라 이러한 무츠 무네미츠에게는 개화파 정권의 중심적 존재였던 유길준·박영효 등의 개화파 인사조차 "비교적 다소의 지식을 가지고 있으며 또 대부분이 일본어 혹은 영어를 이해할" 수 있다고 해도 결국은 '반지반해半知半解의 개화자'[7]에 지나지 않았다.

무츠 무네미츠의 논리에서도 추측할 수 있듯이 일본의 위정자들에게는 자기 나라의 이익을 최대한 확보하기 위해서는 조선 정부에 다수의 일본인 관리를 파견하는 것이 필수 요건이었다. 비록 형식적이기는 해도 조선의 독립을 침해하는 것은 열강 사이에서 상대적으로 열세에 놓여 있던 일본의 지위 때문에 일본에 대한 국제적 비판을 불러일으킬 염려가 있었다. 따라서 일본이 취할 수 있었던 현실적 방책은 서울 주재 우치다內田 영사가 외무대신 무츠 무네미츠에게 상신했듯이 "당분간은 당국 정부(조선 정부-필자 주)에 권유해서 본방인을 당국 관리로 초빙해서 정부 내의 주요 위치를 점하도록 하는 것"[8]이었다. 그것도 일본의 정략상 방침을 철저히 하기 위해 조선 정부의 자주적인 일본인 관리의 임용을 인정하지 않고, 일본 정부의 추천으로 조선 정부가 채용하고, 직무의 집행에서도 서울 주재 일본 공사의 은밀한 감독을 받아야 한다고 주장하였다.[9]

여기서 조선의 현실을 볼 때, 확실히 개화파 정권이라 해도 그 구성인원의 대다수는 전통적인 봉건유교적 의식에 사로잡혀 있었으므로 그들이 갑오개혁을 주도할 만큼 충분한 근대적 지식과 사고방식을 갖추었다고는 말할 수 없다. 그것은 봉건제도의 전면적 개혁을 주장하고 갑오개혁의 구체적 개혁안의 대부분을 기초했다고 얘기되는 유길준조차도 민중의 혁명성을 부정하는 부르주아적 사고로 인해 농민전쟁에서 발휘되었던 민중의 에너지를 국내 통일을 향해 결집할 수 없었던 점에서도 알 수 있다. 그리고 아직 근대교육도 보급되어 있지 않고, 외국에서 공부했던 정부 관료도 극소수였던 상황에서 실제적인 개혁 추진 세력이 부족했던 것도 사실이다. 그러나 조선의 주체적 역량이 미약했다는 사실로 일본 정부가 조선 정부 내에 일본인 관리를 부식시키는 것이 정당화되거나, 다양한 일본의 침략적 정책이 합리화될 수는 없다.

오히려 갑오개혁에 대한 일본의 과도한 내정간섭은 개화파 정권의 자주성을 침해함으로써 개혁 사업의 타율적 성격을 초래하였으며, 당연히 이들 근대적인 여러 개혁을 적극적으로 지지하고 추진해야 할 입장에 있던 광범위한 계층을 개화파 정권에서 멀어지게 했다. 따라서 지금 갑오개혁이 좌절된 이유를 묻는다면 일본의 침략정책이 가장 중대하게 부정적으로 작용했다는 점을 지적할 수 있을 것이다. 이를 일본의 입장에서 본다면 "조선에서 내적인 일대 변질의 모멘트를 일본은 재빠르게 포착하였고, 조선에 대한 본격적인 식민지 지배와 중국 침략의 제1보로 전화시켰다"[10]라고 할 수 있다.

한편 갑오개혁의 성격을 문제로 할 때, 당연히 개혁의 핵심이었던 조선 정부의 자세가 고찰되어야만 한다. 본래 갑오개혁은 봉건체제의 위기와 민족독립의 위기를 타개하기 위해 국가체제의 근대적 개편을 의도한 것이었다. 사회 발전사의 법칙으로 말한다면, 그것은 봉건사회에서 자본주의 사회로의 전환을 꾀하는 변혁기에 해당하며, 거기서는 필연적으로 개혁 사업의 추진 주체인 권력의 존재 방식이 그 성과 전체에 큰 영향을 줄 수밖에 없었다. 즉 봉건체제의 위기를 구하는 데 중점을 둔다면 특권계급의 지배체제를 재편성해야 할 필요가 생기지만, 그것은 부르주아지의 성숙을 전제로 하는 자본주의사회의 건설에 크나큰 장해를 조래하는 것이 된다. 또 민족독립의 위기를 구하는 데 중점을 둔다면 전체 민족의 총력을 결집해 외국 침략자에 대항해야 하지만, 그것은 봉건지배계급이 가진 권력의 전부 혹은 일부를 민중에게 인도하는 것을 의미했다.

현실적으로 갑오개혁은 지배계급 출신인 개화파 인사들이 '신흥 부르주아지'인 자신들의 계급적 이익의 옹호를 염두에 두고 실행한 '위로부터'의 부르주아 개혁으로, 그 자체가 봉건제도의 근본적 변혁을 의도한 것은 아니었다. 그럼에도 불구하고 불가피하게 봉건권력자와 일정한 대립을 유지해야 했고, 그 때문에 개화파 정권이 자신들의 개혁 사업을 전면적으로 실시하기 위해서는 국왕 및 그를 지지하는 봉건지배층과 대항할 수 있는 광범한 민중을 정권 기반으로 조직해야 했다. 그러나 실제로 개화파 정권은 자신들의 계급적 제약 때문에 농민전쟁에서 제시되었던 민중의 에너지를 흡수할 수 없었고, 도리어 일본의 침략 세력을 이용해 농민군을 탄압하면서 국내 개혁을 단행하려고 하였다. 이러한 상황 속에서 일본군국주의는 조선을 군사적으로 점령하는 데 그치지 않고, 다수의 고문관을 정부 각 부서에 배치하여 협박으로 내정간섭을 단행하였다. 특히 오토리 게이스케의 후임 공사인 이노우에 가오루(井上馨, 1836~1915)는 단순한 외교 대표의 역할에 그치지 않고, 조선 정부에 들어와 있는 모든 일본인 관리를 통솔하고 국정개혁을 이면에서 조종하는 실질적인 정책 집행자의 역할을 맡았다. 뿐만 아니라 청일전쟁에서 일본이 승리하자 일본인 도항자渡航者가 격증했고 횡포가 심해지는 등 조선 사회의 혼란을 가중시켰다.

게다가 김홍집 정권이 일본에 종속되어 추진했던 개혁은 광범한 민중을 개화운동으로 결집시키기는커녕, 오히려 개화에 대한 반감을 불러일으켰다. 위정척사의 입장에 섰던 재야의 유생이나 일반 민중에게 일본군 점령하에서 실시되었던 갑오개혁은 "일본인과 한통속이 되어 오로지 매국적인 음모를 꾸미는 것"[11]으로만 보였고, 그것을 실행하는 개화파 정부의 대신大臣은 '왜대신倭大臣'[12]에 지나지 않았다. 그 결과, 자본주의로의 전환기를 맞아서 반봉건·반침략의 역사적 과제를 떠맡아야 했던 갑오개혁은 그것을 지탱하는 대중적 기반을 구축하는 데 실패할 수밖에 없었다. 다시 말하자면, 일본을 끌어들임으로써 수행되었던 갑오개혁은 집권층과 민중이 일체가 되어 외래 침략자에 대항하는 국내적 통일을 달성할 수 없었으며, 그 때문에 국가 전체의 근대화도 곤란하게 되었다. 민중의 입장에서 볼 때 국가정책으로 전개된 문명개화는 생활의 향상에는 아무런 도움도 주지 못하고, 오히려 외래 침략자들로 인한 피해만 초래하였다.

이처럼 '위로부터'의 개혁을 의도했던 갑오개혁의 좌절은 봉건 세력과 침략 세력의 부활·강화를 조장하고, 봉건적 모순과 민족적 모순의 심각화를 재촉하는 계기가 되었다. 다만, 한국근대사 전체를 놓고 볼 때 갑오개혁은 어디까지나 근대적인 여러 개혁의 출발점이었으며, 실제로 그것은 다양한 양태로 이후의 역사에 그 흔적을 남기게 되었다.

2. 교육개혁의 기본적 성격

갑오개혁은 중도에 좌절되었다고 할지라도 근대교육을 제도화했다는 점에서 획기적인 의의를 갖는다. 그것은 무엇보다 봉건적 신분제도의 철폐와 관리임용제도의 개혁으로 교육의 기회균등을 법적으로 보장하고, 광범위한 학교교육을 전개할 수 있는 기반이 되었다는 점에서 그러하다. 이미 개국 이래 봉건적 신분제도의 급속한 붕괴와 근대화를 향한 자주적 노력을 배경으로 중인을 중심으로 한 피지배계급이 신지식을 습득하여 새로운 사회의 지배층으로 출현하고 있었는데, 이러한 시대적 흐름은 갑오개혁에서 비로소 사회적으로 공인될 수 있었다.

군국기무처가 문벌양반의 계급 타파나 문무존비文武尊卑의 차별 폐지 등을 의결했던 것은 봉건적 신분제도를 기본적으로 부정하는 역사적 개혁이었다. 그것은 곧바로 전면적으로 실현되지는 않았다고 해도, 수백 년에 걸쳐 조선 사회를 지배해온 문벌의 귀천이나 반상노비班常奴婢의 차별제도를 없애고 근대적 신분질서를 형성하는 제도적 기반이 되었다. 이를 통해 종래의 봉건적 신분관계를 규정하고 있었던 문지門地·관직·혈연·토지소유 등을 대신해 교육·직업·사유재산 등의 자본주의적 요소가 인간관계를 규정하는 척도로 등장하기 시작하였다. 또 남자 20세, 여자 16세 이전의 조혼을 금지한 것도 봉건적 가부장주의 아래에서는 교육과 인격 도야의 기회가 제한된다는 폐해를 제거하고 인간적 개화를 이룩해가는 법적 근거가 될 수 있었다.

이러한 봉건적 신분제도의 타파를 기초로 군국기무처는 1894년 8월 3일 "과문취사科文取士는 조정의 제도라고 하여도 허문虛文이므로 재주가 있는 사람을 임용하기는 어렵다"[13]라고 하여 과거제도를 폐지하고 8월 12일에 새롭게 선거조례選擧條例와 전고국조례銓考局條例를, 그리고 8월 14일에 문관수임식文官授任式을 각각 제정하여 새로운 관리임용제도를 확립하였다. 선거조례는 "조야신사朝野紳士, 경향귀천京鄕貴賤을 가리지 않고 품행이 바르고 재능과 예능이 있으며 시대의 흐름을 알고 있는 자를 실제로 확인하여 선발한다"라고 하면서 관리임용을 신분본위身分本位에서 인물본위人物本位로 전환할 것을 명확히 하였고, 보통시험과 특별시험을 실시해 적재적소의 배치 및 근대학교가 보급되기까지의 잠정 조치 등을 정하였다.[14] 또 전고국조례에서는 보통시험 과목으로 국문·한문, 사자寫字, 산술, 내국정략內國政略, 외국사정, 내정외사內政外事 등의 7개를 정하고, 이에 합격한 자만이 적용되는 재주와 기량에 준해 특별시험을 치를 수 있다고 명기하였다.[15]

유교 체제의 근간이었던 과거제도를 폐지하고 의정부의 감독하에 있는 전고국에 관리 임명권을 이관한 것은 국왕을 정점으로 하는 봉건적 관료지배를 변혁했다는 점에서 역사적 의의가 있었는데, 이는 '갑신정강'이나 '폐정개혁안'에서 주장되어온 근대적 관리등용제도가 비로소 성문화되었음을 의미했다. 더욱이 임용시험에서 국문과 함께 신학문이나 현실 사회에 뿌리를 둔 일반교양이 중시되었던 것은, 근대교육을 제도화하는 과정에서 공리공담空理空談의 유교가 교육의 중심에서 배제되고, 그를 대신해 실용적 학문·지식이 그 중핵에 놓였던 것과 상응하는 것이었다. 다만 근대적 학교교육이 거의 보급되어 있지 않은 상황에서 아직 실체가 불확실한 학문·지식을 주로 하는 개인적 자질이 중시되고, 게다가 일부의 정부 고관에게만 임용권이 부여되었던 점은 새로운 관리임용제도의 정당한 운영에 크나큰 곤란을 초래할 위험성을 갖고 있었다.

그런데 갑오개혁의 일환으로 그때까지 한문에만 의존했던 공문 서류나 관보에 국문의 병용竝用이 인정되고, 비로소 국문을 의식하고 교육하게 되었던 것은 커다란 역사적 의의가 있었다. 종래 봉건지배계급이 사대주의적 관념에 젖어 한문을 '진서眞書'라 부르고 우리글을 '언문諺文' 등으로 멸시해온 가운데, 양반 자제에게는 숨어서 읽어야 하는 것으로 인식되었던 국문國文[16]이 비로소 시민권을 획득했던 것은 봉건적 신분질서 및 유교적 한문과 밀접하게 연관이 있던 과거 체제가 소리를 내며 무너지고 있음을 나타내는 것이었다.

갑오개혁으로 앞에서 제시했던 몇 가지의 사회적 개혁을 토대로 조선의 근대교육을 제도적으로 보증하는 일련의 교육개혁이 시작되었다. 그리고 일본은 조선의 내정에 간섭하는 하나의 수단으로 교육개혁에 개입하였다. 이는 무엇보다 일본 공사 오토리 게이스케가 '내정개혁방안강령' 제5조인 '교육제도를 확정할 것' 가운데 "시세를 감안해 학제를 새롭게 정하고 각 지방에 소학교를 설립하여 자제를 교육할 것, 소학교의 설립·준비에 따라서 점차 중학 및 대학을 설립할 것, 학생 가운데 준수한 자를 선발해 외국에 유학시킬 것"의 3항목을 정책 목표로 제시하고, 이 가운데 학제를 새로이 정하는 것과 그것에 이어지는 소학교 설립 및 해외 유학생 파견에 관해서 2년 이내에 실시해야 한다는 자신의 주장을 조선 정부에 강요했던 사실에서도 알 수 있다.[17]

여하튼 정부기구 개편의 일환으로 1894년 7월 근대적 교육행정기관인 학무아문[18]이 설립되었고, 이어 8월에 신교육에 관한 학무아문의 고시가, 다음 해인 1895년 1월에 국왕의 '홍범14조'가, 같은 해 2월에 근대교육의 이념과 필요성을 명확히 한 국왕의 '교육입국조서'가 발표되었다. 그리고 4월에 내각관제의 공포에 따라 학무아문을 대신해 학부[19]가 발족된 이후 '한성사범학교관제'를 비롯한 각종학교 법규가 차례로 제정되었다.

이 가운데서 주요한 것을 연대순으로 표시하면 다음과 같다.

한성사범학교관제	1895년 5월 10일	칙령 제79호
외국어학교관제	1895년 6월 2일	칙령 제88호
성균관 관제	1895년 8월 21일	칙령 제136호
소학교령	1895년 9월 7일	칙령 제145호
한성사범학교규칙	1895년 9월 11일	학부령 제1호
성균관경학과규칙	1895년 9월 27일	학부령 제2호
소학교규칙대강	1895년 9월 30일	학부령 제3호
보조공립소학교규칙	1896년 2월 20일	학부령 제1호
의학교관제	1899년 3월 24일	칙령 제7호
중학교관제	1899년 4월 4일	칙령 제11호
상공학교관제	1899년 6월 24일	칙령 제28호
외국어학교규칙	1900년 6월 27일	학부령 제11호
농상공학교관제	1904년 6월 8일	칙령 제16호

이들 학교법규는 많은 시행착오를 거쳐 공포되었는데, 이에 근거해 1895년부터 한성사범학교를 비롯해 소학교, 외국어학교 등의 각종 관립학교가 점차 설립되었다. 또 학부의 소관이 아닌 학교로 군부軍部의 무관학교나 법부法部의 법관양성소 등도 설립되었고, 또 '홍범14조'에서 분명히 밝혔던 유학생 파견도 1895년부터 다음 해에 걸쳐 관비 유학생 약 200명이 일본으로 파견됨으로써 실현되었다.

이러한 교육개혁은 갑오개혁이 부득이하게 중도 좌절된 이후에도 계속 수행되었는데, 조선에서 근대교육의 본격적 출발점이었던 이러한 교육개혁의 기본 성격을 제시하면 다음과 같이 정리할 수 있다.

우선 첫째로 이들 교육개혁은 근대적인 여러 개혁 가운데서도 중심적 위치를 차지하였다. 이는 국왕이 '교육입국조서'에서 "세계의 형세를 돌아보면 아주 부유하며 강하고 독립을 유지하는 여러 나라는 모두 민중의 지식이 깨어 있다. 지식의 개명은 좋고 아름다운 교육으로 이루어진다. 즉 교육은 실제로 국가 보존의 근본이다"라고 부국강병을 위해 교육이 담당해야 할 결정적 역할을 인정하고, "우리 신민臣民의 학식으로 국가 중흥의 큰 과업을 이룩하자"[20]라고 교육입국을 소리 높이 선언하였던 사실에서도 알 수 있다. 여기에서 교육은 '위로부터'의 국가 건설을 꾀하는 핵심 사업으로, 또 교육개혁은 주자학적 교육체제를 대신하는 근대적 교육체제의 구축으로 인식되었다. 그리고 이러한 기본적 관점하에 개화파 정권은 종래의 서당을 대신하는 근대학교를 전국 각지에 설립함으로써 국내 개혁을 추진하는 유능한 인재를 육성하려고 하였다. 이것은 민중을 계몽함으로써 근대국가 건설의 기반을 구축하려 했던 개화사상의 정책적 구현이기도 하였다.

게다가 최초의 소학교 설립에 즈음하여 학부가 "허문虛文을 멀리하고 실용을 숭상하여……"[21]라고 고시했듯이 교육 내용도 기본적으로 '허학'에서 '실학'으로의 전환을 꾀해 국문·역사·지지地誌·이과·도화圖畵·체조 등의 근대교과가 채택되었다. 그리고 이들 근대교과는 새롭게 제정된 관리임용법의 시험과목으로 채택되어 전통적 봉건사회를 크게 변용시켜가는 역할을 하게 되었다. 뿐만 아니라 근대교육에 수용된 서양적 교과는 단순히 근대학교의 주축이 되는 데 그치지 않고, 재래의 유교교육을 변질시켜가는 역할도 담당하였다. 그것은 서당의 교과 내용이 조금씩이나마 변화하기 시작했고, 또 구교육의 최고학부인 성균관에서 "시의時宜에 따라 본국지지本國地誌·만국사萬國史·만국지지萬國地

誌·산술을 배워 익히도록 한다"[22]라고 하였듯이 교과 과목의 폭이 넓어졌던 사실에서도 보인다.

서양 문명의 전면적 도입에 따른 근대학교의 설립은 부르주아 개혁의 기본이 되는 국민교육의 등장을 의미하는데, 그것은 필연적으로 봉건국가의 해체와 부르주아지를 중심으로 하는 근대국가의 성립을 촉진하는 성격을 띠었다. 그러나 실제로 국왕, 개화파 정권, 일본 침략 세력 등의 3자가 복잡하게 얽혀 있던 조선의 교육개혁은 기본적으로 구체제 재편 강화의 일환으로 부국강병의 실현을 의도하는 것이었다. 그것은 '교육입국조서'에서 "왕실의 안전은 우리 신민의 교육에 있고 국가의 부강도 우리 신민의 교육에 있다"[23]라고 하여 '왕실'과 '국가'를 동일시했던 것에서도 단적으로 나타나 있다. 문제는 현실의 정치과정에서 각 힘의 관계가 얽혀 있음으로써 이러한 방침이 어떻게 변화하는가에 있었다. 지금 갑오개혁에서 비교적 자주성이 보전되었던 1904년에 이르는 시기를 정치 지배의 형태라는 측면에서 볼 때, 개화파 인사가 커다란 정치권력을 장악하지 못한 채 봉건군주에 의한 전제정치가 존속하기는 했지만, 그것은 일본을 비롯한 침략 세력에 의해 날로 침해받고 있었다. 그렇다고 할 때 갑오개혁에서 비롯된 일련의 교육개혁은 '위로부터'의 근대화를 꾀하는 중핵 사업으로 부르주아적 국민교육의 성격을 가지는 것이었지만, 실질적으로는 봉건 통치의 최후 수단이라는 성격이 강했으며, 더욱이 그 내실은 외국 세력에 의하여 적지 않게 이용되는 측면도 함께 가지고 있었다.[24]

둘째로 교육개혁이 이처럼 봉건지배자의 이익을 주안으로 하는 것이었다고 해도, 교육 내용에 서양 문명을 전면적으로 도입했던 것은 유교적 가치의식을 변질시켜 결국에는 봉건지배체제의 붕괴를 초래할 수 있는 위험성을 지니는 것이었다. 따라서 봉건지배층은 정치권력의 몰락을 막기 위해서도 교육 내용에 실용적 학문을 받아들이는 한편,

'충군애국'의 봉건도덕을 많이 수용하였다. 그것은 무엇보다 과거 수세기에 걸친 봉건지배의 성과를 배경으로 군주의 전통적 권위를 널리 알리는 것에서 시작하였다. 국왕이 '교육입국조서'의 앞부분에서 조선 504년의 역사를 과시한 후, "짐이 우리 신민과 더불어 조종의 큰 터전을 지켜, 억만 년의 세월을 누리고자 한다. 오호라! 짐이 신민을 가르치지 않고서는 국가의 견고함을 기하기가 심히 어렵다"[25]라고 하면서 자신을 유능한 지도자로 내걸었던 것도 자신의 권위로 민중의 에너지를 끄집어내어 구체제의 존속을 꾀하려고 했기 때문이었다.

실제로 덕육·지육·체육을 3대 강령으로 하는 교육도 우선 덕육에 중점을 두어 주장하였다. '소학교교칙대강'에서는 "덕성을 함양해 인도를 실천하는 것을 배우는 것이 교육상 제일의 주안점이다"라고 하면서 구체적으로 "효제孝悌, 우애友愛, 예경禮敬, 인자仁慈, 신실信實, 의용義勇, 공검恭儉 등"을 가르쳐서 "존왕애국하는 사기士氣를 기르고 신민으로서 국가에 대해 가져야 할 책무의 대요를 가르치는" 것이 무엇보다 중요한 교육 내용이라고 강조하였다.[26] 또한 소학교 교원을 양성하는 한성사범학교에서도 "정신을 단련해 변하지 않는 굳은 절개를 갈고닦는 것이 교육자에게 중요"하며, "평소에 충효의 대의를 명확히 하여 국민의 꿋꿋한 의지를 떨쳐 일으킴"으로써 '존왕애국의 지기志氣'를 기르는 것이 불가결하다고 하였다.[27]

여기서 교육은 체제 유지에 필요한 실무자를 양성하는 것과 함께 민중을 통일적으로 지배하기 위한 교화의 역할을 맡고 있었다. 그것은 총체적으로 "오륜행실을 닦아 풍속의 기강을 문란시키지 않고, 좋은 교육이나 정치를 뿌리내리게 하여 세상의 질서를 유지한다"[28]라고 하듯이 치안적 발상이 농후한 것이었다. 거기서는 사회변혁을 수행할 목적으로 주체를 형성할 의도는 없었으며, 교육받은 인간은 사람으로서가 아니라 국왕=국가에 충실한 신민으로서만 의의가 있었다. 다시 말하면 교육은 독립된 개인의 총화로서 사회의식을 모체로 하는 국가의식의 양성을 꾀했던 것이 아니라, '신민'이라는 이념으로 규정된 국가의식을 주입하려 했다. 이러한 의미로 갑오개혁에서 비롯된 교육개혁은 인간의 자유로운 사고나 창조성을 압살하는 교화를 그 핵심으로 했다고 말할 수 있다.

셋째로 이 교육개혁은 자본주의 선진국에서 이미 실시되고 있던 근대교육을 국민교육제도로 조선에서도 체계화하려 했다는 점에서 아주 커다란 역사적 의의를 가졌다. 이것은 기본적으로 종래 봉건교육의 계승·발전과는 구별되는 신교육제도의 부식을 시도했던 것이며, 개화파가 강력하게 도입을 주장하였던 근대적 공교육제도의 실현이었다. 그리고 조선 정부는 교육개혁을 수행하는 데 먼저 각종의 조칙詔勅·칙령·고시·학부령 등을 공포함으로써 근대교육의 이념을 제시하였고, 이어 중핵이 된 몇 개의 시범적인 학교를 실제로 설립해가는 방법을 취하였다.

'소학교령'을 예로 들어 말한다면, 소학교는 관립소학교·공립소학교·사립소학교의 세 종류로 구분했고, 경비의 경우 관립은 국고 지불, 공립은 부군府郡 부담, 사립은 사비 및 지방의 재산·국고보조로 충당되도록 했다. 교과목, 교과용 도서, 취학연령, 교원 자격 및 그 임면, 학교행정 등이 규칙으로 명문화되었으며, 학급편성, 수업일수 등 수업 진행의 자세한 것까지도 정해졌다. 그 가운데에서 특히 중요한 항목은 8세에서 15세까지 남녀 아동의 취학, 각 부군府郡에 공립소학교 설립의 의무화 및 그에 대한 국고보조 등이었다.[29] 게다가 이러한 국민교육제도는 근대 서양에서 초등교육의 의무화와 무상원칙의 교육 이념을 그대로 중앙집권적 행정조직을 통해 전국 방방곡곡에 이르기까지 실현하려고 했던 것이다.

보는 사람에 따라 수백 년에 걸친 한문 교육의 전통을 가진 조선은 그것을 토대로 급속하면서 광범위하게 근대교육을 보급시킬 수 있는 가능성을 갖추고 있었다고 말할 수도 있다. 그것은 육영공원의 수업에서 볼 수 있듯이 유교적 지식을 배우는 고도의 지적 단련을 적극적인 신교육의 흡수로 전용시키는 일이 가능했기 때문이다. 그러나 여기서 문제는 조선의 교육개혁이 전통적인 교육기관을 무시하고 그것과 단절된 근대학교를 새롭게 설립함으로써 실행되었다는 데 있다. 그리고 이는 서당을 중심으로 하는 구교육기관이 중국의 한문 경전을 교육 내용으로 삼았다는 사실 및 근대교육이 척사적 풍토에서 침략 세력과의 관계 속에서 도입되었다는 사실과 밀접한 관련을 갖고 있다.

일본의 경우 1872년明治 5年에 제정된 학제가 교육개혁의 제1보였지만, 그 중핵은 학제가 공포되기 이전에 이미 보급되었던 데라코야寺子屋, 향학鄕學, 사숙私塾, 사학私學 등의 사적私的 조직인 초등교육기관을 국가로 이관시킨 데 있었다. 그리고 내용적으로 불충분했다고는 해도 학제가 공포된 다음 해에 12,597개교의 소학교가 설립되었다.[30] 이것은 메이지 정부의 강한 통솔력과 국민의 사상적 일치 등에 따른 것이기도 하지만, 기본적으로는 광범위하게 보급되었던 민간 교육이 근대교육으로 이어질 수 있는 교육 내용을 갖고 있었던 것에서 찾을 수 있다. 바꾸어 말하면, 일본의 근대적 교육제도는 많은 난관을 거치면서도 이전 시대의 교육을 계승·발전시킴으로써 성립하였다. 이러한 의미에서 서양적 교육 이념을 대담하게 도입했던 조선의 교육개혁이 서당을 중심으로 이전 시대의 교육 유산을 충분히 활용하지 못한 채 출발했던 것은 이후의 교육 전개에 지대한 손실을 초래하게 되었다.[31]

넷째로 갑오개혁에서 비롯한 교육개혁의 기본적 성격을 제시할 때, 무엇보다 조선의 주체적 역량 부족과 일본군국주의의 침략적 간섭을 지적하지 않을 수 없다. 이는 갑오개혁 전체가 일본인 고문에 의해 크게 좌우되는 과정에서 조선 최초의 근대적 교육제도도 대부분 일본의 제도를 모방했던 것에서 드러난다. '교육입국조서'[32]는 1890년明治 23年에 발포된 교육칙어를 참고로 했고, 각종학교의 법규도 일본의 소학교령, 중학교령, 사범학교령을 근거로 하였다.[33] 이러한 교육개혁에서 일본 교육제도의 직선적 모방은 이후 일본인 관리가 스스로 언급했듯이 "그 제도는 외국 법령의 참작 정도가 지나쳐 당시의 국내 사정에 적절하지 못하였다"[34]라는 사태를 초래하였다.

게다가 근대교육을 실시해야 할 인적 및 물적 자원이 부족했던 정부는 학교 설립이나 교과서 작성에서 일본의 지원을 요청하지 않을 수 없었다. 최초의 소학교는 아유가이 후사노신(鮎貝房之進, 1864~1946)이 창설했던 을미의숙乙未義塾을 학부 직할로 전용했던 것으로[35] 교과서도 일본 것을 참조해 편찬되었다.[36] 실제로 최초의 국어 교과서라고 얘기되는 『심상소학尋常小學』이나 최초의 교육학서라고 하는 『신찬교육학新撰教育學』은 일본인의 협력으로 작성된 것이었다.[37] 그리고 교육개혁에 대한 일본의 관여는 지식인이나 민중의 반발을 불러일으켜, 서당을 비롯한 구교육기관이 근대학교로 전환되는 것을 지연시켰을 뿐 아니라 교육사업 전체에 걸쳐 조선 정부의 자주성을 현저히 손상시켰다.

여기서 교육개혁의 과정에서 일본의 관여가 조선 정부의 자주성을 얼마나 손상시켰는가에 관해 한 가지 예를 들어보도록 하자. 일본 공사 오토리는 그의 '내정개혁방안강령' 가운데에서 교육개혁의 진전에 따른 대학의 설립을 일정에 포함시키고 있는데, 조선 정부 최초의 교육행정기관인 학무아문도 그 전문학무국專門學務局에서 대학교에 관한 사무를 관장할 것을 명기했고, 또 1894년 8월의 고시에서도 "대학교와 전문학교도 장차 차례로 설립해간다"[38]라고 선언한 바 있다. 그럼에도 불구하고 과도한 내정간섭을 자행했던 후임 공사 이노우에는 '내정개혁강령 20조'에서 "인재를 양성하면서 각 과목을 연구하도록 일본에 유학생을 파견해야 한다"[39]라고 하면서도 근대적 국민교육제도의 창설에 관해서는 아무런 언급도 없이 짐짓 유학생 파견만을 강조하였다. 게다가 이노우에의 강력한 '지도'로 실시되었던 정부기구의 개편으로 새롭게 발족된 학부에는 대학에 관한 담당 조직이 없어졌고, 유학생 파견과 관련된 부문만이 추가되었다. 즉 여기서 볼 수 있는 바와 같이 교육'개혁'이 일본의 영향을 받아 진행되는 가운데 자주적 입장에 선 대학 설립과 그에 기초한 인재 양성이 불필요하게 되었으며, 대학교육은 오히려 일본 정부에 의존해야만 한다는 뉘앙스가 현저해진 것이다(주 18, 19 참조). 이는 단지 조선 정부가 주체적으로 대학을 설립할 수 있는 능력이 없었다고 하는 것뿐만 아니라, 조선 정부의 교육정책에서 대학교육을 배제하고 일본 정부의 이익만을 주안으로 하는 유학생 파견만을 궤도에 올려놓으려 했던 일본의 교묘한 침략적 정책의 발로였다.[40]

이상에서 볼 수 있듯이 갑오개혁으로 시작되는 조선의 교육개혁은 봉건교육에서 근대교육으로의 전환을 꾀했던 역사적 사업이었지만, 그것은 또한 몇 가지 근본적인 결함을 갖고 있었다. 어쨌든 조선이 근대국가로 발전하기 위해서는 국민교육제도를 어떻게 정착시킬 것인지가 매우 중요한 문제였다. 최초로 서울에는 장동壯洞, 정동貞洞, 계동桂洞, 묘동廟洞이라는 4개의 관립소학교가 설립되었지만, 그 학생 수는 1895년 10월(음력 8월) 현재, 각 학교에 각각 23명, 76명, 40명, 48명이었다.[41] 따라서 조선의 자주독립과 부국강병의 관건은 이렇듯 아주 빈약하게 출발한 초등교육이 저변에서 윗부분으로 우수한 인재를 끌어 올릴 수 있는 전국적인 교육체계로 발전되어 항상 새로운 활력을 보충해 감으로써 강력한 국가권력을 구축할 수 있도록 하는 데 있었다.

3. 민비시해사건과 의병투쟁의 전개

교육을 주축으로 하는 근대국가 건설이 절실한 시대적 과제였음에도 불구하고 청일전쟁이 종료된 후 조선의 정국은 새로운 동요의 시기를 맞이했다. 1895년 4월 러시아가 주도한 삼국간섭으로 일본의 세력이 후퇴하기 시작하자 민비를 중심으로 하는 민씨 일가는 러시아 및 미국 공사의 지원을 받아 친일파를 추방함으로써 빼앗겼던 정치권력을 회복하고자 하였다. 이에 대해 일본은 청일전쟁의 승리로 손안에 거머쥐었던 조선의 정치적 지배권 유지에 조바심을 나타내 이노우에를 대신해 미우라 고로(三浦梧樓, 1847~1926)를 중심으로 다시 반격을 가했다. 이윽고 미우라의 지휘 아래 1895년 10월 8일 서울 주재 일본군 수비대, 일본인 관리, 대륙낭인大陸浪人 등이 왕궁을 습격해 민비를 시해하는 사건을 일으켰다.

일본군국주의자의 야만적 행위로 개화정책 수행에 장해가 되었던 수구파 세력이 후퇴하고 정병하(鄭秉夏, 1849~1896)를 비롯한 친일파가 대거 내각에 진출하였다. 그러나 이러한 정세는 개화사업의 추진에 유리하게 작용하기는커녕 도리어 민중의 반일감정을 격화시키고, 그 공격의 화살은 결국 개화파 정권 그 자체로 돌려졌다. 즉 민비시해사건에 대한 김홍집 내각의 불철저한 처리, 거기에 이어지는 같은 해 12월 단발령의 시행, 의복제도의 개혁 등은 재야 유생이나 일반 민중의 반일·반정부적 기운을 결정적으로 고양시켰다. 그리고 위정척사론자들의 격문에 호응해 각지에서 유인석을 비롯한 의병장 및 의병이 봉기하고, 그것은 순식간에 전국적인 반침략·반개화 투쟁으로 발전하였다. 게다가 이러한 의병투쟁의 고양을 간파한 러시아가 단번에 세력 확대를 꾀하려고 수병 100명을 동원하는 가운데 이범진·이완용 등 친러파는 1896년 2월 11일 일본군이 수비하고 있던 왕궁에서 국왕을 강제적으로 러시아 공사관으로 데리고 갔다. 소위 아관파천으로 불리는 이 사건의 결과, 친러 세력을 중심으로 하는 김병시(金炳始, 1832~1898) 내각이 성립하였으며, 한편 김홍집, 정병하, 어윤중은 민중에게 살해되었고 유길준 등은 겨우 일본으로 망명함으로써 개화파의 주요 인물들은 친일파라는 누명을 쓴 채 패퇴하게 되었다. 이로써 정부권력을 장악함으로써 '위로부터'의 부르주아 개혁을 의도했던 개화운동은 결정적인 타격을 입게 되었고 조선은 완전히 외국 침략 세력의 각축장이 되어버렸다.

이러한 과정에서 농민전쟁 이후의 사상 상황을 볼 때 가장 커다란 변화는 일부 양반유생에게 한정되었던 위정척사사상이 의병투쟁과 결합됨으로써 대중화되었다는 점이다. 의병투쟁은 직접적으로는 단발령의 강행이나 의복제도의 변경에 반발했던 유생과 일반 민중의 봉기에 발단을 둔 것이었지만, 보다 크게는 청일전쟁이나 민비시해로 대표되는 일본의 본격적인 조선 진출 및 전통적인 유교사회의 붕괴를 초래했던 근대적인 여러 개혁에 반대하는 위정척사론자를 선두로 한 애국적 투쟁이었다. 즉 1896년의 의병투쟁은 '반침략', '반개화'의 위정척사론자와 '반봉건', '반침략'의 농민군이 일본을 중심으로 하는 식민주의적 침략의 격화에 대항해 '반침략'에 중점을 두고 결합했던 대중투쟁이었다. 그러나 위정척사사상과 동학사상을 기반으로 한 두 개의 에너지가 일시적으로 결합한 형태인 의병투쟁도 결국은 김홍집 내각의 붕괴와 일본 침략 세력의 후퇴에 따라 쇠퇴하지 않을 수 없게 되었다.

이처럼 1890년대 후반 이후 조선근대 부르주아 민족운동을 뒷받침했던 '위정척사', '동학' 및 '개화'의 세 사상과 운동은 외국 침략 세력을 격퇴하고 근대국가를 건설하기 위한 국민적 통일을 이룩하지 못한 채, 서로 분열되어 민족적 에너지를 소진시킴으로써 어려운 조건 속에서 출발했던 조선근대교육의 건설에 커다란 장해를 초래했다.

Ⅱ. 독립협회와 교육계몽운동

1. 독립협회운동의 사상

조선이 민중의 과감한 투쟁으로 일본군국주의의 완전 지배를 면했다고는 해도, 1896년 2월 아관파천 이후 점점 더 침략적 열강 사이의 모순을 노정시키는 초점이 됨으로써 국제적 대립의 소용돌이 속으로 휘말리고 있었다. 그사이 조선의 식민지화를 노리는 침략 세력은 미묘한 균형을 유지하면서도 전신·철도·광산·삼림·어업 등의 주요 이권을 약탈하였다. 즉, 잠시 정치적으로 후퇴하였던 일본은 곧 조선의 대외무역을 거의 독점함과 동시에 미·영과 더불어 각종 이권을 탈취하고자 암약하는 한편, 국왕을 손에 넣은 러시아도 공공연하게 이권을 획득하는 데 편승했다.

이러한 가운데 갑오개혁의 실시로 물러나 있던 수구파 세력이 점차 정계에 복귀하였고, 또 갑오개혁의 개혁 사업도 대부분 충분한 결실을 보지 못한 채 방치되었다. 그러나 갑오농민전쟁이나 갑오개혁 등의 정치적 사변을 통하여 급속하게 각성한 애국적 민중에게 개화는 이제 역류할 수 없는 기본 흐름이 되었다. 더욱이 기독교 포교활동의 확대와 배일의식의 고양에 따라 개화주의자의 의식은 항일·친서구로 크게 변화하기 시작하였다. 그리고 러시아가 일본을 대신해 조선의 지배를 노골적으로 꾀하는 등의 상황이 되자 서울을 중심으로 자유·민권·독립이라는 목표를 내건 국민운동이 전개되었다.

갑신정변이 실패한 후 수구파의 박해를 피하여 미국에 망명했던 서재필[1](徐載弼, 1866~1951)은 1896년 초에 정부 요인의 요청을 받아들여 12년 만에 고국의 땅을 밟았다. 정치적 야심이 없던 그는 당시 일본 공사 고무라 주타로(小村壽太郎, 1855~1911)의 영향 아래 있었던 제3차 김홍집 내각에도 들어가지 않고, 단지 중추원 고문의 지위에 있으면서 민중계몽운동을 계획했다. 즉 서재필은 내부대신 유길준의 협력으로 국고에서 5,000엔의 기금을 얻어 1896년 4월 7일 『독립신문』을 창간하였고, 또 자주독립의 결의를 나타내기 위해 모화관慕華館을 독립관獨立館으로 바꾸고 영은문迎恩門 자리에 독립문의 건립을 발의하였다. 이윽고 정부 내에서 서재필의 영향력이 날로 약화되고 각국의 이해도 격심하게 대립하여 정치의 반동화가 진전되자 그를 중심으로 정치결사체인 독립협회가 조직되었다.

1896년 7월 2일에 발족한 독립협회는 당초 고문 서재필, 회장 안경수, 위원장 이완용, 위원 김가진·이상재 등, 간사원 남궁억·오세창 등의 간부 구성으로 출발하였다. 이처럼 초기의 독립협회 간부 구성은 보수적 고급관리를 포함한 관료 주도였고, 그 성격도 비교적 혁신적인 관료나 지식인의 사교장 기피가 있었다. 그러나 머지않아 학생, 상인, 하급관리를 비롯한 광범한 대중이 적극적으로 참가하여 독립협회의 성격이 변화하자, 이완용을 비롯한 관료 출신의 회원은 탈락하였으며 간부 구성도 서구 유학으로 서구적 근대사상의 영향을 받았던 서재필·윤치호·이상재가 대표적인 지도자가 되었고, 또 국내에서 개화사상을 공부한 신진의 남궁억·정교·윤효정 등이 중견 지도자가 되었다. 그리고 근대적 개혁과 민중의 계몽에 노력하였던 독립협회는 이후 러시아의 내정간섭이 격화됨에 따라 토론 집회 등을 통해 대중운동을 전개하였으며, 이는 곧 만민공동회라는 대중적인 정치집회로 발전하였다. 이러한 과정에서 독립협회의 노력으로 자주독립의 상징인 독립문이 완성되었고, 또 1897년 10월에는 국왕이 황제 즉위식을 갖고 스스로 '대한황제'라고 부르는 한편 국호를 '대한제국'으로 내외에 자주독립국가의 성립을 선언하였다. 이는 무엇보다 독립협회운동의 영향을 받은 것이었지만, 그 실체는 근대적 자주독립국가와는 거리가 있는 명목적 독립에 불과하였다.

독립협회의 조직은 1896년 7월의 창립부터 1898년 12월의 해산에 이르기까지 약 2년 반 동안 존속했다.[2] 역사적으로 볼 때 독립협회의 민중운동은 자본주의 열강 간의 각축이 점차 첨예화하는 가운데, 조선의 자주독립과 부르주아적 발전을 이룰 수 있는 최후의 기회가 될 수도 있었다.[3] 게다가 이 운동은 단지 김옥균 등의 개화운동을 계승하였던 것이 아니라, 사상적·정치적으로 보다 풍부한 내용을 가지고 전개되었던 부르주아 개혁운동이었다. 즉 종래의 개화운동이 일본을 모델로 하여 일본에 기대를 걸었던 일부 양반귀족을 중심으로 추진되었음에 비해, 독립협회운동은 일본에 대한 환상을 버리고 광범위한 민중을 기반으로 했던 친서구적 지식인을 중심으로 수행되었다. 환언하면 독립협회의 역사적 과제는 봉건적 구조의 파산과 침략 세력의 유입이 격화되는 시대상황 속에서 대내적으로는 자유민권을 주장함으로써 민중적 기반을 확대하고 근대적 개혁을 추진하는 데, 그리고 대외적으로는 일본군국주의를 경계하고 또 새롭게 등장한 러시아의 침략책동에 반대함으로써 자주독립을 확립하는 데 있었다.

이러한 독립협회의 주장은 『독립신문』으로 대변되었다. 『독립신문』은 정치적 혼란 때문에 법률상으로 미국 국적의 서재필 사유기업私有企業으로 등록되었는데, 실질적으로는 조선 정부의 자금을 바탕으로 유길준을 비롯한 국내 개화파와 서재필의 협력으로 발간되었다. 당초

『독립신문』은 화·목·토요일 주 3회 발간되었는데, 4면으로 이루어진 지면 가운데 세 면은 '논설'·'관보'·'외국통신'·'잡보'·'광고' 등에 할애되었고, 제4면에는 영어판 '*The Independent*'가 게재되었다.

『독립신문』은 창간사에서 "어떠한 당黨에도 구애받지 않고 상하귀천을 구별하지 않고 모두 똑같이 조선인이라는 생각에서 오로지 조선을 위해 공평하게 민중에게 말을 걸 작정인데, 서울 시민뿐만 아니라 조선 전국의 민중을 위해 어떠한 일이라도 대변하고 싶다"[4]라고 자신의 기본적 입장을 명확히 하면서, 남녀·상하·귀천의 구별 없이 모든 민중이 읽을 수 있도록 순국문체를 사용하였다. 이렇듯 최초의 민간신문인 『독립신문』이 순국문을 사용했던 것은 개화파의 노력으로 발간되었던 갑신정변 전의 『한성순보』가 순한문, 갑신정변 후의 『한성주보』가 국한혼용문이었던 것과 비교해보아도 『독립신문』이 가진 민중적·계몽적 성격의 일단을 나타내는 것이다. 게다가 『한성순보』나 『한성주보』가 '관보'적 성격을 갖고 있었음에 반해 『독립신문』이 각계각층의 민중에게 받았던 편지를 '잡보'란에 소개하고 각 분야의 의견이나 정부의 시책에 대한 비판을 적극적으로 흡수하려고 했던 것은 일찍이 없었던 일이었다.

『독립신문』은 서재필이 사장 겸 주필로 국문판의 논설과 영어판의 사설을 맡았고, 주시경(周時經, 1876~1914)이 회계 겸 교보원校補員으로서 실무 전반을 담당하였다. 제1면의 대부분이 '논설'에 할애되어, 거기서 신분적 차별의 철폐, 남녀평등의 주창, 국민교육의 필요성, 준법정신의 고취, 자주애국의 강조, 유의유식遊衣遊食의 반대, 축첩 반대, 미신 타파, 단발과 양복 착용의 주장, 국민적 의무의 강조, 매관매직의 반대, 탐관오리의 고발, 지방장관의 민선 주장, 산업 육성의 필요, 개화의 역설 등 자유·민권·독립을 중심으로 한 일련의 부르주아 개혁의 과제를 논하였다. 이러한 주장은 특권 지배층에 머물러 있던 개화사상을 일반 민중 속으로 침투시키는 데 큰 공헌을 하였으며, 독립협회운동을 '아래로부터'의 부르주아 개혁운동으로 변화시키는 데 커다란 역할을 하였다. 그렇지만 서재필 자신은 『독립신문』이 지나치게 큰 영향력을 갖고 있는 것에 불안을 느낀 수구파 정부나 열강의 각국 공사로부터 압력·협박을 받게 되었고, 결국 조선에서 자국의 권익을 지키고 싶어 하는 미국 공사의 권고에 따라 1898년 5월 미국으로 돌아가지 않을 수 없었다. 그리고 이러한 『독립신문』의 주장은 윤치호에 의해 계승되어 계속 전개되었다.

『독립신문』의 기본 목적은 민중을 계몽하는 데에 있었다. 이는 서재필이 이웃 나라 일본의 조선 침략에 맞서기 위하여 "나는 공중 강연·공중 토론·일간신문 등 당시 이용할 수 있는 교육 시설을 통하여 조선의 평민교육을 해보려고 하였다"[5]라고 서술한 것에서도 나타나 있다. 즉, 『독립신문』의 사명은 봉건의 압제와 몽매 속에 매몰되어 있던 민중의 개명진보를 촉구함으로써 정치적으로 각성한 민중을 자주독립·부국강병을 꾀하는 부르주아적 대중운동으로 고취 발동하는 데 있었다. 따라서 『독립신문』은 민중과 선진적 부르주아 사상의 결합을 가져오고, 이어지는 정치적 혼란 속에서 극도로 피폐한 민중의 에너지를 독립협회를 중추로 한 계몽정치운동으로 결집시키는 역할을 담당했다.

『독립신문』은 1898년 7월에 그때까지 주 3회 격일 간행에서 일간지로 발전하여 독립협회운동 추진 기능을 더욱 효과적으로 수행할 수 있게 되었다. 그런데 독립협회의 입장에서 볼 때 『독립신문』은 협회의 대변지였고, 공식 기관지로 1896년 11월에 제1호로 창간되었던 반半월간잡지 『대조선독립협회회보』가 있었다. 또 이 외에도 유교적 전통을 배경으로 '동도서기'론의 입장을 한층 더 발전시켰던 남궁억·장지연·유근·박은식 등의 진보적 유학자 등이 1898년 5월에 창간했던 『황성신문』, 배재학당의 학생조직인 '협성회'가 1898년 1월부터 발간했던 『협성회회보』 및 그것을 계승한 『매일신문』 등도 독립협회운동과 관련된 계몽운동을 활발히 전개하였다.

독립협회운동을 이해하기 위해 독립협회의 기본사상을 파악해보면 그 최대의 목표는 '개화된 자주독립국가'의 건설이었다. 여기서 '개화', '자주', '독립'은 서로 개별적으로 분리될 수 없는 내적으로 통일된 개념으로 인식되었다.

독립협회가 주장했던 '개화'는 김옥균 등 이전의 개화파와 마찬가지로 기본적으로는 실학사상을 계승·발전시킨 것이었는데, 이는 독립협회의 이념을 분명히 했던 안경수(安駉壽, 1853~1900)가 '독립협회서獨立協會序'에서 "이용후생과 부국강병의 실사구시"[6]를 강조했던 것에서도 잘 나타나 있다. 그리고 당시 국제 세력의 균형으로 겨우 명목적 독립을 보전하고 있던 조선이 "자주독립의 내실을 갖춰야만 비로소 완전한 독립국으로 될 수 있다"[7]라고 하면서 자강自强만이 독립 확보의 최대 과제라고 역설하였다. 또 『독립신문』은 1897년 3월의 '논설'에서 '개화'의 불가피성을 설명하면서 "만일 조선인이 주인이 되어 한마음으로 문명진보하는 사업을 일으킨다면 진실로 나라의 영광이요, 세계에 과시할 일이다. …… 그러나 타인의 힘으로 무리하게 개화하게 된다면 한 가지도 스스로의 것이라고 말할 수 없다"[8]라고 개화정책에서 자주성을 관철하는 것이 불가결하다는 점을 강조하였다.

개화에 대한 독립협회의 이러한 사상은 당연히 사회 발전을 저해해왔던 비합리적 행동양식이나 가치관의 원천인 유교를 배격하는 것으로 나타났다. 앞에서 말했던 '독립협회서'에는 조선이 당당하게 독립하는 형세를 보전할 수 없는 것은, 나라가 작고 민중이 약해서가 아니라 사대주의에 젖어 무武를 경시하는 유교 풍토에서 "고위고관高位高官은 오직 노소남북老少南北의 당론을 업으로 삼고, 유생은 오로지 심성이기心性理氣의 논쟁을 일삼으며, 과거를 보려는 자는 쓸데없이 시부표책詩賦表策의 상투적 기교만을 닦으며 전형관銓衡官은 오직 문벌의 고하高下만을 저울질"[9] 해왔기 때문이라고 격렬하게 비판하였다.

『독립신문』은 발간 1주년인 1897년 4월 17일의 '논설'에서 이러한 종래의 유교적 봉건국가를 민중의 주권에 기초한 근대적 입헌군주국가로 변혁할 것을 주장하고 있다. 즉 "민중은 정부 없이 살 수 없기 때문에 정부를 조직하고, 정부와 민중을 통솔할 직무를 군주에게 맡기며, 군주를 머리로 받들어 민중이…… 군주에게 충성을 다해 봉사하고, 군주와 정부는 민중을 돕고 민중을 위해 공평한 법률을 만들어……"라고 사회계약설에 기초를 둔 민주국가의 이념을 제시하였다. 이것은 정부의 권력이 민중의 신탁으로 민중의 생명·자유·재산을 보호하기 위해 존재한다는 것을 명시한 것이고, 봉건체제하에서 양반귀족이나 관리의 가렴주구를 절멸하고 천부적 인권을 존중하는 근대적 국가의 건설을 의도한 것이었다. 더욱이 여기에서 보이는 독립협회의 국가론은 박영효나 유길준이 구상했던 입헌군주제를 일보 전진시킨 것으로서 군주는 오히려 상징적 존재이고 중점은 민중의 주권에 두어져 있었다.

그런데 독립협회의 사상은 자주독립사상, 자유민권사상, 자강개혁사상이 각기 특색을 가지면서도 당시의 민족적 과제를 해결하기 위해 삼위일체가 되어 하나의 체계를 구성하고 있었다고도 할 수 있는데,[10] 그중에서도 자유민권사상은 독립협회의 역사적 성격을 규정하는 가장 큰 요소였다. 자유민권사상은 서구적 민주주의를 기반으로 하는 민중의 자유·권리를 주장했던 것으로, 거기서는 가부장적인 봉건체제의 무게에 매몰되어 있던 인간 개개인의 존엄성을 주장하고, 근대 계몽사상이 말하는 인간 이성의 발견이 강조되었다. 게다가 "국가가 자주독립하기 위해서는 민중이 자주독립하여 생활하는"[11] 것이 기본이라고 하여 개인의 자주독립이 국가의 자주독립에 직결됨을 역설하였는데 이는 교육으로만 성취될 수 있는 것이었다.

여기서 독립협회는 민중이 근대적인 자주독립국가를 건설하는 기본적 요인이고, 그 민중을 자각된 역사 주체로 형성하는 교육이 가장 중요하고 긴급한 사업이라고 인식하였다. 따라서 독립협회가 목표로 했던 국민이란 자주독립과 부국강병이라는 역사적 과제를 담당할 수 있도록 계몽됨으로써 스스로 인간적 개화를 이룩해야 할 주체적 존재였다. 이는 '이적夷狄'을 야만인으로 배척하고 자기를 '소중화小中華'로 인식하는 위정척사론이 말하는 독선적 존재도 아니었고, 또 '천天'과 합일함으로써 가치를 발견해내는 동학이 말하는 종교적 존재도 아니었다. 그리고 독립협회가 묘사했던 국민은 김옥균 등 개화사상가들이 말하는 교화되어야 할 존재가 아니라, 민족과 국가에 없어서는 안 될 성원으로서 자유롭고, 평등하며, 학문과 지식을 몸에 익힘으로써 국가에 공헌할 수 있는 애국가였다.

외국 열강의 내정간섭이나 이권의 요구가 가중되는 가운데 독립협회는 근대교육을 전개하여 이러한 국민을 육성하고, 이를 기초로 대대적인 식산흥업을 실현함으로써 근대적 강국을 건설하고자 하였다. 이를 위해 독립협회는 학교교육이나 유학생 파견을 통해 선진적 과학기술의 도입, 철도·기선·도로·전기·통신 등 기간산업의 추진, 직조織造·철공·기계·제지·피혁 등 근대공장의 설립, 농업·광업·어업 등 모든 산업분야의 기술혁신을 주장하였다. 실제로 『독립신문』, 『황성신문』, 『대조선독립협회회보』는 매 호마다 많은 지면을 할애하여 발달된 자본주의 여러 나라의 모습이나 서양 학문, 과학기술 등을 소개하는 기사를 게재하였다.

독립협회운동을 뒷받침했던 이러한 사상은, 갑오농민전쟁·청일전쟁·갑오개혁 등 일련의 정치적 변동을 통해 봉건지배층이 결정적 타격을 받으면서 민중의 반봉건적 요구가 고양되고, 게다가 근대문명이 급속하게 유입되는 가운데 형성되었다. 여기서 이러한 독립협회의 사상적 계보를 살피고자 한다면, 그것은 서양의 근대사상을 배경으로 기독교적 휴머니즘의 영향을 강하게 받았던 서재필·윤치호의 흐름과, '동도서기'론의 유교적 전통을 계승하면서도 서양 문명을 취사선택하여 받아들이려고 했던 남궁억·정교의 흐름, 그리고 양자의 중간에 서서 두 개의 흐름을 합류시키는 역할을 했던 이상재 등의 세 가지로 나누어 생각할 수 있다.[12]

계보상으로 볼 때 독립협회는 갑신정변의 사상을 직접 계승한 것으로, 김옥균·박영효 등 갑신정변 당시의 개화사상가들이 단지 이념적으로만 근대교육을 통한 서양사상의 수용과 기독교 포교를 통한 교화를 주장했음에 비해, 독립협회의 간부들은 스스로 근대교육을 받고 기독교에 입신해, 혹은 그것에 호의를 보이고 그것을 받아들이는 지식인들로 구성되었다. 그렇지만 이는 자본주의 열강이 조선에 밀려들고 있는 가운데 위정척사 및 동학과 독립협회의 사상적 단절은 더욱 심각화된 것을 의미했다. 특히 반일을 지향했던 독립협회 가운데 서재필이나 윤치호가 미국인 선교사의 손을 빌려 서구 세력에 의지하려 했던 것, 그리고 이어서 설립되었던 독립협회의 지방 지부 대부분이 각지의 기독교 교회였다는 점 등은 유생이나 동학신도의 반목을 불러일으키는 원인이 되었다.

독립협회의 친기독교적 태도는 서재필과 윤치호가 깊이 관여한 『독립신문』의 논조에서 분명히 나타나고 있다. 사실 『독립신문』은 많은 '논설'에서 기독교를 칭찬하고 기독교 포교의 필요와 기독교를 기반으로 한 서양 문명의 도입을 역설했다.

예를 들어 1896년 8월의 '논설'에서는 "세상에 종교가 많다고 해도 기독교처럼 진실로 선량하고 진실로 사랑하고 진실로 사람을 동정하는 종교는 세계에 둘도 없다. 이 외에 어떤 종교가 기독교처럼 많은 사람들을 천하만국天下萬國에 보내고 자신들의 돈을 들여 온갖 노고를 치르면서 타국의 인간을 이처럼 친절히 가르치고 도와줄 것인가"[13]라고 그리스도의 인도애人道愛를 찬양하고 외국인 선교사의 봉사활동에 감사를 표하였다. 그리고 "서구의 제1등국은 모두 신의 가르침을 지키는 나라"[14]이며, "그리스도의 가르침에 착실한 나라는 지금 세계에서 가장 부강하고 가장 문명이 발달되어 있으며 가장 개화되어 있다"[15]고 하며 기독교를 신봉하는 것이야말로 조선이 문명개화와 부국강병을 달성할 수 있는 길이라고 강조하였다. 더욱이 이러한 기독교 포교론은 서재필의 지도 아래 1896년 11월에 조직된 배재학당의 학생 조직인 협성회가 제7회 토론회 제목으로 '아국我國의 종교를 기독교로 한다'[16]로 했듯이, 기독교를 국교화하자는 공공연한 주장으로까지 발전하였다.

독립협회의 이러한 기독교 지향이 당시 포교활동을 확대하고 있던 미국인 선교사의 지지를 받았던 것은 물론이지만, 이는 미국 자본주의가 자신의 세력을 부식할 수 있었던 절호의 기회이기도 하였다. 실제로 봉건군주와 독립협회가 대립 길항하는 미묘한 정세 속에서 선교사로서의 실적을 인정받아 서울 주재 미국 공사가 되었던 알렌은 배후에서 열심히 독립협회를 지원하였고,[17] 또 미국인 선교사나 미국 공사관원도 『독립신문』이나 『협성회회보』의 발간을 지원하였다. 이러한 독립협회의 활동과 미국의 관민이 일체된 지지는 필연적으로 조선의 기독교화와 미국화를 촉진하였다.

사실 매켄지가 전하는 바와 같이, 단발령이나 기타 일본 세력하에서 실시되었던 여러 가지 개혁이 일본 세력의 후퇴와 함께 잊히고 모든 것이 구습으로 되돌아가는 가운데, 서재필은 일본과 다른 방법을 사용하려고 하였다. 그는 "야외의 공개강좌나 학교의 설립 및 나라의 전반적인 미국화를 제안"[18]함으로써, 조선의 개화를 꾀하려고 하였다. 또 "사람들이 신학문을 배워 구습을 버리고 개화된 자주독립국의 민중처럼 되"고 기선이 뜨고 도로가 달리고 가옥이나 공원이 정비되고 전차가 왕래하며, 민중이 "목면복을 입지 않고 모직과 견직을 입으며 김치나 밥을 대신해 고기와 빵을 먹"[19]도록 하는 것이 목표였다. 그것은 소위 교육의 보급을 통한 나라 전체의 서양화, 자본주의화를 강력하게 주장하는 것이었다. 그 때문에 독립협회의 정치적 성격은 내부에서 친미나 반미를 둘러싼 갈등이 있었다고 해도 전체적으로는 친미적 경향을 띠게 되었다.

독립협회의 이러한 개화의 논리는 필연적으로 근대교육의 중시와 이에 반대하는 동학 및 의병에 대한 비판으로 연결되었다. 그것은 독립협회가 생존의 권리를 요구하며 일어섰던 동학신도나 의병에 대해 동정을 보이면서도 그들이 난민亂民이 되어 폭력적 수단에 호소했던 것에는 반대하였던 것에서도 볼 수 있다.[20] 서양적 지식을 몸에 익힌 독립협회의 '신사'들에게 이러한 동학신도나 의병은 토비土匪였고 무지한 민중이었다. 그들은 교육받지 못한 민중들이 입으로는 커다란 것을 말하면서도 실제로는 아무것도 하지 못했던 것은 "하나는 어떻게 해야 좋을지 몰랐기 때문이고, 다른 하나는 나라보다도 자신을 중요하게 생각하기 때문이다"[21]라고 비판하면서 무엇보다 학문을 익히는 것이 선결되어야 한다고 주장하였다. 그리고 그 결과 독립협회는 이전의 개화운동이 그랬던 것처럼 국민적 통일을 꾀하기보다는 동학운동이나 의병운동에서 나타났던 민중의 에너지를 부정함으로써 민족운동의 분열을 초래하는 개화지상주의로 치닫는 경향을 갖게 되었다.

2. 독립협회의 교육·학문론과 역사적 성격

개화지상주의는 교육지상주의와 거의 동의어이다. 따라서 개화된 자주독립국가의 건설을 지향한 독립협회운동은 그대로 근대교육운동이 되었다. 실제로 독립협회는 교육에 가장 중점을 두고 민중교육운동을 전개함으로써 교육의 대중화와 근대화에 큰 공헌을 하였다.

독립협회는 무엇보다 유길준의 개화·반개화·미개화라는 개화등급론과 마찬가지로 개화에 절대적인 가치를 두었다. 예를 들면 『독립신문』은 '논설'에서 현재 동서각국東西各國을 문명국·개화국·반개화국·야만국으로 구별할 수 있는데, 정부와 민중이 서로 싸우는 조선은 겨우 반개화국에 머물고 있다고 하였다.[22] 또 『대조선독립협회회보』는 제2호에서 『시사신보』에 게재되었던 후쿠자와의 문장을 인용해 인간을 최상등인·중등인·최하등인의 세 종류로 나누었다.[23] 그리고 독립협회는 하루라도 빨리 개화해야만 약육강식의 세계에서 국가를 보전할 수 있다고 주장하였다.

조선의 개화에서 민중의 각성이 불가결했음은 말할 여지도 없다. 실제로 아무리 뛰어난 지도자가 있다고 해도, 지도를 받은 자각된 민중이 없으면 개화정책의 진전은 바랄 수 없다. 이에 관해 『독립신문』은 독일의 비스마르크나 영국의 글래드스턴도 민중이 협력했기 때문에 커다란 업적을 이룰 수 있었다[24]고 하면서 정부의 시책을 이해하는 민중의 존재는 전제이고, 이를 해결하는 방법은 오직 민중을 교육하는 길뿐이라고 강조하였다. 갑오개혁이 좌절했던 것도 결국은 추진 주체가 되어야 할 광범위한 민중이 교육으로 계몽되지 않았기 때문이었다. 요컨대 국정개혁의 기초가 되는 근대적 정치제도나 모든 개화정책은 그것을 담당할 실체가 있어야만 유효해지는 것이었다. 역설적으로 말한다면 개화정책이 성공하지 못했던 것은 교육이 보급되어 있지 않왔기 때문이고, 또 『독립신문』이 주장했듯이 양반의 횡포를 허용하여 국가의 쇠퇴를 초래했던 것도 결국은 민중의 무지 때문이었다.[25] 그런 까닭에 독립협회는 "민중은 국가 성립의 기초이며 교육은 국민 양성의 약석藥石이다"[26]라고 했듯이, 조선을 나락에서 구하고 세계에 과시할 수 있는 강국으로 만드는 것은 오직 교육뿐이며 교육이야말로 역사변혁의 주체인 국민을 육성하고 자주자강을 달성하는 유일한 무기라고 인식하고 있었다. 독립협회는 이러한 관점에 서서 근대교육의 전면적 실시를 정부에 요구하고, 또 스스로 계몽활동을 전개해가는 등 주체적 투쟁을 실천함으로써 조선근대 부르주아 민족운동의 기본 과제인 역사 주체의 형성이라는 문제를 민중운동의 형태로 비로소 명확하고 급진적으로 제시하였다.

그런데 독립협회가 주장했던 교육은 당연히 서양의 근대교육이었고 학문은 서양의 근대학문이었다. 이는 서구의 선진국은 물론이고 제로에서 출발했던 일본이 겨우 30년 만에 공립소학교 5만여 개교, 중학교 8,000여 개교, 대학교 30여 개교라는 근대학교를 갖고서, 거기서 서양의 근대학문을 배움으로써 청국을 무찌를 정도로 부강해졌다[27]는 현실 인식에 기초한 것이었다. 실제로 독립협회에 모인 지식인들은 조선의 재래 학문을 정치와 부국에는 아무짝에도 쓸모가 없고,[28] 약간의 한문을 배워 그것을 믿고 총리대신이나 각종 관료, 육군대장, 법관 등의 직책을 맡으려고 하는,[29] 과학적이고 합리적인 사고를 결여한 허학이라고 인식하고 있었다. 더욱이 그들은 "청국인보다 총명하고 근면하고 청결하며, 일본인보다 크고 체격이 견고한" 조선인이 새로운 교육을 받고 새로운 학문을 배우기만 한다면 동양 제일의 인종이 되고 동양 제일의 부강국을 건설할 수 있을 것이라고 생각하였다.[30]

본래 서로 관련된 개념이었던 독립협회의 '개화·자주·독립'은 근대적인 교육과 학문을 통해서만 달성될 수 있는 것들이었다. 즉 특권계급을 주요한 대상으로 했던 구교육을 대신해, 근대교육이 전국적으로 보급되면 사람들은 배우고, 스스로 일해 생계를 유지하는 기술을 손에 익히게 되어 타인에게 의존하거나 공포심을 갖는 일이 없이 자유롭고 독립된 인격을 확보할 수 있으며,[31] 또 자각한 민중이 각종 산업에 종사해 많은 재물을 만들어 민중의 의식주를 확보하며, 정부는 민중을 이끌고 민중은 정부를 사랑하게 될 때,[32] 머지않아 부국강병은 달성되는 것이다. 여기서 교육과 학문은 개인과 국가의 '개화·자주·독립'을 실현하는 모든 원천이라는 의미를 갖고 있었다.

『독립신문』을 중심으로 각종 자료를 상세히 검토해보면, 부르주아 근대국가의 근간을 이루는 근대교육이나 근대학문에 관한 기본적 사항이 거의 대부분 주장되고 있음을 알 수 있다. 이는 무엇보다 근대학교의 설립을 열심히 주장했던 점에서도 나타나 있다. 낙후되었던 조선에서 "학교를 세워 민중을 교육하는 것은 정부의 가장 중요한 직무이며"[33] 다른 모든 개혁에 우선해 실시되어야 할 애국 사업이었다. 특히 독립협회는 전국 방방곡곡에 소학교를 세워 '교육의 기초'[34]를 확립하고, 또 실제로 소학교가 보급되어 있지 않은 상황에서 "고등학교나 대학교에는 돈을 한 푼도 사용하지 말고 우선 소학교를 많이 설립해"[35]야 한다고 강조하면서 초등교육의 전국적 보급에 전력을 기울일 것을 촉구하였다. 그리고 이러한 기초적 작업을 마친 다음에야 중학교나 각종 실업학교, 전문학교, 사범학교, 의학교, 대학교 등의 고등교육기관을 설립해야 한다고 주장하였다.

부국강병을 목표로 하였던 독립협회는 이러한 근대적 국민교육제도의 창설과 외국 유학생의 파견을 통해 서양 지식의 흡수와 과학기술의 습득을 주장하였다. 그리고 산업 기반의 확립을 서둘렀던 독립협회는 예를 들어 권공장勸工場의 설립과 외국인 교사를 초빙하여 목공·철공·제지·유리·직물·피혁·복식服飾·과수·농업 등을 배우면 3년 이내에 수백 명의 일류 기술자를 양성할 수 있다[36]고 했듯이, 산업기술의 수용과 근대공업의 육성에 낙관적인 견해를 표명하고 있었다.

독립협회의 교육개혁론은 체계적인 근대교육을 실시함으로써 민중의 개명진보를 꾀하고 조선 사회의 개화를 촉진하는 동시에 자본주의적 성장을 담당할 사회세력으로 부르주아지 및 이를 뒷받침할 민중을 제도적으로 형성하고자 하였다. 따라서 독립협회의 교육에 관한 주장은 근대교육으로 양성된 인재를 "신분에 구애받지 않고 오직 재능과 덕에 따라"[37] 등용하는 데에 그치지 않고, 봉건적 차별을 제거함으로써 모든 계층에게 교육 기회를 제공하는 데에 역점을 두었다. 즉 독립협회는 자신들이 주장하는 부르주아 국가의 건설을 보장하기 위하여 전통적으로 멸시받아왔던 여성이나 농민·노동자·천민 등을 근대교육체계 속으로 편입시킴으로써 부르주아지를 중심으로 하는 새로운 사회를 구성하려고 하였다.

특히 독립협회는 여성해방과 이를 위한 여자교육을 매우 열심히 주장하였으며, 실제로 오랫동안 봉건적 압제 아래 멸시를 받아왔던 여성의 사회적 지위를 향상시키는 데 큰 공헌을 하였다. 창간된 지 얼마 안 되어 『독립신문』은 "이 세상에서 슬퍼해야 할 사람은 조선의 여자들이다"라고 하여 봉건적 악습에 가득 찬 남성우위의 사회에서 여성이 얼마나 냉대받고 박해를 받았는가를 고발하고, "조선 부인들도 점차 학문을 배워 지식을 넓히면 부인의 권리가 남성과 똑같다는 것을 알고, 무리하고 난폭한 남성을 제어하는 방법도 알게 될 것이다"[38]라고 하면서 교육을 받아 각성해야 한다고 역설하였다. 『독립신문』은 또 여자교육이 가져오는 이점으로 (1) 지혜 있는 부인도 국사를 의논하게 되어 정치가 진보한다, (2) 결혼 후에 부인이 편지를 쓰고 문서를 기록하는 등 남편을 도울 수 있게 되어 따듯하고 친밀한 가정이 이루어진다, (3) 모친에게 학문이 있을 경우 학령 전의 자녀들을 잘 교육할 수 있다[39]는 세 가지 점을 들어 여자교육이 국가와 민중에게 매우 유익하다고 주장하였다. 이러한 여자교육론에서 볼 수 있는 '현모양처주의'의 사상적 기반은 종래 유교적 봉건주의가 아니라 부국강병에 직결되는 주장을 배경으로, 여자교육을 실천하는 여학교를 많이 설립해야 한다고 하면서 "남자를 위해 학교를 하나 세울 때 여자를 위해서도 하나를 세우는 것이 당연하다"[40]라고, 남자학교의 설립과 여학교 설립을 같은 수준에 두고 논하였다.

그런데 독립협회의 근대교육과 여자교육에 대한 주장은 당연히 반유교反儒敎·반한문反漢文을 전제로 했던 것으로, 필연적으로 국문의 전면적 사용을 강조하고 있었다. 이미 서술했듯이 『독립신문』은 순국문체를 사용했는데, 그 창간호에는 "우리 신문이 한문을 사용하지 않고 모두 국문으로 쓰는 것은 상하귀천이 모두 읽을 수 있도록 하기 위해서다"라고 국문이 가진 실제적 역할을 강조하고, 이어 국문이 한문보다 뛰어난 점으로 첫째로 배우기 쉬운 것, 둘째로 국문이 조선의 문자이기 때문에 상하귀천의 모든 민중이 이해하는 데 적절하다는 것 등을 제시하였다.[41] 그리고 지배계급의 한문 편중을 비판하고 "한문을 모른다고 해서 그 사람이 무식한 사람은 아니다. 국문만을 잘 알고 그 외의 물정과 학문을 갖추고 있다면 그 사람은 한문만 알고 그 외의 물정이나 학문이 없는 사람보다 격식이 있는 뛰어난 사람이다"[42]라고 하면서 남녀, 빈부, 귀천을 불문하고 국문을 배울 것을 역설하였다.[43]

국문은 종래 부녀자나 서민 사이에서만 사용되었고, 또 근대에 들어와서는 기독교나 동학의 포교활동에 이용되었는데 『독립신문』이라는 사회적 공공매체에 사용됨으로써 비로소 시민권을 얻을 수 있었다. 또 국문전용은 주시경이 독립신문사 내에 국문동식회國文同式會를 조직하여 국문 표기법에 대한 연구를 시작한 것에서 알 수 있듯이, 민족어로서 조선어에 대한 과학적 연구의 단서를 열어놓았다. 그리고 국문은 무엇보다 근대교육의 보급에 결정적 의의를 갖는 것이었다. 이에 관해 『독립신문』은 '논설'에서 "이제 조선에서 제1의 급무는 교육인데, 교육을 한다고 해서 그 나라의 문자를 가르친 뒤 학문을 가르치고자 한다면 교육하는 사람은 몇 사람 되지 않을 것이다. 그러므로 각종 학문서를 국문으로 번역하여 가르쳐야만 남녀, 빈부의 구별 없이 조금씩이라도 학문을 배울 수 있다. 한문을 배워 그 한문으로 다른 학문을 배우려 한다면 20여 년을 허비해야 하는데, 나라 안에서 그렇게 할 수 있는 사람은 몇 사람 되지 않을 것이다"[44]라고 하면서 언문일치의 국문이 근대교육에서 필수 불가결하다는 점을 새로이 강조하였다. 여기서 국문은 근대교육의 중핵으로서, 또 문명개화와 부국강병의 무기로서, 더 나아가서는 자유민권을 고취하고 국민적 통일을 획득하기 위한 유력한 매개체로서 위치 지어지게 되었다.

이렇듯 근대교육제도의 창설, 남녀평등, 국문 사용 등에 관한 독립협회의 주장은 전체적으로 자주독립국가의 내실인 근대적 민족문화의 형성을 의도한 것이었다. 그것은 무엇보다 사대주의적 유교문화를 지양하고 과학적이고 합리적인 정신에 바탕을 둔 자주적인 문화를 주축해야만 국제사회의 일원으로 자기를 확립할 수 있다는 인식에 기초를 둔 것이었다. 그래서 독립협회는 자주적인 역사관을 창조하고자 노력함과 동시에 이를 기초로 하는 애국을 강조하였다. 『독립신문』이 "전국 민중은 다른 나라의 사기史記도 알아야 하지만 자국의 사기를 먼저 배워 언제 나라가 번영했고 언제 나라가 쇠퇴했는가를 명확히 알아서, 선조가 범한 잘못은 경계하고 그 부끄러움은 반드시 불식하도록 하며, 올바른 점은 모범으로 삼아 그것을 능가할 도리를 생각해야 한다"[45]라고 조국의 역사를 학습해야 할 필요성을 설명하였던 것도 그 일례이다. 그리고 『독립신문』은 실제로 충무공 이순신 등의 애국자를 중심으로 자국의 역사를 자주적으로 체계화해야 한다고 역설

하였다.[46]

역사의 진보를 믿었던 독립협회의 지식인들은 이러한 사대주의적 역사관의 극복과 국민의식의 각성으로 민족주의에 기반을 둔 국민적 통일을 달성할 수 있다고 생각했다. 따라서 교육과 계몽을 통해 애국심을 고취하고자 했던 독립협회는 신문이나 학교교육 등 모든 기회를 이용하여 충군·애국·애민을 널리 강조하였다. 이러한 활동은 구체적으로 교육 내용에서 국기의 게양, 애국가의 제정 및 그 사용을 제창하는 형태로 나타났다.[47]

그런데 독립협회의 교육사상에서 특징적인 것은 비록 불충분한 것이었다고는 해도 조선에서 처음으로 아동의 독자성을 주장했다는 점이다. 그것은 김옥균·박영효·유길준에게서 볼 수 있는 개화사상이 아동의 존재와 그 인간적 가치를 인식하는 데 적극적이지 않았음에 비해, 독립협회의 개화사상은 기독교적 휴머니즘의 영향을 받아 아이들을 아이들로 보는 아동관, 아이들의 발달에 대한 이해, 아이들의 권리와 행복에 대한 일정한 인식을 보여주고 있었다. 즉 독립협회의 지식인은 "사람은 누구나 어린 시절에 배우는 것이 성장한 뒤에 배우는 것보다 쉽고 빠르다"라고 하여 선진국과 같이 소학교의 설립·운영에 큰 노력을 기울여야 한다고 주장했고, 특히 노예처럼 멸시를 받았던 여성의 사회적 지위를 향상시키기 위해서 여아女兒에게 특별한 배려를 해야 한다고 촉구하였다.[48] 더 나아가서 아동을 존중하고 아동교육의 중요성을 사회에 호소하는 한편, 어린이의 일상생활에도 주의를 기울여야 한다고 말하였다. 『독립신문』이 1896년 5월 2일의 '논설'에서 "무엇보다 아이들의 신체를 청결히 해두는 것이 부모의 도리이므로 따뜻한 물로 2~3일에 한 번씩 목욕을 시키고, 우물에서 길은 물을 먹이지 않고 반드시 한 번 끓여서 식힌 물을 먹여야" 한다고 말한 것이나, 1897년 2월 20일의 '논설'에서 "아이들도 하루에 몇 시간씩 정원 등에서 어떤 운동이라도 놀이를 하는 습관을 들이는 것이야말로 비로소 신체가 튼튼해지고 마음도 긴장되며 생각하는 것도 이치에 따르게 된다"라고 하면서 적절한 놀이와 운동을 강조했던 것도 그러한 예이다.

독립협회의 이러한 주장은 교육으로 종래의 유교적 가치관을 극복한 인간을 육성함으로써 근대적 민족문화에 뿌리를 둔 신사회를 건설하고자 하였다. 환언하면 독립협회는 주자학적 사유를 대신하는 합리적인 사유를 획득함으로써 보편적 사유의 담지자인 인격을 형성시켜 이를 기반으로 탐관오리의 부정부패나 혈연적 문벌제도, 대가족주의, 조혼, 축첩, 미신 숭배 등 사회 발전의 저해 요인인 악습을 근절하여 인간성을 기반으로 한 근대시민사회를 구축하고자 하였다.

교육과 계몽을 통한 사회변혁은 당연하게도 근대학문의 도입을 전제로 하는 것이었다. 그러나 쇄국정책, 천주교=서학에 대한 탄압, 미국과 프랑스의 무력 침입이라는 역사적 배경을 가진 조선은 서양 근대학문의 수용에 뒤처져 있었는데, 개국 이후에도 위정척사사상이 만연하고 문호 개방이 같은 유교문화권에 속하는 일본에 의해 이루어졌으며, 또 문명 수용의 추진자여야 할 개화파가 일본 세력과 결합함으로써 국내적으로 고립되지 않을 수 없었다는 점 등으로 인해 일부의 과학기술서를 제외하고는 근대학문의 계통적 섭취는 거의 이루어지지 않은 상태였다.

조선 최초의 근대적 과학자는 종두법을 처음 도입한 지석영이었고, 근대학문을 가장 일찍 체계적으로 소개했던 사람은 개화사상가 유길준이었다. 유길준은 1895년 당시로는 혁명적이었던 국한문혼용체[49]로 『서유견문』을 간행하였는데, 그 가운데서 인문과학·사회과학·자연과학의 각 분야에 관한 개념적 설명을 시도하였다. 그는 농학·의학·산학算學·정치학·법률학·격물학格物學·화학·철학·광물학·식물학·동물학·천문학·지리학·인신학人身學·박고학博古學·언어학·병학兵學·기계

학·종교학[50]에 이르는 근대학문을 종합적으로 소개함으로써, 그때까지 오로지 관념적이고 사변적인 규범의 세계를 지향하고 있던 구학문을 현실의 사회적 실천에 유용한 지식을 추구하는 신학문으로 전환하려는 노력을 사회 전체의 과제로 제시할 수 있었다.

독립협회는 이러한 역사적 전제를 근거로 자칫 외국어=신학문이라는 도식에 빠지기 쉬운 관념을 타파하는 동시에 현실 사회에 필요한 근대학문을 적극적으로 소개하고 도입하는 데 공헌하였다. 특히 『독립신문』은 의의가 있다고 생각되는 학문을 계통적으로 '논설'에 연재함으로써 지금까지 과학적 학문에 접하기 어려웠던 일반 대중을 계몽하는 데 노력하였다. 그 일례로서 『독립신문』이 1898년 6월 17일부터 7월 24일까지 모두 16회에 걸친 '논설'에서 생물학을 소개하고 육식동물·초식동물·어류 등 세계 각지의 동물을 제시한 것은 교육계몽활동에서 획기적인 사건으로 일반 민중에게 새로운 세계를 알리는 것이었다. 그러한 가운데 독립협회는 조급히 도입해야 할 근대학문으로서 정치학·경제학·상무학商務學·법률학·어학·역사학·농학·산림학·의학·병학·수학·화학·기학氣學·중학重學·천문학·지리학·기계학·격물치지학格物致知學·생물학 등을 강조하였다.[51]

동서의 학문을 비교할 때 "동양 학문은 높은 담 속에 있는 사람인데 서양 학문은 높은 산에 올라가는 사람이다"[52]라고 비유되었는데, 봉건적 신분사회의 해체와 새로운 자본주의 사회의 성립은 모든 분야의 근대학문을 필요로 하였다. 즉 『대조선독립협회회보』에서 주장되었듯이 교육·실업이 학문을 기초로 하는 것과 같이 도덕궁행道德躬行, 상업신용商業信用, 시세선찰時勢善察, 교제공법交際公法, 언어상강言語相講, 정실상탐情實相探도 모두 학문에 근거를 두어야만 하는 것이었다.[53] 더욱이 이러한 근대학문의 필요는 무엇보다 국내의 현실적 요구에 뿌리를 두는 것이었다. 국가 기강이 문란하고 관리의 부정이 횡행한 것도 선진 문명국에 있는 것과 같은 정치학이 조선에는 존재하지 않기 때문이고,[54] 정치·경제·교육 등의 근대적 개혁이 진행되지 않았던 것도 학문의 도입이 불충분하였기 때문이었다. 뿐만 아니라 조선의 현실에서 볼 때 단지 서양적 근대학문의 섭취가 부족했을 뿐만 아니라 자국의 과학적 연구가 결정적으로 결핍되어 있었다. 이에 관해 『독립신문』은 오히려 외국인들이 조선의 일을 더 잘 알고 있고, "조선인은 자신의 나라가 어느 정도로 큰지, 자국에 몇 명 정도의 사람이 살고 있는지, 어느 정도 부유한지, 전답田畓은 어느 정도인지, 몇 명의 사람이 살고 죽는지, 전국의 지형이 어떤 모습인지 전혀 알지 못한다. 따라서 외국 학문을 배우되, 자국의 것부터 먼저 배우는 것이 당연하다"[55]라고 하면서 조국에 대한 과학적 연구에 힘을 쏟아야 한다고 촉구하였다. 이는 어느 정도의 생산력 상승이나 자본주의적 생산관계의 성숙을 배경으로 하는 "자본주의 사회에 대한 자기인식으로서의 사회과학"[56]이 조선에서도 비로소 문제시되었음을 의미하는데, 조선의 학문은 국가독립의 위기를 눈앞에 두고 과학기술을 중시하는 부국강병을 위한 근대학문이라는 성격을 강하게 띠었다. 그리고 이러한 근대학문은 당초 외국 서적을 국문으로 번역·출판함으로써 근대교육과의 관련 속에서 보급시켜야 한다고 주장되었다.[57] 여기서 학문과 교육은 밀접하고 불가분한 것으로 인식되었다.

그런데 독립협회의 교육·학문론은 『독립신문』을 비롯한 각 신문을 통해 여론을 형성하거나 직접 정부의 주의를 환기시키는 형태로 표현되었다. 따라서 독립협회의 주장은 그대로 정부에 대한 요구이기도 하였다. 특히 독립협회는 근대교육의 전국적 보급을 조기에 실현하기 위해 "정부가 조선 민중의 것을 가르치는 데 공평公平이라는 두 자를 바탕으로 남녀노약男女老弱·상하빈부上下貧富의 구별 없이 하나의 법률을 근거로 집행하기를 원한다"[58]라고 하면서 만민평등의 원칙하에 교육

기회균등의 보장을 촉구하였다. 이것은 갑오개혁으로 발족한 근대학교가 각종 법규의 이념을 올바르게 반영하지 않는다는 현실을 의미하는 것이었다. 그리고 독립협회는 교육의 부진을 타개하고 근대교육을 순조롭게 발전시키기 위하여 조선 정부에게 교육예산의 충분한 확보를 아주 열심히 주장하였다.[59] 특히 재정난을 이유로 내세우는 교육 부진론에 대해서는 정부 각 기관의 낭비, 특히 군사 지출을 절약함으로써 학부 예산을 증액할 수 있다고 주장하였다. 어쨌든 독립협회는 1896년 10월 민종묵(閔種默, 1835~1916)이 새로 학부대신으로 취임했던 것을 기회 삼아 "학부대신의 손에 조선의 미래가 달려 있다"라고 하면서 "금일부터 10년 뒤에는 조선 민중 100명 가운데 75명이 학교에 다닐 수 있도록 하기를 바란다"[60]라고 했듯이 조선 정부의 교육사업에 아주 커다란 기대를 걸고 있었다.

그런데 독립협회의 교육·학문론을 하나의 교육사상으로 파악해본다면, 그것은 기독교적 휴머니즘의 영향을 크게 받아 인간성의 존엄과 그 개화를 주장했던 것이었다. 그것은 조선인이 역사상 처음으로 획득했던 바, 위정자 중심의 교화가 아닌 개개인의 인격적 성장을 중시하는 교육사상이었다. 따라서 이를 지지하는 대중적 기반을 확대시켜 갈 때 그것은 조선의 성숙한 근대교육사상으로 발전할 수 있는 내실을 갖추는 것이었다. 그리고 그 실현은 오로지 과감한 교육운동을 전개함으로써 독립협회의 교육사상을 어떻게 주체화하고, 어떻게 구현시켜가는가에 달려 있었다.

여기서 독립협회의 정치투쟁 및 그것과 밀접히 관련된 교육운동을 보다 잘 이해하기 위해서 독립협회 교육사상의 몇 가지 역사적 성격을 분명히 해두자.

우선 첫째로 독립협회의 주장은 새롭게 근대학교를 세우고 서구의 학문을 도입하여 부국강병의 인재를 양성하려고 했던 것으로, 그 주장 속에서 종래의 서당·향교·서원을 개혁하여 근대학교로 전환시켜 가려는 자세는 볼 수 없었다. 여기서 독립협회파와 격렬하게 대립하고 있었던 수구파 세력의 육성모태育成母胎인 구교육의 유산은 철저히 무시되고 있었다. 이는 개화파 세력의 주체적 역량이 허약했던 당시에 커다란 마이너스 요인이 되었다.

구교육기관에 대한 무시는 당연히 거기서 성장한 기성세대에 대한 경시로 연결되지 않을 수 없었다. 확실히 독립협회는 남녀 아동은 7~8세부터 학교에서 배우고, 20~30세 이상의 성인은 신문을 구독함으로써 스스로 개명진보해야 한다고 하였는데,[61] 이상주의에 불타는 독립협회의 간부에게 유교적 전통과 모화주의慕華主義적 구습에 젖어 있던 기성세대에 거는 기대는 거의 무의미한 것이었다. 이러한 가르침은 특히 기독교적 선진 문명에 접했던 지식인에게 현저했다. 이는 '*The Independent*'의 '사설'에서 "낡고 화석화된 한문 경전에 젖어온 세대가 점차 사라지고 국가의 과거보다도 미래에 관심을 가지는 젊은 세대가 등장하기 전까지는 아무것도 성취될 수 없다"[62]라고 하면서, 시대의 변천에 따라가지 못하는 기성세대를 배제하고 새롭게 육성된 세대에게만 기대를 걸 수 있다고 했던 점에서도 나타나 있다.

둘째로 독립협회의 교육사상은 부르주아 민족국가의 건설을 꾀하는 지식인의 지향을 반영한 것으로, 그것은 조선의 자본주의적 발전의 미래상과 밀접하게 연관되어 있었다. 독립협회가 설계했던 조선은 무엇보다 방직공업을 중심으로 철공·제재製材·제지·유리·피혁 등의 각종 산업이 발달된 공업국가였다. 더욱이 독립협회의 지식인은 그러한 식산흥업으로 달성한 교육의 전형적 역할을 영국의 산업혁명에서 배웠다. "영국사를 보면 90여 년 전에는 그 나라의 민중 중에서 자신의 이름을 쓸 수 있었던 사람은 남자가 약 1/3, 여자가 겨우 1/10이었다. …… 그 당시 뜻있는 인사와 정부가 이것을 고려하여 학교를 점차 많이 세우고 놀고 있던 아이들을 모아 교육을 시켰을 뿐만 아니라, 아이들이 직조공장에서 일하는 것과 일에 바빠서 공부를 못하게 되는 것을 금지하고 학교에서 공부하도록 하였다. …… 지금 영국이 세계 제일의 부강 문명국이 된 것은 모두 90년 전부터 교육에 힘을 기울여 아이들을 가르쳐왔기 때문이다"라고 하면서, 산업혁명에서 교육이 결정적인 역할을 맡았음을 논하고 있다. 그리고 한문은 고사하고 '언문'을 정확히 알고 있는 여자가 1/1000도 되지 못하고, 또 글을 알고 있는 남자가 1/100도 되지 않는 조선은 영국의 90년 전보다도 더 낙후된 상황에 있다고 하면서 교육을 진흥해야만 공업화를 달성할 수 있다고 주장하였다.[63]

교육지상주의의 입장에 섰던 독립협회의 지식인들은 아직 근대산업이 발전해 있지 않은 조선에서 교육을 충실히 함으로써 산업화를 쉽게 실현할 수 있다고 생각하였다. 그러나 과학적 교육사 연구의 관점에서 볼 때, 영국의 산업혁명 초기에 산업자본가나 공장주들은 값싼 아동 노동력의 확보에 최대의 관심을 보였으며 실제로 대중교육의 실시에 부정적이었다. 그 시기의 교육은 오히려 박애주의자나 몰락 귀족, 국교회 등의 구세력이 자신들의 실세 회복이라는 정치적 의도와 관련해 도덕교육을 주된 내용으로 하는 자선적인 교육으로서 자선학교·일요학교·양육직장 등의 형태로 실시되었다. 이윽고 산업혁명이 일단 종결되고 구세력에 대한 부르주아지의 승리가 확정되었던 1830년대에 이르러 산업자본가나 공장주들은 범죄 예방과 치안 유지라는 관점에서 대중교육의 필요성을 인정하게 되었다.[64] 따라서 여기서 볼 수 있는 교육은 독립협회의 지식인이 자본주의적 계급대립에 직면하고 있지 않았던 상황에서, 주관적으로 강조했던 만민을 위한 근대교육과는 일정한 차이를 갖는 것으로, 그만큼 영국교육에 대한 그들의 인식이 단편적이었음을 나타내준다. 그럼에도 불구하고 부르주아 국가 건설을 꿈꾸는 조선의 지식인이 영국 산업혁명기의 교육에 대해 일체감을 가지고 평가했다는 것은 그들이 주장했던 조선의 교육도 그 본질은 아직 본격적으로 형성되어 있지 않았던 부르주아지의 이익에 봉사하는 것이었음을 보여준다.

셋째로 개화지상주의를 표방했던 독립협회는 자주독립론을 전개했음에도 불구하고 실제의 교육운동에서는 외국의 침략 세력에 대한 경계를 거의 나타내지 않았다. 『독립신문』은 각종 '논설'이나 기사를 통해 미국인 선교사의 교육 활동을 찬미했고, 서재필을 비롯한 많은 독립협회 회원도 기독교계 학교의 운영이나 활동에 직접 참가하였다. 이는 기독교 문명이야말로 개화의 상징이라고 하는 그들에게는 당연한 귀결이지만, 기독교나 기독교계 학교가 유교적 인습이 뿌리 깊은 조선 사회에서 부분적이나마 긍정적인 역할을 맡고 있었던 것과도 상관이 있다. 이러한 점은 예를 들어 『독립신문』이 1899년 5월 24일의 '논설'에서 조선 정부의 재정 부족을 개탄하는 한편, 조선 주재 기독교 선교회가 미국 선교회에 대해 조선의 교육 활동 자금으로 35,000엔을 청구했던 것을 칭찬한 것에서도 알 수 있는데, 이것은 교육지상주의를 자인하는 독립협회의 본질을 잘 보여주는 예이다. 더욱이 반일적 경향을 띠고 있었던 독립협회는 교육에 관한 한 일본의 조선 진출을 환영하는 태도를 나타냈다. 이는 불과 30년 만에 선진 문명을 섭취한 일본 교육에 대한 평가의 표현이었는데, 조선 침략의 도구였던 일본의 '문명주의'에 대한 달콤한 인식에 기인한 것이기도 하다.

실제로 『독립신문』은 조선정략론을 열심히 주장하였던 후쿠자와 유키치를 학문과 교육의 보급에 공헌한 제1급의 명예로운 인물이라고 칭찬했을 뿐 아니라,[65] 현실에서 침략적 의도를 가지고 조선에 진출한 일본인 교육자에게 감사의 뜻을 표하기조차 하였다.[66] 특히 독립협회는 대륙 진출을 목적으로 민간 일본인으로 결성되었던 대일본해외

교육회大日本海外教育會가 친일분자의 양성을 목적으로 1896년 4월 서울에 설립한 경성학당에 관해 아주 호의적인 태도를 보였다. 예를 들면 1897년 4월 15일에 개최되었던 경성학당 운동회에 즈음해서 일본인이 조선인을 교육하기 위해서 교사를 파견하고 자금을 투입하고 있다면서 학문의 습득을 역설하는 일본 공사 가토加藤의 축사에 찬의를 나타내고, 경성학당 학생들의 개명진보가 조선의 이익임을 강조했다.[67] 아무튼 교육과 학문에 절대적 가치를 두었던 독립협회는 결과적으로 종교 활동이나 교육 활동을 무기로 삼아 침략해오는 외국의 세력에 대해 무방비한 상태가 되지 않을 수 없었다.

3. 독립협회의 대중 토론회와 정치투쟁

독립협회의 교육사상이 몇 가지 기본적인 결함을 갖고 있기는 했지만, 당시 학부의 중견관리 대부분이 독립협회 회원이기도 했다는 점에서[68] 조선 정부의 교육행정 추진에 커다란 영향을 주었다. 독립협회는 또한 대중 토론회를 개최함으로써 스스로의 교육 이념을 확대하고 보급하는 데 노력하였다. 그러나 독립협회의 교육론이 개개인의 평등이나 인간적 개화를 지향하고 이에 근거한 부국강병을 주장했던 것이었다고는 해도, 교육을 규정하는 보다 큰 정치적·경제적 장해가 가로놓여 있는 이상 독립협회운동은 단순한 교육계몽운동에 그치지 않고 필연적으로 정치운동으로 발전하지 않을 수 없었다.

교육과 관련해 독립협회가 걸어온 궤적을 더듬어보면, 독립협회는 1897년에 독립문·독립공원·독립관을 건립한 후 본격적인 대중계몽활동에 나섰다. 즉 독립협회는 1897년 8월부터 매주 일요일 오후에 독립관에서 대중 토론회를 개최하였다. 이 대중 토론회는 이미 배재학당의 협성회에서 실시하고 있던 토론회가 커다란 성과를 거두고 있는 데 자극을 받아 그것을 대중적 규모로 일반화시키려고 한 것이었다. 토론회에서는 당면한 중요 과제 중 하나가 주제로 선정되었고, 좌우 2조로 나뉜 토론자가 각각의 의견을 발표하고 논쟁을 하였으며, 또 토론회에 참석했던 방청자도 자유롭게 토론에 참가는 것이 허용되었다. 그리고 토론이 종료된 후 토론자와 방청자의 다수 의견에 따라 승패가 결정되었다.

이 대중 토론회는 서재필이 적절히 말하고 있듯이 "민족적 진보나 관습, 법률, 종교 및 다양한 외국 관련 사항을 토론하고, …… 최근까지 조선에는 전혀 알려지지 않았던 여론Public opinion을 만들어내"려는 독립협회의 주목적에 합치하는 것이었으며, 따라서 그것은 '정치적 집회a political wigwam'라기보다 '일종의 교육기관an educational institution'의 성격을 갖는 것이었다.[69] 그리고 이것은 조선 민중의 교육과 계몽을 목표로 하는 독립협회의 학술단체적인 성격을 구현하는 것이기도 하였다.

8월 29일에 개최되었던 제1회 토론회에는 '조선의 급무는 교육이다'라는 주제 아래 76명이 참가하였으며, 그 후 제2회 토론회에는 약 200명, 제8회 토론회부터는 약 500명의 회원 및 방청자가 참가하였다. 그리고 1898년 12월 3일까지 모두 34회에 이르는 토론회에서는 정치, 경제, 사회, 문화의 각 분야에 걸친 주요 문제가 주제로서 취급되었다. 이들 주제를 내용별로 구분하면 신교육 진흥이 3회, 산업개발이 5회, 미신 타파가 3회, 위생과 치안이 3회, 자주독립이 3회, 수구파 비판이 2회, 이권 반대가 2회, 자유민권이 5회 등이었다.[70]

봉건적 몽매 속에 빠져 있던 민중은 이 공개토론회를 통해 점차 각성하고 근대적인 자기의식을 획득하고 있었다. 이는 봉건적 교화에 익숙해져 있던 조선 민중이 자립적인 내면형성을 통해 자유와 민권에 눈을 뜨고 근대적 시민으로 성장해갔음을 의미하였다. 본래 자유민권이란 자주성에 뿌리를 둔 말로서 교육에서 교화와 대립하는 개념이다. 따라서 교육사적으로 말하자면 조선 민중은 이러한 독립협회의 대중 토론회를 통해서 비로소 일정한 사회적 규모로 위정자에 의해 이루어진 교화를 극복하고 자각한 인간적 개화를 이루어갈 수 있었다. 다시 말하면 조선 민중은 국가권력이나 지배계급의 자의적인 교화에서 독립하여 역사상 처음으로 스스로의 노력을 통해 전면적 발달의 길을 열 수 있었다.

토론회가 진전되는 가운데 정부에 대한 비판이 현저해지자 이완용 등 고급관료는 독립협회에서 탈퇴하였고, 그에 대신해 새롭게 각성한 많은 민중이 진출하였다. 그리고 독립협회운동은 단순한 계몽운동에서 서서히 대중적인 정치운동으로 바뀌어가고 있었다. 이러한 흐름 속에서 독립협회는 1898년 3월 이후, 일이 있을 때마다 서울 종로에서 수천에서 수만 명의 민중을 모아 만민공동회를 개최하고 국가보전과 재정·군사 등 국정개혁의 추진을 요구하게 되었다. 이윽고 독립협회는 결속된 민중의 정치세력을 배경으로 민의를 국정에 반영시키기 위한 의회개설운동을 전개하였으며, 같은 해 10월에는 정부대신들의 출석을 요구하여 수천 명의 민중이 참가하는 가운데 관민공동회官民共同會를 개최하였다. 이 관민공동회는 국정에 대한 민중의 총의를 직접 집권자에게 요구하고 그 집행을 강요했다는 점에서 전례가 없는 일이었는데, 거기서 국정개혁에 관한 '헌의 6조獻議六條'가 제기되었고 이에 국왕은 광범위한 민중 세력을 무시할 수 없다고 생각해 '조칙 5조詔勅五條'를 공포하기에 이르렀다. 이러한 과정에서 독립협회 및 만민공동회는 교육 분야에서 재일 유학생의 학비지원,[71] 무관학교 학생의 부정선발 비판,[72] 여학교·상업학교·의학교의 설립 요구 등 구체적인 운동을 통해 근대교육의 보급에 적지 않은 성과를 거둘 수 있었다. 또한 독립협회는 주체적인 투쟁의 성과인 '헌의 6조'와 '조칙 5조'를 국문 및 한문으로 10만 부 인쇄하여 서울 각처와 13도 각 군에 배포하여 민중의 교육과 계몽에 활용하기도 하였다.[73]

독립협회의 이러한 헌신적인 활동은 봉건 지식인이나 민중에게 큰 영향을 주어 종래 일부 지배층의 점유물에 머물렀던 개화사상을 더욱더 민중 속으로 침투시켰고, 개화운동을 대중운동으로 발전시킬 수 있었다. 그리고 개화사상이 민중 속으로 광범위하게 보급된 결과 개화사상에 대한 편견이 고쳐졌고, 많은 민중에게 근대국가를 건설하는 데 필요한 사상변혁의 중요성을 인식시키게 되었다. 특히 독립협회는 만민공동회 등의 정치투쟁을 통해 각성된 청년을 민족운동의 훌륭한 지도자로 육성함과 동시에 구사상에 젖어 있던 봉건 지식인을 자유민권의 근대사상에 눈을 뜬 애국자로 자기 변혁하도록 만들었다. 사실 박은식·장지연 등의 애국계몽 사상가를 비롯해 이후 조선근대의 민족운동을 담당했던 많은 애국지사는 독립협회운동에서 교육받고 계몽되고 단련되었던 인물들이었다.

독립협회가 민중의 사회조직으로 성장하고, 또 만민공동회가 '아래로부터'의 대중적인 정치투쟁을 활성화시켰던 것은 근대교육의 보급과 확대에 절호의 기회가 되었다. 특히 독립협회의 활동이 적극적으로 됨에 따라 기독교계 지식인뿐만 아니라 유학적 기반을 가진 개화지식인이 많이 탄생하였던 것은 근대교육의 진전에 유리하게 작용하였다. 그리고 신문 발행, 대중 토론회, 만민공동회 등을 통하여 국민을 계몽하기 위해 노력해온 독립협회는 이러한 성과를 기초로 근대교육의 추진에서 사령부의 역할을 담당하는 것조차 가능한 입장이 되었다. 그것은 독립협회가 아직 국가권력을 장악하지 못하고, 또 조선 정부의 개화정책이 진전되지 않은 가운데 (1) 독립협회 회원인 정부 관리를 통해 혹은 정부에 직접 작용하여 관공립의 근대학교 설립을 촉진하고, (2) 외국인이 만든 학교, 특히 기독교계 학교의 주체화를 꾀하며, (3) 애국적 지식인을 지도자로 하는 일대 민간 교육운동을 전개했다는 점이었다. 즉 독립협회는 근대교육의 보급에서 가장 중요한 공교육 제도의 체계화를 지원하고, 또한 침략적 의도를 가진 기독교 교육을 조선에 유리한 방향으로 이끌었으며, 전국적 규모의 반봉건 사상교육투쟁을 전개함으로써 조선 사회의 근대화를 꾀해야 한다는 과제를 짊어지고 있었다.

특히 이후의 역사과정에서 독립협회가 할 수 있는 최선의 방법은 그때까지 행했던 민중계몽활동의 실적을 토대로 광범위한 학회운동을 전개하는 일이었다. 때마침 만민공동회 운동이 고양되었던 1898년, 중국에서는 양무운동洋務運動이 붕괴한 뒤 강유위(康有爲 캉유웨이, 1858~1927), 양계초(梁啓超 량치차오, 1873~1929) 등이 부국강병의 내실을 거두기 위해 적극적으로 변법운동變法運動을 전개하고 있었다. 근대학교의 설립, 산업장려, 신문발행 등을 중시하는 이들 운동에서 광학회廣學會를 비롯하여 강학회强學會, 농학회農學會, 성학회聖學會, 남학회南學會, 보국회保國會 등의 학회가 전국 각지에 설립되어 큰 역할을 맡고 있었다.[74] 이러한 변법운동에 큰 관심을 기울이고 있던[75] 독립협회는 이들 학회에 주목하고 있었다. 1899년 2월 6일 『독립신문』의 '논설'에서 12년 전에 설립되었던 상하이上海의 광학회가 서구 각국 인사의 보조금을 받아 각종 개화도서를 간행하여 사회의 개명화에 큰 공헌을 했다고 소개하면서, 조선에도 그러한 학회가 설립되기를 희망한다고 썼다. 실제로 봉건 지식인이 점차 각성하고 있던 조선에도 이러한 학회를 설립할 수 있는 전제조건이 싹트고 있었다.

그러나 독립협회가 근대교육의 건설에 크게 기여할 수 있는 입장에 있었다고 할지라도, 당시는 사회경제적으로 그것을 지원해줄 만한 부르주아적 기반은 아직 성숙해 있지 않았다. 개화사상의 침투는 서울을 비롯한 극히 일부 도회지에 한정되어 있었으며, 그 이외의 농촌에는 구태의연한 봉건유교적 사고가 뿌리 깊게 지배하고 있었다. 뿐만 아니라 독립협회운동으로 민중의 사회 진출은 국왕이나 완고한 수구파 세력은 물론 자국의 이익을 확보하기 위하여 봉건지배자와 결탁하고 있던 열강의 사신들에게도 커다란 위협이 되었다. 당초 독립협회의 활동에 호의적이었던 미국 공사 알렌도 점차 적대감을 나타내어 마침내는 『독립신문』의 정간을 주장하기에 이르렀다. 게다가 러시아와 일본의 서울 주재 공사도 국왕에게 독립협회와 만민공동회의 탄압을 진언할 정도였다.

이러한 상황에서 국왕은 독립협회를 회유하고 탄압하는 방법을 사용하면서 점차 대결 자세를 강화하고 있었다. 그리고 당시의 군부대신이었던 민영기를 중심으로 독립협회에 대항하는 관제조직으로 황국협회가 조직되었는데, 이 협회는 수천 명의 보부상褓負商을 서울에 집결시켜 독립협회 및 만민공동회에 대해 연일 테러 공격을 가하였다. 독립협회와 황국협회 사이에 격렬한 공방이 전개되는 가운데, 드디어 국왕은 독립협회 간부를 체포하고 투옥시키는 동시에 만민공동회를 강제로 해산시켰다. 그사이 윤치호 등 일부 지도자가 변절해 투항하는 일도 있어 독립협회는 결국 1898년 12월에 역사적 존재를 마쳤고, 독립협회 해산 후 아펜젤러 등 기독교 선교사가 비정치적 논조로 속간하고 있던 『독립신문』도 어쩔 수 없이 폐간되기에 이르렀다.

이처럼 독립협회운동은 좌절될 수밖에 없었는데 그것은 단지 국내 보수세력의 책동뿐만 아니라 조선의 식민지화를 꾀하는 외국 열강의 견제 때문에 초래된 것이기도 했다. 이에 관해 박은식은 특히 일본에 대해 『한국독립운동지혈사韓國獨立運動之血史』에서 "이때 일본은 우리나라 민권사상의 발달이 자신들에게 불리하다고 생각해, 몰래 정부의 명령을 받아 특별한 수단을 강구하여 방해를 계속했고, 결국 독립협회의 근대화운동을 좌절의 구렁텅이 속으로 빠뜨렸다. 이후 여론은 기세가 꺾이고 관료만이 위세를 떨쳐 10년 사이에 나라의 운명은 날이 갈수록 어려움에 빠졌다"[76]라고 말했다. 즉 조선의 개화운동, 그리고 근대교육운동은 내외 반동세력의 책동으로 중단되지 않을 수 없었다.

Ⅲ. 정부의 근대학교 추진과 유학생 파견 사업

1. 학부 행정의 보수성

조선의 근대적 공교육은 개화파와 수구파의 격렬한 대립 속에서 각종학교 관제와 규칙을 제정하고, 이에 따라 정부가 몇 개의 근대학교를 설립함으로써 시작되었다. 비록 그것은 일본 정부의 간섭을 받아 일본의 교육제도를 이식하는 방식으로 이루어졌지만, 조선에서 국민교육제도를 확립하는 제1보가 되었다는 의미에서 획기적인 것이었다. 그러나 그것은 동시에 '아래로부터'의 민중의 뜻을 반영한 것이 아니라 '위로부터'의 개혁으로 실시되었다. 이는 설령 조선 정부가 근대국가의 건설을 목표로 각종 근대학교를 설립했다고 하더라도, 그것이 민중의 요구와 합치하지 않는 한 근대학교의 순조로운 발전을 기대하는 것은 곤란한 일이었음을 의미하였다. 실제로 육영공원의 교사를 거쳐 다시 한성사범학교의 교사를 지낸 헐버트가 "교육이 국가의 보루라는 사실은 민중의 일치된 심정이 자연스럽게 용솟음칠 때까지는 어떤 큰 성과도 기대할 수 없다"[1]라고 적절히 서술했듯이 교육사업의 전개는 민중의 자각이 있어야만 비로소 성공할 수 있었다.

그러나 조선의 신교육에서 더욱 큰 문제는 근대교육을 강력하게 추진해야 할 입장에 있던 위정자들의 소극적 자세였다. 시기에 따라 다소의 차이는 있었더라도 갑오개혁 이후의 정치권력을 기본적으로는 민중의 전제지배專制支配를 목적으로 하는 특권 지배층이 장악하고 있었고, 게다가 수구파 세력이 부활됨에 따라 그 정책이 더욱 반동적 색채를 띠게 되었다는 사실에 유의할 필요가 있다. 그리고 이와 같이 정부 전체가 보수적 성격을 띠는 가운데 근대교육의 행정 담당자인 학부대신도 교육개혁의 실천에 소극적 태도를 보였다.

1896년 3월부터 10월까지, 그리고 1899년 1월부터 4월까지 두 번에 걸쳐 학부대신으로 있었던 신기선(申箕善, 1851~1909)을 예로 들어보아도 학부 행정의 부진이 무엇보다 근대문명이나 근대교육에 대한 인식 방식으로 인한 것임을 이해할 수 있다. 신기선은 1896년 아관파천俄館播遷 후에 학부대신으로 취임했는데, 경력을 보면 당시의 통례인 유학교육을 받은 뒤 26세에 정시庭試 문과에 급제하였고, 관리가 되고 나서는 참의경리내무아문사무參議經理內務衙門事務와 참의군국사무參議軍國事務를 역임하였다. 그리고 1886년 갑신정변 때 김옥균 일파에 가담했다는 이유로 전라도 여도呂島로 유배되었다가 1894년 갑오개혁을 맞이해 다시 등용되어 김홍집 개화파 정권의 공부대신工部大臣으로 입각하였다. 신기선은 물론 전통적 유학에 대한 소양을 몸에 익혔지만, 개국 후에는 서양 문명을 한정적으로 수용함으로써 현실의 유교를 비판하는 동시에 유교를 재구성하고자 하는 입장에 서 있었다.

유교의 원리에 따라 국가의 위기를 타개하려고 했던 신기선은 개화에 대해서도 어느 정도의 이해를 표시했지만, 그것은 당연히 국가의 안녕을 전제한 것이었다. 일본의 간섭 속에서 갑오개혁이 진행되고 있던 1894년 10월 신기선은 상소를 올려 "일본인이 우리들에게 자주自主를 권하고 개화를 가르친다고 하는데 자주와 개화는 물론 좋은 일이다. 그러나 옛날부터 인심이 흩어지고 법기法紀가 해이해져 국맥國脈이 문란한 가운데 자주와 개화가 잘된 경우는 없다. 자주를 잘하려고 하면 우선 자주지세自主之勢를 다져 그 이름에 급급해하지 말아야 하며, 개화를 잘하려고 하면 개화지실開化之實에 우선 힘을 쏟아 그 형적形迹에 매달리지 말아야 한다"[2]고 주장했다.

신기선에게 개화란 "공도公道를 확장하고 사견을 참작하며 관리가 책임을 다해 민중이 걸식하지 아니하며 이용후생의 근원을 열고 부국강병의 기술에 힘을 기울이는 것"[3]이었다. 더욱이 일본의 침략적 의도를 간파했던 신기선은 외세의 간섭을 배척하고 무엇보다 자주권을 확보하는 것이야말로 개화자강을 달성할 수 있는 길이라고 보았다. 그러기 위해서는 민심에 근거해 시의時宜를 참작하고, 또 자주의 힘을 점차 공고히 하여 서서히 개화의 내실을 성취하며, 객客이 주권을 탈취할 수 없도록 하는 것이 필요하고, 그렇게 함으로써만 조선에 유신維新의 효과가 있을 것이라고 강조하였다.[4]

여기서 볼 수 있는 신기선의 개화론은 척사적 사상의 틀 속에서 근대문명이 갖는 의의를 바르게 위치 지으려고 했던 노력의 산물로서 신채호(申采浩, 1880~1936)를 비롯한 당시의 청년 지식인들에게 적지 않은 영향을 주었다. 더욱이 주자학적 토대 위에서 서양 문명을 수용하자고 했던 이 개화자강론은 필연적으로 전통적 유교의 재편을 통해 유교의 종교적, 교화적 기능을 정립하려는 것이었다. 그러나 현실적인 역사 전개에서 일본이나 미국 등의 외국 열강이 조선에 진출하고, 또 특히 근대교육이 일본의 내정간섭과 외국인 선교사의 기독교 포교와 뒤얽히는 가운데 전개되자 이러한 신기선의 자주적 개화론은 근대교육의 수행에 중점을 두기보다는 오히려 침략 세력과 결합되어 있던 교육사업을 부정하는 방향으로 기울어졌다.

즉, 학부대신 신기선은 교육행정의 최고 책임자로서 근대교육의 추진에 힘을 쏟기보다는 근대교육, 특히 서양적 교육 내용에 반대하고 유교교육의 재건을 꾀하고자 하였다. 이를 위해 신기선은 1896년 6월의 상소에서 "머리를 깎고 양복을 입는 것은 야만인이 되는 시초이고, 국문을 쓰고 청나라의 문자를 폐지하는 것은 올바르지 못하며, 외국의 태양력을 쓰고 청나라의 정삭正朔을 폐지하는 것은 도리에 맞지 않는다"[5]고 모화사상을 노골적으로 드러내면서 신학문과 신교육에 반대하였다. 또한 신기선은 같은 해에 『유학경위儒學經緯』를 저술해 "유럽은 아시아의 서북에 있고 사람들은 날짐승과 같으며 그 문자는 과두문자科斗文字와 같다고 야만시"[6]하였으며, 또 "근세의 서양인이 말하는 이른바 야소교耶蘇教는 더럽고 천망淺妄한 오랑캐의 풍속이니 변론할 가치도 없다"[7]라고 단정하였다. 그에 의하면 야소교의 천당화복지설天堂禍福之說은 불교의 분파에 가까운 것이고 권선교인설勸善教人說은 시중의 천속賤俗한 말에 불과하며 천신天神을 예배하면서 부모에게 제사를 지내지 않는 것은 하늘을 속이고 인륜을 어지럽게 하는 풍속의 원인이라는 것이었다.[8]

여기서 볼 수 있는 서양이나 기독교에 대한 적대적 인식은 당시 신기선뿐만 아니라 유교적 전통에 입각한 개화론자들의 일반적 견해로서, 그 사상 내용은 과학기술의 일부 도입을 제외하고는 위정척사론과 대부분 일치하였다. 이 『유학경위』에는 학부 편집국장 겸 참사관 이강식과 개화 지식인의 한 사람이었던 김택영이 서문을 썼는데, 이는 갑오개혁에 대해 정치지배층의 대다수가 근대문명이나 근대교육에 관해 본질적으로 이해하는 데까지 이르지 못했음을 나타낸다. 즉 1895년 전후 외국 열강의 조선 침략에 반대하는 자주자강의 개화사상은 그것을 뒷받침하는 사회경제적 기반의 미숙성과도 관련해 독자적인 선진사상으로 주체화되지 못한 채, 결과적으로는 존화주의尊華主義적 보수사상의 범주에서 벗어나지 못하고 있었다.

전통적인 경전 학습을 중시했던 신기선은 옛사람은 8세에 『소학小學』을 배운 뒤에야 비로소 농·공·상·병의 실업으로 나아간다고 말하고, 사람이 사람다워지기 위해서는 우선 『소학』을 배워야 하며, 그렇지 않으면 금수에 지나지 않는다고 했다. 그리고 『소학』을 익힌 후에는 '입도지문入道之門'인 『사서四書』, '재도지문載道之文'인 『오경五經』, '우주지사변宇宙之事變'인 『사서史書』를 차례대로 학습함으로써 '고금제자지문古今諸子之文'에 이르러야 한다고 주장하였다.[9] 신기선은 교육에 관한 이러한 기본적 관점에 기초하여 교육행정을 수행하는 데 아주 보수적인 태도를 보였다. 그는 삼강오륜三綱五倫의 유교 덕목을 강조하면서 여자교육의 실시를 반대했음은 물론, 남자교육에서도 근대적 교과를 가르치는 데 불만을 나타냈다. 러시아어나 프랑스어의 외국어학교에서 『대학大學』, 『맹자孟子』, 『논어論語』를 강의할 것을 강요했고[10] 국문교육에 단호하게 반대하였으며 학생의 단발이나 양복 착용, 나아가서는 체육의 도입에도 반대하였다.[11] 그리고 한문 유학의 쇠퇴를 우려하여 유생의 교학 진흥을 제창하는 한편,[12] 조선사를 자주적으로 체계화한 최초의 성과인 최경환 등의 『대동역사大東歷史』 5권의 출판을 지나치게 자주성이 강하다는 이유로 중지시키기조차 하였다.[13]

이와 같은 신기선의 교육행정은 즉시 각계각층의 반발을 불러일으켰다. 『독립신문』은 국문 사용이나 청나라 달력의 폐지에 반대하는 것은 조선을 위하는 것이 아니고, 신기선은 중국으로 가서 청나라 황제의 신하가 되어야 한다고 격렬하게 규탄하였다.[14] 또 사범학교 학생들도 국문을 사용하는 것은 사람을 금수로 만든다고 했던 신기선에 반발해 동맹퇴학을 제출하기까지 했다.[15] 특히 신기선이 『유학경위』를 간행하고 관립학교 학생들에게 가르치려고 했던 것에 대하여 서울 주재 미·영·불·일 등의 각국 공사는 기독교(외국 종교)를 비난하는 것이라면서 엄중히 항의하였다.[16] 신기선의 보수적 태도는 내외에서 일치된 반발을 불러일으켜, 결국 그는 학부대신의 직에서 해임되었다. 이는 대내적으로 개화론자의 사상적 미성숙과 근대교육에 대한 위정자의 몰이해를 보여주는 것임과 동시에 지식인이나 청년 자제의 신교육에 대한 기대가 무시할 수 없을 정도로 성장하기 시작했음을 의미했고, 대외적으로는 '인호존상지의隣好尊尙之義'[17]를 중시하는 조선 정부가 자국의 권익을 수호하려는 열강의 압력에 굴복했음을 의미했다. 어쨌든 갑오개혁 이후의 역대 학부대신은 개혁 초기에는 박정양·서광범 등 비교적 개명적인 지식인도 있었으나, 그 후에는 기본적으로 정치의 반동화와 뒤섞여 조병직·이완용·민종묵·조병호·이도재 등 자주적인 근대교육을 추진하는 데 소극적인 보수세력이 장악했으며, 더욱이 대부분의 재임 기간은 겨우 몇 개월에 불과했다. 즉 갑오개혁에서 1904년까지 가장 중요한 시기에 "조선의 다음 세대를 교육하는 직무"[18]인 학부대신은 대외 인식에서 약간의 차이가 있었다고는 해도 신기선을 '원형'으로 하여 기본적으로 보수적인 인물이 담당하게 되었다.

2. 정부의 근대학교 추진 과정

보수적인 학부 행정하에서 근대학교의 설립·운영은 교육재정의 부족과 관련해 아주 부진한 상황을 면치 못하였다. 처음에 4개 학교, 학생 수 187명으로 출발한 소학교의 경우, 심상·고등으로 나뉘었고 수업연한은 심상과 3년, 고등과 2년 또는 3년이었으며 학령은 7세에서 15세까지였다. '소학교령'에 의하면 심상과의 교과목은 수신·독서·작문·습자·산술·체조 외에 본국지리·본국역사·도화圖畵·외국어·재봉 등이었고, 고등과에는 이 밖에 외국지리·외국역사·이과 등이 추가되었다. 이러한 소학교는 1군 1교, 전국 300개교 정도를 설립하는 것이 당초 예정이었다. 그러나 실제로 1897년 9월 현재 8개 학교에 학생 수는 400~500명,[19] 다음 해인 1898년 7월 현재 9개 학교에 학생 수

838명[20]에 그쳤고, 이후 부군설립府郡設立의 공립소학교를 더한다고 해도 소학교의 설립은 전반적으로 지지부진한 상태였다. 그런데 『관보』의 기사를 보면 전국에 50개교가 넘는 관공립 소학교가 설립되었다고 하는데 재정난 등으로 폐교된 학교가 많았던 것으로 보인다. 결국 1904년 현재 서울에 학부 직할의 고등소학교 1개교, 관립의 심상소학교가 9개교였고, 또 전국에 공립소학교 25개교 및 그것과 같은 정도의 사립소학교가 있는 데 불과했다. 학생 수는 관립이 각 학교에 따라 50명에서 120~130명 사이였으며 공립 및 사립학교는 이보다 적어 20~30명 이하였다. 학교의 설비도 아주 불완전하여 모두 재래의 가옥을 보수하여 사용했고 고등소학교조차 교실은 2~3개밖에 없었으며 배치·채광·통풍 등은 전혀 고려되지 않았다.[21] 학부는 공립학교에 15~20엔 정도의 보조금을 주었을 뿐, 공립학교의 대다수는 한 학교당 교원 1명이라는 단급조직이었다.[22] 따라서 지방의 공립소학교는 대부분의 경우 군수의 노력이나 지방민의 자발적 열의로 설립되었는데, 그 가운데에는 전통적인 자치조직인 향약의 주도적 역할로 설립된 경우도 있었다.[23] 여하튼 근대국가 건설의 중핵인 소학교는 없는 것보다 낫다고 할 수 있지만, 그 규모나 내용에서는 오히려 구교육의 서당에 가까웠다.

소학교의 교원을 양성하는 사범학교는 서울에 1개교만 설치되었다. '한성사범학교규칙'에 의하면 사범학교에는 당초 수업연한 2년의 본과와 6개월의 속성과를 설치해 본과에는 20세 이상부터 25세까지인 자를 100명, 속성과에는 22세에서 35세인 자를 60명 입학시키기로 하였고, 교과목은 수신·교육·국문·학문·역사·지리·수학·물리·화학·박물·습자·작문·체조 등으로 정했다. 사범학교는 처음 일본인 교사 1명과 조선인 교사 2명이 학습을 지도했는데,[24] 민비시해사건이 발행한 후인 1897년 6월부터 헐버트가 교사로 부임했다.[25] 실제로 재적자는 본과 학생의 경우 1897년 11월 현재 30명,[26] 1900년 5월 현재도 똑같이 30명이었다.[27] 이는 소학교의 설치·확충이 잘 이루어지지 않았던 것과 마찬가지로 사범학교도 아주 부진한 상태였음을 말해준다.

한성사범학교의 교원과 졸업생이 연구회를 조직하여 학교교육의 향상에 노력하였으나,[28] 관공립 소학교의 구체적 상황은 열악한 교육 시설과 낮은 수준의 교사, 교과서의 부족, 학교의 질서 문란, 학생들의 열의 부족[29] 등으로 근대적 공교육의 내실을 충분히 갖추는 데까지는 이르지 못했다. 이러한 가운데 헐버트는 1898년 7월 4일 미국 공사 알렌에게 사범학교 개량에 관한 '건의서'[30]를 제출하여 조선 정부에 영향력을 행사하도록 요구하였는데, 그 골자는 (1) 학년 도중에 학생의 퇴학이나 입학을 없애 순조로운 수업 진행을 보장할 것, (2) 사범학교의 설립 목적에 맞도록 훌륭한 학생을 선발할 것, (3) 산술과 그 외의 교과를 가르칠 수 있는 유능한 조교 1명을 고용하되, 정부 마음대로 뽑는 것을 금지할 것, (4) 겸임하고 있는 병설 영어과에 유능한 조교 2명을 고용하여 일을 분담시킬 것, (5) 적절한 교사校舍를 정비하는 동시에 수업 준비나 점심식사를 할 수 있는 교사 대기실을 설치하고 또한 위생 상태를 개선할 것, (6) 학교교육에 불가결한 조선어 교과서를 작성하기 위해 조교 1명을 고용할 것, (7) 학생이 체조나 운동을 할 수 있도록 체육시설을 만들 것 등이었다. 그리고 헐버트는 이러한 제안이 실현되지 않는다면 사범학교는 즉각 폐쇄되어야 한다고 주장했는데, 이러한 의견은 단지 사범학교만이 아니라 당시 관공립학교 전체의 상황을 집약적으로 표현한 것이었다고 할 수 있다.

학부 행정이 전반적으로 부진한 상태였다고는 해도 각종 근대학교의 설립은 현실적으로 더욱 강하게 요청되고 있었다. 이런 가운데 외국과의 교섭이 빈번해짐에 따라 이미 존재했던 일어학교 및 영어학교에 이어 새롭게 불어·한어·독어 등을 가르치는 외국어학교가 설립되었다. 그러나 『독립신문』을 중심으로 하는 여론이 여학교·상공학교·의학교·중학교 등의 창설을 강력하게 주장했음에도 불구하고, 이에 대한 학부의 대응은 아주 냉담하였다. 특히 1899년 여학교·상공학교·의학교의 설립이 탁지부度支部 예산에 포함되어 있었음에도 불구하고 학부대신에 다시 임명된 신기선은 의학교 개설만을 추진하고 여학교 및 상공학교의 설립에는 매우 소극적인 태도를 취하였다.[31]

정치의 반동화가 진행되고 복고주의가 대두하는 가운데[32] 신교육의 부진을 우려했던 국왕은 1899년 4월 조서를 내려 "농업과 상업이 흥하지 못하니 백성의 생산이 날로 위축되고 국가의 경영은 날로 궁핍해진다. 그리하여 신설된 학교도 겨우 문구文具만 갖추고 있는 형편이고 모든 교육 분야가 5~6년 동안 이렇다 할 성과가 없었다. 상공학교에 이르러서는 더욱 화급火急하다. 일찍이 조칙을 내린 바 있으나 아직까지 개설開設의 논의가 없다. 이렇게 돼서야 무엇이 이루어질 것인가. 개탄스럽지 아니할 수 없다. 정부 해당 부서는 이전까지의 악순환에서 벗어나 하나같이 사태를 분별하여 성취·진전의 공을 기해야 할 것이다"[33]라고 근대교육 특히 실업교육의 조기 실시를 독려하였다.

이러한 과정에서 1899년에는 의학교, 중학교, 상공학교가 차례로 설립되었고, 1900년에는 광무학교鑛務學校가, 1902년에는 모범양잠소 및 공업전습소가 개설되었다. 의학교에서는 내외의 각종 의술을, 중학교에서는 보통학을, 상공학교에서는 농업·공업·상업을 가르쳤다.[34] 이들 학교는 주로 실용적 학문을 가르침으로써 사회의 현실적 요구에 답하려고 하였다. 특히 중학교는 '중학교관제'에서 "실업으로 나아가려는 민중에게 정덕이용후생正德利用厚生하는 중학교육을 보통으로 가르친다"[35]라고 규정했듯이 고상한 학문을 가르치기보다는 오히려 실업학교의 성격이 강했다.

한편 『독립신문』의 여자교육에 대한 주장에 자극을 받아서 1897년경부터 여학교 개설을 요구하는 목소리가 점차 커졌다. 특히 1898년 이후 각종 부인회가 학부에 직접 학교 설립을 청원하게 되었다. 그리하여 당초 여자교육에 소극적이었던 학부도 드디어 여학교의 필요를 인정하여 1900년 1월 의정부 회의에 여학교 설치안을 제출하기에 이르렀다. 그러나 이 설치안은 6 대 4로 부결되었고,[36] 관립 여학교의 설립은 물론 '소학교령'에 명기되었던 남녀 아동의 공학共學도 1908년에 이르기까지 실현되지 못하고 말았다.

이 사이에 국왕은 1899년 3월 '성균관관제'를 개정하여 박사 10명을 둠과 동시에 초현당招賢堂을 설치하고 지방 유생을 불러들여 공맹지학孔孟之學을 장려하였다.[37] 이는 의기소침해 있던 유생들을 위로하고 봉건지배층의 계급적 이익을 지키는 유교를 진흥하기 위해서였다. 원래 성균관의 기능 그 자체는 이러한 미봉책의 보람도 없이 시대의 과제에 대처하지 못한 채 유명무실한 상태였다.[38] 여하튼 아무런 견해도 갖추지 못했던 봉건 위정자는 근대학교의 설립·운영에도 그만큼의 열의를 보이지 않았고 재정상의 곤란 등과 겹쳐서 결과적으로 전국적인 공교육 체계의 확립에 큰 장해를 초래하게 되었다.

이러한 가운데 국민교육제도에서 오히려 '방계傍系'에 속한 외국어학교가 비교적 순조로운 발전을 보였다. 때마침 갑오개혁을 맞아 기구개혁의 일환으로 조선시대 역관 양성을 맡아왔던 사역원司譯院이 폐지된 이후, 근대적인 외국어 교육기관의 필요성은 날이 갈수록 커졌다. 이미 갑오개혁 이전인 1891년에 일어학교가 설립되었으며, 또 거의 같은 시기에 중국인 교사를 초빙해 청일전쟁 발발로 폐쇄되었던 한어漢語학교가 설립되었고,[39] 1894년에는 동문학영어학교와 육영공원을 계승한 영어학교가 설립되었다. 1895년의 '외국어학교관제'의 제2조에서 "외국어학교에서 가르치는 외국어의 종류는 시의時宜에 따라 학부대신이 정한다"라고 했고, 또 제3조에서 "필요에 따라 외국어학교의 분교

〈표 1〉 관립 외국어학교 추이

학교명		설치 연대	외국인 교관명	조선인 교관명	수업 연한	제1회 졸업 연도	졸업생 총수 (1910년까지)
일어학교	서울	1891년 7월	岡倉由三郎 長島嵒次郎 長山乙介 田中玄黃	玄櫶 崔在益 朴泳武 柳濟達	3년	1898년 1월*	190명
						1909년 5월**	71명
	인천	1895년 6월	岩崎厚太郎	李根浩 崔鼎夏 徐丙協		1901년 6월	63명
	평양	1907년 3월	眞藤義雄 大西裕八 樽木末實	趙樂鴻 羅榮坤		1908년 5월	25명
영어학교		1894년 2월	T. E. Hallifax W. du F. Hutchison G.R.Fampton	安鳴護 尹泰憲 金佑行 鄭一範	5년	1903년 2월	79명
불어학교		1895년 10월	E. Martel	李能和 安于商 金漢箕	5년	1906년 1월	26명
노어학교		1896년 5월	N. Birukov	韓龜鎬 郭光義	5년	–	–
한어학교		1897년 5월	胡 文 煒 社 房 域	吳圭信 柳光烈 李命七 崔永年	3년	1901년 7월	59명
독어학교		1898년 9월	B. Bolljian	秦秀 崔泰卿 柳晩	5년	1908년 5월	5명

[자료] 이광린, 앞의 책, p.124의 표를 바탕으로 『구한말고문서해제목록』(한국도서관협회, 1970)의 고용계약서 및 『관보』 등을 참조하여 작성함. 노어학교는 러일전쟁의 발발로 러시아인이 퇴거하여 결국 졸업생을 낼 수 없었다. *표는 본과, **표는 속성과를 나타낸다(속성과의 수업연한은 1년).

를 지방에 설치한다"라고 규정[40]한 이후, 각종의 외국어학교가 각지에 설치되는 길이 열렸다. 그러나 실제로는 〈표 1〉과 같이, 불어·러시아어·한어·독어 등의 외국어학교가 서울에 1개교씩 개설되었으며 분교는 일어학교가 인천과 평양에 설치되었을 뿐이다. 게다가 첫 졸업생을 배출하는 데 가장 빠른 한어가 설립 후 4년, 일어가 9년, 그 외의 서양어가 9년에서 11년이라는 오랜 기간이 걸렸던 것은 그만큼 외국어학교의 운영이 곤란했음을 보여준다. 사실 수업연한이나 학교규칙의 세목이 정해진 것은 1900년 6월의 '외국어학교규칙'(학부령 제11호)에서

였고, 외국어학교는 '관제' 제정 6년이 되어서야 비로소 궤도에 오르게 되었다.[41]

근대적 외국어학교의 설립은 각국 언어에 능통한 실무자를 양성하고 외교기관이나 세관, 회사 등에 인재를 공급할 것을 목적으로 하였다. 특히 조선 정부에 초빙되었던 외국인 고문이나 교관의 임무를 원활히 진전시켜 조선의 국정개혁을 성공리에 수행하기 위해서 외국어학교는 불가결한 존재였다. 더욱이 동문학영어학교가 수구파의 사대주의적 대외 자세를 시정하여 자주외교를 확립하는 데 중요한 의의를 가졌던 것과 마찬가지로 이들 외국어학교도 외국 세력이 밀려오는 가운데 열강 간의 상호 모순을 이용하면서 조선 정부의 자주성을 견지하기 위해 커다란 역할을 담당할 것이 기대되었다.[42]

외국어학교 입학자는 당초 역관의 자제가 많았으나 점차 양반이나 상민 출신자들이 늘어났다. 그러나 독립국가의 체면을 유지하고 있었던 1904년경까지 상급관료의 대다수가 무관학교 졸업자들이었고, 외국어학교 졸업생은 주로 하급관료였던[43] 점을 보면 외국어학교의 학생은 양반이라고 해도 비교적 신분이 낮은 출신자가 주류를 이루었다고 말할 수 있다. 그리고 당시의 통례로 수업료는 징수되지 않았으며 학교에서 교과서는 물론이고 지필묵 등의 학용품뿐만 아니라 점심까지 제공하였다. 그 때문에 배운다기보다는 점심을 먹기 위해 학교에 가는 자도 많았으며, 그중에는 식사의 좋고 나쁨에 따라 전학하는 자도 있었다고 한다.[44]

외국어학교의 학생은 신학문을 배우기 위해 입학한 자도 많았는데, 사실 근대학문에 대한 일반의 인식이 낮았기 때문에 외국어 습득을 곧 신학문의 체득으로 자타 모두 인정하는 경향이 있었다.[45] 교과목은 처음에는 어학이 대부분을 차지하였지만, 나중에 수학·지리 등의 일반 과목 및 체육이 추가되었으며, 그 가운데에는 상업통론이나 우편사무 등 실무교육을 실시하는 곳도 있었다.[46] 또한 영어학교 교사인 허치슨이 개인적으로 노력했던 것처럼, 학생이 단지 영어만 배우지 않고 장차 각 분야에서 활약할 수 있도록 하기 위해 점심 식사비의 일부를 중국인 교사에 대한 사례비로 배당하여 한문과 한어를 가르쳤던 경우도 있었다.[47]

그렇지만 외국어학교의 목적은 어디까지나 실용적인 통역관을 양성하는 것이었다. 이는 위정자가 육영공원을 단순한 어학교육기관으로만 간주했던 것과 마찬가지로, 외국어학교도 기본적으로는 학문 교수의 장이라고 생각할 수 없었음을 의미한다. 그 결과 한 일본인이 지적했던 것처럼 외국어학교의 학생은 "일지반해一知半解의 어학으로 모든 일이 끝났다고 생각하고 삶에 필요한 심신의 단련은 생각하지도 않는다"라고 한 것처럼 그 실태는 "통역관의 공급 외에 현저한 효과가 없었다"[48]고 볼 수 있다. 이러한 외국어학교의 학문 경시를 우려했던 학부는 1900년 4월 외국어학교를 중학교에 통합하여 어학과 함께 보통학의 교수도 중시해야 할 것을 정부에 제안했지만, 결국 아무런 개혁도 이루어지지 않은 채 끝나고 말았다.[49] 실제로 당시의 외국어학교 학생은 약간의 회화가 가능하고 몇 행의 문장을 쓸 수 있는 것만으로 제일선에 진출할 수 있었는데, 예를 들면 영어의 경우 졸업생은 물론 재학생까지도 미국인 상사나 각 기관에 쉽게 취직이 되어 재학 중에 퇴학하는 자도 많았다고 한다.[50]

그런데 외국어학교가 각기 독립된 학교로 존재했던 것은 단순히 학문의 교수에 장해가 되었을 뿐만 아니라 조선에서 각국 세력의 대립을 배경으로 외국어학교 상호 간에 심각한 균열을 초래하는 원인도 되었다. 이에 관해 『독립신문』은 "일어를 배우는 자는 일본의 개화가 좋다고 말하고, 러시아어를 배우는 자는 러시아의 개화가 좋다고 말하며, 영어를 배우는 자는 영국의 개화가 좋다고 말하여 각기 자신을 주장하고 타인을 구별하며 서로 헐뜯고 당파를 만든다"라고 그 실정을 쓰면서, 학교는 외국어학교처럼 각국 언어별로 설치하지 말고 정치학, 병학, 법률학, 화학, 의학 등의 학문 계열에 따라 설치해야 한다고 주장하였다.[51] 사실 각국이 정치적 주도권을 장악하기 위하여 암약했던 당시에 외국어학교 학생은 국제세력의 첨병적 역할을 적지 않게 담당하기도 했다. 그 때문에 위정척사나 동학의 입장은 별도로 하더라도, 개화에 열의를 보였던 지식인 중에도 타국인이 추진하고 장려하는 외국어 학습을 기피하는 경우가 있었다. 천주교도이고 항일투사였던 안중근(安重根, 1879~1910)이 "일어를 배우는 자는 일본의 종이 되고 영어를 배우는 자가 영국의 종이 되며, 내가 만약 불어를 배우게 된다면 프랑스의 종을 면하기 어려우니 그것을 없애고 우리 한국의 위세를 세계에 떨친다면 세계인이 한어韓語를 통용하기에 이른다"[52]라고 말하며 프랑스 신부에게서 불어를 배우는 것을 단념했던 것도 그 일례이다.

이처럼 외국어학교는 자본주의 열강 사이에 나타나는 힘의 관계 변화에 민감하게 반응했는데, 그것은 구체적으로 각 학교에 재학하는 학생 수의 증감으로 나타났다. 이는 입신출세를 꿈꾸는 청년들이 세력 있는 외국의 말을 배우려고 한 점과 정치적 변동에 따라 통역의 수요가 변화했던 점 등과 관련이 있다. 각종 자료에서 볼 수 있는 재학생 수는 〈표 2〉, 매년 입학자 수는 〈표 3〉과 같다. 재학생 수에서 특징적인 것은 선교사 등을 통해 조선에 큰 영향을 주었던 미국 세력을 반영하여 영어학교의 학생이 항상 가장 많았다는 점인데, 이것은 영어가 국제어의 성격을 띠었기 때문이기도 하다. 또 개국 이래 계속해서 조선에 침투하고 있던 일본 세력을 반영하여 일어학교의 학생도 비교적 다수를 차지하였다. 그러나 입학자 수에서 처음에 다수였던 한어漢語학교가 차차 감소하고, 대신 서양어 학교가 증가하였던 것

〈표 2〉 외국어학교 재학생 수

지역	1897	1900	1906
일어학교*	86	57	88
영어학교	110	70	127
불어학교	92	47	44
노어학교	79	37	-
한어학교	40	32	54
독어학교	-	25	20

[자료] 1897년은 『협성회회보』 1898년 1월 8일 「內報」. 1900년은 信夫淳平, 앞의 『韓半島』, pp. 689~690. 1906년은 『萬歲報』 1906년 9월 2일 「잡보」(단 이광린, 앞의 책, p. 130에서 재인용).
*표 일어학교는 서울 본교의 학생 수.

〈표 3〉 외국어학교 입학자 수

지역	1897	1898	1899	1900	1901	1902	1903	1904	1905	1906
일어학교	-	-	10	8	20	16	14	72	49	46
영어학교	50	30	20	47	58	53	62	69	62	67
불어학교	42	62	73	81	98	100	90	52	45	30
한어학교	120	150	141	82	70	52	34	56	63	47
독어학교	-	50	-	-	40	20	20	20	20	20

[자료] 學部, 『韓國教育の現狀』, 1910, p. 40. 이 통계는 러일전쟁 후 일본인 관리가 작성한 것이므로 노어학교의 입학자 수가 빠져 있다.

은 청나라의 정치적 후퇴와 서양 근대문명 도입이라는 시대적 변천을 충실하게 반영한 것이었다. 여하튼 외국어학교의 학생 수 증감은 "한국 조정 내에서 각국 세력의 비교를 알고자 한다면 먼저 각국어학교에 대한 당시의 성쇠를 살펴보는 것이 첩경인 것 같다"[53]라고 했듯이 조선 말기의 외래 침략 세력의 침투 정도를 측정하는 일종의 '바로미터'이기도 하였다.

외국어학교가 이러한 특징을 가지는 가운데 조선 정부가 고용한 외국인 교사가 각국의 이해를 대표하는 것은 당연한 일이었다. 그렇지만 당시의 외국인 교사는 아주 불안정한 존재였고, 따라서 외국어학교의 교육 그 자체도 항상 안정되지 못한 상태였다. 그것은 기본적으로 조선 정부의 일관성 없는 교육정책과 재정 곤란에 기인하였지만, 교사 쪽에도 문제가 있었다. 예를 들면 영어학교의 허치슨이 학부와 마찰을 일으키고, 또 노어학교의 비르코프가 봉급 인상을 요구하여 각 학교 운영에 혼란을 초래하였던 점 등을 들 수 있다.[54] 그럼에도 불구하고 조선 정부의 근대학교 설립이 전반적으로 부진을 면치 못하는 가운데 외국어학교의 설치·운영이 그런대로 순조롭게 전개되었던 것은 어학교육기관이 특히 필요로 되었던 점과 아울러 각국의 전권공사全權公使가 외국어학교의 교사로 채용된 본국인을 보호하는 입장에 섰기 때문이라고 생각된다.[55]

『독립신문』은 독어학교가 새롭게 설치된 것과 관련해 1898년 7월 8일의 '논설'에서 외국어학교를 하나로 통합해야 한다는 의견을 발표하였다. 그것은 (1) 국비를 절약하고, (2) 각 학교의 학생이 공부를 겸해서 하고, (3) 학생의 폭넓은 교제를 통해 지식을 넓히고, (4) 규율과 의복을 갖추어 흐트러뜨리지 않게 하고, (5) 동문수학하는 기분으로 형제와 같은 정을 가지고 붕당을 없애는 데 유익하다는 점 등을 들었다. 나아가 '논설'은 각종의 무익한 재정 지출, 특히 군대의 증설을 중지한다면 이러한 외국어학교의 통합·확충은 충분히 가능한 일이며, 그렇게 함으로써만 교육과 학문, 더 나아가서는 국가의 개화에 크게 기여할 수 있다고 논하였다. 그러나 결과적으로 국왕이나 정부의 반동적 태도로 아무런 개혁도 실현되지 못하였는데, 이 '논설'이 주장한 내용은 그대로 당시 외국어학교의 상황을 잘 드러내주었다.

한편, 소학교나 사범학교 및 외국어학교 등의 근대학교는 구교육에서는 배울 수 없었던 새로운 세계를 조선의 청년에게 가져다주었다. 결정적으로 적당한 교과서가 부족했음에도 불구하고 청년들은 근대적 교과를 통해 서양 지식을 흡수하고 미지의 경험을 함께 나누었다. 그리고 당시의 외국인은 조선 청년들이 어학의 천재였다는 점을 한결

같이 인정하였는데, 헐버트는 조선인 학생의 지적 수준은 일본인에게 뒤지지 않는다고 했다. 즉 그들은 특히 수학에 뛰어난 재능을 보이는데 그 능력이 서양에 뒤지지 않았다는 것이다. 또 지리 수업에 아주 강한 흥미를 나타냈다. 따라서 기회와 자극만 주어진다면 조선인 학도들은 무한히 성장할 수 있는 가능성을 품고 있었다고 했다.[56]

그런데 체육이 정식 교과로 채택된 것은 조선의 교육사에서 아주 큰 의의가 있었다. 1896년 5월 2일 영어학교의 학생들은 허치슨의 지도 아래 화류회花柳會를 개최하였는데, 이것은 관립학교에서 운동회의 효시라고 할 수 있다. 이에 관해 『독립신문』은 오랫동안 학교에서 공부를 한 뒤, 맑은 날 경치 좋은 곳에 가서 상쾌한 공기를 마시며 운동을 하는 것은 신체의 단련에 매우 중요하다고 높이 평가했다.[57] 그 후 5월 25일에는 같은 영어학교 학생들이 영국 공사관원의 지도 아래 국왕이 참석한 가운데 훈련을 실시하였으며, 5월 30일에는 관립학교 연합운동회가 훈련원에서 개최되었다. 이윽고 운동의 중요성이 인식되자 정기적으로 관립소학교 연합대운동회나 외국어학교 대운동회가 개최되었고, 교육에 대한 기대가 컸기에 국왕이나 정부 고관, 각국 외교관만이 아니라 전국에서 수만 명의 남녀노소가 참석하였다.[58] 더욱이 부국강병이라는 역사적 과제를 배경으로 외국어학교를 비롯한 각 학교의 체육은 보통 체조뿐만 아니라 병식兵式 체조, 더 나아가서는 군복을 입은 교련까지 실시되었다.

한편 국문 멸시의 전통은 근대학교의 발전에 부정적인 영향을 주었다. 정확한 통계는 알 수 없으나, 한 자료에 의하면 1897년 당시 성인 이상의 민중 100명 중에 23명이 국문을 독해하였고,[59] 또 별도의 자료에 의하면 그 무렵 전 인구의 90% 이상을 차지했던 농민 가운데 남자의 약 60%, 남녀 합해 약 85%가 문맹이었다고 한다.[60] 이것은 근대공교육이 성립되기 이전에 조선의 식자율이 결코 낮지 않았음을 보여주는 것이다. 그러나 신교육에서 국문이 교과로 실시되었다고는 해도 실제로는 규정대로 실행되지 못했고, 여전히 한문 교수가 주류를 차지하였다. 이는 국문 사용이 사상의 변혁과 지식의 전파에 크게 공헌했음을 생각할 때 근대교육의 진전, 더 나아가서는 공교육 체계의 확립에 커다란 마이너스 요인이 되었다.

3. 관비 유학생의 파견

갑오개혁으로 시작된 교육개혁에서 조선 정부는 근대학교의 설립과 함께 유학생 파견을 중요한 교육정책의 하나로 실시하였다. 이는 1883년의 서재필을 포함한 61명의 일본 유학생 파견이 갑신정변으로 실패한 이후 이루어진 최초의 대규모 유학생 파견 사업이었다. 이전의 유학생 파견이 개화파 인사의 개인적 노력으로 실현된 사적 성격을 띠었음에 반해, 이번에는 개화파 정권의 성립이라는 조건하에서 관비 유학생이라는 형태를 취했다. 유학할 곳은 똑같이 일본이었지만 갑오개혁이 친일개화파를 중심으로 수행되었고, 또 갑오개혁에 깊이 관여했던 일본이 조선 지배를 위한 중요한 시책으로 유학생을 통해 친일분자를 양성하려 의도를 가지고 있었다.

관비 유학생은 1895년부터 1896년에 걸쳐 약 200명이[61] 일본에 파견되었는데, 그들은 개화파와 후쿠자와 유키치와의 친분으로 이전과 마찬가지로 경응의숙에 입학하였다. 이를 위해 학부대신 이완용은 1895년 7월에 유학생 교육을 경응의숙에 위탁하는 계약을 후쿠자와(대리 鎌田英吉)와 체결했다.[62] 이들 유학생은 모두 양반 출신으로 경응의숙에서 먼저 일본어와 초보적인 보통학을 습득하였다. 조선인 유학생은 1895년 4월 도쿄에서 '대조선인 일본 유학생 친목회'를 결성하고 회보 『친목회 회보』를 3개월에 1회, 국한문혼용체로 발행할 것을 원칙으로 정했다. 매호 100쪽에서 200쪽이 넘는 두터운 책자로, 내용도 '사설', '논설', '문원文苑', '내보', '외보', '만국사보萬國事報', '회중기사會中記事' 등 다방면에 걸쳐 있어 단순한 친목지親睦誌가 아니라 조선인의 손으로 제작된 최초의 학술지적 성격을 띠었다. 또 이 회보는 『독립신문』이 회보 발간을 환영하면서 "조선인도 점차 다른 나라의 학생과 마찬가지로 학문상 유익하고 치국치민治國治民하는 방책에 관심을 가지"[63]게 되었다고 보도했듯이, 조국에 문명을 전달해 근대국가를 건설하려는 조선인 유학생의 결의를 보여주었다.

갑오개혁의 일환으로 실시되었던 유학생 파견은 무엇보다 근대국가의 구축에 필요한 인재 양성에 목적이 있었다. 이것은 파견 학생을 선발할 때 당시의 학부대신이었던 박정양이 "각 과로 나누어 실용적인 일을 성실히 연구하고 지식을 넓혀 사물의 이치를 깊이 생각하여, 굳세고 곧으며 어떠한 때에도 의연히 굴하지 않는 용기 있는 정신을 가지고 독립문명한 사회의 필요에 부응해주기를 간절히 바란다"[64]라고 훈시하였고, 친목회가 그 '회지會旨'에서 "외국에 유학하여 학문에 힘을 쓰는 것은 견문을 깊고 넓게 하며 지식을 크게 밝혀서 국가정치의 기초와 대들보가 될 것을 기약함이며, 문명개화의 정신과 뼈대가 될 것을 자임自任함이다"[65]라고 한 것에서도 전형적으로 나타나 있다. 따라서 관비 유학생은 일본어와 보통학을 배운 뒤에 전문과로 나아가 국가의 기본 조직을 정비하는 데 필요한 정치, 법률, 병비兵備, 경제 등 각 분야에 걸친 학문을 습득할 수 있기를 바랐다.[66]

이들 유학생은 '조선이 잘되느냐 못되느냐는 학생의 손에 달려 있다'[67]고 생각하는 본국 민중들의 강한 기대를 받고 있었지만, 그들의 면학이 잘 진척된 것 같지는 않다. 선행 연구에 따르면 일본어 습득에 대부분의 힘을 쏟았다고 얘기되는 보통과를 마친 뒤 고등과에 진학하여 졸업했던 사람은 겨우 4명에 불과하였으며, 또 보통과를 졸업한 뒤나 중도에 다른 곳으로 옮긴 자를 포함해 일본에서 학업 또는 전문 영역에서 현지 연수를 계속했다고 확인할 수 있는 사람은 86명이었다고 한다.[68] 그동안 조선에서는 민비시해사건, 의병투쟁, 아관파천이 연이어 발생하고 또 학비 송금도 끊어지기 시작해서 경응의숙과의 위탁계약도 규정대로 이행되지 않았다.

이러한 배경 아래 조선 정부의 유학생 사업도 점차 부진에 빠졌으며 이에 따라 유학생 자신의 열의도 곧 가라앉았다. 1896년 4월 2일 조선 정부는 외교 루트를 통해 경응의숙 유학생 가운데 50명 이내의 우수자만을 그대로 남기고, 그 외의 학생을 전신·우편 등의 현지 연수로 단기 취학시키도록 의뢰하였는데, 이것은 유학생 사업의 전반적 부진과 관련해 학업의 조기 종료가 꾀해졌기 때문이라고 생각된다.[69] 결국 경응의숙과의 위탁계약은 파기되었는데 귀국한 일부 학생을 제외한 잔류 유학생은 스스로의 모금활동이나 내외 인사의 의연금으로 세이조학교成城學校나 도쿄공업학교東京工業學校에서 전문 과목을 배우거나 철도·우편 등의 산업시설이나 관청에서 현지 연수에 종사하였다.[70] 한편 유학생의 상호 이해와 학식의 향상을 목적으로 한 '대조선인 일본 유학생 친목회'도 시간이 지남에 따라 창설의 정신을 잃어버리고 학업에 기여하기는커녕 오히려 당파싸움의 장으로 변했고, 결국 1899년 봄 21명의 회원이 집단으로 탈퇴하기에 이르렀다.[71] 그리고 근대학문의 도입에 크게 공헌했던 『친목회 회보』도 결국 제6호로 중단되었다.[72] 어쨌든 국내의 근대학교 설립이 그랬던 것처럼 유학생 파견 사업도 결코 순조롭게 진전되지는 않았다. 오히려 1899년 여름에는 일본 유학생이 30명으로 감소하였고 학비 송금도 단절되어 유학생들은 주일 공사관에 기식하는 형편이 되었다. 그렇지만 그렇게 곤궁한 상황에서도 11명의 학생이 전문과정을 졸업하는 등 조국의 기대에 부응했

던 훌륭한 유학생도 적지 않았다.[73]

말할 필요도 없지만 유학의 목적은 유학생 자신과 조국의 이익을 위해서이다. 그러나 현실적으로 일본에 유학생을 파견하는 사업은 일본군국주의의 침략정책에 노골적으로 이용되었다. 원래 유학생 선발 자체가 친일적 내부대신 박영효가 주도한 것으로,[74] 당연히 인적 구성에서 후쿠자와 유키치[75] 및 일본 정부의 의향을 반영한 것이다. 게다가 박영효가 민비암살계획의 혐의를 받아 일본으로 망명한 후, 재일본 조선인 유학생은 수구파 정권에게 위험한 존재로 언제나 경계의 대상이 되었다. 역으로 일본 정부는 조선 국내의 정쟁 때문에 유학생이 귀국한 후 정치범으로 체포되어 친일세력의 강화에 악영향을 미치지나 않을까 두려워하였다. 한 가지 예로 1899년에 귀국했던 유학생 어용선·윤세용·이규승이 박영효와 다른 망명자들의 사주와 위탁을 받았다는 혐의로 경무청에 체포되었던 것과 관련해 조선 주재 일본 공사관이 취한 태도를 들 수 있다. 일본 공사 가토는 일본 외무대신 아오키 슈조(青木周藏, 1844~1914)에게 기밀 보고를 보내, 이러한 불행한 사건을 피하기 위해서라도 조선과 일본의 양국 정부는 조선인 유학생들이 학업에 전념하도록 한층 더 지도·감독을 강화해야 한다고 주장하였다. 그리고 가토는 유학생의 귀국을 맞이해 "귀국 후에는 무엇보다 차분히 삼가면서 서서히 임관의 길을 구해야 하고, 다행히 임관이 되면 더욱 언행을 신중히 하여 지위를 얻고 때가 올 때까지는 자기의 직책을 다해야지, 지나치게 국정 개량을 기도해서는 안 된다"라면서 유학생에게 자중을 촉구해야 한다고 했고, 귀국 유학생의 임용에 관해서도 양국 정부가 협의해야 한다고 논했다.[76] 이는 한마디로 열강이 각축하는 상황 속에서 친일분자를 양성하고 온존시키겠다는 입장이었다. 이와는 반대로 조국의 정치적 혼란을 눈앞에 두고 있던 조선인 유학생 가운데는 그 반동으로 일본에 의존하는 근대화에 기대를 걸어 결과적으로 스스로를 비주체적 입장, 즉 반민중적이고 친일적이며 매국적인 입장으로 내몰았던 자도 나타났다.

어쨌든 정부의 근대학교 설립 및 유학생 파견 사업은 그 시대가 요구하는 과제를 자주적으로 해결할 수 있을 만큼의 성과를 거두지는 못하였다. 그것은 근대국가의 건설을 성공리에 추진하는 데 필요 불가결한 존재인 계몽된 국민을 제도적으로 형성해가는 국민교육제도의 확립과는 상당히 거리가 먼 것이었다.

Ⅳ. 기독교계 학교와 기독교 포교의 확대

1. 기독교계 학교의 전개와 특징

조선 정부가 추진한 근대학교가 부진했던 반면, 기독교를 기본 이념으로 하는 기독교계 학교는 비교적 순조롭게 발전할 수 있었다. 그것은 무엇보다 외국인 선교사의 활발한 포교활동과 그에 따른 기독교 신도의 증가에 힘입은 것이었다. 북감리파 선교회와 북장로파 선교회의 뒤를 이어 1889년 이후 성공회, 남감리파 선교회, 남장로파 선교회 등 수많은 선교단체가 조선에 새롭게 선교사를 파견하였는데, 그들은 서로 포교구역을 정해 때로는 협력하고 때로는 경쟁하면서 활발한 전도활동을 전개하였다. 그리고 각 선교회는 선교본부로부터 받은 막대한 비용을 투입해 각지에 교회, 학교, 병원을 신설·확장하고 조선의 기독교화를 목표로 한 걸음 한 걸음 그 지반을 구축해갔다.

1894년 이전 기독교 신도는 불과 수백 명에 불과하였으나, 갑오농민전쟁과 청일전쟁을 계기로 폭발적으로 늘어났다. 이것은 동학운동이 좌절하고 자본주의 열강에 의한 조선 침략이 격화된 결과 많은 민중이 기독교에서 유일한 희망을 발견하고 정신적 공백을 메꾸는 새로운 종교로 여겼기 때문이다. 개명적 지식인 또한 선교사가 말하는 기독교를 희망에 가득 찬 미래로 이어지는 문명개화의 사상으로 받아들였다. 1896년 조선에 있던 프로테스탄트 선교사는 101명이 넘었고, 기독교 신도는 1,226명이나 되었다.[1] 그리고 이후 기독교 포교는 "전도에서 세기의 기적the missionary marvel of the age"[2]이라고 불릴 정도로 경이적인 성장을 이룩했다.

조선에서 포교활동은 감리파계 선교회와 장로파계 선교회가 주류를 차지하였다. 그중에서도 같은 계열의 선교회가 서로 협력하여 하나로 통합하는 데 성공한 장로파 선교회는 그 수나 힘에서 가장 큰 성장을 이룩해 조선 기독교계의 성격을 결정할 정도까지 되었다. 1893년 1월 재조선장로파 선교회 공의회公議會는 (1) 전도의 목표를 상류층보다 노동계급의 개심에 둘 것, (2) 부녀자의 개심과 청소년의 교육을 중시할 것, (3) 각지에 기독교 초등학교를 설치할 것, (4) 조선인 전도사를 양성할 것, (5) 정확한 언어로 성경을 번역·출판할 것, (6) 모든 문서에 국문을 사용할 것, (7) 교회의 자립을 목표로 삼을 것 등을 골자로 하는 선교 방침을 채택했는데, 이것은 조선에 있던 각 선교회가 사용한 대표적인 선교정책이었다.[3] 특히 각 선교회가 자급自給·자치自治·자전自傳의 네비우스 방식Nevius Method[4]을 선교 방침으로서 채용한 것은 조선인 신도의 자주적 전도활동을 촉진시켰으며 기독교의 급속한 보급을 가져왔다.

이같은 기독교 세력의 확대를 배경으로 어려운 상황 속에서 출발했던 기독교계 학교도 점차 발전하여 조선 사회에 큰 영향력을 지니게 되었다. 그중에서도 배재학당은 기독교계 학교의 중심적 존재로 기독교의 포교, 근대교육의 실천, 근대학문의 도입, 조선 사회의 개화 등에 적지 않은 발자취를 남겼다. 물론 배재학당도 근대교육에 관한 인식이 낮고 기독교에 대한 경계심이 강한 조선의 사회 풍토에서 결코 급속하게 성장한 것은 아니었다. 배재학당의 설립자인 아펜젤러는 선교활동에서 교육사업을 중시하는 북감리파 선교회의 방침에 따라 1890년에 배재학당 규칙을 제정하고,[5] 급변하는 조선 사회에서 학교교육이 큰 역할을 수행할 것으로 기대하였다. 그는 1892년의 보고서에서 단순히 "통역이나 학교의 직원을 양성하는 것이 아니라 교양인liberally educated men을 육성하는"[6] 것이 학당의 교육 목적이라고 분명하게 밝혔다. 그러나 당시의 교과목이나 교사진은 그러한 목적을 실현시키기에는 역부족이었으며, 1891년의 재학생은 불과 53명으로 그 이전보다 오히려 줄어든 형편이었다. 그것은 통역의 수요가 감소하고 또 한문성서가 교과목에 편입되었기 때문이었다. 더구나 그 후 종교 과목은 점차 증가하였고 학교 예배도 필수가 되었다.[7]

청일전쟁을 계기로 근대적 개혁의 필요성이 요구되고 근대교육과 근대학문의 중요성이 사회적으로 인식됨에 따라 배재학당은 발전의 길을 걷기 시작했다. 특히 1895년 2월 조선 정부가 배재학당과 정부 위탁생에 관한 계약을 맺어 매년 다수의 위탁생을 배재에 입학시키고 학용품 지급은 물론 일부 교원의 봉급마저 국고에서 지출키로 했던 것은 침체해 있던 배재학당이 크게 비약하는 하나의 계기가 되었다. 이 계약은 근대교육을 중시하는 개화파 정권이 아직 관립학교의 설비를 갖추지 못한 상황에서 이미 실적이 있는 배재학당에 교사 양성을 위탁한 것으로, 그 후 몇 번인가 갱신되면서 1902년 9월까지 7년 반 동안 계속되었다. 외무아문주사外務衙門主事 현채봉과 배재학당 교사 아펜젤러 및 노블C. H. Noble 사이에 맺어진 계약서[8]에는 200명의 학생을 수용해 영어를 중심으로 지리·산수·화학·의학 등을 수학 연한 3년에 걸쳐 이수할 것이 명시되었다. 실제로 입학한 학생은 200명을 채우지 못했지만, 계약 체결의 결과 배재학당은 학생 수가 증가해 조선의 근대교육에서 큰 위치를 차지하게 되었다.

하지만 이 단계에서도 배재학당은 교사진의 대부분이 미국인 선교사였고, 이들이 기독교 포교를 우선시하고 지력 계발을 부차적인 것으로 했다는 점, 학생은 고등지식을 받아들일 수 있는 예비지식이 없었다는 점, 교재와 교과서가 부족했다는 점, 그리고 교육제도 및 사회의식은 낮은 수준에 머물러 있었다는 점 등으로 근대학교에 어울리는 수준 높은 교육 활동을 전개하지는 못했다.[9] 그런데 이러한 상황은 서재필이 귀국하면서 『독립신문』이 발행되고 독립협회운동이 시작되었다는 객관적 정세의 전환과 함께 변화되었다. 특히 서재필과 윤치호가 배재학당의 비상근 강사가 되어 학생들에게 신학문을 교수한 것은 학당의 교육 기능을 높이는 데 적지 않은 공헌을 하였다.

서재필은 일주일에 한 번 한국어로 지리학, 유럽 정치사 및 교회사를 강의하면서 서구시민사회에서 체득한 폭넓은 지식으로 학생들을 교육·계몽하였다.[10] 종교적 색채가 농후하고 게다가 영어로 하는 선교사의 수업과는 달리, 그의 강의는 젊은 학생들을 열광시켜 미래에 대한 강한 희망을 불어넣어주었다. 뿐만 아니라 서재필의 지도 아래 배재학당의 학생조직으로 1896년 11월에 창립된 협성회가 교내에서 계속 토론회를 개최했던 것도 배재학당이 근대적 교육기관으로 내실을 갖추는 데 큰 도움이 되었다. 독립협회운동이 전개되고 개화사상이 대중화됨에 따라 배재학당의 사회적 지위도 향상되었고 조선의 다음 세대를 책임질 학교로서 기대를 모으게 되었다.

배재학당은 영어과, 한문·국문과, 신학과의 세 과를 두었는데, 학생 수는 1896년에 영어과 106명, 한문·국문과 60명, 신학과 6명이었다. 학생의 평균연령은 영어과 18세, 한문·국문과 12세였고 양반 자제만이 아니라 가난한 하층계급의 청년도 입학하였다.[11] 수업연한은 3년으로 영어·역사·산술·화학·물리 등이 교수되었으며, 한문·국문과에는 중국고전 등이 추가되었다. 또 실기로 체조나 교련도 실시되었고 야구나 테니스 등의 근대 스포츠도 도입되었다. 교육 내용은 비교적 높은 수준이었고 수업은 일부 교과를 제외하고는 영어로 이루어졌다. 그 후

학교의 발전에 따라 더욱 수준 높은 교육을 가르칠 목적으로 한때 대학과정Regular College Course이 설치된 적도 있었다.[12]

육영공원의 교사를 그만둔 후 배재학당에 봉직했던 벙커Bunker는 이러한 학당 교육의 목적이 지적·도덕적·종교적 도야에 있으며, 특히 도덕과 종교를 중시하는 데 있다고 확신하였다. 사실 배재에서 사용된 교과서는 엄밀히 종교적 견지에서 편찬되었고, 신과 신의 은총, 신앙, 사랑, 구제 등의 기독교 교리가 강조되었다. 학교에서는 각종 종교의식이나 일요예배 참가를 의무화했으며 학생의 마음을 돌리는 데 많은 노력을 기울였다. 즉 미션스쿨인 배재학당의 기본 목표는 어디까지나 조선 청년의 기독교화에 있었다. 실제로 벙커가 말했듯이 배재에 입학했던 학생은 학년이 올라갈수록 기독교에 관심을 가져 1895년에는 1년간 275명 이상에게 기독교적 감화를 주었다고 할 정도로 '성과'를 올릴 수 있었다.[13]

그 후 얼마 지나지 않아 신학과가 폐지되었지만, 다른 학과 특히 영어과의 학생 수는 점차 증가하여 비숍이 말했듯이 당시 배재학당은 "조선에서 가장 강력한 교육적·도덕적·지적 영향력을 지닌 학교"[14]가 되었다. 1897년 7월 8일에 거행된 종업식the closing exercises에는 정부의 각부 대신 이하 정부관료, 서울 주재 각국 공사·영사, 외국인 교사 및 내빈, 영어학교 학생 등 모두 600명이 넘는 사람들이 참석할 정도로까지 발전하였다.[15] 그리고 사회적 지위의 향상과 더불어 배재학당의 학생은 독립문정초식獨立門定礎式 등 학외 행사에도 참가하였으며, 독립협회운동이 활발해짐에 따라 대중 토론회와 만민공동회, 관민공동회 등에도 진출해 적극적으로 국내의 개혁운동에 관여하게 되었다.

그런데 배재학당이 단지 근대학교로 성장하는 데 머무르지 않고 조선의 대중적 개화운동에도 참가했던 데에는 학생조직인 협성회가 큰 역할을 담당하였다. 협성회는 배재학당의 학생을 회원으로 했을 뿐만 아니라, 그 취지에 찬동하는 관리를 비롯한 일반 사회인도 찬성원贊成員으로 받아들였고 서재필의 지도 아래 자유·민권·독립의 계몽활동을 전개하였다. 창립 1년 후에는 학생회원 200명을 포함하여 600명의 회원을 가질 만큼 발전하였으며,[16] 1898년 1월부터는 기관지로 순국문의 『협성회회보』도 발간하였다. 협성회는 학생이 "서로 부지런히 학문에 힘을 쏟으며, 유익한 것은 서로 권장하고 잘못한 것은 서로 경계하며, 동창의 친목을 두터이 하고, 오로지 한마음으로 배워 나중에 만분의 일이라도 국가의 은혜에 보답"하는 동시에 "배워 유익한 것이 있으면 전국 동포에게 알려…… 전국 동포를 근면하게 만들고 서로 친목을 깊이 하며, 한마음으로 국가에 전력을 다하고 가정을 보호"[17]하는 것을 목표로 삼았다. 이를 위하여 협성회는 매주 토요일에 교내 토론회를 열어 학생과 시민의 개명진보를 도모하였으며, 또한 『협성회회보』에 정치·사회·문화 전반에 걸친 기사를 실어 일반에게도 판매하였다.

그 가운데서도 교내 토론회 개최는 협성회의 가장 중요한 활동이었다. 이 토론회는 입헌군주국가 확립을 목표로 하는 협성회의 지향을 구현했던 것으로, 거기서는 근대적 의사진행 규칙이나 연설 방법이 채용되었고 자유로운 의견 발표가 존중되었다. 이것은 『독립신문』이 "우리의 생각으로 의정부대신들은 배재학당에 가서 학생들에게 논의하는 방법을 배우는 것이 좋다"[18]라고 평가할 정도로 당시의 사회에서는 혁신적인 것이었다. 협성회 창립 이후 1898년 4월까지 모두 42회에 걸쳐 개최된 토론회에서는 국문 사용, 양복 착용, 근대교육의 실시, 체육, 위생의 강조, 봉건적 습속의 타파, 철도·도로·공원 등의 정비, 공장신설·산업개발 등 일련의 개화정책뿐만 아니라 의회 개설, 개항 반대, 이권 반대, 재정 및 군사권 침해 반대 등의 정치적 요구도 주제로 채택되었다.[19]

이러한 협성회의 활동은 근대학문의 성취를 기반으로, 기독교 정신 특히 배재학당의 설립 모체이며 사회에 관심을 많이 가졌던 메소디즘Methodism의 전통을 계승하여, 봉건적 조선 사회에 더 비판적이었던 감리파 선교회의 성격을 반영한 것이었다. 더구나 배재학당의 수업이 주로 종교적 교화의 방향으로 흘렀던 것에 비해, 협성회는 날이 갈수록 정부와의 대결 자세를 강화해가는 독립협회와 보조를 맞추어, 조선의 자주독립과 부국강병을 요구하는 개화운동의 전위적 역할을 담당하였다. 그리고 배재학당은 정부 위탁생을 받아들여 활발히 전개된 독립협회운동과 협성회 활동 등에 자극받아 크게 성장하여 조선의 개화에서 중요한 위치를 차지하게 되었다.

이에 대해 북장로파 선교회가 설립하고 언더우드학당으로 불렸던 고아원은 1890년에 모페트S. A. Moffett를 책임자로 영입해 이름도 야소교학당耶蘇教學堂, Jesus Doctorine School으로 바꾸면서 학교로서의 체재를 정비하였다. 이때부터 교수용어는 한문 및 국문으로 통일되었고 주로 종교 과목을 교수하였다. 이후 1893년에는 밀러F.S. Miller에게 인계되어 학생 수도 55명을 헤아리게 되었다. 학생의 나이는 9세부터 17세, 평균 13세로 일부는 선교회로부터 의식衣食을 제공받았으며, 또 다른 일부는 자기 스스로의 수공手工으로 생활을 꾸려나갔다. 교과목은 한문·국문·중국고전·한문성서 및 종교서 외에 지리·산술·생리학·교회사·창가·교련 등이었다.[20]

그러나 장로파인 브라운이 "조선 주재 선교회는 교육사업을 늦게 시작했다"[21]라고 기술했듯이, 처음부터 직접 전도에 주력했던 장로파 선교회는 근대학교의 설립과 근대교육의 추진에 소극적 태도를 보였다. 그리고 야소교학당도 교사진, 교과 내용, 학교시설 등의 면에서 아주 낮은 수준에 머물렀으며, 그 실상은 교리 해설을 중심으로 하는 전도기관에 가까웠고 학생 수도 답보 상태에 있었다. 그 결과 1897년의 재조선 장로파 선교회의 연차회의에서 "현재의 만족스럽지 못한 제도는 자금과 선교사의 귀중한 시간 낭비이다"라고 하여 야소교학당의 폐쇄를 결정하고, 새로이 각지에 초급학교 설립을 결의했다.[22] 이 회의에 참석해 야소교학당의 폐쇄 결의를 주도했던 재미 선교본부의 총무 스피어R. E. Speer는 이에 대해 (1) 복음전도사업이 무엇보다 긴급하다, (2) 수준 높은 교육에 대해 조선인 신도의 요구가 아직 적다, (3) 지금까지의 학교가 만족스럽지 못하다, (4) 필요한 일에 적합한 사람이 없다는 등의 이유를 들었다.[23]

하지만 그 후 신도가 급속히 증가하고, 특히 평양에서 기독교 학교가 활기를 띠게 됨에 따라 1900년에는 이 폐쇄 조치가 잘못되었음을 인식하고, 1901년에 게일J. S. Gale의 지도하에 같은 학교가 다시 문을 열었다. 이윽고 선교본부에서 밀러E. H. Miller가 도착하고 1905년에는 교장이 되어 교사校舍를 신축하고 학교명도 경신학교儆新學校, The John D. Wells Training School for Christian Workers로 바꾸어 중등 정도의 학교로 재출발시켰다. 교과목은 영어·조선사·교회사·천문학·박물·지리·물리·화학·산술·대수·성서 등이었으며 학생 수도 1902년에 13명, 1904년에 29명, 1905년에 49명으로 점차 늘어났다.[24]

이 사이 선교의 미개척지였던 서북 지방은 삼남 지방에 비해 유교의식이 희박하여 정치적·사회적으로 새로운 종교를 수용하기 쉬운 요소도 있었으므로 청일전쟁 후 기독교 개종자가 속출하였다. 그리고 1898년 이후 평양은 서북 지방 선교활동의 중심지가 되었고, 그 세력은 서울을 능가할 정도로까지 확대되었다. 1897년에는 베어드 부부Dr. and Mrs. Baird가 13명의 학생을 받아 성서·지리·생리학·창가를 가르치는 학당을 열었는데, 1900년에 숭실학교로 교명을 바꿔 최초의 장로파 중등학교로서 기능을 수행하게 되었다.[25]

그런데 기독교 선교회의 교육사업 가운데 여학교 설립은 특별히 중요한 의의를 가졌다. 삼종지도, 칠거지악, 남녀칠세부동석 등 삼강오륜의 엄격한 윤리도덕 아래서 봉건적 가부장제도에 눌려 있던 조선의 부녀자는 기독교 선교로 비로소 인간적 존엄을 인식하였으며, 이러한 여자교육에서 인간적 개화의 길을 발견하였다. 뿌리 깊은 차별의식으로 정부 주도의 여자교육기관이 설립되지 않았던 상황에서 조선의 여자교육은 전적으로 기독교 선교회에 의존하였다. 실제로 조선 주재 각 선교회는 남자교육에 뒤지지 않을 만큼 여자교육에도 힘을 쏟아 다수의 여학교를 설립했는데, 그 이유는 학대받는 부녀자를 교육하는 것이 조선의 문명개화, 더 나아가서는 기독교화에 아주 유효했기 때문이었음은 두말할 나위도 없다.[26]

그러나 여성이 대낮에 외출하는 것조차 허용되지 않았던 유교사회에서 기독교 여자학교가 정착하기란 아주 어려웠다. 이화학당의 경우, 학비는 물론 의식주에 사용되는 비용 일체를 학교가 부담하면서 고아와 불우한 소녀들을 입학시켰는데, 1890년대에 들어서야 겨우 자발적으로 입학을 희망하는 학생이 모여들었고 자비생이 늘어나기 시작했다. 1896년의 학생 수는 기숙생 47명, 통학생 3명이었고 학생의 평균 나이는 12세로 최연소자 8세, 최연장자 17세였다. 그 후 하층계급의 소녀만이 아니라 상류계급이나 개화 지식인의 자녀도 입학하였고, 1905년부터는 기혼여성도 많이 입학하게 되었다. 교과목은 처음에 성서가 대부분이었으나 점차 영어나 국문을 중심으로 하는 일부 근대교과가 더해졌고, 또 재봉이나 자수도 다루게 되었다. 그러나 이화학당이 발전했다고는 하지만, 정부의 정식 인가를 얻은 것은 1904년 중등과가 인가되고 나서이며, 또 최초의 졸업생도 창립 23년째인 1908년에야 비로소 배출될 수 있었다.[27]

기독교 선교회가 설립한 여자교육기관은 이 외에도 1887년 북장로파 선교회가 설립한 정신여학교, 1898년 남감리파 선교회가 창설한 배화여학교 등이 있는데, 모두 학생 수의 증가는 미미한 편이었다. 배화여학교의 경우, 30명을 수용할 수 있었던 기숙사가 하나 있었을 뿐으로, 개화의식이 침투가 이루어진 1902년에 이르러서야 비로소 통학생을 받아들였다.[28] 문헌에서 당시 여학생의 이름으로 노라, 마리아, 헬렌, 라이나 등을 많이 볼 수 있는데, 이는 이름이 없는 학생에게 선교사가 붙여준 세례명이었다. 따라서 이런 여자교육기관의 실태는 "학교라기보다 오히려 규모가 큰 가정"[29]이라는 표현이 어울리는 상태였다.

그렇지만 전체적으로 볼 때 기독교 선교회의 교육사업은 괄목할 만한 발전을 보였다. 특히 정부의 공교육 추진이 부진한 상황 속에서 조선인 신도의 손으로 세운 초등학교는 소규모였다고는 해도, 도시는 물론 전국 각지의 농촌에 보급되었다. 이미 1897년에 북장로파 선교회는 연차회의에서 지방 학교의 교육 방침을 정하고, 선교구역 내의 각지에 초등학교를 설립해갈 것을 결의하였다. 즉 "신도가 다수 거주하는 지역에는 초등학교를 반드시 설립해야 하고, 그 유지비도 지방 교회가 부담하도록 하며, 담당 지역 선교사의 감독을 받는다. 단 특별한 경우에는 선교회가 유지비를 원조하는데, 그 원조액은 학교 총경상비의 반을 넘을 수 없다"[30]라고 하여, 실질적으로 조선인 신도가 완전히 책임을 지는 자급 학교의 설립을 원칙으로 했다. 그리고 기독교신도 가운데서 채용될 교원 양성을 위해, 같은 해 각 선교구마다 몇 주간의 사범강습회 조직을 결의하였다.[31] 이러한 정책은 장로파만이 아니라 각 선교회의 초등학교로 일반화되었다.

당시 최대의 세력을 자랑하던 장로파 선교회의 초등학교 설립 및 학생 수 추이를 보면 〈표 4〉와 같다. 여기에서 특징적인 것은 학교 수, 학생 수, 교원 수가 항상 일정하게 늘어났다는 것, 특히 전통적으로 교육기관에서 배제되었던 여자의 초등학교 입학자가 순조롭게 증가했다

〈표 4〉 장로파계 초등학교 통계

연도	초등학교 수	학생 수		교원 수	
		남	여	남	여
1890	-	-	-	-	-
1891	-	-	-	-	-
1892	1	-	12	-	1
1893	3	15	12	5	2
1894	6	60	12	5	2
1895	6	60	12	5	4
1896	7	60	26	14	4
1897	14	252	80	19	4
1898	26	170	63	18	4
1899	20	140	72	27	5
1900	30	485	112	47	7
1901	56	665	165	52	3
1902	77	977	235	65	9
1903	90	1,219	442	82	11
1904	102	1,318	431	90	13
1905	139	1,721	633	112	25
1906	238	3,560	1,093	229	35
1907	405	6,333	1,426	394	30
1908	542	10,563	2,634	631	77
1909	-	11,104	3,569	-	-

[자료] 『長老敎會史典彙集』, 朝鮮耶蘇書會, 1918年, p. 211에서 작성.

는 사실이다. 더불어 북감리파 선교회 소속의 초등학교는 1902년 현재 26개교(그중 15개교는 여학교), 학생 수는 남자 186명, 여자 194명이었다.[32] 이들 초등학교는 기본적으로 6년제로 편성되었고 기독교 내용의 교과서를 사용했다.[33]

당초 기독교계 학교는 배재학당을 제외하고 대부분이 초등학교의 성격을 띠었다. 그러나 20세기에 들어와 지방 교회의 자급 학교가 급속히 늘어남에 따라, 외국 선교회의 교육사업은 점차 중·고등학교에 중점을 두기 시작했고, 초등교육기관은 조선인 신도나 지방 교회에 일임하게 되었다. 요컨대 조선의 기독교계 학교는 미숙하나마, 초등학교는 조선인 신도가 주체적으로 운영하는 자급적인 지방 교회 부속학교로서 선교회의 간접적인 감독을 받았고, 또 중·고등학교는 전도를 목적으로 외국인 선교사가 도시에 세운 미션스쿨로서 선교회가 직접 경영한다는 분화적 발전의 방향을 밟게 되었다.

참고로 각 선교회가 1885년부터 1908년까지 설립한 주요 기독교계 학교를 열거하면 〈표 5〉와 같다.

조선의 교육에 새로운 국면을 연 기독교 교육의 특징은 무엇보다 그 종교적 성격에 있었다. 이미 서술했듯이 기독교계 학교의 교과목은 성서·교회사·창가(찬미가) 등의 종교 과목이 가장 중요하였고, 그 외 역사·지리·산술·한문·박물 등의 일반 과목이 많았어도 기독교 교리와 결부된 것이었다. 그리고 교육은 기독교 선교에 봉사하는 것이어서 기독교계 학교의 목적도 조선인 전도사의 양성, 기독교 신도 및 그 자녀의 교육, 신앙을 갖지 않은 사람의 마음을 돌리는 데 있었다. 1895년 북장로파 선교회 연차회의에서 "서울의 남자학교와 여자학교의 초등교육을 종교적 방향으로 이끄"[34]는 것이 전체 회의의 안건이 되었는데, 여기서 "학교에서 영어를 가르치는 것이 학생에게 좋은 일만은 아니다"[35]라는 공식 견해를 표명했던 것은 선교회의 교육 의도를 솔직히 나타낸 것이었다. 이러한 정책은 1896년 북장로파 연차회의에서 더욱 명확해졌는데, "국어(조선어)로 기독교정신에 바탕을 둔"[36] 교육 방침이 확립되었고, 이것은 기독교 교육의 일반원칙이 되었다. 실제로 배재학당이나 언더우드학당, 이화학당 등 선교 초기의 기독교계 학교는 예외없이 종교교육을 아주 중시했고, 그 실태는 '교육'이라는 이름을 빌린 전도기관이라는 색채를 강하게 띠었다. 그리고 기독교계 학교는 그 이후에도 다소의 차이는 있었더라도 일반 교과liberal arts를 경시하고 종

〈표 5〉 기독교계 학교 일람(1885~1908년)

연도	학교명	설립자	소재지
1885	배재학당	북감리파	서울
1886	이화학당	북감리파	서울
1886	경신학교	북장로파	서울
1887	정신여학교	북장로파	서울
1894	광성학교	북감리파	평양
1894	숭덕학교	북감리파	평양
1895	一進학교*	북장로파	동래
1896	正進학교	북감리파	평양
1896	攻玉학교	북감리파	서울
1897	崇實학교	북장로파	평양
1897	信軍학교	북장로파	서울
1898	培花학교*	남감리파	서울
1898	明信학교	북장로파	재령
1898	盲啞학교	북감리파	평양
1903	崇義학교*	북장로파	평양
1903	樓氏학교*	남감리파	원산
1903	貞明학교*	북장로파	목포
1904	好壽敦학교*	남감리파	개성
1905	進誠여학교	북장로파	원산
1906	永明학교	남감리파	공주
1906	啓聖학교	북장로파	대구
1906	信聖학교	북장로파	의천
1906	保聖학교*	북장로파	의천
1906	義明학교	안식교파	순안
1906	韓英書院	남감리파	개성
1907	수피아여학교	북장로파	광주
1907	信明여학교	북장로파	대구
1907	紀全여학교	남장로파	전주
1908	新興학교	남장로파	전주

[자료] 손인수, 『한국근대교육사』, 연세대학교 출판부, 1971, pp. 24~25 및 김호일, 「근대사립학교의 설립 이념 연구」(『사학연구』 제23호, 1973년 12월, pp. 101~102). 그런데 손인수의 『한국근대교육사』에서는 상기 일람 중 *표시가 있는 학교도 여학교로 표시되어 있다.

교적 교화에 최대한 역점을 두게 되었다.

한편 기독교에 대한 공포감이 강했던 선교 초기, 조선인 자제가 기독교계 학교에 자발적으로 입학했던 이유를 극단적으로 말한다면 관리등용의 수단으로 영어를 배우기 위해서였다. 영어교육을 중시했던 북감리파의 배재학당이 비교적 순조롭게 발전한 반면, 영어교육을 배제한 야소교학당이 부득이 폐쇄되기에 이른 것도 학생의 영어 지향과 결코 무관한 것은 아니었다고 생각할 수 있다. 그렇지만 앞에서 서술했듯이, 배재학당도 1891년경 한때 학생 수가 감소했는데 이는 통역의 수요가 줄어들면서 영어 학습의 이점이 없어졌고, 또 서당에서 중국 고전을 배웠던 당시의 청년학생에게 종교 과목을 중심으로 하는 배재학당의 교육 내용이 지나치게 낮은 수준이었기 때문이었다.[37] 다만 그 후 청일전쟁, 갑오개혁, 독립협회운동 등 일련의 정치적 변동으로 신학문에 대한 인식이 높아지자 조선 학생도 일반 교과에 관심을 가지기 시작했으며, 또 학교 측도 각종의 근대교과를 커리큘럼에 추가하게 되었다.

이렇게 볼 때 각 선교회는 기독교계 학교에 무엇보다 종교적 교화의 기능을 부여했고, 조선 학생은 입신출세나 학문 습득을 위해 영어를 포함한 일반 교과의 가르침을 기대했다고 할 수 있다.[38] 그러나 근대교육과 근대학문이 아직 보급되어 있지 않았던 조선 사회에서 실제로 기독교 교육은 그때그때의 정세에 영향을 받으면서도, 전체적으로는 외국인 선교사의 주도 아래 종교적 교화의 측면을 강하게 갖게 되었다. 게다가 포교활동이 순조롭게 진행되었기 때문에 선교를 목적으로 하는 학교의 설립이 그만큼 절실하지 않은 측면도 있어, 각 선교회는 각종 기독교계 학교의 설립에 반드시 적극적이지는 않았다.[39] 이에 반해 교육이 자기들의 일이라고 생각했던 조선인 신도는 "선교단의 예상을 훨씬 뛰어넘는"[40] 초등학교를 중심으로 기독교계 학교의 설립·운영에 혼신의 노력을 쏟았다. 이러한 경위를 거치면서 기독교계 학교는 1900년대에 들어 더욱 증가했으며, 그 과정에서 일반교육을 중시해야 할 필요성이 논의되었고,[41] 각 선교회도 중·고등의 미션스쿨에 차츰 힘을 기울이게 되었다.

2. 조선에서 기독교 포교의 의미

조선의 기독교계 학교를 고찰하기 위해서는 조선에 진출한 외국 선교회의 성격과 목적을 알아야만 한다. 즉 재조선 기독교회의 양대 세력이었던 장로파 선교회와 감리파 선교회의 포교 목적과 그 모국인 미국의 대외정책을 이해하는 것이 조선 기독교 교육을 이해하는 데 필요 불가결한 일이라고 할 것이다.

19세기 후반은 조선 봉건사회가 붕괴되어가던 시기임과 동시에 미국 자본주의가 그 침략의 마수를 조선에 뻗쳐왔던 시기이다.[42] 미국은 조선의 정치·군사·경제·사상·문화의 모든 분야에 진출함으로써 자신의 세력을 부식시키고자 하였다. 이것은 당연하게도 미국 국내의 정치·경제 상황과 밀접히 관련되었다. 특히 자본주의 열강의 식민지 획득 경쟁에서 한 발 뒤늦었던 미국에게 조선은 풍부한 자원 공급지였고 과잉 생산물의 판매시장이었을 뿐만 아니라, 광대한 아시아대륙 진출을 위한 군사·전략적 기지였다. 따라서 미국은 정치·군사·경제적 수단뿐만 아니라 사상·문화적 수단을 이용한 진출을 꾀하여 후진 조선에 그들의 문명을 이식시키려 하였다. 19세기 말 조선에서 적극적으로 선교활동을 시작한 기독교는 이러한 미국의 대조선 정책에 계획적이고 조직적인 침략의 첨병으로서 그 역할을 수행하였다.

자본주의 열강의 대외 진출과 기독교 및 식민지 교육과의 상호관계에 깊은 통찰력을 가지고 있었던 베커H. T. Becker는 그의 저서 『열국列國의 식민지 교육정책』에서 "기독교 전도와 백인의 식민은 항상 어디서나 서로 병행해 진행된다. 통례상 양자는 직접적 목적과 활동의 형식을 달리함에도 불구하고 같은 정신과 같은 세계관을 가지고 행동한다"[43]고 했고, 또 "기독교화와 미국화는…… 서로 불가분의 상태에서 서로 이행한다"고 말하여 기독교 선교와 미국 대외정책의 본질적인 관련성을 분명히 하였다. 이는 복음전도를 통해 기독교 공화국을 수립하고 도덕적 '의무'로서 기독교적 세계질서를 형성하려는 기독교 선교회와, 해외에 정치·경제적 지반을 구축함으로써 스스로의 자본주의적 성장에 필요한 시장을 획득하려는 미국 자본주의가 하나의 목적을 향해 공동작전을 전개하는 것을 의미했다. 게다가 기독교 '문명'국을 자칭하는 많은 미국인은 궁극적으로 "유색인종 및 미개민족을 '진보'의 길로 이끌고, 그들에게 '문명화'할 자격을 주어, 그들을 '민주정체' 및 현재의 '공업시대'라는 '세계사회'의 생활에 관여시키는 방식으로 '교도'하는 것"[44]이 자기의 책무라고 생각하였다.

실제로 조선에 진출한 미국시민 및 기독교 선교회는 이런 논리를 그대로 실천에 옮겼다. 1890년 이후 적지 않은 미국인이 봉건정부 내의 요직을 차지하였으며 갑오개혁 후에는 각각 궁내부와 의정부, 그리고 외부·법부·군부·학부 등 각 부국의 '고문'으로서 자국 세력의 부식에 부심하면서 친미파 그룹 양성에 전력을 기울였다. 그들은 기독교 선교회와 힘을 합쳐 정부관료에게 친미사상을 주입하고, 또 '정동그룹' 등의 친미단체를 결성해 지식인의 '개화=미국화'를 촉진하면서 친미세력의 확대를 꾀했다. 특히 미국인 선교사는 '교육'사업과 '의료'사업을 통해, 혹은 조선인의 정신적 공백에 편승한 직접 전도를 통해 근대문명에 낯선 조선인을 '계몽'하고자 하였다. 그리고 그들은 조선 침략에 유용한 각종 정보를 본국에 전달했을 뿐만 아니라 선교사 출신의 미국 공사 알렌[45]으로 대표되듯이, 침략의 첨병이 되어 이권 탈취를 비롯한 갖가지 권익 획득을 위해 암약하였다. 이러한 그들 활동의 총체는 조선에서 각종 '사업'의 진전에 만족했던 언더우드가 적절하게 말했듯이 "통상과 교회가 손을 맞잡고 신의 나라를 전진시켜 평화의 사도이신 그리스도의 가르침을 널리 펴는"[46] 것이었다. 더욱이 그것은 단지 조선의 기독교화와 식민지화를 꾀했을 뿐만 아니라, 더 나아가서는 "그리스도를 위해 중국을 신속히 거머쥐려고"[47] 하는 것이었다.

한편 조선의 역사에서 기독교 선교는 정치·경제·문화·도덕을 포함하는 모든 봉건체제가 파산에 직면하고, 새롭게 자본주의가 전개되려는 시기에 시작되었다. 기독교는 근대문명과 서양 문명 최초의 대표자로 조선에 진출하여, 미신과 구습의 타파, 근대문물의 도입, 남녀평등 등 서구적 인간관의 확립을 통해 사회와 개인의 새로운 관계를 창조하는 역할을 담당했다. 그것은 유교적 전통 아래 진정한 의미의 자연과학과 사회과학이 아직 보급되어 있지 않은 상황에서, 다분히 신을 중심으로 한 새로운 사회관계의 설정을 의미하는 것이었다. 물론 기독교(프로테스탄트) 선교 이전에도 이미 봉건사회의 태내에서 자본주의적 생산양식이 싹트고, 봉건적 신분차별 철폐의 전제인 '자유'나 '평등'이라는 근대 시민사회적 관념도 실학사상을 단서로 생겨나고 있었다고 할지라도, 이러한 변화는 기독교 전파로 더욱 촉진되었다. 더욱이 기독교의 관점에서 볼 때 봉건적인 조선 사회에서 지배·피지배의 신분관계를 타파하는 것이야말로 기독교적 휴머니즘에 기초한 새로운 인간관계를 수립하는 것이었고, 동시에 전제적 정치제도와 척사의식을 제거하는 것이야말로 기독교의 발전을 보장받을 수 있는 것이었다. 다만 기독교 선교회가 전제군주를 포교·침략의 한 수단으로 이용했으므로, 조선의 봉건제도에 대한 대응에 일정한 한계가 따르기는 했지만, 여하튼 서양에서 3~4세기라는 긴 세월에 걸쳐 완만하게 진행되었던 사회변혁이 조선에서는 기독교의 직접적 영향 아래 아주 단기간 내에 전개되었다.

그 결과 기독교의 영향력은 다른 아시아의 여러 나라들과 마찬가지로, 거기에 관련한 사람들이 소수였음에도 불구하고 불균형하게 커지고 있었다. 게다가 이러한 기독교 포교의 확대는 무엇보다 외국인 선교사의 열성 어린 전도로 가능하였다. 이들 선교사는 조선에 입국하자마자 그곳을 영원히 살 곳으로 결정하고, 먼저 조선어에 숙달하고 조선의 인정·풍속을 연구하며 자유롭지 못한 것을 참아냈고, 간난신고艱難辛苦를 이겨내면서 어떠한 한촌벽지寒村僻地에서도 헌신적 활동을 펼쳤다. 또 병원과 학교를 설립함과 동시에 일찍부터 성서의 번역·보급에 힘을 기울였다. 특히 한문성서에 더해 국문성서를 출판한 것은 국문으로 된 동학경전東學經典의 보급이 그랬듯이, 기독교의 영향력을 비약적으로 증대시켰다.[48]

이러한 선교사의 열의에 자극받은 조선인 신도는 적극적으로 자급自給·자치自治·자전自傳의 전도활동에 참가하여 지방 교회를 설립·유지하는 데 힘쓰고, 각종 사업을 위한 많은 금액을 출자出資하기도 했다. 하지만 조선에서 포교 확대는 외국 선교회의 재력에 의존하는 경우가 많았고, 실제로 선교자금은 미국 본국의 선교본부나 각계 시민의 재정 원조에 크게 의존했다. 그것은 언더우드가 조선의 전도활동은 "(미국) 본국에서 보낸 증원增援과 자력資力의 관계"[49]와 밀접히 관련되어 있고, 또 "(조선을) 그리스도 아래 둘 절호의 기회…… 를 활용하느냐 못 하느냐의 선택을 재촉받았던 것은 (조선의 교회가 아니라) 미국에 있는 기독교회"[50]였다고 분명히 밝힌 것에서도 잘 나타난다.

당시 조선에서 확대된 기독교 세력의 모습을 이해하기 위해 장로파계 신도의 연도별 세례자 수와 신도 총수의 추이를 보면 [그림 1]과 [그림 2]와 같다.

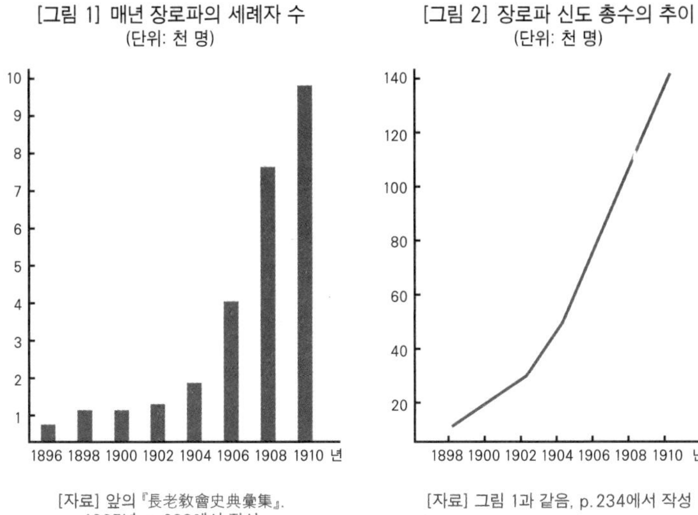

[그림 1] 매년 장로파의 세례자 수
(단위: 천 명)

[자료] 앞의 『長老教會史典彙集』. 1935년, p.233에서 작성

[그림 2] 장로파 신도 총수의 추이
(단위: 천 명)

[자료] 그림 1과 같음, p.234에서 작성

이 그래프에서 볼 수 있는 장로파계 신도 수 증가 비율은 대체로 조선의 기독교 신도 총수의 추이를 나타낸 것이라고 생각해도 좋다. 이들 신도의 입신入信 동기는 다양했는데 구체적으로 보면, "관리의 약탈과 양반의 억압을 피해 생명과 재산을 보전한다",[51] "가혹한 현실에서 도피해 내세來世를 기대한다", "영어나 서양 지식을 배워 관직에 오른다, 서구 각국을 통해 서양 문명을 섭취한다",[52] "미국에 빌붙어 정치적 안전을 도모한다, 타락한 생활에서 벗어나기 위한 수단으로 삼는다",[43] "마을이나 친족 등 중심인물이 개종함에 따라 함께 입신한다",[54] "인간 존재의 근원적 행위로서 종교신앙을 추구한다"는 등이었다. 입신 동기의 대부분은 영적 구제를 첫 번째 목적으로 하는 외국인 선교사의 의도와는 달리,[55] '서양 문명의 수용'과 '피난 장소의 확보'라는 두 가지로 대별할 수 있다. 전자는 독립협회운동에서 전형적으로 볼 수 있는 지식인의 개화의식으로 나타났고, 후자는 외국인 선교사의 치외법권에 기대고자 했던 일부 민중의 도피적 행동으로 나타났다.

게다가 1904년 이후 기독교 신도가 매년 늘어난 것으로 상징되듯이, 일본이 조선의 식민지화를 더욱 진전시킴에 따라 정치·사회적인 상황은 더욱 긴박해졌고 이는 조선인이 한층 더 기독교에 귀의하도록 만드는 요인이 되었다.

3. 기독교계 학교의 교육사적 의의

조선에서 기독교 교육의 전개 및 기독교 포교의 확대가 앞서 기술한 특징을 지닌다고 할 때, 갑오개혁 이후 특히 활발하게 전개되었던 기독교계 학교는 조선근대사 특히 조선근대교육사에서 어떤 의미를 가지는 것일까. 그것은 당연히 조선의 개화를 짊어진 근대교육의 선구자라는 역할을 맡았다는 긍정적인 측면과 미국 자본주의의 조선 침략 도구로 이용되었다는 부정적 측면으로 나누어 분석할 수 있을 것이다.

긍정적 측면은 기본적으로 기독교가 조선 사회의 개화에 큰 영향력을 미쳤다는 점이다. 즉, 기독교가 조선의 개화에 이바지한 요점으로서는 주색酒色과 미신행위로 대표되는 문란한 생활의 정화, 관존민비·계급관념·여성차별을 중심으로 하는 유교적 사고의 타파, 서양 문명이나 근대지식의 보급, 민족의식의 배양 등을 들 수 있는데, 그 결과 조선 사회에서는 일찍이 볼 수 없었던 기독교적 휴머니즘의 정신이 싹트기 시작했다. 이를 바탕으로 기독교계 학교는 정부의 근대교육 추진이 부진했던 상황 속에서 구교육과 관련해 신교육의 중심적 존재가 되었다. 당시의 기독교계 학교가 조선 사회에 기여한 점으로 다음 7개 항목을 들기도 한다.[56] (1) 서양식 교육제도를 최초로 도입하여 신학문의 수용에 개척자적 역할을 담당한 점, (2) 서양 문물과 서양사상 및 그 사고방식을 조선에 가져왔다는 점, (3) 계급사상을 타파하고 교육 기회균등의 원칙을 제시한 점, (4) 여자교육을 실시하여 남녀평등을 실천한 점, (5) 빈곤 학생에게 일을 주어 근로정신과 자주·자립의 사상을 가르친 점, (6) 과외의 운동경기, 연설회·토론회를 장려하여 기억 중심이 아닌 전인교육의 새로운 의의를 제시한 점, (7) 교육의 목적을 개인의 영달에서 사회봉사로 변화시켰다는 점 등이다.

이것들은 모두 조선근대교육사에서 기독교계 학교가 차지한 의의의 일면을 말해준다. 사실 기독교계 학교는 봉건적 인륜관계에 얽매인 개개인에게 근대적 자아를 형성할 수 있는 기회를 제공하였으며, 자립적인 인격 도야를 통해 새로운 인생관이나 세계관을 확립할 수 있는 길을 열어 주었다. 또 개인이나 가족의 이익을 최고로 삼는 도덕 기준을 가족이나 민중, 군주, 사회, 국가, 인류에게 공통된 '보편적' 사랑으로 끌어올리는 데 적지 않은 공헌을 하였다.[57] 더 나아가 기독교계 학교는 무엇보다 근대교육의 개념과 그 유효성을 조선 지식인에게 알려주어, 조선의 자주독립과 부국강병에 근대학교의 설립이 불가결하다는 점을 더욱 깊이 인식시키는 데 큰 역할을 하였다.

한편, 부정적 측면은 기독교계 학교가 미국 자본주의의 조선 침략 도구로 기능했다는 점이다. 베커는 미국이 기독교 선교사 등을 통해 세계 각지에서 실시한 교육사업에 대해 "교육적 감화의 방향은 오로지 미국이 새로운 판매시장을 개척하고, 몇백만의 유색인 대중에게 문화재와 투자에 대한 수요를 환기시키고 이를 높이려는 경제적 요구와 완전히 일치"하며, "게다가 원주민을 경제적으로 이용하는 일과 경제력을 증대하는 일은 미국인에게 세계의 교육정책에 노력을 기울이도록 하는 원동력이 되는 것이다"[58]라고 그 본질을 명확히 했다. 더욱이 미국인에게 교육이란 주관적으로는 "'미국의 이상' 실현, 즉 각 민족이나 국민이 화목하게 생활하도록 하고, 모든 원주민이 미국에서 발전한

다양한 문명과 생활표준 및 민주주의적 자유에 똑같이 참여하도록 만드는 유일한 길"[59]이었던 것이다.

실제로 이러한 미국의 대외 교육정책은 군사전략의 요충지이며 이미 열강 각축의 장으로 변한 조선에서 더욱 철저하고 교묘하게 적용되었다고 할 수 있다. 그것은 현실적으로는 미국이 기독교라는 이름 아래 '자유·평등·박애'의 간판을 내걸고 교육을 통해 조선 민중에게 친미사상을 주입시켜, 자신들에게 복종 내지는 협력하는 기독교도의 양성에 힘을 쏟았다는 것을 의미한다. 그리고 미국은 이를 기초로 조선의 정치, 경제, 군사, 문화와 관련한 모든 영역의 지배권을 확립하여 그것을 미국화하고 식민지화하려고 하였다. 더욱이 미국의 조선 침략이라는 전체 구조에서 본다면, 기독교계 학교는 미국인이 "무역이나 광산, 그 외의 기업을 통해 조선 민중을 착취·약탈하면서 그 초과이윤 가운데 극히 일부분만을 사용해 설립한"[60] 것이었다고 이해해도 좋다.

따라서 미국인 선교사가 주장했던 조선의 '독립'은 물론이고 그들이 표명했던 "우리는 더 우수한 조선인을 육성하려는 것이고 외국인을 만들려는 것은 아니다"[61]라고 했던 '교육 방침'도 결코 액면 그대로 받아들여서는 안 될 것이다. 실제로 기독교계 학교는 성서 학습을 중심으로 하는 종교적 감화에 최대의 역점을 두었고, 배재학당이나 야소교학당에서도 볼 수 있듯이 체조나 교련의 교관으로 미국 공사관의 경비대원과 해병대원이 동원되었으며,[62] 학교 행사에는 조선국기와 함께 미국국기가 게양되었다.[63] 특히 미국 공사 알렌이 조선 정부에 보낸 외교문서에서 배재학당을 '미국 학교American School'로 호칭했을[64] 뿐만 아니라, 헐버트를 교사로 파견했던 관립사범학교조차도 마찬가지로 '미국 학교'로 표현하는[65] 등 미국인 선교사가 근무하는 학교를 자국의 세력을 부식시키기 위한 기관으로 명확히 인식하고 있었음을 알 수 있다.

이처럼 기독교계 학교가 긍정적 측면과 부정적 측면의 두 가지 성격을 지녔다는 것은 당연히 조선에서 근대교육의 전개가 복잡한 것이었음을 시사한다. 앞에서 서술했듯이, 기독교계 학교가 처음부터 순조롭게 발전했던 것은 아니었다. 보부상 두목의 이름을 사칭한 '가짜 투서사건'[66]에 잘 나타나 있듯이, 그 전개과정에서 누차 열국의 침략에 반대하는 조선 민중의 배외사상이나 적대의식에 직면해야 했다. 당초 몇 개의 도시에 기독교계 학교가 설립되었고, 거기서 많은 학생이 배웠으며, 또 기독교 신도도 증가했지만, 이것이 곧바로 조선 민중이 적극적으로 기독교 신앙이나 기독교계 학교를 지지했음을 의미하는 것은 아니었다. 즉 배재학당이 정부 파견 위탁생을 수용하거나 독립운동을 계기로 크게 발전했다는 사실과 기독교계 학교의 설립에 반드시 적극적이지는 않았던 선교회를 대신해 조선인 기독교도가 초등학교의 설립에 헌신적으로 노력했다는 사실에서도 알 수 있듯이, 조선 민중이 희망했던 것은 기독교가 아니라 개인 또는 국가와 결부된 근대학문이고 근대교육이며 근대문명이었다. 단지 보수반동 정부의 무능과 무책임 때문에 그들 민중은 기독교 선교사가 제공하는 기회를 이용하는 것 이외의 방법이 없었다.[67] 더욱이 유일한 사회적 세력이었던 독립협회가 좌절된 이후, 조선 민중은 기독교계 학교가 지닌 종교적 교화나 침략주의적 성격을 시정하고 그것을 조선에 유리한 방향으로 이끌 만큼의 주체적 운동을 전개할 수도 없었다.

그러는 가운데 일본의 조선 침략 위협이 현저해짐에 따라, 기독교에 대한 국민의 공포감은 차츰 불식되고 오히려 조국의 문명을 기독교에 위탁하려는 자가 조금씩 늘어났다. 거기서 기독교는 서양 문명과 하나로 인식되었고, 서구 선진국에 대한 사대주의와 불가분으로 연결되어 있었다. 그리고 자주독립을 확보하고 조선의 개화를 바라는 민중의 애국적 열의는 근대교육으로 향해지고, 그것은 이미 발전하고 있었던 기독교계 학교로 집약되었다. 그것은 결국 본래부터 공교육이나 비종교적 민족교육으로 투입되어야 할 민중의 많은 교육 에너지가 기독교 선교사가 선도하는 기독교계 학교로 집중하는 것을 의미했다. 그러나 기독교 그 자체가 미국의 대외침략 도구라는 성격을 지니는 한, 기독교계 학교가 민중의 '계몽'에 이바지하고 항일투사의 육성에 큰 역할을 담당하였다고 해도, 거기서 형성된 조선 민중의 내면적 자아는 미국의 조선 진출에 이용되었고 또 때로는 그것에 적극적으로 가담해 갈 위험성을 내포할 수밖에 없었다.

환언하면 조선의 근대교육을 담당하는 가장 큰 존재였던 기독교계 학교는 일본의 조선 침략에 대항하는 민족적 에너지를 창출해내는 기능을 맡으면서도, 그 종교적·친미적 요소 때문에 민족적 주체성의 형성에 일정한 편향을 가져왔고 결과적으로 조선근대 부르주아 민족운동을 적지 않게 왜곡시켰다. 그리고 이는 구교육의 결함을 내재적으로 극복하는 동시에, 민중을 계몽함으로써 역사 주체를 형성해야 한다는 과제를 담당한 조선근대 교육운동이 그 성과를 이루어가는 과정에서 아주 커다란 약점을 자기 안으로 구조화해갔다는 것을 의미했다.

V. 일본의 교육 침략과 일어학교

1. 일본의 조선교육론과 일어학교의 설립

청일전쟁 후 조선에 대거 진출한 일본 세력은 교육을 그 침략정책의 중요한 수단으로 간주하였다. 그것은 무엇보다 일본 정부가 갑오개혁에 깊숙이 간섭하여 조선의 교육개혁을 자국에 유리한 방향으로 유도하고, 또 민간 일본인도 각종학교를 설립해 친일적 '교육'을 실시하는 데 발 벗고 나섰음에서 알 수 있다. 동시에 일본의 조선 진출은 메이지유신 직후의 '정한론' 이래 군사적 색채가 매우 농후했다. 일본은 조선에 대해 군사적 간섭을 일삼으면서 그에 필요한 요원, 특히 조선어에 숙달된 침략의 첨병을 계통적으로 양성하는 데 부심해왔다. 그것은 육군참모본부가 1879년明治 12年에 '조선어학생'을 조선에 파견하고,[1] 또한 1880년에는 도쿄외국어학교에 '조선어학과'를 설치해 외무성과 육군성의 위탁생들에게 조선어를 가르치기 시작했으며,[2] 더욱이 1882년 임오군란 당시 육군 파견 어학생이나 자비 유학생이 '호위'대의 일원으로 출동했던 것[3] 등에서도 알 수 있다.

이러한 일본의 조선 진출은 단지 군사나 정치·경제의 영역에 그치지 않고 교육을 포함한 사상·문화의 영역에까지 확대되었다. 더욱이 사상·문화의 영역에서 조선 진출은 일본 국내의 동향이나 국제정세의 전개에 따라 그 형태나 내용이 미묘하게 변화하였다. 특히 조선에 대한 일본의 교육 진출은 처음부터 확고한 사상이나 정책에 따라 추진된 것이 아니라, 때로는 일본의 국가 이익을 추구하는 대외정책의 일환으로, 또 다른 때에는 개인이나 단체의 문화적 관심을 구현하기 위해 이루어졌다.

일본의 대외 교육 활동을 가장 크게 규정한 것은 말할 나위도 없이 일본 국내의 정치와 교육의 동향이었다. 메이지 정부의 성립 이래, 일본에서는 개인의 자유와 독립을 달성하려는 노력이 전개되는 한편, 이러한 개인의 자유나 독립의 달성이라는 과제를 무시 내지는 억압하고 국가기구의 확립에 전력해가는 움직임도 있었다. 결국은 천황을 중심으로 국가권력의 강화를 추구하는 논조가 점차 세력을 얻고, 이와 동시에 교육을 통일국가 형성의 유력한 '장치'로 간주하는 국권적 내셔널리즘이 대두하였다. 거기서는 "국가가치가 직접적으로 개인의 내심內心과 인식과정을 장악하고 이를 대표하는 형태를 취함"[4]으로써, 그것은 전제국가專制國家를 지탱하는 '천황제교육'으로 체계화되기 시작했다. 1879년 8월 인의충효仁義忠孝라는 유교적 덕육의 강화를 촉구한 '교학성지敎學聖旨'로 시작하는 천황제교육의 발걸음은 자유·민권에 근거한 국가·사회체제의 변혁을 추구하는 비판적 인간을 근절하고, 국가권력에 순종하는 국민의 형성을 꾀하는 것이었다. 그리고 이런 동향은 1890년 '교육칙어敎育勅語'의 발포로 '충량한 신민'을 육성하는 것이 국민교육의 기본원칙이라고 천명함으로써 일단 완결을 보았다. 여기서 일본의 교육은 학문이나 교육의 자유에서 분리됨과 동시에 천황 중심의 가치체계에 근거한 '교화'를 그 본질로 하게 되었고, 또 '효孝'보다 '충忠'에 중점을 두는 유교적 덕목이 교육 내용의 근간을 이루었다. 더욱이 이러한 교육을 기초로 하는 천황제 국가체제는 일본의 해외팽창주의와 일체를 이루는 것이었다.

여기서 알 수 있듯이, 일본인의 조선 교육 진출은 무엇보다 침략적인 일본 내셔널리즘의 조선 침투를 의미했다. 그리고 이는 일본인이 조선의 교육을 불모·낙후한 것으로 파악함으로써 합리화되었다. 에노모토 다케아키榎本武揚의 『조선사정朝鮮事情』(1876년), 고마츠 스스무小松運의 『조선팔도지朝鮮八道志』(1887년), 다나카 도사쿠田中登作의 『아세아제국교육일반亞細亞諸國教育一斑』(1892년), 스즈키 노부히토鈴木信仁의 『조선기문朝鮮紀聞』(1894년) 등은 부분적이기는 하지만 조선의 교육을 처음으로 다룬 것인데, 이들은 모두 조선의 학문부재學問不在·교육부재教育不在를 논하고 있다.[5] 또한 관립일어학교의 초대 교사였던 오카쿠라 요시사부로岡倉由三郎는 귀국 후 발표한 '조선국민교육신안朝鮮國民教育新案'에서 "조선에는 교육이 없다고 말해도 혹평이 아니다"라고 단언하면서, 이를 위해 조선 교육이 "구제舊制를 벗어나 신제新制가 되기 위해서는 반드시 급진적이고 과도함을 삼가고 몇몇 단계를 거쳐 나아가는 것이 필요하다"[6]라고 주장하였다. 그리고 여기서 볼 수 있는 일본인의 조선교육론은 드디어 천황제 국가의 대외팽창론과 결부되어 조선의 교육에 대한 일본인의 '책무'를 강조하는 논조로 발전해갔다. 그러나 그것은 옛날 일본이 조선에게 입은 문화적 은혜에 보답하는 것으로 여겨졌다.

하지만 이러한 일본 지식인의 교육 진출론은 처음부터 일본 교육의 이식을 주장했던 것은 아니었으며, 또한 조선의 문화적 전통을 전면적으로 배격한 것도 아니었다. 즉 청일전쟁을 계기로 조선교육에 관한 논의가 활발해졌다고는 하지만, 적어도 전쟁의 승리가 확정되기까지는 일본 교육계의 조선교육론은 조선의 '독립'을 전제로 해서 모국어인 조선어 교육을 중시하였다. 예를 들면 당시의 몇 가지 교육잡지 가운데, 일찍부터 조선교육에 관심을 나타냈던 『교육시론教育時論』이 1894년 8월 제337호 사설 '조선의 교육을 개량하는 방법 여하' 가운데 "우리나라가 조선을 도와 그 내정을 개혁하는 것은 조선이 완전히 독립을 유지해, 우리 일본과 마찬가지로 서양 문명국과 대등한 위치에 서도록 하길 바라기 때문이라면, 교육에 관한 개량도 역시 그 취지에 근거해 국가의 독립을 유지·보호하는 정신에서 출발하지 않으면 안 된다. 그런데 지금 그 고유한 문자를 폐하고 대신 우리 일본의 문자로 대신하려는 것은 결국 조선의 독립을 방해하는 것으로, 우리 정부가 조선에 대한 선린우호의 취지를 어긴 것이 분명하다. 동시에 교육의 보급 발달의 측면에서 그것을 논하는 것도 그 나라 고유의 문자를 가지고 지식 전달의 매개로 삼는 것이 유리한 까닭은 지자智者를 기다릴 필요도 없이 명백하다"[7]라고 쓴 것은 이 시기의 논조를 가장 잘 나타낸 것이었다.

원래 여기서 볼 수 있는 '독립'이란 개항 이후의 부패로 인해 외국 열강의 침략을 초래해 그에 의존하려고 했던 조선왕조의 '권위'를 인정했던 것이 아니고, 오히려 '정한론' 이후의 '탈아론', 더 나아가서는 1893년 다루이 도키치樽井藤吉의 '대동합방론大東合邦論'에 이르는 일련의 사상적 계보에서 동양 3국의 평등한 관계를 배제하고, 일본의 '맹주'적 지위를 암묵적으로 이해시키려고 했던 정치적 틀 속에서의 개념이었다. 이러한 면은 교육에서 언어학자로서 조선어의 우수성을 인정했던 오카쿠라가 "국가 독립의 일부분으로서…… 언어는 완전히 자국어로 배우게 하고, 동시에 문자도 한자를 없애고, 나아가 조선국 고유의 가나문자假名文字, 즉 언문을 사용"[8]해야 한다고 주장하는 한편, 또 "조선에 수입되는 목하 적당한 지식은 일본어 속에 함유되어 있다"[9]고 하면서 일본어를 배움으로써만 조선의 개화를 촉진할 수 있다고 강조한 것에서도 나타난다.

그런데 일본의 조선 침략에서 항상 중요한 역할을 했던 것은 바로 일본어였다. 더욱이 교육 진출의 초기에는 일본어가 근대 외국어의 하나로, 혹은 보통학 교수의 용어로 여겨졌다. 이는 조선을 향한 교육 진출을 주장했던 일본인이 처음에 '문명주의'를 그 이유로 내걸었던 것과 관련이 있다. 실제로 1891년 4월에 설립된 관립일어학교는 교과목으로 일본어 읽기, 받아쓰기, 작문 이외에 수신·지리·역사·동식물 등이 있었고, 그 수준은 일본의 고등소학교에 가까웠다.[10] 또한 오카쿠라는 '조선국민교육신안'에서 신설되어야 할 소학교나 중학교에서 지리·역사·산술 등의 보통학을 중시하고, 조선어 이외의 외국어로 일본어를 채용해야 할 것을 주장했다.[11] 또 오카쿠라의 후임으로 일본어학교의 교사가 된 나카지마長島畚次郎도 고용에 앞서 일본 공사관을 통해 조선 정부에 의견서를 제출하고 다음과 같이 일본어와 보통학을 중시해야 한다고 분명히 했다. 즉 "처음에는 주로 쉽고 고상한 말만을 가르쳐 일상회화에 약간 통하게 하고, 그런 뒤에 지리·역사 등을 가르침으로써 천하의 지세와 열국의 지위 및 세계변천의 대세를 알게 하며, 다음으로 이화학理化學을 가르쳐 학생에게 기기機器·후생의 기교와 만상변환萬象變幻의 묘妙함을 터득케 함으로써 물질이용·유형문화의 이치를 알게 한다. 이렇게 차츰 유형·무형의 대강을 알게 되면, 그 지식에 바탕을 둔 문명의 원리·응용을 규명하고 인생·처세 및 정치·경제 등의 이치를 규명하며 성실한 사람이 되어야 한다"[12]고 분명히 했다. 여기서 볼 수 있는 일본어를 사용한 보통학의 교수는 기독교계 학교가 영어와 성서(종교서)를 교육의 주된 내용으로 삼았던 것에 비해, 전파해야 할 유력한 종교를 갖고 있지 않았던 일본이 조선으로 교육 진출을 꾀할 때 채용했던 교육 방침이었다.

하지만 청일전쟁이 일본 측의 승리로 끝나고 메이지 국가의 식민정책이 더욱 노골적으로 전개되자, 조선교육에 대한 일본 교육계의 의견도 점차 침략적 색채를 띠게 되었다. 그것은 기본적으로 청일전쟁이 메이지 지식인의 사상적 전환을 초래했고, 또 각 분야의 논단論壇에서도 메이지 정부를 중심으로 하는 국가주의, 제국주의, 팽창주의가 주류를 이루게 된 것과 관련이 있다. 도쿠토미 소호德富蘇峰의 말을 빌리자면, 메이지유신이 일본 국민의 '국민적 자각'을 가져왔음에 비해 청일전쟁은 '제국적 자각'을 가져와 '제국'의 연합은 그야말로 국민이 '팽창적 대국민'이 되느냐에 관련한 것이었다.[13] 즉, 1895년에 일본은 조선에서 군사적 지배권을 확립하고 대만을 영유함으로써 본격적인 제국주의적 해외 침략 정책을 출발시켰고, 교육을 군사력과 결합된 민중 지배의 중요한 수단으로 바꾸어나가기 시작했다.

일본 국내에서는 국민도덕의 지주를 이루는 '교육칙어'의 정신이 더욱 강조되어 학교나 관청에 천황의 사진이 걸리는 등 가부장적 권위를 상징하는 천황의 인격이 전면에서 강제되었다. 학교는 군대와 더불어 상호 보완적으로 국가의지를 구현하는 사회기관이 되었고, 국민교육과 군대교육의 결합이 진행되는 가운데 정신주의나 형식주의가 정착하기 시작했으며 교육 내용에서도 단련과 훈련 등 군사적 요소가 한결같이 중시되었다. 또 많은 군가가 만들어지고 그것이 학교교육이나 사회교육에서 정치적 요구를 뒷받침하는 해외팽창론을 일본 국민에게 심어주는 간편한 교재로 크게 이용되었다.

교육이론에서도 '해외'로 '웅비'하는 인물을 육성하기 위한 '교육개조'라는 주제(樋口勘次郎, 『統合主義新教授法』, 1899)가 논의된[14] 후, 일본 자본주의의 '번영'과 조선·중국에 대한 제국주의적 침략을 배경으로 하는 메이지 교육체제가 동요하는 가운데 "제국주의 정신으로 민중을 교육"해야 한다는 제국주의적 교육론(浮田和民, 『帝國主義と教育』, 1901)이 전개되었고, 또 "사회를 위해 개인의 희생을 요구"하는 국가사회주의 교육론(樋口勘次郎, 『教育者と國家社會主義』, 1904)도 주장되었다.[15] 이들 모두는 일본의 제국주의적 발전을 합리화하고 지지하는 교육론으로 귀결되었는데, 그 과정에서 노골적인 군사적 제국주의를 비판하고 평화적·경제적·윤리적 제국주의를 지향하는 '제국 이데올로기'의 형성을 목표로 하는 논리도 큰 위치를 점하게 되었다.[16] 그리고 일본 지배층은 교육의 현장과 이론을 통해 '탈아脫亞'적인 사고방식 아래 민중에게 "조선에 대한 편견을 핵심으로 하는 중층구조"[17]로써 아시아 멸시관을 심어주고, 조선을 축으로 해외 침략의 에너지를 전 국민적 규모로 창출하고 있었다.

여기서 일본 지식인의 조선교육관에 대해 살펴보면, 이미 1895년 4월 청일전쟁을 배경으로 하는 갑오개혁의 수행에 즈음해 당시 일본의 여론 형성에 큰 역할을 맡기 시작했던 잡지 『태양太陽』에서, 기독교 여자교육에 노력하고 있던 이와모토 요시하루巖本善治는 그때까지 일본 지식인의 주장과는 다른 논리를 전개했다. 즉 '현재 조선의 보통교육'은 "가급적이면 문학(보통학을 지칭-필자 주)을 적게 하고 실업을 많이 하며 공소홍원空疎洪遠의 지식을 뒤로하고 무술 단련을 많이" 하는 '병식실업兵式實業' 교육을 '대방침'으로 삼아야 하며, 또한 조선국민이 "유교라는 외형에 얽매여 있는" 성질을 이용하여 이것을 '도덕교육의 좋은 재료'로 해야 한다고 하였다. 게다가 "성인聖人은 중국에서 나오고, 그 도道는 조선을 거친다 해도, 지금 실제로 보존시키고 진실한 성인의 마음을 이루는 것은 곧 일본성천자日本聖天子인 우리나라"라고 하면서 "성인의 가르침을 실행하는" 일본이 조선, 더 나아가서는 중국의 교육에 힘을 다해야 한다고 주장했다.[18]

또한 반유교주의·계몽주의의 입장에 있으면서 시대의 전개와 함께 팽창주의·국가주의로 심하게 기울어져갔던 후쿠자와 유키치도 같은 해 7월 19일의 『시사신보』에서 "일반 국민을 직접·간접으로 교육풍화敎育風化하여 문명의 문으로 들어서게 만드는 수단이 긴요하다"라고 하면서, 보통교육의 전국적 실시를 비롯한 각종 교육적 방침이 일본이 조선을 지배하는 데 군사적인 직접 정략政略에 못지않게 중요하다고 주장했다.[19] 이런 논조는 조선의 개화를 위해 일본이 근대교육의 보급에 도움을 주어야 한다는 것이었지만, 그 목적은 우선 일본의 이익을 제일 먼저 확보하는 것이었고, 교육 내용에서도 보통학과 더불어 일본어교육을 더 중시하였다.[20] 더욱이 이들 조선교육론의 바탕에 일본의 군국주의적 천황제교육의 영향이 차츰 반영되기 시작했다.

이러한 가운데, 청일전쟁 이후 조선교육에 대한 일본의 관여는 위와 같은 언설을 통한 개별적 주장에 의해서가 아니라, 일본 정부가 조선의 교육개혁에 간섭하거나 조선에 진출한 민간 일본인이 직접 학교를 설립함으로써 크게 변화했다. 즉 일본인이 관련된 학교로는 이미 서울의 관립일어학교 및 1895년 6월에 이와사키 고타로岩崎厚太郎를 맞이해 설립된 관립일어학교 인천 분교가 있었는데, 그 뒤 개별적인 민간 일본인이나 해외 교육 진출을 목적으로 한 동아동문회東亞同文會, 대일본해외교육회, 동본원사東本願寺 등이 독자적으로 학교를 세워 그 수는 차츰 늘어났다. 이들 학교는 총칭해서 일어학교로 불렸는데, 1900년 2월에는 관립일어학교 이외에 서울의 경성학당, 전주의 삼남학당三南學堂, 동래의 부산학원, 밀양의 개창교開昌校, 대구의 달성학교, 광주의 실업학교, 평양·원산·성진의 일어학교, 강경포의 한남학당, 안성의 안성학교 등 모두 11개교가 일본인에 의해 설립·운영되었다.[21] 학생 총수는 360명이 넘었으며, 거기서는 일본의 심상고등소학에 상당하는 보통교육이 일본어로 교수되었고, 그 성적은 대체로 양호했다고 한다.[23] 일어학교는 일본의 조선 침략이 확대됨에 따라 그 후에도 전국 각지에 설립되었다.[24]

2. 경성학당의 침략적 본질

조선에 설립되었던 일어학교 가운데 가장 대표적인 것은 1896년 4월에 대일본해외교육회가 서울에 설치한 경성학당이었다. 경성학당은 1899년부터 1906년까지 서울 주재 일본 공사로 대조선 경략의 제일선에서 조선의 식민지화를 추진했던 하야시 곤스케林權助가 "조선에서 일본인이 경영하는 사업 가운데 가장 의미 있는 일은 해외교육회의 사업이다"[25]라고 말하고, 또 초대 통감 이토 히로부미伊藤傳文가 "일본인의 사업으로 정말로 주효했던 것은 경성학당뿐"[26]이라고 말했다고 전해질 정도로 일본의 교육 침략을 상징하는 학교였다. 설립 모체인 대일본해외교육회는 요코하마橫浜 밴드 출신의 오시카와 마사요시押川方義·혼다 요이츠本多庸一[27]를 중심으로 하는 일본의 대표적인 기독교도가 당시 정치·경제계의 유력자였던 이토 히로부미·사이온지 긴모치西園寺公望·고노에 후미마로近衛文磨·오쿠마 시게노부大隈重信·시부사와 에이치澁澤榮一 및 미츠이三井·이와사키岩崎 양가의 후원을 얻어[28] "아직 기독교를 신봉하지 않는 동양 여러 나라에 도道를 전하고" "동양선린東洋善隣을 교화하며,"[29] 더 구체적으로 "청국과 조선에 문명적 교육기관을 세우는 것"[30]을 목적으로 결성되었다. 그리고 이 해외교육회는 조선 주재 일본 공사였던 이노우에 가오루井上馨, 가토 마스오加藤增雄, 하야시 곤스케 등과 긴밀하게 협력하며 미국계 선교회의 조선 포교활동에 대항하는 기독교 전도의 일환으로, 우선 서울에 경성학당을 설립하고, 이어 전주에 삼남학당을 설립하였으며, 또 조선과 일본의 기독교도를 규합하는 광무협회의 창설이나 『독립신문』에 대항하는 『대한신보』의 창간 등에 관여했다.

대일본해외교육회의 부회장이며 동방연구의 '권위'로 알려진 동방협회의 회원이기도 했던 혼다 요이츠는 1897년 11월 동방협회의 강연에서 조선에 대한 교육사업의 목적을 다음과 같이 말했다. 첫째로 일본인의 조상이 종교·문학·기예·농공 등 각 분야에서 조선에게 받은 옛 은덕에 보답한다는 '도덕상의 책무'를 수행함과 아울러, 선진자 일본이 후진자 조선에게 '19세기의 행복'을 나눠주며, 둘째로 청일전쟁을 통해 일본 정부의 노력으로 달성된 조선의 정치적 '독립'을 한층 더 '사회적이고 문화적'으로 성취할 수 있도록 일본 '민중'이 도와주고, 셋째로 일본과 조선이 서로 의기 상통하고 융화하는 것은 동양평화의 기틀을 다지기 위해 중요한데, 그러기 위해서는 일본인의 호의를 대표한다고 할 수 있는 교육자가 사업을 전개하는 것이 제일 좋으며, 넷째로 일본이 "조선의 교육을 도와주는 것"은 일본인이 교활함과 권모로 조선을 유린하는 것이라고 보는 외국의 비판을 모면하고, 일본이 평화에 이바지하고 있다는 것을 여러 나라에 선전할 수 있으며, 다섯째로 조선교육은 일본의 자가교육自家教育으로, 일본이 '동양의 맹주'가 되는 데 필요한 박애동정의 정신을 조선에 대한 교육사업을 통해 일본 국민에게 직접 가르쳐줄 수 있다[31]는 것 등이었다. 그러나 여기에서 주장된 조선에 대한 교육사업은 어디까지나 해외 교육 진출의 제일보에 불과한 것으로, 보다 큰 목표는 중국에 있었다.[32]

경성학당은 처음에 기독교계인 동지사同志社 출신의 일본인이 주임교원이었고, 일본 공사관수비대의 하사관이 체조 교원으로 근무하였으며, 일본어를 할 줄 아는 조선인 3명이 조교로 활동하였다.[33] 개학 당시 약 40명의 학생으로 출발했으나, 다음 해부터는 항상 100명 내외의 학생이 있었는데 그 연령은 12세부터 45~46세까지였고,[34] 그 가운데는 기혼 및 허혼자許婚者가 미혼자보다 조금 많았다.[35] 학생의 연령에 따라 몇 개의 학급으로 나뉘었는데, 하급에서는 일본어회화·조선어 받아쓰기·한문·일본어독본·산반算盤·산수·작문·습자習字·윤리·체조 등을, 상급에서는 일본어회화·받아쓰기·번역물·이학·작문·필산筆算·주산·윤리·체조 등을 가르쳤고 이 밖에 수학이나 지리학도 가르쳤다.[36] 그 뒤 학당이 발전함에 따라 학급 편성도 보통과와 예비 단계인 소학과로 나뉘고, 과목 및 교수 시간의 배분도 차츰 정비되었다.[37] 학당에서는 관립학교 등과 마찬가지로 지필묵紙筆墨은 지급하였으나 점심은 주지 않았다.[38] 그리하여 1899년 6월에는 제1회 졸업생 14명을 배출할 수 있었다.[39] 그중 우수한 졸업생은 보다 수준 높은 면학을 위해 학교 측의 비용 부담으로 일본 유학에 올랐다.[40]

그런데 일본의 지도자는 조선에서 경성학당이 수행하는 '교육'적 역할에 대해 큰 기대를 품고 있었다. 1898년 8월 중국과 조선을 유람하는 길에 경성학당을 방문한 이토 히로부미는 학생들 앞에서 연설을 행하고 "민중이 있어야 나라도 있지만, 교육이 없으면 민중이 있어도 나라를 번성시킬 수 없다. 따라서 나라가 번창하는 근본은 교육이며 전국 교육의 근본은 각 개인의 교육이다"라고 하여, 일반교육을 보급시킴으로써 조선은 '문명진보'를 이룩할 수 있으며 국제적 교제도 원만하게 진행할 수 있다고 말하였다.[41] 이에 앞서 일본 공사 가토加藤도 1897년 4월 경성학당 운동회의 축사에서 조선 청년은 외국어와 외국 학문을 배워야만 자기 나라를 사랑하고, 자기 나라를 위해 이바지할 수 있다고 역설하였다.[42] 이것은 모두 경성학당의 목적이 교육과 학문의 보급에 있으며, 그것이 조선인의 '문명개화'와 '국가부강'에 기여할 것이라는 주장이었다. 그러나 겉으로 경성학당의 설립 목적을 미화한 이러한 말들이 일본의 침략적 저의를 내포하고 있었음은 말할 나위도 없다.

1899년 2월 대일본해외교육회는 정·재계의 유력자 50여 명을 제국호텔로 초청해 교육사업 확대에 필요한 자금 모집을 위한 협의회를 열었는데, 거기에서 경성학당이 일본의 조선 침략에 중요한 역할을 수행하고 있다는 것이 명확해졌다. 그날 이토 히로부미는 "작년에 내가 조선을 유람할 때 경성에 머무른 것이 불과 며칠이어서 어느 것 하나 충분히 파악할 수는 없었지만, 본회에서 세운 경성학당만은 특별히 안내를 받아 잠시 들렀는데…… 그 자리에서 최근에 교육을 받았다고 하는 한 장년의 한인韓人이 나에 관한 연설을 일본어로 한 것은 실로 경탄할 만했으며, 또한 그 밖의 학생의 취학 연수를 물어보니 1년 반 혹은 2년에 불과한데도 그들은 자유자재로 일본어를 구사할 정도로, 그 진보의 훌륭함은 정말로 칭친할 만하다"[43]라고 연설하였다. 그리고 이토는 "조선이든 중국이든 모두 평화롭게 발달해야지 결코 불상사인 혁명 등으로 국세國勢의 쇄신을 구해야 할 나라가 아니니, 그 자제를 교도하는 데 있어서도 경박한 공상에 흐르지 않고 순량하게 현 조정朝廷에 충실한 신민이 되도록 힘써야 할 것"[44]이라고, 일본의 대륙 진출에서는 그 땅의 민중을 봉건군주에게 충성을 다하는 신민으로 육성하는 것이 아주 중요하다는 점을 명확히 밝혔다. 또 오쿠마 시게노부는 "나는 정치적인 차원이나 교육적인 차원의 관찰은 잠시 제쳐두고, 다만 상업적인 차원의 관찰에서 경성학당의 확장을 꾀하는 일이 오늘날의 급무임을 인식하고 있는 것"[45]이라고 말해, 조선인 자제를 교육시켜 일본어에 능통하게 하는 것이 조선과 일본의 '무역', 요컨대 조선의 쌀을 비롯한 각종 산물을 약탈하고 조선으로 일본 상품을 반입시키는 데 불가결하다고 논했다.

즉 경성학당은 이토와 오쿠마의 말에서도 나타나듯이, 천황제 국가의 해외팽창에서 전진기지적 역할을 담당하고, 조선 침략에 필요한 첨병의 양성을 기본 임무로 하였다. 실제로 오쿠마는 "이미 경성학당 출신자로 경성이나 인천에서 일본 상점의 점원으로 혹은 조선인을 상대하거나 일본인을 맞아 상업하는 사람을 찾아내는 것은 현재 이익의 관점에서도 얻는 바가 클 뿐만 아니라 정치상의 관계에서도 아주 유익하다는 것은 의문의 여지가 없다"[46]고 하여, 창립된 지 불과 3~4

년밖에 되지 않은 경성학당이 일본의 조선 진출에 큰 역할을 수행하고 있음을 높이 평가하였다. 그리고 경제적 이권을 확보하고자 암약했던 시부사와 에이치가 경성학당의 기본 성격은 상업학교Business School의 색채를 띠어야 한다고 주장했고,[47] 또 경성학당의 분교를 평양(북부 조선의 중심 도시)·개성(조선 인삼의 산지)·목포(남서부의 대표적 항구)에 설치해야 한다고 논한 것[48]도 경성학당의 침략적 본질을 엿볼 수 있다.

바꿔 말하면, 경성학당은 열강이 각축하는 국제정세 속에서 조선 정부와의 소동을 피하면서 조용히 진출의 발판을 마련했고, 다른 한편으로 조선을 완전히 삼켜버리기 위한 군비 증강의 시간 벌기라는 일본 정부의 침략정책적 전체 구도 속에서 짜 맞추어진 것이었다. 특히, 그것은 민비시해사건 이후 정치적으로 어쩔 수 없이 일시 후퇴했던 일본이 러시아의 정치적 진출 증대라는 정세하에서 경제 진출을 효과적으로 추진하는 데 필요 불가결한 것이었다. 따라서 특별히 전인격적 영위인 교육의 관점에서 볼 때, 경성학당은 거기에서 배우는 조선 청년의 고뇌에 가득 찬 자기형성=근대적 자아형성을 위한 노력을 일본의 제국주의적 침략에 유리한 방향으로 흡수하는 기능을 담당하게 되었다. 실제로 경성학당으로 대표되는 일어학교는 조선 각지에 일본 세력을 부식하는 유력한 수단이 되었는데, 특히 내륙지방의 진출에 중요한 역할을 하였다.[49]

그러나 이들 일어학교는 조선의 전제적 지배와 상통하는 봉건유교적 동질성이나 일본의 군국주의적 진출과 직결된 침략성 때문에 애국적 조선 민중의 반발을 사게 되었다. 특히 '위정척사' '동학' '개화'로 분열된 사상 상황 속에서 '문명'을 표방하면서 침략을 본질로 했던 일어학교는 봉건 지식인의 수구적 태도를 강경하게 만들었을 뿐만 아니라 기독교계 학교의 설립에 분주했던 기독교 신도에게도 반감을 사,

결과적으로 개화운동의 핵심을 이루는 조선근대교육운동의 혼란·분열을 증폭시키게 되었다.

한편, 정쟁에 휘말려 있던 조선의 지배층은 외국 세력에 의존함으로써 근대교육의 보급을 꾀한다는 의미에서도 일어학교를 환영하고 그것을 보호하는 정책을 취했다.[50] 이는 개화지상주의를 표방했던 독립협회가 경성학당을 비롯한 일본의 교육 진출에 찬성의 뜻을 나타냈던 것과 마찬가지로, 국민교육제도를 확립하기 위해 자신의 주체적 역량을 보충하는 한편 이를 은폐하려는 것이었다고 보아도 좋을 것이다. 실제로 외부대신 이완용이 경성학당 운동회에서 "일본이 조선 민중을 위해 자금과 교사를 보내어 조선 학생을 가르치는 것은 조선 민중의 입장에서 감사해야 할 일이다"[51]라고 연설했던 것에서 상징되듯이, 조선의 지배층은 일어학교를 문명개화, 지식 전달이라는 관점에서만 파악하고 침략에 대한 경계를 나타내지는 않았다.

그런데 일본의 조선 교육 진출을 살펴볼 때, 조선인 자제를 대상으로 했던 일어학교와 함께 조선에 사는 일본인 자제를 대상으로 했던 일본인학교의 존재를 경시할 수는 없다. 일본인학교는 개국 직후인 1877년에 일본인 거류민단이 불완전하게나마 부산에 설립한 것을 시작으로, 1883년에 원산, 1885년에 인천, 1889년에 서울 등 일본인 이주자가 늘어남에 따라 각지에 설립되었다. 그리고 1892년 부산의 학교가 공비公費로 유지되는 공립일본인소학교가 된 이후, 각지의 일본인학교도 점차 일본 정부의 보호하에 놓였고, 일본 소학교령의 규정에 따르는 학교로 정비되어갔다.[52] 이들 일본인학교는 일본군국주의의 적극적인 조선 침략정책의 구체화로서 계통적으로 설립되었는데, 거기서는 식민지 약탈을 위한 예비군이 차차 양성되고 있었다.

3. 일본어의 침략성과 식민지 교육론의 형성

일본의 교육 진출은 제국주의적 조선 침략정책과 밀접한 관련을 맺으면서 일본의 대륙 진출 노선의 확대와 더불어 더 중요한 의미를 지니게 되었다. 1900년 이후 만주를 둘러싼 미국·영국·러시아·일본의 대립이 격화되고, 특히 러시아가 만주의 독점적 지배와 조선 진출을 꾀하자 일본은 러시아의 남하를 두려워하는 미국과 영국의 지원을 받아 조선의 지배권을 확립하고자 하였다. 그리고 러시아와의 대결에서 경제적 열세를 정치적·군사적 측면으로 보강하려고 했던 일본은 조선 민중을 자신의 '협력자'로 만들기 위해 사상·선전 공작을 한층 더 강화하고, 특히 "황실의 충신, 국민의 자모慈母'[53]로까지 불린 일본어 보급에 더 커다란 비중을 두게 되었다.

원래 조선으로의 교육 진출을 주장하는 일본 지식인에게 일본어는 혼다 요이츠가 말했듯이, 일본이 받아들인 서양 학문을 '일본의 사상'[54]으로 조선에 전달하는 매개체로 여겨졌다. 따라서 그것이 일본의 조선 침략과 불가분으로 연결되어 있었다고는 해도, 적어도 초기 단계에서는 보통학으로 대표되는 근대문명 전파의 역할을 담당하였다. 그러나 러·일 양국의 대립이 격화된 결과, 1904년 일본의 기습공격으로 러·일전쟁이 발발하자 그때까지 때로는 육군 및 정계와 재계를 중심으로 하는 침략정책과 미묘하게 결합하고 때로는 서로 반발하는 형태로 전개되어왔던 일본의 해외 교육 진출론은 동화교육론과 거의 구분할 수 없을 정도로 변모해갔다. 그리고 이 과정에서 일본어는 단순한 교수용어가 아니라 조선 민중의 민족적 주체성을 상실시키는 수단으로 중시되었다.

1904년부터 들끓기 시작한 일본 교육계의 조선교육론에서는 "일본어를 잘하는 한인韓人은 자연스럽게 일본에 동정을 가지게" 되므로

"한국韓國에 일본어를 보급하고 일본적 교육을 실시하는 것은 한일관계를 원할히 하는 데에 지대한 효과를 지닌다"[55]라고 하여, 무엇보다 일본어교육이 가져온 정치적 효과를 최대한 강조하면서 일본 정부가 종래보다 조선교육에 더 많은 투자를 해야 한다고 강조하였다. 그리고 『교육시론』의 사설 '조선의 교육 여하'에서 "한국의 학제가 어떻게 제정되든지, 또 장래에 어떻게 변경되든지 본국어의 보급 방법은 항상 충분히 강구되어 있어야 한다", "요컨대 한국의 교육은 당분간 질서 있는 학교 계통이나 또는 학교 교칙 및 기타 모든 형식에 관한 것은 가능한 한 자유롭게 하되, 다만 본국어의 수학을 의무화하는 것은 그 국민의 문화를 진보시키는 데에도 편리하고, 또 우리나라의 실익에도 도움이 된다"[56]라고 논했던 것처럼, 학제의 형태나 교육 내용의 여하에 관계없이 일본어가 조선교육의 지주가 되어야 한다고 주장했다. 그리고 조선교육에서 일본어를 사용하기 위해서는 우선 일본인이 조선어에 대해 일정한 이해를 가지는 것이 필요하고, 이를 위한 사전 편찬이 급선무라고 강조되었던[57] 한편, "일본인으로 한국에 건너가는 자가 모두 어학 교사라는 마음가짐으로 한인을 대하면, 멀지 않아 한국의 국어를 일본어로 변화시킬 수 있다"[58]라면서 도항하는 일본인 모두가 어학 교사가 되어야 한다고까지 얘기되었다.

어쨌든 이러한 일본어 강조에서 드러나는 일본 지식인의 조선교육론은 '대화민족특성大和民族特性의 교육 방법'[59]에 기초한 조선교육의 전면적 지배, 즉 식민지 교육을 지향하는 것이었다. 이는 조선에서도 근대교육의 본격적 확충이 이미 억제될 수 없는 시대의 추세가 되었고, 또 자국의 대륙 진출 정책에서 이를 이용하는 것이 불가결하다는 그들의 기본 인식에 근거하였다. 그리고 여기서 볼 수 있는 식민지 교육의 발상은 직접적으로는 타민족 지배의 정치적 관계에서 도출된 것이지만, 간접적으로는 역사적으로 높은 문화수준을 유지해온 조선민족이 제국주의적 지배에 대해 보여준 저항에 불안감을 느꼈기 때문이다. 따라서 식민지 교육을 성립시키는 내재적 원리가 기만이고, 외재적 원리가 무력이라고[60] 한다면, 조선 민중 앞에 놓인 초미의 과제는 일본인의 조선교육 침략의 기만성을 고발하고, 조국의 역사 주체를 형성하는 자주적 근대교육을 건설함으로써 외래 침략자에 대항할 수 있는 국민적 통일과 물질적 역량을 구축하는 일이었다.

Ⅵ. 개화 지식인의 형성과 민족계 사립학교의 설립

1. 사회구조의 전환과 기성 지식인의 자기변혁

갑오개혁에서 시작하는 일련의 근대적 개혁은 주체적 역량 부족과 외국 열강의 침략적 간섭으로 충분한 성과를 거둘 수는 없었지만 조선 사회에 큰 전환을 가져왔다. 그리고 봉건제가 해체되고 조선이 일본과 열강의 반半식민지로 전락하는 가운데, 봉건 지식인의 개명화, 곧 개화 지식인의 형성이 더 한층 촉진되었다. 특히 독립협회운동의 결과, 국문·국한혼용문의 각종 신문이 간행되었던 것은 지식인의 의식 변화에 크게 이바지했다. 실제로 이 시기에 『독립신문』에 이어 『협성회회보』 및 이것이 이름을 바꾼 『매일신문』이 간행되었고, 이에 더해 몇 개의 신문이 출현했던 것 이외에도 1898년 8년에는 『제국신문』이, 같은 해 9월에는 『황성신문』이 창간되어 조선의 개화를 요구하는 활발한 주장이 전개되었다.

이들 신문의 잇따른 발간은 독립협회나 『독립신문』에 직접적 영향을 받은 하나의 사회적 현상이었는데, 이는 독립협회운동의 치열한 싸움 속에서 단련된 개화 지식인을 중심으로 이루어졌다. 더욱이 이들 신문이 자국어로 발간된 것은 갑오개혁 이래 각종 교육사업의 성과가 바탕이 되었다. 당시 대표적 신문의 하나였던 『황성신문』은 장지연

(張志淵, 1864~1921)·유근柳瑾·박은식·남궁억(南宮憶, 1863~1939) 등 한학에 조예가 깊은 개화 지식인을 주요 집필자로 국한혼용문을 사용해 주로 중류계급 이상을 대상으로 하였고, 또 하나의 유력한 신문이었던 『제국신문帝國新聞』은 이종면李鍾冕·이종문李鍾文·이종일李鍾一·유영석柳永錫, 나중에는 심상익沈相翊·장효근張孝根·이승만 등을 집필자로 순국문을 사용해 주로 중류 이하의 민중과 부녀자를 대상으로 하였다. 그리고 황현이 "국한문 혼용으로 된 『황성신문』이 비로소 간행되어 시정時政과 인물을 비판함에 거리낌이 없으니 사방에서 먼저 사려고 다투는 지경이었다"[1]라고 말한 것에서도 알 수 있듯이, 당시의 신문은 모두 조선 말기의 사회변혁에 적지 않은 역할을 수행하였다. 하지만 이들 민족신문과 거의 같은 시기에 기독교 외국선교회의 손으로 순국문의 『조선기독자회보』 및 『기독신문』이 발간되었고, 또 일본군국주의의 첨병인 광무협회가 『대한신보大韓新報』를 간행한 것은 조선의 계몽을 담당하는 민족 신문이 초창기부터 이미 외래 세력의 침해를 받고 있었음을 나타낸다.

한편, 교육사의 관점에서 볼 때 조선어 신문의 발행은 한문을 이해할 수 없었던 민중의 계몽에 아주 유효한 것이었다. 특히 독립협회의 대중계몽활동이 좌절하고 근대학교의 설립 역시 순조롭게 진행되지 못한 가운데, 신문은 민중교육의 거의 유일한 교재가 되었다. 그 가운데서도 순국문을 사용한 『제국신문』은 사회의 최하층에까지 침투하여 조선 사회 전체의 개명진보에 크게 이바지했다. 이에 관해 박은식은 "나는 최근 순사·병사·시정 상인부터 부녀자와 하인 및 천인의 부류에 이르기까지 『제국신문』을 읽지 않는 사람이 없다는 것을 알았다. 길을 가면서 이런 얘기를 들으면 기쁨을 가눌 수 없다. 이것은 문화가 진보하는 기운이다. 만일 이 국문신문이 없었다면 세계의 형세나 국내 정치의 득실, 또는 산업이 발전하는 모습을 그들은 꿈에서조차 생각할 수 없었을 것이다. 민지民智를 계발하는 데 얼마나 유익한지를 이해할 수 있겠다"[2]라고 말해 『제국신문』이 수행한 교육적 의의를 분명히 하였다. 이것은 본래 근대학교가 담당해야 할 모국어교육 및 일반교육의 역할을 신문이 짊어졌음을 뜻하며, 따라서 자주독립·부국강병을 담당하는 조선의 근대 내셔널리즘도 처음에는 학교교육에 의해서가 아니라, 오히려 신문에 의해 형성되었다고 말할 수 있다. 사실 헐버트는 1906년에 간행된 그의 저서 *The Passing of Korea*에서 "가장 강력한 교육적 영향력을 끼치고 있는 것 가운데 하나는 조선어 신문이다. 이 언론기관은 과거 10년 동안 열심히 활동했다. 그사이 부족한 점도 많았으나 일간, 주간, 월간의 각종 신문이 훌륭한 일을 수없이 행했다는 것은 의문의 여지가 없다"[3]고 조선어 신문이 커다란 교육적 역할을 수행했음을 논하고 있다.

그런데 이들 민간 신문은 개화 지식인의 헌신적 노력으로 간행되었지만, 원래 철저한 유학교육을 받으며 성장했던 그들은 전통적인 주자학적 사상을 극복하기 위해 어려운 자기혁신의 과정을 밟지 않으면 안 되었다. 이는 말할 나위도 없이, 주자학이 획일적으로 지배하고, 서학 연구의 유산도 부족했던 조선 사회의 역사적 성격과 깊은 관련이 있다. 또 '위정척사' '동학' '개화'의 사상이 대립하는 가운데 민족적 노력의 대부분이 반침략투쟁에 쏟아진 것도 결과적으로는 개화를 지향하는 근대 지식인의 형성을 매우 곤란하게 하였다. 실제 조선의 근대 지식인은 초기 개화사상의 성립에서 볼 수 있듯이, 처음에는 중인계급에서 나왔고, 그 후 차차 지배층인 양반계급에서 많이 배출되었다. 더욱이 그들을 양성하는 근대학교와 해외 유학 등의 제도적 조치가 갖추어지지 않았기 때문에 근대 지식인의 형성은 주로 고립 분산된 개인의 노력으로 이루어졌다. 그리고 이러한 이유들로 인해 조선 말기의 지식인은 일반적으로 개화에 소극적이고 부정적인 태도를 취했고,

유교적 전통을 고집하는 경향을 강하게 띠었다.

이런 가운데 기성 지식인의 사상 전환은 갑오농민전쟁으로 결집된 민족적 에너지가 조선 역사에서 자주적 근대화를 추진하는 방향으로 향하게 되면서, 조금씩이긴 하지만 착실하게 촉진되었다. 더욱이 같은 유교적 기반에 서 있으면서도 위정척사론자가 전통적 주자학을 계승·고수하고 이를 반침략의 강력한 사상적 무기로 삼음으로써 봉건체제의 재건을 꾀하려 했음에 비해, 개화 지식인은 실학사상의 전통을 이어받아 구학문을 내재적으로 극복함으로써 근대적인 부르주아 민족국가를 건설하고자 하였다. 예를 들어 뛰어난 실학 연구자였던 이기李沂는 "사인(士人, 선비, 儒者-필자 주)도 되지 못하고, 농민도 되지 못하며 상공인도 되지 못하는 인간이 되어버렸다. 국가가 망하고 있는데 단지 좌시할 뿐, 이미 아무런 쓸모도 없는 무용한 존재가 되었다"라고 자학하면서도 "밤마다 베개를 어루만지며 분해 눈물을 흘린다"[4]고 하는 심각한 사상적 갈등을 반복하는데, 이것은 비단 그에게만 국한된 것이 아니라, 당시 개화 지식인이 공통으로 갖고 있었던 시대적 고뇌였다.

당시의 대표적인 개화 지식인으로는 박은식·장지연·이기·신채호 등을 들 수 있는데, 1898년 장년기인 40세의 박은식과 35세의 장지연이 함께 사상 전환을 성취했던 것에서 볼 수 있듯이, 봉건 지식인이 근대 지식인으로 자기변혁을 하는 것이 하나의 사회적 조류가 되기 시작했던 것은 대략 1898년 이후의 일이었다. 이 당시 조선에서는 일본을 중심으로 외국 열강의 침략에 반대하고 문명개화를 주장하는 독립협회운동이 활발하게 전개되었으며, 또한 유학의 본가인 중국에서도 양무운동이 실패한 후 부국강병의 결실을 거두기 위해 변법자강운동이 적극적으로 전개되었다. 이렇듯 국내외에서 근대적 개혁운동이 고양됨에 따라 조선 지식인의 자기변혁은 유교적 전통에 크게 얽매

이면서도 신학문을 섭취하고 구학문을 극복함으로써 성취되고 있었다. 조선 말기 최대의 개화 지식인이라고도 얘기되는 박은식은 유교에 심취해 젊어서부터 대가로 알려졌었는데, 자신의 학문적 전환을 나중에 이렇게 회고하였다. "나 역시 어릴 때부터 오로지 주자학을 강습講習하고 존경하는 마음으로 회암(晦庵, 朱熹-필자 주)의 영정을 서재에 모시고 매일 아침 참배한 사실도 있었다. 40세 이후에 세계학설이 수입되고 언론도 자유로운 시대가 되었으므로, 일가학설一家學說에 한정되었던 나의 사상도 이윽고 변화해 선배가 엄금했던 노장양신한老莊楊申韓의 학설이라든가 불교나 기독교의 교리를 모두 살펴보게 되었다."[5]

박은식의 회고에서도 알 수 있듯이, 한학적 교양과 유교적 관습에 흠뻑 젖어 있던 봉건 지식인에게 구학문에서 신학문으로의 전환은 피를 토할 듯한 자기변혁 그 자체였다. 그것은 자신의 모든 것을 걸고 체득해왔던 학문 전체에 대한 자기부정을 의미했고, 그만큼 주자학이 압도적인 지위를 차지하고 있던 조선 사회에서 심각한 사상적 고뇌를 동반하였다.[6] 이는 조선의 개화사상사開化思想史가 고난에 찬 과정이었음을 입증하는 것이지만, 이렇게 달성되었던 조선 지식인의 의식변혁은 반식민지로 변화한 조선의 재건에 새로운 가능성을 제시하는 것이기도 했다.

개화 지식인의 탄생은 무엇보다 조선 사회의 진보와 직결된 새로운 민족적 에너지를 창출하는 것이었다. 실제로 그동안 지식인의 정신형성을 거의 대부분 지배해왔던 구한문의 한문교전漢文敎典은 조선에 관해서는 어느 것 하나 다루지 않고, 그것이 논하는 국가의 흥망성쇠도 모두 조선과는 관계가 없는 중국의 것이었다. 따라서 신학문의 수용은 개화를 사설邪說로 배척했던 전근대적 세계관을 타파함과 동시에 수백 년에 걸쳐 조선 사회의 진보를 가로막았던 사대주의를 극복하는 길을 열어놓았다. 그리고 각성한 지식인은 적극적으로 근대지식을 흡수하는 동시에 대대적인 계몽활동을 조직함으로써 민중의 의식변혁을 촉진하였고, 이를 바탕으로 외국 세력을 배제한 주체적인 민족운동을 전개할 수 있게 되었다.

그러나 다른 한편, 개화 지식인의 형성이 곧바로 합리주의에 입각한 근대적 사유의 확립으로 이어졌던 것은 아니었다. 그들에게 신학문의 수용은 신채호 등 반유교적 경향을 띠어가던 소수의 사람을 제외하고는, 일반적으로 정신문화의 주류를 이루어왔던 유학을 부정하는 것이 아니라 오히려 그것을 기반으로 하는 것이었다. 이는 개화의 불가피성을 역설한 장지연이 구학문의 쇠퇴가 학문 그 자체에 의해서가 아니라, 구학문을 소홀히 여긴 학자의 죄, 정치의 죄때문이라고 인식하고 있었던 것에서도 잘 드러난다.[7] 그리고 후에 『조선유교연원朝鮮儒教淵源』을 저술한 장지연이나 『유교구신론儒教求新論』을 쓴 박은식 등은 모두 전통문화의 근간을 이루어 온 유학에서 그 사상적 기반을 구함과 동시에 신학문, 특히 근대과학을 도입함으로써 국가 재건의 방도를 찾아내려고 하였다. 즉 그들은 현실의 유교를 비판하면서도 유교의 원리에 의거한 유교의 자기혁신·부흥운동을 의도하였다. 이것은 필연적으로 유학의 재구성을 논하고, 유교의 종교적 교화기능을 정립하려는 노력으로 구체화되었는데, 거기서는 하夏·은殷·주周의 세 시대를 이상으로 '삼대로 돌아가라'[8]는 유교정신이 강조되었다.

이러한 개화 지식인의 사상전개는 유교적 토양에서 자랐던 그들 자신의 시대적 제약을 보여주는 것이라고도 말할 수 있지만, 그 주장도 유교를 적대시하는 개화론과는 구별되는 유교적 개화사상이라고 불러야 마땅할 것이다. 사실 그들 개화 지식인은 서구적 개념과 근대적 문물도 유교적으로 해석하고 표현했는데, 이는 유교가 주류를 차지하고 있던 당시 사회에서는 부득이한 일이었다.[9] 실제로 당시의 신문과 서적을 읽어보면, 거기에는 삼강오륜의 그림자가 짙게 드리워져 있고,

자유롭고 생동하는 외부 세계와 통할 수 있는 사고가 결여되어 있었음을 알 수 있다. 그들의 사상 전체도 개화와 신학문의 중요성을 강조하기는 했어도 봉건적 질서의 타파로 연결되는 구조적이고 근대적인 개혁을 부르짖을 만큼 성숙해 있지는 않았다. 바꾸어 말하면 유교적 기반에 선 개화 지식인은 국가쇠망의 비운을 구하기 위해 근대문명을 도입하고 신학문을 배우고 과학적인 것을 탐구하기는 했지만, 근대적 사유의 확립이 불충분했기 때문에 결과적으로는 그것 전체를 관념적인 오블라투(먹기 어려운 가루약을 싸는 데 쓰는 얇은 막-역자 주)로 싸버렸다. 원래 이것은 그들의 지적 태만을 의미하는 것이 아니라, 오히려 조선을 지배해왔던 주자학적 사유구조가 크게 해체되고 있음을 나타내는 것으로, 그 의미에서 조선 지식인의 주체적인 성장과정을 반영하는 것이었다.

그런데 조선의 개화 지식인 중에는 유교적 전통을 지향하는 자와 함께 기독교 이념에 근거한 자도 있었다. 여기서 기독교를 믿는 지식인이 기독교계 학교에서 많이 육성되었던 것은 당연한 일이었다. 사실 언더우드학당에 입학한 안창호가 1895년 17세에 입신해, 그 뒤에도 기독교의 압도적 영향 아래 근대문명을 지향하는 지식인으로 성장한 것을 비롯해, 각지의 기독교계 학교에서도 교육 활동이 본격화됨으로써 새로운 지식인이 계통적으로 양성되었다. 그리고 이것과는 달리, 주자학적 세계의 기성 지식인 가운데서도 신에 의지해 새로운 인간으로 전화하는 자도 나타났다. 특히 갑오개혁 후에 민비시해, 아관파천 등 일련의 정치적 사변을 통해 러·일 양국의 내정간섭이 격화하고, 조선의 자주권이 침해당하자 조국의 독립과 개화를 달성하기 위해 기독교에 의존하는 지식인도 적지 않게 나타났다. 1898년 말의 독립협회 해산 및 그에 이어지는 정국의 혼란 속에서 정부에 투옥되었던 이상재·유성준·이승만 등이 성서를 연구하거나 옥중에서 미국인 선교사 벙커의 전도傳道를 받아 기독교에 입신한 것도 정치적 현실에 실망한 결과 기독교를 무기로 하는 개혁운동에 모든 것을 맡기고자 했기 때문이었다.

개종으로 새로운 삶을 걷게 된 이들은 가부장적 인종忍從과 관리의 가렴주구와는 다른, 서양 문명으로 입증된 전혀 새로운 세계를 발견하고 선교사가 헌신적으로 설교하는 기독교적 휴머니즘에서 삶의 기쁨과 앞날의 희망을 찾아냈다. 즉 봉건적 사회질서가 붕괴하여 그 폐허 속에 웅크리고 있던 그들에게 기독교는 각성된 개인을 기초로 한 새로운 사회의 전망을 가져다주었다. 그것은 확실히 군주를 정점으로 하는 주자학적 세계관과는 달리, 연대와 신뢰로 공동의 목표를 향해 결합할 수 있는 자유로운 주체를 만들어내는 사상적 에너지가 되었다. 그리고 기독교를 받아들임으로써 유교사회를 원리적으로 비판하는 것까지 가능하게 된 그들 지식인은 종래의 전통적 사상과는 본질적으로 구별되는, 미래로 열려진 내셔널리즘을 자신들의 힘으로 키우고, 위기에 빠진 조국의 운명을 과감히 개척해가는 역할을 맡게 되었다. 이런 점에서 유럽의 시민계급이 부르주아지의 헤게모니를 확립하고 종교적 이데올로기를 타파함으로써 인간 이성을 추구했다고 한다면, 조선에서는 그것과 대조적으로 기독교를 지향하는 지식인이 그 신앙을 확립하고 민중의 회심回心을 촉진함으로써 전제적 봉건사회를 대신할 부르주아 시민사회의 우위성을 보여주었다고 말할 수 있다. 더욱이 그 토대가 되는 신앙행위는 외국 열강, 특히 일본의 조선 침략에 대한 반감과 밀접히 결합되어 있었다.

그러나 조선의 지식인에게 기독교를 믿는다는 것이 곧바로 그때까지의 모든 행동을 규정하던 유교사상과의 전면적 충돌을 의미하지는 않았다. 가부장적 국가 전체에 만연한 도덕적 타락 속에서 그들 지식인은 기독교에서, 유교보다 더욱 깊은 윤리적 세계를 발견하고 그것을 받아들임으로써 유교윤리를 더욱더 발전시키고 완성시킬 수 있다고 이해하였다. 거기서 기독교는 아주 윤리적으로 해석되었고, 기독교 신앙과 윤리가 거의 한 몸이라고 인식되었다. 그리고 기독교를 바탕으로 사회윤리를 회복하는 것이 곧 국가 재건의 밑거름이라고 생각했다. 실제로 조선의 정치적 변혁에 절망한 이상재가 1903년에 54세로 옥중 입신한 것도 "조선을 부활시키는 길은 오로지 조선인을 죄악에서 구원하고, 조선인이 순결한 민족이 되게 하는 데 있다"라고 하면서 순결한 정신·순결한 생활이 모든 힘의 원천이라[10]는 그의 '자각'에 기초한 것이었다. 그것은 확실히 "도덕과 윤리는 곧 우리의 갈 길을 지시하는 나침반이다"[11]라고까지 단언하는 유교적 사고에서 비롯되었다. 그 결과 기독교와 유교는 그 바탕에 서로 모순·대립하는 성질을 지니고 있었음에도 불구하고, 그 윤리적 공통성으로 인해 상호 보완적인 역할을 담당하게 되었다. 그리고 조선의 기독교도는 기독교 신앙을 기존의 유교사상과 단절된 것이 아니라 연속된 것으로 파악하고, 그것은 곧 국가쇠망의 위기를 가져온 자신들의 죄를 회개하고 민족의 재생을 기원하는 일대 신앙운동을 전개하는 원동력이 되었다.

조선 기독교의 이러한 윤리적 경향은 그것을 받아들인 조선인 신도뿐만 아니라 포교활동을 추진했던 외국 선교회도 조장하는 바였다. 조선에서 최대의 영향력을 과시했던 장로파 선교회는 원래 스위스에서 종교개혁운동의 흐름을 이끌었고, 영국에서는 청교도운동의 주력을 이루었으며, 그 후 미국에서도 가장 유력한 프로테스탄트 교회의 하나가 되었다. 이 장로파 선교회는 전통적으로 신앙고백을 중시하며 서구문화의 담당자인 시민계급에게 윤리적 축을 제공해왔다.[12] 더욱이 조선의 장로파 선교본부 총무 브라운이 지적했듯이, 단지 장로파 선교회만이 아니라 개항 후 25년 동안 입국한 모든 외국인 선교사는 한결같이 퓨리탄적 성격을 가지고 안식일을 엄수하며 춤과 흡연과 도박을 죄로 여기는 등, 기독교 신자의 윤리성을 강조하는 극히 보수적인 태도를 보였다.[13] 그 때문에 조선의 기독교 신자는 더욱 윤리적 측면을 중시하게 되었으며, 그것은 특히 지식인에게 현저했다. 또한 기독교 자체가 가부장적 지배를 허용하는 측면을 가지고[14] 있었으므로 조선의 기독교는 가부장사회에서 형성된 조선 지식인의 윤리·도덕적 지향과 아주 깊이 결합하게 되었다.

반대로 기독교의 이념에 선 지식인이 서양 문명을 어떻게 받아들였는가에 관해 살펴보더라도 거기에는 역시 시대적 제약이 놓여 있었다. 이는 무엇보다 근대문명이나 근대학문을 자주적으로 섭취한 적이 드물었던 조선의 역사적 전통과 깊은 관련이 있었다. 조선에서 문명개화와 결부된 계몽사상이 일정한 사회적 규모로 형성된 것은 외국인 선교사가 본격적인 교육문화 활동을 하면서부터였다. 즉 조선의 지식인은 직접 서양의 서적을 통해, 혹은 스스로 서구 여러 나라에 유학해 주체적으로 계몽사상을 배웠다기보다는 전도를 위해 조선에 입국한 외국인 선교사에게서 기독교와 일체가 된 근대지식을 배우는 경우가 많았다. 거기서는 기독교와 문명이 동일시되었고, 기독교의 포교 확대가 자본주의적 문명의 보급을 의미했다.[15] 그것은 다분히 기독교(천주교)와 서학을 하나로 인식하여 배척했던 척사론적 논리를 뒤집는 것이었다.

따라서 기독교를 믿는 지식인은 서양사상을 수동적·무비판적으로 받아들이는 경향이 있었으며, 게다가 뿌리 깊은 신분의식 탓으로 스스로를 민중 위에 선 엘리트라고 생각하는 경향도 있었다. 그들 지식인은 걸핏하면 과학과 문명에 대한 진지한 태도를 잃어버리고, 자신들이 배운 근대지식이나 서구의 세속적 사상으로 기독교를 비판했으며, 그 사회적 역할을 추구하는 일에는 소극적이었다. 논자[16]에 따라서는 기독교의 이념에 선 초기 지식인의 특징으로 내재적 보수성, 기독교의 사회적 응용의 결여, 저급의 지식수준이라는 세 가지를 지적하는 경우도 있는데, 여하튼 그들은 꽤 오랜 기간에 걸쳐 기독교와 문명을 하나로 파악하는 착각에 빠져 있었다.[17] 이 점에서 살펴볼 때, 그들 지식인이 주장했던 휴머니즘도 결국은 신학적 휴머니즘이었고, 서양 계몽주의에서 말하는 인간의 본성에 근거한 휴머니즘은 아니었다고 할 수 있다. 또한 그 사랑도 인간 이성에서 솟구쳐 나오는 사랑이라기보다는 오히려 신비적 공동체 속에서의 '사랑'이었다.

기독교를 바탕으로 하는 지식인의 정치적 태도에 관해서 말한다면, 거기에는 애국주의와 사대주의가 뒤섞여 있었다. 원래 '신에 의지하여' 새로운 인간으로 변한다는 것은 신앙이 진실로 주체화되지 않는 한, 조선에 진출한 '외국 선교회에 이끌려' 선교회가 바라는 인간으로 바뀌는 것, 즉 비주체적이고 때로는 반민족적인 인간으로 변하는 것을 뜻했다. 실제로 일본의 조선 침략이 격화됨에 따라 지식인은 항일 내셔널리즘을 형성하여 일본과 싸움을 벌였지만, 그것은 서구 선진국의 지원을 기대하는 사대주의적 사고와 불가분으로 결합되어 있었다. 바꾸어 말하면, 그들 지식인이 목소리 크게 외쳤던 '독립' '국가' '애국'이라는 말 자체는 이미 조선에서 세력 확대를 바라는 선진 자본주의국, 특히 미국의 정치적 틀 가운데 짜 맞추어진 것이었다. 그것은 조선 기독교계의 대표적 지식인이며 항일 '투사'이고 "배재학당의 긍지이고 영광이며 보배이다"[18]라고까지 얘기되었던 이승만이 기독교의 논리로 '구국'을 말하고 서구 각국의 '신의'를 중시한 결과, 이후의 항일운동에서 외교를 통한 일본 구축, 즉 자국의 '독립'을 국제적으로 약간 보장받으려고 했던 것에서도 전형적으로 볼 수 있다.[19] 그리고 기독교를 믿는 지식인은 '혁명'과 '도피'의 틈바구니에서 개인으로서 독립을 충분히 달성하지 못한 채 기독교나 서구에 대한 의존심을 계속 갖게 되었다.

여하튼 마르크스가 인간의 본질은 현실에서 '사회적 제 관계의 총체'[20]라고 말한 것처럼 조선의 개화 지식인은 유교적 전통을 고수하든, 혹은 기독교의 이념을 받아들이든 반침략과 반봉건이라는 시대적 과제를 짊어지고 유학적 토대 위에서 근대적 지식을 섭취함으로써 탄생했다. 그들의 대부분은 양반귀족을 출신 모태로 하여 정신적 황폐 속에서 개화와 항일을 위한 자기변혁을 이룩하였다. 게다가 당시의 미성숙한 사회경제적 조건을 반영하여 유교와 기독교의 윤리·도덕적인 경향과 직결된 사고에서 벗어나지 못했으며 그들의 주장도 종종 과학적 근거가 결여된 추상적인 것에 머물렀다. 그것은 낮은 생산력이 자본주의적 시민사회의 성립을 방해하고 봉건적 인간관계의 온존을 초래했기 때문이기도 했다. 어쨌든 조선의 개화 지식인은 과학적이고 합리적인 인식·지식의 발달이라는 절차에 근거하지 않은 윤리·도덕을 강조함으로써 국민의 단결을 꾀하는 종교적 개화운동의 전개를 매우 중시하게 되었다. 그리고 드디어 사회적으로 점차 확대되기 시작했던 개화운동도 기성 지식인 출신을 중심으로, 주로 개인적 노력으로 사상 전환을 이룩했던 개화 지식인이 주도하게 되었다.

2. 일본 유학과 신지식인의 형성

근대교육의 보급이 부진한 가운데 자기변혁을 통해 형성되었던 개화 지식인과는 달리, 구교육을 받았던 기초 위에 일본 유학을 통해 신학문을 섭취한 새로운 세대의 근대 지식인이 생겨나기 시작했다. 앞서 말했듯이 일본 유학은 정부가 관비 유학생을 파견함으로써 본격화되었는데, 신지식의 형성이란 관점에서 볼 때 이를 가능케 하는 사회적 토양은 갑오개혁을 출발점으로 급속히 형성되기 시작했다. 이는 갑오개혁 이래 일본이 조선의 '개화'에 깊이 관여하였으며, 또한 19세기 말에는 일본의 서적이나 교육을 통해 근대지식을 배우는 일이 조선에서 보편화되기 시작했다는 것과 관련 있다.

김윤식이 기록했듯이 "일본인 구로다黑田를 데려와 외무 관료가 일본어 학습을 시작"[21]했던 것이 1895년 초였고, 그 밖의 정부 관료도 앞을 다투어 일본어를 배우는 등 일본어 학습열이 곳곳에서 싹텄다. 그리고 근대교육이나 새로운 관리등용제도의 실시로 신학문의 필요성이 조금씩 인식됨에 따라 고등·전문교육에 대한 욕구도 점차 높아졌다. 그 결과 양반·관료의 자식을 중심으로 일본에 유학留學하는 사람이 차츰 많아져 관비 유학만이 아니라, 1900년 이후에는 사비 유학도 꽤 늘어났다.

당시의 유학생은 대부분이 일본 유학생이었으며 전공과목도 처음에는 법률·정치·경제 등 사회과학이 많았다. 이들 유학생이 일본에서의 학습이나 견문을 통해 서양 문명에 대한 이해를 심화시키고 근대학문에 대한 지식을 넓혀갔던 것은 두말할 나위도 없다. 그러나 그것을 개화기 조선 지식인의 문제로 생각할 때, 거기서 가장 중요한 것은 그들이 어떻게 그것을 자기의 경험으로 내면화하고 조직화해 조국의 현실과 결부시켰는가 하는 점이었다. 바꾸어 말하면 그들의 기본 과제는 신학문을 배워 가부장적 문벌의 이익을 우선하는 유교적 사유양식을 극복하고, 민중을 계몽함으로써 자주독립과 부국강병을 추구하는 일이었다. 실제로 그들은 귀국 후 정부의 각 기관이나 언론·교육·경제 분야에서 지도적 역할을 맡았으며 조선의 개화에 큰 공헌을 하였다.

그렇지만 그 뒤의 역사 전개를 바라볼 때, 이들 일본 유학생은 조선사회의 진보에 부정적인 역할도 하였다. 그것은 무엇보다 수백 년에 걸쳐 형성되어온 그들의 양반적 체질과 깊이 관련되어 있다. 이에 대해

이기는 다음과 같이 말하고 있다. 즉 "외국에 유학하는 자는 모두 20세 이상으로 그들이 가정에서 보고 들은 것은 고루한 것뿐이었다. 따라서 시세와 관습을 잘못 알고 판단하는 것이 이미 고질화되어버렸다. 3년에서 5년 정도의 교육을 받았다고 해서 어떻게 신체 전부를 통째로 교체할 수 있겠는가."[22] 더욱이 뿌리 깊은 관지향官志向·중앙지향中央志向의 전통 속에서 탈권력적 성격을 가질 수 없었던 일본 유학생 가운데는 민중을 계몽하기보다 관리가 되어 가문의 세력을 등에 업고 높은 지위에 오르기를 원했던 자도 적지 않았다. 후일 1910년대에 일본으로 갔던 한 조선인 유학생은 이런 초기의 모습을 "학업에 대한 진지한 열의는 조금도 없고, 일찍 귀국하여 관계官界로 나가는 것에만 정신이 팔려 있었다"[23]라고 말했는데, 이것은 결코 부당한 비판은 아니었을 것이다.

역사적으로 자명하듯이 일본이 조선 지배를 강화해가는 데에는 직간접으로 일본에서 배운 조선인 관리의 매국적 '협력'이 큰 역할을 하였다. 이런 측면에서도 일본 유학생이 조선에 부정적 영향을 끼쳤다고 한다면 그것은 관료 전체의 친일화를 촉진한, 일본 유학의 경험을 가진 관리에게서 그 전형을 찾을 수 있다.

개국 후 서양 문명이 차츰 들어오는 가운데 과거科擧, 특히 문과 출신자를 중심으로 한 상급관료 중에 신학문을 수용한 자가 나타나기 시작했지만, 갑오개혁 이후 근대교육이나 일본 유학이 일반화함에 따라 신교육을 받은 관료가 국정에서 점차 중요한 역할을 짊어지게 되었다. 그리고 관료 구성에서 근대학교 출신자나 유학 경험자의 비율이 커짐에 따라[24] 관료 전체에 미치는 일본의 정치적 영향력도 현저해졌다. 이는 말할 필요도 없이 일본이 조선의 근대교육이나 유학생 파견에 중요한 위치를 차지하고 있었기 때문인데, 사실상 새로운 관료는 대부분 외국어학교, 무관학교, 법관양성소 등의 관립학교나 일어학교 출신자 및 일본 유학 경험자들이었다.[25] 특히 여러 번에 걸쳐 일본에 파견된 관비 유학생이 주로 칙임관勅任官이나 진임관秦任官 등 한정된 정부 고관의 친족 중에서 선발된[26] 것은, 원래 사대주의나 보수적의적 관념에 젖어 있던 상급관료 세력의 친일화를 더욱 촉진시켰고, 그만큼 조선의 정치적 자주성을 약화시켰다.

이렇듯 일본 유학 경험자를 핵심으로 하는 관료세력의 친일화는 그 자체로 일본 침략정책의 구체적 '성과'였다. 사실 청일전쟁 이후 삼국간섭, 민비시해, 아관파천을 통해 일본 세력이 한때 후퇴하는 시기가 있었지만, 일본의 조선침투는 일관되게 지속되었다. 게다가 러시아 신문 『노보에·브레미야』가 1900년 9월 27일자 '조선 통신'이라는 기사에서 "현재 일본인은 조선에서 비상한 세력을 이용"하고 있으며, 또 "일본인의 세력은 주로 관리 사회에 뿌리내리고"[27] 있다고 보도했듯이, 일본의 조선 진출은 항상 일본인과 결탁함으로써 자기의 이익을 추구했던 조선인 관리의 행동을 전제로 한 것이었다. 그리고 일본은 결국 러일전쟁 시작 후인 1904년 8월 조선 정부에 '고문관고빙협정顧問官雇聘協定'을 강요함으로써 일본인 '고문' 아래 친일적 관료를 통제하고자 하였다. 어쨌든 이러한 역사적 흐름에서 추측할 수 있듯이, 일본 유학으로 근대문명에 눈떴던 새로운 지식인 가운데는 그 후 식민지 관료의 중심 세력이 되어 결과적으로 조국을 배반한 자도 적지 않았다.

3. 개화 지식인의 민족계 사립학교 설립

개화 지식인들이 종교적 교화를 중시했고, 또 일본 유학 경험자의 일부가 친일관료가 되었다고는 해도 새로 형성된 근대 지식인은 조선의 개화에 크게 이바지했다. 그리고 그것은 무엇보다 개화의 중심 사업인 교육에서 학교 설립이라는 형태로 나타났다.

개화 지식인이 설립한 학교는 관립학교나 기독교계 학교와는 구별해 민족계 사립학교로 분류할 수 있다. 그 최초의 학교는 민영환이 세운 흥화학교라는 설도 있지만 반드시 정확한 것은 아니며[28] 오늘날 이를 자료로 분명히 밝히는 것도 곤란하다. 어쨌든 이런 사립학교의 설립이 하나의 사회적 조류가 되었다는 것은 독립협회운동이 고양됨에 따라 개화사상이 대중 속으로 침투되기 시작한 1898년경부터였다는 것은 부인할 수 없는 사실이다.

각종 신문을 통해 사립학교의 움직임을 보면, 1898년 6월 홍문동사립소학교에서 40명의 졸업생을 배출하고 새롭게 15세 이상의 학생을 모집한다는 보도가 있었던 것[29]을 비롯해, 같은 해 10월에 흥화학교 설립, 11월에 광흥학교 이전,[30] 12월에 개성학교를 경영하는 민간인 6명에 대한 학부 표창[31] 등의 보도가 있었다. 또 1899년에 한성의숙漢城義塾,[32] 시무의숙時務義塾,[33] 우산학교牛山學校,[34] 배영의숙培英義塾,[35] 광성학교光成學校[36] 및 1900년에 한양학교漢陽學校[37] 등의 설립이나 학생 모집이 '잡보' 또는 '광고'의 형식으로 보도되었다. 그 뒤에도 1901년에 낙연의숙洛淵義塾이 설립되는 등 몇 가지 움직임이 있었는데, 여기서 볼 수 있는 사립학교는 모두 초창기였던 만큼 규모와 내용이 다양했는데, 학생 수는 대체로 100명을 넘지 않았던 것으로 보인다.[38]

한성의숙의 경우 입학 연령은 15세부터 30세까지였고, 입학시험 과목은 한문·독서·국한문·작문이었으며 학과 내용은 경서經書·일어·지리·역사·산술·작문·물리학·화학·법학·경제론·정치학·국제법 등이었다.[39] 그리고 신문기사로 판단해볼 때, 흥화학교·광흥학교·배영의숙도 한성의숙과 거의 같은 내용이었다. 즉, 민족계 사립학교에서는 근대학문 섭취의 수단으로 일본어(흥화학교의 경우는 일본어와 영어)를 가르치는 것과 동시에 각 분야에 걸친 근대지식을 흡수하는 것에 중점을 두었다. 따라서 기독교계 학교가 종교적 교화를 강조하고 또 일어학교가 일본어 교수를 중시한 것에 비해, 민족계 사립학교는 관립학교와 마찬가지로 근대문명이나 근대학문의 섭취에 최대의 역점을 두었던 것이다.

이 시기의 사립학교 설립은 이 밖에도 여러 가지 형태로 진행되었다. 흥화학교·우산학교·배영의숙·광성학교 등에서는 야학이 설치되어, 낮에 뒤지지 않을 정도로 밤에도 적지 않은 학생이 면학에 힘썼다.[40] 그리고 1897년경에는 조선 여성의 손으로 최초의 여학교인 정선여학교貞善女學校가 설립되었다.[41] 또한 관립여학교의 설치를 기다릴 수 없었던 여성들이 1898년 9월 찬양회讚揚會라 칭하는 부인회를 조직해 여학교 설립선언[42]을 하고, 이어 부인회 임원들 스스로가 직접 교육을 담당하는 순성여학교順成女學校를 세웠다.[43] 더욱이 근대교육에 대한 인식이 깊어짐에 따라 흥화학교를 설립한 개명 관료 민영환과 우산학교를 개설한 외부대신 박제순 등 일부의 정부 고관만이 아니라, 민중 수탈의 대명사였던 각지의 관찰사[44]나 부윤 및 군수 등의 지방행정관,[45] 더 나아가서는 개화를 적대시해왔던 유생[46] 중에서도 자력 혹은 지방의 유력자나 학부 등의 지원을 얻어 사립학교를 설립하려는 자가 나타났다.

여기서 볼 수 있는 사립학교 설립의 노력은 두말할 나위도 없이 개화 지식인의 형성과 개화의식의 침투를 반영한 것이었다. 그러나 이들 사립학교의 설립은 단지 정신활동에 따른 의식변혁으로만 이루어진 것이 아니라, 미약하지만 자본주의 경제의 전개와도 결부되어 있었다. 당시 광산·철도·은행·전신 등의 각종 이권이 차츰 외국 열강의 손으로 넘어가는 가운데, 극소수이기는 하지만 근대적인 '민족자본'이 형성되었는데, 그것은 특히 갑오개혁 이후 다양한 형태의 기업 활동으로 나타났다.[47] 이러한 '민족자본'에 대한 사회의 기대는 아주 컸다. 예를 들면 보수계 신문인 『시사총보時事總報』는 1899년 7월 8일 '자본가 역량'이란 제목의 '논설'에서 "요즘 우리나라에 상당히 유명한 자본가도 적지 않다. 그러한 자본가는 큰 역량을 발휘하여 사회에서 경제인으로서 공적을 한번 떨쳐봄직하다. 국가에도 유익하고 자신에게도 명예가 되는 많은 사업이 무수히 있다. 진실한 영업을 통해 이익을 희망한다면 이루어야 할 것은 일일이 열거하기 어려울 정도로 많다"라고 하면서, 은행·철도·광산·상사商社·농업개발·교육·출판·도서관 등의 구체적 사업을 들어 '자본가'의 분발을 촉구했다.

이러한 자본주의 경제의 일정한 발전은 교육의 전개를 필연적으로 요구했는데, 그것은 사기업私企業의 목적의식적인 인재 양성으로 나타났다. 특히 철도·전기·해운·은행·광산·방적·직조·양잠 등의 근대산업은 기업 활동을 수행하기 위해 해외 유학이나 국내의 신교육을 통해 확립된 인적 기반을 필수로 요구하였고, 힘 있는 기업 스스로가 교육기관을 설립하기에 이르렀다. 사실 개화의식의 영향으로 기업을 일으킨 관료나 상인의 대부분은 사립학교의 경영자나 교장 등으로 취임했다.[48] 그리고 1900년 이후 외국 기술을 받아들이기 위해 '입공人工양잠전습소', '철도학교', '흥화학교측량과', '낙영학교樂英學校공업전수과', '일어영어학교', '실업전습소', '염직전습소', '공업전습소', '신명공업실습소' 등이 설립되었다.[49] 그러나 그 후 조선의 시장이 일본을 비롯한 자본주의 열강의 상품으로 지배되거나 국내 생산자의 부르주아적 발전이 지체됨에 따라 기술 수용을 중심으로 하는 기업의 교육기관 설립도 점차 줄어들었다.

어쨌든 개화 지식인이 중심이 되어 설립한 사립학교는 형식과 내용 모두 구교육기관과는 다른 근대학교였고, 일본어나 영어 등의 외국어 및 근대학문이나 근대지식, 선진 과학기술 등의 습득을 목적으로 하는 실리적 색채가 농후했다. 그리고 이들 민족계 사립학교는 구교육을 극복하고 신교육을 보급하고자 했던 조선 지식인의 교육적 노력의 산물로서, 그것은 또 교육의 내재적 발전을 지향하는 근대교육운동의 본류를 이루는 것이었다. 그럼에도 불구하고, 독립협회운동의 탄압에서 보이는 내외 반동의 책동을 배경으로, 근대교육에 관한 이해가 전국적 규모로까지 확대되지 않았으므로 민족계 사립학교의 본격적 전개는 오랜 기간을 기다려야 했다.

Ⅶ. 교육개혁 좌절의 배경

1. 구교육기관의 방치와 봉건적 사유의 지속

지금까지 논했듯이, 조선의 근대교육은 관공립학교와 기독교계 학교, 일어학교, 그리고 민족계 사립학교의 설립 등으로 점차 구체화되었다. 그러나 국민교육제도의 확립이라는 관점에서 볼 때, 조선 근대교육의 실태는 매우 불충분하였다. 특히, 중앙집권국가였던 조선에서 공교육체계의 중추인 관공립학교가 지지부진하게 전개되었던 것은 근대교육의 보급, 나아가서는 근대국가의 형성에 결정적인 마이너스 요인이 되었다.

원래 갑오개혁의 일환으로 행해진 교육개혁은 일본의 교육제도를 모방하여 일본의 간섭을 받았지만, 그것이 지향했던 근대교육의 내실은 독자적인 것이었다. 실제로 갑오개혁이 좌절되고 일본 세력이 대폭 후퇴한 이후에도, 교육개혁은 불충분하나마 그럭저럭 추진되고 있었다. 더욱이 오늘의 시점에서 바라볼 때, 1897년에서 1902년의 영일동맹 혹은 1904년의 러일전쟁 발발에 이르는 기간은 열강 세력의 균형이 유지되고 있던 시기로, 교육을 통한 민중계몽을 기초로 조선의 자주적 발전을 꾀하여 국가독립의 기반을 구축할 절호의 기회였다.

하지만 개화기라는 가장 중요한 시기에 조선 사회는 불철저한 봉건제 해체, 부르주아적 발전의 지체, 열강의 조선 침략 등으로 아주 혼란한 상태였다. 그리고 사상적 상황 역시 『시사총보』가 "요즘 세상 돌아가는 모습을 잘 살펴보면, 유학을 배운다고 하여 입으로는 단지 시서논맹詩書論孟의 문장을 늘어놓지만 그 행동거지는 조금도 공자나 맹자의 행동과 일치하지 않으며, …… 야소교라고 하는 자는 단지 일요일마다 손을 모아 예배하고, (성경을-역자 주) 입으로 몇 구절 암송할 뿐으로 그 본뜻을 잘 살펴보면, 무리의 세력을 빌려 불의와 불법을 저지르는 것이 주된 목적이다……"[1]라고 논했듯이, 유교사상이 그 권위를 상실한 가운데 기독교도 뿌리를 내리지 못하고, 더구나 과학적 합리주의도 아직 보급되지 못한 상태에서 혼란된 모습을 노정하고 있었다. 뿐만 아니라 갑오농민전쟁이나 의병운동에서 폭발된 민중의 불만도 1900년부터 1904년에 걸쳐 경흥·원산·성진·북청·제주도·창성·서울·시흥 등의 각지에서 봉건 위정자에 반항하는 농민봉기나 외국 침략자를 공격하는 폭동의 형태로 끊임없이 분출되었다.

이러한 사회 정세의 악화는 갑오개혁 이후의 개화정책이 불충분하였음을 의미하는 것이지만, 그것은 또한 개혁의 중심 사업이었던 근대교육이 사회개혁에 유효할 만큼의 에너지를 창출하지 못했음을 보여주는 것이기도 하다.[2]

사실 갑오개혁이 시행된 지 10년이 지난 1904년 현재, 근대학교가 제일 많이 설립된 수도 서울에서조차, 정규의 근대교육을 받았던 학생 수는 남자에 한해 보더라도 교육적령인구의 1%에도 미치지 못했다.[3] 이것은 신교육의 필요성이 열심히 주장되었던 당시의 조선 사회에서 전통적인 구교육이 여전히 압도적인 교육적 영향력을 발휘하고 있었음을 말해준다.

구교육의 중심기관이었던 서당은 원래 그 설립 형태에 따라 몇 개의 종류가 있었다. 이만규(李萬珪, 1882~1978)는 『조선교육사』에서 서당을 다음의 4가지로 유형화하였다.[4] (1) 훈장자영訓長自營 서당-서당 교사인 훈장이 자기의 생계 혹은 교육적 취미를 위해 설립한 서당, (2) 유지독영有志獨營 서당-부유한 유지가 단독으로 경비를 부담하여 자신의 자제 및 인근 자제를 무료로 가르치는 서당, (3) 유지조합有志組合 서당-유지가 조합을 조직하고 훈장을 초빙해 조합원의 자제를 가르치는 서당, (4) 촌락조합 서당-하나의 마을이 조합을 만들어 훈장을 두고 마을의 연소자를 가르치는 서당 등이 그것이다. 여기서 조합이란 예로부터 존재했던 민간의 상호부조 조직의 일종인 동계洞契, 서당계書堂契, 학계學契 등을 가리키는 것으로 이해하면 될 것이다. 이러한 설립 형태에서도 잘 드러나듯이, 서당은 기본적으로 민중의 창의와 자주를 바탕으로 운영되는 초등교육기관으로 각 도시는 물론 전국의 촌락에 널리 존재했고, 국민교육에 중요한 위치를 차지했다. 서당은 보수적인 봉건유교사상을 재생산하고, 혹은 유학을 업으로 하는 양반유생(훈장)에게 생계의 장을 제공하며, 또 과거 응시를 목적으로 하는 준비기관의 기능을 하는 등 많은 부정적 측면을 지니고 있기는 했지만, 민중 자신의 세심한 노력으로 촌락공동체에 뿌리내린 자제 교육의 중심이 되었다.

그러나 서당은 1895년 이후 근대학교가 점차 설립되는 가운데 교육개혁의 일환으로 취급되지 않은 채, 위정자로부터 완전히 무시되고 방치되어버렸다. 그 결과, 구체제의 재편·강화라는 사명을 띤 관립학교를 포함해 근대학교가 전체적으로 유교적 사유의 극복과 근대 의식의 보급, 즉 민중의 개명진보에 긍정적인 역할을 수행했음에 비해, 서당은 시대에 부응한 자주적 내부 발전의 길이 막혀버린 채 봉건지배체제의 변혁에 제동을 거는 부정적 작용을 하게 되었다. 게다가 개화 지식인이나 개명 관료, 상인, 기업가 등이 자본주의적 발전과 결부된 근대학교에 관심을 가졌던 것에 비해, 경제적으로 몰락한 양반유생은 조선사회의 근대적 발전에 뒤처진 서당에만 매달렸다. 이는 유학적 지식을 유일한 재산으로 하는 양반유생의 상당 부분이 서당으로 생계를 유지했으며, 또 실생활에서는 '하층'이기는 해도 신분적으로는 '지배계급'에 속하는 자신의 존재를 봉건유교적 윤리가 절대시되는 서당에서 확인할 수 있었다는 사실과 관련이 있다. 이처럼 사회경제적 조건의 변화에 대응할 수 없었던 서당은 시대의 흐름에 역행하게 되었고, 그것이 본래 지니고 있던 교육적 결함을 더욱더 증폭시켜갔다.

박은식은 서당교육의 실태를 "단지 글을 읽고 글자를 베낄 뿐"[5]이라고 간결하게 표현했는데, 서당의 폐해는 확실히 일상생활에 필요한 지식을 거의 가르치지 않고 사회의 진보와 직결된 학문을 배제한 데 있었다. 더욱이 이런 폐해는 단순히 구교육만이 아니라 이제 막 시작되고 있던 신교육도 크게 규정했다. 즉, 근대학교의 입학 연령이 10대에서 20대, 때로는 30대, 40대로 상당히 높았던 것은 입학생의 대부분이 어린 시절부터 서당에서 배운 사람들로 구성되었기 때문이다. 이처럼 초기 근대교육의 대상자들은 일상생활의 여러 경험 속에서 자의식을 형성해야 할 가장 다감한 시기에, 좁은 정신 형성의 틀 속에 틀어박혀 있던 사람들이었다. 그것은 당연히 구교육의 결과로 근대학교의 학생 자신이 주자학적 사유에 안주하고 거기서 탈출하는 것이 아주 곤란한 체질을 갖추고 있었음을 나타낸다.

전통적 유교사회에서 자란 근대학교의 학생들에게 근대적 사유를 확립해가는 것이 얼마나 고뇌에 가득 찬 것이었는가는 개화의 지표라고 할 만한 단발에 대한 의식 변화 한 가지만을 보더라도 충분히 짐작할 수 있다. 개화론자에게 단발은 양복 착용과 함께 늘 개화의 상징이었다. 그러나 유교적 교양인에게 머리카락을 길게 묶는 것은 인륜의 기본인 효의 상징으로, 단발은 금수로 전락하는 것을 의미했다. 당시의 사회 통념으로 머리를 올리지 않는 자는 설사 30~40세가 되었다 하더라도 총각으로 아이 취급을 받고, 거꾸로 10세라고 해도 머리를 올리면 어른으로 대우받았다.[6] 더욱이 조선의 개화가 일본의 군사적 압력으로 강제되었으므로 유생, 특히 위정척사론자에게 단발의 거부는 일본을 비롯한 외국 열강의 조선 침략에 반대하는 것, 즉 척사와 동일시되었다. 1895년 11월 김홍집을 중심으로 하는 개화파 정권이 단발령을 실시하자, 학부대신 이도재(李道宰, 1848~1909)가 "정말 나라에 이롭다면 신은 비록 목숨이 다한다 하더라도 결코 사양하지 않겠는데, 더구나 감히 한 줌의 짧은 머리칼을 아껴서 나라의 계책을 생각하지 않겠습니까. 단지 여러 차례 생각해보아도 그것이 이로운 것은 보이지 않고 해로운 점만 당장 보이므로 감히 마음을 속이고 따를 수는 없는 것입니다"[7]라고 상소하고 사임한 것도 반개화와 결부된 유생의 반일·반정부운동과 밀접히 관련된 것이었다.

하지만 똑같이 단발·양복착용에 반대한 학부대신 신기선에 대해 『독립신문』이 '논설'에서 "관립학교에서 머리를 깎고 양복을 입는 것은 정부가 무리하게 시킨 것이 아니라 학생들 스스로가 그렇게 하는 것이 자신들에게 편리하다고 생각했기 때문이다"[8]라고 규탄했듯이, 원래 단발 그 자체는 개화의식의 침투에 따라 자주적으로 이루어졌다. 실제로 단발에 대한 의식수준은, 가령 일본 유학생으로 선발되었던 청년 관리가 단발을 거절하고 도일渡日을 단념하는[9] 등, 처음에는 상당히 낮았지만 단발령 실시 이후 점차 의식이 향상되어 이윽고 관립학교와 기독교계 학교, 일어학교에서 단발을 실행하는 자도 많아졌다. 1897년 5월에는 각 학교의 학생들이 집단적으로 단발을 결의하는[10] 등, 단발은 독립협회운동의 활성화와 관련하여 근대학교의 학생에게 하나의 풍조로까지 되었다.

그러나 단발을 행한 사람이 늘어났다고는 하지만, 근대학교 학생의 단발에 대한 인식은 전체적으로는 여전히 표면적인 데 불과했다. 1898년 10월의 『독립신문』에는 독립협회의 지원을 얻어 군부대신이 된 개명 관료 민영환의 지시 아래 '어쩔 수 없이' 단발을 실행한 영관領官·위관학도尉官學徒가, 그 뒤 불과 며칠 만에 수구파의 압력으로 민영환이 사직하자 갑자기 단발을 후회하기 시작했다는 기사가 실려 있다.[11] 이것은 당시의 유교적 예속관禮俗觀이 얼마나 뿌리 깊었으며, 또 근대교육을 받은 학생들에게 그것을 극복하는 일이 얼마나 어려웠던가를 여실히 말해준다. 더욱이 독립협회의 해산과 수구파 세력의 대거 진출을 계기로 조선 사회에는 다시 보수적 풍조가 일기 시작했고, 이에 따라 머리를 짧게 깎거나 양복을 입은 근대학교 학생도 점차 그 모습을 감추게 되었다. 그래서 결국 뼛속까지 침투한 봉건유교의식과 격변하는 정치정세 탓으로, 일반 국민은 물론 근대학교의 학생들마저도 단발에 대한 올바른 이해를 갖는 것이 곤란해지고, 단발하는 자는 '일종의 정신이상자'[12]로 간주되는 상황이 오랫동안 지속되었다.

2. 교육개혁 좌절의 요인

정부의 교육개혁은 관공립학교를 중심으로 전개되었지만, 부패한 봉건유교적 사회 풍토나 재정 사정 등의 교육 외적 조건 때문에 좌절하지 않을 수 없었다. 그리고 이 좌절이야말로 조선의 전반적 개화를 결정적으로 지체시키는 가장 큰 이유 가운데 하나였다. 이러한 교육개혁이 좌절된 역사적 성격을 명확히 하기 위해 그 요인을 몇 가지의 항목으로 정리해서 논하고자 한다.

첫째는 관립학교에서 대표적으로 나타난 입학자의 신분차별이다. 주지하다시피 교육개혁은 양반지배층을 중심으로 추진되었는데, 그 목적은 구체제의 변혁이 아니라 어디까지나 재편 강화였다. 따라서 당초 개화파 정권이 교육개혁을 실시하는 데 있어 '소학교령' 및 기타 법령에서 교육의 기회균등을 성문화했다고는 하지만, 실제의 입학자는 중인 및 양반계급 출신자였다. 실제로 하층계급 출신자의 입학을 정책적으로 지원하는 구체적인 조치가 강구된 적은 한 번도 없었다. 그 뒤 지배층에서 근대교육에 대한 인식이 차츰 높아지고, 또 교육행정도 정치의 반동화를 반영해 보수적 경향을 강화하는 가운데, 관립학교 입학자의 다수가 양반계급 출신자로 메꾸어졌다. 그 결과 조선의 근대교육은 기독교계 학교 등에서 볼 수 있는 일부의 경우를 제외하고는, 사회 각층의 유능한 인재를 계통적으로 발굴하고 거기서 얻을 수 있는 새로운 활력을 제도적으로 정치지배층에 공급하는 데 실패했다. 이것은 메이지 일본의 근대교육이 빈농을 비롯한 하층 출신자를 새로운 국가 간부로 양성하는 기능을 수행했던[13] 것과 큰 차이를 나타내는 것이다.

많은 상급관료를 배출한 무관학교[14]를 필두로, 관립학교에서 양반계급 출신자가 다수를 차지한 사실은 당연히 그들 학교의 정상적인 발전을 가로막았다. 그들은 양반적 체질로 인해 학교를 입신출세의 수단으로 여겼고 면학 태도 역시 진지함이 결여되어 있었다. 『황성신문』이 "고명한 학술과 탁월한 지혜를 가진 교사가 무지몽매한 학생에게 올바른 사실을 가르친다고 하더라도, 배우는 자가 태만하고 고루하여 그것을 받아들이지 않는다면, 교사의 고명함과 탁월함은 아무런 소용이 없다"[15]라고 외국인 초빙 교사를 대하는 조선인 학생의 불성실한 태도를 비판했고, 또 『독립신문』에서 외국인 교사의 선의를 조선의 학생이 사리사욕에 악용하는 것에 대해 경고를 했던 것도[16] 모두 그러한 사례이다. 어쨌든 관립학교를 중심으로 한 교육개혁에서 모든 계층의 자제에게 입학 기회를 제공하지 않았던 것은 이미 설립된 근대학교의 발전을 어렵게 만들었을 뿐만 아니라, 그것을 기초로 구축되어야 할 국민교육제도의 확립에도 중대한 장해를 초래했다.

둘째는 근대교육의 중심을 이루는 신학문의 도입이 부진했다는 점이다. 『독립신문』이 배재학당의 교육과 관련해 "조선 학생은 학교에서 아주 조금이라도 학문을 배우기만 하면 완전히 사람이 변해 새로운 인간이 된다"[17]라고 논했듯이, 근대학문의 도입·보급은 교육개혁 전체의 성패를 좌우하는 중요한 과제였다. 실제로 갑오개혁 이후 학부편집국[18]이나 기독교 선교사[19]는 근대학문 도입의 일환으로 많은 교과용 도서를 번역·편집·출판하여 나름대로의 성과를 거두었지만, 이러한 노력은 근대교육을 추진한 일본이나 중국에 비해[20] 아주 적은 것이었다. 특히, 조선 정부가 외국의 문헌을 연구하고 체계적으로 번역·출판하는 사업을 활발히 벌이지 않았던 것은, 신학문의 도입·보급을 결정적으로 지체시키는 원인이 되었다. 이에 관해 박은식도 "과거를 폐지하고 학교를 설립했는데…… 신학문이 발전하는 것은 보이지 않고, 학부 예산과 학교의 비용을 쓸데없이 사용하는 것은 왜인가"[21]라고 정부의 자세를 혹독히 비판하였다. 게다가 신학문에 대한 정부의 소극적 태도는 기본적으로 교육 그 자체를 교화로 간주하고, 근대학교를 학문 교수의 장으로 생각하지 않았던 위정자의 유교적 사고에서 비롯되었다. 뿐만 아니라 일본의 조선 침략이 격화하는 가운데 많은 양반유생은 근대학문에 대한 올바른 이해를 결여한 채, 신학문을 '왜학倭學' 또는 '사학邪學'이라고 배척함과 동시에 그것을 배우는 것마저 두려워했다.[22]

이 때문에 조선 사회는 여전히 사대주의적인 한학이 학문의 주류를 차지하고 근대학문의 비중은 놀랄 만큼 낮은 수준에 머물러 있었다. 그리고 학문이라고 하면 곧바로 사서육경을 떠올렸던 당시의 일반적 상황 속에서, 근대학교는 신교육의 내실인 근대적 교과를 충분히 받아들일 수 없었다. 그것은 단순히 근대지식의 보급에 불가결한 교과서가 부족했다는 점뿐만 아니라, 수업을 담당할 교사 스스로가 신학문에 대해 잘 알지 못했기 때문이기도 하였다. 실제로 한학에 능통하기만 하면 우수한 교사로 간주되었던 구교육의 전통을 배경으로, 학부의 소학교 교사 채용도 『논어』와 『맹자』의 독해력에 중점이 두어지기[23]까지 하였다. 그리고 여전히 한문이 학습용어로 중시되는 가운데, 성차별을 극복하고 남녀평등을 지향했던 사립 순성여학교에서도 국문 교과서와 함께 『천자문』, 『동몽선습』 등의 유교적 한문 교과서가 사용되었고,[24] 또 전문교육, 예컨대 의학교육에서도 주로 한역서가 사용되었다.[25] 물론 이러한 사태는 조선의 문명개화가 낮은 수준이었기 때문이지만, 그 직접 요인이 신학문의 부진과 한문의 사용에 있었음은 분명하다.

셋째는 유학생 파견 사업의 실패이다. 말할 것도 없이 후진국 조선에서 선진국에 유학생을 파견하여 국가 건설에 필요한 근대문물을 섭취하는 일은 국내의 교육개혁에 빠질 수 없는 중요한 의의를 지니고 있었다. 그러나 초기의 일본 파견 유학생이 조선 내 일본 세력의 정치적 후퇴와 조선 정부의 행정·재정적 지원 부족, 유학생 개인의 자질 문제 등으로 소기의 성과를 거둘 수 없었던 것과 마찬가지로, 이어지는 정부의 유학생 파견도 모두 실패로 끝났다. 게다가 원래 유학생은 중국이나 일본의 예에서 볼 수 있듯이[26] 한 나라에 치우치지 않고 여러 나라로 분산해서 파견해야 한다. 조선에서 민영환이 서양 여러 나라로 유학생을 파견해야 한다고 제창하는[27] 등, 이러한 노력이 부분적으로 행해지기는 했으나 실제로는 조선 정부의 주체적 역량 부족이나 사대주의적 정책, 더 나아가서는 열강 각국의 침략적 야망으로 실현되지 못하고 끝났다. 그리고 이는 유학생 파견 사업이 실패한 중요한 원인이 되었다.

이를 구체적으로 보면, 일본 공사 가토는 1899년 7월에 국왕을 알현하여 혼란에 빠진 조선 정부의 유학생 파견 사업을 재개하고 양국 당사자의 충분한 감독 아래 점차 유학생을 늘려갈 것을 제기하고 있는데, 이는 열강이 각축하는 상황에서 일본 파견 유학생의 중단이 곧바로 일본 세력의 후퇴로 연결되는 것을 우려했기 때문이다. 이에 국왕은 일본으로의 유학생 파견을 약속함과 동시에 "열국의 질투는 강하고 피할 수 없는 것이라 생각되므로 동시에 영국·독일·러시아 등 여러 나라에도 역시 약간의 유학생을 파견할 필요가 있다. 그러나 이것이 단지 문서상의 것에 지나지 않는다면 다수를 요하지 않는다"[28]라고, 그 기회주의를 여지없이 드러냈다. 그 뒤 러시아 세력이 조선에서 우위를 점하게 되자 일본 파견 유학생에 대한 학자금 송금의 지체가 조선·일본 양국의 외교문제로까지 발전하는 가운데,[29] 조선 정부는 1903년 유학생 10명을 러시아로 파견한다는 정책을 취했다. 이것은 러시아 신문 『노보에·브레미야』가 "요즘 들어 동同 황제와 몇몇 관인은 장래 러시아에서 고등교육을 받은 자만을 정부에 채용함으로써 자국의 개혁을 실시하고, 조선에서 일본인의 영리 및 외국인의 발호를 억제하려 한다"[30]고 보도했듯이, 국왕을 정점으로 하는 조선 정부의 사대주의적 사고를 폭로했다. 더욱이 러일전쟁이 발발하고, 상황이 일본 측에 유리하게 전개되기 시작하자 다시 '황실 특파 유학생'을 일본에 파견하는 등, 정부의 유학생 파견 사업은 완전히 원칙 없는 기회주의로 일관했다.

넷째는 교육개혁에서 재정적 보장이 결정적으로 약했던 점이다. 원래 만성적인 재정난에 허덕이던 조선의 봉건정부는 청일전쟁 이후 계속되는 정치적 혼란으로 더욱 재정적 핍박을 받고 있었다. 따라서 막대한 예산 조치를 필요로 하는 근대적 개혁의 추진은 아주 어려워지고, 1895년 이후 교육개혁에 돌려진 정부 지출도 아주 보잘것없는 수준에 머물렀다. 최초의 예산이라고 할 수 있는 1896년도 예산에서는 세출 총액 6,316,831원 가운데 학부 소관은 불과 126,752원이었

〈표 6〉 1900년도 학부 소관 세출 예산

<table>
<tr><td rowspan="6">학부 본청
23,396원</td><td>봉급</td><td>15,620</td></tr>
<tr><td>잡급(雜給)</td><td>1,296</td></tr>
<tr><td>청비(廳費)</td><td>1,000</td></tr>
<tr><td>교과서 인쇄비</td><td>5,000</td></tr>
<tr><td>청사 수 리비</td><td>300</td></tr>
<tr><td>여비</td><td>150</td></tr>
<tr><td rowspan="4">관상소(觀象所)
6,010원</td><td>봉급</td><td>5,190</td></tr>
<tr><td>잡급</td><td>120</td></tr>
<tr><td>청비</td><td>84</td></tr>
<tr><td>역서비(曆書費)</td><td>616</td></tr>
<tr><td rowspan="15">학교비
88,069원</td><td>봉급</td><td>23,410</td></tr>
<tr><td>잡급</td><td>3,696</td></tr>
<tr><td>성균관비</td><td>2,870</td></tr>
<tr><td>한성사범학교비</td><td>2,840</td></tr>
<tr><td>중학교비</td><td>5,900</td></tr>
<tr><td>의학교비</td><td>5,225</td></tr>
<tr><td>고등소학교비</td><td>740</td></tr>
<tr><td>관립소학교비</td><td>4,240</td></tr>
<tr><td>일어학교비</td><td>1,179</td></tr>
<tr><td>영어학교비</td><td>2,348</td></tr>
<tr><td>불어학교비</td><td>1,224</td></tr>
<tr><td>노어학교비</td><td>1,224</td></tr>
<tr><td>한어학교비</td><td>1,179</td></tr>
<tr><td>독어학교비</td><td>1,224</td></tr>
<tr><td>외국어학교 교사 봉급</td><td>30,770</td></tr>
<tr><td rowspan="8">공립학교 보조비
24,900원</td><td>한성부 소학교 보조비</td><td>600</td></tr>
<tr><td>13부 소학교 보조비</td><td>4,680</td></tr>
<tr><td>9항(港) 소학교 보조비</td><td>3,240</td></tr>
<tr><td>3부(府) 소학교 보조비</td><td>1,810</td></tr>
<tr><td>26군 소학교 보조비</td><td>9,360</td></tr>
<tr><td>정동학당 보조비</td><td>2,940</td></tr>
<tr><td>경성학당 보조비</td><td>360</td></tr>
<tr><td>인천, 부산 일어학교 보조비</td><td>2,640</td></tr>
<tr><td>사립학교 보조비 7,240원</td><td>사립학교 보조비</td><td>7,240</td></tr>
<tr><td rowspan="3">외국 유학생
13,420원</td><td>의화군(義和君) 학자금</td><td>3,000</td></tr>
<tr><td>이의관(李議官) 학자금</td><td>2,500</td></tr>
<tr><td>유학생(留學生) 학자금</td><td>7,920</td></tr>
<tr><td colspan="2">학부 소관 합계</td><td>163,005원</td></tr>
</table>

[자료] 信夫淳平, 앞의 『韓半島』 pp. 320~323. 표 가운데 잘못된 것을 같은 책의 다른 곳(p. 690)에 의거하여 정정했다. 또한 공립학교 보조비의 소계가 잘못되어 있기 때문에 학부 소관 합계의 숫자도 맞지 않는데, 원래 자료대로 했다.

고,[31] 또 1900년도 예산에서 세출 총액 6,161,871원 가운데 학부 소관은 163,005원이었다.[32] 숫자만을 단순히 비교하면 4년간의 세출 총액은 도리어 감소했고, 그 가운데 학부 소관액이 전체 비율상 2.0%에서 2.6%로 늘어났다고는 하지만 그 증가는 미미했다. 참고로 1900년도 학부 예산을 〈표 6〉으로 나타냈는데, 교육에 관련된 것으로는 이 밖에 군부소관의 무관학교비 등이 있었다.

여기서 특징적인 것은 외국어학교의 예산이 외국인 교사의 봉급을 포함해 학교비의 44%를 차지했으며, 이 때문에 외국어학교 이외의 소학교, 의학교, 사범학교 등의 예산이 상대적으로 낮은 비율을 차지하고 있다는 점이다. 또 외국유학비는 학부 예산의 8%를 차지하고 있는데, 이 가운데 일반 외국유학비는 외국유학비의 불과 59%밖에 안되고, 나머지 41%는 황족 두 사람의 유학비였다. 더욱이 전체 학부 예산 가운데 지방에 돌려진 것은 기껏해야 약 17%에 지나지 않았다.[33] 더불어 1905년도의 학부 예산은 학교비의 경우 성균관 9,059원, 사범학교 5,755원, 중학교 12,626원, 관립소학교 13,422원, 일어학교 7,074원, 영어학교 11,118원으로 각각 1900년도와 비교해 비약적으로 늘어났지만, 그렇다고 해도 학부의 전체 예산은 도쿄제국대학의 1년간 예산보다 훨씬 적었다.[34] 이와 같은 학부 예산의 규모와 내용은 조선의 교육개혁이 얼마나 불충분하고 기형적이었는가를 나타내는 동시에 조선의 위정자가 얼마나 반민중적인 정치를 행했는가를 여실히 보여준다.[35]

다섯째는 관리임용제도의 불공정한 운영이다. 원래 교육이 성립하는 2대 요소는 '사회의 요청'과 '개인의 요구'로서, 관료국가 조선에서 이 양자를 결합해주는 것은 관리임용제도였다. 따라서 선거조례選擧條例·전고국조례銓考局條例·문관수임식文官授任式 등의 제정에서 비롯된 새로운 관리임용제도를 정상적으로 운영하는 것은 근대교육의 성과를 국가시책에 반영시킬 뿐만 아니라, 청년학생의 면학 의욕을 복돋움으로써 근대학교의 발전을 보장하는 것이었다. 서재필이 학교 졸업자를 그 자질에 따라 관리로 채용한 것은 민중에게 교육을 받는 것의 이점을 깨닫게 하고 집권층의 체질개선을 촉진하는 것이라고 논했고,[36] 또 박은식이 관리등용의 시험제도를 확립하는 것은 권세를 등에 업고 부정한 방법으로 관계官界에 진출하는 폐해를 없애 교육의 확장과 인재의 발굴을 가져온다고 주장했던[37] 것도 근대적 개혁 전체에서 관리임용제도가 아주 중요한 위치를 차지했던 것과 관련이 있다.

그러나 새로운 관리임용제도가 그 출발점에서 일부의 정부 고관에게만 임용권을 부여한 것은 근대학교의 설립이 순조롭게 진행되고 있지 않았던 상황에서 특권계급을 중심으로 하는 연고 중심의 관리임용을 만연시켰다. 그 결과 신학문을 배운 근대학교 졸업생이 아주 조금씩이기는 하지만 관리에 등용되는 한편에서, 국문을 한 글자도 모르는 자가 의정부관리가 되거나[38] 혹은 그런대로 전문교육을 받았던 법관양성소의 졸업생이 법관으로 채용되지 않는[39] 상황이 벌어졌다. 그야말로 "유식자도 아직 관리가 되지 못했는데 무식자가 소원대로 관리가 된다"[40]는 것이었다. 이러한 상황은 필연적으로 근대교육의 발전을 방해하고 개화정책 전체의 진전을 가로막고 말았다. 특히 발족한 지 얼마 되지 않은 근대학교에 큰 타격이 되었던 것은 근대학교 성장의 유일한 활력이라 할 수 있는 학생의 학문적 적극성을 불러일으키는 데 실패했다는 점이다. 그것은 헐버트가 얘기했듯이 "조선 청년이 교육을 받는 대가가 무엇인가를 인식할 수 없었"기[41] 때문이었다. 관리임용제도가 정비되지 못해 생긴 근대학교의 부진은 교육개혁의 전진을 가로막았을 뿐만 아니라, 과거의 폐지로 명확한 목표를 잃었던 조선 청년을 급속히 타락시켰다.[42]

여섯째는 서당 중심의 구교육기관을 변화시키고자 노력하지 않았다는 점이다. 국민교육제도의 확립을 꾀하는 교육개혁은 당연히 모든 지역, 모든 계층의 자제에게 근대교육의 기회 제공을 목표로 하였다. 그러나 일본의 간섭을 받게 된 교육개혁은 그 자체가 이미 전국 방방곡곡에 존재하는 어마어마한 수의 서당을 무시하는 것이었다. 게다가 그 뒤의 교육행정에서도 서당은 거의 관심의 대상이 되지 않았다. 때로는 『시사총보』의 '논설'에서 근대학교 설립의 일환으로 각지의 빈집과 향교, 서원, 촌사村社, 이숙里熟(마을의 서당-역자 주), 고사古寺, 한찰閑刹 등을 활용해야 한다고 주장한[43] 경우도 있었지만, 이것도 서당을 중심으로 하는 구교육기관의 변화를 체계적으로 논했던 것은 아니었다. 물론 민간의 사숙이었던 서당은 양반유생이 교사가 되어 한문고전을 교육 내용으로 하는 소규모의 교육시설에 지나지 않았지만, 근대교육을 전국적으로 보급하기 위해서는 서당을 비롯해 향교, 서원 등의 변혁을 정책적으로 추진하는 것이 반드시 필요했다. 적어도 위정자가 할 마음만 있었다면, 1904년 기독교 선교사가 제창한 정도의 시책, 즉 기존의 교사教師나 시설을 이용해 한문·조선사·지리 등의 3과목으로 가능한 한 많은 아이들이 학교에 다니도록 하는 것은[44] 결코 불가능하지 않았으며, 그 과정에서 서당의 계통적 변혁과 교육의 향상도 구체적으로 추진할 수 있는 것이었다.

실제로 대부분의 주민이 지방에 거주하는[45] 농업사회인 조선에서 구교육기관의 변화를 무시하는 것은 현실 문제로서 국민교육제도의 확립을 방기한 것이나 다름없었다. 따라서 근대교육을 보급하기 위해 중국이 서원의 개조를 중시했고,[46] 일본이 데라코야寺子屋나 가숙家塾의 재편성을 촉진했음에[47] 반해, 조선이 그런 정책을 시행하지 않았던 것은 반半식민지적 조건과 함께 위정자의 무책임에서 비롯된 것이라고 말할 수밖에 없다. 다만 굳이 덧붙인다면, 개화사상의 보급이 일부 도시에만 한정되어 대부분의 농촌에서는 여전히 유교사상이 압도적인 영향력을 가지고 있었다는 점, 그리고 봉건적 악정으로 관리와 민중이 대립하여 개혁의 기반을 만들어내지 못했다는 점 등을 들 수 있다. 특히 갑오개혁 이후의 행정개혁이 중도에서 좌절되고 지방관료기구가 구태의연하게 지방에서 변혁이나 민중의 의식 향상을 억압했던 점은 간과할 수 없다.

일곱째는 외국 열강의 '지원'에 의존했던 사대주의적 교육정책이었다는 점이다. 갑오개혁 이후 조선에 진출한 외국 세력은 서구 여러 나라·일본·러시아·중국 등 다수에 이르렀고, 그 때문에 조선의 국내사정은 더욱 복잡해졌으며, 각국의 이해가 격렬히 충돌하였다. 그리고 '위정척사' '동학' '개화'의 사상적 대립 속에서 교육개혁은 그들 외국 열강의 조선 진출에 교묘히 이용되면서도, 동시에 열강국의 '지원'을 얻음으로써 수행되었다. 그것은 무엇보다 조선 정부가 자기의 주체적 역량 부족을 외국 세력의 손을 빌려 메우려고 했기 때문이다. 그러나 교육개혁에 열강이 관여한 것은 교육사업 그 자체에 대해 척사론자와 동학의 반발을 격화시켰을 뿐만 아니라, 교사의 양성과 채용, 교육 내용의 구성, 교과서 작성 등 근대교육 실천의 다양한 측면에서 비주체적인 경향을 초래하였다.

특히 조선 정부가 확고한 독자적인 교육 방침을 수립하지 않은 채 각국의 교사를 고용한 것은 근대학교의 정상적인 발전을 저해했을 뿐만 아니라 외국 세력의 침략적 야망을 공공연히 조장시켜, 교육에 대한 조선 민중의 열의에 찬물을 끼얹었다. 외국어학교에서 각국 교사나 각국어학교 학생이 서로 대립·갈등하고, 혹은 사관학교에서 외국인 교관의 국적 차이로 언어나 구호가 달라서 조선 민중의 반발을 불러일으켰던[48] 것은 하나의 사례에 불과하다. 게다가 조선 정부는 관립학교 설립을 중심으로 하는 교육개혁에 소극적이었을 뿐만 아니라, 학교 건설에 대한 민중의 열정을 조선의 이익과 일치하는 방향으로 흡수·조직하려는 노력을 게을리하였고, 결과적으로 조선 민중의 교육 에너지를 외래 침략 세력이 이용하게 만들었다. 조선인 기독교도가 행한 기독교계 초등학교의 전개는 가장 전형적인 경우였다. 또한 민간 조선인의 노력으로 설립된 부산개성학교가 교사와 교과서 부족을 일본에 의존했고, 그 후 이것이 일본인 주도의 일어학교가 된[49] 것도 기본적으로는 조선 정부의 사대주의적·반민중적 태도에 바탕을 둔 것이었다. 어쨌든 교육개혁에 대한 열강의 관여는 근대교육의 전개과정을 왜곡시키고 민족적 주체성의 형성을 가로막았다.

이상 논했듯이 개화정책의 핵심이라고 할 수 있는 교육개혁은 무엇보다 정부집권층의 수구적 태도와 일본을 비롯한 외국 열강의 침략적 간섭으로 좌절될 수밖에 없었다. 그리고 근대학교의 설립이 아주 한정된 범위 내에서 불철저하게 끝난 결과, 관공립학교는 교육 설비, 교원 구성, 교과 내용, 교수 방법 등 모든 면에서 재래의 서당과 별로 다르지 않은 수준에 머무르고 말았다. 또한 관공립학교를 중심으로 하는 초등교육기관이 전국적으로 보급되지 않았기 때문에 각종 전문 및 중·고등교육기관의 전개 역시 지장을 받았고, 특히 기초과학의 습득은 거의 이루어지지 않았다.

'백년대계百年大計'라고 얘기되는 교육사업의 부진을 역사적으로 고찰해볼 때, 그것은 의병투쟁, 아관파천, 독립협회의 탄압 및 각종 민란 등에서 볼 수 있는 수많은 정치적 혼란과 그로 인해 증폭된 국민적 차원의 사상적 불일치로 초래되었다. 또한 일찍이 '근대화'에 성공한 일본이나 침략적 간섭을 받으면서도 양무·변법운동의 맥락 속에서 불충분하나마 자주적 문명개화를 이룩하고자 했던 중국과는 달리, 열강의 압력을 정면으로 받아야만 했던 조선 특유의 근대사적 특징을 반영하는 것이었다. 그 결과 봉건적 질서 속에서 출발한 조선의 근대교육은 그 전개와 성숙의 과정에서 체제 변혁의 에너지를 창출해간다고 하는 교육 내재적인 역사적 임무를 수행할 만큼 성장할 수 없었다.

오히려 국가의 부강을 꾀해야 할 근대교육은 양반 자제의 입신출세나 사리사욕 혹은 문벌의 이익 추구에 이용되었다. 근대교육에서 중시된 신학문은 "사대부의 관리가 되기 위한 도구"[50]였고, 또한 법관양성소 출신의 사법관이 그 지위를 이용해 법률을 잘못 해석함으로써 민중에게 해를 입혔던 일[51]에서 볼 수 있듯이, 봉건적 횡포와 착취의 수단이 되었다. 이기는 이러한 근대학문과 근대교육이 개화기 조선에서 수행한 부정적인 측면에 관해 다음과 같이 말했다. "신학문이나 신교육에 관한 논의가 생겨난 이후, 조정에 등용된 자는 군부君父를 배반하고 나라를 팔아넘겼고, 외국에서 유학하고 돌아온 자는 권세를 배경으로 높은 관직을 차지하는 데 급급했다. 이들 무리가 몸에 익혔던 학문이나 교육은 나라를 망하게 하는 데 적합했고, 나라를 흥하게 하는 데는 적합하지 않은 것이었다."[52]

어쨌든 교육개혁의 좌절에 따른 근대교육의 부진은 국민교육제도의 확립을 실현 불가능하게 만들어 조선의 근대화를 결정적으로 지연시켰다. 그 과정에서 국민의 대부분은 생활 향상과 국가의 미래에 대한 확고한 신념을 가지지 못한 채 여전히 봉건적 몽매 속에 매몰되어 있었고, 개국 이래 오랫동안 길고도 어두운 길을 걸어온 조선은 스스로의 힘으로 봉건적 지체를 극복하지 못한 채 일본의 침략으로 국가권력 그 자체를 탈취당하는 더 큰 곤경에 마주하게 되었다.

Ⅰ. 갑오개혁과 교육개혁

1. 『日本外交文書』 제27권 제1책, 문서번호 396, p. 587.
2. 『고종실록』, 고종 31년 6월 28일 조(條) 참조.
3. 姜在彦, 『近代朝鮮の思想』, 紀伊國屋書店, 1971, p. 140; 박종근, 「조선에 있어서의 1894~5년의 김홍집 정권·개화파 정권에 대한 고찰 (1)」, 『역사학연구』 제415호, 1974, p. 10 참조.
4. 『日本外交文書』 제27권 제1책, 문서번호 445, pp. 659~660 및 유영익, 「갑오경장을 둘러싼 일본의 대한정책」, 『역사학보』 제65집, 1975, p. 61.
5. 陸奧宗光, 『蹇蹇錄』, 岩波書店, 第25版, 1977, pp. 47~48.
6. 앞의 책, p. 45.
7. 앞의 책, p. 125.
8. 『日本外交文書』 제27권 제1책, 문서번호 430, p. 637.
9. 앞의 책, pp. 637~638. 일본에 망명해 있던 박영효는 갑오개혁에 참여하기 위하여 1894년 귀국할 당시 차관과 관련해 후쿠자와 유키치와 교환하였던 「계약서」 가운데에서 "영효가 선편으로 귀국하려 할 차에, 전년 우리 국왕폐하의 외명(外命)을 받은 바, 반드시 국무를 교정·개혁하는 임무를 맡을 것, 그를 위하여 문무의 제관은 물론 기타 백반사업(百般事業)에 일본국인을 채용할 것. 그 인물을 선택할 때는 반드시 노선생(老先生)의 협의를 거쳐서 어의에 따를 것"이라고 약속하고 있었다(「박영효 계약서」, 1894년 6월 28일, 『福澤諭古全集』 第21卷, pp. 375~376)
10. 박종근, 앞의 논문, p. 1.
11. 『日本外交文書』 제27권 제1책, 문서번호 458, p. 676.
12. 황현, 앞의 『매천야록』, p. 151.
13. 『고종실록』, 고종 31년 7월 3일 조.
14. 『고종실록』, 고종 31년 7월 12일 조 및 『韓末近代法令資料集』 Ⅰ, 국회도서관, 1970, p. 34.
15. 앞과 같음.
16. 새롭게 설립되기 시작한 근대학교의 입학 연령은 법령상 한성사범학교가 20~35세, 외국어학교가 15~23세, 법관 양성소가 20세 이상이었듯이 상당히 높았으며, 더욱이 국문을 입학시험에서 보았다. 따라서 한문교육을 위주로 한 서당에서 공부를 했던 청년은 국문이 갑자기 입학시험에 등장하게 되어 크게 당황했을 것이라고 생각된다. 국어학자 이희승은 1900년대 초에 외국어학교에 입학했는데, "서당 시대에 『구운몽』, 『사씨남정기』, 『박씨전』 등 고대소설을 은밀히 읽은 덕택에 한글을 어느 정도 체득하였"으므로 입학시험에 무난히 합격하였다고 쓰고 있다(이희승, 『다시 태어나도 이 길을』, 한국 능력개발사, 1977, p. 18). 이 문장을 볼 때 1895년경, 또는 그 이전 시기에는 양반 자제가 국문을 배울 수 있는 기회가 매우 적었다고 말할 수 있다.
17. 『日本外交文書』 제27권, 문서번호 396, pp. 589~591.
18. 학무아문의 사무기구는 다음과 같다(『고종실록』, 고종 31년 6월 28일 조).

총무국: 성균관 및 상교서원(庠校書院), 사무국: 선성(先聖), 선현(先賢)의 사묘(祠廟) 및 경적(經籍)의 보수(保守)

전문학무국: 중학교·대학교·기예학교·외국어학교 및 전문학교에 관한 사무

보통학무국: 소학교·사범학교에 관한 사무.

편집국: 국문 철자, 각 국문의 번역 및 교과서 편집.

19. 學務衙門에 대신하는 학부에는 학무국과 편집국의 2국이 설치되어 다음과 같이 사무를 분담하였다(『고종실록』, 고종 32년 3월 25일 조).

학무국: 1. 소학교 및 학령 아동의 취학에 관한 사항, 2. 그 사범학에 관한 사항, 3. 중학교에 관한 사항, 4. 외국어학교, 전문학교 및 기예학교에 관한 사항, 5. 외국에 파견할 유학생에 관한 사항.

편집국: 교과도서의 편집·번역 및 검정에 관한 사항

즉, 학부의 기구에는 학무아문에 있었던 유학(儒學)에 관한 사무국 및 대학교에 관한 사무가 탈락되고 새롭게 유학생에 관한 사항이 추가되어 있다.

20. 『고종실록』, 고종 32년 2월 2일 조. 「교육입국조서」의 인용문은 조선총독부학무국, 『증보문헌비고 학교고(增補文獻備考 學校考)』(1920년)의 일본어 역을 사용했는데, 필요에 따라 일부를 개역하였다.

21. 『고종실록』, 고종 32년 9월 28일 조.

22. 『官報』, 개국 504년 8월 12일.

23. 『고종실록』, 고종 32년 2월 2일 조.

24. 갑오개혁에서 서민의 자제도 대상으로 한 근대학교의 설립이 계획되었던 한편, 육영공원의 쇠퇴를 유감스럽게 생각했던 민비는 특권 계급의 자제만을 대상으로 하는 새로운 학교의 건립을 계획하였다. 민비는 미국에서 교사를 초빙하는 일을 선교사 언더우드에게 의뢰하는 동시에 교지(校地)를 준비하고 건설비로 3만 달러, 운영비로 매년 2만 달러에서 3만 달러를 지출할 것을 약속하고 있었다. 이것은 집권자에게 봉건지배층의 보호·육성이 중요한 과제였음을 보여준다. 그렇지만 이 계획은 결국 실현되지 못한 채 끝났다(L. H. Underwood, *Fifteen Years Among The Top-Knots*, New York, 1904, reprinted by Kyung-In Publishing Co., Seoul, p. 119).

25. 『고종실록』, 고종 32년 2월 2일 조.

26. 『官報』, 개국 504년 8월 15일 조.

27. 『官報』, 개국 504년 7월 24일 조.

28. 『고종실록』, 고종 32년 2월 2일 조.

29. 『官報』, 개국 504년 7월 22일 조.

30. 尾形裕康, 『學制實施經緯の研究』, 校倉書房, 1963, p. 235.

31. 1895년경의 서당에 관한 확실한 통계는 없지만 조선 총독부가 조사했던 1912년 3월 말 현재로는 서당 16,540개교, 교원 16,771명, 남학생 141,034명, 여학생 570명이었다고 한다(『朝鮮總督府統計年報』, 1911, p. 840). 여러 가지 상황으로 볼 때, 인구가 약 1,300만이었던 1895년 당시에도 거의 이와 비슷한 숫자의 서당이 있었다고 생각된다. 한편, 일본의 경우는 총 3,000만의 인구에 대하여 전통적인 무사(武士)교육기관 등을 제외하고 1868년(메이지 원년) 무렵까지 데라코야(寺子屋) 13,816개, 남학생 592,754명, 여학생 148,138명(石川松太郎, 『藩校と寺子屋』, 教育社, 1978, p. 194)이 있었으며, 또한 1883년 현재, 데라코야와는 구별되는 사숙(私塾)이 1,492개가 있었다고 한다(R. P.

Door, 松居弘道 譯,『江戸時代の教育』, 岩波書店, 제5판, 1977, p. 234). 따라서 여학생에서 차이가 있기는 해도, 적어도 수량적인 면에서는 조선의 민간 교육기관의 보급이 일본과 비교하여 극단적으로 뒤떨어진 것은 아니었다. 이렇게 볼 때 한문교육을 주로 했던 서당과, 일상적 독서나 실용적 교재를 도입하였던 일본의 데라코야나 사숙과의 교육 내용에서의 차이가 서양적 교과를 중심으로 한 근대교육을 수용하고 전개하는 데 큰 차이를 가져왔다고 생각된다. 또한 서양을 완전 배격하였던 조선과는 달리, 에도(江戸) 시대 말기에 적극적으로 난학(蘭學)을 비롯한 양학(洋學)을 받아들였던 일본은 개국 이후에 서양 문명을 수용하는 데서 그만큼 유리한 입장에 서서 근대교육을 보급할 수 있었다.

32. 「교육입국조서」는 그 첫머리에 조선왕조의 정당성과 군주의 절대성 및 왕조에 대한 신민의 충성을 말하고 있다.
33. 예를 들면 소학교령 제1조인 "소학교는 아동 신체의 발달에 맞추어 국민교육의 기초와 생활상에 필요한 보통지식과 기능을 가르치는 것을 근본 취지로 한다"라는 규정은 일본의 1890년(메이지 23년) 개정소학교령 제1조인 "소학교는 아동 신체의 발달에 유의하여 도덕교육 및 국민교육의 기초와 생활에 필수적인 보통의 지식기능을 가르치는 것을 근본 취지로 한다"에서 유래된 것으로서, '도덕교육 및 국민교육'을 '국민교육'으로 한 부분만 제외하고는 완전한 직역이다.
34. 學部,『韓國教育』, 1909, p. 1. 이 학부는 본문에서 썼던 바와 같이 조선 정부의 교육행정기관이지만 1907년 이후에는 일본인 학부차관을 비롯해, 일본인 관리가 실권을 쥐고 있었다. 따라서 학부가 편찬한 이 책도 일본인 손으로 된 것이다.
35. 이에 관하여 恒屋盛服은『朝鮮文化史』(博文舘, 1904)에서 "고종 34년(고종 31년 '1894년'의 오기)의 개혁 이후 신교육사업은 내외적으로 크게 주목을 받게 되었는데, 한성부 내의 소학교는 일본이 鮎具某의 손으로 먼저 창설되었다가 고종 35년(고종 32년 '1895년'의 오기) 7월, 정부가 소학교령을 제정하고 그 학교를 학부의 직할 소학교로 하게 되었다"라고 쓰고 있다(pp. 368~369). 또한 외부대신 김윤식도『雲養集』卷之十三의 '與鮎貝槐園房之進書'(pp. 17~19)에서 "을미년에 僕外署에 있으면서, 그와 협의하여 을미의숙(乙未義塾)을 중앙에 세우고 장차 각 도시에 이를 본떠 학교를 세워서 널리 교육제도를 펴보려고 하였다. 그리하여 그가 실질적으로 일을 주관하였다. 그러나 얼마 되지도 않아서 뜻밖에 어려운 사유로 폐쇄하게 되었다. 그리하여 우리나라 학교의 뿌리는 여기에 원류를 두고 있다"(원문은 한문)라고 기록하고 있다(增田道義,「朝鮮近代教育の創始者に就いて(一)」,『朝鮮』第333號, 1943년 2월, 所收, 참조).
36. 외교를 담당하였던 외부는 1895년 5월 24일, 주일 공사관에 사범·소학교의 교과서 편찬 참고용으로 각종 일본 교과서를 구입하여 보내줄 것을 훈령하였다(『舊韓國外交文書』제3권, 日案三, 문서번호 3623, p. 267).
37. 강윤호,『개화기 교과용 도서』, 교육출판사, 1973, p. 139 및 p. 225.
38. 이만규, 앞의『朝鮮教育史』下, p. 44.
39. 杉村濬, 앞의 책, p. 103.
40. 청일전쟁 후 조선으로 교육 진출을 목적으로 하여 설립되었던 대일본해외교육회는 당초 대학 설치를 의도하였는데, 일본 공사 이노우에가 이에 반대하면서 일본인이 주도하는 '모범적인 학교'를 세울 것을 권유하였다고 한다(岡田哲藏,『本多庸一傳』, 日獨書院, 1935, p. 99). 조선에서 대학교육을 실시하려고 했던 움직임은 앞에서 서술했던 언더우

드 외에도 배재학당의 대학과정 설치 등이 있었다. 또한 일본이 교육에 진출하는 데 있어 일반 지식인은 보통교육이나 고등교육에 호의를 보였으며 군이나, 자본과 직접 연결되었던 정치가나 관료는 이에 냉담하였다고 이해해도 될 것이다.

41. 『官報』, 개국 504년 8월 28일.

Ⅱ. 독립협회와 교육계몽운동

1. 서재필은 미국 망명 후 1888년에 라파예트 대학에 입학했는데, 다음 해에 워싱턴 대학 의학부에 입학하여 어려움 속에서도 차석이라는 우수한 성적으로 졸업하였다. 그리고 워싱턴 시내에서 개업의를 하는 한편 의학교에서 교편을 잡았다. 이 과정에서 본국 귀환은 절망적이라고 보아 미국 시민권을 얻고 이름을 Philip Jaisohn으로 고쳤으며 1893년에는 미국 여성과 결혼하였다.
2. 신용하, 『독립협회 연구』(일조각, 1976)에 의하면 독립협회운동은 (1) 고급관료 주도기, (2) 민중 진출기, (3) 민중 주도기, (4) 민중 투쟁기의 네 시기로 구별되었다(pp. 89~90).
3. 조선·중국·일본의 아시아 3국 가운데 식민지·반식민지의 길을 걸었던 조선·중국이 부르주아적 개혁을 수행하고 자본주의적 성장을 이룩할 수 있는 자주적 능력을 언제 상실했는가는 역사학 연구의 중요한 논점이다. 조선의 경우 1894~1895년에 그 분기점을 구하는 설도 있고, 1902년의 영·일동맹 이전에 매우 곤란하기는 하였으나 자주독립과 자본주의적 성장의 가능성을 갖고 있었다고 주장하는 논리도 있다(姜在彦, 『近代朝鮮の變革思想』, 日本評論社, 1973, pp. 148~152 참조).
4. 『독립신문』, 1896년 4월 7일 「논설」.
5. 김도태, 앞의 『서재필 박사 자서전』, p. 238.
6. 안경수, 「독립협회서」, 『대조선독립협회회보』 제1호, 1896년 11월 30일, p. 1.
7. 『대조선독립협회회보』 제4호, 1897년 1월 15일, p. 8.
8. 『독립신문』, 1897년 3월 6일 「논설」.
9. 안경수, 앞의 「독립협회서」.
10. 신용하, 앞의 책, p. 144.
11. 『독립신문』, 1896년 12월 8일 「논설」.
12. 신용하, 앞의 책, pp. 138~140. 윤치호는 갑신정변에 참가하지는 않았지만 그것과 연관되어 상해로 탈출했고, 그 후 미국에서 공부를 하였으며 상해의 중서학원 영어 교사를 거쳐 갑오개혁에 참여하기 위하여 귀국하였다. 즉, 서재필과 윤치호 두 사람은 당초 국내에서 개화사상의 영향을 받은 후 서구 시민사회에 장기간 머물면서 체계적인 서양식 고등교육을 받고 기독교 신앙에서 빛을 찾았다. 그들은 기독교야말로 조선을 구할 수 있다고 하는 점에서 공통된 신념을 가지고 있었다. 또한 남궁억·정교 등은 전통적 한문교육을 기반으로 새로운 사회 조류의 영향을 받아 '동도서기'론을 더욱 발전시켰는데, 유교적 윤리문화의 계승·변혁과 서양근대사상의 부분적 섭취를 통해 시대의 과제에 대응하려고 하였다. 그들은 독립협회 내부에서 다수를 차지하고 서재필이나 윤치호의 영향을 받으면서 중견 간부로서 계몽정치운동을 실질적으로 지도하였다. 그리고 이러한 두 가지의 흐름을 하나로 통합하는 역할을 하였던 이상재는 전통적 한문교육을 받은 후 관계(官界)에 들어가 1881년에 '신사유람단'이 일본을 사찰했을 때 박정양의 수행원으로 동행하였다. 그는 이때부터 개화사상에 접근하여 귀국 후에는 급진적 개화파의 중진인 홍영식 밑에서 근대적 우편제도를 창설하는 데 노력했다. 1887년에는 초대 주미공

사 박정양의 일등 서기관으로 워싱턴에 부임하여 조선에 대한 종주권을 주장하는 청나라의 방해를 물리치고 자주외교의 추진에 공헌했던 한편, 서양적 교양을 몸에 익혔다. 귀국 후, 1894년의 갑오개혁에서는 학무아문 참의와 학무국장을 겸임하면서 교육개혁에 참여하였으며, 다음 해에는 학부 참사관, 법부 참사관이 되었고 1896년에는 외국어학교장을 거쳐 의정부 총무국장에 있으면서 독립협회운동에 참여하였다. 이상재는 당시 기독교 신도는 아니었지만 세계의 현실에 근거한 시대의식을 갖고서 독립협회 내부에서 유학적 전통과 기독교적 서양사상을 융합시키고자 노력하였다.

13. 『독립신문』, 1896년 8월 20일 「논설」.
14. 『독립신문』, 1897년 3월 13일 「논설」.
15. 『독립신문』, 1897년 1월 26일 「논설」.
16. 『협성회회보』 제1호, 1898년 1월 1일.
17. F. H. Harrington, *God Mammon and the Japanese,* Madison, 1944(이광린 역, 『개화기의 한미관계』, 일조각, 1973, p. 325).
18. F. A. Mckenzie, *The Tragedy of Korea*, p. 83.
19. 『독립신문』, 1896년 10월 10일 「논설」.
20. 『독립신문』, 1897년 8월 12일 「논설」.
21. 『독립신문』, 1896년 4월 23일 「논설」.
22. 『독립신문』, 1899년 2월 23일 「논설」.
23. 『대조선독립협회회보』 제2호, 1896년 12월 15일, pp. 4~6.
24. 『독립신문』, 1897년 4월 21일 「논설」.
25. 『독립신문』, 1896년 12월 22일 「논설」.
26. 『대조선독립협회회보』 제7호, 1897년 2월 28일.
27. 『독립신문』, 1896년 4월 25일 「논설」.
28. 『독립신문』, 1898년 9월 19일 「논설」.
29. 『독립신문』, 1896년 4월 25일 「논설」.
30. 『독립신문』, 1896년 5월 2일 「논설」.
31. 『독립신문』, 1896년 4월 30일 「논설」.
32. 『독립신문』, 1896년 9월 15일 「논설」.
33. 『독립신문』, 1896년 5월 12일 「논설」.
34. 『독립신문』, 1898년 9월 13일 「논설」.
35. 『독립신문』, 1898년 7월 6일 「논설」.
36. 『독립신문』, 1896년 9월 15일 「논설」.
37. 『독립신문』, 1897년 5월 11일 「논설」.
38. 『독립신문』, 1896년 4월 21일 「논설」.
39. 『독립신문』, 1899년 5월 26일 「논설」.
40. 『독립신문』, 1896년 5월 12일 「논설」.
41. 『독립신문』, 1898년 4월 7일 「논설」.
42. 앞과 같음.
43. 『독립신문』이 얼마나 국문을 강조했는가에 관해서는 창간호의 일면 톱기사로 게재되었던 「광고」에서도 알 수가 있다. 거기에서는 "물론 누구든지 듣고 싶은 바가 있거나 호소하고자 하는 바가 있으면 본 신문사에 간단한 문장으로 편지를 보내주시면 답장을 해주

며, 신문에 게재할 필요가 있으면 게재한다. 그러나 한문으로 쓴 편지는 처음부터 받지 않는다"라고 철저히 배제하고 있다.

44. 『독립신문』, 1897년 8월 5일 「논설」.
45. 『독립신문』, 1896년 9월 22일 「논설」.
46. 『독립신문』, 1898년 3월 8일 「논설」.
47. 『독립신문』, 1896년 9월 22일 「논설」.
48. 『독립신문』, 1898년 9월 13일 「논설」.
49. 국한혼용문으로 쓰인 개인 저작으로는 이보다 먼저 정병하가 1886년에 『농정촬요(農政撮要)』를 간행하고 있다.
50. 유길준, 「학업하는 조목」, 『서유견문』 제13편, 1895, pp. 347~358.
51. 『대조선독립협회회보』 제1호, 1896년 11월 30일, pp. 3~4 및 『독립신문』, 1898년 9월 19일 「논설」.
52. 『독립신문』, 1899년 9월 9일 「논설」.
53. 『대조선독립협회회보』 제16호, 1897년 7월 15일, p. 3.
54. 『독립신문』, 1896년 4월 14일 「논설」.
55. 『독립신문』, 1896년 5월 30일 「논설」.
56. 水田洋, 『近代人の形成-近代社會觀成立史』, 東京大學出版會(第5版), 1973, pp. 137~138.
57. 『독립신문』, 1897년 8월 5일 「논설」 및 『대조선독립협회회보』 제16호, 1897년 7월 15일, p. 4.
58. 『독립신문』, 1896년 5월 12일 「논설」.
59. 『독립신문』, 1898년 9월 13일 「논설」. 같은 주장이 『독립신문』 1899년 1월 14일 및 3월 20일의 「논설」에도 있다. 이와 관련하여 서재필도 1896년 4월의 *The Korean Repository* 지상에서 정부 재정구조의 불합리성을 지적하고, 그 개혁을 실시함으로써 교육을 중심으로 한 근대적 개혁을 추진해야 한다고 강력하게 요구하였다. 그에 의하면 1896년의 정부 세출(631만 6,831달러)은 세입을 크게 상화하여 세출의 1/5 이상을 외국 차관으로 메우고 있다. 더욱이 실제로 민중에게 징수된 금액 중 정부에 세금으로 들어가는 액수는 절반도 되지 않으며, 나머지 반 이상이 중간에 있는 관리가 착복했다. 그리고 1896년의 정부 재정 지출 중 민중의 복리에 사용된 것은 전체의 겨우 2.4%에 지나지 않으며, 그 가운데 8할 이상(전 재정 지출의 2%)이 교육에 충당되었다. 즉 정부의 개혁 사업에서 교육이 중시되었다고는 하나 정부 지출의 97.6%는 합법적인 형태로 관료체제의 유지에 쓰였다. 따라서 서재필은 정부 관리의 2/3을 삭감하고 거기서 생기는 재정 지출의 반에 상당하는 자금을 근대학교나 공장을 설립하고, 광산을 개발하고 철도를 부설하는 데 투자해야 하며, 또한 해고된 관리들은 거기서 자신의 노동과 지식으로 생계를 꾸려가야 한다고 논하였다(Philip Jaisohn, Korean Finance, *The Korean Repository*, Vol. 3, Apr. 1896, pp. 166~168).
60. 『독립신문』, 1896년 10월 10일 「논설」.
61. 『독립신문』, 1899년 4월 17일 「논설」.
62. *The Independent*, June 23, 1896, 'Editorial.'
63. 『독립신문』, 1899년 3월 11일 「논설」.
64. 堀尾輝久, 『現代教育の思想と構造』, 岩波書店, 1971, pp. 16~21.

65. 『독립신문』, 1898년 12월 12일 「잡보」.
66. 『독립신문』, 1899년 2월 23일 「잡보」. 여기서는 일본인 가토(加藤) 모(某)가 조선에 와서 조선인 교육을 목적으로 학교를 설립한다고 하는 것을 크게 환영하고 있다.
67. 『독립신문』, 1897년 4월 15일 「논설」. 『독립신문』은 이 외에도 1896년 9월 8일 「잡보」, 1898년 8월 20일 「잡보」, 1898년 8월 30일 「논설」, 1899년 6월 16일 「잡보」 등에서 경성학당에 관하여 보도하고 있다. 경성학당에 관하여는 본장 제5절에서 자세히 서술했다.
68. 신용하, 앞의 책, p. 229.
69. The Independence Club, *The Korean Repository*, Vol. 5, Aug. 1898, p. 286.
70. 신용하, 앞의 책, pp. 262~267.
71. 『독립신문』, 1898년 4월 12일 「잡보」.
72. 『독립신문』, 1898년 6월 30일 「잡보」.
73. 『독립신문』, 1898년 11월 1일 「논설」.
74. 深澤秀男, 「變法運動と學會」(『四國學院大學文化學會論集』 13·14, 1968에 수록) 참조.
75. 『독립신문』, 1899년 1월 25일 「논설」 및 동년 4월 21일 「논설」 참조.
76. 朴殷植, 姜德相 譯註, 앞의 『朝鮮獨立運動之血史』 I, p. 24.

Ⅲ. 정부의 근대학교 추진과 유학생 파견 사업

1. H. B. Hulbert, *The Passing of Korea*, p. 340
2. 『고종실록』, 고종 31년 10월 3일 조.
3. 앞과 같음.
4. 앞과 같음.
5. 『독립신문』, 1896년 6월 4일 「잡보」.
6. 신기선, 『儒學經緯』, 1896, p. 52.
7. 앞의 책, p. 41.
8. 앞의 책, p. 41.
9. 앞의 책, p. 42.
10. 『독립신문』, 1896년 6월 18일 「잡보」.
11. The memorial of the Minister of Education, *The Korean Repository*, Vol. 3, June 1896, pp. 248~250.
12. 『독립신문』, 1899년 3월 3일 「잡보」.
13. 신용하, 앞의 『독립협회연구』, p. 167.
14. 『독립신문』, 1896년 6월 4일 「잡보」.
15. 『독립신문』, 1896년 6월 1일 「잡보」.
16. 조선 정부 외부에 도착한 각국의 항의서 혹은 해명 요구서는 무엇보다 다음의 세 가지 점에서 일치된 비판을 전개하고 있다. 즉 (1) 『유학경위』가 현직 학부대신의 저서이고, (2) 기독교(외국 종교)를 매도함과 동시에 여러 외국을 모욕하고, (3) 더욱이 그것을 관립학교의 교과서로 상용한다는 세 가지이다. 미국 공사 알렌은 『유학경위』가 조선 정부의 간행(published by the Korean Government; edited by the Minister of Education)에 의한 것이라고 단정하고, 특히 기독교가 천신을 예배하고 부모에게 제사를 올리지 않음으로써 사회 혼란의 원인을 초래했다고 한 것에 대하여 해명을 요구

하였다(『舊韓國外交文書』 제11권, 美案 2, 문서번호 1512, 'Allen to Koh Hui Kyung, Acting Minister for Foreign Affairs', Oct. 5. 1896, pp. 188~189). 또한 그 외 나라의 항의서도 각각 『舊韓國外交文書』에 수록되어 있다.

17. 『舊韓國外交文書』 제13권 英案 1, 문서번호 1199. p. 636. 이 문서는 영국의 항의에 대한 조선 정부 외부의 해명서인데, 정부는 어떤 나라에 대하여도 똑같이 선린우호를 존중한다고 약속하고 있다.
18. 『독립신문』, 1896년 6월 11일 「논설」. 물론 역대 학부대신이 근대교육에 완전히 무관심했던 것은 아니다. 예를 들면 신기선의 후임인 민종묵은 육영공원의 수문사(修文司) 당상(堂上)으로서 신교육에 관여했던 경험이 있었고 취임에 임해서도 일단은 학교교육에서 서양의 과학, 특히 철학이나 화학을 중시해갈 자세를 보였다(*The Korean Repository*, Vol. 3, Oct. 1896. p. 420).
19. 『독립신문』, 1897년 9월 21일 「잡보」.
20. 『독립신문』, 1898년 7월 6일 「논설」.
21. 幣原坦, 「韓國の教育に就きて」(『韓半島』 제2호, 1904년 1월, p. 6). 1900년 1월 현재의 학부 통계에 의하면 서울에 관립소학교가 경성고등소학교를 포함하여 10개, 사립소학교가 11개, 지방에 62개의 소학교가 있었다고 한다(『皇城新報』 1900년 1월 26일 「잡보」).
22. 岡田貢, 「朝鮮教育の搖籃時代」(『朝鮮』 제333호, 1943년 2월, p. 56).
23. 백남훈, 『나의 일생』, 해온백남훈선생기념사업회, 1968, p. 40.
24. D. L. Gifford, Education in the Capital of Korea(1), *The Korean Repository*, Vol. 3, p. 283.
25. A. J. Brown, *The Mastery of The Far East*. p. 79 및 『舊韓國外交文書』 제11권, 美案 2, 문서번호 1580, p. 239.
26. 『협성회회보』, 1898년 1월 8일 「내보」. 역시 여기서도 1897년 11월 현재 사범학교 영어과 학생이 40명 재적하고 있다고 기록되어 있다. 이 영어과는 헐버트가 사범학교 교사가 되었을 때 병설된 것으로 특권 계급의 자녀에게 영어를 가르칠 목적으로 설치되었다(A. J. Brown, *op. cit.*, p. 79 및 앞의 『韓國誌』, p. 347. 『韓國誌』에서는 1898년 현재 영어과 학생은 35명이라고 기록하고 있다).
27. 信夫淳平, 『韓半島』, 東京堂書店, 1901, pp. 689~690. 또한 김영모, 앞의 『朝鮮支配層研究』에 의하면 사범학교 졸업생은 제1회 28명, 제2회 41명, 제3회 44명, 제4회 26명이었다고 한다(p. 290). 그러나 졸업생은 지방의 소학교 교원이 되기보다는 오히려 연고를 찾아 다른 관리가 되려는 경향이 있었다(幣原坦, 앞의 책. p. 7).
28. 『독립신문』, 1898년 3월 26일 「잡보」.
29. 예를 들면 『독립신문』, 1896년 5월 7일 「잡보」. 『時事叢報』, 1899년 3월 14일 「잡보」 및 같은 신문 1899년 5월 19일 「잡보」 참조.
30. 『舊韓國外交文書』 제11권, 美案 2, 문서번호 1776, pp. 385~389.
31. 『독립신문』, 1899년 1월 30일 「잡보」, 2월 25일 「잡보」, 9월 21일 「논설」.
32. 『日本外交文書』 제32권, 문서번호 601, p. 936 참조.
33. 『고종실록』, 광무 3년 4월 27일 조. 원문은 한문인데 번역은 조선총독부학무국의 『증보문헌비고 학교고』 일본어 역을 일부 참조하였다. 국왕은 이 신교육 진흥에 대한 조서와 동시에 유교 진흥에 대한 조서도 발표하였다.
34. 의학교의 초대 교장은 지석영이었고 수업연한은 3년이었다. 중학교는 심상과와 고등과

로 나뉘어 수업연한은 각각 4년과 3년이었다. 실제로 심상과가 설치되었을 뿐 고등과는 결국 설치되지 못하였다. 이 중학교의 교사가 되었던 헐버트에 따르면 학교 건물은 300명 가까이 수용할 수 있었지만, 실제 재적자는 약 60명에 지나지 않았다(H. B. Hulbert, *op. cit.*, p. 339). 또 상공학교는 예과와 본과가 있었고 수업연한은 각각 1년과 3년이었다. 그리고 1904년에는 명실공히 농공상 학교로 개칭되었다.

35. 『官報』, 광무 3년 4월 6일.
36. 『官報』, 광무 4년 1월 25일.
37. 黃玹, 앞의 『매천야록』, p. 235.
38. 『독립신문』, 1899년 3월 13일.
39. 이광린, 『한국 개화사 연구』, p. 128. 이 무렵 관립근대학교로는 육원공원·일어학교·한어학교의 세 학교가 있었으며, 그 가운데 한어학교가 학생이 가장 많았으면서 관리등용에서도 가장 편의를 받고 있었다고 한다. 그러나 그 교과는 정해져 있지 않았으며 교육결과도 거의 보잘것없었다고 한다(鈴木信仁 編, 앞의 『朝鮮紀聞』, p. 221).
40. 『官報』, 개국 504년 5월 12일.
41. 외국어학교의 입학 연령은 1900년 6월 27일의 학부령 제11호에서 15세~23세, 수업연한은 일어·한어는 3년, 영어·불어·독어는 5년으로 정하였다. 그 이전에는 학교 운영의 규칙이 일정하지 않았던 것 같다. 이 학부령 제11호가 공포되기 직전까지 외국어학교의 입학 연령은 의학교와 같이 20세 이상 30세 이하로 되어 있었는데(예를 들면 『관보』, 광무 4년 3월 1일 참조), 초기의 근대학교는 대체로 입학 연령이 높았다. 또한 1902년 3월 4일의 학부령 제14호에서는 일어와 한어의 수업연한이 3년에서 4년으로 개정되었다.
42. 대외적으로 자주를 관철하기 위하여 자국인 통역이 절대 필요하였음은 말할 필요가 없다. 그러나 통역의 부족은 대외적으로 불리할 뿐만 아니라 대내적으로도 부정을 일으키는 원인이 되었다. 예를 들면 아관파천으로 국왕이 러시아 공사관에 체재하고 있던 1896년에 학부협판(學部協辦)에 임명된 김홍륙(金鴻陸)은 자신이 러시아어에 능한 유일한 사람인 것을 이용하여 러시아 공사가 모인(某人)을 정부 고관에 임명시키기를 요구하였다는 등의 기만으로 집안의 많은 자를 정부 고관에 등용시켰던 것을 들 수가 있다(黃玹, 앞의 책, p. 209).
43. 김영모, 앞의 『조선지배층연구』, pp. 316~317.
44. 金澤庄三郎, 「韓國の教育に就いて」(『太陽』 제11권 제1호, 1905년 1월, p. 191).
45. 高橋亨, 「併合前に於ける朝鮮學校の實況」(『青丘學叢』 제12호, 1933년 5월, p. 154).
46. D. L. Gifford, *op. cit.*, (1), p. 284 및 이규태 편, 『조선견문(韓鮮見聞)』, 조선일보사, 1976, p. 271. 이 『조선견문』에는 불어학교 교장을 지냈던 마텔의 회고담이 초록되어 있다.
47. 『독립신문』, 1897년 1월 30일 「잡보」.
48. 『日本外交文書』 제38권 제1책, 문서번호 744, 「幣原參與官提出韓國教育改良案進達の件」, 1905, pp. 865~866.
49. 『皇城新聞』, 1900년 4월 3일 「잡보」.
50. 이희승, 앞의 『다시 태어나도 이 길을』, p. 20.
51. 『독립신문』, 1898년 9월 19일 「논설」.
52. 「安重根自傳」(金正明 編, 『伊藤博文暗殺記錄』, 原書房, 1972. p. 352). 안중근은 열렬한 애국자로 각지에서 교육 활동을 비롯해 각종의 민족독립운동을 전개하였다. 그리고

1909년 10월 하얼빈 역 앞에서 일본 침략자인 이토 히로부미를 권총으로 사살하고 투옥되어 다음 해에 처형되었다. 이「安重根自傳」은 여순 옥중에서 집필되었던 원문을 일제 관헌이 일본어로 번역한 것이다.

53. 信夫淳平, 앞의『韓半島』, p. 127.

54. 영어학교의 허친스에 관해서는『독립신문』1899년 7월 24일, 7월 31일, 11월 3일, 11월 9일, 11월 15일, 11월 23일, 12월 2일자의 각「잡보」란 참조. 또 노어학교의 비르코프에 관해서는『독립신문』1899년 5월 18일「잡보」참조.

55. 외국인 교사의 고용계약이 서울 주재 각국 공사관의 개입에 의하여 이루어졌기 때문에, 각국 공사관은 봉급 지불, 계약 갱신 등에 깊이 관여했다.『舊韓國外交文書』에는 이러한 기록이 수없이 기록되어 있다. 외국어학교는 외국인 교사에 의해 주도되었기 때문에 비교적 무난하게 전개되었는데, 이에 관해 恒屋盛服은 다음과 같이 서술했다. "신식 교육의 반 이상은 외국인에 의하여 실시된다. 최초로 설립했던 일어·영어·불어 등의 각종 어학교는 모두 외국인을 주교(主教)로 하였기 때문에 정치상의 풍파에 동요되지 않은 채 그 기초가 공고하였다"(앞의『朝鮮開化史』, p. 368).

56. H. B. Hulbert, *op. cit.*, p. 339; Our Schools, *The Korean Repository*, Vol. 5, Oct. 1898, p. 390. 그렇지만 비숍은 1897년경에 일본에 파견되어 있었던 77명의 유학생이 어학에는 뛰어났지만, 수학적·논리적 사고에는 약했다고 기록하고 있다(I. B. Bishop, *Korea and Her Neighbors*, p. 391).

57.『독립신문』, 1896년 5월 5일「잡보」.

58.『독립신문』, 1898년 5월 31일「잡보」및 1899년 5월 1일「논설」. 근대학교의 체조교육에 관해서는 羅絢成의「구한말의 체조교육 자료」(『사학연구』제21호, 1969년 9월호에 수록)가 있다.

59. 앞의『韓國誌』, p. 331.

60. He is a Farmer, *The Korean Repository*, Vol. 5, p. 23.

61. 관비 유학생의 숫자에 대해서는 여러 가지 설이 있어, 지금 정확한 숫자를 단정하기 어렵다. 서울대학교 규장각에 소장된『學部(來去)案』등에 기초한 연구에서는 1895년경에 제1회 유학생 182명이 일본에 파견되었으며, 그리고 1897년에 제2회 유학생 64명이 파견되었다고 한다(김영모, 앞의 책, pp. 420~423). 또한『慶應義塾入社帳』에 기초했던 연구에서는 1894년 11월부터 1895년 8월까지 147명 및 동년 9월부터 1896년 1월까지 48명, 총 195명이 경응의숙에 입학했다고 한다. 그런데 앞의 147명은 선발 시험을 거친 '학생'이었음에 반해, 뒤의 47명은 민씨나 그 세력의 '유람신사'로서 이 그룹은 1895년 10월의 민비시해사건 후 몇 명만 남고 대부분이 귀국했다고 한다(阿部洋,「福澤諭吉と朝鮮留學生」,『福澤諭吉年鑑』제2호, 福澤諭吉協會, 1975, pp. 70~71).

62. 전문(全文) 15조로 이루어진 이 계약에서는 (1) 조선 정부 학부는 매년 일정한 학생을 경응의숙(慶應義塾)에 유학시킬 것, (2) 유학생은 처음 해에 300명을 보내고 다음 해부터는 서로 연락하여 실시할 것, (3) 유학생의 비용은 한 사람당 20엔을 파견 전에 경응의숙에 송금할 것 등을 규정하고 있다. 후에 유학생의 한 사람은 이 계약에 대해 자국 관리가 아닌 외국인에게 유학생을 지휘·감독시키고, 많은 양의 금전을 외국인에게 바치며, 또한 매년 일정 수의 학생을 오로지 사숙에 파견하는 것은 국가의 체면을 손상시키는 짓이라고 하면서 격렬하게 비판했다(『친목회 회보』제6호, pp. 7~8, 김영모, 앞의 책, pp. 422~423). 그리고 鎌田榮吉은 뒤에「義塾と朝鮮との關係」라는 제목의 연설 기록을

남기고 있다(『三田評論』, 1981년 4월호에 수록).
63. 『독립신문』, 1896년 9월 22일 「잡보」.
64. 『친목회 회보』 제1호, 1895년 10월, p. 15.
65. 『친목회 회보』 제1호, 서문.
66. 『친목회 회보』 제1호, p. 22.
67. 『독립신문』 1896년 10월 8일 「논설」.
68. 阿部洋, 앞의 논문, pp. 69~70 및 p. 73.
69. 『舊韓國外交文書』 제3권, 日案 3, 문서번호 3992, p. 420.
70. 阿部洋, 앞의 논문, p. 72에 의하면 조선인 유학생이 경응의숙 보통과를 졸업(일부 중도 퇴학자도 포함)한 후의 진로는 다음과 같다. 세이조학교(成城學校) 21명, 도쿄공업학교 6명, 항해학교(航海學校) 5명, 순천구합사(順天求合社) 4명, 공수학교(工手學校) 3명, 도쿄전문학교 7명, 도쿄법학원 7명, 경응의숙 고등과 4명, 전수학교 4명, 자혜의원 의학과 2명, 농과대학 2명, 일본천도회사 4명, 우편전신국 2명, 잠업강습소 1명, 측량 1명, 제피회사(製皮會社) 1명, 내무성 2명, 대장성 2명, 사법성 2명, 문부성 1명, 정강현청(静岡縣廳) 3명, 경시청 2명. 또 김영모, 앞의 책, pp. 420~421에서도 일본 유학생의 진로가 상술되어 있는데 이것과는 약간의 차이가 있다.
71. 『독립신문』, 1898년 3월 11일 및 3월 15일 「잡보」.
72. 『친목회 회보』에는 근대학문을 기반으로 한 많은 '논설'과 '강연'이 게재되었는데, 그 예를 들면 다음과 같다. 「사물변천의 연구에 대한 인류학적 방법」(제2호), 「교육론」(제3호), 「정치본원(本源)」·「국가의 관념」(이상 제4호), 「정치본원」·「물리총론약술」·「심리학·물리학의 현효(現效)」·「경제학개론」·「법률개론」·「형사소송법의 연혁」·「형법의 의의 약론」·「입헌정부의 개론」·「교통개론」·「지진의 원인」·「감옥제도론」·「공업의 필요」(이상 제5호), 「민법의 개론」(제6호).
73. 『독립신문』, 1899년 8월 2일 및 8월 5일 「잡보」. 그리고 1899년 8월 16일 「잡보」에 학부가 외부를 통해서 주일 공사관에 3,960엔의 유학생 자금을 보냈다고 보도되어 있듯이, 조선 정부의 유학생 사업은 그 후에도 그럭저럭 계속되었다.
74. 일본에 파견된 관비 유학생 중 가장 큰 그룹이었던 123명은 1895년 3월(음력) 200여 명의 지원자 가운데서 친일파 내무대신 박영효가 선발한 사람들이다. 또한 이때의 신체검사는 일본인 의사에 의하여 실시되었다(유진호, 「片片夜話」 ⑤, 『동아일보』, 1974년 3월 6일. 유진호는 이 사실을 당시 유학생의 한 사람으로 선발되었던 친아버지 유치형(兪致衡)의 「동경유람일기」를 인용하여 쓰고 있다).
75. 후쿠자와 유키치는 1895년 7월 19일의 『시사신보』에서 일본 정부의 재정부담으로 많은 조선인 유학생을 데리고 오는 것이 일본인의 책임이며, 그 성과로서 조선에 문명의 신천지가 열린다면 이러한 비용보다 훨씬 많은 이익을 무역에 의하여 얻을 수 있다고 주장했다(후쿠자와 유키치(福澤諭吉), 「朝鮮人を教育風化す可し」, 『福澤諭吉全集』 제15권, p. 239).
76. 『日本外交文書』 제32권, 문서번호 583, p. 924.

Ⅳ. 기독교계 학교와 기독교 포교의 확대
1. 信夫淳平, 앞의 『韓半島』, p. 691.
2. H. G. Unerwood, *The Call of Korea, New York*, 1908, p. 148(한철의 역, 『朝鮮の呼

び』, 未來社, 1975, p. 151).
3. 백낙준, 앞의 『한국개신교사』, pp. 212~213.
4. 네비우스 방식이란 중국에 체재하고 있었던 네비우스가 1890년 봄에 서울을 방문, 그곳의 선교사에게 채용을 권고하여 보급되기 시작했던 선교 방침이다. 그것은 (1) 신도는 본래의 직장과 직업을 유지하고, 자급·자립하면서 동료나 가까운 이웃 속에서 전도 활동을 벌인다. (2) 교회의 운영과 조직은 그 교회의 능력 범위 안에서 발전시킨다. (3) 교회 자신이 인원과 자금을 공급할 수 있는 한, 자격이 있는 자를 선별하여 가까운 이웃에 대한 전도를 맡긴다. (4) 신도 자신의 손으로 교회를 짓고, 건축양식도 그 토지에 합당하게 한다는 등의 네 가지 항목으로 되어 있다.
5. 최초의 근대적 학교규칙으로는 1886년에 제정되었던 육영공원 절목(節目)이 있는데, 이것은 육영공원의 좌절과 마찬가지로 한국의 근대교육에 커다란 영향을 주지는 않았다. 그것과 비교하여 이 배재학당 규칙은 근대학교의 운영에서 모범이 되었다. 이 규칙은 모두 24조로 이루어져 있는데, 그 골자는 수업료 징수, 등하교 시간의 제정, 학교 출입 시 주의사항 및 출입에 대한 허가제, 학습 장려, 시험 방법 등이다(『배재 80년사』, 배재학당, 1965, pp. 126~131).
6. L. G. Paik, *The History of Protestant Missions in Korea, 1832~1910*, Pyongyang, 1927, reprinted by Yonsei University Press, Seoul, 1971, p. 230. 저자명 L. G. Paik는 백낙준의 영어 표기로 이 책에서 종종 인용하는 『한국개신교사』는 위에서 쓴 영문 저작의 조선어 번역판이라고도 해야 할 것이다. 『한국개신교사』의 문장 가운데 그 뜻을 이해하기 어려운 부분에 대해서는 영문 원전을 직접 번역하여 인용했다.
7. 백낙준, 앞의 책, p. 240.
8. 이 계약서의 개요는 『舊韓末古文書解題目錄』(한국도서관협회, 1970, 문서번호 3177, p. 30)에 수록되어 있다.
9. 백낙준, 앞의 책, pp. 241~242.
10. I. B. Bishop, *Korea and Her Neighbors*, p. 389; D. A. Bunker, Pai Chai College, *The Korean Repository*, Vol. 3, Sep. 1896, pp. 363~364.
11. D. L. Gifford, Education in the Capital of Korea(Ⅱ), *The Korean Repository*, Vol. 3, Aug. 1896, p. 310.
12. *Ibid.*, pp. 310~311; Our Schools, *The Korean Repository*, Vol. 5, pp. 388~389.
13. D. A. Bunker, *op. cit.*, pp. 361~363.
14. I. B. Bishop, *op. cit.*, p. 388.
15. The closing of exercises of Pai Chai, *The Korean Repository*, Vol. 4, July 1897, p. 271 및 『독립신문』, 1897년 7월 10일 「잡보」. 근대학교가 정비되어 있지 않았던 당시에는 오늘날과 같은 형태의 졸업식은 없었다. 이 '종업식'은 요즈음 말하는 졸업시험과 졸업식을 함께 갖춘 것이었다. 배재학당의 교육에 자신을 갖고 있었던 아펜젤러에 의하면, 이 종업식에 참석했던 보수적 정부대신과 정부 관료는 신교육을 받았던 청년의 새로운 모습을 보고 장래에 그들이 자신들의 지위를 위태롭게 하지는 않을까 하여 식은땀을 흘리고 있었다고 한다(앞의 『배재 80년사』, pp. 188~191).
16. 앞의 『배재 80년사』, pp. 196~197.
17. 『협성회회보』, 1898년 1월 1일.
18. 『독립신문』, 1896년 12월 3일 「논설」.

19. 신용하, 앞의 『독립협회연구』, pp. 112~115.
20. D. L. Gifford, *op. cit.*, (Ⅱ), pp. 308~309.
21. A. J. Brown, *Ther Mastery of The Far East*, p. 553.
22. C. C. Vinton, Ther Presbyterian Annual Meeting, *The Korean Repository*, Vol. 4, Sept. 1897, p. 341.
23. L. G. Paik, *op. cit.*, pp. 235~236.
24. H. G. Unerwood, *Modern Education in Korea*, New York, 1926, p. 54.
25. *Ibid.*, p. 56.
26. H. G. Underwood, *op. cit.*, pp. 117~118.
27. D. L. Gifford, *op. cit.*, (Ⅱ), pp. 309~310 및 『이화 80년사』, 이화여자대학교, 1976, pp. 71~73.
28. 『배화 60년사』, 배화여자중·고등학교, 1958, p. 91.
29. 信夫淳平, 앞의 『韓半島』, p. 130. 역시 알렌도 당시의 여학교가 'rather homes than schools'이었다고 서술하고 있다(Our Schools, p. 392).
30. 백낙준, 앞의 책, p. 340.
31. C. C. Vinton, *op. cit.*, p. 341.
32. 앞의 『배재 80년사』, p. 77.
33. 백낙준, 앞의 책, p. 333.
34. D. L. Gifford, Annual meeting of the Presbyterian Mission, North, *The Korean Repository*, Vol. 2, Nov. 1895, p. 442.
35. *Ibid.*, p. 444.
36. The Twelfth Annual Meeting, *The Korean Repository*, Vol. 3, Nov. 1896, p. 456.
37. 앞의 『배재 80년사』, p. 153. 그 후 1895년에 갑오개혁의 일환으로서 과거가 폐지되어 관리로의 길이 닫혀졌던 것은 마침 그 당시의 외국 열강에 의한 조선 진출과 함께 입신 출세를 구하는 청년들의 영어 지향을 증대시켰다. 배재학당에 입학했던 이승만 등은 그 전형적인 예이다(같은 책, pp. 250~252).
38. 기독교계 학교를 둘러싼 선교회와 조선 학생 간의 관점의 차이를 드러낸 사건으로, 1903년 배재학당에서 일어났던 한국 최초의 학생동맹휴학을 들 수 있다. 이 동맹휴학은 조선 정부와의 학생위탁계약이 1902년에 완료되어 학생 수가 감소하고 재정수입도 적어지자, 북감리파 선교회가 남감리파 선교회와 합동으로 배재학당을 경영하기로 하고 학교를 개조하고자 했던 데서 일어났다. 개조안(改組案)에서는 교과목 중 영어를 없애고 교수용어를 모두 한국어로 하는 한편 종교교육을 강화하고 매일의 성서 학습을 필수로 했다. 이러한 개조의 배경에는 배재학당으로 하여금 전국 각지의 기독교계 초등학교에 파견할 교원을 양성시키려고 하는 의도도 포함되어 있었다. 그러나 개조안에 반발했던 학생은, 스트라이크를 결행했으며, 그것에 대해 학교 당국은 '반동 학생'을 퇴학 처분함으로써 대응했다. 이러한 혼란의 결과 1904년의 재학생 수는 23명으로 격감하였다. 결국 북감리파 선교회가 이 학교를 단독으로 경영하기로 하고, 또 영어교육도 재개하여 비로소 정상적으로 운영할 수 있었다(백낙준, 앞의 책, pp. 322~326).
39. 이에 대해 언더우드는 "조선에 있는 선교사들은 일반교육과 교회와 성직자에 의한 교육의 필요성에 대해 맹목적이지는 않았지만, 처음부터 복음전도에 힘을 기울였기 때문에 필요한 교육에 충분한 주의를 기울일 수 없었다. 복음을 전도할 수 있는 기회가 손

이 부족할 만큼 많아지고 커졌으므로 전도를 목적으로 한 학교는 크게 도움이 되었을지는 모르지만 필요로 하지는 않았다"(H. G. Underwood, *op. cit.*, p. 112)라고, 선교회가 기독교계 학교의 설립에 적극적이지 않았던 이유를 서술하고 있다. 또한 브라운도 일본이나 중국과 비교하여 뒤늦게 선교 활동을 시작한 조선에서는 다른 몇 개의 나라에서 보이는 것처럼 포교의 기반을 굳히는 데 학교가 필요하지 않았으며, 오히려 선교사는 복음전도의 기회가 대단히 많았기 때문에 다른 일에 신경을 쓰지 못했다고 기록하고 있다. 그리고 선교사 중에는 많은 학교가 설립되면 '제도제일주의(the spirit of institutionalism)'가 조장되어 복음설교의 에너지가 손상된다고 주장하는 자도 많았다고 서술하고 있다(A. J. Brown, *op. cit.*, p. 553). 이러한 학교교육에 대한 소극적 태도는 프로테스탄트뿐만 아니라 천주교의 경우에도 마찬가지였다. 「安重根自傳」, 앞의 p. 352.

40. H. G. Underwood, *op. cit.*, p. 113.
41. 조선에 입국했던 기독교 선교사는 기독교 포교를 제1의 목적으로 했는데, 교육 활동의 전개에서 '이념'적으로는 '일반교육'(liberal education)을 실시하는 것을 목표로 했다. 이미 육영공원에 관한 부분에서 서술했던 것처럼 선교 초기인 1880년대 후반에 길모어와 언더우드가 그러한 '희망'을 표명했으며, 또한 기독교계 학교의 운영이 활발했던 1890년대 후반에 기독교 교육에 깊이 관여했던 기포드도 같은 것을 표명하고 있었다(D. L. Gifford, *op. cit.*, (Ⅱ), p. 311). 그러나 실제의 기독교계 학교가 종교적 교화에 그 중점을 두었던 것에서 보이듯이, 이러한 '이념'은 반드시 현실의 교육에서 구체화되었던 것은 아니다. 오히려 그러한 '이념'이 실천되어야 할 과제로 중시되었던 것은 기독교계 학교가 어느 정도 보급되고 미션스쿨의 중·고등학교가 한 걸음 발전하며, 더욱이 일본 제국주의에 의한 조선 지배가 노골화했던 1905년 전후의 일이었다고 보아야 될 것이다. 미국인 선교사가 간행한 *The Korean Review*는 1904년 10월부터 3회에 걸쳐 조선의 교육 전반에 걸친 제 문제를 논의했는데, 거기에서 기독교계 학교는 커다란 역할을 맡아야 하며 이를 위해 일반교육을 더욱 중시해야 한다는 자세를 표명하고 있다. 즉 "기독교 선교회는 포교에 도움이 되는 교육에만 관심을 갖고 있다고 말하는 사람도 있는데, 그러나 기독교와 일반교육은 동맹자이지 적대자는 아니며 일반교육의 보급은 기독교에 있어서도 틀림없이 유익한 것이다"라고 주장했다(The educational needs of Korea, Third paper, *The Korean Repository*, Vol. 4, Dec. 1904, pp. 538~539).
42. 1866년의 셔먼호사건 이후, 극동의 전략적 요충지였던 조선에 대해 미국은 노골적인 침략정책을 전개했다. 이것에 대해 동양외교사 연구자인 데네트(Dennett)는 "조선을 열려고 하는 운동은 1868년에 수어드(W. H. Seward-당시의 국무장관)에 의하여 처음으로 본격적으로 시작되어…… 미국이 1898년에 필리핀을 점령하기까지는 아시아에서 가장 중요한 정치적 활동이었다"(Tyler Dennett, *American in Eastern Asia*, New york, 1922, p. 450)라고 서술하고 있다.
43. H. T. Becker, *Die Kolonialpädagogik der Grossen Mächte*, Hamburg, 1939. 鈴本福一·西原茂正 譯, 『列國の植民地教育政策』, 第一出版協會, 1943, p. 119.
44. 앞과 같음, p. 162.
45. 조선 최초의 선교사로 입국했던 알렌이 어떻게 미군의 이익을 위하여 '활약'했던가에 대하여 서울 주재 일본 공사 가토(加藤)는 기밀 보고 속에서 다음과 같이 말하고 있다. "미국 공사 알렌 씨는 조선에 10여 년 동안 있었기 때문에 조선 사정에 능통하고 또한

어떻게 하면 조선 상하(上下)의 감정을 해치지 않고 자국의 이익을 확보할 수 있는지 비술(秘術)을 알고 있는 사람이다. 소위 미국파인 청년 정치가들은 많은 국민에게 신뢰를 얻어 자기의 세력을 확장하고자 하고, 알렌 씨 또한 이를 이용하여 그들을 자기의 수족으로 만들어놓아 알렌 씨의 세력 및 황제의 신임은 실로 막강하다"(『日本外交文書』 제31권 제2책, 문서번호 890, 1899년 5월, p. 463). 즉, 알렌은 "기독교 대표이면서 또한 이권을 추구하는 외교관이라는 두 역할"(F. H. Harrington, 이광린 역, 앞의 『개화기의 한미관계』, p. 130)을 맡았던 것이며, 조선에 대한 미국의 정책을 상징하는 인물이었다. 알렌이 관계했던 이권으로는 철도, 금광, 전차, 발전소 등을 들 수 있다(같은 책, p. 193).

46. H. G. Underwood, *op. cit.*, p. 24.
47. *Ibid.*, p. 43.
48. 이는, 중국에서 50년이나 걸려 보급된 수만큼의 성서가 조선에서는 1890년대의 겨우 10년간에 보급되었다는 사실에서도 나타나 있다(閔庚培, 澤正彦 역, 『한국기독교사』, 일본기독교단출판국, 1974, pp. 91~92).
49. H. G. Underwood, *op. cit.*, p. 134.
50. *Ibid.*, p. 150.
51. 『독립신문』, 1899년 8월 16일 「논설」.
52. 『독립신문』, 1896년 8월 20일 「논설」.
53. 백남훈, 앞의 『나의 일생』, pp. 44~45.
54. 백낙준, 앞의 책, pp. 309~310.
55. 조선인 신도가 기독교를 믿게 된 동기의 대부분이 본질적인 의미의 기독교 신앙을 구했던 것은 아니라는 것을 논증하기 위해 민경배는 "정신적인 본래의 기독교와 기독교가 갖고 있는 세속적인 힘과의 차이를 조선인 신도는 이해하지 못한다. 따라서 영적인 말을 하면 그들 신도는 교회에서 나가버린다"라는 선교사 샤프(C. C. Sharp)의 말을 인용하고 있다(민경배, 『한국민족교회형성사론』, 연세대학교 출판부, 1974, p. 37).
56. 오천석, 앞의 『한국신교육사』, pp. 75~79.
57. 『독립신문』은 1896년 9월 5일의 「잡보」에서 평양 기독교계 학교의 선교사, 교사, 학생이 뱃놀이하는 광경을 전하고 있는데, 그들은 배의 앞에 국기를 걸고 애국가를 불렀으며, 또한 사람들의 물음에 대하여 '사랑'이 가장 중요한 것이라고 대답했다. 이것은 기독교계 학교가 '보편적'인 사랑을 보급하는 데 공헌했음을 나타내는 구체적인 예이다.
58. H. T. Becker, 鈴本福一·西原茂正 역, 앞의 책, pp. 162~163.
59. 앞의 책, p. 163.
60. 宋技學 편역, 『朝鮮教育史』, 黑潮出版, 1960, p. 102.
61. L. C. Rothweiler, What shall we teach in our girls' school?, *The Korean Repository*, Vol. 1, Mar. 1892, p. 90.
62. D. L. Gifford, *op. cit.*, (Ⅱ), p. 309, 311; *The Independent*, June 16, 1896.
63. 『독립신문』, 1897년 9월 10일 「잡보」.
64. 『舊韓國外交文書』 제11권, 美案 2, 문서번호 1868, 1871, 1875, 1898년 12월, p. 461, p. 464, p. 468.
65. *Our Schools*, p. 389.
66. 1898년 12월 부상도반수(負商都班首) 길영수(吉永洙), 상무장(商務長) 박유진(朴有鎭), 의관(議官) 홍종우(洪鍾宇)가 서명한 투서가 배재학당에 도착했는데, 거기에는 배

재학당과 이화학당 교사의 교육 활동과 종교 활동을 공격한 후에 교당을 파괴하고 교도를 죽이겠다는 협박의 말이 쓰여 있었다. 이것은 곧 커다란 외교문제로 발전하여, 미국 공사 알렌은 조선 정부에 엄중한 항의를 했다. 그러나 이 일이 신문에 보도되자 황국협회 총대위원(總代委員)인 박유진, 길영수, 홍종우는 그 투서는 자신들의 이름만을 빌린 것이라고 고발하고, 오히려 기독교계 학교는 조선의 개화에 크게 공헌하고 있으며, 따라서 감사하게 생각하고 있다고 주장했다. 그 결과 조선 정부는 미국 공사관에 진상조사와 범인 처벌을 약속하는 등 일대 소동으로 발전했다. 이 사건은 당시 활발하게 전개되고 있었던 독립협회의 활동을 중심으로 한 정치적 대립과도 얽혀 있었는데, 아무튼 기독교계 학교에 대한 조선인의 반감이 지극히 컸음을 나타낸 것이었다(『舊韓國外交文書』 제11권, 美案 2, 문서번호 1868, 1871, 1872, 1875, pp. 461~470).

67. 조선인 기독교도가 근대교육을 열망했으며 그 기회를 선교사가 제공해주기를 기대했던 일례로서 평양 지구의 감리파계 신도가 실업계 고등학교의 설립을 선교본부에 진정했던 것을 들 수 있다. 즉, 일본과 중국에 의하여 국내 상품시장이 독점되는 것을 배척하고 전제주의적 정치 지배를 타개하기 위해서는 무엇보다 산업의 자유와 발전이 필요하며, 이를 위해서는 현대 산업과학을 교육할 학교를 설립하는 일이 긴급하다고 하여 1903년 1,400명의 교도가 서명하여 선교회에 진정서를 제출했다. 그들은 "기회를 갖고 싶다"라고 말하고 "우리들에게 배울 기회만 준다면, 다른 모든 것은 우리 스스로 하겠다"라고 호소했다(백낙준, 앞의 책, p. 336).

Ⅴ. 일본의 교육 침략과 일어학교

1. 李進熙, 『廣開土大王陵碑の硏究』, 吉川弘文館, 增訂版, 1974, p. 216.
2. 도쿄외국어학교 조선어학과의 학생 수는 외무성과 육군성 소속의 관비생을 중심으로 1880년 29명, 1881년 27명, 1882년 24명, 1883년 19명, 1884년 15명이었다. 학과가 개설된 다음 해에 손봉구(孫鵬九), 뒤이어 이수정(李樹廷)이 외국인 교사로 채용되었다(『東京外國語學校沿革』, 1932년 11월 간행 참조).
3. 『日本外交文書』 제15권, 문서번호 118, 1882, pp. 217~221.
4. 中內敏夫, 「解說 近代日本におけろ 'ナショナリズムと教育'の展望」(近代日本教育論集1 『ナショナリズムと教育』, 國土社, 1969, p. 17).
5. 조선교육에 대하여 달레의 『조선교회사』(序論)의 초역(抄譯)인 『朝鮮事情』은 "배우는 것이라곤 어학과 유명무실한 성리학뿐"으로 "참답게 학문이라고 할 만한 것이 없다"(pp. 42~43)라고 단정했으며, 『朝鮮八道誌』에는 "배우는 것이라곤 모두 지나학(支那學)으로서 언사(言詞), 시문(詩文), 성학(星學), 역사(歷史) 등에 불과하며, 오로지 고풍스러운 누습(陋習)만을 묵수(墨守)하여 세계의 형세를 관파(觀破)하지 못하게 만든다"(p. 13)라고 쓰여 있다. 또한 『亞細亞諸國教育一班』에서는 "요컨대 조선은 정치와 경제뿐만 아니라, 교육의 대본(大本), 자기의 땅을 버리고, 그 적파(跡頗)를 망국의 역(域)에 침몰하고"(p. 16)라고 쓰여 있다. 이것들은 모두 『朝鮮紀聞』이 "조선의 교육은 대략 에도(江戶) 시대에 보급된 서당과 같다"라고 서술했듯이 조선의 교육과 학문을 불모(不毛)·낙후했던 것으로 평가한 것들이다. 그러나 이러한 평가 가운데 『亞細亞諸國教育一班』 및 『朝鮮紀聞』이 고유 문자인 조선어의 우수성에 대하여 썼다는 것은 주목할 만하다.
6. 岡倉由三郎, 앞의 「韓鮮國民教育新案」, p. 2 및 p. 6.

7. 『教育時論』 제337호, 1894년 8월, p. 9.
8. 岡倉由三郎, 앞의 책, p. 10.
9. 앞과 같음, p. 7.
10. 鈴木信仁 編, 앞의 『朝鮮紀聞』, p. 2.
11. 岡倉由三郎, 앞의 책, pp. 6~9 및 p. 12.
12. 『舊韓國外交文書』 제2권, 日案 2, 문서번호 2402, 1893, p. 446. 原文은 한문이다.
13. 德富蘇峰, 『大正の青年と帝國の前途』, 1916(近代日本思想大系 8 『德富蘇峰集』, 筑摩書房, 1978, p. 164).
14. 中內敏夫, 앞의 논문, p. 26.
15. 村田泰彦, 『明治教育體制の動搖と再編』, 『現代教育學』 5, 岩波講座, 1962, p. 149. 여기서는 제국주의 형성을 적극적으로 지지하는 교육론의 역사적 성격에 대하여 "그러한 교육론에 공통적인 사상적 기반은 사회적 진화론(Darwinism) 내지는 사회유기체설이다. 이러한 사상이 민족주의(nationalism)로 촉발되고, 민족주의를 매개로 하여 강병주의(强兵主義), 침략주의와 맺어져 제국주의적 발전을 합리화하고 그것을 지지하는 교육론으로 결실을 맺었다"라고 설명하고 있다.
16. 堀尾輝久, 「體制再統合の試みと'帝國'イデオロギの形成」, 『年報政治學』, 岩波書店, 1968, pp. 143~145. 여기서 필자는 그러한 '제국' 이데올로기가 1900년을 전후한 때부터 군사적 제국주의를 비판하는 구개진당계(舊改進黨系)의 재야세력이나, 또한 조선과 관계가 깊은 와세다(早稻田)와 경응(게이오, 慶應)의 이론가(ideologue)에 의하여 주장되었다고 서술하고, 그 예로 경응의숙을 들고 있다. 즉, 경응의숙은 영국을 모범으로 삼아 프랑스 국민의 적극적인 실업 활동과 해외로의 확장 필요성을 주장했던 사회학자 드모랑의 저서를 『獨立自營大國民』(正·續)이라는 제목으로 번역해내었다. 가마다 에이기치(鎌田榮吉)는 그 책을 번역한 이유에 대하여 "입국(立國)의 주의(主義)를 독립자영으로 하지 않으면, 문명의 대국민이어야 할 운명을 전개할 수 없는 이치를 규명하는 데 있어, 그 논지가 자못 통쾌하고 우리의 시폐(時弊)에 착착 적중하며 특히 그동안에 의숙(義塾)이 주장했던 바와 빈틈없이 일치하기 때문"이라고 쓰고 있다(p. 145). 그렇다고 할지라도 이러한 '제국' 이데올로기가 일본에서 지배적인 이데올로기, 적어도 그 중요한 구성 요소가 된 것은 러일전쟁 이후의 일이었다고 한다.
17. 小澤有作, 『民族教育論』, 明治圖書出版, 1967, p. 10.
18. 巖本善治, 『朝鮮國教育大方針の議』, 『太陽』 第1卷 第4號, 1895년 4월, pp. 17~20.
19. 福澤諭吉, 『朝鮮人を教育風化すべし』, 『福澤諭吉全集』 第15卷, pp. 238~239.
20. 청일전쟁을 경계로 하는 일본 지식인의 조선어에 대한 인식 변화에 관해서는 오카쿠라 요시사부로(岡倉由三郎)의 「韓鮮國民教育新案」에 대한 취급 방식을 들 수 있다. 원래 논문은 오카쿠라가 1894년 8월에 동방협회(東邦協會)에서 행한 강연의 요지를 그대로 『東邦協會會報』 제2호(1894년 10월)의 부록으로 게재했던 것이다. 그러나 그해 7월 말의 일본 함대에 의한 청국 군함 공격과 8월의 청국에 대한 선전포고를 배경으로 일반 국민의 전의를 고양시키기 위해 발행된 『日清交戰錄』(春陽堂 刊)에서는 이 「韓鮮國民教育新案」의 최후 부분, 즉 조선어의 우수성과 그것에 기초한 국민교육의 필요성, 독립심 배양의 중요성을 주장했던 곳이 완전히 삭제되어 있다. 이는 청일전쟁을 계기로 일본 지식인의 조선어에 대한 인식이 급속히 변화하기 시작했음을 나타낸다.
21. 『황성신문』, 1900년 2월 5일 「잡보」.

22.『地學雜誌』 제13집 제146권, 1901년 2월, p. 124. 그러나 이 숫자가 반드시 정확한 것이라고는 할 수 없을 것이다.『독립신문』, 1899년 9월 13일자의「잡보」에는 평양군의 일어 학생이 200명을 넘는다는 기사가 있다.

23. 信夫淳平, 앞의『韓半島』, p. 132.

24. 渡部學의「近代韓國におけろ教育の展開」에 의하면, 1895년부터 1900년까지 설립된 학교는 모두 34개로서 이것들을 지역별로 보면 남부에 21개, 중부에 6개, 북부에 7개이며, 설립 주체별로 보면 조선 정부가 2개, 동아동문회(東亞同文會) 3개, 대일본해외교육회(大日本海外教育會) 2개, 동본원사(東本願寺) 4개 그 외 민간 17개였다고 한다(『韓國と臺灣の教育開發』, アヅア經濟研究所, 1972, pp. 40~41). 단 이러한 수치는 사료적으로 반드시 명확하지는 않다.

25. 大塚榮三,『聖雄押川方義』, 押川先生文書刊行會, 1932, p. 52.

26. 岡田哲藏, 앞의『本多庸一傳』, p. 99.

27. 오시카와 마사요시(押川方義)는 동북학회(東北學會)를 창립하고, 또한 혼다 요이츠(本多庸一)도 청산학원 원장을 지내는 등 두 사람은 기독교 교육의 발전에 노력했던 인물들이다. 일본의 해외팽창주의 정책이 확대됨에 따라 그들도 조선에 진출했는데, 특히 오시카와는 매립, 제방, 염전, 수운, 목장, 농사, 연초, 석유 등 각종 이권을 획득하는 데 암약했다(大塚榮三, 앞의 책, pp. 95~96).

28. 덧붙여, 경성학당을 설립하는 데 있어 200엔 이상 고액의연자(高額義捐者)는 다음과 같다(澁澤青淵記念財團龍門社 편찬,「義捐名簿」,『澁澤榮一傳記資料』 제27권, 澁澤榮一傳記資料刊行會, 1959, pp. 73~74).

2,500엔(단 5년 할부)	三井家
2,500엔(단 5년 할부)	岩崎彌之助, 岩崎久彌
1,000엔(단 5년 할부)	澁澤榮一
1,000엔(단 5년 할부)	古河市兵衛
500엔(단 5년 할부)	土方久元
200엔	榎本武揚
500엔	岡部長職
500엔	大隈重信
500엔	近衛文磨
500엔	西鄉從道
500엔	松方正義
300엔(즉시 납부)	野村靖
500엔(단 5년 할부)	秋元興朝
200엔(즉시 납부)	京仁鐵道合資會社
500엔(즉시 납부)	株式會社第一銀行
300엔	京釜鐵道株式會社
200엔	三井物産會社
500엔	日本郵船社
500엔	住友吉左衛門
500엔	村井吉兵衛

29. 大塚榮三, 앞의 책, p. 49.

30.『澁澤榮一傳記資料』, 앞의「青淵先生公私履歷臺帳」, p. 75.

31. 本多庸一,「韓鮮教育談」,『東邦協會會報』 第40號, 1897년 11월, pp. 73~79.

32. 岡田哲藏, 앞의 책, p. 99.
33. 本多庸一, 앞의 책, p. 63.
34. 앞과 같음, pp. 62~63. 앞의 『地學雜誌』, 같은 쪽 및 Our Schools, *The Korean Repository*, Vol. 5, p. 390.
35. 『澁澤榮一傳記資料』, 앞의 「明治32年度京城學堂報告」, p. 78.
36. 本多庸一, 앞의 책, pp. 63~66.
37. 『澁澤榮一傳記資料』, 앞의 「明治32年度京城學堂報告」, p. 77~78.
38. 本多庸一, 앞의 책, pp. 63~66.
39. 『時事叢報』, 1899년 6월 16일 「잡보」. 졸업식에는 조선과 일본의 양국기가 걸렸는데, 이는 기독교계 학교의 종업식(終業式)에 조선과 미국의 양국기가 걸렸던 것과 마찬가지로 외국 열강의 침략적 의도를 나타내는 동시에 그것에 대한 경계심을 갖지 않은 조선 정부의 태도를 나타낸다.
40. Our Schools, p. 390. 당시 조선 각지의 일어학교에서는 우수한 졸업생을 일본에 유학시키는 경우가 많았다. 일본인 荒浪平治郎과 조선인 박기종(朴琪淙)이 1895년 5월에 설립한 부산 개성학교(開成學校)는 1897년에 조선 정부로부터 공립학교로 인가를 받았는데, 1899년 이후 3년 동안 모두 7명의 학생(自費 4명, 貸費 3명)을 일본에 유학시켰다(『水交社記事』 第126號, 1901년 4월, p. 118 附表).
41. 『독립신문』 1898년 8월 30일 「논설」.
42. 『독립신문』 1897년 4월 15일 「논설」.
43. 『東京日日新聞』, 1899년 2월 18일(『澁澤榮一傳記資料』, 앞의 p. 69).
44. 『太陽』 第5卷 第5號, 1899년 3월, p. 245.
45. 앞과 같음, p. 245.
46. 『東京日日新聞』, 1899년 2월 18일(『澁澤榮一傳記資料』, 앞의 p. 69).
47. 『澁澤榮一傳記資料』, 앞의 p. 69 및 p. 71.
48. 앞과 같음, p. 67 및 p. 71.
49. 요코야 시게미츠(横矢重道)는 1906년에 우편수취소나 일어학교와 같은 것은 "우리나라 사람이 내지(內地)로 들어가는 데 대단히 많은 편리함을 준다"라고, 그때까지의 일어학교가 일본인의 내륙지방 진출에 유효한 것이었음을 서술하고 있다(『韓半島』 貳年 第3號, 1906년 6월, pp. 14~18).
50. 1900년도의 조선 정부 예산에서는 경성학당 및 인천·부산의 일어학교에 대한 보조금으로 모두 3,000원이 계상되어 있다. 이것은 당시의 적지 않은 학부 예산의 2%에 해당한다(信夫淳平, 앞의 책, p. 323). 덧붙여 경성학당은 설립 모체인 대일본해외교육회로부터 자금을 받고 있었을 뿐만 아니라, 일본외무성의 보호와 동아동문회(東亞同文會)의 보조도 받고 있었다(松宮春一郎, 「韓國教育の現在及將來(下)」, 『外交時報』 第94號, 1905년 9월, p. 51).
51. 『독립신문』, 1897년 4월 15일 「논설」.
52. 弓削幸太郎, 『朝鮮の教育』, 自由討究社, 1924, pp. 264~268.
53. 上田萬年, 「國語と國家と」, 1894년(中內敏夫, 앞의 논문, p. 21).
54. 本多庸一, 앞의 책, p. 71.
55. 松宮春一郎, 앞의 논문(下), p. 60.
56. 『教育時論』 第686號, 1904년 5월 ,p. 2.

57. 金澤庄三郎, 앞의 『韓國の教育に就いて』, pp. 191~192. 실제 청일전쟁기인 1894년에 많이 출판되었던 조선어 학습서는 1904년 이후 다시 대량으로 출판되었다(梶井陟, 『朝鮮語を考える』, 龍溪書舍, pp. 203~213 참조).
58. 松宮春一郎, 앞의 논문(中), 『外交時報』 第93號, 1905년 8월, p. 64.
59. 伊藤千助, 「韓國教育論」, 『中央公論』, 1904년 9월호, p. 96.
60. 小澤有作, 앞의 책, p. 43.

Ⅵ. 개화 지식인의 형성과 민족계 사립학교의 설립

1. 황현, 앞의 『매천야록』, p. 224.
2. 박은식, 『학규신론(學規新論)』, 1904, p. 14(앞의 『박은식 전서』에 수록, p. 18).
3. H. B. Hulbert, *The Passing of Korea*, p. 340.
4. 李沂, 『一斧劈破論』, 1908(앞의 『海鶴遺書』, p. 80).
5. 「학문의 진리는 의심을 갖고 추구해라」, 『동아일보』 1925년 4월 3일(『박은식 전서』 下에 수록, p. 197).
6. 전통적인 봉건 지식인의 사상 전환이 어떠한 것이었는가에 대하여 이기(李沂)는 「一斧劈破論」의 마지막 부분에서 다음과 같은 흥미 있는 사실을 서술하고 있다. "곡성에 사는 정일택(丁日宅) 씨와 구례에 사는 황현(『매천야록』의 저자) 씨는 모두 문(文)을 배우는 사인(士人)[유자(儒者)]이다. 정씨는 이전에 『자강회월보』(계몽잡지의 일종)를 구독하면서 그 문장 가운데 기묘한 어구가 있다고 말했다. 듣는 사람에 따라서는 그것을 경멸해야 할 것이라고 말할지도 모르지만, 나는 그렇게 생각하지 않는다. 기묘하다는 말은 보통이 아니라는 것을 의미한다. 정씨는 평소부터 진한시대(秦漢時代)의 전제적인 서적이나 송대정주(宋代程朱)의 성리학을 배웠던 사람이다. 더욱이 보통이 아닌 것을 보고 기묘하다고 말했다. 이렇게 볼 때 기묘하다고 하는 것은 즐겁게 마음이 움직여진다는 것이다. 황씨는 나와 가까운 사이인데 작년에 그의 집에서 밤늦게까지 지낼 때, 신학(新學)에 대한 말이 나왔다. 그때 그는 내 나이 53세인데 바꾼다고 하여 무엇하겠는가라고 말했다. 그러나 그 의미를 살펴보면, 그 나이에 학문을 바꾸면 친구들로부터 비난을 받지 않을까라는 것이었다. 나의 생각으로는 호남 정씨의 즐거운 기분이나 혹시 황씨의 사람을 두려워하는 기분은 모두 신학에 찬성하기에 생겼다고 생각한다(앞의 『海鶴遺書』, p. 80).
7. 장지연, 「재면청년학생」, 『위암문고』 全, 국사편찬위원회, 1971, p. 364.
8. 유교에서는 공자가 활약했던 춘추시대에 앞서는 하·은·주(夏·殷·周)의 세 시대를 이상적인 시대로서 생각하고 있다. 따라서 유학자는 종종 사회혼란에 의한 갈등을 극복하기 위해서는 이상상태가 실현되어 있었던 삼대로 돌아가는 것이 필요하다고 주장했다. 이 '삼대로 돌아가라'는 사상은 정도의 차는 있다고 하나 근대로 돌입했던 아시아 삼국의 유학자에게 공통적으로 보이는 경향이었다.
9. 예를 들어 박은식은 근대교육을 설명하면서 학문에는 보통과 전문의 두 가지가 있는데, 보통은 주대(周代) 소학(小學)의 육예(六藝)에 해당하며, 전문은 한대(漢代)의 유학자가 하나의 경전만을 깊이 공부했던 것에 해당한다고 논하고 있다(『학규신론』, 앞의 책, p. 16). 이와 같이 근대적인 학리(學理)를 사서육경(四書六經)의 유교적 개념으로 해석하고 설명하는 것은 근대 초기의 유학자에게 공통적으로 보이는 점이다. 그러나 1898년에 일본에 망명하여 보다 많은 근대학문을 섭취했던 양계초(梁啓超)는 이러한 태도는

결국 "공자가 말했던 것, 행했던 것은 어떻게 말하거나 행해도 좋지만, 공자가 말하지 않았던 것, 행하지 않았던 것은 말해서도 되지 않고 행해서도 되지 않는 것으로 되어버린다. 서학(西學)으로 중학(中學)을 치장하는 것은, 그 이름은 바뀌어도 실체는 여전히 보수로서 새로운 학리의 시비를 탐구하는 마음을 잃어버리게 하여 사상의 노예성을 심화시킬 뿐이다"(「保教非所以尊孔論」)라고 하면서, 새로운 학리를 공맹(孔孟)의 논리로서 표현하는 것을 엄격히 경고했다(市古宙三, 『近代中國の政治と社會』, 東京大學出版會, 增補版, 1977, p. 256).

10. 李光洙, 「現代の奇人 李商在翁」, 1926년 11월 (앞의 『이광수 전집』 제17권, p. 380).
11. 이상재, 「청년아!」, 1906(『나라사랑』 제9집, 1972, p. 121).
12. 『キリスト教大事典』, 教文館, 改正新版 第四版, 1977, p. 700.
13. A. J. Brown, *The Mastery of The Far East*, p. 540. 브라운에 의하면 조선 주재 외국인 선교사는 신학과 성서 비판에도 매우 보수적인 태도를 나타냈다고 한다. 또한 그는 미국과 영국에서는 보수주의와 자유주의 교회가 공존하고 있었음에 비해, 조선에서는 소위 '근대관'(the modern view)을 갖고 있었던 소수의 선교사들은 어려운 길을 걸어야만 했다고 기록하고 있다. 더욱이 이 경향은 장로파 선교회에서 가장 강했다고 한다(같은 쪽).
14. 「고린도인에 대한 첫 번째 편지」, 『신약성서』 제11장, pp. 1~10 참조.
15. 기독교의 포교 확대가 근대문명의 보급을 의미했던 구체적인 예를 『독립신문』 1898년 2월 15일자의 「잡보」에서 볼 수 있다. 여기서는 지방의 기독교가 "구습(舊習)을 전폐(全廢)하고 신식(新式)을 행하며", 또한 "주일에는 사람들을 권유하여 구세주를 믿게 하고 성서에 대단히 마음을 쏟는" 모습이 서술되어 있으며, 이러한 사람이 "문명 진보한 사람이다"라고 그 지역에서 평가받고 있는 것을 전하고 있다.
16. 백낙준, 앞의 『한국개신교사』, pp. 448~449.
17. 조선의 기독교도가 어느 때까지 기독교와 문명을 하나로서 인식하고 있었던가에 대해서는 논의의 여지가 있는데, 송창근(宋昌根)은 1934년에 다음과 같이 서술하고 있다. "나는 질적으로나 양적으로 조선 초대 기독교운동이 순수한 신앙운동만은 아니었다고 주저 없이 말합니다. 문명과 신앙을 혼동하여…… 민족의 비운을 만회하는 것도 예수를 믿는 바에 있으며, 오로지 예수만 믿으면 불가능한 것이 없다고 생각하고 무조건적으로 기독교를 환영하여 그 이후 50년 동안 예수도 믿고 민족운동도 하고 교화운동도 하고…… 그 외에 하지 않은 일이 없습니다. 그러나 이때가 되어 문명과 기독교는 다른 것임을 발견했습니다"(송창근, 「조선기독교의 위기」, 『신학지남(神學指南)』 Vol. VXI, No. 3, 1934년 5월, p. 24. 민경배, 앞의 『조선민족교회 형성사론』, pp. 41~42에서 재인용).
18. 앞의 『배재 80년사』, p. 244.
19. 이승만은 배재학당에서 배운 후 독립협회운동에 참가했는데, 1899년 독립협회와 만민공동회가 해산되면서 투옥되었다. 처음에는 옥중에서 논설을 써서 『제국신문』에 발표했는데, 1904년 러일전쟁의 발발 후 『독립정신』을 집필했다. 그 후 주로 하와이를 근거지로 하여 독립운동을 전개했다. 이승만의 사상, 특히 개화에 대한 방책은 1910년에 비로소 출판되었던 위의 『독립정신』, 특히 마지막 부록인 「독립주의의 긴요한 조목」에 나타나 있다. 좁은 견해이지만, 그 주장에는 다음과 같은 특징이 있다고 생각된다. (1) 당시 조선을 둘러싼 국제정세에 대한 낙관적인 파악, (2) 외국 세력에 대한 약한 경계성, (3) 민중의 혁명성에 대한 부정, (4) 기독교적 휴머니즘에 대한 전면적 찬성, (5) 애국계

몽주의적 논조, (6) 반봉건·반유교적 주장의 허약함(이승만, 『독립정신』, 활문사출판부, 1946, pp. 299~342 참조). 이승만을 선두로 한 외교독립노선은 뒤에 신채호에 의하여 "국가존망, 민족사활의 대문제를 외국인, 심하게는 적국인의 처분으로 결정되기를 기대하는" 것이라고 혹독히 비판받았다(신채호, 「조선혁명선언」, 1923, 『단재 신채호 전집』 下, 형설출판사, 1977에 수록).

20. K. マルクス, 「フォイエルバッハに關するテーゼ」(大內兵衛·細川嘉六 監譯, 『マルクス·エンゲルス全集』 第3巻, 大月書店, 1972, p. 4).

21. 金允植, 『續陰晴史』 上, 국사편찬위원회, 7권, 고종 32년(1895년) 1월 24일, p. 353. 또한 9권의 광무 2년(1898년) 7월 10일, 8월 4일자에도 일본어 학습에 관한 기사가 있다.

22. 李沂, 앞의 책, p. 72.

23. 「日本留學生史」, 『學之光』 第6號, 1915年 7月, p. 16. 『學之光』은 일본 유학생의 친목단체인 조선유학생 학우회가 1914년 4월에 창간했던 기관지이다. 이 『學之光』은 그 후 통권 29호까지 간행되었는데, 일본 관헌의 거듭되는 탄압 속에서 일본 유학생의 잡지로서 중요한 역할을 맡았다. 위의 「일본 유학생사」에서는 1904년까지의 초기 유학생이 어떠한 체질을 갖고 있었던가에 대해서 다음과 같이 서술하고 있다. "본래 국사를 알지 못해 자신이 없는 가운데 외국 문명에 혹(惑)하여 안으로는 자비심(自卑心)이 생기고 밖으로는 외구심(畏懼心)이 생겼다. 따라서 이러한 사람들은 정권을 잡고서는 안으로는 미개 민중을 압박했으며, 밖으로는 외구전율(畏懼戰慄)하여 요구하면 그대로 주고 또한 그렇게 율령을 시행했다. 더욱이 그 와중에서 자유를 어떻게 알았는지 입만 열면 자유, 자유를 외치며, 부모를 공경할 줄 모르고 장유(長幼)도 분별하지 못한 채 퇴륜패도(頹倫敗道)의 행동을 많이 했다"(같은 쪽).

24. 조선 말기의 정치 지배층의 학력을 분석했던 연구에 따르면, 1870년까지의 정치 지배층 절대다수가 과거 합격자였던 것에 비해, 1880년대 이후에는 과거에 합격하고 외유(外遊)를 경험한 자, 1890년대 이후에는 유학 또는 근대학교 출신자가 정치 지배층의 주류를 이루었다고 한다(김영모, 앞의 『조선지배층연구』, pp. 76~77).

25. 앞과 같음, pp. 293~294.

26. 앞과 같음, p. 305. 러일전쟁이 일본에 유리하게 전개되고 있었던 1904년 10월부터 1907년에 걸쳐 조선 정부는 약 50명의 관비 유학생을 일본에 파견했다. 이 유학생들은 보통 '황실 특파 유학생'이라고 불렸는데, 선발대상은 당초 칙임관(勅任官)의 자제로 한정되었던 것이 응모자가 적어 후에 진임관(秦任官)의 자제로까지 확대되었다(阿部洋, 「二十世紀初頭における朝鮮人の日本留學-'韓國皇室特派留學生'の場合-」, 『國立教育研究所紀要』 第94輯, 國立教育研究所, 1878년 3월, p. 120). 아무튼 갑오개혁 이후의 관비 유학생은 늘 정부 고관의 자제에게 독점되어 각계의 반발을 불러일으켰던 적도 많았다(예를 들어 『독립신문』, 1899년 1월 20일 「논설」 참조).

27. 『偕行社記事』 第237號, 1900年 3月, p. 116.

28. 『대한매일신보』의 1906년 7월 20일자 「논설」에는 흥화학교가 조선사립학교의 '최선기점(最先起點)'이라고 기록되어 있다. 그러나 『황성신문』의 1898년 10월 24일자 「잡보」에는 "흥화문(興化門) 앞 상원동(上園洞)에 사립학교를 설립했는데, 발기인은 민영환, 임병구(林炳龜), 한우(韓宇), 정교(鄭喬) 씨 등이며……"라고 되어 있고, 10월 25일부터 11월 4일까지 연일 『황성신문』의 「광고」란에 교과과정, 교과목, 입학시험일, 개교일 등 학생 모집을 위한 안내가 게재되어 있다. 따라서 흥화학교는 이때 설립되었다고 보는 것이

자료적으로 정확할 것이다.

29. 『독립신문』, 1898년 6월 9일 「잡보」. 이 사립소학교의 교육 내용은 관립소학교와 거의 같다고 한다(같은 신문, 1898년 12월 14일 「잡보」).
30. 『독립신문』, 1898년 11월 3일 「잡보」 및 『황성신문』, 1898년 11월 5일 「광고」.
31. 『독립신문』, 1898년 12월 14일 「잡보」. 이 학교는 박기종(朴琪淙)을 비롯한 몇 명의 조선인이 설립했던 부산개성학교를 지칭하는 것이라고 생각된다.
32. 『독립신문』, 1899년 3월 22일 「광고」 및 『황성신문』, 1899년 3월 20일 「광고」.
33. 『독립신문』, 1899년 3월 31일 「광고」.
34. 『독립신문』, 1899년 4월 18일 「잡보」 및 『시사총보』, 1899년 4월 23일 「잡보」.
35. 『독립신문』, 1899냔 5월 5일 「광고」.
36. 『독립신문』, 1899년 7월 25일 「잡보」 및 『황성신문』, 1900년 2월 5일 「광고」. 당초 이 광성학교는 武學을 가르치는 학교로 설립되었는데, 1900년 2월에는 학교명을 광성상업학교로 고치고 학과 내용도 산술, 부기, 일본어·중국어, 상업, 경제 등 상업학전문으로 변경되었다. 이는 당시에 이미 근대학문을 가르치는 일이 학교 설립의 기본조건이 되었음을 보여준다.
37. 『황성신문』, 1900년 2월 13일 「잡보」.
38. 초기의 민족계 사립학교 가운데 가장 규모가 컸다고 생각되는 홍화학교의 경우, 1899년 12월의 학생 수는 학원(學院) 60여 명, 야학원(夜學院) 90여 명(『황성신문』, 1898년 12월 27일 「잡보」)이었으며, 1900년 7월에는 심상(尋常)·특별(特別)·양지(量地)(測量)의 세 학과를 합쳐 130여 명(같은 신문 1900년 7월 13일 「잡보」)이었다.
39. 『독립신문』, 1899년 3월 22일 「광고」 및 『황성신문』, 1899년 3월 20일 「광고」.
40. 근대학교가 절대적으로 부족했던 당시, 각 학교에는 야학이 개설되어 있었다. 제동소학교(『시사총보』, 1899년 5월 15일 「잡보」), 경성일어학당(『독립신문』, 1899년 4월 5일 「잡보」), 광성학교(『독립신문』, 1899년 8월 23일 「잡보」) 등 외에도 각 사립학교에 야학이 개설되었던 것이 신문에 개재되어 있다.
41. 『황성신문』, 1903년 3월 19일 「잡보」.
42. 『독립신문』, 1898년 9월 9일 「잡보」.
43. 『독립신문』, 1898년 9월 15일 「잡보」 및 1899년 3월 4일 「잡보」. 이 순성여학교는 승동(承洞)에 위치하고 있었기 때문에 '승동학교'라고도 불렸다.
44. 『독립신문』, 1899년 1월 7일 「잡보」 및 1899년 4월 19일 「잡보」.
45. 『시사총보』, 1899년 3월 20일 「잡보」 및 1899년 3월 28일 「잡보」.
46. 『시사총보』, 1899년 5월 21알 「잡보」 및 『황성신문』, 1900년 1월 18일 「잡보」.
47. 안병태(安秉珆)는 1883년부터 1903년까지 설립되었던 각종 기업의 일람표를 작성했는데, 거기에는 금광, 미곡 판매, 무역, 상업, 은행, 철도, 농업, 기계 등 모든 분야에 걸쳐 모두 131개의 회사가 열거되어 있다(安秉珆, 『朝鮮社會の構造と日本帝國主義』, 龍溪書舍, 1977, pp. 164~170).
48. 앞과 같음, p. 171 및 같은 책 p. 280 참조.
49. 김영호(金泳鎬), 「한말 서양기술의 수용」, 『아세아연구』 제XI권 제3호, 1968년 9월, pp. 42~44.

Ⅶ. 교육개혁 좌절의 배경

1. 『時事叢報』, 1899년 4월 25일 「논설」.
2. 『독립신문』은 1898년 7월 9일자의 「논설」에서 100년 전의 프랑스 혁명과 같은 민란이 조선에서도 일어나는 것은 아닌가라는 세간의 우려에 대하여 그것을 부정하는 견해를 표명했다. 즉 프랑스 혁명 직전의 프랑스와 조선을 비교해보면, 조선은 (1) 인권에 대한 인식이 없고, (2) 학문·교육의 보급에 의한 근대 의식을 갖고 있지 않으며, (3) 자유인권을 가르칠 학자가 존재하지 않고, (4) 타국의 침략을 막을 힘이 없으며, (5) 국민이 단결해 있지 않다는 등의 점에서 차이가 있다고 한다. 이것을 오늘의 관점에서 해석한다면, 근대교육이나 언론이 발달해 있지 않은 조선에서는 계몽사상의 일정한 보급을 전제로 하는 부르주아 혁명의 에너지가 아직 형성되어 있지 않음을 시사했던 것이라고 말할 수 있다.
3. The educational needs of Korea, Second paper, *The Korea Review*, Vol. 4, Nov. 1904, p. 484.
4. 이만규, 앞의 『조선교육사』 上, p. 248.
5. 박은식, 앞의 『학규신론』, p. 7(앞의 『박은식 전서』 中에 수록, p. 11).
6. 백남훈, 앞의 『나의 일생』, pp. 35~36.
7. 『고종실록』, 고종 32년 11월 16일자.
8. 『독립신문』, 1896년 6월 11일 「논설」.
9. 이희승, 앞의 『다시 태어나도 이 길을』, p. 9.
10. 『독립신문』, 1897년 5월 4일 「잡보」.
11. 『독립신문』, 1898년 10월 24일 「잡보」.
12. 백남훈, 앞의 책, p. 45. 1904년에 기독교 신도가 되었던 백남훈은 "신도가 되었음을 표시하고 외부에서 오는 유혹을 막기 위하여" 단발할 것을 결심했는데, 당시 그의 고향인 황해도 장연군(長連郡)에는 단발했던 자가 2~3명에 불과했으며, 일반적으로 사람들은 단발했던 자를 일종의 정신이상자로 간주했을 뿐만 아니라 집안을 망하게 할 놈이라고 지탄했다고 한다(같은 쪽).
13. 일본의 경우에는 1872년의 '학제(學制)' 이후에 소학(小學)·중학(中學)·대학(大學)의 피라미드형 교육체계가 갖추어져, 적어도 초등교육 단계에 관한 한 국민평등의 교육 원칙이 방침으로서 세워졌다. 그리고 교육의 기회균등 아래 소학교는 상층·하층의 구별 없이 동질화되어, 사회불안을 완화하고 동시에 우수한 인재를 광범위하게 끌어올리는 강력한 파이프로서의 기능을 맡게 되었다. 다른 한편, 이렇게 끌어올려진 소수의 사람은 제국대학을 비롯한 고등교육기관에서 과학·기술·예술의 최첨단 부분을 성취함으로써 대중에게 군림하는 지적 엘리트가 되었다. 이러한 교육의 이중구조는 상층 간의 민주주의와 상·하 간의 전제라는 천황제 정치의 이중구조 및 고도로 발달했던 자본주의 기업과 강력한 봉건지주제 내지는 봉건적 고용관계의 병렬·공존이라는 경제의 이중구조에 정교하게 조응(照應)했던 것이다. 즉 메이지 일본의 교육은 학교를 매개로 계층 간의 이동을 최대한 허용함으로써, 빈농을 포함한 평민·하급무사·小藩出身者 등도 국가를 지탱하는 유능자가 될 수 있는 기능을 하였다. 그렇다고 할지라도 이는 계급적 질서의 붕괴를 의미하는 것은 아니며 엘리트와 대중이라는 두 집단을 체계적으로 재생산함으로써 계급적인 질서 전체를 고정화하려고 했던 것이다(佐藤秀夫의 「近代化教育の發足」 및 中內敏夫의 「'國民'教育の方式」은 둘 다 岩波講座 『現代教育學』 5에 수록. 永井

道雄, 「知識人の生産ルート」, 『近代化と教育』, 東京大學出版會, 1969에 수록, H. Passin, 國弘正雄 譯, 『日本近代化と教育』, サイマル出版會, 1969 참조). 더욱이 '교육칙어' 체제 하의 그러한 교육은 '학력'을 평가 기준으로 한 새로운 신분계층적 질서 체계를 만들어 냈으며, 그것은 국민 간에 차별과 분열의 정신 구조를 조장하여, 아시아에 대한 군사적 침략에 불가결한 배외의식(排外意識)·대국주의(大國主義)가 침투하는 기반이 되었다(安川壽之輔, 「學校教育と富國强兵」, 『日本歷史』 15, 岩波講座, p. 248 참조).

14. 무관학교의 입학자는 1896년 1월의 「무관학도모집령」에 의하여 "한문으로 자기의 의견을 개진할 수 있는 자"(『官報』, 建陽元年 1월 15일) 가운데서 선발되기로 되어 있었지만, 실제로는 정부 고관의 자제나 친족에게 한정되었다. 『매천야록』에는 1900년 5월에 선발되었던 무관학교 학생 200명 모두가 칙임관(勅任官)의 자서제질(子婿弟姪)이었다고 기록되어 있는데(p. 355), 무관학교는 당시에 엘리트 학교였다. 그러나 봉건지배층에 의하여 매우 중시되었던 무관학교도 학교 설비, 교육 내용, 학도의 수학 상황 등을 볼 때 근대학교라는 이름에 어울리는 것은 아니었다(『독립신문』, 1899년 3월 15일, 4월 17일, 7월 21일, 8월 12일 「잡보」 및 『매일신문』, 1899년 3월 25일 「잡보」 및 『황성신문』, 1899년 7월 21일 「잡보」 참조).
15. 『황성신문』, 1902년 5월 20일 「논설」.
16. 『독립신문』, 1897년 7월 21일 「논설」.
17. 『독립신문』, 1896년 12월 3일 「논설」.
18. 『황성신문』의 1899년 1월 14일자 「논설」에는 학부 편집국이 출판했던 교과용 도서로서 다음과 같은 것들이 기록되어 있다. 『公法會通』, 『萬國地誌』, 『萬國歷史』, 『朝鮮歷史』, 『朝鮮地誌』, 『泰西新史』, 『中日略史』, 『俄國略史』, 『種痘新書』, 『尋常小學』, 『國民小學讀本』, 『輿載撮要』, 『萬國年契』, 『地球略論』, 『近易筭述』, 『簡易四則』, 『朝鮮地圖』, 『世界地圖』, 『小地球圖』.
19. 기독교 선교사가 출판했던 교과용 도서로는 다음과 같은 것이 있었다(백낙준, 앞의 『한국개신교사』, p. 355). 『牖蒙千字』(J. S. Gale), 식물학·물리학·지리학 교과서(William M. Baird), 산수 교과서(E. H. Miler), 심리학 교과서(C. H. Noble), 『배재교육총서』(D. A. Bunker 및 H. B. Hulbert).
20. 일본에서는 메이지유신 이전부터 많은 계몽서가 출판되고 있었는데, 자료에 의하여 확인할 수 있는 1871년 이후만 보아도 당시 출판되었던 많은 책 중의 3분의 2는 서양 지식을 전파하는 것이었다고 한다(中山茂, 앞의 『帝國大學の誕生』, p. 11). 또한 중국에서는 경사동문관(京師同文館)에서 1898년 이후 약 10년 동안 자연과학, 의학, 공예, 역사, 교섭공법(交涉公法) 등 각 부분에 걸쳐 모두 235권의 서적이 번역 출판되었다고 한다(齋藤秋男, 앞의 世界教育史大系 4 『中國教育史』, p. 74).
21. 박은식, 「興學說」, 『박은식 전서』 中에 수록, p. 404.
22. 장지연, 「國家貧弱之故」, 『대한자강회월보』 제7호, 1907년 1월, p. 10.
23. 『독립신문』, 1899년 5월 6일 「잡보」.
24. 『독립신문』, 1899년 3월 1일 「잡보」.
25. 三木榮, 『韓鮮醫學史及疾病史』, 1963, pp. 267~268.
26. 중국에서는 1872년 이후 약 10년 동안 120명의 정부 유학생이 미국에 파견되었으며, 또한 1876년에는 약 30명의 정부 유학생이 영국과 프랑스에 파견되었다(野村浩一, 「洋務運動の思想」, 西順藏 編 『原典中國近代思想史』 第二册, 岩波書店, 1977, p. 10). 이

이외에 일본에도 유학생이 파견되었음은 말할 나위도 없다. 한편 일본에서는 메이지시대의 문부성 파견 유학생만으로도 모두 683명에 이르렀으며, 유학간 나라도 미국·영국·독일·프랑스 등 서구의 여러 나라였다(渡邊實, 『近代日本海外留學生史』 上, 講談社, 1977, pp. 34~35).

27. 『독립신문』, 1899년 1월 19일 「논설」 및 1899년 1월 24일 「잡보」.
28. 『日本外交文書』 第32卷, 문서번호 604, p. 944.
29. 『舊韓國外交文書』 第5卷, 日案 5, 문서번호 6903, 1902년 7월 15일, p. 768.
30. 『偕行社記事』 第322號, 1903년 9월, p. 91.
31. 『官報』, 建陽元年 1월 20일, 다만 세입 중 1,507,421원은 국채 등 통상의 방법 이외로 조달되었다.
32. 信夫淳平, 앞의 『韓半島』, pp. 304~329.
33. A. J. Brown, *The Mastery of Ther Far East*, p. 79에서 보이는 숫자를 기초로 계산하여도, 대략 17%로 된다.
34. 松宮春一郎, 앞의 「韓國教育の現在及將來(中)」, 『外交時報』 第93號, p. 55.
35. 1904~5년경 조선 정부의 교육 예산은 군사비의 겨우 1.5~2.0%이었다(H. B. Hulbert, *The Passing of Korea*, pp. 338~339; The educational needs of Korea, Second paper, p. 484). 또한 정부의 재정파탄에도 불구하고, 정부 고관과 양반귀족은 외국산 담배를 피우고, 커피와 샴페인을 마시며, 비싼 가구를 사들이고, 금시계를 차는 등 사치스러운 생활을 하고 있다(信夫淳平, 앞의 책, pp. 112~113).
36. Philip Jaisohn, What Korea needs most, *The Korean Repository*, Vol. 3, Mar. 1896, p. 110.
37. 박은식, 앞의 『학규신론』, p. 20(『박은식 전서』 中에 수록 p. 24).
38. 『독립신문』, 1899년 3월 17일 「잡보」.
39. 『독립신문』, 1896년 6월 20일 「잡보」.
40. 『독립신문』, 1899년 3월 17일 「잡보」. 김영모에 의하면 1910년까지의 개화기 관료 중 과거와 각종 시험에 합격했던 자는 전체의 15.3%이었으며, 어떤 형태로든 근대교육을 받았던 자는 44.9%, 그리고 과거 합격자나 근대학교 졸업자가 아닌 자는 전체의 41.8%였다고 한다(김영모, 앞의 『조선지배층연구』, p. 273).
41. H. B. Hulbert, *op. cit.*, p. 339.
42. The educational needs of Korea, Second paper, pp. 484~485.
43. 『시사총보』, 1899년 2월 28일 「논설」.
44. The educational needs of Korea, Second paper, pp. 533~534.
45. 각종 문헌을 살펴볼 때, 1900년 전후의 조선 인구는 약 1,300만 명이었으며, 수도 서울의 30만 명을 포함하여 총인구의 약 4%에 해당하는 50만 명이 도시에 거주하고 있었다고 생각된다(A. J. Grajdanzev, *Modern Korea*, New York, 1944, 경인출판사에서 재출판, 1975, pp. 72~73; H. G. Underwood, *The Call of Korea*, pp. 40~42).
46. 齊藤秋男, 앞의 책, pp. 52~54.
47. 佐藤秀夫, 앞의 「近代教育の發足」, 앞의 책. p. 41.
48. 『독립학교』, 1897년 9월 21일 「논설」. 협성회의 제25회 토론회에서도 "군대에서 호령하는 말은 본국어로 해야 한다"라는 주장이 채택되어 있다(『협성회회보』, 1898년 1월 8일 「잡보」).

49. 김의환(金義煥), 『부산근대교육사』, 태화출판사, 1976, pp. 20~24 참조. 당시의 신문에는 각지의 관리와 민간인이 학교 설립에 필요한 교사와 교과서를 보내줄 것을 학부에 의뢰하는 기사가 게재되어 있다. 실제로 학부가 이러한 요청을 충분히 받아들이지 않음으로써 근대교육의 발전은 지체되고 왜곡되었다.
50. 『독립신문』, 1899년 8월 14일 「잡보」.
51. 松宮春一郎, 앞의 下, 『外交時報』 第94號, 1905年 9月, p. 53.
52. 이기, 앞의 「一斧劈破論」(앞의 『海鶴遺書』, p. 72).

제3장

'보호조약'의 강요와 저항의 교육

Ⅰ. 반일의병투쟁과 애국계몽운동의 전개

Ⅱ. 통감부의 교육정책과 식민지 교육의 부식(扶植)

Ⅲ. 애국계몽운동의 교육사상과 교육구국운동의 전개

Ⅵ. 애국계몽운동과 교육구국운동의 역사적 의의

Ⅰ. 반일의병투쟁과 애국계몽운동의 전개

1. 일본제국주의의 식민지 정책과 조선 민중의 국권회복운동

러일전쟁에 돌입한 일본은 국외중립을 선언한 조선에 불법으로 군대를 상륙시키고, 1904년 8월에는 '한일협약韓日協約'을 강요함과 동시에 일본 정부가 추천하는 재정고문·외교고문을 파견하여 조선 정부의 실권을 장악하려 하였다. 일본은 재정고문으로 일본 대장성의 국장이었던 메가타 다네타로(目賀田種太郎)를, 외교고문으로 장기간 미국의 일본 공사관에 고용되었던 미국인 스티븐스(須知芬, Durham White Stevens)를 기용했을 뿐만 아니라, 궁내부·군부·경무警務·학부 등 조선 정부의 다른 중요 부서에도 일본인 고문을 배치하는 등 소위 '고문정치顧問政治'를 시작했다.

만주·조선의 지배권을 둘러싼 러시아와 일본의 결전은 영국과 독일의 제국주의적 대립을 중심으로 하는 서구 열강의 세계 분할 정책과 밀접히 관련되어 있었다. 일본의 배후에는 러시아의 남하를 두려워했던 영국과 중국에서 세력 확대를 꾀했던 미국이 있었고, 러시아 쪽에는 동맹국 프랑스와 러시아의 동진東進을 희망하는 독일이 있었다. 1905년 초 사회적 모순이 격화하고 있던 러시아에서는 노동자·농민의 혁명투쟁이 크게 일어났고, 러시아와 일본의 전투가 고비를 넘기자 미국은 곧 일본이 강대해지는 것을 경계하기 시작했다. 같은 해 7월 일본은 미국과 가쓰라·태프트 비밀협정Taft-Katsura Agreement을 체결해 일본이 필리핀에 대한 미국의 지배권을 인정하는 대신에 조선에서 일본의 정치·경제·군사상의 특수한 권익을 미국에게서 인정받고, 이어서 8월에는 제2차 영일동맹협약으로 조선에 대한 일본의 권익을 영국에게도 인정받았다. 이어서 1905년 9월 5일 포츠머스Portsmouth에서 조인된 러시아와 일본의 강화조약에서 러시아도 조선에 대한 일본의 지배권을 인정함으로써 비로소 후진 제국주의 국가로서 열강의 반열에 올라선 일본은 아시아 침략의 교두보인 조선의 식민지화에 본격적으로 착수하기 시작했다.

조선 지배에 대해 국제적 승인을 얻었던 일본은 1905년 11월 학부대신 이완용 등 소위 '을사오적乙巳五賊'의 '협력'을 얻어 조선에 '보호조약'을 강요했다. 조선의 자주권을 박탈하고 일본의 '보호권' 확립을 목적으로 하는 이 조약으로 서울에는 일본의 통감부統監府가, 주요한 지방 도시 및 개항지에는 이사청理事廳이 설치되었으며 이토 히로부미가 초대 통감으로 취임했다. 조선의 외교는 일본외무성의 감독·지휘 아래 놓이게 되었고, 또 통감은 일본인 고문 및 관리를 감독하는 권한을 장악했을 뿐 아니라 치안 유지를 위해 조선 주둔 일본군을 사용하는 것도 인정되었다. 그리고 조선의 재외공관은 모두 폐지되었고 조선 주재의 각국 공사도 모두 철수함으로써 조선왕조가 실질적으로 붕괴되는 가운데 조선은 국제적으로 완전히 고립되었다.

게다가 1907년 6월 일본의 통치를 용인할 수 없었던 고종이 네덜란드의 헤이그에서 개최된 '만국평화회의萬國平和會議'에 일본 침략의 부당성을 호소하는 밀사를 파견했던 사건을 계기로, 일본은 7월 '정미칠조약丁未七條約'을 강요하였고 고종을 폐위시켜 나이도 어린 불구의 순종을 왕위에 앉혔다. 이 조약으로 '고문제도顧問制度'는 폐지되고 조선 정부는 통감이 추천하는 일본인 차관 및 고급관리를 채용해야 한다는 의무를 짊어지게 되었다. 그리고 모든 행정사무가 일본인 차관에게 집중되는 가운데 통감은 조선을 직접 통치하게 되었고, 이에 따라 조선 정부군은 해산되었다. 이후 '조선병합'은 단지 형식상의 문제로만 남게 되었고 일본은 완전한 식민지 총독 정치를 향해 그 준비를 서둘렀다. 그사이 일본의 대륙낭인大陸浪人 우치다 료헤이(內田良平, 1874~1937)와 결탁했던 친일파 송병준(宋秉畯, 1857~1925) 등은 조선의 식민지화를 합리화하기 위해 어용단체인 '일진회一進會'를 결성하고 일본의 '보호'를 요청하는 선언서를 발표하는 등 매국적 행위를 계속 이어갔다.

통감부 설치 이후 조선의 역사는 일본이 각종 이권을 약탈해가면서 사회경제구조 전반이 식민지화되고 식민지 지배의 확립에 불가결한 조선 민중에 대한 억압 체제의 정비나 국권회복을 요구하는 조선 민족의 궐기 등이 서로 얽혀가면서 이들이 하나의 축을 형성하며 전개되고 있었다. 거기서는 제일 먼저 '시정개선施政改善'이라는 명목 아래 '근대'적 제도가 도입되었고 정치·경제는 물론 교육·언론·사상·문화에 이르는 모든 영역에 걸쳐 식민지제도로의 개편이 실시되었다. 특히 경제적 식민지화를 중시했던 일본은 재정 및 화폐 정리, 자본의 침투, 철도의 독점 등과 함께 소위 '농업 개발'을 추진하였고 조선 전국에서 일본인의 무제한적인 토지 수탈을 강행하였다. 그리고 1907년에는 조선 정부의 이름으로 '국유미간지이용법國有未墾地利用法'을 공포하였고, 1908년에는 '식산흥업殖産興業'이라는 미명하에 악명 높은 '동양척식회사(東洋拓殖會社, 처음에는 韓國拓殖)'를 설립하였으며, 특히 1910년 3월부터는 조선 농민의 토지 수탈을 꾀했던 '토지조사사업'을 본격적으로 실시하였다. 게다가 아주 단기간에 조선 경제의 기본 명맥을 장악한 일본의 지배권 확립은 조선에서 미국의 권익을 손상시키지 않았으며, 도리어 미국 독점자본은 일본제국주의의 보호를 받아가며 당시 조선에서 더욱 광범한 경제 침략을 수행할 수 있었다.[1]

이리하여 조선은 반半봉건·반半식민지 사회에서 반半봉건·식민지 사회로 변화하고 있었는데, 이는 이후 조선이 조우한 가장 커다란 곤란이 조선민족과 외래 제국주의 사이에 나타난 민족적 대립·모순이었음을 의미하였다.

그런데 일본의 조선 지배는 단지 식민지 권력의 이상하리만큼 강압적인 정책으로만 수행된 것이 아니라, 조선의 반동 지배층 및 친일관료의 매국적 '협력'으로 보완되는 측면이 있었다. 그것은 무엇보다 이미 껍데기만 남아 있던 왕조 권력에서 상징되듯이, 조선의 봉건 통치계급 대부분이 노골적으로 일본제국주의자와 결탁하여 침략의 앞잡이가 되었다는 사실에서도 잘 나타난다. 뿐만 아니라 개국 이후 다양한 방법으로 추진되었던 일본의 친일파 육성은 '보호권' 확립을 계기로 더욱 가속화되었다.[2] 통감부는 고루한 양반유생이나 일부의 무지몽매한 민중을 조선 통치에 이용하는 한편 갑신정변, 민비시해사건 등 일련의 정치적 사변에 따른 일본 망명자를 속속 귀국시켜 관리로 임용했고, 특히 고급관료의 매수·협박을 중심으로 관료 전체의 친일화를 촉진했다. 관료 구성 자체도 통감부의 일본인 관리 채용 정책에 따라 크게 변화했다. 게다가 일본인 관료가 정부기관에 대거 진출했을 뿐만 아니라, 특히 실권 있는 관직이나 지위를 다수 장악하게 되었다.[3] 이와 함께 1905년 이후 격증했던 조선 거주 일본인도 일본의 강권적 지배를 보완하면서 조선 사회의 일본화를 촉진하는 역할을 했다.[4]

여기서 교육과 관련한 일본의 사상·문화공작을 살펴볼 때 가장 중요한 것은 그들의 교묘한 종교정책이었다. 통감인 이토 히로부미는 "종교는 그것이 유교이든 불교이든 야소교이든 관계없이 세상 사람들을 계발啓發한다는 점에서 그 길은 하나이다"[5]라고 하면서 종교기관이나 학교에서의 포교활동을 적극적으로 장려했다. 그것은 이토가 조선에 있는 기독교 선교사와의 간담에서 "내가 조선에서 해야 할 임무는 일본을 대표해 오로지 한국을 지도하고 보호하는 데 있다. 나는 한인韓人에 대해 많은 동정同情을 가지고 있는데, 현재 가엾이 여기기보다는 그들을 고통 속에서 구출하고자 온 힘을 쏟고 있다. 이 점에 관해서는 여러분도 역시 똑같이 한인을 구하려는 목적으로 이 나라에서 활동하고 있는데 오로지 종교도덕의 방면에서 힘쓰고, 나는 정치행정의 측면에서 힘쓰는 까닭에 그것이 취하는 수단과 방법은 다르더라도 그 목적을 같이하는 자라면, 나는 제군에 대해 충분한 동정과 가능한 한의 원조를 하는 데 주저하지 않을 것이다"[6]라고 표명했던 바와 같이, 종교는 침략의 도구로서 대단히 유효한 것으로 파악되었다.

통감부는 1906년 11월 통감령統監令 제45호 '종교의 선포에 관한 규칙'에서 조선의 포교활동에 대한 보호·통제에 적극적으로 나섰다. 종교정책의 방향은 조선의 애국적 민간 신문이 논했던 것처럼 "국민의 심리적 작용을 관리하는 데는 종교가 제일의 것으로……, 한편에서는 한국의 각 종교 세력을 서로 대항하게 하고, 다른 한편에서는 일본의 신도가 제멋대로 행동하도록 장려해 한국의 종교권을 장악해서 한국의 종교인들을 단속하려는"[7] 것이었다. 즉, 통감부는 일본의 모든 종교적 포교활동을 보호하고 조선에 있는 일본인의 교화를 중심으로 조선인 신도의 증가를 꾀함과 동시에 재래의 유교나 기독교의 친일화·어용화를 획책했다. 그리고 이와 같은 방침 아래 통감부는 일본조합기독교회의 조선 전도를 측면에서 원조했으며, 또한 본원사本願寺를 필두로 하는 일본 불교의 세력 확대를 촉진하는 등, 식민지 침략과 궤를 같이하는 일본 종교의 조선 이식移植을 강행했다. 게다가 양반유생이 반일운동에 참가하는 것을 두려워했던 통감부는 유교계의 친일화를 위한 공작의 일환으로 대동학회大東學會를 설립했고, 특히 1909년 10월에는 20만 엔이라는 큰돈을 투입하여 이를 '공자교孔子教'라고 개칭해 친일파 유림의 육성에도 부심했다. 게다가 귀국 유학생이 점차 중요한 직책에 채용되는 것에 대해, 오직 한학만을 배웠던 젊은 양반유생이 불만을 나타내자 통감 이토는 이들 양반유생에게도 중요한 지위를 부여하는[8] 등 다양한 유림 융화책을 실행했다.

통감부의 종교정책에서 기독교 대책은 특별히 중요한 의미가 있었다. 실제로 통감부 당국이 기독교를 조선 통치에 이용하고 또 수차례에 걸쳐 포교활동의 보호를 표명했음에도 불구하고, 일본제국주의와 조선 기독교는 항상 미묘한, 때로는 노골적인 대립관계에 있었다. 그것은 조선인 항일의식의 원천 가운데 하나가 기독교였다는 것, 또 미·일 양국의 외교문제와도 얽혀서 통감부의 조선 주재 미국인 선교사에 대한 처우가 미묘했다는 것과 더불어 조선 그 자체가 계속 제국주의 침략 세력들 사이에서 대립의 불씨였던 것 등과 관련되어 있다. 그리고 열강 간의 힘의 관계에서 일본이 열세였던 당시의 상황에서 통감부의 기독교 대책은 조선인 기독교 신자와 미국인 선교사를 이간시키며 한편에서는 조선인 신도를 회유해 친일화하고, 다른 한편에서는 미국인 선교사와 문제를 만들지 않으면서 점진적으로 그들을 배제해가는 것이었다.[9]

어쨌든 통감부 권력으로 대표되는 일본제국주의는 다양한 수단을 사용하여 무서운 기세로 왕조 권력을 무능력하게 만들면서 조선의 식민지화를 한 걸음 한 걸음 추진했다. 이 사이 어떤 효과적인 저항도 할 수 없었던 왕조 권력을 대신하여 일본의 조선 침략에 반대해 과감히 일어섰던 것은 바로 애국적 지식인과 민중이었다. 그리고 통감부는 그들에 대해 가혹한 탄압정책으로 대응했다. 그것은 일본이 전국적으로 경찰·헌병을 배치하고, 또 철도·도로·통신의 정비에 이상하리만치 노력을 기울였던 것과 더불어 다수의 군대를 준비하였던 것에서 드러나고 있다. 게다가 1907년 이후 언론과 교육을 무기로 하는 조선 민중의 반일운동이 고양되자, 식민지 지배권력은 '보안법', '출판법', '신문지법', '학회령', '사립학교령' 등을 잇달아 공포하여 그러한 애국운동을 근절하고자 했다. 그것은 조선 민중이 "이를 노예 대우라 하지만 내가 보기에는 노예 대우보다 훨씬 못하다. 소위 노예라는 것은 남을 업신여기는 호칭에 불과하지만 생명만은 유지할 수 있다. 그런데 현재 한인韓人의 상황은 생명을 유지할 수도 없는 상태이니 어찌 이를 노예라고 부를 수 있단 말인가. 이것은 어육魚肉에 불과할 뿐이다"[10]라고 말할 정도였다.

일본제국주의 침략에 반대하는 조선 민중의 반일애국운동은 이러한 국가 존망의 위기 속에서 폭발했다. 무엇보다 『황성신문』 및 1905년 7월에 창간된 『대한매일신보』에 결집한 장지연, 양기탁, 박은식, 신채호 등의 개화 지식인은 항일언론활동을 확대했고 애국적 유생이나 이전의 정부 고관 등은 상소운동을 전개했다. 이는 곧 전국으로 파급되었고 각지에서 결사적인 무력투쟁의 불꽃이 되었다. 그러한 가운데 영국 주재 대리공사 이한응이 자결한 것을 시작으로 시종무관장侍從武官長 민영환, 참정대신參政大臣 조병세, 전 참판 홍만식, 학부주사 이상철·김봉학·이건석 등이 뒤따라 같은 길을 택했다. 또 1908년 전명운·장인환이 조선 침략의 공범자인 미국인 스티븐스를 사살했고, 1909년 10월에는 안중근이 이토 히로부미를 암살했으며, 같은 해 12월에는 이재명이 매국노 이완용을 죽이려다 미수에 그치는 등 격렬한 테러활동이 전개되었다. 여기서 봉건관료의 자결은 국가의 비운을 통곡하며 충효의 유교윤리를 죽음으로 보인 것이었고, 애국적 지식인의 테러활동은 대중투쟁을 지도할 수 없었던 스스로의 약함을 드러낸 것이라는 측면이 있지만, 순국의 열정이 넘치는 애국적 의거로서 민중에게 커다란 영향을 주었다.

일본의 총검 지배에 비분강개했던 조선 민중의 반일운동은 크게 애국계몽운동과 의병투쟁의 두 가지 형태로 진행되었다. 당시 유교의 권위가 크게 실추되었다고는 하지만, '보호조약'이 '조인'되었던 1905년 11월의 시점에서 조선 사회의 지배적 사상은 아직도 양반유생이 담당하고 있었다. 그것은 일본 관헌의 보고에서 "실제로 당시 민중사상의 중심은 모두 양반·유생의 권위로 지배되어, 보호조약이 체결되자 분연히 그 부당함을 절규하며 궐문 아래 모여 조약 파기를 요구했는데, 수천 명의 무리는 거의 대부분 이들 양반·유생들로 이근명·민영환·조병세·심상훈 등 소위 노론이었던 원로 양반의 지휘를 받았고, 상민의 무리들은 거기에 따르기만 하였다"[11]라고 기록한 것에서도 추측할 수 있다. 그러나 왕조 권력이 실추하자 양반·유생의 세력은 점차 약해지기 시작했고, 이를 대신해 개화 지식인이 주도하는 언론·교육 활동을 중심으로 하는 애국계몽운동이 활발하게 전개되었다. 그 한편에서 전통사상을 고수하는 최익현·허위 등의 애국적 유생은 손에 무기를 들고 '존왕항일尊王抗日'의 의병투쟁을 전개했다. 즉, 독립협회운동의 흐름을 이끌었던 개화사상은 근대 지식인을 주체로 하는 애국계몽운동으로 결실을 맺었으며, 종사재건宗社再建을 지상 과제로 하는 위정척사사상衛正斥邪思想은 전투적 봉건 지식인을 지도자로 하는 의병투쟁으로 나타났다. 그리고 이들 운동은 국가권력의 탈환을 목표로 하는 전 국민적인 규모의 국권회복운동으로 발전하였고, 그 과정에서 평민 특히 청장년이 반일세력의 중심으로 등장했다.

2. 반일의병투쟁의 사상적 제약

국권회복운동의 한 가지 방식이었던 의병투쟁은 민비시해사건을 계기로 1895년에서 1896년에 걸쳐 전개된 반일무장투쟁의 연속선상에 있었다. 원래 의병이란 박은식이 말했듯이 '민군民軍'이고 그것은 "국가의 위기에 즉시 의義로써 봉기하여 정부의 명령·징발 없이 군무에 종사하여 적과 대결"하는 '민족의 정화精華'[12]였다.

러일전쟁 후반기에 일본의 조선 침략이 격화됨에 따라 재연되었던 의병투쟁은 당초 일부 지역에 한정되었고 규모도 비교적 작았으며 분산적이었지만, '보호조약'을 계기로 본격적으로 전개되었다. 특히, 1906년 5월 전 참판 민종식이 거병擧兵한 데 이어, 유림계에 명성을 떨치고 있던 최익현이 6월에 기병起兵했던 것은 전국의 주목을 집중시켰고 반일의 기운은 중남부 조선 일대로 확산되었다. 그리고 구식 총포나 도검류로 무장한 의병부대는 각지에서 일본 군경과 치열한 전투를 벌였다. 그사이 유생 출신의 의병장에 합세해 평민 출신의 의병장도 등장하기 시작했다. 이는 농촌 지대를 중심으로 반침략투쟁의 기반을 한층 확대시키는 요인이 되었다. 더욱이 중핵 부대의 패퇴로 일시 주저할 수밖에 없었던 의병투쟁은 1907년의 '정미칠조약' 및 그에 이어지는 일본의 조선 정부군 강제 해산을 계기로 놀랄 만큼 빠른 속도로 조선 전역에 파급되었다. 특히 해산병사解散兵士가 의병부대에 참가함에 따라 계급적·군사적 성격은 비약적으로 강화되어 의병투쟁은 조선 역사상 일찍이 없었던 규모의 민족방위전쟁으로까지 확대·발전되었다. 이후 1909년 9월 '병합'을 목전에 둔 일본제국주의가 '남한대토벌작전'을 전개할 때까지, 많을 때는 1년간의 전투 횟수가 1,451회, 참가 의병 수가 69,832명에 달하는[13] 의병투쟁이 각지에서 계속 전개되었다.

의병투쟁 그 자체는 1910년 조선 '병합'을 계기로 종식되어 두만강·압록강을 넘어 간도 및 연해주 지방의 독립군 운동으로 점차 전환되어갔지만, 그들 의병투쟁을 지탱해온 지도 이념은 '위정척사사상'이었다. '보호조약' 이후 최초로 본격적인 거병을 했던 민종식은 그 격문에서 "일본인을 토멸하고, 오적을 징벌하여, 국권을 회복하며, 아我가 생령生靈을 구하고, 종사宗社를 평안히 하고, 군신상하君臣上下가 함께 태평을 향유함을 꾀한다"[14]라고 호소했는데, 이것은 당시의 유생 출신 의병장의 공통된 투쟁 목표였다. 여기서 볼 수 있는 위정척사사상은 양반 주자학자의 사상인 동시에 조선왕조의 전통적 지도 이념이었다. 그리고 의병투쟁에 참가했고, 게다가 지도적 입장에 서 있던 양반유생의 절대다수는 삼강오륜을 기본으로 하는 왕조 질서의 재건에 집착하는 봉건 지식인이었다. 그 때문에 의병투쟁은 강렬한 반침략적 성격을 가진 반면, 그 사상적 제약으로 반봉건적 성격은 취약하게 되었다.

즉 의병투쟁의 담당자가 배타성과 보수성을 내포하는 위정척사사상이었다는 것은 '살신성인殺身成仁', '일사보국一死報國'이라는 철저한 항일 자세를 만들어내기는 했지만, 반봉건인 대중의 에너지를 광범위하게 동원할 수 없었다는 제약을 초래했다. 1907년 8월의 조선 정부군 해산 이후 유력한 군대 출신이며 평민 출신인 의병장이 의병부대에 등장하고, 특히 1908년부터 다음 해에 걸쳐 많은 유생 출신 의병장이 전사·사형 또는 은퇴하게 되어 위정척사사상의 영향이 '희석화稀釋化'[15]됨에 따라 의병투쟁의 성격도 서서히 변화되어갔다. 이와 관련해 1908년부터 1909년에 걸친 의병투쟁 참가자의 계층별 구성은 의병장의 경우 양반유생 출신이 25~28%, 평민 출신이 75~72%, 그리고 의병의 경우 양반유생 출신이 3%, 평민 출신이 97%로 초기에 비해 크게 변화했다.[16] 또한 의병투쟁과 동시에 전개되었던 언론·교육 중심의 애국계몽운동이 전국적으로 고양되었던 것도 의병투쟁의 성격 변화에 적지 않은 영향을 가져왔다. 다만 그러한 변화가 있었다고는 해도, 적어도 1910년의 시점까지는 평민 출신 의병장이 의병투쟁을 전 국민적 반일무장투쟁으로 발전시킨다는 독자적인 지도사상을 가질 수 없었으므로, 의병투쟁에서 위정척사사상이 점하는 위치는 변함없이 클 수밖에 없었다.

신채호가 말했듯이 의병투쟁은 "충군애국忠君愛國을 내걸고 떨쳐 일어난 독서계급"[17]을 중심으로 한 국권회복운동이었지만, 민족적 모순이 일차적이었던 당시의 역사적 조건 속에서, 그것은 지도층의 계급적·사상적 제약에도 불구하고 근대 부르주아 민족운동의 일환을 형성했다. 박은식이 "의병투쟁은 독립운동의 도화선"이며 "만일 그 투쟁의 성공과 실패를 기준으로 의병의 행동을 논하려고 한다면 그것은 매우 어리석은 자의 천박한 지혜라고밖에는 말할 수 없을 것이다"[18]라고 주장했듯이, 그것은 일본제국주의 침략에 대항하는 이후 민족독립투쟁의 선구가 되었다.

그 결과 의병투쟁은 당시의 애국계몽운동을 비롯해 각종 형태의 반일애국운동의 발전에 큰 영향을 주었고 광범위한 대중을 격려·고무하였으며, 그들을 운동에 참여시키는 데 큰 역할을 했다. 실제로 의병투쟁에만 한정시켜 보아도, 거기에는 광범위한 일반 민중, 즉 농민·노동자, 상인·수공업자, 유생이 망라되었으며, 특히 근대교육을 받은 지식인까지 포함되어 있었다. 특히 보창중학교 교장 이동휘(李東輝, 1873~1935),[19] 일본에 유학하고 신학문을 공부해 영어에도 능통했던 심남일(沈南一, 1871~1910),[20] 개화사상을 체득하여 세계의 추세에 밝았던 김봉기金鳳基[21] 등 본래 애국계몽운동파에 속했던 인사까지도 의병장으로 참가했던 것은 그만큼 의병투쟁이 거국적인 반일운동이었다는 것을 말해준다.

더구나 의병투쟁은 치열한 장기간에 걸친 싸움을 전개함으로써, 그 이전의 애국주의적 전통 위에 더욱 풍부한 내용을 가진 애국주의 전통을 형성하는 기초를 만들었다. 그것은 "대중을 교육하는 학교"[22]로서 조선 민중의 민족적 각성과 항일 투지를 더 한층 계발하고, 그들이 애국투쟁에 분발하도록 만들었다. 그 가운데에서도 최익현이 했던 불굴의 항일상소는 모든 계층에 비장한 감명을 주었고, 그 영향은 측정할 수 없을 정도로 컸다. 1906년 말 최익현이 유배지 대마도對馬島에서 옥사한 후에 그의 『면암문집勉庵文集』이 비밀리에 출판되자, 많은 조선 민중이 그것을 읽고 애국심을 키웠다. 이는 1909년 일본 관헌이 압수했던 출판물 가운데 『유년필독幼年必讀』, 『동국사략東國史略』에 이어 『면암문집』이 922부나 되었던 것에서도 알 수 있다.[23] 또 이토 히로부미를 암살했던 의병장 출신의 애국적 테러리스트 안중근도 조선 민중에게 큰 영향을 주었다. 이에 관해 한 일본인은 "그런 사건이 있은 이후, 소위 신교육에 물든 일부의 청년불령青年不逞의 무리는 그를 숭배하기를 신과 같이……"[24]라고 말한 바 있다.

그러나 의병투쟁이 과감한 무장투쟁을 전개하고 조선 민중에게 열렬한 애국정신을 불러일으키기는 했지만, 그 사상적 기반이 가부장적 봉건 내셔널리즘에 있었으므로 그것은 부르주아 국가 건설을 꾀하는 애국계몽운동과 합류할 수 없었고, 따라서 근대교육의 건설에 대해서도 부정적 내지는 소극적 태도를 나타냈다.

분명히 의병투쟁의 참가자 중에는 전술했던 이동휘·심남일·김봉기처럼 근대교육을 기반으로 한 개화론자도 있었다. 또 유생 출신 의병장 중에도 허위(許蔿, 1855~1908)[25]처럼 일찍부터 개화 지식인의 영향을 받아 근대학교의 설립이나 인재 양성, 그리고 유학생 파견 사업 등을 제창했던 사람도 있었다. 더욱이 의병투쟁 과정에서 의병이 충주군 황강지忠州郡 黃岡地에서 근대적 농업기술을 가르치던 애국적 인사가 경영하는 찬명학교贊明學校에 기금[26]하거나, 혹은 양평군 서종면楊平郡 西終面의 문성학교汶成學校에 금화 3엔을 증여하여 동포 교원을 고무·격려했던[27] 사실도 있다.

한편, 반일을 최대의 슬로건으로 했던 의병투쟁은 일본이 관여했던 근대교육에 대해 아주 노골적인 반감을 보였다. 예를 들면 『매천야록梅泉野錄』의 1906년 2월 기록을 보면 "경북관찰사가 서당을 금지하고 신학교 개설을 명하자, '성학聖學'을 폐하고 '사교邪教'를 강요한다고 하여 의병이 되는 자가 날이 갈수록 많아졌다"[28]라고 적혀 있다. 이것은 지방행정관의 근대학교 설립이 일본의 교육 지배가 구체화된 것이라는 점을 일반 대중이 훨씬 빨리 인식하고 있었음을 말해준다. 또 1907년 9월의 『황성신문』에는 의병이 일본 침략자의 교육 활동에 반대하고, 그들 스스로가 세운 학교를 파괴했다는 기사가 게재되었다.[29] 이러한 의병투쟁에서 나타난 반反근대교육=반反식민지교육의 자세는 근대 부르주아 민족운동의 기본 과제가 이미 '자주자강自主自强'에서 '국권회복國權回復'으로 변화했고, 또 특히 일본이 근대교육을 민족정신 말살의 중요한 수단으로 삼았던 조건하에서 일면적으로는 긍정적인 의미를 가지는 것이었다.

그러나 문제는 의병투쟁의 중심이었던 위정척사론자가 그 사상적 본질에서 출발해 식민지 교육뿐만 아니라, 일본의 침략에 대항하는 애국계몽운동의 교육 활동에 대해서도 거의 이해하지 못했다는 점이다. 개화론자의 측에서 볼 때, 이미 "다른 시대를 살고 있는 사람"[30]이었던 위정척사론자가 삼강오륜과 사서육경에 매달려 근대교육에 아무런 적극적인 태도도 가지지 않았던 것은 주자학을 절대시하는 그들 자신의 필연적 귀결이었다. 게다가 그것은 결과적으로 다수의 양반유생만이 아니라 일반 대중의 수구성守舊性도 지속시켜 근대교육운동의 앞날을 크게 방해하는 것이 되었다.

황국협회를 조직해 독립협회운동을 탄압했던 민영기(閔泳綺, 1858~1927)·민영휘(閔泳徽, 1852~1935) 등의 반동적 수구파조차도 시대의 진전에 동참해 중교의숙中橋義塾이나 휘문의숙徽文義塾을 설립하여 근대교육을 행하고 있던 가운데, 위정척사론자가 근대교육에 관심을 보이지 않았던 것은 국권회복운동에 투입된 민족적 에너지의 반쪽만이 근대학교의 설립을 중심으로 하는 교육운동과 직접적인 관계를 가졌고, 나머지 반은 관계가 전혀 없었다는 것을 의미한다. 그뿐만 아니라 1910년의 '병합' 직전까지도 『대한매일신보』가 통렬히 비판했던 바와 같이, "아직 당우삼대唐虞三代의 부운浮雲만을 꿈꾸고, 육예구용六藝九容의 고사만을 말하며, 세계열국世界列國을 이적夷狄으로만 생각하고, 문명교육을 왜학倭學이라 부르며, 사숙私塾을 확장하고 학교에 반대"[31]하는 보수 유림은 애국계몽운동에서 근대교육의 추진에 커다란 브레이크를 걸기조차 했다. 그리고 바로 그러한 이유 때문에 국권회복운동에서 조선근대 부르주아 민족운동의 중심을 이루었던 근대교육운동은 일치된 민족적 에너지를 얻어내지 못한 채, 오로지 애국계몽운동에 맡겨지게 되었다.

3. 애국계몽운동의 전개

애국계몽운동은 내정개혁과 자유민권을 주장했던 독립협회운동을 계승하여 그것을 한층 더 발전시켰던 일대 구국운동이었다. 그것은 또한 근대 부르주아 민족운동의 일익을 담당한 대중적 정치문화운동임과 동시에, 국가 존망의 위기에서 민족적 독립의 달성을 목표로 하는 국권회복운동이었다. 거기서는 '내수외학內修外學'의 슬로건 아래 민족의 실력양성이 첫 번째 과제가 되어 교육계몽운동, 국문운동, 여권운동, 국채보상운동,[32] 식산흥업운동, 지방자치운동 등이 다양한 형태로 전개되었다.

1905년의 '보호조약' 이후 전개되었던 국권회복운동의 2대 조류 가운데, 반일의병투쟁이 무력으로 일본제국주의와 대결했음에 비해 애국계몽운동은 표면적으로 비정치적인 문화계몽운동을 장식하면서 평화적인 대중운동의 형식으로 민족의 독립을 꾀했다. 당시 '통감정치'에 반대하는 활동 모두가 탄압받고 있던 아주 어려운 조건 속에서, 애국계몽운동은 언론·출판·집회·결사 등 합법적으로 행해질 수 있는 수단을 이용해 대중의 정치적 각성을 촉진시키고, 그 계발된 에너지를 바탕으로 반일운동을 확대시켰다. 그리고 의병투쟁이 봉건 지식인이었던 양반유생의 주도하에 산악 지대나 농촌 지대에서 전개되었음에 비해, 애국계몽운동은 반봉건의 '합리주의'를 몸에 익힌 근대 지식인을 축으로 서울을 비롯한 전국의 도시를 중심으로 전개되었다.

이처럼 애국계몽운동은 의병투쟁과 함께 국권회복운동의 주류를 이루었는데, 그것이 짊어진 시대적 과제는 주권국가로서 실체를 잃었던 현실적 조건 속에서 어떻게 하면 항일·독립을 확보할 수 있는가 하는 민족의 생사에 직결된 것이었다. 따라서 애국계몽운동의 당면 활동 목표가 교육의 보급, 국어·문학·역사 등 민족문화의 장려, 민족사상의 고양, 민권의 확장, 민주주의사상의 전파 등을 통한 대중 계몽과 실력양성에 있었다고 해도, 궁극적 목표는 어디까지나 시기를 기다려 국가의 자주독립을 회복하는 것이었다. 게다가 그것이 목표로 했던 국가는 위정척사론자가 주장하는 조선왕조의 봉건국가가 아니라, 국민의 권리와 민주주의가 보장되는 부르주아 민족국가였다.

애국계몽운동은 각지에 설립된 민간 계몽단체 및 학회를 중심으로 대중 강연, 출판 활동, 학교 설립 등을 활발히 수행함으로써 전개되었다. 그리고 이 운동은 러일전쟁을 계기로 민족적 모순이 첨예화되면서 전개되었던 진명회進明會, 공진회共進會, 헌정연구회憲政硏究會 등의 활동[33]을 기반으로, 1906년 4월 대한자강회大韓自强會가 창립됨으로써 본격적으로 시작되었다.

대한자강회는 헌정연구회의 후신으로 회장인 윤치호尹致昊와 장지연·심의성沈宜性·윤효정尹孝定·임진수林珍洙·김상범金相範 등 10명의 평의원評議員, 그리고 한영복韓永福·최재학崔在學 등 10명의 간사원으로 구성되었고, 서울에 본회와 지방에 지회를 두었다. 그리고 대한자강회는 서울 주재 일본 헌병대에서 결사인가結社認可를 받아 합법적인 단체로 발족했는데, 그 취지서에 설립 목적을 다음과 같이 표명했다. 즉 "모든 나라의 독립은 오직 자강自強의 여하에 달려 있을 뿐이다. 우리 한韓은 일찍이 자강의 술術을 강구하지 않아 민중이 우매함에 묶여 있었기 때문에 국력이 자연히 쇠퇴하게 되어 결국에는 금일의 간극艱棘에 이르러 외인外人의 보호를 받게 되었다. 이 모두 자강의 길에 뜻을 두지 않았기 때문이다. …… 그런데 자강의 술을 구함은 다름이 아니라 교육을 진작하고 신삭흥업을 하는 데 있다. 그 교육이 흥하지 않으면 민지民智가 개명하지 않고, 산업이 흥하지 않으면 국부가 증대하지 않는다. 그러면 즉시 민지를 열고 국력을 키우는 길은 실로 교육·산업의 발달에 있지 않은가. 교육·산업의 발달을 아는 것은 자강의 술뿐이다."[34]

이처럼 대한자강회는 자주정신의 배양, 교육·산업의 진흥을 주된 활동 목표로 삼음으로써 국권회복운동에서 주요한 일익을 담당하였다. 실제로 대한자강회는 당시 조선의 진보적 유력 인사 다수를 옹호해 주권 회복의 정치단체적 성격을 가지고 열렬한 애국운동을 전개했다. 그리고 당시 운동을 뒷받침해주는 경제적인 기반이 약했음에도 불구하고, 창설 1주년이 되던 1907년 4월에는 지회가 25개 군郡에 설치되었을 정도로[35] 대한자강회는 큰 세력을 가진 전국적 조직으로 성장했다. 이에 대해 지배권력은 "동회는 배외주의排外主義를 표방하고 각지에서 배일排日적 연설을 하여 민심을 선동한다"[36]라고 비판했다. 다만 대한자강회는 실력양성을 실현하는 방법으로 자강회규칙 제4조에서 "국법의 범위와 문명의 궤도 내에서 행동하고, 혹은 민중을 지도하고, 혹은 정부에 건의할 것"[37]을 스스로 규정했고, 또 통감부와의 관계를 고려해 고문으로 일본인 오가키 다케오(大垣丈夫, 1862~1929)를 영입하는 등 그 활동에서 일종의 애매함도 갖고 있었다.

어쨌든 대한자강회는 월보 발행이나 강연회 개최 등의 각종 계몽활동을 수행하는 동시에, 정부에 대한 항의운동이나 건의운동도 행하는 등 다양한 활동을 전개했다. 그리고 대한자강회와 나란히 1906년 10월에 서울 주재 평안도·황해도 출신자인 박은식·김병도·신석하 등이 최초의 학회인 서우학회西友學會를 창설했고, 이어서 같은 해 11월에는 서울 주재 함경도 출신자인 오상규吳相奎·이준李儁 등이 한북학회漢北學會를 설립하는 등 각 지방의 계몽활동을 목적으로 하는 학회가 각 지역의 출신자를 중심으로 조직되었다.

그러나 1907년 6월 네덜란드 헤이그에서 열린 만국평화회의에 파견된 국왕밀사사건을 계기로 고종의 폐위와 정미칠조약을 강요하는 등 일본의 조선 지배가 한층 더 강화되자, 이들 계몽단체나 학회에 대한 통감부의 간섭도 한층 더 노골적으로 나타났다. 일본인 차관을 조선 정부 내부에 배치했던 통감부는 1907년 7월 말 신문지법新聞紙法과 보안법保安法을 잇달아 공포하여 언론·출판·집회·결사 활동의 규제에 착수했다. 그리고 이러한 사태에 대처하여 대한자강회는 8월에 대한구락부 등 여러 애국단체와 합동으로 반일집회와 시위를 조직했고 일진회의 기관지를 발행했던 국민신문사를 습격했지만, 결국 이완용 내각의 이름으로 해산되고 말았다. 그 후 대한자강회의 후계 단체로 같은 해 11월 남궁억·오세창·윤효정·유근柳瑾·장지연 등 개명적 인사를 망라해 대한협회大韓協會가 창립되었는데, 이토 히로부미의 통감부와 미묘하게 대립했던 일본군부는 재차 고문으로 취임했던 오가키 다케오를 통해 이를 친일단체로 만들어가려고 했다.[38] 그 때문에 전국적 규모의 가장 유력한 계몽단체였던 대한협회는 회원의 개별적 의지와 관계없이 '교육진흥·국권회복' 활동이 일본에 이용되는 결과를 가져오기도 했다.

한편 이러한 상황 속에서 일본 침략에 반대하는 애국계몽단체가 속속 탄생했다. 1907년 7월에는 호남학회와 관동학회가 창립되었고, 다음 해 1908년 1월에는 서우학회와 한북학회가 통합되어 서북학회西北學會로 발족했다. 이어서 기호흥학회畿湖興學會, 교남교육회嶠南敎育會, 嶠南學會가 설립되었고, 1909년에는 청년학우회가 조직되었다. 이들 계몽단체 및 학회는 민중계몽과 교육 진흥을 첫 번째 과제로 하고, 각각 학술 잡지의 성격을 띠는 기관지를 간행했다. 대표적인 회보로는 평안·황해·함경도를 지역 기반으로 했던 『서북학회월보』, 경기·충청도의 『기호흥학회월보』, 전라도의 『호남학보』, 경상도의 『교남교육회잡지』 등이 있었는데, 이들 잡지는 전국 각지로 유포되어 민중의 개명 진보에 큰 힘을 발휘했다.

우후죽순처럼 설립되었던 이들 애국계몽단체에 대처하고자 통감부는 1908년 8월 조선 정부의 이름으로 칙령 제62호 '사립학교령'과 함께 칙령 제63호 '학회령'을 제정·공포하여 규제를 한층 강화했다.[39] 그것은 통감부가 자체 보고서에 제시했듯이, "이들 단체는 주로 정치·사회상의 사항과 더불어 교육·학예에 관한 사항을 목적으로 함으로써, 정치와 교육을 혼동하고 학생에게 정치사상을 주입하는 폐단이 있으며, 특히 최근 교육열이 높아짐에 따라 학회의 설립이 활발해지니 그간 교육을 표방하여 각종의 간계를 농弄함이 적지 않았기"[40] 때문이었다. 그리고 총검과 법령에 의한 이중의 탄압을 감수할 수밖에 없었던 이들 애국적 결사는 정치단체임과 동시에 교육단체, 계몽단체, 혹은 구국단체로서 민중의 계몽과 교육에 최대의 역점을 두면서 합법적

운동을 전개했다.

국권회복운동에서 결사는 적지 않은 이합집산離合集散을 거듭했는데, 그 가운데에서 어느 정도의 규모를 가지고 활동 면에서 두곽을 나타냈던 것은 50개 정도였다.[41] 1908년에 작성된 『각회사조사各會社調査』에 게재되어 있는 중요한 정치·사회단체, 종교단체, 회사, 언론기관은 〈표 1〉과 같다. 이 가운데에는 일진회一進會, 시천교회侍天敎會, 국민신문사國民新聞社, 대한신문사大韓新聞社와 같이 친일적인 성격이 분명한 것도 몇 개인가 포함되어 있지만, 그 외의 대부분은 애국적 단체였다. 그리고 하나의 단체가 두 개 이상의 활동 목적을 가진 경우도 있었는데,

〈표 1〉 국권회복운동기의 각종 단체(1908년 조사)

대한협회(大韓協會)	시천교회(侍天敎會)
기호학회(畿湖學會)	기독교장로회(基督敎長老會)
관동학회(關東學會)	감리미이미교(監理美以美敎)
서북학회(西北學會)	희랍교(希臘敎)
호남학회(湖南學會)	천주교(天主敎)
교남학회(嶠南學會)	대성교회(大聖敎會)
대동학회(大東學會)	한성재목자탄주식회사 (漢城材木柴炭株式會社)
대한중앙학회(大韓中央學會)	국채보상지원금총합소 (國債報償志願金總合所)
돈하의무학회(敦下義務學會)	국채보상금조사회(國債報償金調査會)
청우장학회(靑友奬學會)	국채보상검사소(國債報償檢査所)
흥사단(興士團)	한성전포총회(漢城典鋪總會)
상업회(京城鍾路商業會議所)	자혜부인회(慈惠婦人會)
대동회(大同會, 폐지)	자선부인회(慈善婦人會)
제국실업회(帝國實業會)	여자교육회(女子敎育會)
청년회(靑年會)	동양애국부인회(東洋愛國婦人會)
경제연구회(經濟硏究會)	우문관(右文館)
상공권무사(商工勸務社)	보문사(普文社)
동문사(同文社)	보성관(普成館)
경성연강운수노동합명회사 (京城沿江運輸合名會社)	보성사(普成社)
관진방회(觀鎭坊會)	휘문관(徽文館)
농공연구회(農工硏究會)	대한국문관(大韓國文館)
대동회(大同會)	중개조합소(仲介組合所)
일진회(一進會)	국민신문사(國民新聞社)
소년동지회(少年同志會)	대한매일신보사(大韓每日申報社)
활민노동회(活民勞動會)	제국신문사(帝國新聞社)
경성활공노동회(京城活工勞動會)	대한신문사(大韓新聞社)
대한구락부(大韓俱樂部)	황성신문사(皇城新聞社)
천도교중앙총본부(天道敎中央總本部)	탑인사(搭印社)

[자료] 『各會社調査』(李鉉淙, 앞의 자료 「구한말 정치·사회·학회·회사·언론단체 조사자료」, pp. 60~62).

〈표 2〉 국권회복운동기 각종 단체의 목적별 분류

목적	단체 수
교육	16
영업	5
실업 발달	5
상업 발달	4
국채보상	3
국가 발달	3
종교	7
자선고아	2
교과서 발간	2
정치 목적	1
수송	1
식산	1
신구학 연구	1
위생	1
문명정당	1
빈자 구호	1
환난상구	1
농공개량	1
유문수집	1
척식회사 원조 목적	1
대상 단체 수	40

[자료] 李鉉淙, 앞의 자료 p. 59.

그들의 목적은 대체로 〈표 2〉와 같이 분류될 수 있다. 이들 자료를 통해서도 알 수 있듯이, 애국계몽운동이 교육과 산업의 진흥, 특히 교육에 중점을 두었음을 알 수 있다.

그런데 대한자강회가 해산된 후에 합법적인 애국계몽단체가 일본 관헌의 탄압 아래 충분한 활동을 전개할 수 없었을 때, 실력양성이라는 과제를 가장 효과적으로 실천했던 것은 평양을 거점으로 하는 전국적 규모의 비밀결사 신민회新民會였다. 신민회는 안창호를 필두로 이동휘李東輝·이갑李甲·노백린盧伯麟 등의 청년 장교와 양기탁梁起鐸·신채호申采浩 등의 언론인, 안태국安泰國·최광옥崔光玉·김구金九·전덕기全德基 등의 애국적 청년이 1907년 2월에 창립한 단체였다.

신민회의 중심인물이었던 안창호는 언더우드 학당의 교장인 미국인 선교사 밀러(F. S. Miller, 閔老雅)의 주선으로 장래 교육사업 추진에 필요한 교육학 및 기독교를 연구하기 위해[42] 1902년 24세의 나이로 도미渡美했다. 그러나 학업을 목적으로 도항했던 그가 샌프란시스코에 상륙해서 본 것은 비참한 생활을 영위하고 있던 재미동포 이민자의 참담한 생활이었고, 또 서로 질시하는 그들의 추악한 모습이었다. 따라서 안창호는 노동을 하면서 신문명新文明을 배우는 한편 공립협회共立協會를 창설하여 동포의 단결과 계몽을 위해 노력했다. 미국에 체류한 지 5년, 타국에서 '보호조약 체결'의 소식을 접한 그는 기독교를 바탕으로 한 구국운동을 전개하기 위해 1907년 2월 일본을 경유해 귀국했다.

신민회는 '대한신민회통용장정大韓新民會通用章程'의 제2장 제1절에서 "본회의 목적은 아한我韓의 부패한 사상과 습관을 혁신하고, 국민을 유신維新시키고, 쇠퇴한 발육과 산업을 개량하여 사업을 유신시켜서, 유신한 국민이 통일 연합하여 유신한 자유문명국을 이루는 것이다"[43] 라고 그 목적을 규정했다. 그리고 구체적인 활동 목표로서 (1) 국민에게 민족의식과 독립사상을 고취할 것, (2) 동지를 발견하여 단결하며 국민운동의 역량을 축적할 것, (3) 교육기관을 각지에 설치하고 청소년의 교육을 진흥할 것, (4) 각종 상공업기관을 만들어 단체의 재정과 국민의 부를 증진할 것[44] 등을 표방했다.

이를 위해 신민회는 엄격한 절차를 거쳐 입회한 회원들이 횡적으로 연결되는 것을 허락하지 않고, 종적인 연락만을 고수하는 비밀결사의 조직 형태를 취하면서 합법 활동의 거점으로 평양대성학교, 평양 마산동 자기회사平壤馬山洞磁器會社, 태극서관太極書館(평양·서울·대구) 및 여관旅館 등을 설립했다. 또 신민회는 1908년 11월에는 최남선(崔南善, 1890~1957)을 중심으로 기관지 『소년』을 창간[45]했고, 특히 안악군면학회安岳郡勉學會, 서해교육총회西海敎育總會, 평양청년권장회平壤靑年勸奬會, 연학회練學會 및 동제회同濟會, 서북학회西北學會 등 각종 계몽단체나 학회의 설립·통합·운영을 주도하는 동시에 각지에서 계몽 강연을 개최하는[46] 등 적극적 교육계몽활동을 전개했다. 신민회는 일본 관헌에게 그 존재를 노출시키지 않으면서 안창호를 중심으로 "확고부동한 정신을 가진 회원 800명"[47]으로 구성된 일대 조직으로 성장하였고, 교육과 산업의 진흥을 통한 실력양성을 첫 번째 과제로 삼으면서 애국계몽운동의 전개에 큰 영향력을 미치게 되었다.

애국계몽운동이 한층 고양되었던 1907년부터 1909년까지 설립된 수많은 합법적인 애국계몽단체 가운데 가장 중요한 역할을 했던 것은 '학회'였다. 이 학회는 중국의 변법운동기에 강유위康有爲·양계초梁啓超 등이 전개했던 학회운동에서 배운 것이었다. 서우학회 회보 『서우』[48] 및 대한협회 회보 『대한협회회보』[49]는 모두 양계초의 '논학회論學會'를 지면에 실으면서, 백 년에 걸친 서구의 진보를 가져온 것은 의원議院·회사·학회의 3개이지만, 모든 것은 배움으로써만 성취될 수 있는 까닭에 학회는 의원과 회사 2개의 어머니이기도 하니, 학교를 진흥하고 그것을 지탱하는 학회야말로 사회 발전의 원동력이라고 강조했다. 원래 그 역사적 출발에서 볼 때 학회는 두드러지게 정치적 성격을 띤 것이었지만, 조선의 학회는 특히 반동적 봉건지배층의 부패와 일본의 침략적 본질을 폭로하고, 민지民智를 계발함으로써 국권회복과 자주독립을 도모해야 할 책무를 가지고 있었다. 그러나 실제로 통감부의 억압 정책으로 학회는 비정치적 성격이 강했고, 그 활동은 학교의 설립·경영, 회보의 간행, 강연회의 개최 등 주로 교육계몽적 측면에만 한정되었다.

그 때문에 국권 상실과 타민족 지배라는 위기적 상황 속에서 학회는 오로지 지회를 설치하고 대중을 조직·동원함으로써 일대 교육운동을 전개하는 데에 온 힘을 쏟았다. 이에 대해 박은식은 학회의 효시인 서우학회의 발족에 즈음해 '사설'에서 "금일 우리의 학회 발기는 취지와 목적이 오직 회원의 친목·구락俱樂을 위해서만 있는 것이 아니라, 모든 청년의 교육을 분발하게 만들고 동포의 지식을 개발하여 공중의 단체 결합을 이루어 국가의 기초를 확립하는 것에 있다"[50]라고 논했다. 또 조선의 중심 지역에서 선구적 역할을 담당하기 위해 설립되었던 기호흥학회는 학회규칙 제2조에서 "본회는 경기도 및 충청남북도의 흥학을 목적으로 한다"라고 규정했고, 제3조에서는 "본회는 전 조항의 목적을 관철하기 위해 학업을 권장하고 회보를 발간하여 일반 인사에게 지식을 주입하고, 경기 및 충청남북도 각 군의 교육을 발전시킨다"[51]라고 규정했다. 또 호남학회는 『월보발간서月報發刊序』에서 "학회는 학사學事로 회의를 소집하고 사람들에게 취학을 권장한다"라고 하면서 국운을 되찾고 국가의 기초를 확립하는 데는 무엇보다 교육의 진흥이 선결[52]이라 하였고, 학회규칙 제2조에서도 "본회는 호남의 교육 발달에 기여하는 것을 목적으로 한다"[53]라고 규정했다. 즉 초기의 계몽단체인 대한자강회가 자주정신의 배양, 교육·산업의 진흥 등으로 국권의 회복을 명확한 목적으로 표방했던 것에 비해, 이 학회는 정치적 자세를 후퇴시키고 교육 및 학문의 진흥을 최대의 목표로 했다. 학회는 각 지방별로 조직되기는 했으나 예외 없이 서울에 그 본부를 두고 있었다.

학회가 지방분립적이었던 것은 봉건유교사상으로 지방주의적 관념이 뿌리 깊었기 때문이기도 하지만, 근본적으로는 애국계몽운동을 주도했던 지식인·관리·지주·상인·기업가 등의 애국 세력이 학회운동을 전국적 규모에서 통일적으로 지도할 정도의 역량을 아직 갖추고 있지 못했기 때문이었다. 하지만 한편으로는 모든 정치권력 및 행정조직이 일본제국주의의 예속물이 되었던 당시의 상황에서 사립학교의 급속한 보급을 지상 과제로 하는 학회가 지방별로 조직되었던 것은 그런대로 합리적인 측면을 지니고 있었다. 즉, 서우학회가 취지서에 밝히고 있듯이 "아한我韓 전국 13도에 1개 대단체를 결합하여 똑같은 교육을 하나로 확장하는 것이 사업의 완전한 형태이지만…… 목하 아한의 형편은 개화된 자가 아직도 적고, 개화되지 않은 자가 다수를 점하고 있으므로 전국적인 단체를 갑자기 만드는 것은 어렵다"라는 상황에서 "본 학회가 완전히 견고하게 그 실효를 나타내고 타 지역의 표준이 되는" 것이 '전국 대단체의 성립'[54]을 촉진하는 것이었다. 바꾸어 말하자면 『호남학보』가 논하고 있듯이 "기호 인사는 기호의 교육에 책임을 갖고, 서북 인사는 서북의 교육에 책임을 가지며, 교남관동의 인사는 교남관동의 교육에 책임을 갖고서 각각 그 구역을 담당하며, 우리 호남학회도 그 고유의 의미를 담당하는"[55] 것이 근대교육의 전국적 보급을 실현하는 방법이었다. 더 구체적으로는 각 학회가 "각각의 구역 내에서 오늘은 하나의 지회를 설치하고, 그다음 날에는 하나의 학교를 건설하며,"[56] 그리고 학교의 교육 내용이나 교과서, 교원, 재정의 모든 것에 책임을 갖는 것이었다.

분명히 "각 학회가 진보하면 그 복리는 국가에 귀속하는"[57] 것이었지만, 현실적으로 많은 학회가 난립했고, 또 지회의 규모 및 설치 그 자체도 학회에 따라 큰 차이가 있었다. 예를 들면 기호흥학회의 경우, 월보에 기록된 것만으로도 경기·충청도의 17군에 지회가 설치되었던 것[58]에 비해 호남학회는 전북지회와 전남지회, 즉 많이 잡아봐야 2개의 지회만을 설치하는 상황이었다.[59] 이는 각 지방의 실상을 반영하는 것이었는데 일반적으로 학회는 기독교 포교가 활발히 진행되었던 서북 지방에서 크게 발전했고 유교 의식이 농후한 삼남 지방에서

〈표 3〉『대한흥학보』 구독인 통계표(1909년 9월 말 현재)

도별	구독인
경기	59명
충청	15명
전라	39명
경상	26명
강원	8명
황해	60명
함경	120명
평안	108명

[자료] 『대한흥학보』 제6호, 1909년 10월, p. 29.

는 부진했다. 실제로 애국계몽운동이 가장 활발히 전개되었고, 또한 사립학교가 가장 많이 설립되었던 것도 서북 지방이었다. 이것은 당시 재일조선인 유학생의 통일적 조직이었던 대한흥학회가 지식의 발전과 학술의 깨달음을 목적으로 도쿄에서 발행했던 회보 『대한흥학보』의 국내 구독인 통계표인 〈표 3〉에도 잘 나타나 있다.

결국 지연·혈연적인 유대를 내포하고 있던 지방별 학회가 점차 배타적 경향을 보이면서 애국계몽운동의 발전을 저해하는 것이 명백해지자, 1908년 1월 서북학회의 성립을 전후한 시기부터 각 학회의 상호 연락 및 통일을 위한 움직임이 점차 높아졌다. 애국적 지식인에게 서우학회와 한북학회를 통합했던 서북학회의 성립 자체는 전국적 단체를 결성하여 자유·인권을 회복하고 국가 독립을 달성하기 위해 첫 발을 내딛는 일대경사로 여겨졌다.[60] 그것은 무엇보다 당시 각 학회가 "각 도道 교육의 기관이고 각 도 단체의 중심으로 각 도의 지사志士도 여기에 모이고 호걸도 여기에 모이며, 학술도 여기에서 모여 각기 한 도의 자제를 교도하고 한 도의 민중을 좌우할"[61] 정도로 중요한 지위를 점하고 있었기 때문이었다. 더욱이 각 학회의 상호 연락 및 통일을 향한 움직임은 단순히 지방적 대립의 해소라는 내적 필연성만이 아니라, 애국계몽운동에 대한 일본 관헌의 탄압 강화 및 거기서 기인하는 사립학교의 경영 부진에 대처하고자 하는 것이었다. 1908년 10월 김윤식이 설립했던 교육계몽 단체인 흥사단을 중심으로, 각 학회의 협력 아래 계획되었던 교육구락부[62]는 바로 그러한 기관이었고, "이번 학부령에 대해 지방 각 학교가 스스로 폐지하는 곳이 많으므로, 각 학회에서 유지 방침을 철저히 연구하고, 대체로 국내 교육에 관한 것은 지역을 떠나 서로 의견을 교환하여 지방 학교로 하여금 중도에 그만두거나 폐지하는 일이 없도록 상호 협력하기"[63] 위한 것이었다. 그리고 이러한 것에서도 이해되듯이, 궁극적으로는 "기호·서북·관동·교남·호남 등의 각 소학회가 대한제국대학회大韓帝國大學會로 되는"[64] 것이야말로 교육의 진흥과 민중의 계몽을 기초로 하는 실력양성, 더 나아가서는 국권회복으로 이어지는 유일한 길이었다.

애국계몽운동은 수많은 계몽단체 및 학회의 기관지 외에 『대한매일신보』, 『황성신문』, 『제국신문』 등의 애국적 민간 신문을 통해서 더욱 고취되었다. 해외에서는 국내의 항일 언론에 호응해 연해주의 『해조신문海潮新聞』 『대동공보大東共報』, 하와이의 『합성신보合成新報』(후에 『新韓國報』로 개칭), 샌프란시스코의 『공립신보共立新報』(후에 『新韓民報』로 개칭) 등이 간행되어 애국계몽운동의 고양에 적지 않은 공헌을 했다. 그 가운데서도 일본 관헌의 간섭을 배제하기 위해 치외법권을 적용받았던 영국인 베델(E. T. Bethel, 裵說)을 사장으로 영입하였던 『대한매일신보』는 고문경찰이 "우리의 대한정책을 적대시하고 일부 한인의 감정에 영합하거나 혹은 선동하는 것을 그 직책으로 한다"[65]고 얘기할 정도로 항일운동의 중핵이 되었다. 실제로 『대한매일신보』는 "각 신문의 수십 배에 달하는 독자를 가지고"[66] 일본의 침략정책을 폭로하여 애국적 민중의 열혈을 끓게 했을 뿐만 아니라, 교육계몽운동, 사립학교 설립운동, 국채보상운동 등 애국계몽운동의 거의 모든 투쟁에서 중심적 역

〈표 4〉 애국계몽운동기의 잡지 일람표

지명	창간 연월	통권	지명	창간 연월	통권
수리학잡지	1905. 12.	8	자신보	1907. 12.	1
가정잡지	1906. 6.	-	장학월보	1908. 1.	5
태극학보	1906. 8.	27	대동학회월보	1908. 2.	20
조양보	1906. 10.	12	대한학회월보	1908. 3.	9
한양보	1906. 10.	2	대한협회월보	1908. 4.	12
소년한반도	1906. 11.	6	여자지남	1908. 5.	1
서우	1906. 12.	17	서북학회월보	1908. 6.	20
공수학보	1907. 1.	5	교육월보	1908. 6.	7
야회	1907. 2.	6	기호흥학회월보	1908. 8.	12
대한유학생학보	1907. 3.	3	지선부인회잡지	1908. 8.	1
친목	1907. 3.	8	소년	1908. 11.	23
대한구학	1907. 4.	2	법학협회잡지	1908. 12.	19
대동보	1907. 5.	6	공업계	1909. 1.	3
법학정계	1907. 5.	24	상공월보	1909. 3.	-
호남학보	1907. 6.	9	대한흥학보	1909. 3.	13
대한자강회월보	1907. 7.	13	교남교육회잡지	1904. 4.	12
동인학보	1907. 7.	1	경성고아원주보	1904. 7.	-
낙동친목회학보	1907. 10.	4	보광친목회보	1910. 6.	2

[자료] 『한말한국잡지목차총록』(한국국회도서관), 1967년 부표(附表)에서 작성. 여기서는 기독교 관계 등의 영문 잡지 및 일본인이 직접 관여했던 일본인 잡지는 제외되어 있다. 또 여기에 게재된 것 이외에도 다수의 잡지가 간행되었지만, 정치·사상적 영향은 매우 미약했다.

할을 담당했다.

또한 〈표 4〉에서 볼 수 있듯이, 당시 수없이 많이 출판되었던 각종 잡지 가운데 특히 일본 유학생회의 회보를 포함한 각 학회의 기관지는 '지식 연락의 대기관'[67]으로서 애국사상의 고취와 학술지식의 보급에 공헌하는 한편 사립학교의 설립·운영을 중심으로 한 민간 교육운동에서 핵심적 기능을 수행했다. 그뿐 아니라 『이순신전』, 『을지문덕전』, 『양만춘전』, 『김유신전』 등의 영웅전이나 『월남망국사』, 『파란波蘭망국사』, 『미국건국사』, 『서서瑞西건국사』, 『이태리건국사』 등의 외국사와 함께 『동국사략』 및 『유년필독』 등의 서적이 대량으로 출판되어 조선인의 애국투쟁을 고무했던 것도 애국계몽운동을 발전시킨 커다란 요인이 되었다.

4. 애국계몽운동의 사상적 기반

애국계몽운동의 고양은 고립무원의 조선 민중이 주체적 역량에 기초해 교육·사상·학술·문화 등 모든 영역에서 새로운 민족문화를 창조하기 위해 나섰다는 것을 의미했다. 그리고 이 운동은 당시의 역사적 조건에서 진보적인 부르주아 민족운동이 되었는데, 그것은 당연히 종래의 개화사상을 더욱 발전시킴으로써 가능해졌다.

애국계몽운동을 지도했던 것은 유학사상을 기초로 하면서도 적극적으로 근대를 지향했던 박은식·장지연 등이었고, 유교적 소양 위에서 기독교 이념과 결합된 근대적 지식을 섭취했던 안창호·양기탁 등이었다. 이들 모두는 강유위·양계초를 중심으로 한 청말의 변법자강사상에서 큰 영향을 받았다. 이처럼 애국계몽운동은 기본적으로 실학사상을 연원으로 한 개화사상을 계승하고, 또 중국의 변법자강사상을 수용했던 계몽사상가가 추진한 것이었다. 환언하면 학회운동을 중심으로 전개되었던 1905~1910년의 애국계몽운동은 일본 유학생을 통한 메이지유신형의 서구 수용 방식이 정착하기에 앞서, 조선의 개화지식인이 전통사상을 내재적으로 발전시키고 또 청말의 중국 및 그 이외의 통로를 통해서 근대 서구사상을 도입하여 새로운 자강주의적 국가사상을 형성함으로써 실천되었다. 실제로 당시 운동의 선두에 섰던 주요 인사는 예외 없이 한학에 숙달하여 "박지원의 『열하일기』, 유길준의 『서유견문』, 청나라 양계초의 『음빙실문집』을 통해 세계의 대세와 신사상을 흡수했던"[68] 애국적 지식인이었다. 더구나 이들 애국계몽운동기의 지식인은 종래의 개화사상이 자칫 '개화지상주의=반일의 결여'라는 주권의식이 거세되었던 경향이 있었음에 비하여, 전통적인 중국의 중화주의적 민족주의가 잔존했던 자강주의[69]에 입각함으로써 항일적 주체성을 견지할 수 있었다.

청말의 변법자강사상을 받아들였던 애국계몽운동가는 강유위보다 양계초에게서 더 큰 영향을 받았다. 그것은 강유위가 오로지 정치개혁에 힘을 쏟았던 것에 비해서, 양계초는 언론·교육기관에서 활약했고 많은 책을 저술했던 것과 관련이 있다. 특히 양계초가 1898년 일본에 망명한 후, 잡지 『신민총보』에 '신민설'을 발표해 서구의 장점을 받아들이고 동양의 단점을 버려서 새로운 사상·도덕·정신을 만들어내기 위한 신민운동을 전개했던 것은 조선 지식인에게 큰 공감을 불러일으켰다. 더욱이 양계초가 1904년에 『조선망국사략』을 저술해 조선에 깊은 관심을 보였고, 또 홉스, 루소, 베이컨, 데카르트, 다윈, 몽테스키외, 벤담, 아리스토텔레스 등의 저명한 서양 학설을 소개하는 한편, 반식민지 중국을 구하기 위해 수많은 구체적인 제언을 했던 것도 조선 지식인의 폭넓은 지지를 받은 이유가 되었다.

특히 양계초의 주요 논문을 수록하여 1902년 10월에 간행되었던 『음빙실문집』[70]은 구국의 '바이블'로서, 조선 지식인이 변법자강사상을 수용하고 애국계몽운동을 전개하는 데에 아주 큰 역할을 했다. 특히 안창호는 항일 간부 양성의 거점이었던 대성학교의 한문 교과서로 이 『음빙실문집』을 사용했을 뿐만 아니라, 애국운동의 열의를 품은 지방의 유지에게도 이 책을 읽을 것을 권장했다.[71] 이 이외에도 박은식, 장지연, 이기 등의 저명인사가 각 학회 기관지에 양계초의 논문을 다수 번역하여 소개하면서, 청말 변법자강사상의 수용에 큰 노력을 기울였다. 이는 장지연이 『대한자강회월보』에 그의 「교육정책사의」를 번역해 게재하면서 서술했듯이, "그의 학술·언론은 정수연박精邃淵博하여 일세의 표준이 될 만하며, 특히 교육에 관해 더욱 정중하게 그 뜻을 다하고 있어 숙려해야 할 것이 있기"[72] 때문이었다. 이와 같이 애국계몽사상가는 청말 변법자강사상을 배우는 과정에서 항일애국의 사상적 기반을 구축하고 있었다.

실제로 종래의 유교사상을 대신해, 당시 다윈의 진화론이나 스펜서의 실증주의 및 몽테스키외·루소 등의 부르주아적 사회·정치사상이 활발히 조선에 수입되었다. 이에 대해 『대한매일신보』는 '논설'에서 동양 각국은 지금에 이르기까지 고루한 관습에 젖어 학자는 오직 사서오경을 주석할 뿐이었다고 비판하는 한편, "앞으로는 서구의 풍조가 날로 홍수처럼 들어옴에 따라, 몇몇의 노후학자 외에는 옛 성현의 노예로서 만족하게 여기는 자는 없을 것이다. 우리가 두려워하는 것은 과거의 부패비열腐敗卑劣한 성질이 장래의 새로운 학자에게도 전염되어 유학자와 중국의 철학자를 경외하는 대신에 다윈과 스펜서를 경외하고, 성인의 경서와 현인의 문집을 미신迷信했던 것처럼 (루소의) 민약설과 (몽테스키외의) 만법정리萬法情理를 미신하며 중국을 숭배하는 대신에 서양을 쉽게 숭배하는 것으로, 신경을 써서 경계하지 않으면 안 된다"라고 논하기조차 했다.[73]

이렇게 새로운 자강적 민족주의사상을 형성했던 애국계몽사상가는 일본제국주의와 국내 봉건지배층에 반대하는 애국적 투쟁을 확대해 나갔다. 그것은 동시에 조선의 자본주의적 발전을 담당한 '민족 부르주아지'의 이익을 반영하는 투쟁이기도 하였다. 당시 조선의 '민족 부르주아지'는 경제사학적인 개념에서 볼 때 맹아적인 형태로밖에 형성되어 있지 않았다고 해도 좋은데, 특히 조선 자본주의가 심상치 않은 외압과 격동으로 정상적인 발전을 수행할 수 없었던 상황에서 그 정치경제적 역량도 아주 미약한 수준에 머물러 있었다. 원래 반半식민지적 정치·경제의 주요 특징 가운데 하나는 민족 부르주아계급의 취약성에 있다고 하는데, 특히 1905년 이후 일본의 사적 자본이 조선에 급격히 진출하고, 또 대부분 관료 출신이었던 조선의 대자산가가 통감부와 결탁하여 친일적 성격을 강하게 띠게 되자[74] 애국적 '민족 부르주아지'의 형성은 극히 곤란해졌다.

그러나 조선의 자본주의가 기형적인 코스를 밟고 있는 가운데 새로이 등장하기 시작한 '민족 부르주아지'가 설령 맹아적인 형태였다고는 해도 그 자체로 제국주의 침략 세력 및 그것과 결탁한 매국적 지배세력에 반대하는 근대적 '지배계급'으로서의 성격을 가졌다는 것은 말할 필요도 없다. 그들은 불완전하나마 상공업자본가로서 자본주의적 상공업활동에 종사하거나 혹은 교육자로서 봉건적·식민지적 문화에 반대하는 부르주아 문화운동에 관여했다. 노동자·농민이 아직 선진적 정치세력으로 형성되지 못한 역사적 단계에서 그들 '민족 부르주아지'는 반제·반봉건을 추구하는 민중들에게 믿음직한 세력이었다. 그리고 애국계몽운동은 바로 이들 '민족 부르주아지'와 그 이익을 대표하는 애국적 지식인에 의해 주도되었다.

'민족 부르주아지'의 입장에서 애국계몽운동의 중심 과제였던 교육의 진흥은 '부르주아지'가 그들 자신의 필요에 따라 아직까지 봉건제의 해체가 완전히 이루어지지 않았던 시점에 봉건계급에게 독점되어 있던 교육을 탈취하여 신흥 지배계급으로서 자신들의 이익에 합치하는 근대교육을 전개하려는 것이기도 하였다. 즉 애국계몽운동은 기본적으로 항일독립의 국권회복운동으로 평가되지만, 그 바탕에는 부르주아 사회의 건설에 필요한 근대교육의 실현을 추구하는 신흥 세력의 기대가 있었다. 그것은 비밀결사 신민회 및 그 회원이 각종의 계몽단체와 학회·학교·서점·회사 등을 설립하여 광범위한 교육계몽활동을 전개함과 동시에, 그들의 활동을 자기磁器·방적紡績·연초煙草·농업 개발[75] 등 자립적인 민족산업 건설의 사업과 유기적으로 연관시켰던 것에서도 전형적으로 볼 수 있다.

그런데 일본의 조선 침략 확대와 함께 증가일로에 있던 기독교 신도는 애국계몽운동의 전개에서 중요한 역할을 담당했다. 미국 정부가 일본의 조선 '보호국'화를 승인·지원했다고는 해도, 조선인의 손으로 이루어진 기독교 교회는 이미 하나의 독자적 존재로서 항일운동의 온상이 되어 있었다. 그리고 김구가 "의병을 일으켰던 사람들의 그것이 구사상의 애국운동이었다고 한다면, 우리 예수교도의 그것은 신사상의 애국운동이다"[76]라고 적절하게 말했듯이, 기독교의 포교활동은 동시에 교육계몽활동이었고, 또한 항일활동이었다. 그것은 기독교 교회가 신문명 도입의 거점으로서뿐 아니라 애국계몽운동에 대한 일본의 간섭과 통제를 막아주는 방벽의 역할을 담당했기 때문이기도 했다.

『대한매일신보』는 "지금까지의 부패한 정신과 완고한 사상을 단절하고, 개화된 문명과 자비로운 가르침에 복종하며, 살아가는 데 오직 단 하나의 길인 기독교를 하루빨리 신앙하여, …… 자신을 가지고 단체를 설립한 뒤 법률·정치·사범과師範科와 각종 실업 및 보통 학문을 몸과 마음을 다해 배워 강토를 보존하고 독립을 회복하자"[77]라고 호소하고, 또 "한인이 저마다 그리스도의 이름을 부르고 각자가 신약성서 한 권을 지니는 날이 곧 한국 진흥의 날이다"[78]라고 쓰고 있다. 여기서는 기독교야말로 멸망해가는 조국과 민족을 구하는 것이 되어, 무기력하고 비합리적인 유교를 대신해 회심回心에 바탕을 둔 기독교적 가치관과 그것을 기반으로 하는 서양 문명이 보급되어야 한다고 주장되었다.

이러한 가운데 1903년 10월 헐버트H. B. Hulbert, 게일J. S. Gale, 奇一, 윤치호, 김규식金奎植 등이 설립한 황성기독교청년회皇城基督教青年會에서 시작된 '기독교청년회Y.M.C.A'는 기독교 신도의 항일운동 거점으로서 각지의 기독교도 특히 청년들과 연계하면서 항일운동을 전개했다. 또 지방의 기독교회, 특히 평양을 중심으로 하는 서북 지방의 기독교회도 각각 애국계몽 단체와 보조를 맞추어 통감부의 식민지 지배체제에 반기를 들었다. 그 결과 1910년 당시 신·구의 각 파를 합해 20~25만 정도[79]라고 얘기되는 기독교 신도의 항일운동은 일본의 식민지 정책 수행에 적지 않은 타격을 주게 되었다. 일본 관헌도 당시의 상황에 대해 "현재 신지식을 가지고 생각이 있는 자는 자진해 야소교, 특히 장로교에 들어가는 풍조가 있다. 만약 내가 불손한 조선인 다수를 포용하는 단체를 찾는다면 우선 야소교를 손꼽지 않을 수 없는 현상이다"[80]라고 평하기까지 했다. 실제로 일본이 신민회를 중심으로 전개되는 항일독립운동을 탄압하기 위하여 1911년에 날조한 소위 '데라우치총독寺內總督 암살 미수 사건'으로 체포되었던 애국적 조선인 125명 가운데 장로교 신도가 92명, 천주교 신도가 10명에 달했을 정도로[81] 기독교는 애국계몽운동에서 아주 큰 위치를 점하였다.

원래 기독교도의 항일투쟁은 후진 제국주의였던 일본이 기독교국, 특히 영국과 미국에 정치적 약점을 갖고 있다는 점에 주목해 그것을 이용했던 것이었다. 그것은 또한 미국인 선교사나 지도적인 조선인 기독교도가 통감부와 타협하거나 그 억압 정책에 굴복해 기독교계 전체가 비정치적이면서 윤리·도덕적인 방향으로 급속히 경도해가는 상황 속에서 전개되었다. 그 때문에 기독교가 애국계몽운동의 일익을 담당했다는 것은 결과적으로 조선인의 반제·반봉건 투쟁에 굴절된 영향을 초래하는 것이 되기도 했다. 그러한 가운데 박은식을 비롯해 유교적 기반에 서 있던 개화 지식인의 대다수는 일본제국주의에 반대하는 고립무원의 싸움을 강요받고 있었으므로 기독교도의 항일운동에 대해 침묵하거나 암묵적으로 이해하는 정도의 자세를 보였다.

한편, 갑오농민전쟁에서 패배하여 교단 조직의 중추까지 와해 직전이었던 동학도 1900년대에 들어서자 개화사상에 접근해 종래의 배외적 민족주의를 극복하면서 애국계몽운동의 일익을 담당하게 되었다. 이보다 앞서 1898년 7월 동학의 제2대 교주 최시형이 교수형을 받고 순교하자 손병희(孫秉熙, 1861~1921)가 그 뒤를 이었고 1900년에는 정식으로 동학의 제3대 교주로 추대되었다. 그러나 동학의 움직임이 다시 활성화되자 관헌의 탄압도 강화되었고 결국 손병희는 1901년 일본으로 망명할 수밖에 없었다.

격심한 외압 아래 동학이 새로이 개화라는 복잡하면서 곤란한 시대적 과제를 짊어진 가운데 손병희는 이미 일본으로 망명했던 개화파의 박영효·권동진·오세창 등과 교류하는 한편, 일본의 현실과 마주하면서 동학사상을 원리로 하는 개화의 가능성을 모색했다. 그리하여 1902년 동학사상과 개화사상을 접합한 『삼전론三戰論』을 발표하면서 동학운동의 새로운 방향을 제시했고, 이어서 1904년 발탁拔擢한 권동진·오세창 등과 모의하여 국내에 진보회進步會를 결성해 개화운동의 추진에 합류했다. 그사이 손병희는 이광수(李光洙, 1892~?)를 비롯한 64명의 조선 청년을 일본에 유학시켜 개화에 유용한 근대학문을 배우게 했다.[82]

『삼전론』[83]은 동학신도의 선봉적인 임무를 강조한 교양자료로, 거기서 손병희는 도전道戰, 東學, 재전財戰, 富國 언전言戰, 外交의 세 가지 전쟁을 주장하면서, 도道=국교國教, 東學의 확립을 기본으로 하는 개화자강의 기본 원칙을 논했다. 또한 그 실천을 담당했던 진보회는 4대 강령으로 (1) 황실을 존중하여 독립의 기초를 공고히 할 것, (2) 정부를 개선할 것, (3) 군정·재정을 정리할 것, (4) 민중의 생명·재산을 보호할 것 등 네 가지를 제시했으며, 회원 모두의 단발과 검은 옷을 장려하는 것으로 상징되는 각종 개혁을 단행했다.[84] 이때 진보회의 활동은 서울 본부의 회장인 이용구(李容九, 1868~1912)에게 위임되었다. 이용구는 러일전쟁이 한창일 때 일본군의 비밀 임무를 띠고 귀국한 송병준(宋秉畯, 1857~1925)과 결탁해 진보회를 일진회로 개칭하고 일본군의 전쟁 수행에 협력하는 등 수차례의 매국적 행위를 했다.

동학의 개화노선이 침략자 일본에 이용되는 사태에 직면하자 손병희는 1905년 12월 동학을 개칭해 천도교의 출현을 세상에 선포했다. 그리고 다음 해 1월 귀국한 손병희는 이용구 이하 62명의 친일분자를 추방하고, 동학의 정통을 계승하는 근대적 교단조직의 확대에 힘쓰는 동시에, 정교분리의 원칙 아래 교도教徒의 교화사업 및 근대교육을 중시하는 민족주의운동을 전개했다. 즉, 하루에 한 숟가락의 헌미운동獻米運動으로 재원을 확보함과 동시에 『천도태원경天道太元經』, 『대종정의大宗正義』 등의 새로운 교리서적을 출판하였고 동덕여학교를 비롯한 근대학교나 인쇄소 보성사普成社를 경영하였으며 1910년부터는 기관지 『천도교월보天道教月報』를 간행했다.

이렇게 정교분리를 표방한 천도교는 종교적 형태를 취하면서도 교육을 중심으로 하는 실력양성에 힘을 쏟아 애국계몽운동의 고양에 적지 않은 공헌을 했다. 실제로 손병희만이 아니라 오세창·권동진이 대한협회에서,[85] 장효근張孝根이 기호흥학회에서[86] 활약했던 것으로도 알 수 있듯이, 천도교 간부는 학회를 중심으로 교육계몽운동에 적극 참가했다. 그런 반면, 동학=천도교가 사상적 및 인적 구성에서 개화적 요소를 도입했다고는 해도, 여전히 조선 민중의 반봉건·반침략적 의식과는 일정한 거리를 가진 도덕주의적 입장을 견지하였다. 이로 인해 천도교는 그 항일적 자세에도 불구하고 유교 계통의 대동교大同教나 태극교太極教 등과 함께 일본에게 기독교를 견제하는 종교로 이용되기도 했다.[87]

5. 애국계몽운동의 역사적 성격

앞에서 언급했듯이 애국계몽운동은 독립협회운동을 계승·발전시킨 구국운동이었다. 이는 애국계몽운동이 자주독립·자유민권·자강개혁을 세 기둥으로 했던 독립협회의 사상을 계승하고, 또 발전시켰다는 것을 의미했다.

국권회복운동인 애국계몽운동의 가장 기본적인 사상은 당연히 침략자 일본을 규탄하는 반일사상이었다. 『대한매일신보』는 일본제국주의의 조선 지배 정책을 평하여 "우리나라의 부패한 정치제도를 그대로 방치하고, 정치적 문란을 이용해 실리실익을 전부 독점하며, 교육을 수단으로 해서 우리 국민이 조국의 국성國性을 망각하도록 하고, 일본에 귀의歸依하는 사상을 양성하여 한인韓人을 동화시키려 한다"[88] 라고 고발했지만, 이것은 의병운동의 철저한 항일 자세와 마찬가지로 애국계몽운동의 반일적 입장을 명확하게 표현한 것이었다. 그리고 사천 년의 역사와 삼천리 강토를 가진 조선민족은 "일조일석一朝一夕에 왜인倭人의 신복臣僕이 되는 것을 감수할 수 없기"[89] 때문에 애국항일의 싸움에 분연히 나선 것이었다. 더욱이 의병투쟁이 폭력적 수단을 사용했음에 비해, 애국계몽운동이 평화적 방법을 썼던 것은 그것을 지도했던 애국계몽사상가의 투쟁방침에 따른 것이었다.

장지연은 '과거의 상황'이라는 제목의 '논설'에서 일본과 개국 조약 체결의 계기가 되었던 소위 '강화도사건'의 '영종지포화永宗之礮火' 이래, '갑신의 화변甲申之禍變', '동학의 선란東學之煽亂', '독립협회의 파궤獨立協會之破潰', '러일전쟁의 종국日露戰爭之終局'에 이르는 30년간의 개혁운동이 모두 지나치게 급격했고, 또 과도한 외세 의존이 열강의 간섭을 초래해 결국 주권 상실을 가져왔다고 비판하고 점진적 개혁의 필요성을 주장했다.[90] 또한 안창호도 "국가의 존망이 눈앞에 있는 때에 국력·민력의 배양을 말하는 것은 백년하청百年河清을 기다리는 것"이라고 주장하는 급진론자를 비판하면서 "갑신년(甲申年, 1884년 갑신정변-필자 주)부터 단결과 교육산업으로 국력배양운동을 해왔다면 이미 이십 년의 축적을 이뤄왔을 것이 아닌가. 정유년(丁酉年, 1897년 독립협회운동-필자 주)부터 실력운동을 했다고 해도 이미 10년의 축적, 10년의 교훈이 되었을 것이 아닌가. 지금부터 이 일을 시작하면 10년 후에는 국가를 떠받치는 큰 힘이 되지 않겠는가. 이 힘의 준비야말로 독립이라는 목적 달성의 유일무이한 첩경이다"[91]라고 교육과 산업의 진흥만이 자주독립을 달성하는 방도라고 강조했다.

애국계몽사상가는 이러한 평화적 방법으로 건설된 부르주아 민족국가에 관해서도 독립협회운동 때보다 훨씬 구체적이면서 선명하게, 그리고 더 한층 민중 대중의 생활에 바탕을 둔 논의를 전개했다. 즉 "국가의 융성이 곧 민중의 융성이고, 국가의 멸망이 곧 민중의 멸망이다"[92]라는 것을 몸소 알았던 조선 지식인에게는 조선왕조의 군주전제주의를 대신하는 부르주아 국가론의 확립이 무엇보다 긴급한 이론적 과제가 되었다. 각 학회 기관지에는 이러한 시대의 요구에 답하는 수많은 국가론이 게재되었다. 예를 들면 선우순은 『서북학회월보』에 '국가론의 개요'라는 제목으로 "국가가 존재하기 위해서는 주권을 필요로 하기 때문에 주권은 곧 국가의 존립을 증명하는 것이다. 고로 주권이 없으면 국가는 즉시 토붕와해土崩瓦解된다"[93]라고 국가의 개념 및 기원을 7회에 걸쳐 연재하였다.

이러한 국가론은 군주제의 존속을 용인하는 입헌정체를 논하는 것이었지만, 특히 국가와 황실을 구분해 군주의 전횡을 배제하고[94] 정부의 직무를 논하여 탐관오리를 척결하며,[95] 국가의 존립을 좌우하는 민중의 의무와 권리를 강조[96]하는 것에 중점이 두어졌다. 이들의 주장은 모두 애국계몽사상가가 배웠던 천부인권론, 사회계약론, 사회진화론

등을 조선 현실에 적용하는 것이었지만, 부르주아 국가를 실현하는 방법은 철저히 교육과 산업의 진흥을 통한 실력양성이었다. 게다가 실제로 농·공·상을 중심으로 하는 부국책이 논의되기는 했지만, 정치·경제의 주요 부분이 이미 일본의 수중에 있는 가운데 실력양성의 주된 방책은 유교적 폐습의 타파와 애국심의 고양을 기초로 하는 교육계몽운동의 전개로 한정되었다.

즉, 애국계몽운동은 국가 존망의 위기를 초래한 전제군주 제도가 부르주아 국가 체제로 이행해야 할 전환기에 항일의 주체임과 동시에 국가주권을 행사하는 역사 주체인 국민을 형성하려는 것이었다. 그러한 점에서도 애국계몽운동은 필연적으로 민족의 성원 모두가 항일전사가 되는 동시에 근대적 국가의 국민이 되는 데 필요한 투지와 교양을 갖추기 위해 광범위한 국민교육의 전개를 전제로 하는 것이었다. 그러한 의미에서 볼 때 애국계몽운동의 중심은 군주보다 국민에게 있었고, 또한 국민보다 국가에 큰 비중을 두었다. 달리 말하자면 애국계몽운동은 과거의 어떠한 부르주아 민족운동보다 더욱 깊고, 더욱 광범위하게 개인의 중요성이나 인간의 존엄성, 민중 한 사람 한 사람의 자유와 권리를 강조했는데, 그것은 당연히 근대적 국민국가를 새로이 형성하는 과제에 종속해 전개되었다. 그것은 무엇보다 "국가의 기초는 소년을 교육하는 것에 있다"[97]라는 서우학회의 슬로건에서 볼 수 있듯이, 교육·계몽을 통한 국권회복, 더 나아가서는 그 확립이야말로 민족과 국가의 존속을 유지하는 유일한 방도로 생각되었기 때문이었다.

다른 한편, 일반적으로 반침략·반봉건의 사상으로 관철된 애국계몽운동은 지금까지 수동적이고 예속적인 존재로 간주되어왔던 일반 민중의 정치적 각성을 촉진하고, 그들을 광범위한 항일애국의 싸움으로 끌어내는 요인이 되었다. 이것은 그때까지 일부 선각자의 점유물이 되어왔던 인류사의 성과라고도 할 수 있는 자유·평등·독립·과학 등의 보편적 관념이 상당한 규모로 민중에게 주체화되기 시작했다는 것을 나타내며, 그러한 보편적 관념이 조선 땅에서 비로소 전국적 범위의 사회변혁에 유용한 참된 보편성을 실체로 드러냈음을 의미한다. 그것은 근대교육을 받았던 평민이 애국계몽운동의 중심 세력이 되었을 뿐 아니라, 그 운동의 고양이 의병투쟁의 성격 변화를 촉진했던 것에서도 나타난다. 게다가 이러한 일련의 변화는 애국계몽운동에서 강하게 주장되었던 유교 비판과도 밀접히 관련되는 것이었다.

말할 것도 없이 유교 비판은 반침략·반봉건의 제일보第一步이고, 주체성을 확립함과 동시에 자주독립국가를 건설하기 위한 첫 번째 관문이었다. 그 때문에 애국계몽운동에 참가했던 지식인은 거의가 예외 없이 유교를 새로운 사회에 적응할 수 없는 사상, 혹은 그 장해물로 논했다. 예를 들면 『서북학회월보』는 창간호의 첫머리에서 다음과 같은 유교 비판을 전개하였다. 즉 "금일 아한我韓 사회에서 일반 세론世論이 모두 말하듯이, 완미고루頑迷固陋해 융통성이 없고 시의時宜에 몽매한 자는 유림파라 하고, 은둔隱遯에 만족해 오로지 일신一身의 결벽만을 숭상하고 민국民國을 담망澹忘하는 자는 유림파라 하며, 궁년골골窮年矻矻해 옛글을 숭상하고 새로운 이치를 연구하지 않는 자는 유림파라 하고, 언건자중偃蹇自重하여 의리를 공담空談하고 경제를 논하지 않는 자는 유림파라 하여 개명시대에 일대 장애물이 된다고 생각하고 지탄한다"[98]라고 쓰고 있다.

그러나 당시 유교를 근본부터 부정하는 사고방식이 일부 있었다고는 해도, 대세는 유교 그 자체의 부정이 아니라 유교의 방식을 비판하는 것이었다. 이에 관해 『대한매일신보』는 "한국은 유교국이다. 오늘날 한국의 쇠퇴함이 여기에 이른 것은 단지 유교를 신앙했기 때문인가. 결코 그렇지는 않다. 유교를 신앙해서 쇠약해진 것이 아니라 유교의 신앙이 그 도道를 얻지 못했기 때문에 쇠약이 여기에 이른 것이다"[99] 라고 썼다. 이처럼 유교의 부정이 아니라 유교의 비판이 주류를 점했던 것은 애국계몽운동이 유학적 소양을 기반으로 하는 개화 지식인, 특히 '삼대三代로 돌아가라'고 주장하는 유학자가 추진했다는 것과 관련 있다. 이는 또 당시 사회에서 정치나 경제보다도 종교가 더욱 큰 영향력을 가지고 있었던 한편에서 유교적 풍토를 근저에서 전복시킬 정도의 사상적 에너지가 아직 축적되지 않았던 것과도 관계가 있다.

따라서 애국계몽운동의 유교 비판은 유교적 폐습 및 한문주의, 신학문 배척 등 유교가 지닌 개개의 수구적 측면에만 공격의 화살이 집중되었고, 유교의 본질인 도덕적·교화적 측면은 오히려 온존시키려는 경향이 있었다. 실제로 애국계몽사상가의 유교 비판에서 인간적인 모든 권리에 대한 주장은 매우 약했고, 교육계몽운동에서도 '정신교육' 및 '덕육德育'이 가장 중요한 교육 내용이었다. 그리고 이러한 유교 비판의 불철저는 결국 일본의 침략 강화에 대항하기 위해 민족종교로서 유교를 고수한다는 방향을 설정하도록 하였다.

애국계몽운동의 역사적 성격을 규명하기 위해서는 위에서 말한 것 이외에 지방자치운동에[100] 대해서도 논해야 한다. 여하튼 애국계몽운동은 국권회복운동의 다른 한 가지 조류인 의병투쟁과 함께 일본의 식민지 지배 정책과 대결했던 구국운동이었다. 그러나 의병운동이 위정척사사상의 특징인 반개화적 성격을 가졌기 때문에 애국계몽운동과 합류할 수 없었던 것과 마찬가지로, 애국계몽운동도 무장투쟁을 부정하는 입장에서 의병투쟁과 합류할 수는 없었다. 즉 국권회복운동의 2대 조류가 하나로 합류할 수 없었던 사상적 약점은 의병투쟁에만 있었던 것이 아니라 애국계몽운동에도 있었다. 그것은 무엇보다 애국계몽운동의 의병관義兵觀에서 여실히 나타난다.

본격적인 의병투쟁의 불길이 타올랐던 1906년 5월에 『대한매일신보』는 "국가의 원수讐에 대해서는 때와 힘을 고려해 적을 알고 나를 알고 있는지에 따라 목표를 삼아야 한다. …… 금일 대한신민大韓臣民이 이런 기변奇變을 만나 이런 지통至痛을 품고, 만약 설욕의 뜻이 없다면 인류人類라 칭할 수 없다. 그러나 때와 힘을 생각하지 않고 무리로 일시의 울분에 격해서 수많은 오합烏合의 사람들을 불러 모아 분분히 거병함은 오직 국가의 환란을 키우고 국민의 생활을 어렵게 할 뿐, 이것이 어찌 지각 있는 자가 할 일인가"[101]라고 무장투쟁에 비관적인 견해를 표명했다. 또한 1907년의 조선군 해산을 계기로 의병투쟁의 열기가 한층 불타오르자 대한협회의 총무 윤효정은 '대한협회의 본령本領'이라는 제목의 연설에서 "지금에 이르러 각지에서 봉기하는 의병은 그 정신이 소위 애국의 충정에서 나온 것이라 해도, 그 행동에 관해 논하자면 오히려 조국을 손상하는 것으로 본 협회는 그 행동에 대해 찬성할 수 없다"[102]고 하면서 결국 의병의 투쟁 방법에 부정하는 태도를 나타냈다.

즉 『대한매일신보』나 대한협회의 주장에서도 확실히 나타나 있듯이, 계몽운동가는 하나같이 의병의 열렬한 애국심에는 이해를 보이면서도 그 무장투쟁의 방법에는 부정적인 태도를 취했다. 이는 "국법의 범위와 문명의 궤도 이내의 행동"을 원칙으로 하는 애국계몽운동의 당연한 귀결이었는데, 그 근저에는 윤효정이 그 후 다시 강조했듯이 "금일 우리나라의 슬픈 지경은 병력으로 회복할 수 없고 폭동으로 물리쳐 제거할 수도 없다"[103]라는 기본적 인식이 있었다. 바꾸어 말하자면 그들에게는 실력양성으로 자주자강하는 것이야말로 국권회복을 실현하는 유일한 방도였다.

다만 소수이기는 하지만, 각 학회의 기관지나 신문 가운데에는 의병투쟁을 호의적으로 취급하는 경우도 있었다. 『서우』는 의병을 '의도義徒'라고 표현[104]했으며, 또 각 신문이 의병을 '폭도' 혹은 '비류匪類'라고 부르는 가운데, 단지 『대한매일신보』만은 '의병'이라 부르며 반일운동을 고취했다.[105] 그리고 비밀결사 신민회도 서북학회를 통한 사립학교운동에서 '상무적 교육尙武的 敎育'의 필요성을 강조하고, 무장투쟁에 중요한 의미를 부여했다. 게다가 이러한 의병투쟁에 대한 호의적 평가는 의병장 및 계몽운동가 양쪽에 평민 출신자가 진출함에 따라 점차 적극적으로 바뀌었고, 드디어 두 가지 국권회복운동을 접근시키는 방향으로 이어졌다.

이처럼 애국계몽운동은 의병투쟁과 마찬가지로 일본제국주의의 폭압적 지배에 완강히 저항했던 구국운동이었다. 그것은 또 '민족 부르주아지'가 경제적·계급적·사상적으로 아직 미성숙한 역사적 단계에서 민족적 모순의 확대에 대처했던 국권회복운동이었다. 그리고 애국계몽운동은 광범위한 일반 민중 속에서 항일애국정신과 반봉건적 개화의식을 침투시킴으로써 종래의 개화운동을 한 단계 높은 차원의 근대민족운동으로 변화시킬 수 있는 단서를 마련할 수 있었다.

다른 한편 애국계몽운동은 그 활동을 단순한 교육계몽활동, 학회운동 등에 국한시켰기 때문에 반일의병투쟁과 연계한 일대 구국운동으로 발전할 수는 없었다. 거기에는 권력 탈취를 중심으로 하는 국권회복의 구체적 전망은 없었고, 오로지 운동의 지도자는 반제·반봉건의 혁명투쟁을 교육·문화·종교에 한정시킨 소극적 운동으로 왜소화시키기조차 했다. 애국계몽운동이 본질적으로 개량주의적 운동이 되지 않을 수 없었던 것도 여기에 진짜 이유가 있었다.

Ⅱ. 통감부의 교육정책과 식민지 교육의 부식扶植

1. 교육행정권의 장악과 '모범교육'

일본제국주의의 조선 지배 정책에서 교육은 매우 중요한 위치를 차지했다. '한일협약韓日協約'으로 '고문정치'를 시작한 일본은 1900년 11월 이후 관립중학교 교사로 있던 문학박사 시데하라 다이라(幣原坦, 1870~1953)를 학정참여관으로 기용하여 교육에 대해 전면적인 간섭을 단행했다. 이어 1906년 통감부가 설치되고 초대 총독 이토가 부임하자, 시데하라는 곧 사임하고 그 대신 도쿄고등사범학교 교수 미츠이 추조(三土忠造, 1871~1948)가 참여관이 되어 교과서 편찬에 종사했다. 이 외에 통감부 서기관 다와라 마고이치(俵孫一, 1869~1944)가 이토의 명을 받아 촉탁囑託으로 학부에 들어와 통감부의 '학제개혁'에 참여했다. 그 후 1907년의 '정미칠조약'의 결과, 다와라는 학부차관이 되어 조선인 교육의 행정권을 한 손에 장악했다. 이렇게 일본제국주의는 일본인 관리를 기용해 일련의 교육행정을 통한 침략적인 교육정책을 실시하였으며, 식민지 교육의 부식扶植을 강행하였다. 이는 일본이 조선의 완전 '병합'을 목표로 계획적이고 계통적으로 실행한 것이었다.

이미 러일전쟁이 끝나기 이전부터 조선의 내정에 사사건건 개입하였던 일본은 식민지 지배의 근간을 이루는 교육행정에서도 처음부터 매우 강압적인 태도로 임했다. 그것은 무엇보다, 통감부 성립 이전인 1905년 1월 일본 정부가 추천한 시데하라 다이라가 학정참여관으로 취임할 당시 학부대신 이재극李載克, 외부대신 이하영李夏榮, 탁지부대신 민영기閔泳綺 등이 맺은 '시데하라 박사의 고용계약서'[1] 가운데 직무 권한에 명기되었던 일본의 노골적인 침략적 태도에도 나타나 있다. 실제로 시데하라 다이라가 학정참여관으로 집무할 때, 일본 정부의 외무대신 고무라 주타로(小村壽太郞, 1855~1911)는 서울 주재 공사 하야시林를 통해 "귀관은 본 대신 및 재한제국공사在韓帝國公使의 지휘감독을 받아 학무學務 가운데 적어도 중요한 것에 속하는 바는 반드시 미리 제국공사의 동의를 얻어 시행토록 해야 한다"[2]라는 '심득心得'을 내훈內訓으로 전달한 바 있다.

이것으로도 알 수 있듯이, 일본은 통감부 설치 이전부터 조선의 교육행정권을 전면적으로 탈취하려는 계략을 꾸미고 있었다. 실제로 시데하라는 이 준수사항에 따라 1905년 4월 '한국교육개량안韓國教育改良案'을 작성하여 교육의 현황과 개혁의 방침 및 그 방법 등을 외무대신 고무라에게 상신했다. 뿐만 아니라 통감부는 교사 출신인 시데하라의 행정 자세가 유약하며 미온적[3]이라는 점과 '보호정치'의 시작으로 한층 능숙한 행정 능력이 필요하다는 점을 들어 관료 출신인 다와라 마고이치를 교육행정의 책임자로 정하여 교육에 관한 모든 권한을 주었다. 사실 학교의 감독은 학부차관 다와라의 훈시를 수록한 『한국교육의 기왕 및 현재韓國教育ノ既往及現在』(1909년)에서 분명히 나타나듯이, 법규상으로 제1차는 군수, 제2차는 관찰사, 최고의 감독기관은 학부로 되어 있었지만, 실제로 군수나 관찰사에게 위임되는 경우는 거의 없었고 대부분이 학부의 직접 감독하에 두어졌다.[4]

일본의 교육 침략에 관한 기본노선은 일본=문명·조선=야만이라는 틀 아래, 앞에서 보았던 일본어학교의 위선적인 '문명주의'의 전통을 이어받아 표면적으로는 '문명'이라는 간판을 내걸면서도 실제로는 일본어를 중핵으로 하는 동화교육同化教育을 추진하는 데 있었다. 이는 무엇보다 조선의 교육을 '보급·개량'하기 위해 일찍부터 많은 일본인 교사가 투입되었음에도 불구하고, 명목상으로는 여전히 조선의 '독립'이 유지되고 있었기 때문이었다. 통감 이토는 1907년 4월 보통교육에 종사하는 일본인 교사에게 행한 연설에서 (1) 예의와 풍습을 주로 하는 전통문화를 존중하고, (2) 정치·종교에 개입하지 않으며, (3) 조선인 사회에 깊이 파고들기 위해 조선어를 학습할 것 등을 강조했는데,[5] 이는 당시의 상황을 고려해 통감부가 선택한 교육정책이었다. 이 중에서 특히 정치 및 종교에 관여하는 것을 엄격히 경계한 것은 교육과 정치·종교를 분리함으로써 국권회복을 목적으로 한 애국계몽운동, 특히 기독교와 깊은 관련이 있는 민간 교육운동을 탄압하기 위해서였다.

이러한 가운데 교육에 대한 어떠한 실권도 없었던 조선 정부는 일본어 강제와 사립학교의 억압을 중심으로 하는 일본의 식민지 교육정책을 속수무책으로 따르고만 있었다. 저 악명 높은 이완용도 조선 정부의 관리로 새로 임명된 관공립 보통학교의 일본인 교감을 소집해 1908년 7월에 개최한 회의에서 학부대신으로서 다음과 같은 교육 방침을 훈시했다. 첫째 조선과 일본의 양국 사람들은 화충협동和衷協同을 말하며 흉금을 터놓고 성의를 헤아려 추호도 오해가 없기를 바라며, 둘째로 관공립학교의 사명을 말하면서 일본인 교감의 입장을 논하고, 셋째로 신교육의 진흥에 따른 폐풍弊風을 교정하며, 마지막으로 일본인 교감이 조선 교육자의 중견으로 신교육 시설의 요충要衝에 서서 학계의 의표儀表가 되어 사회의 지도자가 되기를 간절히 바란다[6]는 내용이었다. 이완용에게서 볼 수 있었던 조선 정부의 반민족적 태도야말로 갑오개혁 이후 겨우 축적되어온 근대교육의 발걸음을 결정적으로 왜곡하고, 교육을 교육이라고 부를 수 없을 만큼 변질시키는 최대의 요인이 되었다.

논자에 따라서는 조선에서 일본 식민 교육의 역사는 '비교육'성이 철저하게 관철되어가는 과정[7]이었다고 말하기도 하는데, 일본이 추구한 '비교육성'은 우선 학부관제나 각종 교육법규의 개정·제정 등으로 구현되었다. 이제 통감부 설치 후에 공포된 중요한 교육 관계 법규를 보면 다음과 같다.

농림학교관제	1906년 8월 27일	칙령 제39호
사범학교령	1906년 8월 27일	칙령 제41호
고등학교령	1906년 8월 27일	칙령 제42호
외국어학교령	1906년 8월 27일	칙령 제43호
보통학교령	1906년 8월 27일	칙령 제44호
학부관제 개정	1907년 12월 13일	칙령 제54호
학부직할학교직원 정원령	1907년 12월 13일	칙령 제56호
고등여학교령	1908년 4월 2일	칙령 제22호
사립학교령	1908년 8월 26일	칙령 제62호
학회령	1908년 8월 26일	칙령 제63호
사립학교 보조규정	1908년 8월 28일	칙령 제14호
공립사립학교 인정에 관한 규정	1908년 8월 28일	칙령 제15호
교과용 도서 검정규정	1908년 8월 28일	칙령 제16호
학부 편찬 교과용 도서 발매 규정	1908년 9월 15일	칙령 제18호
성균관관제	1908년 10월 29일	칙령 제76호
실업학교령	1909년 4월 26일	칙령 제56호
실업학교령 시행규칙	1909년 7월 5일	학부령 제1호
고등여학교령 시행규칙	1909년 7월 5일	학부령 제2호
사범학교령 시행규칙	1909년 7월 5일	학부령 제3호
고등학교령 시행규칙	1909년 7월 5일	학부령 제4호
외국어학교령 시행규칙	1909년 7월 5일	학부령 제5호
보통학교령 시행규칙	1909년 7월 5일	학부령 제6호

여기에서 분명히 나타나는 바와 같이 '보호조약' 기간 동안의 각종 교육 관계 법규는 조선의 봉건정부가 제정·공포했던 각종의 교육법규를 한층 '진전'시킨 것이었다. 즉, 통감부의 교육정책은 형식적으로 충분한 성과를 거두지 못한 채 끝난 갑오개혁 이후의 교육개혁을 계승하고, 그것을 더욱 '발전'시킨다는 형태를 취했다. 이것은 '학제개혁'의 '주체'가 조선 정부라는 것을 위장하고, 또 과거 교육개혁과의 '연속'성을 강조함으로써 그들 스스로 교육정책의 '정당성'을 주장하려 했던 통감부의 기만적 수법을 나타내는 것이었다. 그리고 이러한 '학제개혁'의 취지에 관해 1909년 학부의 이름으로 일본인 관리가 편집·발행한 『한국교육』에서 다음과 같이 서술했다.

"이처럼 학제를 정리하는데 각 법령에서 일관된 학부의 대체적인 방침은 복잡한 학제와 수업연한이 긴 학교를 그대로 방치함은 오히려 한국 교육의 현실에 부적절하다고 보아 학제를 단순하게 하고 과정을 간이하게 하여 오직 실용에 적합하게 하는 데 있으니…… 이처럼 이들 신학제를 시행하는 데 있어 이전처럼 경험과 소양이 부족한 한국인에게 맡긴다면 도저히 개선의 결실을 거두기 어려우므로, 새로이 일본인 교원을 고용하여 각 관공립학교에 배치하여 학교의 경영 및 수업을 맡김이 마땅할 것이다."[8]

이처럼 일본인 교사를 중심으로 하는 "간이하고 실용에 적합한 교육"을 표방한 통감부는 식민지 교육을 부식하기 위한 첫걸음으로 소위 '모범교육'을 실시했다. 이를 위해 통감 이토는 '시정개선施政改善'이라는 명목하에 조선 정부의 이름으로 일본 은행에서 도입한 차관 500만 엔 가운데 50만 엔을 '임시학사확장비臨時學事擴張費'로 지출했다. 그리고 우선 초등교육에 중점을 두어 종래의 소학교를 보통학교로 개칭하고, 그 수업연한을 6년에서 4년으로 단축했다. 또 7년제 중학교를 4년제 한성고등학교로 개편함과 동시에 그 내용도 식민지 교육에 합치하도록 실용적인 것으로 재편성했다. 나아가 사범학교·외국어학교의 '개선'을 도모하고, 동시에 고등여학교와 몇 개의 실업학교를 설립했다. 이들 학교에는 조선인 교장이 있었다고는 해도 실제로 보통학교에서는 교감校監, 중등 정도 이상의 학교에서는 학감學監이라 불리는 일본인 교사가 '사실상 학교의 수뇌'로서 "교장 및 다른 직원을 보도輔導해 경영 및 교수의 중추를 담당"했다.[9]

물론 '모범교육'의 목적은 이름 그대로 '교육의 모범'을 보이는 데 있었다. 그런데 여기서 말하는 '모범'의 실체는 어디까지나 식민지 교육으로, 그것의 본질은 애국계몽운동의 자주적 사립학교를 몰아내는 데 있었었다. 즉 "오랜 인습을 가진 한국 교육계의 누적된 폐습은 쉽게 개선할 수 없을 뿐만 아니라, 최근 사립학교의 발흥에 따라 이름을 한국의 부강개발에 두어도 그 실實은 거기에 수반하는 것이 적고, 시세時勢의 진운進運에 응해 실시해야 할 교육의 방법을 알지 못해 과거의 폐단이 더욱 새로운 폐단을 만들어 소년 자제의 전도前途를 잘못 인도하고 있는" 상황에서 학부가 세운 학교는 "국가의 이익과 국민의 행복을 증진해야 할 교육의 근본을 세워 스스로 솔선 경영해 교육의 모범을 보이며, 교수·훈련·관리에서부터 교사校舍나 기타의 설비에 이르기까지 유감遺憾이 없도록 하고 진정한 교육의 모습을 사실로 증명함으로써 점차 혁신의 기운을 유치하고자 한다"는 것이다.[10] 이를 위해 통감부는 '모범교육'을 촉진하기 위해 기존의 학교 시설을 이용했던 것은 물론, 특히 관공립 보통학교의 부족을 보충하기 위하여 향교를 비롯한 지방의 구교육기관 소속 재산을 교육 재원으로 확보하는 한편, 직접적인 압력이나 교묘한 '보조지정補助指定' 등을 통해 사립학교를 관공립학교로 바꾸려고까지 했다. 또 각지의 일본인 교사는 면장회·유지회·유지방문·부형회·모매회母姉會·가정방문·학예회·전람회 등의 모든 기회를 이용하여 보통학교에 대한 조선인 학부형의 '이해'

를 얻고자 노력했다.

게다가 '합병' 직전인 1910년 6월에 개최된 대신회의大臣會議에서 학부차관 다와라의 강연 기록인 『한국 교육의 현상韓國教育の現狀』에서 알 수 있듯이 "저실著實·근면·선량한 국민으로서 그 본분을 망각하지 않는 청년 자제를 양성할" 것을 의도한 '모범교육'은 "국어·한문·일어는 물론 산수·지력地歷·이과 등 실제의 생활에 쉽게 적용할 수 있는 지식·기능을 가르치고, 특히 중요시해야 할 덕육德育에 관해서는 유도儒道의 기본인 오륜오상五倫五常의 도道를 중심으로 하되 현재 사회에 필요한 공덕심·의무심의 함양에 힘쓰고, 근면·저실·기율紀律·신용 등의 덕목에 필요한 한층 실제적인 인물의 양성을 교양의 본의本義로"[11]로 했다. 실제로 보통학교에서는 수신·일본어·수공手工·농업·상업 등이 가장 중요한 교과였고, 조선역사 및 조선지리는 실제로 교과목에서 배제되었다. 그리고 친일사상과 복종 정신을 주입하고, 매우 초보적인 '실업교육'을 실시하는 데에 특별한 주의를 기울였다.

2. 통감부의 각종학교 정책과 고등교육의 억압

일본제국주의는 군사체제의 확립과 경제의 재편을 근간으로 하는 식민지 정책을 수행하기 위해 어느 정도의 '실업교육'을 필요로 했다. 그리고 학정참여관 시데하라는 일찍이 "농·상·공업학교의 개량이 대한對韓의 경영에서 흥미 있는 것"임을 보고하고, 일본인 교사의 채용을 중심으로 한 '실업교육의 정돈'을 제기했다. 더불어 "실제의 수요에 대응하기 위해" 농학 이외에 특히 철도학·도로학의 필요성과 전신과電信科 시설의 설치도 주장하였다. 그런데 여기서 말하는 '실업교육'은 "외형적으로는 전문학을 가르치는 것처럼 보이지만, 실제로 그 내용은 보통학의 범위를 벗어나지 못했으며 실용에 이바지함을 목적"으로 했고, 또 일본어교육에 커다란 비중을 두었다. 어쨌든 이 '개혁안'은 일본 식민지 정책의 기본 방향을 충실하게 반영하는 것이었다.[12]

그러나 실제로 '근대'교육의 보급에 냉담했던 통감부는 전문적인 실업학교의 설립에도 소극적인 태도를 보였다. 이런 가운데 농산물의 수탈에 불가결한 농업학교가 비교적 중시되어 1906년 8월 '농림학교관제'가 공포된 이후 수확고의 증가를 꾀하는 농업교육이 실시되기 시작했다.[13] 그리고 1909년 4월 '실업학교령'이 공포된 것을 계기로 관립인천일어학교가 관립인천실업학교로, 사립개성학교가 공립부산실업학교로 개편되었고, 종래의 농림학교 및 공업전습소에 더불어 오쿠라 기하치로大倉喜八郎가 20만 엔을 출자해 설립한 재단법인 선린상업학교[14]를 설치함으로써 드디어 '실업교육'의 '기초'가 형성될 수 있었다. 이들 실업학교는 일본 국내의 식량과 원료의 약탈 및 조선의 상품시장화에 필요한 것이었으며 동시에 보통학교 졸업생에게 취업의 길을 열어주고 그들이 '배일排日의 공상空想'에 오염되어 반일운동으로 기울지 않도록 하는[15] 역할도 맡고 있었다.

당시 통감부가 실업학교의 설립에 얼마나 소극적이었는가는 1908년 12월 통감 관저에서 개최되었던 소위 제65회 협의회 석상에서 꼭두각시인 학부대신 이재곤李載崑이 제시한 실업학교증설안實業學校增設案을 이토가 거부했던 것에서도 나타나 있다. 이때 이재곤은 "내년도에 학부가 설치할 실업학교는 정도가 낮은 것으로, 예를 들어 농가의 자녀에게 벼 베기를 한 다음에 그것을 어떻게 해야만 하는가와 같은 간단하고 쉬우면서도 즉시 부모의 직업에 응용해 이익을 얻을 수 있는 도리와 기술을 가르치기를 바라는 것에 불과하다"라고 하면서, 지방 자산가의 기부도 기대하며 전국 13개도에 각 1교씩, 모두 13개교의 간이 실업학교를 설치할 것을 제안했다. 이에 대해 애국계몽운동으로 속속 사립학교가 설립되어가는 데 불만을 갖고 있던 이토는 "한국의 민심은 아직 어떤 문물·제도·기술을 쇄신·개선하려는 기풍氣風이 없다. 바꾸어 말하자면 민중 스스로 쇠약해지기를 바란다고 말할 수밖에 없다"라고 하면서 이를 거절했다. 즉 애국계몽운동이 교육과 산업의 진흥을 자주독립의 기초로 삼고 있는 것에 대해 일본 침략자는 '공교육公教育'이 그것에 이용되는 것을 두려워했다. 따라서 자신의 뜻에 맞지 않는 교육 활동, 더 나아가서는 조선 청년의 일본 유학조차도 '한국 부흥의 방해를 위해서'라고 하여 부인하는 자세를 보였다.[16]

다만, 통감 이토가 "실업학교를 일으켜 청년에게 실업교육을 실시함은 물론 좋은 일이지만, 한국의 실업은 과연 이들 졸업생을 필요로 할 만큼 발전해 있는가"[17]라고 하여 '수요와 공급의 관계'를 실업학교의 증설을 반대하는 근거로 들었던 데에는 나름대로의 이유가 있었다. 즉, 개국 이후 반半식민지 상태에 있으면서도 완만하게나마 발전하고 있던 조선의 자본주의는 1905년 이후 일본제국주의의 본격적인 경제 침략으로 크게 왜곡되고 있었다. 조선은 일본의 상품 판매시장이 되었고, 게다가 경공업품인 일상생활품이 대량으로 이입되었으므로, 한편에서는 농민의 자연경제적 생활의 기초를 이루는 농업과 가내수공업의 결합이 파괴되었고 농민은 상품경제 속으로 편입되어 계급 분화가 촉진되었으며, 다른 한편에서는 조선의 낙후된 수공업 생산이 붕괴되었고 공업의 발전마저 막혀버렸다.[18] 그 때문에 식산흥업殖産興業을 위한 실업학교는 필요하기는 하지만 현실적으로 이를 뒷받침해줄 만한 경제적 조건은 아주 미약한 상태에 머물러 있었다.

그렇지만 통감부가 일본자본의 취약성을 보강하고 식민지 수탈을 한층 강화하기 위하여 '동양척식회사'를 창설하고 또 '토지조사사업'을 시작하기에 이르자, 이와 관련된 실업학교의 설립이 시급한 과제가 되었다. 즉, 조선 '병합'을 목전에 두었던 1910년 봄에 실업학교를 설치하는 데 필요한 경비 3만 엔이 예산에 편성됨에 따라 학부는 국내 주요 지역 4개소(평양·대구·전주·함흥)를 지정하고, 도립실업학교를 완전하게 함과 동시에 국립 혹은 사립 실업학교에도 보조를 해서 '토지조사사업'에 종사할 기술원을 육성하기 시작했다. 거기서는 정확한 측량기술과 함께 토지가 비옥한 정도와 관개시설의 정도 등을 식별하여 토지의 등급을 정하기 위한 농업 지식 등, 일본의 본격적인 토지 수탈에 필요한 '기술교육'이 특히 중시되었다.[19] 바꾸어 말하자면 통감부가 늦게나마 추진하기 시작했던 조선의 '실업교육'[20]은 과학교육을 통한 인간 형성이라는 발상은 전혀 없었고, 단지 학리學理를 제외한 모방학습으로 일본제국주의의 이익을 최대한 보장하는 '기술자'를 속성으로 양성하려는 것이었다.

식민지 교육을 부식하고자 했던 통감부는 '외국어 교육'에도 소극적인 태도를 보였다. 1906년 '외국어학교령' 및 '외국어학교령 시행규칙'에 근거하여 외국어학교의 '정리'에 착수했던 학부는 1907년에는 종래의 각국 어학교를 하나로 통합하여 일어부·영어부·불어부·중국어부·독어부를 모두 합한 관립한성외국어학교를 발족시켰다. 그러나 이미 조선의 재외공관이 폐지되었고 조선 주재의 외교사절도 퇴거했으며, 특히 모든 분야의 대외활동을 날이 갈수록 일본인이 장악해가는 상황에서 외국어 학습의 실질적 가치는 감소할 뿐이었다. 실제로 〈표 5〉에서도 볼 수 있듯이 일본의 조선 지배권이 한층 더 확립되었던 1907년부터 1910년에 이르는 기간에 '공용어'가 되는 중이었던 일본어와 국제어이면서 동시에 미국인 선교사의 모국어였던 영어를 제외한 불어·중국어·독어를 배우는 학생 수는 아주 적었다. 당시 관립한성외국어학교에 고용되었던 서양인 어학 교사의 수준도 낮았던 것 같지만, 기본적으로는 통감부의 일본어 중시, 더 근본적으로는 조선의 식민지화가 외국어학교의 확충을 불필요하게 만들었다. 따라서

〈표 5〉 외국어학교 입학자 수

	1907	1908	1909	1910
일어부	201	250	174	136
영어부	97	94	96	106
불어부	25	3	9	21
중국어부	27	12	17	36
독어부	30	18	10	17

[자료] 學部, 『韓國敎育の現狀』, p. 40.

조선에서 외국어학교는 일본의 침략 강화와 함께 곧 폐지될 운명에 놓여 있었다.

한편 여성을 멸시하는 유교적 풍토 속에서 기독교 선교회 등에 의해 간신히 명맥을 유지해왔던 여성교육은 애국계몽운동의 고양에 따라 점차 그 기운을 찾았다. 이런 가운데 통감부는 1908년 4월 '고등여학교령'을 제정·공포하여, 여성교육을 실시하기 시작했다. 그리고 같은 해 7월 관립한성고등여학교가 개설되고, 이어 각지의 관공립 보통학교에도 예산이 허락하는 한도 내에서 여자 학급을 병치할 방침이 채택되었다. 1909년 10월에는 보통학교에서 여자교육을 실시한다는 방침이 정식으로 제정되어 '주의서注意書'의 형태로 학부에서 각 도로 전달되었다.[21] 이 결과 1908년에 4개교, 1909년에 7개교(관립 1개교, 공립 6개교), 모두 11개교의 보통학교에 여자 학급이 신설되어[22] '공교육'에서도 여자교육이 점차 실시되기 시작했다.

통감부가 여성교육을 실시하기 시작했다는 것은 여자교육을 요구하는 조선 민중의 목소리가 무시할 수 없을 정도로 커지고 있었다는 것을 나타내지만, 일본의 교육정책에서 '비교육성'의 추구는 여성교육에서도 예외는 아니었다. 즉 시데하라가 기록했듯이, 통감부에서 "여자교육은 반드시 적극적으로 설치할 필요는 없으며, 또 이를 설치하는 경우에도 설비가 허락하는 범위 내에서 조치토록 하고, 그 교과도

가능한 한 간이적절簡易適切하고 실용비근實用卑近하게 한다"[23]는 것이었다. 거기서는 "재봉·수예·가사 등에 중점을 두어 여자에게 적절하고 실제적인 지식·기예를 가르치는"[24] 것에 각별한 주의를 기울여 실제로는 성차별을 온존시키고 여성의 사회 진출을 억제하는 데에 중점이 두어졌다. 또한 "조선인이 일본인으로 동화되기 위한 첫 번째 첩경은 여성교육의 진보·발달에 있다"[25]고 말한 것에서 알 수 있듯이, 일본제국주의는 조선의 여성교육을 어디까지나 동화교육의 일환으로 파악하고 민족적 주체성을 말살하는 데 최종 목표를 두었다.

이미 서술했듯이 '모범교육'은 '간이簡易와 실용'을 기본으로 했고, 그 때문에 통감부가 가장 중시한 보통교육에서도 "선량하고 실용적인 민중을 양성하는" 것이 목표가 되어 "졸업생은 그 부형과 함께 가업에 종사하거나 혹은 사회에 진출하여 실무에 종사하는" 것을 '본령本領'으로 삼았다. 이것은 당연히 식민지 권력이 보통학교 졸업생의 상급학교 진학에 소극적 태도를 취했음을 의미한다. 통감부는 고등교육에 관해서도 "실용에 적합한 고등교육을 실시하는"[26] 학교 몇 개만을 설립할 뿐이었다. 구체적으로 통감부가 운영한 고등교육기관으로는 앞에서 제시했던 한성고등학교·사범학교·외국어학교·실업학교·고등여학교 이외에 성균관·법학교 그리고 관립평양일어학교를 개조한 평양고등학교 등이 있었을 뿐이다.

통감부가 얼마나 고등교육을 경시했는가는 〈표 6〉에서 보는 것과 같이 보통학교가 1908년 50개교에서 1910년에는 정부 보조를 받는 공·사립학교를 포함해 125개교로 증가했던 것에 비해, 고등교육기관은 7~8개교에 머물렀던 것에서도 알 수 있다.

이와 같이 통감부는 조선에 식민지 교육을 부식해가기 위해 초등교육의 확장에만 중점을 두고 고등교육에 관해서는 무관심하거나, 혹은 오히려 그 발전을 억제하는 정책을 취했다. 게다가 여기에서 말

〈표 6〉 보통학교와 고등학교의 비교

연도	보통학교					고등학교				
	학교 수	교원(명)			학생(명)	학교 수	교원(명)			학생(명)
		한국인	일본인	계			한국인	일본인	계	
1908	50	163	53	216	4,746	7	61	32	93	833
1909	107	313	66	379	10,774	8	74	42	116	1,073
1910	125	440	105	545	14,834	7	71	48	119	1,185

[자료] 조선총독부, 앞의 『조선, 보호 및 합병』, p. 156에서 작성. 표 중의 숫자는 각 연도 3월 말일 현재의 통계이다. 보통학교 중 1909년의 107개교에는 국고에 전부 의존하는 관공립학교 외에 정부의 보조를 받는 공립학교가 48개교 포함되어 있으며, 1910년의 125개교에는 똑같이 정부 보조의 공립학교가 34개교, 정부의 보조지정을 받은 사립학교가 31개교 포함되어 있다.

하는 '고등교육'이란 실제로 초등교육보다 약간 나을 정도의 중등교육을 의미했다. 그것은 초기의 도쿄대학東京大學은 별개로 한다 해도, 1886년 '제국대학령' 이후 제국대학을 설치하고 대학원·학위제·강좌제도를 순차적으로 정리함으로써 착실하게 아카데미즘을 형성했던 일본의 고등교육은 말할 것도 없이, 그 아래에 있던 일본 각지의 중등교육기관과도 상당히 거리가 있는 내용이었다. 사실 조선의 '고등교육기관'에서는 모든 의미의 학문 연구가 배제되었고, 단편적이면서 초보적이고 실용적인 지식을 조금씩 필요에 따라 가르치는 데 불과했다. 통감부는 조선 민중의 학문 연구에 대한 열정을 억압하면서 대학을 비롯한 진정한 의미의 고등교육기관 설치의 필요성을 전혀 인정하려 하지 않았다. 당국자의 말을 빌린다면 "한국에서는 외국처럼 중등교육기관이 상급학교로 나아가는 예비 단계라는 폐습에 빠지는 일 없이, 사실상의 최종 교육기관으로 졸업자가 직접 집안 살림을 다스리는 선량한 사람으로 현실 사회에 나서도록 하기"[27] 위함이었다. 그것만이 아니라 거의 모든 정치권력을 수중에 넣고 공적·사적 재산의 약탈에 광분했던 일본제국주의는 실제적인 문제로 조선 민중이 ' 고등교육'을 받는 데 필요한 경제적 여력을 갖는 것조차 곤란하게 만들었다.[28]

'고등교육'을 억제하고 있던 통감부는 전문학과의 진학을 희망하는 조선 청년들에 대한 방침으로 해외 유학을 '장려'했다. 여기서 말하는 해외란 물론 일본을 의미하는데, 실제로는 오히려 조선 청년의 일본 유학을 억압하는 정책을 취했다. 이는 1900년대에 들어 사비私費 유학생을 중심으로 급격하게 증가한 일본 유학생의 성격이 조국의 '보호국'화에 따라 크게 변화하기 시작한 것과 관련이 있다. 실제로 1905년 11월에 '보호조약'이 체결되자 30여 명의 일본 유학생은 그것에 항의하여 즉시 자퇴했으며,[29] 같은 해 12월 도쿄부립府立 제일중학교의 교장 가츠우라 토모오勝浦鞆雄가 『보지신문報知新聞』에서 조선인 학생에게는 고등교육이 불필요하다는 기사를 게재하자[30] 같은 학교에 다니던 조선인 유학생 전원이 거기에 반발해 동맹휴교에 돌입하는 등 유학생의 면학 목적은 종래의 '개화'에서 점차 '항일'로 바뀌고 있었다.

이에 대해 통감부는 그때까지 유학생의 감독 업무도 담당했던 조선 정부의 주일 공사관이 철수하는 것과 때를 같이하여 1906년 1월 공사관 참사관인 한치유를 유학생 감독이라는 명목으로 잔류시키고, 반일적 경향을 띠고 있었던 유학생에 대한 단속을 강화하기 시작했다. 그리고 1907년 3월에는 학부령 제3호로 새롭게 '학부소관 일본국 유학생 규정'을 제정·공포하고 유학생 감독의 직무권한을 명확히 하는 동시에 일본 유학생 전체에 대한 감시체제를 정비했다. 전문 23조와 부속 서식 4종으로 구성된 이 '규정'에서 "유학생은 유학 중에 하는 모든 일에 관해 유학생 감독의 지휘·감독을 받는다"[31]라고 명시함으로써, 유학생의 여행·거주지·면학·품행 등의 모든 것이 학부대신 및 일본 관헌과 직결된 유학생 감독[32]의 통제하에 놓이게 되었다. 더욱이 이 '규정'은 관비 유학생뿐만 아니라 당시 증가 일로에 있었던 사비 유학생에게도 준용準用된다고 성문화되었다.

이러한 가운데 통감부가 행한 실질적인 유학생의 파견은 아주 저조했다. 1909년 현재 관비 유학생 수는 50명이고 보조 유학생은 28명이었다.[33] 게다가 이들 유학생 파견 목적은 말할 필요도 없이 일본의 조선 지배에 봉사하는 식민지 관료의 양성이었다. 1907년 4월 미국 유학을 희망하는 조선인 학생에 대해 "서양인은 우리 일본인을 증오하는 감정을 가지고 있으므로 한인이 서양에 유학하는 것은 허가할 수 없다"[34]고 말도 안 되는 궤변으로 여권 발급을 거부했던 것에서 볼 수 있듯이 통감부는 자신의 조선 지배에 불이익을 가져오는 조선 청년의 서구 유학을 철저하게 억압하는 정책을 취했다. 따라서 조선 민중의 주체적인 학문 연구 및 전문학과의 습득은 대부분 국가기관의 지원 없이 일본 사비 유학을 중심으로 하는 개인의 세심한 노력으로 수행되어야 했다.

이처럼 '신교육의 보급'을 표방했던 통감부의 '모범교육'은 실제로 질적인 면이나 양적인 면에서 모두 불충분한 것이었지만, 그 본질에서는 식민지 교육을 바탕으로 전개되었다. 이런 가운데 통감부는 조선 주재 일본인 자제의 교육에 이상할 정도의 노력을 경주했다. 원래 일본인 이주자가 증가함에 따라 재조선 일본인 학교는 1900년대에 들어 일본 관민官民의 일치된 노력으로 급속히 정비되었다. 이미 일본의 조선 지배권이 확립되기 전에 일본의 중학교와 사범학교를 조선에 설립해야 할 필요성이 논의[35]되는 등, 일본인 학교를 확충하기 위한 작업은 이면에서 착착 진행되고 있었다. 통감부의 개설과 함께 서울·인천·부산·군산·진남포·평양 등에 거류민단법에 따라 민단民團 및 민단사무소民團役所가 설치되었고, 그 휘하에 있는 소학교는 재외지정학교在外指定學校로서 일본의 공립소학교와 동등한 대우를 받게 되었다. 1906년에는 부산에 고등여학교 및 상업학교가 설치되었고, 1908년에는 서울과 인천에 고등여학교가, 뒤이어 1909년에는 서울에 중학교가 설립되었다.

당시 "경비기관과 신식의 의료기관, 그리고 소학교 등의 세 가지는 내지인內地人 이주에 하루라도 없어서는 안 될 최소한도의 필수적 시설"[36]이었다. 이와 같은 일본인 학교의 설치는 1909년 12월에 발포된 '학교조합령'으로 더욱 가속화되었다. 이 결과 1910년도 말 현재 약 17만 명의 재조선 일본인에 대해 소학교 128개교, 중학교 1개교, 고등여학교 3개교, 상업학교 2개교, 각종학교 6개교의 일본인 학교가 설립되었다.[37] 그리고 의무교육제도가 실시되지 않았음에도 불구하고 〈표 7〉에서 알 수 있듯이 소학교 취학률은 1910년에 98%에 달했다. 즉, 1910년의 시점에서 볼 때, 〈표 6〉에서 제시했던 것처럼 조선인 자제를 대상으로 한 보통학교가 보조학교를 포함해서 125개교, 학생 수 14,834명이었던 것에 비해, 조선 인구의 1%를 약간 넘는 데 불과한 재조선 일본인 자제를 대상으로 한 소학교는 128개교이고, 학생 수는 17,336명이었다. 이것은 통감부의 교육정책이 기본적으로 조선인의 노예화와 일본인의 식민지 지배를 위한 첨병화라는 이중 구조로 이루어지고 있었음을 나타낸다.

〈표 7〉 재조선 일본인 소학교 학생 및 취학률

연도	취학자	불취학자	취학률(%)
1907	7,609	1,131	87.06
1908	10,646	1,722	86.07
1909	14,044	1,346	91.25
1910	17,336	332	98.12

[자료] 『朝鮮總督府統計年報』, 1910, p. 604에서 작성.

3. 통감부 교육정책의 침략적 본질

통감부의 교육정책은 조선에 아직 뿌리를 내리지 못한 '신교육'을 자신의 조선 침략에 유용한 식민지 교육의 형태로 부식해가려는 것이었다. 그것은 또한 날로 증가하고 성장해가는 반일운동을 '문명'이라는 이름으로 억압함으로써 조선 민중의 주체적 민족교육의 발전을 억압하고, 조선교육을 일본의 주도 아래 예속시키고자 하는 것이었다. 거기서 조선민족의 '미개'는 일본의 '문명적 교육'을 받음으로써 비로소 '극복'될 수 있다고 하면서, 근대를 지향하는 조선 민중의 반봉건의식을 자민족에 대한 열등의식으로 바꿔치려고 획책했다. 그리고 이후 '공교육'을 중심으로 하는 조선의 근대교육은 일본 식민지 지배의 근간을 이루는 것으로, '동화'와 '차별'이라는 두 가지 원칙으로 민족의식의 말살과 '제국신민'의 육성에 이용되었다.

당시 조선에 있던 가장 유력한 일본인 가운데 한 사람은 이러한 교육의 역할과 그에 수반하는 조선의 전망을 다음과 같이 매켄지F. A. McKenzie에게 말했다.

"이것은 결코 나의 공식 견해가 아닙니다. 그럼에도 불구하고 만약 당신이 우리 일본의 정책이 어떤 결과를 가져올 것인가라고 내게 개인적으로 묻는다면 나는 오직 하나의 결과가 있을 뿐이라고 답하겠습니다. 그러려면 몇 세대가 걸리겠지요. 그러나 반드시 그렇게 될 것입니다. 조선민족은 일본인에게 동화될 것입니다. 그들은 우리의 말을 사용하고 우리와 같이 생활하며 우리의 완전한 일부분이 되겠지요. 원래 식민지 통치에는 두 가지 방법만이 있을 뿐입니다. 하나는 식민지의 민중을 이방인으로 지배하는 것입니다. 이것은 당신들 영국인이 인도에서 행한 방법입니다만 이것으로는 인도제국을 영속시킬 수 없습니다. 인도는 반드시 당신들의 지배에서 벗어날 것입니다. 둘째는 민중을 동화시키는 것입니다. 이것은 우리 일본이 취하려고 하는 방법입니다. 우리는 그들에게 일본어를 가르치고 일본의 제도를 실시하고 그들을 우리에게 동화시켜버릴 것입니다."[38]

실제로 제국의회[39]를 정점으로 하는 일본의 여론은 조선인의 일본어 학습을 당연한 것으로 간주해 통감부의 순사를 위시한 헌병 보조원, 모든 관청의 직원, 혹은 판임관判任官의 채용에서도 일본어 관련 지식이 점차 조건으로 요구되었다.[40] 또 일본어는 '한국민韓國民 필수의 교과목'[41]으로 학교교육에서 가장 중시되었고, 보통학교에서는 1학년부터 4학년까지 4년 동안 매주 6시간의 일본어 수업이 행해졌다.[42] 그리고 일찍부터 민간 일본인이 주도하는 사범교육의 '일본화'가 논의[43]되는 가운데, 통감부는 동화교육을 촉진하기 위해 사범학교로 관립과 공립 2종만을 인정하고,[44] 사립을 허가하지 않으면서 보통학교의 교원 양성을 독점하고자 하였다. 게다가 조선의 자주독립과 깊이 관련된 사관교육은 완전 '병합'을 눈앞에 둔 1909년 7월에 군부 및 무관학교가 폐지되자 신속히 일본육군사관학교에 '위탁'되었다.[45]

이제 통감부의 이러한 교육정책에서 당시에도 여전히 조선교육의 주요 부분을 점하고 있던 서당[46]이 어떤 위상이었는가를 살펴보면, 거기에서도 역시 교육을 식민지 지배의 도구로 이용하는 논리가 관철되고 있었다. 즉, 식민지 교육의 정당성을 주장하기 위해 '신교육 = 문명의 보급'을 표방했던 통감부는 서당에서는 "지금도 재잘거리며 한문의 소독素讀만을 가르쳐 그 실익을 인정하기 몹시 어렵"[47]고 "구시대의 유물로서 신교육의 취지와 상반되는 것"[48]이라고 '배척'하면서도, 실제로는 서당을 방치하면서 그 수구성守舊性을 식민지 통치에 이용하려고 했다.

그러한 가운데 통감부는 1908년 8월 28일 학부훈령 제3호로 발포된 '서당 관리에 관한 건書堂管理ニ關スル件'[49]에서 근대적 교육의 입장

에 서서 서당의 결함을 열거하고, 이에 대한 '개량'을 지도하는 '방침'을 제시했다. 이는 그들 자신이 설명하고 있듯이 "초등교육의 시설이 완전하지 않은 지금 갑자기 그것을 폐지하면 많은 아동이 취학의 길을 잃게 되고 배우지 못한 민民을 만드는 폐해가 있으므로 신교육의 보급에 따라 점차 없어지게 될 때까지는 그 존재를 인정"[50]하기 위해서였다. 즉, 표면적으로는 국민교육의 이상理想을 내걸면서도 현실의 행정이 거기에 따라가지 못한다는 이유로 '점진주의'의 채용을 주장한 것이었다. 그러나 학부훈령 그 자체가 이미 조선 민중의 애국적 교육운동을 억압하기 위한 '사립학교령', '학회령', '사립학교 보조규정', '교과용 도서 검정규정' 등과 함께 공포된 것으로, 그것은 당연히 서당이 일본의 교육 침략이라는 틀 가운데에서 파악되고 있었다는 것을 의미했다.

당시 학회운동이나 사립학교 설립운동에서는 서당으로 대표되는 구교육기관을 근대적 교육기관으로 개편하는 작업이 추진되고 있었고, 따라서 통감부의 '노력'으로 설령 서당의 부분적 '개량'이 이루어진다고 해도 조선 민중의 애국적 교육운동이 탄압받고 있는 한, 조선에서 근대학교의 발전은 전체적으로 크게 저해되는 결과를 초래할 수밖에 없었다. 게다가 통감부가 주장하는 서당의 '개량'도 실제로는 지지부진한 데 그쳤으며, 서당의 형태와 규모는 그 후 몇 번의 '시책'에도 불구하고 구교육기관 그대로 존속했다. 이에 대해 조선총독부의 시학관視學官이었던 다카하시 하마키치高橋浜吉는 1927년에 간행된 그의 저서 『조선교육사고朝鮮教育史考』 가운데에서 1908년의 서당에 관한 학부훈령을 설명한 후, "병합 후 10여 년을 경과한 오늘날에도 여전히 거의 똑같은 방책이 채택되고 있다"[51]라고 하며 서당의 '개량'이 조금도 진전되지 않았음을 시사하였다.

이와 같이 통감부는 서당을 방치하는 한편, '모범교육'에서 더욱 명확한 형태로 유교도덕의 주입에 힘을 쏟았다. 즉, 통감부는 교육과 정치·종교의 분리를 주장하면서도, 억압하는 자와 억압받는 자 사이의 본질적·구조적 대립관계를 은폐하기 위해 유교를 '상호융화相互融和'의 이데올로기로 활용했다. 그것은 재래의 유교 가운데 의병 등의 과격한 부분은 탄압하면서 조상숭배·가부장제 등을 근간으로 하는 봉건도덕은 장려한다는 통감부의 유교정책을 교육 분야에서 실천하는 것이었다. 통감 이토는 이러한 교육의 기본 방침에 관해 다음과 같이 서술하고 있다. "한국의 교육 방침은 공자와 맹자의 가르침, 즉 충신효제忠信孝悌의 도를 근본으로 한다. 만약 이것에 어긋난다면 해악은 있으되 이익은 없다. 우리 교육칙어敎育勅語에서도 역시 충신효제를 국민교육의 기초로 한다. 한국에서도 역시 그렇게 하지 않으면 안 되며, 태서근시泰西近時의 문명을 잘 참작함으로써 지능을 계발하고 덕기德器를 성취하도록 분투 노력해야 한다."[52]

그리고 통감부는 구교육기관의 최고학부인 성균관을 그대로 존속시키는 것을 시작으로 사범학교나 보통학교 등의 '모범교육'을 통해 조선 민족의 내면에 삼강오륜의 유교도덕을 주입시켰다. 사범학교의 경우를 예로 들어본다면 '사범학교령 시행규칙'[53]에서는 수신이 각 학과목에 우선적인 교과로 위치하고 있었다. 거기서는 효제충신孝悌忠信, 수신제가修身齊家, 충군애국忠君愛國, 이용후생利用厚生의 유교덕목을 강조하였다. 그렇지만 조선왕조가 일본의 조선 지배 도구로 변한 상황에서 종래 유교도덕의 지주였던 충군애국은 이미 '모범교육'에서는 중시되지 않았다. 이에 관해 통감부의 교육행정에 관여했으며, 후에 조선총독부의 학무과장을 역임한 유게 고타로弓削幸太郎는 다음과 같이 기록하였다. "충군애국의 정신 같은 것은 국민으로서 반드시 가르쳐야 하는 것이지만, 당시 한국의 상황이 조만간 변혁을 요한다는 것은 안목이 있는 사람들이 이미 예견하고 있는 것으로, 이런 때에 특히 이들 덕목에 주력하는 것은 청년의 장래에 오히려 불행한 결과를 초래할 우려가 있다. 당국은 이에 유의하고 있는지 혹은 충군애국이라고 말하지 않아도 보통의 덕목을 잘 지키면 스스로 국가나 군주에 대해 완전히 봉사하게 된다고 생각하는지는 분명하지 않아도, 당시에 힘을 쓴 덕목 가운데는 근면·착실·승률신용繩律信用 등을 제시하는 데 머물렀던 듯하다. 이것에 관해 학부의 일본인 관리와 대세大勢를 달관해 선처할 한국 유사有司의 심대한 고심은 우리가 오늘날 상상하고도 남는다고 생각하는 것이다."[54]

실제로 『대한매일신보』[55]가 분개했듯이 일본인 관리가 점령한 학부는 '통감정치' 후반에 교과서에 '충애용장忠愛勇壯' 등의 문자 사용을 엄금할 정도였다. 이것은 조선이 일본의 지배하에 놓였지만, 식민지체제가 완성되지 않은 가운데 교육·도덕에서 '천황에 대한 충성'이 아직 정식화되지 않았고, 이로 인해 충군애국의 고취가 '과도기'적 조치로서 유보되었기 때문이라고 생각해도 좋다.

한편 식민지 교육의 부식에 매진했던 통감부는 1908년 8월 당시 3,000~4,000을 헤아리던[56] 사립학교에 대해 본격적인 규제를 가하기 시작했다. 그것은 '사립학교령', '학회령', '사립학교 보조규정', '교과용도서 검정규정' 등의 제정·공포에서 나타나듯이, 교육의 진흥을 목적으로 한 애국계몽운동에 대한 탄압이었다. 전문全文 17조로 이루어진 '사립학교령'[57]의 주안점은 학부대신의 인가를 받지 못한 학교, 즉 통감부의 뜻에 맞지 않는 학교의 존립을 허락하지 않고, 특히 교원과 교과용 도서에 대한 통제를 강화함으로써 반일·애국 교육을 완전히 없애려는 것이었다. 이에 대해 통감부 당국은 사립학교에 대한 현상 인식과 '사립학교령'의 제정 이유를 다음과 같이 분명히 제시했다.

"한국에서 사립학교의 설립은 통감부 설치 전후부터 현저하게 증가하여 지금은 거의 수천을 헤아리는 상태이지만, 대부분은 기초가 확립되어 있지 않고 시설이 매우 불안전하여 교원도 구할 수 없을 뿐만 아니라, 교과서 역시 부적당하여 학교로서 성과를 올리는 곳이 아주 적다. 광무 10년(1906년)의 학정개혁에 즈음해 갑자기 단속을 하는 것이 불가함을 인정해 당분간 자연적인 추세에 맡겨놓았으나, 최근 일반 교육열의 발흥과 함께 각 지방에 사립학교가 서로 앞을 다투어 설립되고 있다. 그러나 그 내용에 있어서는 조금도 개선된 점이 없을 뿐만 아니라, 무리로 시세를 분개하고 교육과 정치를 혼동해 불온하고 위험한 사상을 학생들에게 주입하며 소년 자제의 앞길을 잘못 인도함과 동시에, 학교 설립이라는 미명하에 제멋대로 재산을 탈취하고 기부금을 강제하며, 또 권력 장악의 도구로 사용되는 것과 같은 폐단을 간과할 수 없어, 이들 폐해를 교정하고 선도하면서 학교 감독상의 필요를 감안해 융희 2년 8월 칙령 제62호로 사립학교령을 발포한다."[58]

그러나 통감부는 사립학교 모두를 '교육과 정치를 혼동'하는 것으로 배척한 것은 아니었다. 학부차관 다와라 마고이치는 1909년 4월 각 부도府道의 신임 교육 담당 주사主事를 학부로 소집한 자리의 연설에서 사립학교를 "불교·기독교 등을 기초로 교육을 실시하는 종교학교"[59]와 "오직 정담정론政談政論을 일삼는 소위 정치학교"[60]의 두 가지로 구분하고, '종교학교'는 보호하되 '정치학교'는 배척해야 한다는 방침을 제시했다. 여기서 "종교는 말할 것도 없이 필요하며, 특히 수신修身을 가르치는 것은 배척하지 말아야 한다"라고 말한 통감부의 입장에서 기독교 학교를 중심으로 하는 '종교학교'는 외국인 선교사의 치외법권과도 얽혀 있어 "조금도 배척할 필요가 없을 뿐 아니라 또 배척해서도 안 되는"[61] 것이었다.

다른 한편 '정치학교'는 "학생들에게 체조 연습을 시키는 데 전념하고 혹은 야외 연습 혹은 원족遠足 등을 하면서 나팔을 불고 북을 치며 대오를 지어 행진하면서, 이를 학교교육의 첫 번째로 하듯이"라고 하여 '폭도의 난자卵子를 양성'[62]하는 것으로 비난하였다. 즉 사립학교가 일본의 지배체제를 협박할 정도로 확대·발전했고, 또 내외의 역관계力關係에서 외국인 선교사를 억압하는 것이 "몽상이라고 하지 않을 수 없는"[63] 상황 속에서 통감부는 분할해 통제하는 정책을 취했다. 더욱이 거기서는 '모범교육'으로 '문명'을 내걸어 '정치학교'는 "문명의 풍조에 뒤떨어지고 사리를 분별하지 못한"다고 하여 '비문명'이라 규정했으며, '종교학교'는 "각국 선교사가 포교·전도 활동과 더불어 교육사업에 몸과 마음을 다해 힘쓰는 이유 역시 이 나라의 개발에 공헌하기를 바라기 때문이다"라고 하여 '문명' 측의 '논리'가 적용되었다.[64]

이러한 과정에서 당초 인가 신청을 주저하던 외국인 선교사는 일부 조선인 기독교 신자의 반대에도 불구하고 기독교의 '정치적 중립'을 이유로 통감부의 설득을 받아들여 결국 '종교학교'는 일제히 '사립학교령'에 복종하게 되었다.[65] 한편 통감부에 대해 여전히 일정한 기대를 걸고 있었던 학회 지도자들은 연합해서 학부에 청원서를 제출해 어려운 상태에 빠져 있는 휘하의 사립학교를 구제해달라고 호소했지만, '정치학교'를 정리하고자 했던 통감부가 그것을 들어줄 리는 없었고 학교 문을 닫는 학교가 적지 않았다.[66] 다만 당시 외국인들은 거의 '절대적 불가침'의 위치에 있었으므로 "정부가 일반 사립학교를 엄중히 단속하자 일반 사립학교는 그 단속을 피하기 위해 학교를 외국인 명의로 돌리고, 정부가 한층 더 손을 댈 수 없게 되는"[67] 상황 속에서 '사립학교령'은 통감부가 최초로 의도했던 만큼 엄격히 적용되지는 않았다. 그럼에도 불구하고 조선인의 자주적 교육운동은 이 '사립학교령'으로 크게 타격을 받았고, 특히 '정치학교'의 재정 압박은 행정기관의 지원을 받지 못한 채 악화일로를 걸었다. 그것은 또한, 저항하면 탄압받고 복종하면 민중에게 따돌림을 받았던 당시 사립학교의 기본 성격과도 결코 무관하지는 않았다. 덧붙여 말하자면 1910년 5월 현재 학부의 '인가'를 받았던 사립학교는 2,250개교로서 그 내역을 보면 보통학교 16개교, 고등학교 2개교, 실업학교 7개교, 각종학교 1,402개교, 종교학교 823개교였다.[68] 더구나 이 과정에서 사립학교의 종교적 측면은 더욱 조장되었으며, 역으로 정치적 측면은 점차 약해졌다.

이러한 가운데 통감부의 '교과용 도서 검정규정'[69]은 교육 내용을 자의적으로 통제한다는 측면만으로도 조선 민중의 자주적 교육운동에 더욱 커다란 타격을 초래했다. 전문 15조, 부속서식 2종으로 된 이 '규정'과 앞의 '사립학교령'에 따라 사립학교가 사용할 수 있었던 교과용 도서는 국내외 어디에서 발행되었는가를 불문하고 (1) 학부가 편찬한 것, (2) 학부대신의 검정을 받은 것, (3) 이상에 해당되지 않는 도서로서 학교장이 학부대신의 인가를 받은 것으로 한정되었다. 게다가 통감부는 보통학교 및 사립학교에서 사용되는 모든 교과용 도서의 편찬·검정·인가권을 장악함으로써 이들 교과서를 '동화'와 '차별'을 원칙으로 하는 식민지 교육의 중핵으로 삼았다.

이 중 학부 편찬의 교과용 도서는 처음에는 학정참여관으로, 후에는 학부서기관으로서 교과서 편찬의 주임이 된 미츠이 추조三土忠造의 지휘 아래 보통학교용 수신서 4권, 국어독본 8권, 일어독본 8권, 한문독본 8권, 이과서理科書 2권, 도화임본圖畵臨本 4권, 습자첩習字帖 4권, 산술책 4권(교사용) 등과 더불어 체조 교과서와 창가가 각각 간행되었다.[70] 그러나 법령상 보통학교의 교과목에 조선역사 및 조선지리가 있었음에도 불구하고 이를 위한 교과서는 끝내 만들어지지 않았다. 이에 대해 미츠이 추조는 1908년 6월 관립보통학교 직원회 연설에서 학부 편찬 교과용 도서에 대한 조선 민중의 비난 공격이 (1) 지리·역사 교과서가 없다는 점, (2) 일본어를 저학년부터 배우게 한다는 점, (3) 한문독본이 난해하다는 점에 집중되어 있다고 하면서, 특히 지리와 역사 교과서가 없는 점에 대하여 보통학교의 교과목을 너무 많지 않

도록 하기 위해서라는 궤변을 늘어놓았다.[71]

다음으로 교과용 도서의 검정에 관해서 보자면, 법령 시행 이후부터 1910년 5월 말까지의 검정 결과는 〈표 8〉과 같으며, 또한 학교장이 사용 인가를 신청한 교과용 도서의 심사 결과는 1910년 5월 말 현재 〈표 9〉와 같았다. 이들 검정 및 사용 인가의 결과를 보면 수신·국어·한문·일어·역사·지리 중에서 많은 불인가 도서가 나왔고, 과학이나 실업 등 사상과 관련이 적은 것은 대부분 허가되었다. 게다가 불교 도서와 기독교 도서가 모두 허가되었던 것은 통감부가 얼마나 종교적 교화를 중시했는가를 나타낸다. 여기서도 '교과용 도서 검정규정'의 주된 목적이 당국자 자신이 설명하고 있듯이 "한국의 현상을 파

〈표 8〉 교과용 도서의 검정

	검정 출원 부수	내역		
		인가 부수	불인가 부수	조사 중
수신	12	3	5	4
국어	16	4	2	10
한문	13	3	2	8
역사	16	6	3	7
지리	20	7	5	8
물리	8	7	-	1
수학	6	4	1	1
생물	14	12	-	2
체조	1	1	-	-
농상공	2	1	-	1
교육	1	1	-	-
일어 기타	5	3	-	2
법제경제	2	2	-	-
사전	1	1	-	-
계	117	55	18	44

[자료] 學部, 『韓國教育の現狀』, p. 58.

〈표 9〉 교과용 도서의 사용 인가

	인가 부수	불인가 부수	합계
수신	4	8	12
불교서	4	-	4
기독교서	15	-	15
국어	9	13	22
한문	22	10	32
일어	18	10	28
영어 기타	48	1	49
역사	7	12	19
지리	24	8	32
물리·화학	42	-	42
수학	60	-	60
생물	32	-	32
체조	4	-	4
음악	2	1	3
농상공	42	1	43
법제경제	17	1	18
교육	6	3	9
부기	7	-	7
미술	11	-	11
습자	3	-	3
수공	1	-	1
가정	2	-	2
계	380	68	448

[자료] 學部, 『韓國教育の現狀』, p. 60. 단 각 학교에서 청원한 도서 중 같은 도서는 1부로 계산.

괴하는 정신을 선동하고 배일사상을 고취하여 한일 간의 친선을 저해하거나 혹은 상황에 맞지 않는 말을 지껄여 막연한 사이비 애국심을 도발시키는 것처럼 현재의 국시國是에 반하여 교육과 정치를 혼동하는 문자를 나열하는 등 유해하고 위험한 저작물"[72]을 배제하는 데 있었음은 명백하다.

4. 식민지 교육에 대한 조선 민중의 반발

통감부의 교육정책을 전체적으로 논할 때, 그것은 한편으로는 경미한 비용[73]으로 일본어교육을 중핵으로 하는 '모범교육'을 실시함으로써 한민족의 주체성을 말살하여 일본인으로 동화同化할 것을 획책하는 것이었고, 다른 한편으로는 조선인의 자주적 민족교육을 탄압함으로써 그 가운데 내재한 윤리·도덕을 결합한 종교적 측면을 조장하면서 항일과 관련된 정치적 측면을 약화시키는 것이었다. 게다가 식민지 교육정책이 지향했던 최종 목표는 '제국신민'의 육성이었는 바, 그 실체는 이류二流의 일본인이었고 일체의 과학과 학문·자유·인간의 존엄에서 분리된 '노예'였다. 그리고 열강의 각축 가운데 놓여 있던 아시아의 정치 상황에서 당시 일본·미국·독일이 중국 교육의 주도권을 둘러싸고 치열한 '국제경쟁'[74]을 전개하는 가운데, 조선에서 통감부가 식민지 교육을 부식하려는 노력은 일본의 본격적인 중국 진출을 위한 유리한 지반의 구축을 의미하는 것이었다. 그것뿐 아니라 제국주의의 교육정책은 본질적으로 피억압 민족에 대한 교육 지배와 억압 민족에 대한 교육 통제가 서로 유기적 관련을 갖기 때문에 통감부의 식민지 교육은 필연적으로 일본 국내의 교육에 종속되었고, 또 그것은 일본에서 조선 멸시관의 주입을 중심으로 이루어지는 대국주의 교육을 전제로 하였다.[75] 실제로 황현은 『매천야록』 가운데에서 일본에 유학해 시즈오카靜岡농학교에서 공부한 홍재붕洪在鵬이 수업 중 일본인 교사가 "한국의 토지는 삼남 지방이 가장 비옥하므로 여러분들도 졸업해서 빨리 그곳에 가 경영에 참가해야 한다"[76]라고 말하는 것을 듣고 매우 격노했다는 사실을 소개했는데, 이것은 일본인 자제에게 노골적으로 대국주의 교육을 실시하였음을 고발한 전형적인 예이다.

이제 '병합'을 전후해 조선의 초등교육 상황을 정리해보면 〈표 10〉

〈표 10〉 '병합' 전후의 초등학교 상황

	학교 수	백분율	학생 수	백분율
보통학교	172	9%	20,070	19%
사립학교	1,157	57%	62,770	60%
일반 종교	686	34%	21,592	21%
합계	2,015	100%	104,432	100%

[자료] 조선총독부, 『학사통계』, 1910, p. 37 및 pp. 88~90를 바탕으로 작성. 보통학교는 1911년 2월 말 현재의 통계인데, 그중에는 관공립 및 보조지정교뿐 아니라, 사립보통학교 42개교와 학생 수 2,960명도 포함되어 있다. 사립학교는 1910년 5월 말 현재 사립학교령 제12조에 따라 보고된 것으로, 실제 숫자는 이보다 약간 많다. 그렇지만 이 사립학교 통계에는 중등 정도 이상의 학교도 약간 포함되어 있다.

과 같다. 여기서 알 수 있는 것은 방대한 수의 서당이나 거기서 배우는 학생은 별도로 하더라도, 1910년의 시점에서 사립학교가 전체 학교 수의 90%를, 학생 수의 80%를 차지했다는 것이다. 이것은 통감부의 '열의'에도 불구하고 당시의 조선인 자제가 학부의 직접 통제하에 있는 보통학교보다 사립학교에서 배우는 것을 선택했음을 나타낸다.

실제로 관공립 보통학교가 처음에 설립될 당시에 조선 민중의 대다수는 "관공립학교를 현재의 급선무인 이 나라의 독립·부강을 달성하는 데 부적당한 교육을 하는 곳"이라고 생각하고, 또 '사립학교 보조규정'의 시행에 대해서도 "지방의 유지들은 이를 혐오하면서 말하기를 정부에 학교의 재산을 빼앗기는 것이 되고, 지방민을 위해 설립한 학교를 정부에게 빼앗기는 유감천만인 것"[77]이라고 격렬한 거부반응을 나타냈다.

이에 대해 통감부는 보통학교의 운영을 곤란하게 만드는 조선인의 학교관學校觀으로 (1) 종래의 가렴주구에 기인하는 관공립학교에 대한 불신, (2) 학교 경영의 중핵인 일본인 교사에 대한 혐오감, (3) 한문의 경시 및 일본어 교수에 대한 불만, (4) 하루 종일 한문을 낭독·암송하는 서당과 비교해서 수업 시간이 너무 짧다는 점[78] 등의 네 가지 항목을 들었다. 그러나 조선 민중이 그러한 개별적 이유로 보통학교에 반대한 것은 아니고 '모범교육' 전체를 포함하는 통감부의 식민지 교육 정책 그 자체를 규탄한 것은 말할 필요도 없을 것이다.

당시 자주독립을 원하는 조선 민중이라면 누구라도 '장래 한국의 흥망은 교육이라는 두 글자에 달려 있다'고 생각하고 있을 때, "교사가 모두 일본인이고 교과서 또한 일본 문부성의 검정 교과서"를 사용하는 교육은 "일본을 숭배하는 사상을 양성하는"[79] 식민지 교육 이외에는 어떤 것도 아니었다. 그중에서도 『대한매일신보』는 '교육 발흥勃興의 비非',[80] '애국 두 글자를 원수처럼 보는 교육자여',[81] '국가를 멸망시키는 학부'[82] 등 일련의 '논설'에서 식민지 교육의 본질을 폭로하고 일본 침략자와 그에 따르는 친일분자를 격렬히 비난했다. 이는 통감부 식민지 교육의 결과, "설령 이 나라에 영웅이 태어나도 이는 일본의 영웅이지 한국의 영웅은 아니며 지사志士가 태어나도 이는 일본의 지사이지 한국의 지사는 아니며 정치가·학자가 태어나도 이는 일본의 정치가·학자이지 한국의 정치가·학자는 아니어서 한국인은 자신의 자제를 잃어버릴"[83]뿐이기 때문이었다.

따라서 통감부의 '모범교육'은 처음에 신교육을 적대시하는 전통적인 유교사상과 얽혀서 반드시 순조롭게 진전되지는 않았다. 다만 사범학교만은 학비가 지급되는 경우도 있어서 처음부터 많은 수의 지원자를 모을 수 있었지만, 그 이외에 농림학교 등의 실업학교는 오랜 동안 실업을 경시했던 관습도 있어 예정된 지원자를 모을 수 없었으며, 또한 보통학교도 관헌의 권유 등으로 일시적으로는 입학생을 모을 수 있었어도 곧 여러 가지 이유로 퇴학했고, 그 결과 중류 이하의 자제만이 재학하는 '빈민학교'라는 악평을 듣게 되었다.[84] 그 때문에 실업학교 등에서는 사범학교처럼 학비를 지급하는 방법으로 간신히 입학생을 끌어모을 수 있었는데, 어떤 관공립학교에서도 한문 시간의 삭감이나 일본어 교수에 대한 학생의 반발은 여전히 거세었다. 한성고등여학교의 경우도 여성교육에 대한 인식이 극히 낮았던 상황에서 상류계급은 자신의 자녀를 입학시키기를 거부하여 중류 이하 가정의 자녀가 다수를 차지했다.[85]

그러나 일본의 지배체제가 '일단락'된 1908년 이후 일본어의 필요성은 점차 높아졌고 일본어 학습을 위해 관공립학교에 입학하는 자가 늘어나기 시작했다.[86] 이것은 일본의 식민지화가 촉진됨에 따라 "실력 없는 자는 결코 좋은 위치를 얻을 수 없게 되었"[87]고 조선인 자제도 일본어 능력을 중심으로 높은 학력을 추구하기 시작했기 때문이었다. 그러나 적어도 1910년 조선 '병합'에 이르는 시기까지는 압도적 다수의 조선인 자제는 비록 설비가 불충분하고 게다가 수업료를 지불했음에도 불구하고 사립학교에 입학하고자 하였다. 이는 말할 필요도 없이 이들 사립학교가 국권회복과 자주독립의 거점이고 민족과 국가의 멸망을 막을 수 있는 애국자 육성에 필요한 민족교육기관이었기 때문이었다.

Ⅲ. 애국계몽운동의 교육사상과 교육구국운동의 전개

1. 국권회복을 목적으로 하는 교육운동

애국계몽운동에서 교육운동은 교육구국운동이고, 그것은 애국계몽사상가가 주도하였다. 개국 이래, 근대 부르주아 민족운동의 하나인 개화운동은 항상 교육계몽운동의 색채를 강하게 띠고 있었지만, 국권 상실이라는 현실에서 그러한 성격은 더욱 선명하게 드러났다. 그리고 애국계몽운동에서 근대교육은 무엇보다 국권회복과 결부되어 논의되고 실천되었다. 즉, 조국의 식민지화라는 현실적 위기에 직면하여 조선 근대 교육운동은 예전의 자주독립·부국강병이 아니라 국권회복을 지상의 목표로 설정하게 되었다. 그것은 신체나 정신의 발달, 인격의 도야라는 보편적인 인간 형성의 영위로서보다는 민족의 존엄과 국가의 주권을 회복한다는 정치투쟁의 무기로서 교육이 위치되었음을 의미하는 것이었다. 실제로 아무리 '교육'되고 '계몽'되어 '지식'이나 '기술'을 몸에 익혔다고 해도 그것이 조선의 민족과 국가의 자주독립에 결부되지 않는 한 아무런 가치도 없는 것이었다.

박은식은 『대한매일신보』의 '논설'에서 국권회복을 위한 교육의 중요성을 다음과 같이 말하고 있다. "오직 교육 하나만을 흥왕興旺시킨다면 겨우 이어지고 있는 국맥國脈을 되돌릴 수 있으며 땅에 떨어진 국권을 회복할 수 있다. 그렇기 때문에 한국 인사가 타인의 노예가 되는 것을 감수하고 국가의 사상이 없다고 한다면 몰라도, 그렇지 않고 나라가 독립의 영광을 회복하고 민중이 자유의 권리를 잃지 않길 바란다면, 오직 교육을 널리 하고 민지民智를 발달시키는 것이 제일의 의무이다. 교육의 힘은 실로 크다. 쇠퇴한 국권을 만회하고 익사溺死해가는 민중을 소생시키는 것은 교육이다"[1]라고 했다. 여기에서 그는 교육을 일으키고 지식을 배우며 힘을 축적하는 것이 국권을 회복하는 유일한 방도임을 논했다. 그리고 "한국 인사가 장차 노예나 우마牛馬가 되는 것을 피하고 자유독립을 회복하고자 한다면 지금 곧 학교를 세우고 교육을 진흥해보자"[2]라고 전 국민에게 학교의 설립과 교육의 보급을 호소하였다.

국권 상실의 비운에 직면했던 애국적 지식인은 현실세계가 약육강식의 시대이고 민족의 성쇠와 국가의 존망이 인의도덕仁義道德이 아닌 세력勢力의 강약에 달려 있다는 것을 통감하였다. 박은식이 말하길 "아아! 현대는 세계의 인류가 생존경쟁으로 우승열패를 다투는 시대이다. 국민의 지식과 세력을 비교하여 영욕榮辱과 존망存亡을 판별하는 까닭에 저 개명한 나라의 민족은 교육으로 지식을 개발하고 식산殖産으로 세력을 증진하여 오로지 타인보다 뛰어난 것만을 도모하고 그에 힘쓴다"[3]라고 말했다. 그러므로 교육이 쇠퇴하고 산업이 뒤떨어진 조선에서는 자국정신을 발휘하고 자강적 실력을 양성하는 것이 타국의 침략을 배제하고 민족의 독립을 보전하는 첩경이 되었다. 이러한 사상은 교육 진흥과 식산흥업을 중심으로 하는 '자강주의'로 집약되어 표현되었는데, 특히 "교육의 성쇠는 국가 승패의 원인"[4]이라 하여 교육에 그 중점이 두어졌다. 여기서 종래의 개화사상이 주장했던 교육지상주의 노선이 계승되었고 "학교는 국력이 생성되는 근원이다"[5]라는 생각이 강하게 제창되었다.

교육구국운동에서 교육의 진흥은 관민일치의 노력을 전제로 했고, 학교의 설립도 당초 사립학교만이 아니라 관공립학교를 포함해 전국적으로 전개하고자 하였다. 당시 아이들을 주체로 하는 교육을 받을 권리, 즉 학습권에 관해서는 거의 논의되지 않았지만, 아이들에게 교육을 실시할 권리, 즉 교육권에 관해서는 약간의 논의가 있었다. 이 경우에 교육권은 아이들에게 교육을 시행할 권리를 국가가 장악할 것인가, 혹은 부모를 포함한 사인私人이 가질 것인가라는 문제로서보다 오히려 학교 설립의 주체와 그에 대한 국가의 간섭이라는 측면에서 논의되었다. 일본 유학생 김진초金鎭初는 '국가와 교육의 관계'[6]라는 제목의 글에서 국가가 교육에 간섭하는 정도를 (1) 교육을 완전히 사인의 자유에 위임한다: 영국이 채용하는 자유주의, (2) 국가가 교육 모두를 자기의 직접 사업으로 한다: 독일이 채용하는 국가주의, (3) 교육을 국가의 사업으로 하여 국가가 유지하는 학교를 설립하는 한편, 사인에게도 학교 설립의 자유를 허용한다: 프랑스가 채용하는 공사병행주의 등의 세 가지로 분류하고, 당시 개명된 여러 국가에서는 대부분 공립학교를 세우면서도 아울러 사립학교도 인가하고 있다고 말하면서 '학술의 자유'와 '사상의 발전'을 보장하기 위해서도 공·사 병행주의를 채용해야 한다고 암묵적으로 주장했다.

이것을 역사적으로 고찰해본다면, 갑오개혁 이후 정부가 개화정책의 일환으로 근대학교를 설치했지만 민간도 국가시책의 부족함을 보충하기 위해 흥화학교를 비롯한 각종 사립학교의 설립에 노력하였다. 거기서 교육은 관민이 함께 힘을 쏟아야 하는 사업이 되었고 양자 간에는 기본적으로 어떤 대립도 존재하지 않았다. 얼마 지나지 않아 '보호조약'이 강요되고 일본의 조선 지배가 본격화되자 이에 반대하는 조선 민중의 분노는 전국 각지에서 사립학교의 설립이라는 형태로 분출되었다. 1906년 3월 18일자 『대한매일신보』의 '논설'은 그간의 경과에 관해서 다음과 같이 보도했다. "일단 신조약이 무리하게 성립되자 민중의 노여움이 누를 수 없는 성난 파도와 같이 일어나 이웃 나라의 모욕적인 압박에 원통해하면서 앞날이 지극히 험난함을 우려하였다. 사람들은 모두 국권회복과 민지계발民智啓發을 일신一身을 세우는 기둥으로 삼으려 하매 학교 설립의 소식이 매일같이 여기저기에서 계속 날아들었다." 이어서 『대한매일신보』는 "혹시라도 정부가 이러한 정세를 잘 이용하여 교육에 힘을 쏟는다면 좋은 성과를 쉽게 수중에 넣을 수 있다"라고 하면서 정부가 이 기회에 민간의 교육열을 이용해 근대교육의 보급에 모든 힘을 기울여야 한다고 호소하였다. 그러나 이미 일본의 꼭두각시가 되었던 조선 정부는 이러한 애국적 열정에 귀를 기울이기는커녕 통감부의 지시 아래 공교육의 식민지화와 사립학교의 탄압에 솔선해 나섰다. 이로 인하여 국권회복을 이루기 위한 교육구국운동은 사립학교와 관공립학교의 통일적 전개를 실현하지 못한 채 무능하고 반민족적인 정부를 대신하여 각지에 학회를 중심으로 하는 사립학교를 설립하는 형태로 수행되었다.

2. 애국계몽운동의 교육사상

교육구국운동이 전개되는 과정에서 교육이론의 보급을 위해 『간명교육학簡明教育學』(兪鈺兼 譯述, 기호학교 교사, 1908)과 『보통교육학普通教育學』(金祥演 著, 홍사단 총무, 1908)이 출판되었으며, 또한 각 학회 기관지에도 교육원리나 교육제도·교육행정·학교교육·국문교육·사회교육·실업교육·여자교육·과학교육·가정교육 등 교육에 관한 다양한 글들이 게재되었다. 그러나 『간명교육학』이 총론·목적론·방법론·체제론으로 이루어져 교육의 일반원리를 개설하는 데 머물렀고, 그들 문장의 대다수는 선진 각국의 일반적 교육이론을 소개하려는 것이었다. 그 가운데에서 교육사상 및 방법론을 구체적으로 논하고 교육구국운동을 크게 진전시켰던 사람은 박은식·장지연·신채호·이기·주시경 등의 애국계몽사상가였다.

교육구국운동을 이끌었던 대표적인 교육론으로는 박은식의 『학규신론學規新論』 및 이기의 '일부벽파론一斧劈破論'을 들 수 있다.

박은식은 경학원經學院 강사와 한성사범학교 교사를 역임한 후 『황성신문』과 『대한매일신보』의 주필, 서북학회 회장, 『서북학회월보』 주필로서 애국계몽운동의 중심적 역할을 담당하였다. 종래의 교육을 통렬히 비판했던 박은식은 1900년 새로운 교육의 방향을 제시한 『학규신론』[7]을 저술하고 이를 1904년 박문사博文社에서 간행하였다. 『학규신론』은 30여 쪽의 소책자로서 교육개혁에 관한 13항목의 논설이 체계적으로 수록되어 있는데, 여기서는 주자학적 교육 전통을 배격하면서 서양 근대교육사상에 대한 접근을 꾀하는 한편, 교육의 바탕이 되는 유교의 개혁에 관해서도 언급하였다. 특히 심지心知와 신체의 단련을 강조하고 페스탈로치福若伯의 교육 방법론을 배워 아이들의 성장에 적합한 교육과정 및 방법의 채용을 주장하는 '논학요활법論學要活法', 해외 유학의 중요성을 강조한 '논유학지익論遊學之益', 보통 과목에서 시작하여 전문 과목으로 끝을 맺는 교육 내용을 논한 '논보통급전문論普通及專門', 국문교육의 중요성을 주장한 '논국문지교論國文之敎', 국민교육의 확립을 위해 국비로 학교의 설립을 강조한 '논설숙지무論設塾之務', 유교의 종교적 교화 기능을 정립하려고 한 '논유지종교論維持宗敎' 등은 조선교육사상사에서 특필해야 할 독창적인 교육론이었다. 이 외에도 박은식은 종교와 신문명에 바탕을 두고 교육의 진흥을 주장했던 '흥학설興學說'[8]을 비롯해 수많은 교육론을 학회 기관지에 게재하였다.

한편, 이기는 한성사범학교 교사로 근무하면서 장지연 등과 함께 대한자강회를 조직하였으며, 1907년의 '을사오적' 암살 미수 사건으로 진도에 유배되었다가 그 후 『호남학보』를 창간했다. 그의 '일부벽파론'[9]은 수구파에게 신교육을 제창했던 것으로 교육구국운동에서 사립학교 설립의 기본 이념을 제시해 근대교육사상의 확립에 크게 기여하였다. 그리고 사대주의·한문 숭상·신분 구별을 비판한 이기는 독립정신으로 사대주의를 타파하고, 국문으로 한문 습관을 없애며, 단결하여 평등을 이룩함으로써 문벌의 폐해를 타파해야 한다고 주장했다. 그뿐만 아니라 가정·사회·국가는 민중이 의지해야 할 곳이고 학교는 이들을 결합하면서 도道와 리理를 구하는 장場이라고 주장하였다. 나아가 그는 한 나라의 지식수준은 그 나라의 흥망성쇠와 직결된다 하여 신학문의 중요성을 강조하는 한편, 이를 중핵으로 하는 신교육의 목적은 국권회복이 되어야 한다면서 이렇게 함으로써만 조국정신을 민중 속으로 침투시킬 수 있다고 논하였다. 이는 당연히 전국 각지에 학교를 설립하고 의무교육을 실시해야 한다는 주장으로 이어졌다. 뿐만 아니라 이기는 어릴 때부터 신학문을 배워야 한다고 했고, 또 교육방법은 체육·덕육·지육을 삼위일체로 하는 '삼육지법三育之法'에 바탕을 두어야 한다고 주장하였다. 여기에서 볼 수 있는 이기의 교육론은 자기를 포함해 과거 세대가 받았던 구교육이 얼마나 민족과 국가의 운명을 잘못 이끌었는가에 대한 반성을 기초로 하였지만, 그것은 동시에 신교육으로 국권회복에 도움이 되는 튼튼하고 유능한 인재를 육성하려는 것이었다.

박은식이나 이기의 교육론으로 대표되는 애국계몽운동의 교육사상은 전체적으로는 지·덕·체의 전통적 교육 개념을 기초로 하면서도, 특히 신학문의 필요성과 체육의 중요성을 주장하는 것이었다. 그러나 동시에 그들 교육사상은 윤리·도덕의 재확립을 이루기 위해 정신교육과 덕육을 아주 중시하였으며, 더욱이 그것은 애국주의의 고취와 밀접하게 결부되어 있었다.

한편, 대한자강회를 비롯한 서북학회, 대한협회, 기호흥학회 등 각 애국계몽단체와 학회의 취지서에서 볼 수 있는 교육 방침은 정신교육과 신학문 교수敎授의 두 가지로 요약할 수 있다. 바꾸어 말하자면 삼강오륜으로 국민 주체를 형성하고, 시세時勢에 어울리는 신학문으로 부강을 꾀하는 것이[10] 국권회복을 추구하는 구교육운동의 기본 목적이었다. 이에 관해 일본 유학생 학회지 『대한학회월보』는 제4호에 '교육계 제공諸公에게 바친다'는 제목의 글을 싣고 교육의 강령은 두 종류에 지나지 않는다고 하면서 "그 첫째는 형이상形而上의 정신적 교육, 즉 애국충군愛國忠君·자주자유自主自由의 정의인도正義人道를 발휘하는 것이며, 그 둘째는 형이하形而下의 질소質素적 교육, 즉 공상정법工商政法 및 그 외의 모든 과학이 이것이다"[11]라고 논했다.

여기서는 유교적 풍토에서 유교적 기반에 선 개화 지식인이 주도하는 신교육을 유교 논리를 근간으로 하는 애국사상을 기본으로 하면서 동시에 과학지식과 기술을 배우는 것으로 설명했다. 실제로 『대한매일일보』에도 누차 보도되었듯이 각종 사립학교의 설립 취지서에는 많은 경우 공맹孔孟의 철학과 신학문의 두 가지를 자동차의 양 바퀴처럼 교육구국의 2대 지주라고 보았다. 예를 들어 '선천군 보통학교 취지서'[12]는 유럽 각국에서 볼 수 있듯이 지방자치제와 의무교육법의 제정·실시가 전제라고 하면서도, 공맹의 철학은 사람이 지켜야 할 근본으로 만세에 변하지 않는 도道이며, 그것을 기초로 신학문을 배우고 재예才藝를 발달시키면 개명으로 진보할 수 있다고 하면서 최근 교육가가 말하는 덕육德育이란 바로 공맹의 도이며 지육智育이란 시무時務의 학學이라고 주장했다.

이와 같이 정신교육과 신학문을 강조하는 교육론은 현실의 교육구국운동에서 보통교육을 중심으로 하는 국민교육론으로 나타났다.

당시 각 학회지에 게재되었던 많은 국민교육론 가운데 가장 포괄적이면서도 구체적인 제언은 도쿄고등사범학교 생물과 재학생으로, 후에 안창호가 설립한 대성학교의 교무 책임자가 된 장응진張應震이 1906년 10월에 발표했던 '우리나라 국민교육의 진흥책'[13]이었다. 이 글은 '교육'이란 두 글자가 거의 유행어가 되다시피 하는 가운데 교육 진흥의 방책에 관해서는 어느 누구도 연구하고 있지 않음을 개탄하여 집필되었던 것이다. 그 골자는 (1) 의무교육제도의 실시, (2) 구교육제도의 폐지와 신식학교의 전국적 설치, (3) 각지에 사범학교의 설치와 선량한 교사의 양성, (4) 외국어학교의 통합과 확충, (5) 각국에 공선자제公選子弟의 유학생 파견 등 다섯 가지인데, 매우 정교하지는 않았지만 교육구국운동이 지향해야 할 국민교육의 기본적 내용을 명시한 것이었다. 그중에서도 신식학교의 설치에 관해서는 (갑) 각 도시 이외의 적당한 장소에 각종 관공립학교를 설립할 것, (을) 각 도군道郡에 있는 쓸모없는 향교·서원 등을 모두 폐지하고 그 부속 재원을 기금으로 군郡이 경영하는 신식학교를 설립할 것, (병) 민간 유지가 설립한 학교를 원조·장려하여 그것을 개량하고 완전하게 할 것, (정) 지방의 각 마을에 남아 있는 구식 사숙私塾을 점차 개량하여 몇 개의 마을당 학교 하나씩을 설립하고 그 조직·제도와 교수 방법에 관해서는 간섭·지도하지만, 일체의 운영은 해당 마을에 일임해 자치시킬 것으로 한다는 등의 주장은 그때까지의 교육론에서는 볼 수 없었던 귀중한 학교 전개의 방책이었고, 근대학교가 아직 보급되어 있지 않은 현실을 포함해 그 타개책을 대담하게 제기한 것이었다.

그런데 애국계몽운동에서 주장되었던 국민교육론의 기본적 내용은 대부분이 초기의 개화운동이나 독립협회운동에서 이미 논의되었던 것이다. 그러나 이전의 국민교육이 주로 그 개념을 명시하는 데 머물렀던 것에 비해, 근대교육의 전국적 보급이 실제로 진행되기 시작했던 애국계몽운동기에는 국민교육론도 지극히 현실적이고 구체적인 모습을 띠었다.

이러한 모습은 우선 국문 사용이 열심히 설파되었던 것에서 나타난다. 박은식은 『학규신론』에서 16세기 초 김정국金正國이 『구결소학口訣小學』, 『언해삼강이륜행실諺解三綱二倫行實』, 『언해정속諺解正俗』, 『언해향약諺解鄕約』, 『언해농서잠서諺解農書蠶書』, 『언해창진방벽온방諺解瘡疹方辟瘟方』 등의 국문 서적을 간행하여 민중의 교화에 힘썼는데 이러한 역사적 전통을 살리지 못했던 것이 민족의 쇠퇴를 초래했다고 주장하면서 국문 전용이 민지民智의 개발에 불가결不可缺한 것임을 역설하였다.[14] 또 장지연은 '국문관계론'이란 제목의 글에서 민중 가운데 10명 중 7~8명이 문자를 모르기 때문에 민지가 어둡고 우매하지 않을 수 없다고 하면서 "진실로 교육을 발달시켜 독립을 만회하려 한다면 오로지 국문을 확장하고, 한문을 당연히 폐지해야 한다고 말할 수 있지 않은가"[15]라고까지 논했다. 게다가 국문운동의 선두에 섰던 주시경도 "전국 민중의 사상을 변혁하고 지식을 증진시키기 위해서는 반드시 국문으로 각종 학문을 저술하고 번역하고 남녀 모두가 간단히 이해할 수 있도록 가르쳐야만 한다"[16]고 주장했다.

이러한 국문 사용론은 교육용어로서 국문이 중시되었고 특히 초등교육에서 국어교육의 강조로 나타났다. 이승교李承蕎는 『서북학회월보』에서 초등 소학의 과정은 오로지 국문으로 해야 하며 그다음에 한자나 한문을 가르치더라도 구학문이나 사대주의와 결부된 『천자문』을 초학 교과서로 사용하는 것은 적당하지 않으며, 기이하고 이상한 문자는 모두 폐지하고 단지 실지실명實地實名의 간결한 한자를 가르쳐야 한다고 주장하였다.[17] 또한 유길준은 『황성신문』에 발표했던 '소학 교육에 대한 의견'[18]에서 국민의 근본 교육인 소학은 아동의 강습에 편리하고 쉬우며 동시에 자국의 정신을 키워줄 수 있는 국어로 이루어져야 할 것을 요구했다. 그리고 그는 아동용 교과서를 국문으로 만들 수 있음에도 불구하고 실제로 사용되고 있는 소학 교과서는 음독하는 한자에 국문을 부속시킨 국한혼용문으로 국문도 한문도 아닌 일종의 기이한 것이고, 이는 이 나라 자녀에게 교사가 말하는 대로 크게 따라 하는 앵무새 교육을 실시하는 것밖에 되지 않는다고 신랄히 비판하였다. 이들의 주장에서 볼 수 있듯이 초등교육에서 국문을 사용하는 것에 대한 구체적인 지적은 본래 근대교육의 원칙인 모국어주의가 조선의 학교교육에서도 이제는 역류시킬 수 없는 흐름이 되었음을 의미했다.

국문 사용과 관련해 애국계몽운동의 국민교육론에서 가장 중요한 것은 의무교육론이었다. 본래 의무교육에 관한 사상은 실학사상에서 그 맹아적인 형태를 논의하는 경우도 있었지만[19] 기본적으로는 이미 서술한 바와 같이 개화운동에서 선진적인 사상과 문물 도입의 일환으로 서구문화의 소산이라고 해야 할 완성된 모습으로 조선에 들어왔다. 그러나 서구 각국이나 일본은 물론 중국에서도 청조 지배체제의 유지·강화를 위해 불완전하게나마 의무교육제도가 실시되기 시작하는 가운데, 오직 조선의 반동 위정자만이 의무교육제도의 실시에 완전히 무관심했다. 그리고 1905년 이후 조선의 교육이 식민지 교육으로 변질되어가는 과정에서 의무교육의 이념을 고양시키고 그 실현에 힘썼던 것은 지식인을 비롯한 민간 중심의 애국 세력이었다.

각 학회 기관지에서 의무교육은 각국의 실시 상황을 소개하는 가운데 '의무교육', '강제교육',[20] '강박교육'[21] 등으로 불렸는데, 명칭이 어떠하든 국가 건설, 특히 자본주의의 내적 발전을 뒷받침하는 국민교육의 지주로서 파악되었다. 박은식은 『학규신론』에서 전국 민중이 교육을 받아 배우지 않은 자가 한 사람도 없어져야 비로소 나라의 문명과 부강이 이루어진다고 하면서,[22] "그 때문에 각국에는 배우지 않는 자에 대해 반드시 벌을 내리는 규칙이 있고", 조선에서도 "전국의 아이들을 한 사람도 남김없이 학교에 입학시키려고 한다면 반드시 벌을 부과하는 규칙을 만들어야 한다"[23]라고 강조하였다. 그리고 애국계몽운동에서 자제 교육에 관한 부형의 의무는 국가에 대한 납세의무와 동일한 것으로 논의하였고,[24] 또 각지에 학교를 설립하기 위해서는 자녀의 유무에 상관없이 부자·빈자 모두 그 의무를 다해야 한다[25]고 주장하였으며, 경제적 여유가 없는 빈민 자제에게는 야학에서라도 배우라고 권장하였다.[26] 여기서 볼 수 있는 의무교육론의 활발한 전개는 실제의 교육구국운동에서 문자 그대로 의무교육의 실현을 추구했던 것이라기보다는 오히려 아직 근대학교가 보급되어 있지 않은 상황에서 근대교육이 더 한층 확충되기를 열망했던 것이라고 이해하는 편이 좋을 것이다.

유럽의 역사에서 보면 일반적으로 의무교육의 성립과 관련이 있는 서양 근대사회의 교육 조직은 (1) 부르주아지의 자기교육 조직, (2) 부르주아지가 주도한 노동자 교화를 위한 조직, (3) 노동자의 자기교육 조직이라는 3중의 조직으로 이루어졌고, 각각의 조직은 서로 다른 원칙에 기초한 '공교육'을 요구하였는데 교육 현실을 이끌었던 것은 (2)의 대중교화 조직이었다.[27] 그리고 의무교육의 '의무'는 자녀에 대한 부모의 의무이든 학교의 설립·운영에 대한 국가의 의무이든 모두 아이들의 성장과 발달에 대한 책임과 결부된 말이었다. 이러한 자본주의 전개와 관련하여 볼 때 민족적 대립·모순의 해소가 최대 과제였던 조선의 의무교육론은 국권회복을 요구하는 전 민족적 요청에 뿌리를 내린 것이었고, 더욱이 그것을 유약한 '부르주아지'나 그 대변자가 주장함으로써, 표면적으로는 모든 계급이 공통으로 책임을 서로 분담하는 것이었지만, 실제로는 계급적 대립을 내포·유지하는 것이었다. 더구나 아이들의 성장·발달을 고유한 인권으로 존중하는 인식이 희박하고 동시에 국가권력이 반민족적인 속성을 띠었던 상황에서, 교육구국운동에서 의무교육운동은 신흥 '민족 부르주아지'를 포함한 지도층의 주도 아래 이루어진 사적 교육을 중심으로 하는 대중 교화로 구체화되었다.

다음으로, 그 당시 논의되었던 학교제도나 교과 내용은 여러 외국의 그것과 거의 같았는데, 특히 일본의 국민교육제도를 많이 참고하였다. 즉 교육을 보통교육과 고등교육으로 구분하고, 소위 보통교육을 심상소학尋常小學과 고등소학교高等小學校에서 중학에 이르는 과정으로 규정하였다. 교과목은 지리, 역사, 물리, 화학, 수학(사칙·대수·기하·삼각각), 수신, 국어, 작문, 박물博物(동물·식물·광물), 도화圖畵, 체조, 외국어 등이었다. 그리고 이른바 고등교육에는 법률, 경제, 상업, 공업, 문학, 의학, 이학理學, 농학 등의 전문학과가 있고, 당연히 보통교육을 거쳐 고등교육으로 나아가도록 했지만 현실적으로는 보통학교를 설립하는 데 큰 중점이 두어졌다.[28]

교육구국운동에서 가장 중시되었던 점은 애국정신의 고취였는데, 이는 교육의 중심 사상이 국권회복을 이루기 위한 애국주의였기 때문이었다. 이 경우 애국의 대상이 되는 국가는 부르주아 민족국가로서 이때 국왕의 위치는 반드시 확고한 것은 아니었다. 이는 물론 역사의 흐름과 밀접하게 관련된 것으로 1905년 이전에는 비록 어느 정도 형해화되어 있었다고는 해도, 봉건군주와 국가는 동일시되었으며 군주에 대한 충성이 곧 애국으로 여겨졌다. 그러나 1905년 이후 조선이 실질적으로 일본의 지배하에 들어가면서 '군주=국가'는 물론, '정부=국가'라는 등식도 성립하지 않게 되었으며, 국가의 개념은 오히려 국민 한 사람 한 사람의 집합체로서의 민족을 주축으로 삼게 되었다. 그리고 애국계몽운동가는 충군이라는 우회로를 취하지 않고 민중에게 직접적인 애국을 호소하였다. 이는 민중의 권리가 보장하는 국가에 대한 충성만이 진정한 애국주의라는 것을 전제로 한 것이었다. 신채호가 '역사와 애국심의 관계'[29]를 비롯한 수많은 논설에서 역사를 배워야 할 필요성을 특히 강조했던 것도 민중이 '충군애국'의 허구를 간파하여 그것을 극복하기를 희망했기 때문이었다.

대한자강회의 발족에 즈음해 평의원 정운복鄭雲復은 '교육의 필요'[30]라는 주제의 연설에서 한학漢學의 유생이 말하는 삼강오상三綱五常의 본령은 효孝를 우선시하고 충忠을 그다음으로 하는 것이었지만, 일본의 교육칙어는 충忠을 앞에 두고 효孝를 그다음으로 하였고 이를 교육의 기초로 삼아 거의 40년간 국민 상하가 단결해 청을 물리치고 러시아를 몰아내어 서구와 아시아 최강의 대열에 서게 되었다고 말하였다. 그리고 조선 건국 이래 똑같이 삼강오상을 교육의 기초로 삼아온 조선에서도 풍속의 어지러움을 바로잡고 새로운 교육의 기초를 정해야 한다는 주장이 있었다. 그러나 메이지 일본이 국민의 가부장적 인간관계를 나라로까지 확대해 가족국가의 사상을 완성하여 천황과 국가를 동일화하는 교육사상을 형성했음에 비해, 조선에서는 동양문화권의 전통적인 '수신修身·제가齊家·치국治國·평천하平天下'의 질서 아래 유교윤리를 재확립하려는 시도는 있었어도, 적어도 국왕의 권위를 회복하고 그것을 애국과 직결시킴으로써 새로운 교육사상을 구축한다는 방향은 생겨나지 않았다. 즉, 조선민족의 고유한 봉건군주제가 이미 실질적인 붕괴의 과정에 있을 때 애국계몽사상가의 생각 가운데는 군주가 아닌 민족이 자리 잡고 있었던 것이다. 단지 애국계몽운동의 교육사상 속에 '충군'이라는 명확한 위상이 없었다고는 해도 그것이 반드시 현실의 교육운동에서 국왕과 황실을 숭배하고 존경하는 움직임이 전혀 없었음을 의미하지는 않았다. 그러기는커녕 오히려 교육구국운동의 과정에서 일본의 조선 지배에 저항하는 일환으로 존왕尊王의

풍조가 일시적으로 고양되기도 하였다.[31]

교육사상에서 애국주의의 강조는 교육구국운동에서 체육의 중시로 연결되었다. 구교육의 약점이었던 상문주의尙文主義, 즉 무武를 경시하는 사상은 국내의 혼란과 일본의 침략이라는 현실에 직면하여 그 결함을 노정하였다. 조선 봉건정부도 1888년에 경학원經學院과 연무공원鍊武公院을 설치한 이래 일단은 문무병용정책文武竝用政策을 채용해왔는데,[32] 국가의 자강과 직결된 체육의 중요성은 애국계몽운동에 이르러 비로소 전국적 규모로 인식되었다. 박은식은 『서우』 제10호[33]에서 서구 및 일본의 부강이 긴 역사를 통해 이루어진 체육을 비롯한 각종 육체적 단련과 군사교육에 기초하고 있음을 강조하고, "우리 한국은 영토와 인구가 그리스에 비해 몇 배나 되는데도 자국의 권리를 모두 잃고 타인의 노예가 되었던 것은 허문虛文을 오로지 중시하고 무사武事를 천시하여 허약함이 극에 달했던 결과이다"라고 하면서, 민족의 생명을 보전하기 위해서 '상무적 교육'을 실시할 것을 호소하였다. 또한 애국계몽교육가인 안중근도 "항상 대포 쏘는 연습을 하고 무인의 기상을 배양하여 우리 국민을 이끌고 문약文弱의 습관을 없애고 무강武强의 풍조로 나아가자"[34]라고 하면서 '상무주의'를 스스로 실천하였다.

국가에 대한 체육의 효력으로 (1) 정신적 국민을 양성하는 근본, (2) 국민의 단결력을 발생시키는 원인, (3) 국가자강의 기초 등 세 가지를 제시하는 경우도 있었는데,[35] 체육을 교육구국운동의 중요한 과제로 삼았던 것은 국권회복의 역사적 임무를 효과적으로 수행하기 위해서였다. 따라서 체육학교를 설치하고 거기에서 체육 교사의 양성에 필요한 체조·격검·승마 등의 과목을 실시할 것이 논의되었는데,[36] 각지의 사립학교에서는 체조·군사 교련·대운동회 등으로 구체화되었다. 더욱이 이러한 '상무적 교육'의 실현에는 일본 군경과 치열한 무력투쟁을 전개했던 애국적 의병의 영향도 적지 않았다.

그러나 교육구국운동에서 체육을 강조했다고는 해도 애국계몽운동의 교육사상은 전체적으로 정신교육에 더욱 큰 비중을 두었다. 그리고 이러한 경향은 교육구국운동의 전개에 가장 큰 사상적 영향을 주었던 박은식에게서 특히 현저히 나타났다. 원래 종교의 중요성을 강조하였던 박은식은 자기의 국민교육론을 구축하기 위해 유교를 근본으로 하는 국민교화를 그 중심에 두었다. 『학교신론』이나 '흥학설' 및 '종교설'[37]에서는 전국 교화 조직의 정비를 기초로[38] 유교의 교화적 기능을 재건·강화할 것을 주장하였으며, 또 서양 학문을 중심으로 하는 신식학교의 보급에서도 유교를 도덕적 기반으로 삼아야 한다고 논하였다. 박은식에게 종교는 '도덕의 학學'인 동시에 '교화의 수단'[39]으로 유교의 종교화를 꾀함으로써 교육을 중심으로 하는 국가질서 확립과 서양의 정신적 침략을 방어하는 역할을 담당하는 것이었다. 게다가 여기서 볼 수 있는 '국민교육의 보급'과 '유교의 종교화'를 결합한 것은 청말의 변법자강운동에서 강유위康有爲의 사상[40]에 많은 영향을 받은 결과였다. 그러나 어쨌든 교육에서 정신교육이나 도덕교육이 중요한 과제였다고 해도 그 방법으로 심정心情의 도야나 인간애의 육성을 중시하지 않고 종교에 호소하는 데 머물렀다는 것은 그가 주장하는 국민교육론이 비과학적이고 비인간적인 교화주의로 빠지는 것을 불가피하게 만들었다.

각 학회 기관지에는 박은식의 논설 이외에도 많은 계몽 지식인의 각종 '정신교육'론이나 '도덕교육'론, '덕육'론이 게재되었다. 그리고 이것들은 대개 "학문을 닦고 인재를 양성하기 위해서는 지능을 높이기보다는 덕성을 키우는 것이 올바른 방향이다"[41]라고 주장하였다. 거기에는 국가 쇠퇴의 원인으로 조선인의 결점이 열거되었고,[42] 조선의 현실을 대응시키며[43] '정치 개선의 본원'으로서 민족을 위험에서 구할[44]

정신교육이 강구되었다. 따라서 학회를 중심으로 하는 교육구국운동에서 정신교육은 일면 국권회복의 기초가 되는 '국가정신'을 추구하여 결국 '국가주의 교육'을 모색하는 방향으로 나아갔다.[45] 여기서 국가권력이 박탈당한 조건 속에서 '정신 개혁'이나 '인간 개혁'으로 민족의 독립과 부강을 달성하고자 하는 '위로부터'의 개량주의가 그 모습을 드러내고 있었다.

이러한 정신교육론은 교육구국운동의 진전과 더불어 논의되었는데 유교를 존숭尊崇하는 지식인은 유교윤리를 강조하였고 기독교 이념에 선 지식인은 기독교 윤리를 강조하였다. 이는 사상적 기반이 무엇이든 주로 윤리와 도덕을 중시했던 개화 지식인의 기본적 성격을 반영하는 것이었다. 그리고 정신교육의 구체적 현장으로 학교교육뿐만 아니라 개국 전후부터 급속하게 문란해지기 시작했다고 얘기되는[46] 소위 가정교육에도 큰 비중이 두어졌다. 학회 기관지에 일본 시부사와澁澤 집안의 가훈[47]이나 후쿠자와 유키치의 '수신요령'[48]이 소개되었던 것도 조선의 가정교육을 재건하고자 하는 의도에서 이루어졌다고 볼 수 있다. 하지만 여기에는 대중교화로서의 국민교육을 추진하는 동시에 지배계급의 사회적 지위를 유지하기 위해 자신의 자제를 엘리트로 육성하려 했던 '신흥 부르주아지'나 양반 출신 지식인의 생각은 감추어져 있었다.

애국계몽운동에서 논의되었던 교육사상 전체의 역사적 성격을 정리해보면 거기서 주장된 국민교육은 기본적으로 항일정신=내셔널리즘을 중핵으로 하는 대중교화였고, 민중을 국권회복의 길로 끌어들여 결국에는 조선의 부르주아지가 헤게모니를 장악하는 민족국가를 건설하기 위한 이데올로기적 장치였다. 또한 과거 개화운동기의 교육사상과 비교해볼 때, 교육의 이론이 더욱 풍부해지고 더욱 구체적으로 되었다고 할지라도, 교육을 인권의 실현 과정으로 파악하는 근대교육사상으로서는 여전히 불충한 것이었다. 여기서 교육은 국가권력을 대신하는 애국적 '부르주아지'의 관점에서 파악되었고, 민중의 측에서 자신의 문제로 제기한 경우는 적었다. 그 때문에 교육 본래의 목적인 사람을 사람답게 하는 것, 즉 성장·발달에 유의하면서 아이들을 일개의 독립적 인격으로 키운다고 하는 생각은 놀라울 정도로 적었다. 오히려 아동의 교육문제를 정치투쟁의 무기로 삼음으로써 객관적으로 존재하는 문화가치를 내면화하고, 그 성과로 인간적 풍요로움을 획득한다고 하는 교육 독자의 기능은 방해받게 되었다. 이는 말할 필요도 없이 조선을 식민지화하고 교육을 지배 정책의 일환으로 몰아넣었던 일본제국주의가 가져온 하나의 결과였다. 그것은 또한 조선 사회의 발전 단계, 특히 부르주아지의 계급적 미성숙과 전통적이고 유교적인 사고에 기인하는 것이기도 했다.

고립무원의 애국적 '부르주아지'와 그 대변자들은 지배층으로서 자신의 입장을 확보하고 민족과 국가의 독립 및 부강을 달성하는 길은 오직 하나, 즉 교육을 항일운동과 사회적 통제의 수단으로 의식적으로 이용하고, 또 실력양성으로 이어지는 근대교육을 국민교화로 성숙시키는 일이었다. 여기서 교육의 대상인 민중은 교육의 주체가 아니라 교화되어야 할 객체로 파악되었으며 교육을 받는 일은 최대의 의무로 간주되었다. 더욱이 반봉건·반식민지의 조선 사회에서 '신흥 부르주아지'를 포함한 지도층이 국가권력을 대신하는 학회를 중심으로 주도했던 교육은 필연적으로 '위로부터'의 계몽이라는 성격을 띨 수밖에 없었다.

3. 교육구국운동과 사립학교의 설립

애국계몽운동의 중심 부분을 형성했던 교육구국운동은 조선 민중의 끓어오르는 교육열을 배경으로 전 국민에게 운동으로 급속히 확대되었다. 이 시기에 산간벽지에 이르기까지 전국 각지에 설립되었던 민간 교육기관은 정규 사립학교 이외에도 각종의 강습소·야학·서당 등이 있었으며 또한 통신교육도 행해졌다. 그리고 이들 교육기관은 한문 대신에 국문을 가르치고 새로운 과학적 지식을 보급하였으며 자주애국의 항일투사를 양성하는 거점이 되었다.

교육구국운동에서 사립학교의 설립은 1905년 2월 엄주익嚴柱益이 창설한 양정의숙養正義塾에서 시작한다. 엄주익은 1904년 군부협판軍部協辦으로 일본에 건너간 후 신문물을 접하고 신교육의 필요성을 통감해 사재를 털어 법률학과와 경제학과를 가진 일종의 전문학교라고 해야 할 양정의숙을 설립하였다. 이어 같은 해 4월 이용익은 "널리 학교를 세워 인재를 교육함으로써 국권을 회복한다"[49]는 이념 아래 보성전문학교를 설립했다. 이용익은 궁내부 내장원경內藏院卿, 탁지부대신度支部大臣, 군부대신 등을 역임한 친러파의 거두巨頭였는데 러일전쟁의 절정기에 일본인에게 납치되어 어쩔 수 없이 일본을 시찰했다. 일본의 견문을 통해 교육기관의 설립을 기도한 이용익은 다음 해 많은 양의 도서와 인쇄기계를 구입하여 일본 유학생인 신해영·김주병 등을 데리고 귀국했고, 보성관普成館(편집소)·보성사(인쇄소)·보성학교(소학교·중학교·전문학교)를 포괄하는 대규모의 교육사업을 전개하고자 하였다. 이는 교과서의 인쇄소나 출판부를 포함하는 '자기 완결적인 일대 학원'을 구상한 것이었는데, 먼저 법률·이재理財·농업·상업·공업 등의 전문학과를 둔 전문학교를 설립하였고 중학교 및 소학교는 약간 늦게 설립하였다. 그러나 보성전문학교가 실제로 개강했던 것은 법률전문학과와 이

재전문학과 두 개 학과뿐이었으며 강사진도 처음에는 유학 경험이 있는 조선인 10여 명이었다.[50] 이후 1906년 5월 민영휘가 사재를 털어 휘문의숙을 설립했고, 동시에 그 부대사업으로 휘문관을 만들어 교과서 및 그 밖의 서적을 간행하였다. 같은 해 고종의 계비인 엄귀비가 진명여학교 및 명신여학교(1909년 숙명고등여학교로 개칭)를 설립하였고, 신규식申圭植이 중동학교를 창설하였다. 그리고 황성신문사 초대 사장으로 민족 각성과 민중계몽에 힘썼던 남궁억이 강원도 양양군수로 있으면서 기본금 44만 엔을 투입해 교육입국教育立國을 내걸며 현산학교峴山學校를 설립하였다.

이처럼 '통감정치' 초기의 사립학교는 정부 고관이나 귀족 출신자를 중심으로 설립된 경우가 많았다. 그러나 대한자강회 평의원인 정운복이 "최근 서울 및 각 지방에 공·사립학교가 많이 있지만 내가 보는 바로 완전한 학교는 하나도 없다"라고 말했듯이 시설이나 교원, 교과서는 지극히 불충분하였으며, 또 수업료를 납부하는 학생은 전혀 없었고 도리어 지필묵紙筆墨 및 식비까지 지급해도 학교에 오는 자가 몇 명도 되지 않는 모습이었다.[51] 후에 아동문학가로 이름을 떨친 방정환은 1906년경 당시로서는 가장 큰 규모에 속하는 보성소학교에 입학했는데, 그 당시의 상황에 관해 "이름만이 학교이지 배우는 것은 한문서당에서 배우는 것과 완전히 똑같았고 선생이라는 자도 서당 교사와 전혀 다르지 않은 양반이었으며 하는 일도 서당 교사의 그것과 변함이 없었다"[52]라고 하면서 초기의 사립학교가 근대학교로서의 내실을 갖추지 못했음을 증언하였다.

그러나 이러한 양상은 1907년을 경계로 크게 변화했다. 즉 같은 해 7월 '정미칠조약'의 강요와 그에 이어지는 조선 정부군의 해산을 계기로 전국 각지에서 교육열이 발흥하여 사립학교가 속속 설립되었다. 일본의 조선 지배에 반대하는 조선 민중은 각지의 애국계몽단체나 학회를 중심으로 사립학교 설립운동을 전개하였으며, 그 가운데에서도 해산된 장교와 병사의 대다수는 학교 교원이 되어 교육열의 격증을 유발했다.[53]

비밀결사 신민회의 지도 아래 안창호가 평양에 대성학교를 창설한 것을 시작으로 이승훈이 정주定州에 강명의숙과 오산학교를, 윤치호가 개성에 한영서원韓英書院을, 이동휘가 강화에 보창학교普昌學校를, 이용익의 손자인 이종호가 서울에 오성학교(후에 협성학교로 개칭)와 경성鏡城에 경성중학교를 각각 사재를 털어 설립했다. 신민회 회원은 이 외에도 많은 사립학교를 설립했는데, 특히 이동휘는 군대 해산 후 2~3년 동안 함경도 일대를 순회하면서 총 100개교에 달하는 사립학교를 설립하는 데 큰 공헌을 하였다.[54] 또한 합법적 학회 중에서 가장 열심히 학교 설립에 몰두한 기호흥학회가 총무 정영택의 학교 설립안을 수용해 기호학교를 설립했으며, 그 휘하에 지회를 거점으로 많은 사립학교를 설치했다. 그리고 대동학회는 법률 교육을 목적으로 대동전수학교를 창립하였으며 대한동인회大韓同寅會는 동인학교를, 보인학회輔仁學會는 보인학교를 설립했다. 이 외에도 애국계몽단체나 거의 모든 학회가 국권회복을 목적으로 하는 근대사학의 설립에 노력하였다.

그뿐만 아니라 개인이 중심이 되어 설립한 학교도 있었는데, 조동식趙東植의 동원의숙東媛義塾(동덕여학교의 전신)을 비롯해 유길준·김가진·오세창 등의 융희학교隆熙學校, 장지연 등의 소의학교昭義學校, 양명학파 이건승의 계명의숙[55] 등 다수에 이르렀다. 이러한 사립학교는 이미 서술했듯이 불과 2~3년 사이에 모두 합해 3,000~4,000에 달할 정도였다. 그 가운데에는 1908년부터 순국문으로 『교육월보』를 발행했던 남궁억처럼 통신교육으로 민중계몽을 꾀했던 자도 있었다.

이들 사립학교에는 소학교·중학교·사범학교·전문학교 등이 있었는데, 이 모두는 종래의 개화운동에서 전개되었던 교육계몽운동의 성과를 기초로, 국권회복이라는 공통의 목적을 가지고 일시에 개화했던 것이다. 여기서 1905년 이후 민간인이 설립했던 주요 사립학교와 설립자의 사회적 특성을 살펴보면 〈표 11〉과 같다. 이에 관한 연구[56]에 의하면, 이들 설립자는 (1) 귀족과 관료大臣級 출신이 상당히 많았고, 신분 미상도 있지만 이들은 그 지방의 자산가로 보이며, (2) 신분 배경은 일반적으로는 낮은 편이었지만 귀족·관료 출신인 경우는 비교적 높고, (3) 연령은 50대 이하가 대부분으로 거의가 구교육을 받았으며, (4) 지방을 제외하면 전통적인 명문 출신이 많고, (5) 중학교의 경우는 설립자가 권력지배층 혹은 권세가였다고 할 수 있다. 또한 당시 각급 학교에서 실제로 수업을 담당했던 교원은 (1) 연령은 20~40세가 대부분이며, (2) 학력은 전체의 76%가 근대교육을 받았고, 12% 정도가 과거

〈표 11〉 1905~1909년의 주요 사립학교와 설립자의 사회적 특성

설립연대	학교명	설립자	연령	학력	설립자 신분	소재지
1905	養正의숙	嚴柱益	34		대신	서울
	普成學校(보성전문)	李容翊	51		대신, 육군부장	서울
1906	徽文의숙	閔泳徽	54	문과	대신, 자작	서울
	進明여학교	嚴貴妃	52		고종의 계비	서울
	淑明여학교	嚴貴妃	52		고종의 계비	서울
	普成중학교	이용익	52		대신, 육군부장	서울
	中東학교	申圭植	26	관립한어학교, 육군무관학교	참위(參尉)	서울
	峴山학교	남궁억	43	관립영어학교	군수, 대한협회장	양양
	華野의숙	李哲鎔			참봉	포천
1907	大成학교	안창호	29	구세학당		평양
	講明의숙	이승훈	43	평양신학교	목사	정주
	五山학교	이승훈	43	평양신학교	목사	정주
	鳳鳴학교	李鳳來				서울
	精 理 舍	柳一宣				서울
	鏡城중학교	李鍾浩	22			경성
	楊山소학교	김구	31			안악
1908	同德여자의숙	李載克	44	문과	남작, 총재	서울
	昭義학교(東星)	張志暎				서울
1909	隆熙학교	유길준	53	경응의숙	대신	서울
	楊山중학교	金鴻亮		단과학교		안악

[자료] 김영모, 앞의 『조선지배층연구』, p. 402.

시험에 합격했던 자이며, (3) 가문은 신흥 씨족이 대부분으로 명문 씨족은 지극히 적었으며, (4) 신분 배경은 족보로 판단컨대 낮은 편은 아니었다고 한다. 결과적으로 학교 설립자는 신분이나 지위가 대단히 높은 전통적 지식인이었지만, 교원은 신분이나 지위가 그다지 높지 않은 근대적 지식인이었다고 논했다.

그러나 이것은 어디까지나 추적 조사가 가능한 주요 사립학교의 경우이고 교육구국운동에 관련한 학교 전체를 서술한 것은 아니다. 오히려 중요한 것은 당시의 사립학교 설립운동이 일부의 군시郡市에 국한되지 않고 전국 각지의 농촌에도 깊이 파고들어 중산농민을 중심으로 학교가 설립·유지되었으며, 중류 이하의 농민 자제도 이들 사립학교에 입학했다는 점이다. 이 경우 일반적으로 사립학교의 설립은 (1) 개별적 인사의 사재私財 투입, (2) 학계學契·교육계敎育界 등 상호부조 조직의 이용, (3) 학회·민회·종교단체의 주도 등 세 가지 형태를 중심으로 각계각층 민중의 지원을 얻어 주로 각지의 향교 및 서당을 개편하는 방식으로 이루어졌다. 물론 실제의 학교 설립에서 이들의 형태가 서로 혼합되는 경우도 있어 지방의 실정에 맞게 임기응변으로 이루어지기도 했다. 또한 학교를 유지하고 운영하는 경우에도 유지有志의 기부금, 해당 구역 주민의 헌금 혹은 곡물 납입, 해당 구역의 시장세市場稅·선세船稅·여관세旅館稅의 일부, 향교·서원·서당 등의 부속 재산에서 나오는 수입 등으로 충당되었다.

이 가운데에서 사립학교의 설립·운영에 적지 않은 힘을 쏟았던 사람들은 노동자·농민·어민·상공업자·하급관리 등 일반 대중이었고, 이들의 애국적 정열이야말로 교육구국운동의 일대 발전을 그 바탕에서 지탱해주는 원동력이었다. 이와 함께 교육구국운동을 지도하거나 사재를 투입했던 애국적 자산가나 일부 선각자도 사립학교 설립운동에 지대한 공헌을 했다. 다만 자본주의의 발전을 뒷받침하는 사립학교에 적극적으로 관여할 만한 자산가 중에는 친일분자가 되거나 혹은 근대교육을 이해하지 못하여[57] 결과적으로 사학교육에 부정적인 태도를 취했던 사람도 적지 않았던 것은 교육구국운동의 진전에 큰 장애가 되었다. 따라서 새롭게 사립학교를 설립하기 위해 곤란한 재정 사정을 극복하는 편법으로 유지가 교육계教育契를 만드는 경우도 있었다. 유길준이 교육계를 만들어 계산학교桂山學校 등을 지원했으며, 또한 통진군通津郡의 유지신사有志紳士가 학교 유지를 위해 교육계를 만들어 가세家勢에 맞게 곡물을 조세의 형태로 의연義捐했던[58] 것도 이러한 예이다. 또 옛날부터 서당 경영의 한 형태였던 학계學契를 바탕으로 서당을 사립학교로 개편했던 경우도 많았다. 한편, 군시郡市에서는 자본주의적 조직인 상회商會[59]가 사적 교육을 실천하는 경우도 있었다.

이러한 사립학교의 설립·운영에 대한 전체 민중의 노력은 기본적으로는 애국계몽운동의 고양을 뒷받침하는 계몽단체, 특히 각 학회의 활동에 기반을 두었다. 다만 학회가 직접 사립학교를 경영했던 경우는 그렇게 많지 않았고, 학회 조직이나 거기에 모였던 인사가 개별적으로 사립학교의 설립·운영을 지원했던 형태가 많았다. 특히 학회는 곤궁한 재정 사정을 완화하거나 교사를 소개하고 교과서를 제작·배포하는 일 등에서 큰 역할을 담당하였다. 또한 학회의 조직적 노력으로 향교가 학교로 바뀌어가는 것을 촉진하는 경우도 있었다. 예를 들어 기호흥학회의 경우에는 관내의 군수와 향교에 공함公函을 보내 학교 설립에 대한 협력을 요청하였다. 이는 향교 재산을 유효하게 활용하여 사립학교 설립을 도모하려 했던 것이고, 동시에 통감부가 '사립학교령'을 공포하여 민족교육을 탄압하고 향교 재산을 이용하여 식민지 교육을 추진하던 상황에서 학회의 지도하에 고유의 민족재산을 지키면서 사립학교로 전용하고자 했던 것이다. 이러한 방침에 따라 전국 각지의 향교에 상당한 수의 학교가 설립되었을 것이라고 생각할 수 있지만, 자료에 명확하게 나타난 것은 기호흥학회의 공주지회[60]나 대한협회[61]의 덕원德源 지회[62] 관할하에서 향교 내에 학교를 설립했거나 혹은 설립하려는 결의가 있었다.

교육구국운동을 추진하는 데 중심이었던 각 학회는 예외 없이 교육부를 그 기구의 하나로 설치하여 사립학교의 설립 운영을 효과적으로 추진하고자 했다. 대한협회의 경우, '교육부규칙教育部規則'[63]에서 그 목적을 (1) 회원의 자녀를 모두 교육시켜 장래 의무교육의 모범으로 삼을 것, (2) 국내 공·사립 각 학교와 연락해 교육에 관한 의견을 청취할 것, (3) 국내 공·사립 각 학교의 정황을 조사할 것, (4) 국내 공·사립 각 학교의 교과서를 조사하고 그 통일을 도모할 것과 유지신사有志紳士의 요청에 따라 본부에서 각종 교과서를 편찬하고 교열할 것, (5) 국내 교육을 보급하는 방법에 관하여 연구하고 조사할 것이라고 명시했다. 여기서 친일정부인 학부 당국을 대신하여 교육행정을 담당하고자 했던 협회의 의도를 읽을 수 있다. 실제로 각 학회뿐만 아니라 흥사단이나 신민회 휘하의 안악군면학회安岳郡勉學會, 해서교육총회海西教育總會 등의 계몽교육단체들도 사립학교의 설립·운영, 교과과정의 통일, 교과서의 편찬·출판 등을 추진하였다.

이처럼 교육구국운동이 학회를 중심으로 전개되었던 것은 당시의 역사적 조건하에서 자주적 근대교육을 조선의 땅에 부식해가는 데 지대한 공헌을 하였지만 동시에 몇 가지 폐해도 가져왔다. 일본 유학생의 한 사람인 유승흠柳承欽은 '교육 방침에 대한 의견'[64]에서 서울의 각 학회가 주도하는 한국 교육계의 현상을 다음과 같이 관찰하고 있었다. 그 이점으로 (1) 각 학회가 각기 자기의 지역을 분담하고 신용으로 뒷받침되는 힘을 갖게 된 점, (2) 상호 경쟁열을 고취하여 용맹심을 키운다는 점, (3) 학회를 서울에 설치했기 때문에 각 지방의 유지가 정계와 접촉해 그 권세를 이용하게 되고, 또 학교가 교사를 서로 임용한다는 점을 들었다. 또 결점으로는 (1) 각 학회와 학교를 서울에 설치했기 때문에 각 지방의 유능한 인재가 자력資力 부족으로 많이 취학할 수 없다는 점, (2) 설령 재산이 있는 몇 사람이 취학한다고 하여도 이로 인해 지방의 재력과 세력이 모두 서울에 집중되어 지방의 재정 곤란을 불러일으킨 것 등이 제시되었다. 그리고 그는 이 외에도 많은 폐해를 지적할 수 있지만 그것들 모두 각 도의 학회를 서울에 설치했기 때문이라고 하면서 그 타개책을 제기했다. 즉, 지방성을 띠는 학회와 학교를 모두 그 지방의 중심지로 옮겨 각 도내의 총교육회로 하고, 그 아래 군읍마다 지회를 설치하여 구석구석에까지 본 지회제도支會制度를 확립해 교육에 관한 일체의 사무를 통괄하며, 또 중앙에는 각 학회의 교육 전문가로 된 교육중앙총부教育中央摠部와 같은 것을 설치하여 교육 시설이나 교과 내용, 교과서, 교사 등에 관해 공동으로 대처한다는 것이었다. 마찬가지로 일본 유학생인 고원훈高元勳도 '아한我韓 교육계에 대한 나의 의견'[65]에서 이와 비슷한 생각을 보여주었는데, 이렇듯 해외 유학생뿐만 아니라 당시 국내의 뜻있는 인사의 대다수도 학회의 통합 및 사립학교의 통일적 전개를 바라고 있었다.

이러한 학회의 활동과 더불어 살펴보지 않으면 안 되는 것은 군수를 중심으로 하는 지방관리의 교육 활동이었다. 갑오개혁 이후 지방행정관이 각지에서 사립학교의 창설에 관여하기 시작했는데, 일본 침략자가 '통감정치'를 실시하게 되자 이러한 경향은 더욱 현저해졌다. 실제로 미국인 선교사는 선교본부에 보내는 보고서에서 "관찰사가 학교를 개시하고, 군수가 학교를 설치하고, 면장이 학교를 시작하고, 동장이 학교를 세우고 있다"[66]고 지방관리 모두가 사립학교의 설립에 노력했던 모습을 묘사하였다. 이것은 지방관리가 국권 상실에 비분강개하여 구국의 사립학교 설립운동에 참가했던 것을 잘 보여준다.

교육구국운동을 고무했던 각 신문이나 각 학회 기관지에는 지방

관리, 특히 군수가 사립학교 설립을 비롯한 교육 활동에 헌신하고 있다는 것이 누차 보도되었다. 지방관리 가운데 특히 군수가 사립학교 설립에 가장 적극적이었는데, 이는 지방행정에서 군수의 역할과 밀접한 관련이 있다. 본래 군郡은 최소의 행정단위인 면面·리里를 몇 개 합쳐 구성된 중간 정도의 지방행정단위이고, 또 군수는 1908년 6월의 칙령 제35호 '군수임용령郡守任用令'[67]에서 나타나듯이 "관할구역 내에 거주하고 지방의 상황에 통달한……" 지방관리였다. 그 때문에 일정한 구역을 갖는 군郡과 재지성在地性을 띤 군수郡守는 사립학교의 설립에 기여할 수 있는 적합한 조건을 지녔다. 더욱이 『기호흥학회월보』가 논했듯이 "군수는 지방 교육을 감독하는 권한을 당연히 갖고"[68] 있던 것도 군수의 교육 활동을 적극화시키는 요인이 되었다. '호남학회월보 발간서發刊序'[69]에서 지적했듯이 가렴주구를 일삼아왔던 군수는 학회의 지원을 얻어서야 비로소 민중의 신뢰를 획득할 수 있었으며, 실제로 군수들 중에는 학회원으로 되었던 자도 적지 않았다. 그리고 사람들은 이들 군수가 교육구국운동에 합류해 학교를 설립하는 일, 특히 부패 타락한 유생이나 통감부 침략의 마수로부터 향교 재산을 지키고, 거기에서 자주적인 민족교육기관을 설치하는 일에 기대를 걸었다.[70]

교육구국운동으로 설립되었던 사립학교의 전국적 분포를 보기 위해, '사립학교령'이 공포된 후 1년 9개월이 지난 1910년 5월 현재, 학부대신이 인가한 학교 수를 참고로 하면 〈표 12〉와 같다. 총 학교 수 2,250개교 가운데 62.5%인 1,407개교가 서북 5도(황해도·평안남북도·함경남북도)에 있었고, 특히 평안남북도에 전체의 37.5%에 해당하는 844개교의 사립학교가 있었다. 이러한 사실에서 당시 교육구국운동이 가장 활발하게 전개되었던 곳은 서북 지방, 특히 평양을 중심으로 하는 평안도 지방이었음을 알 수 있다. 이는 서북 지방이 가장 강력한 구국단체였던 신민회와 이를 배경으로 하는 서북학회의 주요 활동 지역이었다는 점, 그리고 삼남 지방에 비해 봉건 유교 의식이 상대적으로 희박하고 동시에 상공업이 비교적 발달했다는 점과 관련이 있다. 또한 당시 사립학교 대부분이 서당에서 전화轉化한 것이었는데, 서북 지방의 서당이 이러한 전화에 특히 유리한 조건을 갖추고 있었다는 점도 간과할 수 없는 사실이다. 이에 관해 이각종李覺鍾은 '계契에 관한 조사'에서 서당 경영의 모체인 학계學契를 설명하면서[71] "종래 몇만을 헤아렸던 서당 가운데, 남쪽 지방에는 부호가 단독으로 경영하거나 또는 유생이 직업적으로 가숙家塾을 열었던 것이 많았는데, 서북 지방에는 이런 종류의 학계 경영에 관련한 것이 많았다. 그런데 융희연간(隆熙年間, 1907~1910) 교육열의 발흥으로 그 규모가 커진 곳은 대개 사립학교로 변경되었고, 그에 따라 학계는 자연히 소멸된 경우가 많았다.[72]

〈표 12〉에 제시되었던 사립학교 가운데 종교학교는 주로 기독교계 학교를 가리키는데, 여기서도 기독교가 서북 지방을 중심으로 하는

〈표 12〉 1910년 5월 현재 학부대신이 인가한 도별 사립학교 수

	보통학교	고등학교	실업학교	각종학교	종교학교	계
한성부(서울)	1	1	2	66	24	94
경기도	-	-	-	136	64	200
충청남도	2	-	-	73	16	91
충청북도	-	-	-	41	7	48
경상남도	3	-	1	82	18	104
경상북도	3	-	-	72	75	150
전라남도	1	-	-	31	4	36
전라북도	4	-	-	42	31	77
강원도	-	-	-	37	6	43
황해도	-	-	-	104	182	286
평안남도	-	-	-	189	254	443
평안북도	-	-	1	279	121	401
함경남도	2	1	-	194	21	218
함경북도	-	-	3	56	-	59
계	16	2	7	1,402	823	2,250

[자료] 學部, 『韓國敎育の現狀』, pp. 49~50.

〈표 13〉 1910년 현재 사립학교

도	학교수 (종파/국적)	장로교회			감리교회		종고성(宗古聖)교회		강림포교교회	각교파합동	천주교		기독교(종파 미상)		불교	교사수
		영국인	미국인	조선인	미국인	조선인	영국인	조선인	미국인	미국인	프랑스인	조선인	미국인	조선인	조선인	
서울	24	6	4	-	9	-	-	-	-	1	2	1	-	1	-	82
경기	41	-	7	-	21	2	2	-	-	-	3	1	-	5	-	85
충남	18	-	-	-	2	-	-	1	-	-	2	-	-	13	-	27
충북	7	-	6	-	-	-	1	-	-	-	-	-	-	-	-	10
전남	3	-	2	-	-	-	-	-	-	-	-	-	1	-	-	5
전북	32	-	3	1	-	-	-	-	-	-	3	1	2	22	-	41
경남	17	5	3	-	-	-	-	-	-	-	-	-	-	6	3	29
경북	74	-	53	8	-	-	-	-	-	-	1	1	-	10	1	79
강원	4	-	-	-	-	-	-	-	-	-	2	2	-	-	-	7
황해	183	-	133	-	37	-	-	-	-	-	4	5	-	4	-	219
평남	261	-	159	-	78	-	-	-	2	-	8	9	-	4	1	337
평북	121	-	42	53	9	-	-	-	-	-	-	1	-	16	-	164
함남	16	16	-	-	-	-	-	-	-	-	-	-	-	-	-	31
함북	-	-	-	-	-	-	-	-	-	-	-	-	-	-	-	-
합계	801	27	412	62	156	2	3	1	2	1	25	21	3	81	5	1,116
종파별 합계		501			158		4		2	1	46		84		5	

[자료] 學部, 『韓國教育の現狀』, pp. 49~50.

교육 진흥에 커다란 역할을 담당했음을 알 수 있다. 사실 1900년대 초 이후 전국적으로 증가하기 시작했던 기독교계 학교는 일본의 조선 지배권 확립에도 불구하고, 아니 오히려 그것 때문에 근대교육을 열망하는 조선 민중의 민족적 자각이 뒷받침되면서 급속히 보급되었다. 1910년 2월 현재, 종교계 사립학교의 상황을 나타낸 〈표 13〉에도 나타나듯이, 기독교 특히 프로테스탄트 각 파가 설립한 사립학교는 압도적 다수를 차지하면서 교육구국운동을 추진하는 하나의 중심이 되고 있었다.

애국계몽운동이 전개되었던 시기에 기독교 교회도 전국적으로 확대되었고, 유력한 지방의 기독교 신자를 중심으로 각계의 기독교계 학교가 설립되었다. 그 대부분은 교회당의 일부 혹은 부속 시설을 이용한 초등학교였으며, 명목상으로는 외국인 선교사의 감독하에 있었지만 실제로는 조선인 전도사나 신자의 손으로, 주로 자급 학교의 형태로 자립적으로 운영되었다. 따라서 그 재정적 기반은 튼튼하지 않았으며 교과서나 교원도 갖추어지지 않았다. 1908년 5월 일본 정부의 대신大臣 앞으로 제출된 보고서에는 이들 기독교 초등교육의 상황을 이렇게 설명하고 있다. "기독교 선교사는 포교활동을 하면서 지방 신도의 자제를 위해 학교를 설치하여 그 수가 600~700에 이르고, 학생은 적어도 20~30명에서 많게는 백 명에 이르며, 학과는 한문·산술·지리·체조 등의 과목에 성서를 추가해 가르치는데, 수업료와 기타 기부금으로 유지된다. 평안북도와 같이 교세校勢가 큰 곳도 일반적으로 설비가 아직 완전하지 않고, 또 적당한 교과서도 부족하며, 교사는 대개 한인으로서 적임자를 구하기 어려워 장래 이들 학교를 지원하고 완전하게 하는 것은 요원한 일이다."[73]

이러한 가운데 전국적인 교육열의 고양을 배경으로, 장로파 선교회나 감리파 선교회 등 외국 선교회는 점차 중·고등 교육기관의 설립을 중시하게 되었고, 그 방침에 따라 몇 개의 중학교 및 여자중학교를 설립하였다. 또한 1906년에는 장로파 및 감리파의 연합 사업으로 평양에 숭실학교대학부가 개설되었으며, 같은 시기에 서울에도 고등교육기관으로 세브란스의학전문학교가 설립되었다. 그리고 1907년 장로파가 교회 조직을 정비하면서 총회 내에 학무국을 두고, 전국의 장로파 학교의 교과 과정 및 교과서, 재정 등을 통일적으로 관리하기 시작했던 것을 계기로[74] 각 선교회에서도 그 휘하에 있는 학교를 점차 전국적으로 통일하게 되었다. 이 결과 조선의 기독교계 학교는 초등학교에서부터 중학교, 전문학교, 대학교에 이르는 하나의 체계적인 교육제도의 수립을 지향하게 되었다.

그러나 기독교계 학교가 교육구국운동에서 커다란 위치를 점했던 것은 조선근대교육의 발전에 반드시 좋은 것만은 아니었다. 물론 일본 제국주의가 식민지 교육의 강제적인 부식을 강행하는 상황에서 기독교계 학교가 조선인 자제의 근대적 자아 형성에 기여했으며, 특히 항일의식의 배양에 큰 역할을 했다는 점을 부정하는 것은 아니다. 그러나 보다 엄밀히 논한다면 조선인 기독교 신자에게 항일애국의 원동력은 반제·반봉건 의식으로 뒷받침되는 민족적 양심이고, 기독교 선교사가 가장 힘을 쏟았던 신에 대한 신앙은 아니었다고 말해도 좋을 것이다. 기독교계 학교에서 배운 청년 자제가 국권회복을 지향하는 항일투사가 되었던 적은 있다고 할지라도, 그것은 기본적으로 기독교계 학교라는 친밀한 교육기관을 통해 근대지식을 배우고 어려운 시대를 헤쳐나갈 수 있도록 자기 형성을 이룩했던 조선인 자제 스스로의 노력에 의한 것이었다. 이러한 경우 기독교계 학교는 인격 도야의 장이 되고 또 근대교과를 통해 보편적 지식을 전달하는 매개체는 되었지만 그 종교성 때문에 조선인 자제의 자립적인 내면 형성을 왜곡시키는 것이기도 했다.

실제로 교육구국운동의 최대 목적이 국권회복과 직결된 실력양성이었음에 비해, 기독교계 학교가 본래 지향했던 것은 정치성을 배제한 기독교 신도의 육성이었다. 뿐만 아니라 통감부가 식민지 지배를 달성하기 위해 기독교를 이용하고 혹은 탄압하려는 상황 속에서, 외국인 선교사나 지도적인 조선인 기독교도의 일부는 기독교계 학교의 '세속화'나 '정치도구화'를 우려하여 학교를 통한 종교적 교화의 측면을 더욱 강화해나갔다.[75] 실제로 기독교계 학교에서는 기도·계명誡命·성서 등의 수업 시간이 반을 넘었으며,[76] 학교라기보다는 오히려 교회 혹은 '일종의 전도기관'[77]이라는 모습을 띠었다. 『대한매일신보』도 '논설'에서 "오늘날 한국 종교계는 여전히 그들(서구의-필자 주) 중세 시대의 상태를 보유하여 그들이 설립하는 학교에서는 단지 신학만을 중시하고 신학만을 장려하여 각종 과학 과목을 종종 경시하는 폐해가 없지 않기에, 똑같이 과학을 배웠던 졸업생이라 해도 기독교계 학교의 졸업생과 일반학교의 졸업생 사이에는 상당한 격차가 있다"[78]고 기독교계 학교의 과학 경시를 신랄하게 비판하였다. 그리고 기독교계 학교는 그 양적 확대에도 불구하고 질적으로는 종교적 교화에 중심을 두는 단계에서 크게 벗어나지 못한 채, 많은 경우 조선인 자제에게 친미적 사대주의와 침략자에 대한 무저항주의를 주입하는 역할을 맡았다. 더욱이 종교교육의 배제를 원칙으로 하는 근대 의무교육제도가 아직 실시되고 있지 않은 조선에서 기독교계 학교가 초등교육에서 가졌던 위상은 조선의 미래를 책임질 젊은 세대에 심각한 영향을 끼쳤다.

한편, 손병희 지도하에 있었던 천도교는 통감부의 탄압을 피하기 위해 정교분리政教分離를 견지하며 교단 조직의 온존을 꾀하는 동시에 교육구국운동에도 적극적으로 참가했다.

1906년 이후 천도교가 추진했던 교육사업은 사학보조私學補助와 사학경영私學經營의 두 가지로 대별할 수 있다. 천도교는 교단에 대한 헌미獻米를 기금으로 하여, 1906년 3월 보성학교에 80원을 기증한 것을 비롯해 합동소학교蛤洞小學校에 40원, 홍화학교에 20원, 광명학교에 30원, 석촌소학교石村小學校에 15원의 보조금을 기부하였다. 또한 서울 내외의 사립학교 23개교에 대해서도 학과의 정도나 학생 수, 교원 수에 따라 한 학교에 80원에서 20원의 보조금을 지급하였다. 그리고 1909년부터 재정난에 허덕이던 동덕여학교에 지원의 손길을 뻗쳤으며, 1910년에는 창설자 이용익의 죽음으로 경영 위기에 빠진 보성소학교, 보성중학교, 보성전문학교를 인수하였다.[79] 이 외에도 천도교는 각지에 사립학교를 설립하거나 혹은 측면에서 지원하여 인재 육성에 힘쓰는 한편 신도들에게도 암암리에 독립사상을 고취하는 등 실력양성을 목적으로 하는 교육구국운동의 일익을 담당하였다.

물론 천도교가 도덕주의적 성격을 갖고 있는 이상, 필연적으로 교육계몽활동은 교화주의의 색채를 띠어 일정한 제약을 벗어날 수는 없었다. 그렇다고 할지라도 본래 반제·반봉건의 민족종교였던 동학=천도교가 스스로 근대교육 중시의 노선을 채용했던 것은 광범위한 민중에게 교육 보급의 의의를 깨닫게 하여 그 거대한 에너지를 교육구국운동으로 향하도록 하려는 것이었다. 또 통감부의 식민지 교육이 민족적 주체성의 상실을 목적으로 하고, 기독교 교육이 민족적 주체성의 왜곡을 초래하는 성격을 가지는 가운데, 천도교의 교육사업이 역사주체의 형성을 꾀하는 민족계 사립학교를 지원·육성했다는 것은 조선의 근대교육운동을 일보 전진시키는 것이었다.

이러한 가운데 그 당시에도 여전히 초등교육기관의 주요 부분을 점하고 있던 서당은 교육구국운동의 전개에서 최대의 장애물로 간주되었다. 『기호흥학회월보』는 창간호에 '사숙을 모두 타파해야 한다'[80]는 글을 싣고, 구습이라고 해야 할 사숙은 공·사립학교의 설립과 해외 유학의 장려를 방해할 뿐이라면서 모두 폐지해야 할 것을 주장하였다. 또한 한문으로 된 사서육경에 매달려 근대교과나 체육을 무시하는 사숙의 본질을 비판하면서 유력 민간인의 자금이 사숙에 투입되었기 때문에 국권회복으로 연결되는 학교 설립이 부진에 빠지지 않을 수 없었다고 논했다. 실제적 교육 활동에서도 사숙 배격의 움직임이 각지에서 나타났다. 예를 들어, 서울 북부 관진방회觀鎭坊會는 1908년 말경의 총회에서 마을에 학령아동이 많이 있음에도 불구하고 그 부형이 자제를 관진학교에 보내지 않고 사숙에 보낸다고 하여 방내의 사숙 모두를 일체 폐지한다는 결정을 내린 바 있다.[81] 이러한 사실에서 확실히 신학교가 전국 각지에 설립되고 민중의 교육열이 비상하게 고양되던 상황에도 서당 교사의 대다수는 여전히 구학문의 포로가 되어 신학문에 대해서는 어떤 관심도 보이지 않았음을 알 수 있다.[82] 이것은 대다수의 서당 교사가 사숙을 유일한 생계수단으로 삼았다는 것과도 관련이 있는데, 실제로 서당 교사 가운데에는 자기의 직장을 위협하는 신학교에 적의를 품었던 자도 있었다.[83]

그러나 구교육기관인 서당은 그 자체로 시대에 역행하는 성격을 가지면서도 일본의 침략이 강화됨에 따라 새로운 역할을 담당하기 시작했다. 즉 통감부의 식민지 교육에 반대하는 조선인 자제는 관공립학교를 기피하여 민족교육기관인 사립학교에 입학했을 뿐만 아니라 전국 각지에 산재하는 서당에서도 민족적 활로를 구하게 되었다. 때마침 일본 군경과의 싸움에서 패한 애국적 의병이 귀향해 서당을 열었으며, 또 해산된 정부군의 장병이 지방으로 피신해 서당이라는 형식으로 신학문을 가르치기 시작하였다. 그리고 이 시기 반봉건·반침략의 교육구국운동이 고양됨에 따라 서당은 한편에서는 근대적 사립학교로 개편되었고, 다른 한편에서는 종래의 단순한 한문사숙으로서가 아니라 청소년에게 정치적 각성을 깨우치고 민족의식과 독립사상을 고취하는 장소로 이용되었다. 이는 조선 초기부터 오백 년이라는 장구한 세월 동안 조선의 교육을 담당해왔던 서당이 일본제국주의의 지배체제하에서 형태나 규모는 그대로 유지하면서도 조선어 및 근대적 교과, 반일적 교재 등을 교육 내용에 첨가함으로써 그 내실에서 애국적 민족교육기관으로 전화한다는 아주 험난한 길을 걷기 시작했다는 것을 말해준다.

4. 민족교육의 실천

교육구국운동으로 설립되었던 사립학교 가운데 대표적인 것은 신민회 휘하에 있었던 이승훈의 오산학교와 안창호의 대성학교이다.

가난 때문에 어려서부터 유기공장에서 일하면서 독학한 이승훈(李昇薰, 1864~1930)은 서당에서 경서만을 배운 다른 청소년들과는 달리 일찍부터 생동하는 실제 사회에서 배우는 것이 얼마나 중요한가를 인식하고 있었다. 이승훈은 유기 판매와 무역업을 통해 '신흥 부르주아지'의 한 사람이 되었으며 선진적 인텔리가 되었는데, 사업 실패를 계기로 향리인 오산에 내려와 근대학문을 가미한 서당을 경영해 자제 교육에 헌신하였다. 1907년 7월 이승훈은 고종 양위로 여론이 비등했던 평양에서 '교육 진흥론'이란 제목의 안창호 강연을 접하고 감동받아 곧바로 금연·금주·단발을 결행하고 교육구국운동에 몸을 던졌다. 같은 해 8월에는 향리에 강명의숙을 설립하고, 12월에는 평안북도 관찰사 박승봉의 협력을 얻어 정주군 향교 재산의 일부를 기금으로 중등교육기관인 오산학교를 창립했다. 오산학교의 교과목은 수신·교육학·지지地誌·역사·물리·박물·산술·어학·체조 등이었고,[84] 그 설립 목적은 신민회의 이념을 실천하고 국권회복운동의 간부를 양성하는 데 있었다. 1907년 12월 24일 이승훈은 개교식에서 7명의 입학생을 앞에 두고 "총을 드는 일도 칼을 차는 일도 있어야 할 것이다. 그러나 그보다 더욱 중요한 것은 민중이 눈을 뜨는 일이다. 세상이 어떻게 돌아가는지 알지 못하고 있기에 이들을 각성시키는 일이 제일의 급무이다"[85]라고 민족정신의 배양이 건학의 기본정신이라는 점을 분명히 밝혔다. 여기서 말하는 민족정신이란 "민족의 영광을 기원하는 민족정신"이며 또 "자기 자신의 덕과 지혜와 힘을 키워 나라에 봉사하려는 민족정신"이었는데, 동시에 그것은 "단순한 민족주의라기보다는 오히려 인도주의 내지는 인격주의와 통하는"[86] 것이었던 만큼 아주 정신주의적인 색채가 농후한 것이었다.

한편 안창호가 윤치호·이종호 등과 함께 1908년 9월 평양에 설립했던 대성학교는 당시 사립학교의 대부분이 아주 '유치한 정도'였음에 비해 시설·교과教科·교원이 비교적 잘 갖추어진 '완전한 중학교'로서 국내 인사는 물론 멀리 일본 유학생으로부터도 커다란 기대를 모았다. 이 평양의 대성학교는 당시 '민중사상의 축소판'이라고도 일컬어져 입학 지원자가 전국 각지에서 쇄도하였는데,[87] 처음의 계획으로는 각 도에 동일한 학교를 설립하여 거기에서 교육받은 인재로 하여금 도내의 각 군에 대성학교와 같은 건학 정신을 가진 초등학교를 지도해 갈 예정이었다.[88] 대성학교의 교육 방침은 (1) 민족운동의 인재, (2) 국민교육의 사전師傳을 양성하는 것이었는데, 소설가 이광수는 안창호의 교육 방침을 "건전한 인격을 가진 애국심이 있는 국민의 양성"이라는 한마디로 집약할 수 있다고 했다.[89] 여기에서 건전한 인격이란 성실함으로, 구체적으로는 거짓말을 하지 않는 것, 속이지 않는 것, 약속을 지키는 것이었다. 바꿔 말하면 대성학교는 "민족주의를 고취하여 장래 항일투쟁의 투사를 양성하는 것이 근본 목적"이었으며, 여기에는 "애국자의 조건으로서 '성실함'을 근본으로 건전한 인격을 육성하는 것에 가장 힘을 쏟았던 안창호 민족운동의 기본 이념"[90]이 기반에 놓여 있었다. 이러한 교육 방침 아래 대성학교에서는 근대교과[91]와 함께 '상무적' 체조나 애국창가, 과외연설課外演說 등이 중시되었는데, 전체적으로는 '민족성의 개조'를 목적으로 한 정신교육에 최대의 역점을 두었다.

이와 같이 오산학교나 대성학교의 교육 목적이 근대교과와 정신교육을 2대 지주로 하는 애국투사의 양성이었다는 점은 신학문과 윤리·도덕을 기본으로 하는 당시의 교육사상을 충실히 반영했던 것이고 교육구국운동에 가담했던 모든 사립학교의 교육 이념을 대변하는 것이었다. 이는 일본의 침략이나 부르주아지의 미성숙, 그리고 전통적인 유교적 사고 등이 밀접하게 얽혀 있던 조선 사회의 반半봉건·반半

식민지적 성격에 그 뿌리를 두었다. 어쨌든 실력양성으로 연결되는 근대교육을 국민교화를 통해 성립시키려고 했던 '신흥 부르주아지' 및 그 대변자의 교육 논리는 조선의 사립학교 전체를 통해 민족주의적이고 정신주의적인 사학 정신으로 응축되어 그 이후의 교육운동으로 계승되었다.

그런데 교육구국운동에서 사립학교는 각계 인사의 열렬한 주장에도 불구하고 통일적인 지도기관 아래 관리되지 않았기 때문에 동일한 교과과정으로 수업이 이루어지지 못해 지방이나 학교의 조직 형태에 따라 어느 정도의 차이가 있었다. 그러나 이들 사립학교, 특히 민족계 사립학교의 대량 출현은 조선교육사상 획기적인 일로서 이를 통해 학급수업제도의 채용이나 근대적 교수 방법의 실천, 근대교과의 계통적 도입 등 근대교육의 단서를 개척했을 뿐만 아니라, 광범위한 일반 민중에게 근대학교가 보급될 수 있었고 그것은 역류할 수 없는 하나의 조류가 되었다. 사립학교의 주요 부분을 이루었던 소학교에는 서당에서 2~3년간 한자를 배웠던 아이들이 많이 입학하였다. 거기에서는 국어·조선역사·조선지리·수신·산술·위생·한문·물리 및 화학의 초보·창가·체조 등이 교수되었고, 특히 관공립학교에서 배제된 국어·조선역사·조선지리 등에 세심한 주의를 기울였다. 사립학교는 그 규모나 시설·교과서·교원 등에서는 빈약했지만, 교육 내용의 주체성과 과학성·사상성思想性에서는 진보적이었고, 또 조선 부르주아 민족운동의 중핵인 근대교육운동의 본류를 이루는 것이었다.

이러한 의미에서 사범교육의 독점을 노리는 통감부와 대결하면서 교육구국운동에서 교원의 양성이 아주 중요시되었던 것은 높이 평가되어야 할 것이다. 당시 사립학교가 급증하는 상황에서 근대학문을 배운 교사의 절대적 부족은 교육운동의 진전을 가로막는 가장 큰 요인이 되어 곳에 따라서는 7개교의 이사회가 교사 1명을 놓고 서로 경합[92]하는 경우도 있었다. 이 때문에 대성학교 등 규모가 큰 학교의 경우는 그 자체로 교원 양성을 하나의 목적으로 했을 뿐만 아니라, 사범속성과 등을 부설해 교원 양성에 전력을 경주했다. 그중에서도 각 학회는 본회에 사범학교를 두고 교원 양성에 적극적으로 힘썼다. 서우학회는 1907년 1월 박은식을 초대 교장으로 하여 서우사범학교를 설립하고, 사범속성과 및 야학교에서 교원을 양성함으로써 각지에 사립학교를 증설하고, 장차 일대 교육망을 만들어내려는 계획을 세웠다.[93]

또한 한북흥학회·기호흥학회·호남학회 등이 사범학교를 설립했을 뿐만 아니라 안악군면학회나 보창중학교 등도 사범강습소나 사범속성과를 부설했는데, 그중에는 평양민회처럼 지방자치단체가 주민의 헌금을 받아 사범강습소를 설치하는 곳도 있었다.[94] 어쨌든 이 기간에 교육 구국을 실천했던 각 단체와 학교는 어떠한 방법으로든지 근대교육의 담당자인 교원의 양성에 힘을 쏟았는데, 이는 필연적으로 전 국민이 의무적으로 분담하는 공비公費로, 전국적이고 체계적인 '사범양성소'를 조직해야 한다는 주장[95]으로 이어졌다. 그러나 이러한 전국적 규모의 교원 양성 노력에도 불구하고, 그 성과는 현실의 요구에 부응하지 못하여 사립학교 가운데는 부족한 교사를 보충하기 위해 일본인을 고용했던 경우도 적지 않았다. 이와 관련하여 1910년 5월 말 현재 학부에 보고된 전국의 사립학교 직원 총수 5,647명 가운데 일본인은 147명이었다.[96]

교원 양성과 더불어 교육구국운동에서 교과서의 편찬 및 간행이 활발하게 이루어진 것은 근대교육운동의 발전에 커다란 의의가 있었다. 이들 교과서는 일본 유학생이나 각 학회의 기관지에 외국의 학교 교과나 과학이 소개되었던 것을 기반으로 사립학교의 현실적 요구에 부응하여 간행되었다. 그 범위는 국어·역사·지리·수신·윤리·정치·경제·법률·산술·물리·화학·농업 등 각 분야에 걸쳐 있었다. 그리고 대량으로 출판된 이들 교과서는 모두 조선인 자제에게 자주·독립의 애국사상과 과학 지식을 가르치는 유효한 무기가 되었다. 물론 『대한매일신보』의 '소학 교과서를 정제精製하라'[97]는 '논설'에서도 볼 수 있듯이, 이 시기의 교과서에는 많은 결함도 있었지만, 다른 한편 유승흠이 '교육 방침에 대한 방침'[98]에서 교과서 편술 방침을 피력하는 등, 교과서를 과학적으로 제작하려는 노력도 착실하게 축적되었다. 그렇지만 이러한 조선 민중의 자주적 노력은 이미 서술했듯이 통감부의 '사립학교령'이나 '교과용 도서 검정규정'으로 심한 탄압을 받아 이후의 지속적인 발전은 크게 저해되었다. 다만 여기서 사립학교용 교과서와 더불어 조선 근대문학의 여명기를 장식했던 개화기의 문학, 즉 애국계몽운동과 함께 성장했던 신소설이 조선 민중의 교육·계몽에 커다란 역할을 담당했다는 사실을 덧붙여두고 싶다.[99]

그런데 교육구국운동에서는 누차 실업교육의 필요성이 논의되었고 정규의 실업학교 설립도 주장되었다. 예를 들어 농림학교의 설치나[100] 실업면려회實業勉勵會[101] 설립, 총계 59개 학과 90명에 이르는 실업학과 유학생의 일본 파견[102] 등이 논의되었다. 그러나 실제로는 몇몇의 농학교와 각 학회를 중심으로 하는 측량학과 등 아주 약간의 경우를 제외하고는 실업교육과 이를 실시하는 실업학교는 전무全無한 상태에 머물렀다. 이는 노동을 천시하는 유교적 악습 및 일본의 침략에 따른 농·공업의 미발달에 기인하였는데, 어쨌든 교육구국운동에서 하나의 커다란 약점이 되었다. 그 결과 자주적인 과학기술의 도입과 산업의 진흥에 마이너스 요인이 되었을 뿐 아니라 교육구국운동의 발전에도 큰 타격을 주었다. 즉 당시 조선의 정치·경제가 거의 농업에 의존했던 상황에서 항일抗日과 직결되는 보통 과목만을 중시하고, 실업 과목 특히 농업 과목을 배제했던 사립학교는 조선 민중의 농업 경영에는 어떤 실리적 가치도 없는 존재가 되었다. 그리고 학교 건설을 중심으로 하는 교육구국운동이 농업과 결합될 수 없었던 점은 학교의 재정 곤란을 가속화시켜 교육운동 그 자체의 진행을 방해하였다.[103]

한편 교육구국운동의 전개 과정에서 사회적으로 멸시되어온 여자교육은 약간이기는 하지만 진전을 보였다. 이 기간 동안 앞에서 서술한 진명여학교와 명신여학교(숙명고등여학교), 동원의숙(동덕여학교) 외에도 몇 개의 여학교가 더 설립되었다. 특히, 1906년 6월 주학신秦學新·김운곡金雲谷·김호산金湖山·김송암金松岩 등이 여성의 사회적 지위 향상을 꾀하는 여자교육회를 조직한 것은 그때까지 거의 기독교 선교회에 의지해왔던 여자교육이 주체적인 민족교육기관으로 전개되는 계기가 되었다. 이 여자교육회는 신지식을 체득한 현모양처의 육성과 양잠·직조織造·재봉 등 각종 여자 공예의 보급을 통한 실업 발달이라는 두 가지 목표를 내걸었는데, 이 여자교육회의 주도하에 양규의숙養閨義塾 여학원, 강화보창普昌학교 여학과 등이 설립되었다.[104] 그렇다고 해도 1908년 초 현재 서울의 여학교는 7~8개교였으며 여학생은 1,000명에 불과했고, 지방의 여학교는 수원·인천·평양·부산 등에 있었을 뿐이다.[105] 더욱이 이들 여자교육기관은 항일애국을 하나의 지주로 삼았지만, 다른 한편 영국의 이튼이나 일본의 학습원과 마찬가지로 '양가良家'의 자녀를 대상으로 했던 명신여학교에서 전형적으로 볼 수 있듯이 유교적 덕목에 중점을 두는 현모양처의 육성을 기본 목적으로 하는[106] 경향을 강하게 띠었다.

이러한 가운데 교육구국운동의 전 민중적 성격을 가장 잘 드러낸 것은 정규학교에 갈 수 없었던 노동대중이나 교육자 자신의 질적 향상을 도모하기 위해 전국 각지에 개설되었던 각종 강습소·전습소傳習所·야학교 등의 개설이었다. 강습소에는 일요강습소와 야학강습소, 단기강습소, 또 춘하추동의 계절강습소 등이 있었다. 그 성격상 필요에 따라 수시로 조직되었고 교육 내용에 따라 국어강습소, 역사·지리강습소, 사범강습소, 법학강습소, 측량강습소, 수학·화학강습소, 농림강습소 등으로 나뉘기도 했다. 더욱이 이러한 강습소는 규모나 계속성 등이 일정하지 않았으므로 통감부의 규제도 그렇게 심하지 않아[107] 남녀노소를 불물하고 일반 민중에게 국문을 비롯한 각종의 지식을 보급하고 동시에 항일애국사상을 고취시키는 데 큰 역할을 하였다. 특히 주시경과 지석영 등이 활약했던 국어강습소와 장지연과 신채호가 활약했던 역사·지리강습소는 자주적인 민족문화를 대중화하고 발전시키는 데 지대한 공헌을 하였다.

또 흥화학교를 비롯해 1890년대 후기 사립학교의 야학 병설이라는 전통을 이어받아 보성전문학교가 창립된 지 얼마 안 된 1905년 9월 야학과를 개설한 것을 시작으로 많은 정규 사립학교가 야학과를 설치해 노동대중의 교육·계몽에 진력하였다. 이에 더하여 근대적 학술이 필요해짐에 따라 각지에 일어야학회·영어야학회·부기야학회[108] 등 각종 형태의 야학회가 개설되었고, 또 노동자·농민의 창의적 노동야학회나 농민야학회가 연이어 설립되었다. 노동야학교의 효시는 1907년 6월에 창설된 마산노동야학[109]이라고 하는데 농민야학교도 1907년 5월 배영학교 직원의 지원을 얻어 국문독본이나 초등 소학 교과서를 교재로 개설되었다는 기록이 있다.[110] 그러나 이 둘을 분명히 구별하기는 어려운데 당시의 상황으로 판단해볼 때 더 이른 시기부터 설립되어 있었다고 생각할 수 있다. 그리고 이러한 노동야학교와 농민야학교는 교육구국운동의 고양과 함께 각지에서 경쟁적으로 개설되었으며 그 조직 형태와 교육 내용도 점차 개선되었다.[111]

역사적으로 지배계급의 수탈 대상이었던 노동자와 농민이 비록 맹아적인 형태일지라도 솔선하여 근대교육을 추구하기 시작했다는 점은 조선교육사에서 대단히 중요한 일이었다.

개항 이후 항만·광산·공장을 중심으로 형성되어온 노동자는 1910년 현재 10만 명에도 미치지 못했고,[112] 또한 봉건체제의 붕괴, 일본제국주의의 토지 수탈, 수공업 생산의 파괴 등으로 농민은 몰락의 길을 걸어 노동자·농민은 모두 소나 말 같은 생활을 강요받았다. 하지만 계급 분화의 촉진과 함께 노동자·농민은 착실히 사회로 진출했고 민족운동의 담당자로 등장하기 시작했다. 실제로 『대한매일신보』는 '한국 노동계의 신기원'[113]과 '여자 및 노동사회에 지식을 보급하는 길'[114] 등의 '논설'에서 노동 동포가 국가 사업에서 담당한 역할에 기대를 걸면서 동시에 그들이 각지에서 노동야학교를 설립해 배운다는 것에 경의를 표했으며, 또한 '농업 동포에게 고함'[115]이라는 '논설'에서 농업 동포가 신풍조에 따라 농부학교와 농담회農談會, 초아학교樵兒學校, 노동야학교 등을 개설하여 없는 짬을 내어 면학에 힘써야 한다고 호소하였다. 이들은 모두 노동의 의의를 강조하는 노동관의 형성[116]이나 기본 대중인 농민의 '단결'을 촉진하기 위해 근대적 농회 조직[117]의 결성에서도 볼 수 있듯이 지배계급의 노동자·농민에 대한 사회적 인식이 '일정한 전진'을 보였던 것과 밀접한 관련이 있다.

1900년 물장수로 생계를 유지하던 노동자가 서북학회 앞으로 야학 설치를 청원하자 박은식은 기쁨을 억누르지 못하고 '노동 동포의 야학'이라는 제목의 논설을 『서북학회월보』 제15호에 발표하고, 입에 풀칠하기도 어려운 물장수조차 신학문을 배우고자 하는 데에서 민족의 희망을 발견할 수 있다고 칭찬하였다. 이는 지배계급의 우민정책 때문에 비인간적인 존재로 방치되어왔던 노동자와 농민이 스스로 역사의 주체가 되기 위한 문제의식과 정치감각을 갖기 시작했으며, 밑에서부터 독자적인 교육을 요구함으로써 반제·반봉건의 선진계급으로 자기무장하기 시작했음을 나타낸다. 다만 당시 관리·지주·상공업자·개화

지식인의 협력으로 운영되었던 노동야학교와 농민야학교는 기본적으로 항일애국의 전 민족적 성격을 가지고는 있었지만, 거기서도 '부르주아지'의 이익을 추구하는 국민교화의 논리가 관철되었다. 이는 유길준이 저술한 『노동야학독본』[118]에서 직업의 귀천이 배제되고 노동자의 성실함과 근면함이 요구되었으며 납세·병역·자제 교육 등의 '국민'적 의무가 강조되었던 것에서도 나타난다.

어쨌든 교육구국운동은 통감부의 식민지 교육정책과 대항하는 형태로 고양되었는데, 그것은 필연적으로 고등교육기관의 설치를 지향하게 되었다. 1906년 7월 20일자 『대한매일신보』의 '논설'에서는 민영환의 순국으로 폐지 위기에 빠졌던 흥화학교를 확충하여 소학·중학·대학의 일대 학원으로 설치할 것이 논의되었다. 또 1910년 3월의 『대한매일신보』나 『황성신문』에는 보성학원의 이종호가 기금 10만 엔을 적립하여 보성전문학교를 확장해 보성대학으로 승격시킨다는 구체안이 보도되었다.[119] 그리고 기독교계에서는 숭실학교대학부와 세브란스의학전문학교를 설립했던 것 이외에도 장로파 선교회의 언더우드를 중심으로 서울에도 대학을 설치할 것이 계획되었다.[120] 뿐만 아니라 포교제일주의를 전면에 내세워 대학 설치에 부정적인 태도를 취했던 천주교의 민주교閔主教도 통감부의 '협력'을 얻어 서울에 대학교를 설립할 것을 시도했다.[121] 이들 기독교계에서 고등교육기관을 설치하려 했던 것은 모두 선교단체가 주도했는데, 이는 말할 필요도 없이 조선 민중의 교육열로 뒷받침된 것이었다. 그럼에도 불구하고 이러한 고등교육기관의 설치 움직임은 내부 노력의 부족과 통감부의 고등교육 억제 정책으로 결국 실현되지 못한 채 끝났다.

이러한 가운데 사립학교의 연합대운동회 개최는 교육의 성과를 과시하고 일본 침략자에게 조선민족의 기개를 보여주는 일대 시위가 되었다. 원래 조선에서는 근대교육이 시작된 처음부터 관민이 함께 대운동회를 개최하는 것이 아주 중시되어왔다. 이러한 전통은 교육구국운동의 고양과 함께 한층 더 크게 발전하였다. 그리고 청년학생뿐만 아니라 지방민 모두가 참가하는 대운동회는 상무적 교육을 중시하는 교육구국운동의 본질을 반영하는 한편, 피압박민족의 울분과 사회적 불만의 분출구가 되었다. 평안남도 및 황해도의 연합대운동회에 참석했던 학부차관 다와라 마고이치는 그 상황에 관해 "참여 학교 수는 200여 개교를 헤아리고 참석자는 총 7,000~8,000명에 달했고 멀리서는 며칠의 여정으로 모여들어 나팔을 불고 큰북을 치며 악대가 훈련을 거듭해 열 지어 걸을 뿐만 아니라, 그들은 1주 내지 10일의 귀중한 시일을 소비하고 다액의 여비를 지불하는데 양복, 목총의 제조, 부형의 수행 등 제반 비용을 합산하면 평양에서 하는 1회 운동회의 비용은 5~6만 원에 달하는 것이었다", "그들의 학교에서 평소의 과업은 이 연합대운동회의 연습을 하는 데 불과하다는 느낌을 불러일으킨다"[122]라고 서술하여 사립학교에 대한 공포심을 한층 격화시켰다. 실제로 학부는 연합대운동회의 개최에 대하여 연합의 범위가 일군一郡 이상이 되거나 또 며칠에 걸쳐 이루어지는 것을 금지하는 조치를 취하였다.[123]

이와 같이 교육구국운동은 그야말로 조선 민중의 항일애국적 열정의 분출이었는데, 이는 의무교육운동의 전개에서 가장 잘 나타나 있다. 무엇보다 각 계몽단체와 학회는 모두 의무교육의 실현을 열심히 주장했는데, 특히 대한자강회 및 지방자치단체가 그것을 구체적인 운동으로 적극 추진하였다. 1906년 8월 대한자강회는 10개조로 이루어진 '의무교육조례대요義務教育條例大要'[124]를 정리하여 정부와 중추원에 의무교육 실시에 관한 건의서를 제출하였다. 이 건의서는 다음 해인 1907년 1월 지방자치제도 실시안 등과 함께 중추원에서 가결되어 정부로 이송되었지만,[125] 각계 대표의 거듭되는 독촉에도 불구하고 정부는 소극적 태도를 일관하였고 결국 민간의 자발적인 의무교육 실시 운동이나 광범위한 학교 설립운동으로만 전개되었다. 그리고 이 운동은 평양에서 가장 먼저 시작되었는데, 거기에서는 학교의 설립 유지에 대한 국민의 의무를 강조하는 데 각별한 주의를 기울였다.[126]

그 후 운동의 진전과 함께 여병현呂炳鉉의 '우리나라 학계의 풍조'[127]와 필명 숭양산인嵩陽山人의 '교육 보급의 발전 방법을 탐구한다'[128] 등에서 의무교육의 실시 방법이 논의되거나 대한협회에서 학구學區의 제정을 도道·군郡에 건의할 것을 결의하는[129] 등의 다양한 시행착오도 거듭되었다. 이러한 가운데 1908년부터 1909년에 걸쳐 서울 각 지구에 조직되었던 지방자치단체는 관내 주민의 의무적 갹출醵出을 통해 사학 경영을 떠맡거나 혹은 원조하였다. 정경민단貞慶民團은 보광학교普光學校를, 광통방회廣通坊會는 홍성학교共成學校를, 관진방회觀鎭坊會는 중교의숙中橋義塾을, 북삼방민단北三坊民團은 청풍학교淸風學校를, 장통방회長通坊會는 파성학교把成學校를, 훈도방회薰陶坊會는 진명여학교進明女學校를, 인평방회仁平坊會는 인평학교를 각기 담당하였다.[130] 이것 이외에도 서대문新門 밖 팔동八洞과 동막동東幕洞, 광희문동廣熙門洞, 앵각동櫻閣洞, 가회동嘉會洞·안국동安國洞 등의 주민이 의무교육회를 조직함으로써 사학 경영에 참가하였다.[131] 이 운동은 지방으로도 파급되어 기호흥학회[132]와 서북학회[133]를 비롯한 각 학회의 관할 지방에서도 조금씩 실천되었다. 다만 전체적으로 볼 때 이러한 의무교육운동은 통감부나 친일정부의 '비협력'뿐만 아니라 '밑으로부터'의 에너지도 충분하지 못했으므로 그 내실은 많이 모자라는 것이었다. 그러나 그것은 의무교육운동에서뿐만 아니라 교육구국운동 전체에는 딱 들어맞는 것이었다.

5. 교육구국운동의 한계

교육구국운동에서 사립학교는 국권회복과 직결되는 실력양성이라는 민족적 과제에 부응하기 위한 것이었다. 그러나 실제의 학교 설립은 반드시 그러한 숭고한 목적에 뿌리를 둔 것만은 아니었다. 일본 유학생 중의 하나가 '내지 각 학교 설폐의 정형內地各學校說幣の情形'[134]에서 본국 동포가 학교를 설립하는 동기를 (1) 애국지사의 구국적 열의에 의한 것, (2) 학교 설립으로 이름을 빌려 개인적 이익을 꾀하는 것, (3) 인근 각 마을의 학교 설립 경쟁에 따른 것 등의 세 가지로 분류하면서 공공재산과 의연금을 허락 없이 쓰려 한다거나 촌의 체면을 유지하기 위한 (2), (3)은 학교의 불완전화를 초래해 국민교육의 의무에 거역하는 것밖에는 되지 않았다고 논하였다. 특히 당시 단발을 하고 양복을 착용하며 교육계에 출현해서 교장·교감·교사의 이름을 사칭하고, 외국 서적을 팔에 끼고 농담이나 즐기며 야유회에 참가해 외국인과 악수라도 하면 더없는 명예라고 여기는 '사이비 문명신사'의 행동은 커다란 사회문제가 되기조차 하였다.[135] 이는 결국 신채호가 개탄했듯이 "애국의 목소리가 높았던 신교육계의 애국 인물이 도리어 애국의 목소리가 희박했던 구교육계만큼도 안 된다"[136]는 현상이었다.

이러한 사태는 교육구국운동의 융성에도 불구하고 근대교육의 참뜻이 아직 국민에게 이해되지 않았기 때문이기도 한데,[137] 그것은 필연적으로 교육운동의 진전을 저해하였을 뿐만 아니라 이미 설립된 사립학교의 유지·운영도 매우 곤란하게 만들었다. 이 때문에 『대한매일신보』가 '사립학교 유지에 관한 의견'이라는 제목의 '논설'에서 (1) 학교 수의 증가보다도 사견私見을 버리고 2~3개 혹은 4~5개의 동洞이 재력을 합해서 단 하나의 학교만이라도 완전하게 설립할 것, (2) 동계洞契,

서당계書堂契, 위친계爲親契, 애경상문계哀慶相問契 등 개인의 이익을 도모하는 전통적인 잡계雜契를 교육 목적으로 변화시킬 것, (3) 학생에게 수업료를 납부시킬 것[138] 등의 개선책을 주장하였는데, 사립학교의 취약한 재정적 기반을 강화하는 데까지는 이르지 못했다. 이에 덧붙여 교사의 부족을 보충하기 위해서 사립학교가 고급高給의 일본인 교사를 영입했던 것은 학교 경영을 악화시켰을 뿐만 아니라 민족사학 본래의 교육 목표를 뿌리에서부터 뒤집어엎는 것이었다.[139] 특히 이 일본인 교사 가운데 학부차관 다와라 마고이치조차 "내지(일본-필자 주)에서 교육상 어떤 경력이나 학식을 가지지 못하고 심지어는 형법상의 처벌을 받은 자도 없는 것은 아니다"[140]라고 인정했던 자도 포함되었던 것은 조선인 학생의 반발을 불러일으키고 교육현장의 혼란을 가중시켰다.[141]

『태극학보』에 실린 '교육계의 사조'[142]에서는 교육계의 병상病狀은 아주 중태라고 하면서 그 원인으로 (1) 교사의 어리석음, (2) 재정의 곤란, (3) 교과서의 불완전, (4) 사이비 유지자有志者의 주장 등 4개 항목을 열거하였다. 그리고 교육구국운동에 있어 사립학교의 실태에 관해 『대한매일신보』는 '논설'[143]에서 다음과 같이 말했다.

"요즘 각 도의 인사가 학교를 세우고 한 달에 60원을 내고도 교사를 구하기가 어려워 할 수 없이 어느 정도의 사람을 채용하는데 이들이 가르치는 것을 보면 지지地誌를 가르치면서도 동서남북을 알지 못하고 역사를 가르치면서도 고금古今의 연대를 알지 못하며 심지어는 한문까지도 잘 알지 못하여 획수가 많은 한자가 나오면 눈이 휘둥그래진다. 이렇게 최근 인사가 때때로 보통과를 설치하여 몇 명의 교사를 초빙하여도 겨우 얻을 수 있는 것은 일본인 교사뿐이다. 착실한 교사를 발견하기는 어렵고 그 때문에 무엇을 배우고 무엇을 모범으로 해야 할지를 모르겠다. …… 오늘날 산간벽지의 민중은 신학문을 '곤니치와

(안녕)', '사요나라(잘 가)'라고만 생각하고 신지식을 '온츄御中', '고자소로御座候'라고만 생각한다. 학교를 세워도 그 과정은 거의 일어·산술에 지나지 않아 장래 앵무새같이 입으로만 지껄이는 신사가 13도 산하에 넘치고 일본인에게 양자로 가는 자제가 나라 안에 가득해 민족성을 유지할 기회를 잃어버린다. 그 외의 교과도 교사를 구하기가 마찬가지로 어려워 어린아이들을 지도하는 데 일본어로 돌아가게 되는데 어찌 이를 경계하지 않을 수 있겠는가."

게다가 학교가 점차 정착하기 시작한 조선 사회에서 학생은 하나의 커다란 세력으로 간주되어 관리에 뒤지지 않을 정도의 존경을 받게 되었지만, 그러한 풍조 가운데 거꾸로 학생 가운데는 화려한 양복을 착용하고 담배를 피우는 등 사치스러운 '개화병'에 걸린 자도 적지 않고 '사회정신의 부패'를 초래했던 자도 많았다.[144] 그리고 교육구국운동은 일부 인사가 "민중의 지식이 높은 수준에 도달하면 국권은 저절로 돌아온다"[145]라든지 "일어·산술만 배우면 국가는 부강해진다"[146]라고 잘못 이해했던 경우도 있었는데, 운동 그 자체도 "이러한 교육을 수백 년 계속하여도 아무런 쓸모도 없다"[147]라고 내부에서 비판될 정도로 불완전한 측면이 있었다.

여기서 볼 수 있는 교육구국운동의 실태는 조선의 자본주의 미발달과 관련한 문제이면서 동시에 일제의 침략정책과도 밀접한 관련이 있었다.

조선 민중의 의무교육 실시 요구 하나만을 보아도 통감부 당국자는 비용과 교원의 공급이라는 면에서 그것은 불가능하고, "의무교육제를 발포하는 것에 대한 논의는 국력의 여하를 살피지 못한 잘못된 생각으로 공연히 일본의 문운융성文運隆盛한 상태를 동경해 아직 그것이 근거하는 국력의 정도를 꿰뚫어 보지 못한 것"[148]이라고 하면서 처음부터 이것을 받아들이지 않았다. 여기에서 당국자가 말하는 의무교육이란 어디까지나 관공립학교를 기본으로 하는 '공교육'을 전제로 한 것이었다. 이러한 관점에서 볼 때 확실히 국가주의 교육의 보급을 의도했던 일본의 경우, 1896년에 52%, 1905년에 86.9%에 이르는 높은 소학교의 실질취학률[149]은 자본주의 발달에 따른 국민의 교육 요구를 배경으로 국비國費·도부현비道府縣費·군시구정촌비郡市區町村費를 바탕으로 한 윤택한 교육 지출을 기반으로 하였다. 이에 비해 조선의 재정 규모는 작았으며, 특히 학교의 확충에 큰 의미를 갖는 지방비의 교육 지출이 미비했던[150] 것은 사실이지만 이는 조선 자본주의의 미발달이나 지방행정기구의 미정비뿐만 아니라 더 근본적으로는 일본의 침략 정책에 기인했음은 말할 필요도 없다.

일본 침략자는 조선 경제의 식민지적 재편을 강행했고 자본주의적 발달을 억압했을 뿐만 아니라 일본인 관리를 높은 보수로 고용하여 조선의 재정을 압박했고 또 총검과 악법을 무한정 동원하여 조선인의 광산, 토지, 가옥, 그 밖의 자산을 수탈했다. 이와 함께 통감부는 직접적으로는 '사립학교령'·'학회령'·'교과용 도서 검정규정' 등으로, 간접적으로는 '지방비법'·'기부금품 모집 취체규칙'에 의한 향교재산·시장세·선세 등 사학 재원의 규제를 통해 사립학교의 존립 기반을 파괴해갔다. 그 때문에 사립학교는 속속 폐지될 수밖에 없었고 의무교육은커녕 불충분하게나마 존재했던 사학교육의 존속조차 곤란해졌다. 이렇게 볼 때 조선의 사립학교가 학교 시설·교과서·교원 등 근대교육의 내실에서 많은 결함이 있었다고 할지라도 그 책임의 많은 부분은 당연히 일본제국주의가 짊어져야 했다는 점을 이해해야 할 것이다.

어쨌든 애국계몽운동의 주요 형태였던 교육구국운동은 모든 운동이 그러하듯이 성장 과정에서 많은 결함을 내포했지만 조선 땅에 근대교육을 부식하기 위한 자주적이면서 창조적인 일대 민족운동이었다. 그것은 조선근대교육운동의 모든 특성을 집중적으로 표현했던 민간 교육운동임과 동시에 국권회복을 위한 민족 간부 양성을 꾀했던 반일운동이었다. 이 과정에서 문벌이나 신분, 종교의 상위相違·대립은 항일애국이라는 원칙을 통해 점차 극복되었으며 그 중심적 역할을 담당했던 애국적 사립학교는 새로운 사상의 구심점이 되었다.

Ⅵ. 애국계몽운동과 교육구국운동의 역사적 의의

1. 애국계몽운동의 한계와 국문운동·교육운동의 전개

교육구국운동을 중심으로 하는 애국계몽운동은 지식인을 비롯한 민간 중심의 애국 세력이 전개했던 정치·경제·문화 등 각 영역의 반침략·반봉건운동이었다. 더욱이 의병투쟁의 지도자가 삼남 지방 출신자를 중심으로 봉건유교적 윤리관을 투쟁의 지주로 삼았던 것에 비해, 애국계몽운동의 지도자는 대개 서북 지방 및 서울 출신자로서 신학문을 중핵으로 한 서구적 근대합리주의를 신봉하였다. 이는 1911년의 '데라우치寺內 총독 암살 미수 사건'으로 기소되었던 애국계몽활동가 125명 가운데 양반이 10명, 평민이 115명이었다는 점, 직업별 구성에서 신학교新學校 교사가 50명, 상업 22명, 농업 23명, 무직 10명, 관리 8명, 의사 및 학생 각 3명 등이었다는 점, 종교별로 프로테스탄트 92명, 천주교 10명, 유교 2명, 무종교 21명이었다는 점에서도 명백하다.[1]

그렇지만 국권 상실의 민족적 위기에 직면해 과감하게 전개되었던 항일애국운동은 그 중심 세력의 미숙함으로 타협적 성격을 띨 수밖에 없었다. 그중에서도 신흥 '민족 부르주아지'를 포함한 지도층은 일반 민중의 사회적 진출에 대하여 경계심을 가진 반면, 통감부 권력의 탄압 강화에 따라 "주체성의 결여와 동요, 자기의 힘 없음을 외세에 의

존함으로써 보완하려고" 했던 것, 특히 "치외법권을 갖고 있던 기독교를 개입시킴으로써 일제와의 모순을 중화中和하려고 했던"[2] 것은 운동의 약체화를 초래했다. 그 결과 애국계몽운동과 반일의병투쟁의 결합이 저해되어 일반 민중을 기반으로 하는 거국적인 항일독립운동의 전개가 불가능하게 되었다.

지식인·관리·지주·상인·기업가 등의 애국 세력이 전개했던 애국계몽운동은 반半봉건적 사회 기반과 반半식민지적 정치체제 속에서 교육·문화·종교에 한정되는 소극적 운동에 머물렀고, 그 계급적 한계성으로 일반 민중 속에 깊이 침투하여 광범위한 민중의 에너지를 이끌어내는 데 실패했다. 이는 나중에 천도교 간부가 된 최린(崔麟, 1878~?)이 애국계몽운동을 이끌었던 각 학회를 지칭하여 "어느 것도 국난을 구할 만큼의 조직과 기백을 갖추고 있지 않았다……"[3]라고 서술했던 것에서도 추측할 수 있다.

원래 애국계몽운동 그 자체는 종래의 개화운동에 비해 한층 더 풍부한 내용을 갖고 있었지만 정치적 성격에서는 부르주아적 국정 개혁의 실현을 지향했던 독립협회운동과 비교하면 일보 후퇴한 것이었다. 즉, '위로부터'의 개혁이 슬기로운 군주와 부르주아지를 중심으로 한 주체적 권력의 결여로 불가능해졌으며, '아래로부터'의 개혁이 민중 세력의 미성숙으로 성취될 수 없었던 상황에서 일본제국주의 지배하에 진행되었던 애국계몽운동은 그 자체가 이미 불발로 끝날 수밖에 없는 구조 속에 있었다. 더욱이 정치·경제적으로 취약했던 '민족 부르주아지'를 포함한 지도층은 직접적인 권력 탈취가 아니라 교육과 문화를 목적 달성의 최대 수단으로 간주했으므로 때때로 통감부 권력에 대해 일정 부분 의지하는 마음을 갖기조차 하였다. 사립학교의 재정 곤란에 직면했던 각 학회가 연합해서 통감부 통제하에 있던 학부에 지원을 요청했던 것이 그 전형적인 예이다. 다시 말하면 거기에는 일본과의 지배·피지배라는 긴장관계는 조선이 문명개화하고 서양 문명사회에 참가함으로써 해결될 수 있으며, 이를 위해서는 자발적으로 협력하도록 민중을 계몽하는 일이 가장 중요하다는 '부르주아지'의 '논리'가 있었다. 일본 군경의 압도적인 무력 탄압하에서 일본을 한번 유람했던 자나, 혹은 단발하고 양복을 입고서 '굿바이'라든가 '댕큐', '사요나라', '아리가토' 등의 외국어를 겨우 할 줄 알았던 자가 소위 '개화자'를 자처하고 조국을 야만시하는 행위[4]는 그러한 '부르주아지 논리'의 연장선상에 있는 기형적인 현상이었다. 거기서 반半봉건·반半식민지 사회에서 근대적 개인의 해방은 현실 사회의 질곡을 깨부수는 것만이 아니라, 그 이상 적극적으로 성장해 자기의 생존에 어울리는 사회를 형성할 때에 비로소 완성된다는 인식은 희박했다고 해도 좋다. 바꾸어 말하면 역사 주체의 형성이 인간해방의 양적 확대와 동시에 그 질적 강화를 기반으로 이루어진다고 하는 가운데, 애국계몽운동에서 '민족부르주아지'를 포함한 지도층이 담당한 역할은 모든 면에서 불충분하였다.

그러한 약점을 가졌던 애국계몽운동은 노동자와 농민의 계급적·민족적 의식이 높아지고, 그와 함께 일본 침략자의 탄압·회유 정책이 강화됨에 따라 개량주의적이고 타협주의적인 방향으로 전락하기 시작했다. 특히 각 학회는 통감부 당국의 각개격파와 매수공작으로 반일단체로서의 순수성을 유지할 수 없게 되었으며, 대다수가 교묘한 '통감정치'의 미끼가 되거나 혹은 좌절하게 되었다. 일본제국주의의 탄압강화에 직면했던 서북학회가 1909년 12월 『서북학회월보』 제18호에 '본회의 성질'이라는 제목으로 '단순한 교육단체'임을 새삼스럽게 주장할 수밖에 없었던 것도 이러한 사정을 잘 보여준다.

물론 애국계몽운동이 기본적으로 항일애국을 표방한 국권회복운동이었던 이상, 거기에 포함된 교육구국운동을 비롯한 다양한 형태의

운동에는 긍정적이고 진보적인 측면이 있었다. 그러나 이러한 운동은 애국계몽운동이 많은 결함을 가졌던 것과 마찬가지로 동시에 약점을 내포할 수밖에 없었다.

이는 예를 들면 뛰어난 반제·반봉건 싸움이었던 국문운동에서도 드러난다.

독립협회운동 이후 국문에 대한 이해가 급속하게 심화되었다고 할지라도 음성언어인 국문과 문자언어인 한문으로 이루어진 언어의 이중구조는 여전히 사회의 주류를 이루었다. 이에 관립의학교 교장 지석영은 1905년 '신정국문新訂國文 6개조'를 국왕에게 상소했고, 이에 기초하여 1907년 7월 학부 안에 국문연구소가 설치되어 국문에 대한 종합적 연구가 시작되었다. 국문연구소에서는 이능화李能和·주시경周時經·어윤적魚允迪·지석영 등을 중심으로 국문의 연원, 글자체와 발음의 연혁, 철자법의 개혁 등에 관한 많은 토론을 거듭하여 1909년 12월에는 통일적 견해인 '보고서'를 학부대신에게 제출하였다. 또한 민간에서도 활발한 개별적 연구가 이루어져 최광옥의 『대한문전大韓文典』, 유길준의 『대한문전』, 김희상의 『초등국어사전』, 주시경의 『대한국어문법』, 『국어문전음학國語文典音學』, 『국어문법』 등의 과학적 결과물이 간행되었다. 이들은 모두 근대어로 국문을 정리하는 일이 중요한 과제였던 시대의 요구에 답하는 것이었다. 동시에 국어로 표현을 풍부히 하는 능력이 인간 형성의 성숙도를 나타내고 넓게는 한 나라 문화 형성의 수준을 나타낸다는 관점에서 본다면, 이러한 활발한 국문 연구는 주체적인 인간 형성 및 문화 형성에 적지 않은 기여를 하는 것이었다. 교육의 영역에서 보아도 헐버트가 "한자漢字가 완전히 없어지기 전까지는 광범위한 보통교육은 불가능하다"[5]라고 말했듯이 평이하면서도 과학적인 국문 표기법의 완성은 근대교육의 보급, 특히 초등 의무교육의 실현에 불가결한 전제가 되었다.

당시 전통적으로 지배층은 순한문을, 피지배층은 순국문을 사용해 온 역사적 배경에서 언어 문제에 관해 다양한 논의가 이루어졌지만, 대다수는 국문전용國文專用에 따른 언문일치를 지향하였다.[6] 이는 말할 필요도 없이 한문이라면 1년 걸리는 것을 2~3일 만에, 10년이 걸리는 것도 몇 개월이면 가능하다[7]는 국문의 평이성 때문이었다. 그러나 조선어문朝鮮語文에 관한 연구가 활발히 이루어졌다고는 해도 그 성과는 여전히 미미했으며, 또 1909년 말 국문연구소의 해체가 상징하듯이 일본 세력의 확대와 함께 국문의 연구 및 그 보급은 크게 제약을 받게 되었다. 그리고 국문 표기법의 미숙, 국문 서적의 부족,[8] 지식인의 한문에 대한 애착 등으로 국문 전용은 기대하는 만큼 진전되지 않았고 결국 애국계몽운동기의 신문과 잡지들은 국한혼용문을 주된 지식 전달의 수단으로 사용하였다.

그 결과 문법적으로 완성도가 미흡했던 국문은 『대한매일신보』에서 "쓸데없이 독자의 머리를 혼란시킬 뿐 조금도 민지民智의 발달에 이익이 되지 않는 것……"[9]이라는 혹평을 받을 정도의 문체에 머물렀고, 서당에서 한자를 배웠던 자에게는 오히려 한문보다 배우기 어려운 것이 되기도 하였다.[10] 다른 한편 국한혼용문도 현재의 국한혼용문과 달리 그 실체는 한문을 풀어헤쳐 그사이에 국문 조사助詞를 끼워 넣었을 뿐, 언문일치와는 거리가 먼 문체였다.[11] 따라서 당시에 국문운동이 일정한 성과를 올렸음에도 불구하고 조선어는 국권회복운동을 뒷받침하는 유효한 무기로까지 성장하지 못했다. 이는 국한혼용문체로 발간되었던 『대한매일신보』나 각 학회의 기관지가 한자를 읽지 못하는 민중에게 직접적인 교재가 될 수 없었다는 점에서도 알 수 있다. 그리고 이것은 당연히 일반 민중에게 근대지식을 보급하고 항일애국·부국강병사상을 고취시키는 데 저해 요인이 되었으며, 근대교육의 발전과 국민사상의 통합 및 근대 내셔널리즘의 전개에 일정한 브레이크 역할을 하게 되었다.

그런데 애국계몽운동의 약점은 지도층의 미숙성 등 내적 요인에 기인하는 동시에 일본의 침략정책에 대한 부적절한 대응 때문에 조장되기도 했다. 여기서 교육과 관련하여 구체적인 예를 든다면 각 학회와 사립학교에서 전개된 단발의 실시 방법을 지적할 수 있다.

'보호조약 체결' 후 통감부는 친일정부나 관공립학교를 통해 관리의 경우는 그 지위 보전을 미끼로,[12] 학생의 경우는 입학 허가나 퇴학 처분을 넌지시 말하며[13] '문명'의 이름 아래 단발을 강행했다. 그리고 단발에 대한 논의가 비등한 가운데 문명개화를 표방했던 애국적 신문이나 학회 기관지도 단발의 필요성을 활발히 주장했다. 이러한 과정에서 사범학교를 비롯한 각 학교의 학생이나 각지의 민중들 중에는 자발적으로 단발을 하거나 양복을 입는 사람이 속출하였고, 그것은 하나의 사회적 흐름이 되기 시작했다. 그러나 당시 '단발을 거부하는 것은 항일애국'이라는 논리가 점차 무너지기 시작했다고는 해도 문명적 관점에 근거해 단발에 대한 국민적 합의는 아직 형성되지 않았다. 대한협회 회장 김가진金嘉鎭은 1908년 9월 친일내각의 '총리대신' 이완용에게 '경고서'[14]를 보내고 그 가운데에서 정부의 단발 강행은 본말이 전도된 것이며, 그것은 정부에 대한 민중의 의혹을 격화시키고 민심을 격앙시키는 등 불에 기름을 붓는 격이라고 엄히 규탄하는 한편, 단발에는 찬성하지만 계몽으로 국민의 자각이 선행되어야 한다는 협회의 주장을 분명히 개진했다. 그러나 실제로 통감부와 친일정부뿐만 아니라 개화지상주의적인 성격을 띠었던 애국계몽운동에서도, 예를 들어 사립학교 입학의 조건으로 단발을 강요하는[15] 등, 결과적으로는 반동 지배자와 같은 전철을 밟는 경우가 적지 않았다. 이는 유교적 풍속을 존중하는 민중의 반감을 불러일으켜 의도와는 다르게 그들을 항일애국운동으로부터 이반시키는 결과를 초래하기도 하였다.

이것과는 반대로 애국계몽운동이 일본의 침략정책에 신속하고 적절하게 대응했음에도 불구하고 그것에 대한 민중의 몰이해는 반일운동의 발목을 잡기도 했다. 구체적인 예로, 1907년 이후 일본 침략자들의 '국유 미간지 이용법'과 '삼림법'의 제정·공포 및 '동양척식회사' 설립을 계기로 전국 각지에 많은 측량과測量科가 설치되었던 것을 들 수 있다. 원래 조선에서 토지측량기사는 1898년 양지아문量地衙門[16]이 설치된 후 양지아문 내에서, 1900년 4월 사립 흥화학교興化學校에 증설되었던 양지속성과[17] 등에서 양성되었다. 그러나 통감부가 각종의 악법을 날조하고 일정한 기간 내에 정확한 측량도測量圖의 제출 등을 의무화함으로써 이를 위반한 조선인 소유자로부터 방대한 토지산림을 국유지림國有地林으로 편입한다는 명목의 수탈을 획책하자 각 학회나 사립학교는 곧 수십 개에 달하는 측량과를 설치하여 조선인 측량기사를 양성함으로써 민족 재산을 보전하고 일본의 침략정책에 반항하고자 했다.

당시 각 신문이나 각 학회의 기관지는 '삼림법'과 '동척'에 관한 '법령'·'규칙'을 상세히 보도하고 일반 민중에게 경계심을 갖도록 호소하였으며, 다른 한편으로는 『정선토지측량법精選土地測量法』 등의 교과서를 출판하고, 또 각종의 측량기계를 대대적으로 발매하기 시작했다. 이는 애국계몽운동이 일본제국주의의 잔인한 약탈성에 민감하게 반응했으며 또 그것에 대처할 만한 능력을 갖추고 있었음을 보여주는데, 실제로 거기에서 많은 측량기사가 양성되어 일본의 침략적 야망에 일정한 제동을 걸었다는 것은 상상하기 어렵지 않다. 그렇지만 측량과에서 배운 조선인 학생 중에는 측량 교육의 참뜻을 이해하지 못한 채, 이기적인 문벌의식에 사로잡혀 결과적으로 애국계몽운동에 물을 끼얹는 경우도 있었다. 이에 관해 신채호는 '타파 가족적 관념打破家族的觀念'[18]이라는 제목으로 『대한매일신보』의 '논설'에서 아주 먼 시골에서 측량을 배우기 위해 서울로 올라온 청년에게 그 목적을 물으면 "측량법을 알지 못하면 우리 선조의 분묘墳墓가 국가의 것이 되기 때문에 내가 측량을 배워 선조의 산림을 보전하는 것을 목적으로 입학했다"라고 대답하는 사람이 있다며 그 수구성을 엄하게 탓했다. 애국계몽운동과 그 하나의 형태인 교육구국운동이 일반 민중에게 올바로 이해되지 못하고 그것이 유교적 전통과 직결되어 개인적 목적으로만 수용되었던 사례를 여기서도 볼 수 있다. 이것은 물론 자본주의의 미성숙으로 개인이 여전히 가족 속에 매몰되어 각 개인의 독립이 이루어지지 않았기 때문이기도 하다. 이는 메이지 일본에서 교육칙어에 제시되었던 가족국가관에도 불구하고 행정기구의 근대화와 자본주의 경제의 발달, 교육의 확충, 능력 본위의 인재 등용 등으로 개인이 반드시 가家를 매개로 하지 않고 어느 정도 사회적 독립을 수행했던 것과 비교할 때 더욱 분명해진다.

2. 애국계몽운동의 윤리·도덕적 성격

교육구국운동의 성격과 관련해서 애국계몽운동을 전체적으로 파악하고자 할 때 윤리·도덕적 성격은 아주 중요한 문제이다. 또한 그것은 당시 조선의 종교계에서 최강의 세력을 자랑하던 기독교 및 유교의 동향과도 밀접한 관련을 맺고 있었다. 그 전형적인 사례로 『대한매일신보』가 1910년 4월 15일자 '논설'인 '양 종교가에게 요구한다'에서 기독교도에 대해서는 '국가정신'을, 유학자에 대해서는 '문명주의'를 갖도록 요구하면서 양쪽 모두 윤리·도덕적 편향과 반민족적 태도를 시정해야 한다고 강조했던 것을 들 수 있다.

교육구국운동에서 하나의 흐름을 형성했던 기독교는 다른 무엇보다 기독교가 조선교육에서 커다란 역할을 담당할 수 있다고 자처하였다. 러일전쟁 직후인 1905년 12월 한 기독교 선교사는 *The Korean Review* 지상에서 정부의 개혁이나 단순한 교육제도만으로 조선을 구제할 수 없고 또 일본이 조선의 교육에 어느 정도 기여한다고 해도 그것은 진실한 교육이 아니며 조선의 장래는 오직 기독교 교회와 기독교 교육에 달려 있다고 역설했다.[19] 그 무렵 안중근은 국권회복의 방책을 세우기 위해 여행에 나섰지만, 상하이上海에서 만난 프랑스인 가톨릭 신부로부터 일체의 무력적 반항을 포기하고 국내로 돌아가 교육활동을 중심으로 사회와 민중의 단결을 도모하라는 충고를 받았다.[20] 이러한 사고방식은 기독교가 갖고 있는 폭력에 대한 반대나 종교적 교화를 중시하는 입장을 반영한 것으로 『대한매일신보』[21]에서 논했듯이 일본에 대항하기 위해서는 서구 문명국이나 기독교 교회에 의존하여 교육사업을 전개해야 한다는 입장으로 표출되었다.

그렇지만 민족의 재생을 원하는 기독교 입신자는 계속 증가하는 한편, 조선의 기독교는 윤리적·도덕적 측면을 이전보다도 훨씬 강화하고 있었다. 사실 기독교 교회가 항일의 거점으로 이용되는 것을 두려워했던 기독교 선교사 중에는 표면적으로는 '정치 불개입'을 제창하면서도 실제로는 조선인 신도의 항일정신을 억압하는 데 분주하여 결과적으로 통감부의 정책을 도와주었던 자도 적지 않았다. 특히 1907년에 '정미칠조약'이나 조선군의 해산으로 의병투쟁과 애국계몽운동이 전국적으로 활발해지는 가운데 서구 선교사와 길선주吉善宙 등 일부 조선인 지도자는 통감 이토와 제휴하여 '대부흥운동'을 전개해 입신자의 확대를 꾀하는 동시에 신도들의 에너지를 비정치적이고 윤리적인 방향으로 돌리려고 했다. 또한 일본의 조선 '병합'이 곧 이루어질 것이라고 확실하게 예견했던 선교사들은 조선 기독교 신도의 종교적 에너지가 정치적 폭발로 전화하는 것을 미연에 방지하기 위해 1909년부터 1910

년에 걸쳐 '백만명구령운동百萬名救靈運動'을 추진했다. 이 운동으로 폭발 직전에 있었던 신도의 항일비분抗日悲憤은 성령을 구하는 참회의 운동으로 전환되었고,[22] 또 국가 멸망의 원인이 된 도덕적 퇴폐를 뉘우치고 그 절망감을 이용하는 신도 획득 운동으로 바뀌어갔다. 그리고 조선 기독교계는 '영혼의 구제'와 '천당지옥의 화복'만이 강조되어 '국가 민족의 존망'은 점점 더 고려의 대상에서 멀어져갔다.[23]

이미 서술했던 것처럼 기독교는 신문명을 도입하기 위한 매개였고 또 일본 관헌의 탄압을 막는 방벽의 역할을 담당하고 있었다. 그 때문에 기독교가 급속히 교조적이고 윤리·도덕적인 측면을 강화해나가는 것에 대해 애국계몽운동가나 적지 않은 조선인 기독교 신도는 커다란 경계심을 가졌다. 그리고 기독교 신도가 항일의 거점으로 삼았던 기독교계 학교가 '사립학교령'으로 탄압을 받기 시작하자 그 대응을 둘러싸고 조선 기독교 신도와 선교사 간의 대립이 현저해졌다. 무엇보다 이 대립은 기독교계 학교 경영의 주도권을 장악하고 있었던 선교사가 통감부와 타협함으로써 기본적으로는 일본의 의도가 관철되는 형태로 수습되었는데, 본래 애국계몽운동의 지도자가 무력적 의병투쟁에 반대하면서까지 서구 각국과 기독교에 기대려고 했던 것 자체가 이미 기독교 교육의 한계를 보여주는 것이었다. 이는 기독교 청년회 등을 중심으로 항일운동을 지도했던 이상재를 비롯한 기독교계 지식인이 출발부터 지극히 도덕주의적이었다는 것에서도 잘 나타난다. 특히 교육구국운동의 상징적 인물이었던 안창호가 민족의 존엄과 주체성을 경시하는 선교사에게 커다란 불만을 나타냈다는 민족적 입장을 가지면서도,[24] 그가 주장하는 종교가 '윤리적 종교'[25]였고 실천하는 민족운동이 '윤리적 국민운동'[26]이었던 것은 애국계몽운동에서 기독교의 부정적 측면을 여실히 보여주었다.

다른 한편, 이 시기에 유교가 여전히 큰 세력을 차지하였던 것은 애국계몽운동의 전개에 커다란 장해가 되었다. 유학자 중에는 여전히 고대의 법을 굳게 지키고 앞 세대 사람의 말에 맹종하며 신문명에 반기를 드는 자가 적지 않았고,[27] 이러한 고루함과 무기력 때문에 사회전체의 개명진보는 큰 방해를 받았다. 그리고 삼강오륜의 유교도덕은 민중의 일상생활을 규율하는 최대의 규범으로서 여전히 무겁고 고통스럽게 내리누르고 있었다. 이렇게 말할 경우 분명히 애국계몽운동에서는 유교 비판을 국권회복의 첫걸음으로 삼았다는 점을 상기하겠지만, 애국계몽운동의 교육사상이 공맹의 철학과 신학문을 2대 지주로 했듯이 유교 비판은 유교의 부정이 아니라 유교의 교화적 기능을 재확립하려는 것이었다.

유교 비판의 중심이었던 박은식은 본래 유교 개혁을 제창하기 위한 기반을 조선 유학의 주류였던 주자학이 아니라 양명학에서 구했다. 이는 박은식이 1909년에 발표했던 '유교구신론儒教求新論'[28]에서 주자학은 군주의 학문이고 군주의 종교이므로 민지民智와 민권을 전제로 한 구국의 원리가 될 수 없다는 것을 역설하고, 민중이 받아들여야 할 유교로서 양명학을 재정립하여 그것을 통해 민중의 단결을 꾀하려고 한 것에서도 가장 명확하게 드러난다. 이는 주자학의 무력함을 타개하고 유교를 바탕으로 한 부르주아적 개혁을 통해 국가의 운명을 개척하려고 했던 당시 진보적인 유학자의 입장을 대변하였다. 그리고 신채호가 쓴 『대한매일신보』의 '논설'[29]이나 학회 기관지의 소론所論[30] 등에서 볼 수 있듯이 유교개혁론은 사회 각층으로부터 환영받았으며 큰 기대를 모았다. 이는 무엇보다 유교가 민중 속에 깊이 뿌리를 내려 현실의 조선 사회를 크게 규정하고 있었기 때문이었다.

이러한 가운데 유교를 침략의 중요한 도구로 간주하고 있던 통감부는 유교의 친일단체인 대동학회를 '공자교'로 개칭하여 조직의 확대를 꾀하는 등 유교계의 친일화 공작을 더욱 적극적으로 전개했다. 이에 박은식 등은 일본의 침략 책동에 대항하여 유학을 고수하기 위해 1909년 9월 민족종교로서 대동교大同教를 창건했으며, 또한 장지연 등도 같은 목적으로 대동교육회를 창설했다. 이들 모두는 강유위의 공자교 운동에서 영향을 받은 것으로 유교의 종교적·교화적 기능을 확립함으로써 자주자강을 달성하려는 것이었다. 그리고 매국단체인 일진회가 대한협회 등을 규합하여 일본에 대한 '협력'을 소리 높여 호소하는 가운데 대동교는 '공자는 성지시聖之時', '유교는 인도人道의 본령', '대동교와 금일' 등의 연설[31]을 비롯한 각종 활동을 통하여 항일애국의 마지막 깃발을 휘날렸다. 이것은 국권회복운동의 측면에서 볼 때 일보 전진이었으며 또 사상의 관점에서 볼 때 개아個我의 내면적인 자립 과정을 보여주는 것이었다.[32]

그러나 이 단계에서 근대지식이 담당한 역할을 과신하면서 유교를 신봉했던 박은식 등에게 일본의 침략 강화에 대항하는 길은 의병투쟁에 합류하는 것이 아니라 어디까지나 교육·계몽을 중심으로 한 비폭력투쟁이었다. 게다가 거기에는 '민족 부르주아지'를 포함한 지도층의 유약성과 소극성에 연결되는 관념론이 가로놓여 있었고 윤리와 도덕에 대한 강한 집착이 분명히 내재되어 있었다. 따라서 그것은 결국 인륜을 기반으로 하는 사회 통제를 강조하게 되어 그러한 논리에 서는 한, 민족해방의 전제인 역사 주체의 형성이 진정한 의미로 성취되는 것은 곤란했다고 말하지 않을 수 없다. 실제로 애국계몽운동에서 나타난 박은식 등의 유교개혁운동은 어떠한 결실도 가져오지 못했을 뿐만 아니라, 앞에서도 서술했듯이 대동교는 태극교와 천도교 등과 마찬가지로 일본의 침략정책에 이용되기조차 하였다.

3. 일본 유학생의 근대학문 섭취와 근대 내셔널리즘의 형성

과학적이고 합리적인 인식이나 지식의 발달이라는 흐름과 무관한 윤리·도덕을 강조하는 기독교 및 유교가 애국계몽운동에 부정적 영향을 미치는 가운데 새로운 사상의 담당자로 등장했던 것은 근대학문을 접한 일본 유학생이었다.

'보호조약'의 강요로 이미 '개화'에서 '항일'로 면학 목적을 전환하기 시작했던 일본 유학생은 애국계몽운동의 고양과 함께 더욱 증가하는 추세를 보였다. 당시 『매천야록』에서도 기록했듯이 "일본 유학생은 본국 동포에게 국권회복을 달성하기 위한 귀중한 자산"[33]으로 간주되었다. 이를 위해 서우학회가 사립학교의 설립, 회보의 발행과 함께 유학의 지도와 장려를 강령의 하나로 삼았던[34] 것을 비롯해 대한자강회, 서북학회, 기호흥학회 등의 계몽단체나 학회도 유학생을 파견하거나 혹은 자금 원조의 활동을 적극적으로 행하였다. 그리고 『장학월보』를 간행하던 장학사奬學社가 작문의 현상 모집에서 최우수자 1명에게 3년간의 일본 유학을 제시했듯이[35] 일본 유학은 조선 청년에게 최대의 동경이기도 했다.

조선 말기인 1910년까지의 해외 유학생 중 95% 이상은 일본 유학생이었다.[36] 1908년 6월 말 현재 일본 유학생은 모두 439명으로[37] 출신 지방 및 전공 학과는 〈표 14〉, 〈표 15〉와 같다. 출신 지방의 경우 서울을 포함한 경기도가 전체의 43.6%였고 평안도가 전체의 27.2%를 차지했으며, 전공 학과의 경우는 초기 유학생의 대부분이 법·정경에 치우쳤고 이공계 및 실업계 학과도 많이 포함되어 있다. 이러한 특징은 모두 교육구국운동의 성격을 그대로 반영한 것이었다.

1905년 이후 일본 유학생은 주로 출신 지방별로 유학생구락부, 태극

〈표 14〉 1908년 6월 현재 일본 유학생 출신지

경기도	215명
평안도	134명
경상도	43명
충청도	34명
황해도	26명
함경도	18명
전라도	18명
강원도	5명
합계	493명

[자료] 『대한학회월보』 제6호, 1908년 7월, pp. 77~79.

〈표 15〉 1908년 6월 현재 일본 유학생의 전공 학과

법률과	46명
정치경제과	23명
상과	14명
공과	12명
농과	11명
의과	12명
사범과	8명
수리과	7명
경찰과	11명
잠업과	5명
축산과	3명
약학과	2명
철학과	2명
고등중학과	11명
육군유년학과	1명
직염과	2명
여자고등과 및 조화(造花), 재봉과	9명

[자료] 위의 표와 같음.

학회, 공수학회共修學會, 한철청년회漢鐵靑年會, 동인학회同寅學會, 낙동친목회洛東親睦會, 호남학계湖南學契, 광무학회, 연수학회硏修學會, 광무학우회光武學友會[38] 등의 각종 군소 단체를 만들었고, 경쟁하듯 회보를 발행하며 유학생 상호 간의 친목을 도모하고 본국에 지식을 전달하려 노력했는데, 그 대다수는 지방주의의 폐해를 극복하지 못한 채 단명으로 끝났다. 이러한 지방 분립을 극복하려는 노력이 축적된 결과 1906년 9월 최린 등을 중심으로 통일적 유학생단체인 대한유학생회가 결성되어 본국의 움직임에 발맞추어 격렬한 반일운동을 전개했다. 이후 대한유학생회는 1908년 1월 결성된 대한학회와 1909년 1월 설립된 대한흥학회로 이어졌는데, 모두 회보를 발간하고 애국계몽운동의 일익을 담당하였다.

당시 유학생의 대부분은 사비私費 유학생이었는데 충분한 학교교육을 받지 않은 채 일본으로 건너갔으므로 입학할 때의 학력은 일반적으로 아주 낮았다.[39] 게다가 국가기관의 지원을 얻을 수 없었던 상황에서 본국의 각계각층으로부터 얼마간의 지원을 받았다고는 해도 고학苦學을 해야만 하는 자도 적지 않았다. 이는 '고학생동맹'[40]의 결성에서도 볼 수 있듯이 일본 유학 그 자체가 신문 배달, 우유 배달, 사자생寫字生, 인력거꾼 등 "자립자활의 방침으로 장래 위대한 목적을 성취하는 직업"[41]이기도 했음을 의미한다. 실제로 어느 누구도 돌보아주는 사람이 없었던 조선인 학생은 '배우기 위해 노동한다'는 아주 새로운 사상을 체득하고 있었다. 그리고 이들 유학생은 다양한 제약이 있기는 했지만 본국과는 다른 자유로운 분위기의 일본[42]에서 조국의 자주독립과 부국강병에 필요한 근대학문을 습득하고자 힘썼다. 조선인 유학생이 거기서 배웠던 학문은 윤리·도덕을 중시하는 전통적인 유교나 기독교와는 달리 과학에 근거한 근대지식이었으며, 그것은 이전의 것과 구별되는 새로운 민족사상을 육성하여 항일애국의 새로운 방도를 모색하는 소재가 되었다.

역사 발전의 원동력인 근대학문이 일본 유학생에게 계통적으로 흡수·도입되기 시작한 것은 조선의 사회진보에 획기적인 의의를 가졌다. 『대한매일신보』가 1905년 12월에 "한국 동포를 죽음에서 구해내는 방책은 학문 이외에는 없다"[43]고 논했듯이 신학문은 항일의 중요한 무기가 되었을 뿐만 아니라 쇠퇴한 조선을 소생시키는 활력의 원천이 되었다. 이 시기에는 사회과학을 비롯해 이학, 공학, 의학, 그 이외의 모든 분야에 관한 논설이나 서적이 많이 번역·저술되었고,[44] 이는 애국계몽운동에서 활발한 언론·교육 활동의 논리적 근거가 되었다. 그리고 전국 각지에는 학교와 학회를 중심으로 학리學理를 구하는 각종 연구회가 많이 설립되었는데, 거기에서 학문은 당시 일본의 아카데미즘Academism을 반영하여 주로 독일의 학설을 간접적으로 도입하는 것이었다. 더욱이 지금까지의 학문이 윤리·도덕을 주입함으로써 인간을 지배하려던 것에 지나지 않았음에 대해 "(신)학문의 최대 목적은 자기의 능력을 충분히 발달시키는 것에 있다"[45]라고 말했듯이 학문이 개인의 인격 완성과 밀접한 관련이 있다는 점이 드디어 사회적으로 인식되었다.

애국계몽운동에서 근대학문, 특히 사회과학은 일본 유학생뿐만 아니라 학교 교원 등에게도 적극 받아들여졌는데, 이는 사회과학이 본래 사회의 객관적 법칙을 체계적으로 인식하고 자본주의 발전에 불가결한 학문이기 때문이었다. 그것은 또한 반동 지배층과 일본 침략자의 틈새에서 그들이 사회과학을 배우면서 역사 주체로서 자기를 인식하고 실천을 위한 과학적 논리를 획득하고자 했기 때문이었다. 그리고 각종 학문의 보급과 함께 이후 조선민족의 사상과 운동은 내실이 없는 관념적 사고가 아니라 과학적 사고에 기초한 논리적 조작에 기본을 두게 되었다.

〈표 16〉 '데라우치(寺內) 총독 암살 미수 사건' 체포자의 학력

연령 \ 교	서당	사립	공립	관립	계
20세 이하	–	6	–	–	6
20~25세	7	28	–	–	35
26~30세	14	14	2	–	30
31~35세	10	11	–	–	21
36~40세	7	2	–	–	9
41~45세	9	1	–	–	10
46~50세	6	2	–	–	8
51~55세	3	–	–	–	3
56~60세	1	–	–	–	1
61~65세	2	–	–	–	2
계	59	64	2	–	125

[자료] 앞의 「國友尙謙稿」.

이는 신학문이 전국적 규모로 조선 민중의 사상변혁에 아주 유효하게 작용했음을 나타낸다. 실제로 "유림의 사상이 갱신更新하면 그에 따라 국민의 사상이 갱신한다"[46]고 말을 하는 가운데 산간벽지에서는 여전히 평민보다 양반유생이 존경을 받았지만 도시를 중심으로 하는 지역에서는 점차 신학문을 체득했던 평민이 일반 민심을 지배하는 사회적 세력으로 등장하기 시작했다.[47] 〈표 16〉에서도 볼 수 있듯이 1911년 '데라우치 총독 암살 미수 사건'의 체포자 125명 가운데 서당에서 한학을 배웠던 자는 59명이고 그 이외에는 근대학교에서 신학문을 배웠던 자이며, 특히 사립학교에서 신교육을 받았던 청년이 전체의 약 반을 차지했다. 이에 관해 일본 관헌도 "불령不逞의 뜻을 품은 무리는 청·장년 사이에 많으며 동시에 신학문을 닦은 자에게 가장 많았다는 것은 대단히 주의해야 할 현상이다"라고 하면서 "신학문을 닦음으로써 자기의 존재를 확인하기에 이르는 것은 자연의 이치이고, 또 존재 확인의 결과는 더 나아가 국가사상을 마음속에 품게 되는 것과 같

다"[48]라고 신학문이 조선 민중의 인격 형성과 항일애국적抗日愛國的 행동에 결정적인 역할을 담당했음을 인정했다.

이러한 근대학문의 보급으로 인한 조선 민중의 의식변혁은 정치정세의 변화와 함께 서서히 부르주아 민족운동의 전환과 그것을 뒷받침하는 국민사상의 통합을 가져왔다. 본래 조선근대 부르주아 민족운동은 형해화했던 봉건지배체제로 인한 국민적 분열과 일본을 필두로 한 외래 침략자로 인한 국가적 위기를 타개하고자 했던 운동이었으며, 위정척사사상·동학사상 그리고 개화사상은 각각 반침략이나 반봉건운동, 혹은 그 양쪽의 운동을 담당해왔다. 그러나 이들 세 가지 운동이 실제로는 개별적으로 병존하거나 때로는 다른 운동과 대립했으므로 민족적 에너지의 결집은 이루어지지 않았다. 그뿐 아니라 일본제국주의는 그것을 역으로 이용하여 조선민족의 반제·반봉건 에너지를 고립·분산시키고 세 가지 사상을 각개격파하는 정책을 취했다. 1906년 이후 국권회복운동의 2대 조류였던 의병투쟁과 애국계몽운동이 최후까지 하나로 통합되지는 못했어도 그들은 항일과 근대국가 건설을 꾀하는 방향으로 점차 접근하고 있었다.

즉, 위정척사사상에 바탕을 둔 의병투쟁은 운동의 대중화와 평민출신 의병장의 진출로 근대적 부르주아 민족운동의 내실을 갖추기 시작했고, 또한 양이사상攘夷思想을 극복한 동학=천도교 및 기독교를 포함하는 개화사상을 기반으로 했던 애국계몽운동도 일본의 침략이 강화됨에 따라 점차 무력적 수단의 필요성을 인식하게 되었다. 바꾸어 말하자면 국권 상실에 비분강개한 조선민족은 한편으로는 의병투쟁에 의한 피의 시련을 통해서, 그리고 다른 한편으로는 애국계몽운동으로 인한 근대지식의 획득을 통해서, 종래의 유교적·혈연적·지연적인 축을 중심에 두지 않고, 민족적·계급적 모순의 해결을 꾀하는 무력투쟁을 근간으로 하는 근대적 독립운동을 전개하면서 새로운 민족적 단결의 방향을 찾게 되었다. 이것은 사상적으로는 전통적인 주자학 사상의 와해와 부르주아 민족사상의 보급에 따른 근대적 내셔널리즘의 형성을 의미하는데, 거기서는 본격적으로 실천되기 시작했던 근대교육이나 일본 유학 등에서 섭취했던 근대학문이 가장 중요한 역할을 담당했음은 말할 필요도 없다.

다만 그 후에 전개된 독립운동과 관련해 논한다면, 이 시기에 근대학문의 광범위한 수용을 통하여 형성되기 시작했던 새로운 민족사상에는 이미 개량주의의 징후가 엿보였다. 물론 애국계몽운동 그 자체가 개량주의적인 성격을 띠고 있었던 이상, 그것을 주도했던 기성의 개화지식인에게도 개량주의의 사상적 요소가 있었음을 부정할 수는 없다. 여기서 말하는 개량주의란 기본적으로는 침략자 일본을 어떻게 파악하고 그것에 어떻게 대처하는가라는 관점에서 파악할 수 있다. 따라서 일반적으로 개량주의가 옛날의 지배체제나 지배계급의 주요한 기초에 대해서는 어떠한 변경도 가하지 않고 점진적인 '진보'만을 추구하는 것을 의미했던 반면, 조선의 개량주의는 일본의 제국주의적 지배에 반대하지 않거나 혹은 그것을 허용하는 태도를 취하면서 조선의 '사회진보'를 운운하는 사상과 행동을 의미했다. 이러한 관점에서 볼 때, 조선의 개화에 공헌해왔던 기성의 개화 지식인이라고 할지라도 조선의 식민지화라는 새로운 정치 상황에서 항일을 애매하게 한다면 설령 친일분자가 되지 않는다고 해도 개량주의로 전락할 위험성은 충분히 가지고 있었다.

그러나 더 중요한 것은 '조선 사상계의 선구자'[49]라고 불렸던 일본 유학생을 비롯해 새롭게 근대학문을 체득했던 젊은 세대가 처음부터 개량주의의 사상적 요소를 맹아적 형태로 가지고 있었다는 점이다. 일본 유학생이 발행한 회보의 논설을 보아도, 예를 들어 『태극학보』 제10호의 '관습개량론'이나 『대한흥학보』 제6호의 '아한我韓 사회관' 등에서 유교적 누습陋習의 타파, 혹은 정신적 단결에 바탕을 둔 사회진보 등이 논해지고, 또 개인의 '개량'이 조선 사회 발전의 전제라는 생각이 암암리에 서술되고 있었다. 그리고 실제로 이 시기 이후 우익 민족주의운동의 '지도자'가 되었던 일본 유학생 최린·최남선·이광수를 비롯한 당시 청년 지식인의 일부는 항일의 자세를 견지하면서도 개량주의의 구체적 표현인 '도덕주의', '정신주의', '민족성 개조' 등으로 이어지는 사상적 요소를 체득해갔다. 이는 애국계몽운동의 윤리·도덕 중시의 흐름을 계승했던 것으로 이후의 항일독립운동에 적지 않은 영향을 주었다.

어쨌든 1905년 이후 조선은 예전의 왕조사王朝史와는 구별되는 새로운 역사를 걷기 시작했다. 거기서 근대 부르주아 민족운동이 내걸었던 '충군·애국'의 슬로건은 점차 사라지고 새로운 국민적 통일을 추구하는 근대 내셔널리즘이 등장했다. 이는 봉건적 특권으로 지탱된 일부 양반 귀족을 대신해 학대받아온 민중이 역사의 전면에 나타나기 시작했음을 의미한다. 그리고 조국의 운명을 짊어진 민중이 역사 주체로 성장해가는 과정에서 그 중추인 근대 내셔널리즘은 한층 명확한 형태로 고양되기 시작했다. 원래 유럽 사회의 자본주의적 발전과 표리일체를 이루는 이데올로기였던 근대 내셔널리즘은 조선에서는 제국주의적 침략에 반대하고, 동시에 근대적 독립국가의 건설을 꾀하는 민족주의의 이념이 되었다. 게다가 근대교육은 항일투쟁사라는 특징을 보이며 조선근대 민족운동의 전개에서 그것이 비록 왜곡된 형태였다고 할지라도, 민족적 에너지를 창출해가는 가장 중요한 역할을 담당하게 되었다.

Ⅰ. 반일의병투쟁과 애국계몽운동의 전개

1. 金熙一, 在日本朝鮮人科學者協會歷史部會 譯, 『アメリカ朝鮮侵略史』, 雄山閣, 1972, p. 83 참조.
2. 개국 이후 '조선병합'에 이르기까지 일본의 친일파 육성과 이용은 대체로 다음 네 가지 방법으로 추진되었다고 한다. "첫째는 유학생 및 시찰단을 받아들여 이를 통해 친일파를 장기적 계획으로 육성하는 것, 둘째는 친일분자를 이용해 정변을 일으키고, 그것이 실패하면 권력자를 일본에 망명시켜 그들을 친일파로 육성하는 것, 셋째는 왕조 권력에 직접 압박을 가하거나, 혹은 부패분자를 협박·매수하여 유리한 조약·협정을 체결하는 동시에 배일파를 왕조 권력에서 배제하는 방법, 넷째는 일부 타락분자를 매수·사주하여 친일 단체를 조직하고 친일 여론을 조성하는 한편 배일세론에는 테러를 가하여 탄압하는 방법이다"(姜東鎭, 『日本の朝鮮支配政策史研究』, 東京大學出版會, 1979, p. 116).
3. 김영모, 「일제하 사회계층의 형성과 변동에 관한 연구」(『일제하의 민족생활사』. 일제하의 한국연구총서 V, 민중서관, 1971, pp. 556~557 참조).
4. 조선 거주 일본인은 1894년에 9,354명이었지만 조선이 보호국으로 된 이후 1905년 42,640명, 1907년 98,000명, 1909년 146,147명으로 급증하여 조선을 '병합'했던 1910년에는 171,543명이 되었다(조선총독부조사자료 제22집, 『조선의 인구현상』, 1927, pp. 104~106). 이들 일본인 중에서 관리의 압도적 다수는 인격 열등자로서 일확천금을 꿈꾸는 일기조(一旗組) 및 완력으로 모든 것을 표현하는 불량배가 대부분이었다. 또 상업, 공업 종사자 그리고 일제의 교육·언론·종교 정책과 관련하여 다수의 교원, 기자, 신궁(神官) 승려, 선교사가 왔을 뿐만 아니라 많은 기생 및 잡부가 흘러들었던 것은 추악한 '통감정치'의 본질을 폭로하는 것이다(『朝鮮總督府統計年報』, 1910, pp. 81~87 참조).
5. 高橋浜吉, 『朝鮮教育史考』, 帝國地方行政學會朝鮮本部, 1927, p. 126.
6. 『伊藤公全集』 第2卷, 伊藤公全集刊行會, 1927, 學術演說 編, p. 254.
7. 『대한매일신문』, 1910년 10월 16일, 「논설」.
8. 村松武司, 『朝鮮植民者』, 三省堂, 1972, p. 87.
9. '보호조약'이 체결된 1905년 11월 서울 주재 일본 공사 하야시 곤스케(林權助)는 재빨리 "한국에서 기독교 선교사 등이 포교 이외의 정치행정에 끼어들고, 또한 자기의 노력을 조장하기 위해 한국인의 애처로운 호소를 중개하여 한국 관헌 및 자국의 공사를 움직이게 하는 사정은 이미 알고 계신다고 생각하기에 선교사와 지방에 있는 외국인들에 대해서 충분한 관전(寬典)을 베풀어 그들의 환심을 산다면 우리가 얻을 수 있는 이익이 많습니다"라고 본국 외무대신에게 상신(上申)했는데, 이것은 그 후의 통감부의 기독교정책 방향을 나타내는 것이었다(『日本外交文書』 제38권 제1책, 문서번호 854, p. 951).
10. 『대한매일신보』, 1906년 4월 22일, 「논설」.
11. 國友尙謙稿, 「不逞事件に依って得たる朝鮮人の側面觀」, 1911. 이 극비 문서는 일본이 항일운동의 진압을 의도하여 '병합' 후인 1911년에 날조했던 이른바 '데라우치(寺內) 총독 암살 미수 사건'의 조사보고서로서 아직껏 공간되지 않았다. 구니토모 쇼켄(國友尙謙)은 당시 고등경찰과 소속의 경시(警視)였는데, 이 문서에서는 '사건'과 관련하여 '보

호조약' 이후의 사상 상황의 변화를 개괄하고 있다.

12. 朴殷植, 姜德相 譯註, 앞의 『朝鮮獨立運動之血史』 I, p. 144.
13. 조선주둔군사령부 편찬, 『朝鮮暴徒討伐誌』, 1913, 부록 Ⅲ. 이 숫자는 1908년의 것이다.
14. 『고종실록』, 광무 11년 7월 3일.
15. 姜在彦, 앞의 『近代朝鮮の思想』, p. 196.
16. 박성수, 「1907~1910년간의 의병투쟁에 대하여」(『한국사연구 I』, 1968년 9월, pp. 225~228).
17. 신채호, 앞의 「조선혁명선언」, 앞의 『단재 신채호 전집』 下에 수록, p. 42.
18. 박은식, 앞의 책, pp. 60~61.
19. 과학원역사연구소 편, 재일본 조선인과학자협회 사회과학부문 역사학회 번역, 『朝鮮近代革命運動史』, 新日本出版社, 1964, p. 145.
20. 황현, 앞의 『매천야록』, p. 511.
21. 朴宗根, 「조선근대에 있어서 민족운동의 전개」, 『역사학연구』 제452호, 1978년 1월, pp. 13~14.
22. 앞의 『조선근대혁명운동사』, p. 164.
23. 「內部警務局保安關係調書」, 1910(金正明 編, 『朝鮮獨立運動 I』. 原書房, 1967, p. 111).
24. 小森德治, 『明石元二郎』 上, 대만일일신보사, 1928, p. 435. 당시 『대한매일신보』 등 애국적 민간 신문은 안중근에 대해 종종 보도하고, 그 의거를 찬양하고 있다(예를 들면 『대한매일신보』 1909년 12월 13일 「잡보」 란의 「안중근 來歷」).
25. 의병장 허위는 일찍부터 구학문에 통달해 있었는데, 1899년부터 1904년에 장지연을 만나 신학문을 배웠다. 1904년 8월 의정부 참체(參替)에 임명되자 그는 구국을 위한 10항목의 개혁안을 제출했는데, 그 제1항에서 "학교를 건설하여 인재를 양성할 것, 우수한 재능을 가진 자를 선발하여 외국에 유학시킬 것"을 주장했다(신용하, 「허위의 의병활동」, 『나라사랑』 제27집, 1977년 6월, pp. 52~55).
26. 『황성신문』, 1907년 10월 2일(오길보, 「19세기 말, 20세기 초 반일의병 투쟁의 성격」, 『역사과학』, 1966년 제6호, p. 20).
27. 『대한매일신보』, 1917년 10월 23일 「잡보」.
28. 황현, 앞의 책, p. 372.
29. 『황성신문』, 1907년 9월 25일(앞의 주 26과 같음).
30. 김구, 『백범일지』.
31. 『대한매일신보』 1910년 3월 23일, 「논설」.
32. 국채보상운동은 당시 1,300만 엔이라는 거액에 달하고 있던 일본에 대한 정부의 외채를 갚아나가자던 민간운동으로서, 황성신문사, 대한매일신보사, 보성사(普成社)를 본부로 각지에서 모금운동이 전개되었다. 그리고 부녀자와 농민을 포함한 다수의 민중이 여기에 호응하여, 일대 애국운동으로 발전했는데 그 후 일진회의 방해공작으로 중지되었다.
33. 黃公律, 「20세기 초 우리나라에 있어서 정치단체 및 학회의 문헌과 그 활동」, 『역사과학』 제4호, 1963, p. 35 참조.
34. 『대한자강회월보』 제1호, 1906년 7월, pp. 9~10.
35. 『황성신문』, 1907년 4월 27일(앞의 주 33의 논문, p. 39 참조).

36. 『日本外交文書』 제40권 제1책, 문서번호 583, 1907년 7월, p. 569.
37. 『대한자강회월보』 제1호, pp. 10~11.
38. 姜東鎭, 앞의 『日本の朝鮮支配政策史研究』, pp. 131~132.
39. '학회령'은 제1조에서 "본령(本令)에서 학회(學會)라 함은 명칭의 여하의 불문하고 교육·학예의 보급발달을 도모하고자 하는 목적을 가진 단체를 말한다"(『관보』 융희 2년 9월 1일)라고 규정하고, 학부대신의 인가를 받아야 한다고 정했다. '학회령' 실시 이후 1909년 말까지 학회의 설립 인가가 신청된 것은 모두 33건으로, 그중 22건이 인가되었다. 인가된 학회를 소재지별로 보면 서울 11, 경상북도·평안북도 각 1, 경기도·함경남북도 각 2, 강원도 3건이었다(조선총독부, 『조선의 보호 및 병합』, 1918, p. 170).
40. 學部, 앞의 『韓國教育』, p. 35.
41. 이현종, 「구한말 정치·사회·학회·회사·언론단체 조사자료」, 『아세아학보』 제2집, 1966년 10월, p. 75
42. 주요한 편저, 『안도산 전서』, 삼중당, 1963, p. 35.
43. 『한국독립운동사』 I, 국사편찬위원회, 1970, p. 1028.
44. 도산안창호선생기념사업회, 『도산 안창호』, 1947, p. 45.
45. 신용하, 「신민회의 창건과 그의 국권회복운동(下)」, 『한국학보』 제9집, 1977년 겨울, p. 234. 최남선은 3·1운동 이후에는 일본의 회유공작에 의해 친일파로 전락했는데, 신민회 시대에는 충실한 신민회원으로서 애국계몽운동에서 중요한 역할을 담당했다.
46. 앞과 같음, pp. 125~129.
47. 朴殷植, 姜德相 譯註, 앞의 『朝鮮獨立運動之血史』 I, p. 74.
48. 『西友』 제4호, 1907년 3월, pp. 24~25.
49. 『대한협회회보』 제8호, 1908년 11월, p. 13.
50. 『西友』 제1호, 1906년 12월, p. 6.
51. 『기호흥학회월보』 제6호, 1906년 1월, p. 53.
52. 『호남학보』 제1호, 1908년 6월, pp. 1~2.
53. 앞과 같음, p. 53.
54. 『西友』 제1호, p. 2.
55. 변기찬, 「本會義務」, 『호남학보』 제2호, 1908년 7월, p. 35.
56. 「지방에 발송했던 공함」, 『기호흥학회월보』 제1호, 1908년 8월, p. 49.
57. 이종호, 「각 학회의 필요 및 본회의 특별임무」, 『기호흥학회월보』 제1호, p. 21.
58. 이현종, 「기호흥학회에 대하여」, 『사학연구』 제21호, 1969년 9월, p. 313.
59. 이현종, 「호남학회에 대하여」, 『진단학보』 제33호, 1972년 6월, pp. 68~69.
60. 유춘형, 「축사」, 『서북학회월보』 제15회, 1908년 2월, pp. 320~312.
61. 『대한매일신보』, 1908년 10월 30일, 「논설」.
62. 「內地彙報」, 『대한협회회보』 제8호, 1908년 11월, p. 46 및 김윤식, 『續陰晴史』 下, 卷13, 융희 2년(1908년) 10월 21일, p. 267.
63. 「學界彙聞」, 『기호흥학회월보』 제4호, 1908년 11월, p. 42.
64. 주 61과 같음.
65. 韓國內部警察局, 『拷問警察小誌』, 1910, p. 225.
66. 「한국 현시에 있어서 지방 인심 상황」, 1909년 11월, 앞의 『한국독립운동사』 I, p. 966. 이 자료는 일본 관헌의 보고서이다.

67. 『기호흥학회월보』 제11호, 1909년 6월, p. 6.
68. 이광수, 『도산 안창호』, 1953(『이광수 대표작선집 9』, 삼중당 중판, 1971, p. 309).
69. '자강(自强)'이라는 말은 애국계몽운동에서 가장 많이 사용되는 말 중의 하나이다. 특히 대한자강회는 그 명칭뿐만 아니라 기관지에서도 종종 즐겨 사용했다. 『대한자강회월보』의 제3~4호에는 장지연의 「자강주의」가 연재되었고, 같은 4호에는 박은식의 「自强能否의 問答」이 게재된 바 있다.
70. 『음빙실문집(飮氷室文集)』은 양계초가 일본에 망명한 후에 주로 일본에서 발간된 『時務報』, 『新民叢報』, 『淸議報』, 『新小說』 등에 발표한 논문을 수록한 것이다. 1902년 10월 양계초의 제자가 편찬하여 상해의 廣智書局에서 간행되었는데, 1905년 6월에는 그 重編이 도쿄의 金港堂에서 출판되었다. 조선에도 유포되어 일부 조선어 번역본이 1907년 4월 날인사에서 『음빙실자유서(飮氷室自由書)』(김항기 역)으로 발간되었다.
71. 주요한 편저, 앞의 책, p. 87.
72. 『대한자강회월보』 제3호, 1906년 9월, p. 16.
73. 『대한매일신보』, 1909년 8월 4일, 「논설」.
74. 김영모, 앞의 논문, 앞의 책, p. 546 참조.
75. 姜在彦, 앞의 『近代朝鮮の變革思想』, pp. 241~242.
76. 김구, 앞의 책, pp. 158~159.
77. 『대한매일신보』, 1908년 8월 31일, 「기서(寄書)」.
78. 『대한매일신보』, 1910년 3월 13일, 「논설」.
79. 『조선총독부통계연보(朝鮮總督府統計年報)』, 1910년. 이에 의하면 1910년 12월 말일 현재 조선 기독교 신도의 총수는 198,635명으로, 그중 장로파는 115,033명, 천주교 38,005명, 감리파 37,620명이었다(pp. 667~668). 또한 학부가 간행했던 앞의 『韓國教育の現狀』에서는 1910년 당시 기독교 신자의 숫자는 신구(新舊)를 합쳐서 250,000여 명이라고 하고 있다(p. 52).
80. 앞의 國本尙謙稿.
81. 앞과 같음.
82. 『의암 손병희 선생 전기』, 의암손병희선생기념사업회, 1967, p. 171.
83. 이돈화 편, 앞의 『천도교 창건사』 제3편, pp. 82~86 및 앞의 『의암 손병희 선생 전기』, pp. 171~180.
84. 앞의 『의암 손병희 선생 전기』, p. 195. 이때 개화의 의지를 나타내고 단발을 실행했던 자는 조직의 명령이 내려진 하루 만에 16만 명을 넘어, 결국에 20만 명 이상에 달했다고 한다.
85. 『대한협회회보』 제1호, 1908년 4월, pp. 57~58 참조.
86. 『기호흥학회월보』 제4호, 1908년 11월, p. 53 참조.
87. 「吾讐不忘」 참조(앞의 『한국독립운동사』 Ⅱ, p. 737). 이는 1910년대에 간도의 조선인 사립학교에서 수신 교과서로 사용되었던 서적으로서 신라시대 이래 일체의 조선 지배 정책을 고발하고 있다.
88. 『대한매일신보』, 1906년 6월 28일, 「논설」.
89. 김가진, 「우리나라 有識者의 일본국에 대한 感念」, 『대한협회회보』 제6호, 1908년 9월, p. 1.
90. 장지연, 「과거의 상황」, 『대한자강회월보』 제11호, 1907년 5월, pp. 1~4.

91. 앞의 『도산 안창호』, pp. 39~40.

92. 최석하(崔錫夏), 「국가론」, 『태극학보』 제1호, 1906년 8월, p. 11.

93. 『서북학회월보』 제8호, 1909년 1월, p. 15.

94. 해외유객, 「국가의 본의(本義)」, 「국가 및 황실의 분별」(『대한자강회월보』 제3호, 1906년 9월, pp. 54~56) 및 송당(松堂) 김성희(金成喜), 「정당의 사업은 국민의 책임」(『대한협회월보』 제1호, 1908년 4월, pp. 26~32).

95. 정운복, 「관존민비의 폐해」, 『대한자강회월보』 제2호, 1906년 8월, pp. 41~48 및 이창환, 「관리의 의무」, 『대한학회월보』 제2호, 1908년 3월, pp. 26~29.

96. 경세생(警世生), 「인권은 국권의 기초」, 『대한학회월보』 제4호, 1908년 5월, pp. 17~19 및 김익용(金翼瑢), 「금일(今日) 오인(吾人)의 국가에 대한 의무 및 권리」, 『서북학회월보』 제1호, 1908년 6월, pp. 27~32.

97. 『西友』 제4호, 1907년 3월, p. 6.

98. 「賀吾同門諸友」, 『서북학회월보』 제1호, 1908년 6월, p. 1.

99. 『대한매일신보』, 1909년 2월 28일, 「논설」.

100. 애국계몽운동에서 교육과 관련하는 가장 중요한 활동 가운데 하나는 지방자치운동이었다. 윤효정(尹孝定)이 『대한자강회월보』 제4호에 「지방자치제도론」이라는 제목하에 지방자치의 개략을 소개했던 것을 시작으로 각 학회기관지와 신문은 영국과 일본, 중국의 예를 들면서 계속해서 지방자치에 관한 소론(所論)을 게재하고 그 실현을 꾀했다. 그것은 무엇보다 "국가의 성쇠흥망은 그 국민의 자치력의 우열에 달려 있기"(신채호, 「한국자치제 약사(略史)」, 『대한매일신보』, 1907년 7월 3일, 「논설」) 때문만이 아니라, 특히 조선에서는 통감부와 친일정부의 반민족적 본질로 인해 교육과 산업의 진흥 및 그 외의 많은 사업이 지방자치단체의 손으로 넘겨져야만 했기 때문이다. 실제 각 학회의 청원으로 1907년 1월 중추원이 우선 서울에서부터 자치제도를 실시하는 안건을 의결하고 정부에 조회(『대한자강회월보』 제8호, 1907년 2월, p. 66)했던 적이 있었다고 할지라도, 반동적 중앙정부가 민중의 권리를 옹호하는 시책을 강구할 리는 없기에, 결국 지방자치운동은 민간인에 의하여 실천에 옮겨졌을 뿐이었다. 그러나 영국에서 전형적으로 볼 수 있는 근대적 지방자치가 시민사회의 일반적 가치체계로서 법의 구체적 집행=행정을 담당하는 것으로 전개되었고, 또한 일본의 지방자치가 개별 촌락의 일상생활에서의 심정(心情)과 관습을 중핵으로 하여 국내 사회의 조화를 담당(藤田省三, 『天皇制國家の支配原理』, 未來社, 第二版, 1976, p. 18)했던 것에 반해, 조선의 지방자치운동은 '민족 부르주아'의 이니셔티브 아래 그들의 권익 추구를 중심으로 한 반제·반봉건 운동의 거점 확보를 의도한 것이었다. 또한 조선의 이러한 지방자치운동은 향약, 동계(洞契), 면회(面會), 군회(郡會) 등 옛날부터 교육과 세무(稅務), 구휼(救恤)과 다소라도 관계[여병현(呂炳鉉), 「국민 자존성(自存性)의 배양」, 『대한협회회보』 제9호, 1908년 12월, p. 13]되었던 자치조직의 전통을 계승한 것이었다.

"의뢰(依賴)는 자치의 대방해(大妨害)이다"(『서우(西友)』 제2호, 1907년 1월, p. 34)라는 슬로건 아래 새롭게 창설된 지방자치단체로는 도민회(道民會)와 군민회(郡民會)가 있었고, 또한 말단 행정구역의 하나인 방(坊)에는 방회(坊會)가 있었다. 1909년 1월에는 이러한 지방자치단체의 중심적 존재로서 수도의 한성부민회(漢城府民會)가 설립되어, 전전년도(前前年度)에 일본에서 망명생활을 마치고 10여 년 만에 귀국했던 유길준이 회장으로 추대되어 취임했다. 이 한성부민회는 도하(都下) 5부(部) 48방(坊)의 자치조직의 상부 단체로서 기능하는 동시에, 전국 지방자치단체의 모범으로 되어 장래에는 학회와 함께 전국의 대의제를 준비하고, 주체인 입헌기관을 만드는 역할을 담당했다(金成喜, 「一月一日敬告同胸」, 「內地彙報」, 「漢城府民會創立理由書」, 『대한협회회보』 제10호, 1909년 1월, pp. 1~3, pp. 54~55. pp. 59~61). 더욱이 개화와 교육의 진흥에 정열을 쏟기 시작했던 동학=천도교는 이 지방자치운동에도 적극적으로 참가하여 그 발전에 커다란 기여를 했다(『황성신문』, 1906년 2월 14일, 「논설」. 앞의 『의암 손병희 선생 전기』, p. 280 및 吳知泳, 梶村秀樹 譯註, 앞의 『東學史』 p. 296). 그리고 여기서 볼 수 있는 지방자치운동의 전개는 일본제국주의의 지배라는 곤란한 상황에서도 조선민족의 문명개화에 대한 내발적 노력이 얼마나 수준 높은 것인가를 증명한다. 그렇다고 할지라도, 이러한 민회(民會)와 방회(坊會)의 간부에 '부르주아'의 이익을 대표하는 개화파 인사가 취임하고, 또 1909년 3월에 설립된 나주군민회가 그 취지서에서 교육 보급 및 실업 발달 등과 함께 "우민(愚民)을 권론취선(勸論就善)시키는 일"을 목적으로 했던 것에서 볼 수 있듯이, 이 지방자치단체는 본질적으로 계급 대립을 내포한 것이었다.

101. 『대한매일신보』, 1906년 5월 30일, 「논설」.
102. 『대한매일신보』 제1호, 1908년 4월, p. 47.
103. 윤효정, 「시국의 급무」, 『대한협회회보』 제2호, 1908년 5월, p. 63.
104. 예를 들어 『西友』 제14호 (1908년 1월)의 「시사일보(時事日報)」(p. 32, 34, 38, 39).
105. 황현, 앞의 글, p. 398.

Ⅱ. 통감부의 교육정책과 식민지 교육의 부식

1. '시데하라 다이라(幣原坦) 박사의 고용계약서'에 명기된 직무권한은 다음과 같다(『일본외교문서』 제38권 제1책, 문서번호 742, pp. 862~863).

   제1조 시데하라 다이라는 대한제국 학정참여관으로서 학부의 소관 업무에 관해 성실히 심의, 기안(起案)할 책임이 있다.

   제2조 대한제국 학부대신은 교육에 관한 일체의 사항을 시데하라 다이라에게 자문하여 동의를 얻은 후 시행한다. 시데하라 다이라는 교육사항에 관한 의정부회의에 참여하여 교육에 관한 의견을 학부대신으로 하여금 의정부에 제의하게 할 수 있다.

   제6조 본 계약은 장래에 어느 한쪽에서 해체할 필요가 생길 때에는 상호협의를 거쳐 대일본제국 대표자의 동의를 얻은 후 해체할 수 있다.
2. 『日本外交文書』 제38권 제1책, 문서번호 743, 1905년 2월, p. 863.
3. 통감부의 교육정책 전체는 1910년의 '병합'을 향해 급속히 추진되고 있었는데, 초기의 시데하라의 교육 방침이 반드시 통감부 수뇌의 뜻에 따랐던 것은 아니었다고 생각된다. 시데하라가 보고한 '한국교육개량안' 제1장 '방침'은 다음과 같은데, 이것도 민족주체성의 말살을 의도하는 '동화교육'의 관점에서 볼 때는 약간 소극적인 성격을 갖는 것이었다(『日本外交文書』 제38권 제1책, 문서번호 744, pp. 864~865).

   "한일의정서가 양국의 관계를 일정하게 정립한 이래, 한국은 일본제국의 보호국이라는 운명을 갖게 되었고, 적어도 제국정부가 이 방침을 변경하지 않는 이상, 한국 교육의 개량도 또한 당연히 이것을 기초로 하지 않을 수 없으니, 장래 한국에서 각각의 사업은 일본제국의 관민(官民)이 주동자가 될 것이므로 조폭험악(噪暴險惡)하지 않도록 하고, 또 서로 언어·풍속을 요해(了解)하여 감정의 충돌을 피함을 주된 임무로 할 것이며, 예로부터 반도의 경영에 가장 마음을 쏟았던 명나라는 유교를 퍼뜨림으로써 민심을 어지럽

혔는데, 이를 없애고 그 대신에 충군애국의용봉공(忠君愛國義勇奉公)의 일본적 도덕으로 종래의 위치를 대치시키며, 그리고 장래의 국교를 위태롭게 할 염려가 없는 한도 내에서 이들 국민의 상식을 길러야 할 것이고 신지식은 동서고금의 문명을 동화시켜 한 덩어리로 만든 일본인의 개화를 수립함이 가장 편한 방법인 것은 말할 필요도 없고, 그렇게 해야 제반 사무의 간편과 이용을 요구하는 한국에서 국민의 교육적 향상심을 조장함에 성공할 수 있는 속성의 길을 얻을 수 있을 것이다."

4. 學部,『韓國教育ノ既往及現在』, 1909년 12월, p. 21.
5.『伊藤公全集』 제2권, 학술연설 편, pp. 245~247.
6. 高橋浜吉, 앞의『朝鮮教育史考』, pp. 128~129.
7. 小澤有作, 앞의『民族教育論』, p. 64.
8. 學部, 앞의『韓國教育』, pp. 3~4.
9. 앞과 같음, p. 9.
10. 앞과 같음, p. 7.
11. 學部, 앞의『韓國教育の現狀』, p. 6.
12.『日本外交文書』 제38권 제1책, 문서번호 749,「시데하라(幣原坦) 참여관의 학정에 관한 보고서 진달(進達)의 건」, 1905년 10월, pp. 868~869.
13. 농상공부는 1907년 12월 농업교육의 일환으로 농사잡지를 순국문으로 발간하고 각 지방 사람들에게 배포하여 농업의 발달을 꾀함과 동시에, 이 잡지를 읽기 위해 남녀노소 모든 국민이 국문을 학습하도록 장려할 것을 각 지방 군수에 훈령(訓令)했다(『대한매일신보』, 1907년 12월 22일,「잡보」).
14. 선린상업학교의 교사(校舍)와 교지(校地)는 원래 경성학당의 것이었다. 즉, 대일본해외교육회가 일본어교육의 '사명'을 끝낸 경성학당의 교사와 교지를 친일 조선 정부에 기부하고 조선 정부가 그것을 재단법인 선린상업학교에 기부했다.
15. 朝鮮總督府, 앞의『朝鮮の保護及併合』, p. 157.
16. 앞과 같음, pp. 160~161.
17. 앞과 같음, p. 158.
18. 細川嘉六 著作集, 第二卷『植民史』, 理論社, 1972, p. 232.
19. 俵孫一,「韓國實業學校の施設」(『韓國中央農會報』 제4권 제2호, 1910년 2월, p. 1~3) 및 동「實業學校の施設及韓國現時の教育制度と宗教に就き」(『朝鮮』 제25호, 1910년 3월, p. 13). 또한 1910년 3월, 토지조사국 관제(官制)의 공포에 따라 관립한성외국어학교에 토지조사기술원 양성소, 관립한성고등학교에 토지조사사무원 양성소가 각각 따로 설치되어 '토지조사사업'에 필요한 조선인 요원을 단기간에 양성하고자 하였다(앞의『韓國教育の現狀』, pp. 112~113).
20. 1908~1910년의 실업학교 설립 상황은 다음의 표와 같다(앞의『朝鮮の保護及併合』, p. 161에서 작성).

연도	학교 수		학급	교원			학생	입학 지원자	입학생	졸업생	중도 퇴학자	경비
				한국인	일본인	계						
1908	1		2	1	5	6	72	470	64	4	15	17,580
1909	1		2	1	5	6	84	435	48	27	21	16,111
1910	관립 1 공립 3 사립 3	7	10	8 3*	17 1*	29	271	821	150	46	37	43,950

*표시는 촉탁 또는 겸임 교원을 나타낸다.

21. 『대한매일신보』, 1909년 10월 22일, 「잡보」 및 幣原坦, 『朝鮮教育論』, 六盟館, 1919, p. 188.

22. 『日本外交文書』 제42권 제1책, 문서번호 147, 「朝鮮中央政況報告書送付ノ件」, 1909년 8월, p. 189.

23. 幣原坦, 앞의 책, p. 188.

24. 앞의 『韓國教育』, p. 31.

25. 『매일신보』, 1910년 9월 16일, 「잡보」(박용옥, 「구한말의 여성교육」, 『사학연구』 제21호, 1969년 9월, p. 369에서 재인용). 『매일신보』, 1910년 8월, 조선총독부가 『대한매일신보』를 강제 매수하여 '대한'의 두 자를 빼고 총독부의 조선어 기관지로 만들었다.

26. 앞의 『韓國教育の現狀』, pp. 29~31.

27. 앞과 같음, p. 35.

28. 1910년 6월에 내한한 영국의 신문기자는 관립한성고등학교를 시찰한 후 학부형의 직업 구별 표에서 그 대부분이 무직인 것을 알고, 여기에서 어떻게 교육을 발전시킬 수 있는가라고 경악했다고 한다(『대한매일신보』, 1910년 6월 23일, 「잡보」).

29. 황현, 앞의 책 『매천야록』, p. 370.

30. 도쿄부립제일중학교에 위탁된 조선인 유학생은 당초 40여 명이었는데 학생은 모두 양반의 자제이고, 부모는 거의 관리였다. 유학생을 받아들이는 연령은 25세 이하라는 약속이 이루어졌지만 실제로는 33세, 40세의 사람도 5~6명 있었다. 교장 가츠우라 토모오(勝浦鞆雄)는 이들 조선인 학생의 특질에 대해 다음과 같이 말했다(『報知新聞』, 1905년 12월 2일 및 3일).

장점과 단점…… 외국어 학습에서 훌륭한 자질이 있는 것은 그들의 장점이고 특히 외국어 진전의 정도는 현저하게 나타난다. …… 일본어의 진보는 경악할 정도로 빠른데, 수학, 그 외의 과학에 대해서는 희망이 거의 없다. …… 그것이 어느 정도 열세인가 비교하여 본다면 25~26세에서 32~33세로 구성된 혈기왕성한 장년자의 수리에 대한 능력은 일본의 고등학교 2~3학년의 소년에도 미치지 못한다고 함이 적당하다고 생각한다.

무기력과 불규율(不規律)…… 무기력과 불규율에는 실로 애증(愛憎)이 엇갈리는데 현재 어린 나이로 게다가 외국에 유학을 온 몸으로 왜 그렇게도 기력이 없는가라는 의문이 항상 든다. 여기에는 여러 원인이 있을 것이지만, 족벌과 임관 제도가 나쁜 것이 가장 중요한 원인이 되고 있음에 틀림없다. …… 그들은 웅대한 체격에도 불구하고 힘이 없고, 외모는 언뜻 당당하게 보여도 지력(智力)은 모자라는 것이 곧 그의 증거이다. 금후의 착안점은 오히려 서민 자제에게서 찾는 것이 방책이 아니겠는가.

31. 『관보』 광무 11년 3월 7일.

32. 이 '학부소관 일본국유학생규정'은 '병합' 후인 1911년 6월 제정된 '조선총독부유학생규정'으로 그대로 계승되었는데 '보호조약' 시기의 유학생 감독은 이후의 감독과 비교하면 유연하여 고학하는 일본 유학생을 크게 지원했다. 그것은 '규정'의 시행과 함께 1907년 4월에 유학생 감독으로 동경에 부임한 신해영이 당시 민족계 사립학교의 태두인 보성전문학교 초대 교장을 지낸 명망 있는 사람인 것에서도 증명된다. 신해영은 1909년 9월 도쿄에서 객사하기까지의 기간 동안 유학생의 곤란한 상황을 타개하기 위해 모든 노력을 경주하고 많은 학생들로부터 존경을 받았다(『대한매일신보』, 1907년 6월 27일, 「잡보」, 『대한흥학보』 제7호 1909년 11월, pp. 42~44, 부록 p. 1 및 고려대학교 60년사

편찬위원회, 『60년지』, 고려대학교 출판부, 1965, pp. 53~54 참조).

33. 學部, 앞의 『韓國教育』, p. 36.

34. 『대한매일신보』, 1907년 4월 30일, 「잡보」. 일본 지배하에 있었던 당시에도 매년 수천 내지 수만 명에 달하는 조선인에 대하여 상업용, 농어업 이민 등을 목적으로 여권이 교부되었다. 그러나 유학을 목적으로 한 여권을 '합법적'으로 교부받은 조선인은 1906년 2명(영국 2명), 1907년 10명(중국 7명, 미국 3명), 1908년 10명(블라디보스토크 2명, 중국 3명, 미국 2명, 상해 3명), 1909년 없음, 1910년 1명(중국 1명)에 불과했다(『통감부통계연보』 및 『조선총독부통계연보』 각 연도판의 「외국여권교부인원」).

35. 中非錦城, 「한국에 일본의 중학교와 사범학교를 설립할 필요」(『韓半島』 第2號, 1904년 1월, pp. 9~10).

36. 弓削幸太郎, 『韓國の教育』, p. 269.

37. 『조선총독부통계연보』, 1910, pp. 611~612.

38. F.A. Mckenzie, *The Tragedy of Korea*, pp. 145~146.

39. 1909년 2월 23일 개최된 제25회 제국회의 중의원에서 大竹貫一은 질문 연설에서 다음과 같이 조선인의 일본어 학습을 강조했다. "아무리 통감정치를 한다고 하더라도 교육을 불충분하게 처리한다면 도저히 장래 한국의 지도는 불가능하다. …… 이 한국을 우리나라의 보호국으로서 개척지로 하려 한다면 무엇보다 우선 한국의 교육 방침을 근본적으로 개혁해야 하고, 일체 우리 일본어로 한국의 신문을 교육하는 것이 최선의 토대가 되어야 한다고 생각한다. …… 나도 약간 한국인에 대하여 알고 있는데 실로 일본의 언어를 깨닫는 데에 있어서 한국인은 독특하고 뛰어난 두뇌를 가지고 있기 때문에, 일본어를 한국의 단어로 사용하여 교육하는 것은 조금도 거리낄 것이 없고, 또한 꺼려서도 안 될 것이다"(『제25회 제국회의 중의원 의사속기록』 제11호, p. 188~189, 국립·국회도서관장, 『제국회의 중의원 의사속기록』 제25권에 수록).

40. 앞의 『韓國教育の現狀』, p. 26.

41. 앞의 『韓國教育ノ既往及現在』, p. 31.

42. 「보통학교령 시행규칙」(『관보』, 광무 10년 9월 4일).

43. 『중앙공론』, 1905년 6월호, pp. 54~55.

44. 「사범학교령」(『관보』 광무10년 8월 31일).

45. 『관보』, 융희 3년 7월 31일. 당시 무관학교 학생은 44명으로, 그중 최우수 학생은 일본 육군사관학교에, 그 이외의 학생은 일본 중앙유년학교에 입학이 예정되어 되어 있었다(『대한매일신보』, 1909년 8월 4일, 「잡보」).

46. 앞에서 서술한 바와 같이 1910년 현재의 보통학교는 보조교를 포함해서 125개교, 학생 수는 14,834명이었던 것에 비해, 1909년 발행의 『한국교육』에서는 서당의 수를 일만 이상으로 추정하고 있다(p. 36).

47. 앞의 『韓國教育』, p. 36.

48. 앞의 『韓國教育ノ既往及現在』, p. 20.

49. 『관보』 융희 2년 9월 1일. 이 훈령에서는 도부군(道府郡)에 대해 대략 다음과 같은 서당의 감독 방침을 시달하고 있다. ① 보통학교 소재지에서는 가능한 한 자녀를 보통학교에 입학시키고, 서당이 이것을 방해해서는 안 된다. ② 서당의 학과는 한문을 주로 한다고 하여도 국문의 교육을 장려한다. ③ 학문 음독에 치우친 교수법을 개량하고 지덕(智德)의 개진에 유의한다. ④ 해 뜨면서부터 해 지기까지 하루 종일 앉아서 한문 음

독에만 전념하는 것을 고쳐 학생의 심신에 해가 되지 않도록 교수 시간을 단축한다. ⑤ 학생의 규율 및 풍속을 경시하지 않고 관리훈도(管理薰陶)에 유의하여 선량한 습관을 기른다. ⑥ 교실 및 그 외의 시설을 개량하여 채광통풍(採光通風), 청결·정돈을 기한다.

50. 앞의 『韓國教育』, p. 36.
51. 高橋浜吉, 앞의 책, p. 224.
52. 小森德治, 앞의 『明石元二郎』 上, p. 289.
53. 『관보』, 융희 3년 7월 9일.
54. 弓削幸太郎, 앞의 책, p. 82.
55. 『대한매일신보』, 1910년 1월 11일, 「논설」.
56. 앞의 『韓國教育ノ既往及現在』, p. 59.
57. 『관보』, 융희 2년 9월 1일. '사립학교령'의 요점은 다음과 같다.

① 사립학교의 설립은 학부대신의 인가를 받을 것.

② 사립학교에서는 수업연한, 학년, 학과목, 학생 정원, 입학 자격 등에 관해 학칙을 정해야 할 것.

③ 사립학교의 교과용 도서는 학부의 편찬 혹은 학부대신의 검정 또는 인가를 거친 것으로 할 것.

④ 사립학교의 설비, 수업, 그 외 부적당한 사항은 학부대신이 변경을 명할 것.

⑤ 법령 또는 학부대신의 명령을 위배하고, 유해하다고 인정되는 사립학교는 학부대신이 폐쇄를 명할 것.

그리고 이 법령은 1908년 10월 1일부터 시행되고 모든 사립학교는 6개월 이내에 학부대신의 인가를 받아야 한다는 것이 강조되었다.

58. 앞의 『韓國教育』, pp. 33~34.
59. 앞의 『韓國教育ノ既往及現在』, p. 49.
60. 앞의 책, p. 55.
61. 앞의 책, p. 49.
62. 앞의 책, p. 14.
63. 弓削幸太郎, 앞의 책, p.76.
64. 小澤有作, 앞의 책, p. 67.
65. 앞의 『韓國教育ノ既往及現在』, p. 50 및 『日本外交文書』 제42권 제1부, 문서번호 147, 앞의 책, p. 190 참조.
66. 앞의 『韓國教育の現狀』, pp. 66~67.
67. 弓削幸太郎, 앞의 책, p.76.
68. 앞의 『韓國教育の現狀』, pp. 49~50.
69. 『관보』, 융희 2년 9월 1일.
70. 앞의 『韓國教育』, p. 12.
71. 高橋浜吉, 앞의 책, pp. 167~177 및 幣原坦, 앞의 책, pp. 220~222.
72. 앞의 『韓國教育』, p. 13.
73. '통감정치' 기간 중 학부 예산은 경상비와 임시비로 구분되었는데, 모두 다음 표에서 보는 바와 같이 극히 적은 액수에 불과했다.

1906~1909년의 4년간 학부 세출 및 국고 총세출 비교표(단위: 원)

	경상비			임시비		
	학부 세출	국고 총세출	백분율	학부 세출	국고 총세출	백분율
1906	154,943	6,324,338	2.4%	86,704	7,967,388	1.0%
1907	208,637	10,193,276	2.0%	353,023	17,375,951	2.0%
1908	307,224	14,714,934	2.0%	154,115	23,352,857	0.6%
1909	384,320	15,982,434	2.4%	218,874	22,268,655	0.9%

[자료] 高橋浜吉, 앞의 책 『朝鮮教育史考』, pp. 158~159.

74. 「미·독의 청인(淸人)교육」(『대한학회월보』 제6호, 1908년 7월, pp. 58~60).
75. 小澤有作, 앞의 책, p. 1 및 p. 24.
76. 황현, 앞의 『매천야록』, p. 473. 당시 일본 국내에서는 자국민에게 조선 진출을 고취하기 위해 노골적인 대국주의적 교육·선전 활동이 전개되었다. 그를 위하여 『조선이주안내』(민우사, 1904년), 『한국식민관견』(전국농사회, 1907년), 『한국으로의 진출』(낙세사, 1909년), 『조선농업이민론』(유비각, 1910년) 등의 서적이 점차 출판되었다.
77. 앞의 『韓國教育の既往及現在』, pp. 25~26.
78. 앞의 『韓國教育の現狀』, pp. 20~22.
79. 『대한매일신보』, 1906년 6월 28일, 「논설」.
80. 『대한매일신보』, 1908년 9월 20일, 「논설」.
81. 『대한매일신보』, 1909년 1월 8일, 「논설」.
82. 『대한매일신보』, 1909년 3월 16일, 「논설」.
83. 『대한매일신보』, 1908년 2월 15일, 「논설」.
84. 앞의 『韓國教育の現狀』, p. 27, p. 37.
85. 弓削幸太郎, 앞의 책, p. 94.
86. 『日本外交文書』 제41권 제1부, 문서번호 871, 「한국정황시찰복명의건」, 1908년 5월, p. 849.
87. 관립 사범학교 교감 增戶鶴吉, 「점차 일어나는 篤學」(『조선』 제26호, 1910년 4월, p. 11).

Ⅲ. 애국계몽운동의 교육사상과 교육구국운동의 전개

1. 박은식, 「務望興學」, 『대한매일신보』, 1906년 1월 6일, 「논설」.
2. 앞과 같음.
3. 박은식, 「大韓精神」, 앞의 『박은식 전서』 下에 수록, p. 67.
4. 장도빈(張道斌), 「교육의 성쇠는 국가승패의 원인」, 『서북학회월보』, 제16호, 1908년 3월, p. 9.
5. 이응종(李膺鐘), 「學典」(續), 『기호흥학회월보』 제12호, 1909년 7월, p. 7.
6. 김진초, 「국가와 교육의 관계」, 『태극학보』 제16호, 1907년 12월, pp. 4~7.
7. 앞의 『박은식 전서』 中, pp. 3~35.
8. 앞과 같음, pp. 396~412.
9. 『호남학보』 제1호~제3호 및 앞의 『海鶴遺書』, pp. 71~80.
10. 포천군지회 총무 박희인(朴喜寅), 「明倫堂의 本領과 본지회의 취지」, 『대한협회회보』 제7호, 1908년 10월, p. 66.
11. 『대한학회월보』 제4호, 1908년 5월, p. 12.

12. 『대한매일신보』, 1908년 1월 16일, 「잡보」.
13. 『태극학보』 제3호, 1906년 10월, pp. 7~14.
14. 박은식, 앞의 『학규신론』, p. 14(앞의 『박은식 전서』 中에 수록, p. 18).
15. 장지연, 「국문관계론」 앞의 『위암문고(韋菴文稿)』 全, p. 230.
16. 주시경, 「국어와 국문의 필요」, 『西友』 제2호, 1907년 1월, p. 33.
17. 이승교(李承蕎), 「국한문론」, 『서북학회월보』 제1호, 1908년 6월, p. 22.
18. 『황성신문』, 1908년 6월 10일(유길준 전서 편찬위원회 편, 『유길준 전서』 제2권, 문법·교육 편, 일조각, 1971, pp. 257~260).
19. 실학사상의 대가 정약용의 선배였던 홍대용(1731~1873)은 당시의 신분적 인재등용제도를 비판하고, 각지에 학교를 세워 8세가 된 어린이는 모두 학교에 보내야 하며, 이 가운데 우수한 자는 대학까지 보내야 한다고 주장했다(박종근, 「이조 후기의 신학사상(下)」, 『사상(思想)』 제9호, 1971, p. 119).
20. 여병현(呂炳鉉), 「의무교육의 필요」, 『대한협회회보』 제2호, 1908년 5월, p. 10.
21. 「强迫教育」, 『대한자강회월보』 제6호, 1906년 5월, p. 10.
22. 박은식, 앞의 『학규신론』, pp. 13~14(앞의 책, pp. 17~18).
23. 앞과 같음, p. 18(앞의 책, p. 22).
24. 이동초(李東初), 「소년국민의 양성」, 『태극학보』 제16호, 1907년 12월, p. 10.
25. 강엽(姜曄), 「의무교육」, 『호남학보』 제7호, 1908년 12월, p. 3.
26. 박은식, 앞의 『학규신론』, p. 19(앞의 책, p. 23).
27. 掘尾輝久, 앞의 『現代教育の思想と構造』, p. 69.
28. 이동초, 앞의 『태극학보』 제16호, pp. 9~10.
29. 『대한협회회보』 제2호~제3호, 1908년 5월~6월,
30. 『대한자강회월보』 제1호, 1906년 7월, pp. 28~32.
31. 1909년 1월 통감 伊藤博文은 일본이 조선 및 한조 황실의 보호자임을 위장적으로 시위하기 위해서 순종의 지방 순행(巡幸)을 실시했다. 이것은, 고종의 강제 양위와 의병투쟁의 무력 진압으로 격앙되어 있던 조선 민중 앞에 순종과 伊藤博文이 나란히 서 있는 모습을 보임으로써 조선에 대한 일본의 '선의'를 과시하고자 했던 것이었다. 그러나 순종의 지방 순행이 실제로 행해지자, 지방 민중은 황실에 대한 새로운 충성심과 일본에 대한 반항심을 노골적으로 나타낸다. 특히 서북 지방에서는 통감부가 준비했던 일본 국기가 파기되는 사건이 속발하고, 또한 사립학교생이 국왕의 초상화를 내걸고 애국가를 봉창하는 등 복고적인 충군애국의 풍조가 일시적으로 고양했다.
32. 황현, 앞의 『매천야록』, p. 102.
33. 박은식, 「문약지폐(文弱之弊)는 반드시 그 나라를 잃게 한다」, 『西友』 제10호, 1906년 9월, pp. 1~6.
34. 박은식, 「안중근전」, 앞의 『박은식 전서』 中, p. 569.
35. 이종준(李鍾準), 「체육의 국가에 대한 효력」, 『서북학회월보』 제15호, 1909년 8월, pp. 30~31.
36. 문일평(文一平), 「체육론」, 『태극학보』 제21호, 1908년 5월, p. 16.
37. 앞의 『박은식 전서』 中에 수록, pp. 414~420.
38. 박은식은 교학(教學)의 최고학부인 대학(성균관)을 학부의 관리로부터 독립된 기관으로 하고, 관장과 교수에게는 높은 위치를 부여하여 그 권위를 높이며, 또한 각 군에는

교수 한 사람(큰 군에는 두 사람)을 배치하여 학도를 가르치는 동시에 이것을 대학의 관리하에 둘 것을 주장했다. 즉, 박은식은 유교를 기반으로 각지의 향교를 교화기관으로서 재건 강화하고자 하였다. 다만 여기서 말하는 '향교'는 과거의 그것과 약간 이미지가 다른 것이었다고 생각된다.

39. 신용하, 「박은식의 유교구신론·양명학론·대동사상」, 『역사학보』 제73집, 1977년 3월, pp. 42~43.
40. 伊藤昭雄, 「變法維新運動とその思想」(西順藏 編, 앞의 『原典中國近代思想史』, pp. 27~28) 참조.
41. 조완구(趙琬九), 「교육은 정해진 방향이 없다면, 오히려 교육을 하지 않는 편이 좋다」, 『기호흥학회월보』 제3호, 1908년 10월, p. 23.
42. 윤상현(尹商鉉), 「告社會志諸公」, 『기호흥학회월보』 제3호, 1908년 10월, p. 17.
43. 김원극(金原極), 「教育方法必隨其國程度」, 『서북학회월보』 제1호, 1908년 6월, pp. 4~5.
44. 김성희(金成喜), 「교육의 종지(宗旨)와 정치와의 관계」, 『대한자강회월보』 제11호, 1907년 5월, p. 24.
45. 박상목(朴相穆), 「교육정신」(『西友』 제11호, 1907년 10월) 및 변영만(卞榮晩), 「大呼教育」(『기호흥학회월보』 제1호, 1908년 8월 수록) 참조.
46. 『대한자강회월보』 제1호, 1906년 7월, p. 30.
47. 『西友』 제11호, 1907년 10월, pp. 14~17.
48. 『기호흥학회월보』 제11호, 1906년 6월, pp. 40~44.
49. 고려대학교 60년사 편찬위원회, 앞의 『60년지(六十年誌)』, p. 65.
50. 앞과 같음, pp. 40~52. 당시 전문학교에 관한 법령은 공포되지 않았으며, 따라서 학칙 등은 1900년 9월에 제정되었던 '중학교규칙'과 그 외의 다른 것을 참고로 하여 작성되었다(같은 책, p. 54).
51. 『대한자강회월보』 제1호, 1906년 7월, p. 30.
52. 방정환, 『소파 수필선』, 을유문화사, 1974, p. 33.
53. 「한국 주둔 헌병대 사령부에서 개최했던 각 도 헌병대장(경무부장) 회의 석상에서의 俵學部次官 연설」, 1910년 7월(『警務月報』 제1호, 1910년 7월, 앞의 『한국독립운동사』 I, p. 907) 및 幣原坦, 앞의 『朝鮮教育論』, pp. 40~41.
54. 신용하, 앞의 「신민회의 창건과 그 국권회복운동(下)」, 『한국학보』 제9집, pp. 185~186 및 오천석, 앞의 『한국신교육사』, p. 187.
55. 신용하, 「계명의숙 취지서·창가·경축가·창립기념가·권학가 등(해제)」(『한국학보』 제6집, 1977, pp. 291~293).
56. 김영모, 앞의 『조선지배층연구』, pp. 402~403.
57. 이기헌(李起鏸), 『勸告資本家의 義捐』(『기호흥학회월보』 제7호, 1909년 2월, pp. 4~5) 참조.
58. 『대한매일신보』, 1908년 1월 21일, 「잡보」.
59. 예를 들어 평양에서는 민간 교육 시설의 부족함을 보충하고, 또 교육의 진흥을 꾀하기 위해 중의소(衆議所)·합동회(合同會)·협동사(協同社) 등이 각각 자제를 모집하고, 또 교사를 선택하여 열심히 교육 활동을 전개했다(『대한매일신보』, 1907년 5월 1일, 「잡보」).
60. 『기호흥학회월보』 제3호, 1908년 10월, pp. 51~52 참조.

61.『기호흥학회월보』 제2호, 1908년 9월, p. 58.
62.『대한협회회보』 제9호, 1908년 12월, p. 57.
63.『대한협회회보』 제2호, 1908년 5월, pp. 65~67.
64.『대한학회회보』 제7호, 1908년 9월, pp. 20~23.
65. 앞과 같음, pp. 13~16.
66. 백낙준, 앞의 『한국개신교사』, p. 410.
67.『관보(官報)』, 융희 2년 6월 22일.
68.『기호흥학회월보』 제9호, 1909년 4월, p. 46. 군수 중에는 백천(百川)군수 전봉훈(全鳳薰)처럼 학교를 설립했을 뿐만 아니라, 각 상점에 명령하여 고용하고 있는 아이들은 야학에 보내게 하고, 만약 보내지 않으면 주인을 처벌했던 사람도 있다(김구, 앞의 『백범일지』, p. 165).
69.『호남학보』 제1호, 1908년 6월, pp. 1~2.
70. 이기(李沂), 「鄕校得失」(『호남학보』 제4호, 1908년 10월, pp. 1~2) 참조.
71. 학계(學契)란 동(洞) 내의 유력자에게 자금을 내게 하여 이 자금으로 서당을 세우고 선생을 초빙하여 동 내의 자제를 교육하기 위한 계였다(鈴本榮太郎, 앞의 『朝鮮農村社會の硏究』, p. 22). 그리고 학계의 규모가 컸던 서당은 교육구국운동의 과정에서 학교로 많이 개편되었다.
72. 이각종(李覺鍾), 「조선민족자료, 계에 관한 조사」, 『조선(朝鮮)』 제100호, 1923년 7월호, p. 82.
73.『日本外交文書』 제41권 제1책, 문서번호 891, p. 850.
74. 앞의 『장로교회사전휘집(長老敎會史典彙集)』, 1918년 간행, p. 122.
75. 백낙준, 앞의 책, pp. 423~424. 예를 들어 1906년, 재령(載寧)에 있는 북장로파 선교회의 선교지부는 학교는 반드시 매일 기도회를 가질 것, 교회가 정한 교과목을 준수할 것 등을 결의하고, 또 당시 반일운동의 한 표현 형태였던 체조 및 군사교과의 시간 삭감에 승복하지 않았던 자를 해고했다.
76. 隈本繁吉, 「隆熙二年六月二十一日乃至七月六日北韓鐵道附近地方學事視察事項中基督敎學校ニ關スル復命草稿」, 1908년(阿部洋, 「併合直前の朝鮮におけるキリスト敎主義學校」, 『日本の敎育史學』 제16집, 1973년, p. 60). 隈本繁吉은 당시 학부 서기관이었다.
77. 백남훈, 앞의 『나의 일생』, p. 52.
78.『대한매일신보』, 1910년 3월 15일, 「논설」.
79. 앞의 『의암 손병희 선생 전기』, pp. 281~287.
80. 황성자(皇城子), 「사숙(私塾)을 타파해야 한다」, 『기호흥학회월보』 제1호, 1908년 8월, pp. 40~41.
81.『기호흥학회월보』 제6호, 1909년 1월, p. 51.
82. 당시의 신문과 학회 기관지에는 서당 교사의 수구성을 공격하는 문장이 많이 게재되었다. 『태극학보』 제19호(1908년 3월)에 실린 「사제(師弟)의 언론」은 그 대표적인 것으로서, 거기서는 구학문을 고집하는 서당 교사와 신학문을 지향하는 학생이 서로 대화하는 형태로 서당 교사의 전근대적 사상을 비판하고 있다.
83. 서당 교사가 신학교에 적의를 갖고 있었던 예로서, 교육구국운동에 참가했던 김구는 다음과 같이 말하고 있다. "내가 보강(保强)학교 교장에 취임했을 때의 일로 한 우스운 에피소드가 있었다. 그것은 학교에 세 번씩이나 도깨비불이 난 사건이었다. '학교를 지

을 때 그 옆에 있던 고목을 잘라 불태워버렸기 때문에 도깨비가 진노하여 불을 질렀으므로 이것을 막기 위해서는 부군당(府君堂)에 제물을 바쳐야 한다'고 모두 말했다. 나는 직원에게 명하여 밤에 가만히 망을 보도록 시켰다. 이틀째 되는 날, 불을 지른 도깨비를 현장에서 잡아서 보니, 그 도깨비는 이 마을의 서당 훈장이었다. 그는 '학교가 세워졌기 때문에 서당이 없어져 자신이 실업했던 것에 화가 나 학교에 방화했다'고 자백했다. 나는 그를 경찰에 넘기지 않고, 다만 '마을을 떠나라'고만 명령했다"(김구, 梶村秀樹 역주, 앞의 책, p. 169).

84. 『대한매일신보』, 1907년 11월 30일, 「광고」.

85. 김기석(金基錫), 『남강 이승훈』, 세운문화사, 1970, p. 90.

86. 앞과 같음, p. 121.

87. 대성학교의 졸업생인 김형식(金瀅植)은 「평양대성학교와 안창호」(『三千里』, 1932년 1월호)에서 대성학교에 대해 다음과 같이 말하고 있다. "1907년 대성학교를 설립한다는 소식이 세상에 전파되자, 이를 지원하는 소리가 전 조선을 진동시키고 입학 지원자가 조수(潮水)와 같이 밀려들어 곧바로 500~600명의 청년이 모였다. 중학교 학생이라고 할지라도 그 당시 대성학교의 학생들은 12~13세의 청년들로서, 입을 열면 모두 우울개세(憂鬱慨世)의 탄식이었고, 행동은 모두 민중의 지도자를 자부했다. 그 당시 학교의 과정은 중등학교라 할지라도 금일의 중등학교보다 훨씬 고등이었으며, 4학년 과정은 전문학교 3학년 과정과 똑같았다. 또한 학교의 설비도 중등학교로서는 유례가 없을 정도로 완비되어 있었다"(주요한 편저, 앞의 『안도산 전서』, p. 89).

88. 도산안창호선생기념사업회, 앞의 『도산 안창호』, p. 47.

89. 이광수, 앞의 『도산 안창호』, 앞의 『이광수 대표작선집』 九 수록, pp. 303~304.

90. 주요한 편저, 앞의 책, p. 81.

91. 대성학교의 학년별 교과목과 교과서는 다음과 같다.

과목＼학년	예비과	1학년	2학년	3학년
수신	중등수신	윤리 교과서 上	윤리 교과서 下	심리학
국어	대한문전	대한문전	-	-
한문	한문독본	어정오경백선(御定五經百選)	중학문법	고등문법
작문	논·서함(論·書緘)	책·기·서함(策·記·書緘)	銘·箴·字·跋·書緘	疑·表·疏·傳·公文式
역사	동국사략	동서양 역사 上	동서양 역사 下	-
지리 및 천문	대한지리	만국신지지(萬國新地志)	地文學	천문학
수학	사칙과 분수(自四則至分數)	비례와 구적(自比例至求積)	대수·기하·부기	기하·삼각·측량
박물	신편박물학	식물학	동물학	광물학
이화학	초등이화학	중등물리학	물리·화학	화학
법제	경제	국가학	법학통론	경제학
농학	농학입문	임업학	수산학	농정학(農政學)
상업	상업대요	상업대요	-	-
공업	불명(不明)	불명	불명	불명
외국어	영어·중국어·일본어	영어·중국어·일본어	영어·중국어·일본어	영어·중국어·일본어
도화	자재화(自在畵)	자재화	자재화	용기화(用器畵)
음악	단음·창가	단음·창가·악기용법	복음·창가·악기용법	복음·창가·악기용법
체조	보통·병식	보통·병식	보통·병식	보통·병식

[자료] 신용하, 앞의 논문(上), 『한국학보』 제8집, p.69.

92. 백낙준, 앞의 책, p. 410.

93. 『대한매일신보』, 1907년 2월 26일, 「잡보」 및 『西友』 제2호, 1907년 1월, 「광고」. 이 서우사범학교의 모집 연령은 25세 이상 40세 이하였으며, 교과과정은 산술, 지지(地誌), 역사, 법률, 물리학, 교육학, 영어, 일어, 작문이었다.

94. 『대한매일신보』, 1907년 5월 1일, 「잡보」.

95. 윤태진(尹台鎭), 「教育急務莫先乎養師」, 『대한흥학보』 제8호, 1909년 12월, pp. 9~11.

96. 조선총독부, 『학사통계(學事統計)』, 1910년도, pp. 88~90. 이 통계표에서는 '직원 수'로 사람 수가 기재되어 있는데, 이것은 '교원 수'와 거의 같은 의미라고 보아도 좋다. 1910년 5월 말 현재, 사립학교는 전국에 1,973개교 있는 것으로 되어 있는데, '사립학교령'에 의거하여 학부에 보고된 사립학교는 1,843개교였다. 이들 학교의 직원 수 내역은 아래 표와 같다. 단, 여기에서 종교학교 가운데 일본인이 아닌 직원 중에 외국인 선교사 등이 포함되어 있는지에 대해서는 분명하지 않은데, 포함되어 있다고 하여도 그 수가 많지는 않았다고 생각된다.

	학교 수	직원 수	
		비일본인	일본인
일반학교	1,225	3,947	137
종교학교	748	1,553	10
합계	1,975	5,500	147

97. 『대한매일신보』, 1908년 11월 12일, 「논설」.

98. 『대한학회월보』 제9호, 1908년 11월, pp. 18~21.

99. 신소설은 1906년에 창간된 신문인 『만세보』에 발표되었고 이인직(李人稙)의 장편소설 『혈(血)의 누(淚)』에서 비롯되었다고 한다. 박은식은 그 자신이 1907년에 역술(譯述)했던 정치소설 『서사건국사(瑞士建國史)』의 서문에서 신소설의 교육적 의의를 높이 평가하고 있다. 또한 문학평론가 중에는 신소설의 주제로서 (1) 개화와 자주독립, (2) 신교육 사상의 선전, (3) 새로운 도덕관과 인습의 비판, (4) 미신 타파와 현실 폭로 등의 네 가지로 들고, 그 계몽적 역할을 강조하는 사람도 있다(백철, 『조선신문학사조사』, 수선사, 1948, pp. 29~71).

100. 유문종(劉汶鍾), 「祝賀農林學教」, 『서북학회월보』 제24호, 1908년 9월, pp. 16~19.

101. 「實業勉勵會趣旨書」, 『태극학보』 제24호, 1908년 9월, pp. 16~19.

102. 『西友』 제6호, 1907년 5월, 「사설」, pp. 2~4. 여기서는 염직(染織), 부기, 상업, 농업, 유리, 목선(木船), 수산, 재봉, 활판(活版), 건축, 목공, 양잠, 모직, 전기, 제지 등 모든 분야에 걸쳐 총 59개 학과 90명의 학생을, 합계 33,370원의 예산을 들여 1년 6개월에서 2년 동안 일본에 유학시켜야 한다고 주장하고 있다.

103. 유중현(劉重鉉), 「서북학회 내 농림강습소에 대하여」(『서북학회월보』 제19호, 1910년 1월, pp. 20~23) 참조.

104. 『대한매일신보』, 1906년 8월 2일, 「잡보」.

105. 김하염(金河琰), 「여자교육의 급선무」, 『서북학회월보』제15회, 1908년 2월, p. 18.

106. 『숙명 70년사』, 숙명여자중·고등학교, 1976, pp. 20~25.

107. 學部, 앞의 『韓國教育ノ既往及現在』, pp. 58~59.

108. 『대한매일신보』, 1906년 8월 15일, 「잡보」.

109. 『동아일보』, 1921년 7월 16일(강동진, 「일제지배하의 노동야학」, 『역사학보』 제46집,

1970년 8월, pp. 14~17).

110. 『대한매일신보』, 1907년 5월 31일, 「잡보」.

111. 상세하게 조사했던 것은 아니지만, 참고삼아 노동야학과 농민야학에 관한 보도를 들어보면 다음과 같은 것이 있다. 『대한매일신보』, 1908년 1월 22일, 3월 21일, 3월 22일, 5월 9일, 9월 16일, 12월 29일 「잡보」. 같은 신문 1909년 12월 2일, 12월 3일 「학계」. 『기호흥학회월보』 제110호, 1909년 5월, p. 36 및 제11호, 1909년 6월, p. 50. 『대한협회회보』 제12호, 1909년 3월, p. 56.

112. 權義軾, 「우리나라에 있어 노동계급형성과정과 그 시기」, 『역사과학』, 1966년 제1호, p. 6.

113. 『대한매일신보』, 1908년 2월 16일, 「논설」.

114. 『대한매일신보』, 1908년 12월 29일, 「논설」.

115. 『대한매일신보』, 1908년 8월 29일, 「논설」.

116. 조언식(趙彦植), 「노동은 성공의 어머니」, 『기호흥학회월보』 제5호, 198년 12월, pp. 10~12 및 「노동의 의의」, 『서북학회월보』 제11호, 1909년 4월, pp. 30~32.

117. 『서북학회월보』 제5호, 1908년 10월, pp. 1~2 및 p. 12.

118. 앞의 『유길준 전서』 제2권 수록.

119. 앞의 『60년지(六十年誌)』, p. 69.

120. H. G. *Underwood, Modern Education in Korea*, p. 131.

121. 『경향신문』, 1909년 4월 2일 및 『서북학회월보』 제15호, 1908년 2월, p. 41.

122. 學部, 앞의 『韓國敎育ノ既往及現在』, p. 15.

123. 「한국 주둔 헌병대 사령부에서 개최했던 각 도 헌병대장(경무부장) 회의 석상에서의 俵學部次官 연설」, 1910년 7월(『警務月報』 제1호, 1910년 7월, 앞의 『한국독립운동사』 I, pp. 919~920).

124. 『대한자강회월보』 제8호(1907년 2월, pp. 41~42)에 기재되어 있는 '의무교육조례대요(義務敎育條例大要)'는 다음과 같다. 또한 신용하, 「박은식의 교육구국사상에 관하여」(『한국학보』 제1집, 1975년 겨울, p. 73)라는 논문에도 『中樞院來文』(議政府 편)에서 인용했던 「의무교육조례대요」가 게재되어 있는데, 물론 내용은 기본적으로 같다.

① 적당한 행정구역을 한 학구(學區)로 하고 구립(區立) 소학교를 설치한다.

② 구립 소학교의 설비, 유지 경비는 구내 주민의 부담으로 한다. 단, 경비의 부담은 자녀의 취학 여부에 상관없는 것으로 한다.

③ 구내 주민은 각 구마다 20일 이내의 학무위원을 선거하고, 소학교에 관한 교과서의 선정 및 그 외의 모든 사무를 위임한다.

④ 학무위원은 구내 주민의 빈부 등급을 정하고, 학교 비용의 부과·징수를 담당한다.

⑤ 학무위원은 구내 주민의 취학아동을 조사하여 그 취학을 독촉한다. 단 아동이 병약하거나 발육이 불완전하여 취학할 수 없는 경우에는 그 취학을 연기한다.

⑥ 학령아동 보호자는 그 아동을 취학시킬 의무를 진다. 여기서 보호자란 부모나 부모에 대신하는 지위에 있는 자를 가리킨다.

⑦ 학령아동이 풍전(瘋癲), 백치, 폐질(廢疾) 그리고 어쩔수 없는 사정으로 학무위원회가 취학이 곤란하다고 인정했을 경우에는 보호자의 의무를 면제한다.

⑧ 학령은 남녀 만 7세부터 15세까지 8년으로 하며, 처음 5년간은 초등과, 뒤의 3년간은 고등과로 하는데, 처음 5년간을 의무교육의 연한으로 한다.

⑨ 당분간 7세 이상 15세 이하의 남자는 연령에 관계없이 초등과를 수료해야 의무교육을 마친 것으로 된다. 다만 당분간 9세 이상의 여자는 취학 지원자가 아니라면 보호자의 의무를 면제한다.

⑩ 구내 주민 가운데 이상의 의무를 준수하지 않은 자에 대해서는 상당한 벌칙을 정하여 실시하고자 한다.

125. 『대한자강회월보』 제8호, 1907년 2월, p. 66 및 제9호, 1907년 3월, p. 71.

126. 『대한매일신보』, 1907년 2월 26일, 「잡보」 및 『西友』 제3호, 1907년 2월, p. 44.

127. 『대한협회회보』 제4호, 1908년 7월, pp. 13~16.

128. 『대한협회회보』 제12호, 1909년 3월, pp. 10~14.

129. 앞과 같음, p. 56.

130. 최덕린(崔德麟), 「구한말 사립학교의 설치와 변천에 대하여」[손인수(孫仁銖), 앞의 『한국근대교육사』, pp. 44~45].

131. 『기호흥학회월보』 제1호(p. 44), 제2호(p. 50, 51), 제4호(p. 42), 제6호(p. 50).

132. 『기호흥학회월보』 제8호, 1909년 3월, p. 64.

133. 『서북학회월보』 제18호, 1909년 12월, pp. 55~56.

134. 『태극학보』 제25호, 1908년 10월, pp. 15~21.

135. 『대한매일신보』, 1908년 5월 15일, 「논설」 및 황현, 앞의 『매천야록』, p. 395.

136. 신채호, 「신교육(情育)과 애국」(앞의 『단재 신채호 전집』 下 수록, p. 131).

137. 근대교육에 대한 국민의 이해가 여전히 충분하지 않았다는 사실에 관하여 『호남학보』는 그 창간호(1908년 6월)에서 다음과 같이 말하고 있다. "한성은 수도의 소재지로서 학교가 설립된 지 벌써 몇십 년이나 된다. 그러나 그 참된 의미를 아는 자는 아직 적으며, 교육이란 독서나 글씨를 베껴 쓰는 데 불과하다고 생각하고 있다. 자녀가 학교에서 돌아오면, 오늘은 책을 몇 줄 읽었고 문자를 몇 개 배웠는가를 들을 뿐으로, 자녀의 사상이나 동작이 어떻게 변화되었는지에 대해서는 생각하지 않는다. 이 우매한 습관을 고치는 것이 이 정도로 힘이 드니, 여기서 천 리 떨어진 호남 지방에서는 말할 나위도 없다"(pp. 18~19). 그리고 호남 지방의 현상에 관하여 "향리의 부노(父老)가 말하기를 세상일을 알지 못하고 노예로 되는 한이 있더라도 자제가 학교에 들어가는 것을 원하지 않으며, 수구불변(守舊不變)으로 사람을 붙들어 매는 일이 있어도 자녀가 신학문을 배우는 것을 원하지 않는다"라고 서술하고 있다(p. 20).

138. 『대한매일신보』, 1909년 1월 14일, 「논설」.

139. 이동초(李東初), 「정신적 교육의 필요」, 『태극학보』 제11호, 1907년 6월, pp. 8~9.

140. 「한국 주둔 헌병대 사령부에서 개최했던 각 도 헌병대장(경무부장) 회의 석상에서의 俵學部次官 연설」, 1910년 7월(『警務月報』 제1호, 1910년 7월, 앞의 책, p. 920).

141. 예를 들어, 이른 시기의 것으로는 『대한매일신보』, 1907년 5월 2일, 7월 4일 「잡보」에, 조선인 학도가 일본인 교사를 배척한 기사가 있다.

142. 『태극학보』 제19호, 1908년 3월, pp. 4~11.

143. 『대한매일신보』, 1908년 11월 3일, 「논설」.

144. 방정환, 앞의 책, p. 34, 『태극학보』 제1호, 1906년 8월, p. 14, 『호남학보』 제4호, 1908년 10월, p. 13. 『서북학회월보』 제16호, 1909년 10월, pp. 4~5.

145. 『대한매일신보』, 1908년 5월 15일, 「논설」.

146. 계봉우(桂奉瑀), 「학교의 폐해」, 『태극학보』 제26호, 1908년 11월, p. 20.

147. 앞과 같음, p. 19 및 이철주(李喆柱), 「교육계(教育界)의 하초병(下梢病)」, 『기호흥학회 월보』 제3호, 1908년 10월, p. 17.
148. 學部, 앞의 『韓國教育の現狀』, p. 12.
149. 遠山茂樹, 앞의 『日本近代史』 I, p. 259.
150. 學部, 앞의 『韓國教育の現狀』, pp. 9~10.

Ⅵ. 애국계몽운동과 교육구국운동의 역사적 의의

1. 앞의 「國友尙謙稿」.
2. 姜德相, 「朝鮮に於ける國權回復運動について」, 『朝鮮史研究會論文集』 第1輯, 1965년 11월, p. 129.
3. 최린, 「자서전」, 『한국사상』 제4집, 1962년 8월, p. 155.
4. 『대한매일신보』, 1907년 3월 15일 「權衡一世」 및 박정양, 「졸업생의 대한 권고」, 『대한흥학보』 제7호, 1909년 11월, p. 26.
5. H. B. Hulbert, *The Passing of Korea*, p. 341.
6. 예를 들어 강전(姜荃), 「國文便利及漢文弊害의 說」, 『태극학보』 제7호, 1907년 12월 및 이보경(李寶鏡), 「國文과 漢文의 過渡時代」, 『태극학보』 제21호, 1908년 5월 참조.
7. 『대한매일신보』, 1907년 5월 14일, 「논설」.
8. 당시 국문 표기법의 미숙 등으로 순국문으로 된 교과서나 서적은 적었으며, 더욱이 각 지방에 유통되고 있었던 국문 서적은 옛날부터 여성이 읽어왔던 유교적 도덕을 주입하는 교훈서(教訓書)나 권선징악을 주된 내용으로 하는 『심청전』, 『춘향전』, 『숙향전』 등 국민교육의 교재로서는 부적당한 것이 많았다. 김갑순(金甲淳), 「大聲疾呼我國民的精神」, 『대한학회월』 제3호, 1908년 4월, pp. 18~19 및 앞의 『이화 80년사』, p. 28).
9. 『대한매일신보』, 1908년 11월 14일, 「논설」.
10. 한문서당에서 몇 년간 한자를 배웠던 유진오는 1914년경 보통학교에서 국문교육을 받았는데, 철자가 불비(不備)한 '가갸거겨'의 음성문자는 한자보다 배우기가 어려웠다고 서술하고 있다(유진호, 「片片夜語」①②, 『동아일보』, 1974년 3월 1일, 2일).
11. 이기문, 『개화기의 국문연구』, 한국문화연구소, 1970, p. 17.
12. 황현, 앞의 『매천야록』, p. 384 및 『대한매일신보』, 1907년 6월 29일, 7월 31일 「잡보」.
13. 앞의 『매천야록』 및 『西友』 제8호, 1907년 7월, p. 42.
14. 『대한협회회보』 제6호, 1908년 9월, pp. 65~68.
15. 방정환, 앞의 『소파수필선』, pp. 29~31.
16. 『시사총보』, 1899년 5월 7일 「잡보」.
17. 『황성신문』, 1900년 4월 3일 「광고」.
18. 『대한매일신보』, 1908년 9월 4일 「논설」.
19. J. R. Moose, Korea's Greatest Need, *The Korean Review*, Vol 5, Dec. 1905, pp. 453~457.
20. 앞의 「안중근자전(安重根自傳)」, 앞의 『이등박문암살기록』, pp. 358~360.
21. 『대한매일신보』, 1906년 6월 29일 「논설」.
22. 倉塚平, 「韓國教會史斷章—1907年のリバイバル運動をぬぐって—」, 『季刊三千里』 제10호, 1977년 여름 참조.
23. 『대한매일신보』, 1910년 4월 15일 「논설」.

24. 민경배, 앞의 『한국민족교회형성사론』, p41.
25. 신일철, 『한국을 탐구한다』, 탐구당, 1975. p. 148.
26. 홍사중, 『한국 지성의 고향』, 탐구당, 1966, p. 59.
27. 『대한매일신보』, 1910년 4월 15일 「논설」.
28. 『서북학회월보』 제10호, 1909년 3월 수록.
29. 신채호, 「유교 확장에 대한 論」, 『대한매일신보』, 1909년 6월 16일 「논설」. 『대한매일신보』는 이 외에도 1909년 2월 28일자 「논설」에서 '유교구신론(儒教求新論)'에 대한 기대를 표명하고 있다.
30. 한광호(韓光鎬), 「유교신론에 대한 유림계(儒林界)에 찬부(贊否)를 바란다」(『서북학회월보』 제12호, 1909년 5월 수록).
31. 『대한매일신보』, 1909년 10월 23일 「잡보」 및 「광고」.
32. 조선유학사(朝鮮儒學史)에서 양명학의 계보를 더듬어, 주자학적 사유에서 근대적 사유로의 전환, 즉 봉건에서 근대로의 자기변혁의 과정에서 양명학의 위치를 규명하는 것은 중요한 연구 과제의 하나이다. 中江藤樹 등 일본 근세 양명학의 경우, 기본적인 사유 방법에 대해 주자학에 의존하는 것이 많았기 때문에 양명학의 사유 방법 내지는 정신 태도의 변화는 주자학적 특성의 그것으로 서술하여도 그다지 잘못된 것은 아니라는 입장이었다(丸山眞男, 앞의 『일본정치사상사연구』, pp. 32~33 참조). 그러나 막부 말기·유신(幕末·維新)의 격동기에 적지 않은 일본 지식인이 양명학으로 기울어, 그것을 축으로 근대적 사유로의 전환을 성취하고 있었다. 경성학당의 설립에 주도적 역할을 맡았던 本多庸一이나 혹은 海老名彈正, 松村介石 등 메이지의 지도적 기독교도들이 봉건적 신분질서를 중시하는 주자학으로부터 良知=良心을 강조하는 양명학으로 관심을 기울이고, 그 과정에서 기독교에 입신(入信)했다는 것도 그러한 예라고 할 수 있을 것이다(青山學院 編, 『本多庸一』, 1968, pp. 10~11 참조).
33. 황현, 앞의 『매천야록』, pp. 403~404.
34. 『西友』 제1호, 1906년 12월, p. 51.
35. 『대한매일신보』, 1907년 12월 1일, 「광고」.
36. 김영모, 앞의 『조선지배층연구』, p. 294, 일본 이외에 미국으로 간 사람이 많았는데, 그 수는 미국과의 수호조약 체결 이후 1902년까지 갑신정변 실패로 인한 망명자가 10명 전후였고, 그 후 1910년까지는 60명 내외였다. 미국 유학생 중에는 정치적 망명의 성격을 띤 사람이 많았으며, 또한 조선이 일본의 식민지가 되기도 하여 귀국하지 않고 미국에 영주했던 자가 대부분이었다(김원용, 『재미한인 50년사』, 1959, pp. 23~30).
37. 『대한학회월보』 제6호, 1908년 7월, pp. 77~79.
38. 앞의 「일본 유학생사」, 『학지광(學之光)』 제6호, p. 206.
39. 백남훈, 앞의 『나의 일생』, p. 59.
40. 「고학생(苦學生)의 정형(情刑)」, 『태극학보』 제12호, 1907년 7월, pp. 50~52.
41. 구강(具岡), 「일본 고학생의 情刑을 들어 我本邦同學諸君에게 告한다」, 『대한흥학보』 제6호, 1909년 10월, p. 32.
42. 러일전쟁 후 일본은 아시아에서 가장 수월하게 유럽 문화를 배울 수 있던 장소였으며, 중국인 유학생과 변법파나 혁명파의 중국인 망명객이 많이 모여 있었다.
43. 『대한매일신보』, 1905년 12월 28일 「논설」.
44. 애국계몽운동기에 간행되었던 서적은 민간 신문의 '광고란'을 통하여 알 수 있다. 『대

한매일신보』 1906년 6월 10일, 6월 13일 및 1907년 10월 17일자 광고에는 당시 팔리고 있었던 교과서와 일반 서적의 일람표가 게재되어 있다.

45. 연구생, 「학문의 목적」, 『태극학보』 제17호, 1908년 1월, p. 16.
46. 「賀吾同門諸友」, 『서북학회월보』 제1호, 1908년 6월, p. 2.
47. 앞의 「韓國現時における地方人心狀況」, 앞의 『한국독립운동사』 I, p. 957 및 p. 962.
48. 앞의 「國友尙謙稿」.
49. 이광수, 「부활의 서광」, 1918, 앞의 『이광수 전집』 제17권에 수록, p. 34.

종장

‘병합’ 후의 교육과 민족운동

-1910년대의 교육과 3·1독립운동

1. 일본제국주의의 조선 ‘병합’과 교육의 전개
2. 항일 주체의 형성과 3·1독립운동

1. 일본제국주의의 조선 '병합'과 교육의 전개

1910년 8월 29일 조선을 완전 '병합'한 일본제국주의는 통감부를 총독부로 개편하고 헌병·경찰제도를 강화해서 '무단통치'를 시작했다. 그것은 육군대장만이 임명될 수 있고 천황에 직속하는 조선총독이 행정·사법·입법의 삼권 및 군대의 통수권을 장악하여 절대적인 권력으로 조선 민중 위에 군림했던 것에서도 볼 수 있다. 그러한 가운데 조선 민중은 군대와 헌병경찰의 무력을 배경으로 하는 다수의 일본인 관리, 일본 식민자植民者의 지배를 받게 되었으며 또한 '보안법'을 비롯한 지배 법규를 통해 언론·출판·결사 등 일체의 정치적 자유를 박탈당했다. 더욱이 일본 침략자는 군인·경찰·헌병은 물론이고 문관, 더 나아가서는 보통학교 및 여학교의 남자 교사에게조차도 권위의 상징으로 칼을 차도록 했다. 그리고 조선 민중의 생사여탈生死與奪의 권한을 장악했던 일본은 조선인의 관리등용을 극구 억제했으며, 또 항일독립운동에 가혹한 탄압을 가하면서 '토지조사사업'을 바탕으로 산업·철도·운수·통신·무역·금융 등 각 부분에 걸쳐 조선 경제를 식민지 경제체계로 재편해갔다.

동시에 일본은 잔혹하기 이를 데 없는 약탈과 탄압을 합리화하고 조선의 유구한 민족문화를 말살하며 조선 민중을 암흑 상태로 내모는 식민지적 문화정책을 실시했다. 거기서는 천황숭배와 군국주의를 결합한 국가신도國家神道[1]가 중핵으로 설치되고 천황에 대한 충성과 일본어 습득이 강조되는 한편, 조선어 및 조선 역사를 말살하고자 했다. 더욱이 일본은 '조선민족열등론'을 유포시키는 동시에 전국 각지에 신사神社를 건립하고 각종 종교를 장려하여 반동사상을 고취시킴으로써 조선 민중의 항일의식을 마비시키려고 했다. 특히 초대 총독 데라우치 마사타케(寺內正毅, 1852~1919)는 귀족·양반유생·구관료 등의 봉건분자를 매수하여 그들을 완충제로 이용했을 뿐만 아니라, 성균관을 대신하는 새로운 유학교육기관으로 1911년에 경학원經學院을 설치했던 것에서 상징되듯이, 지배자에 대한 복종을 미덕으로 하는 삼강오륜의 유교도덕 및 그것을 기초로 한 가부장적 가족제도를 온존시키고자 했다. 이에 따라 일본 지배하의 조선 유교는 조선인의 유일한 공식 행사라고도 할 수 있는 관혼상제 등의 집안 행사[2] 등을 통하여 민중의 내면 깊숙이 파고들면서 영향을 미쳤는데, 결과적으로 일본의 동화정책에 이용되었다.[3]

그러한 가운데 조선 민중은 단발·양복 착용 등 생활양식의 영역에서 일정한 '진보'를 거두고 있었지만, 그 반면 조선 농촌은 몰락과 궁핍으로 치달았으며, 또 조선 자본주의도 극도로 기형적인 성장을 강요받았다. 그것뿐만 아니라 조선의 식민지화와 함께 의병투쟁이나 애국계몽운동의 전개에서 볼 수 있는 부르주아 민족운동의 대중적 고양도 종식되지 않을 수 없었다. 이에 이러한 투쟁과 운동은 봉건적 잔재를 명확히 청산하지 못한 채 일본 지배하의 민족운동으로 파고들어 갔다.

이 시기 조선 사회의 주요모순은 일본 침략자와 조선 민중의 민족적 모순으로 노동자를 필두로 농민, 도시주민, 민족자본가, 중소지주,

지식인의 대부분이 일본제국주의에 반대하는 애국 세력을 이루었다. 그리고 노동자계급이 아직 독자적인 계급세력으로 정치무대에 등장할 수 없었던 조건하에서 지식인 및 청년학생이 항일민족해방투쟁의 선두가 되었다.

그런데 '병합'으로 식민지 지배권력과 절대적인 대결을 벌이게 되었던 1910년대의 부르주아 민족운동은 '민족 부르주아지'의 순조로운 성장이 억압되었던 조건 아래서 소小부르주아 계급 출신의 지식인을 중심으로 한 부르주아 민족주의자가 주도하게 되었다. 더욱이 전국이 일대 감옥으로 변한 '무단통치' 아래서 그들은 자연히 정치와 일정한 거리를 두고 있던 종교와 교육의 장에서 활로를 찾게 되었다. 실제로 이승훈이 기독교에 입신해 오산학교의 교육 방침을 기독교 정신으로 변경하였고, 또 최린이 천도교에 입교해 보성고등보통학교 교장으로 취임한 것을 비롯해 많은 부르주아 민족운동가가 종교단체 및 사립학교에 의지해 은근히 반일운동을 계속했다. 이 가운데서 최린이 천도교, 불교, 기독교의 세 종교를 신중히 검토하면서 "장래의 사회적 생활에 대해 그 진로와 거점을 선택하려고 한다면 천도교단에 입교하는 것 이외의 방법은 없다는 결론을 얻었다"[4]라고 한 것에서 전형적으로 볼 수 있듯이, 2대 종교였던 기독교와 천도교는 항일운동의 방패막이로서 그 역할을 담당했다. 더욱이 그들 부르주아 민족주의자 가운데는 종교 조직을 정치활동의 장으로 이용했을 뿐만 아니라, 종교 교리 그 자체를 자기 정치활동의 기본 이론으로 간주했던 자도 적지 않았다. 이는 조선민족의 사상적 진보를 저해하는 것임과 동시에 일본제국주의에 대항하는 종교 세력의 확대를 가져왔다.

당시 부르주아 민족주의자는 국외로 탈출했던 그룹과 연계하면서 항일운동을 전개했는데, 그 방법으로는 요인 암살이나 폭동을 주장하는 급진론과 장래를 기다리며 실력양성을 중시하는 점진론의 두 가지가 점차 대두했다. 어쨌든 국내에서는 식민지 권력이 날조한 '데라우치 총독 암살 미수 사건' 이후 광복회, 조선국민회 등 항일독립을 위한 비밀결사가 점차 만들어지고 있었다. 또한 국외에서는 중국 동북부, 시베리아, 미국으로 이주했던 조선인의 거주 지역에서 활발한 항일운동이 전개되었다. 특히 두만강, 압록강 너머의 간도 지방과 러시아 영토 연해주에서는 홍범도, 이동휘, 이범윤李範允 등 국외로 망명했던 의병투쟁 및 애국계몽운동 활동가가 조선 이주민에 대한 교육계몽활동을 전개하는 동시에, 일본 군경에 대한 무력투쟁을 전개했다. 이는 의병투쟁이 주자학적 사고로부터 탈피해가는 내적 조건의 성숙을 의미함과 동시에, 1910년을 경계로 부르주아 민족주의자가 지도하는 독립군 운동으로 전환했음을 나타낸다. 그리고 의병투쟁과 애국계몽운동의 두 가지 조류는 이러한 국내외의 항일독립운동에서 점차 결합되었고, 그 과정에서 조선민족의 잠재적 에너지는 축적되고 있었다. 그러나 양자가 완전히 하나의 운동 형태로 결합되는 것은 1919년 3·1독립운동이 일어나기까지 약 10년의 세월을 기다려야 했다.

그런데 조선에 대한 일본의 정책 의지가 가장 선명하게 실현되었던 것은 교육이었다. 총독 데라우치는 1911년 8월 '조선교육령'을 공포하여 "교육은 교육에 관한 칙어勅語의 취지에 따라 충량忠良한 국민의 육성을 본의本義로 한다"[5]라고 하면서 보통교육, 실업교육, 전문교육으로 이루어진 식민지 교육체계를 갖추었다. 거기서는 "시세 및 민도民度에 적합하게 한다"라는 명목으로 동화同化와 차별이 철저히 도모되어 일본어 보급과 천황제 사상 주입에 최대의 역점이 두어졌다. 그리고 과학 연구와 그 교수, 대학 설치, 서구 유학 등은 '유용한 지식'과 '온건한 덕성'을 겸비해야 할 '제국신민帝國臣民'에게는 불필요한 것으로 간주되어 모두 금지되었다. 여기서 교육은 치안과 교화의 측면에서만 파악되었고 기본적으로는 민족적 주체성의 전면 상실을 꾀하는 우민화정책으로 실천되었다. 이는 한 손에 교육칙어, 다른 손에 무기라는 일본제국주의의 폭력 지배를 유지하고, 헌병대장 아카시 모토지로(明石元二郎, 1864~1919)가 말했던 것처럼 "민중이 문명으로 나아감에 따라 수반하는…… 위험"[6]을 미연에 회피하기 위해서였다.

그를 위해 총독부는 외국어학교와 한성사범학교를 폐지하고 본국에서 다수의 일본인 교사를 데려왔을 뿐만 아니라, 전국 각지의 사립학교를 새로 설립한 공립보통학교로 개편하고 '공교육'이라는 이름 아래 교육을 독점하고자 하였다. 더욱이 관리·경찰·군대로 대표되는 식민지 지배기구의 유지비가 1911년도 세출총액의 32%, 1914년도에는 40%를 점했던 것에 비해, 학교·도서관·병원·제생원濟生院 등의 문화시설비는 1911년도 세출총액의 0.5%, 1919년도에는 0.8%를 차지하는 데에 불과했다.[7] 그뿐 아니라 보통교육보다도 농업 등의 실업교육을 중시했던 공립보통학교[8]는 '공립'이라고는 하지만 학교 비용의 많은 부분을 지역 내의 조선인 주민에게서 강제로 징수하여 운영되었다.[9] 또 총독부는 1911년에 공포했던 '사립학교규칙'을 1915년에 '개정'하고 "국가 치안의 유지상 단호히 그 존립을 관가寬假할 수 없다"[10]라고 되었던 사립학교, 특히 기독교계 학교의 규제에 편승해 교육과 종교의 분리를 구실로 그 배척을 획책했다. 더욱이 1916년에는 '교원심득敎員心得'을 제정하여 일본인을 중심으로 하는 교원에게 천황제윤리에 일체화될 것을 요구했고 '충량한 국민의 육성'과 '시세민도時勢民度에 적합'이라는 두 가지를 식민지 교육의 근본 원칙으로 확립했다.

그러한 가운데 고등교육에 대한 억압 방침을 취했던 총독부는 '조선교육령' 가운데 대학에 관한 규정이 없다는 점을 이유로 숭실학교 대학부 및 1910년 9월에 개설된 이화학당 대학과大學科의 인가를 취소했을 뿐만 아니라, 박은식·양기탁·남궁억 등이 주도한 국채보상운동의 모금액 600만 엔을 기금으로 했던 민립대학[11]은 물론, 우치다 료헤이(內田良平, 1874~1937)의 제창으로 '일선인日鮮人 사상의 동화통일'을 꾀했던 조선대학[12] 등 모든 대학 설치를 인정하지 않았다. 그 후 1915년에 겨우 공포되었던 '전문학교규칙'에 따라 구舊조선 정부가 설립했던 4개의 관립학교를 전문학교로 인가했는데, 사학私學으로는 경신학교대학부가 연희전문학교로 '승격'되었을 뿐이었다. 그리고 그동안 조선미朝鮮米의 증산과 관련되는 농업교육이 어느 정도 '중시'되었다고는 해도 실업교육 및 여자교육은 여전히 낮은 단계에 머물러 있었다. 반면, 총독부는 '조선 개발'과 '조선인 동화'의 임무를 맡은 '내지인 자제'에 대한 교육에는 큰 노력을 쏟아 10명 이상의 일본인 아동이 있는 지방에는 조선인의 납세금으로 공립의 일본인 소학교를 설치하는 정책을 취했다.[13]

이러한 일본제국주의가 추진한 식민지 교육정책의 결과 '공교육'에서 조선의 역사·지리는 완전히 사라졌고 보통학교에서는 모든 수업시간의 5분의 3이 '국어'라는 이름의 일본어를 중심으로 하는 어학교육에 할당되었고, 또 고등보통학교에서는 일본의 역사·지리를 가르쳤다. 그리고 이러한 식민지 교육에서는 단지 유교적·봉건적 가치관만이 강조되었을 뿐만 아니라, 역사 발전의 중추인 근대학문에서 과학·문화를 제외했고 그 잔재를 일상도덕으로 왜소화시켰던 천황제 이데올로기가 학교교육의 중심원리가 되었다. 이는 인격의 자기 해체를 촉진함으로써 조선 민중을 천황을 정점으로 하는 국가신도체제國家神道體制에 직결시켜 일본군국주의의 군사적·봉건적 조선 지배를 유지하려고 했던 것이었다. 더욱이 조선인 자제의 대다수는 이러한 교육조차 받을 기회를 부여받지 못하고 무학無學인 채로 방치되었다. 다만 식민지 지배 당국자가 스스로 "한 나라의 통치 아래 있는 이민족異民族에 대해 교육을 하면 반드시 그 정신적 향상을 가져오는데, 그것을 이끄는 방법을 강구하지 않는 한 독립자치의 필요를 자각하고 타민족의 통치를

〈표 1〉 사립학교 통계

연도		학교 수 (교)	교원 수(명)				학생 수(명)		
			조선인	일본인	외국인	계	남	여	계
1911	일반	901	2,008	187	-	2,195	36,815	1,725	38,540
	종교	566	1,106	22	-	1,128	15,274	3,718	18,992
1912	일반	823	1,655	124	6	1,785	34,289	1,688	35,977
	종교	494	1,070	29	49	1,148	14,574	4,762	19,336
1913	일반	800	1,688	123	-	1,811	34,897	1,720	36,617
	종교	477	1,127	30	52	1,209	15,514	5,383	20,897
1914	일반	745	1,544	109	-	1,653	31,135	1,615	32,750
	종교	462	1,071	43	46	1,160	15,137	5,988	21,125
1915	일반	660	1,453	101	-	1,554	28,556	1,738	30,294
	종교	422	1,052	48	74	1,174	15,000	6,430	21,430
1916	일반	583	1,184	93	2	1,279	26,413	1,408	27,821
	종교	386	991	67	63	1,121	13,949	6,873	20,822
1917	일반	497	1,008 11*	78 7*	1	1,087 18*	23,709	1,060	24,769
	종교	325	713 157*	37 22*	66	816 179*	12,829	6,045	18,874
1918	일반	463	957 4*	63 6*	1	1,021 10*	17,137	1,073	18,210
	종교	312	736 113*	48 16*	46 11*	830 140*	11,813	5,174	16,987

[자료] 『朝鮮總督府統計年報』, 1918, p.1002. 숫자는 각 연도 3월 말일 현재. *표시는 여자 교원을 나타냄.

부인하는 데 이르는 것이다. 교육의 방법으로 통치하의 이민족을 단속하고 절제하여 그 각성을 방지함은 나무에서 고기를 구하는 것과 같다"[14]라고 말했듯이, 어쩔 수 없이 일본의 식민지 교육을 받아야만 했던 조선 청년은 거기에서 진리를 배워 항일애국의 민족독립운동에 참가하고 있었다.

한편, 교육구국운동으로 비약적인 성장을 보였던 사립학교는 '병합' 이후에도 〈표 1〉과 같이, 1911년의 '사립학교규칙'과 1915년의 '개정사립학교규칙'에 따른 탄압으로 그 수가 감소했다고는 해도 여전히 조선 교육에서 커다란 위치를 차지하였다.

사립학교의 대다수는 보통교육을 실시했는데 수업연한은 대개 초등보통교육 정도 4년, 고등보통교육 정도 4년이었으며[15] 조선어·조선역사·지리·창가·체조 등 이외에도 교사의 개인적 노력에 따른 잠재적인 각종 교육과정을 통해 유형·무형의 민족교육이 실시되었다. 이들 사립학교는 주로 부르주아 민족주의자들의 주도로 지도되었고, 일본의 '무단통치' 아래서 정치·경제·사회의 민족적 활동이 일체 금지되었던 상황에서 민족운동을 전개하기 위한 합법적 거점의 역할을 맡았다. 그리고 1910년대에 민족계 사립학교는 교육 이념, 교육 내용, 학교 시설, 교원 등에서 서서히 근대적 민족교육기관으로서 그 체제를 갖추어가고 있었고 애국 세력의 배양에 적지 않은 공헌을 하게 되었다. 원래 부르주아 민족주의자의 사상적 경향을 반영하여 이 시기의 사립학교 가운데는 개량주의적 성격이나 종교적 색채를 띠는 곳이 많았으며, 또 교장이나 학감學監 등의 교직원 중에는 학교를 일시적인 피난 장소로 이용했던 '사회적 열패자'[16]도 상당히 있었다.

총독부 당국은 이러한 사립학교에 대해 각종 규제를 가하였는데, 그것은 기독교계 학교에서 한층 더 현저했다. 본래 기독교 선교회의 교육사업은 브라운이 지적했듯이,[17] 그 자체가 '공교육' 제도와 경합하는 일대 국민교육제도의 전개를 의도했던 것은 아니었고, 그 목적은 어디까지나 포교에 이바지하는 인재의 육성에 있었다. 그럼에도 불구하고 식민지 지배체제의 완성을 꾀하는 총독부에게 항일의 온상인 기독교계 학교를 자기의 통제하에 두는 것은 중요한 정책 과제였다. 그리고 총독부는 교원의 제한과 종교교육의 금지를 주요 내용으로 하는 '개정사립학교규칙'으로 기독교계 학교의 반일적 성격을 근절하려 하였다. 이 대응책을 둘러싸고 재조선 선교회 내부에 심각한 의견대립이 있었지만, 대세는 총독부에 대한 굴복과 '개정사립학교규칙'[18]에 대한 순응 쪽으로 기울어졌다. 그 결과 교수용어로 일본어를 채용하는 등, 기독교계 학교의 독자성은 더욱 상실되지 않을 수 없었다. 그뿐만 아

〈표 2〉 서당 상황

연도	서당 수(교)	교원 수(명)	학생 수(명)		
			남	여	계
1911	16,540	16,771	141,034	570	141,604
1912	18,238	18,435	168,728	349	169,077
1913	20,268	20,807	195,298	391	195,689
1914	21,358	21,570	203,864	297	204,161
1915	23,441	23,674	229,028	522	229,550
1916	25,486	25,831	258,614	917	259,531
1917	24,294	24,507 13*	264,023	812	264,835
1918	23,369	23,590 23*	260,146	829	260,975

[자료] 『朝鮮總督府統計年報』, 1918, p. 1004. 숫자는 각 연도 3월 말일 현재. *표시는 여자 교원을 나타냄.

니라 당초부터 종교적 교화에 최대의 역점을 두었던 기독교계 학교는 학문을 천시하고, 근대교육의 중심 과제인 자연과학·지리·역사를 경시했을[19] 뿐만 아니라 산업·농업·기술 등 실업교육을 소홀히 하였으며,[20] 학교 설비도 매우 빈약한 수준에 머물러 있었다.[21] 다만 대부분의 기독교계 학교에서 초기 졸업생이 교원으로 채용되어 학교 경영의 중견이 되기 시작한 것은 기독교계 학교의 민족성을 유지하는 데 커다란 의의를 갖는 것이었다.

그런데 '병합' 이후 총독부의 탄압으로 사립학교 수는 감소했지만, 〈표 2〉에서 보는 바와 같이 그것에 반비례하여 서당의 숫자는 점차 증가하였다. 이는 사립학교와 서당이 민족교육이라는 점에서 서로 불가분의 관계였다고는 해도, 일본 침략자의 마수가 사립학교에 뻗치자 서당이 항일애국의 거점이 되었음을 나타낸다.

당초 총독부는 공립보통학교의 부족을 보충하는 동시에 서당의 수구성을 이용하겠다는 생각에서 서당에는 어떠한 규제도 가하지 않은 채 방치하는 태도를 취했다. 이러한 가운데 일본의 식민지 교육에 불만을 품은 조선인 자제는 물론 학자금이 궁한 빈곤 가정의 자제들은 자신들에게 유일한 교육기관인 서당으로 모여들었다. 그리고 이 기간 동안 서당은 민중의 지지를 얻어 점차 증가하였으며, 교육 내용에서도 1918년에는 한문소독漢文素讀에 보통 과목을 덧붙인 곳이 전국에 걸쳐 700개교나 되는 상황에 이르렀다.[22] 게다가 거기서는 교수용어로 조선어가 사용되었고, 민영환·최익현·황현 등 애국적 유학자를 찬미하는[23] 반일교육이 실시되었다. 물론 서당 자체는 어디까지나 전근대적 사숙이고 교재나 교원도 근대학교와 커다란 격차가 있었으므로 그것이 맡은 역할에는 자연히 한계가 있었다. 이러한 서당의 본래적 성격에도 불구하고 서당의 내부적 근대화가 곧바로 반일로 직결할 것을 우려했던 총독부는 1918년 2월에 '서당규칙'을 공포하고 단속을 강화했다. 이러한 곤란한 상황에서도 서당은 각종 강습소나 노동야학교, 농민야학교 등과 함께 근대적 학교 체계의 틀 밖에서 지역에 뿌리를 둔 자립적인 민간 교육의 중책을 담당하였다.

여하튼 '병합'에서 1919년까지 10년 동안의 조선 교육은 (1) 식민지 교육을 목적으로 하는 관공립학교의 '공교육', (2) 기본적으로는 민족교육을 지향하는 근대적 사학교육, (3) 민족교육의 성격을 가지면서도 근대교육의 범주에 속하지 않는 서당·강습소·야학회 등의 민간 교육의 3중 구조로 이루어져 있었다.

1919년 3월 현재의 교육 상황을 나타내면 〈표 3〉과 같다. 즉 일본의 '무단통치' 및 조선 부르주아 민족운동의 도달점이라고 해야 할 1919년에 총독부의 권력을 배경으로 세워진 관공립학교는 학교 수를 논외로 한다면 생도 수에서는 사립학교보다 우위를 점했다. 그러나 여기에 나타난 총 취학자 121,102명이라는 숫자는 서당 학생 수 260,975명의 약 반에 지나지 않는 것이었다. 또 약 1,700만 명을 헤아리는 조선

〈표 3〉 제 학교 일람(1919년 3월 말일 현재)

교명		학교 수(교)	교원 수(명)			생도 수(명)		
			조선인	일본인	계	남	여	계
보통학교		관립 2	5	12	17	305	164	469
		공립 469	1,530	710	2,240	67,529	8,403	75,932
		사립 36	109	41	150	2,822	790	3,612
		계 507	1,644	763	2,407	70,656	9,357	80,013
고등보통학교		관립 4	17	78	95	1,485	-	1,485
		사립 6			76	208	-	208
		계 10			171	1,693	-	1,693
여자고등보통학교		관립 2	10	29	39	-	319	319
		사립 4			54	-	330	330
					4*			
		계 6			97	-	649	649
실업학교	농업	공립 17	18	68	86	1,221	-	1,221
	상업	공립 2	3	12	15	274	-	274
		사립 1	2	19	21	144	-	144
	공업	공립 1	2	14	16	55	-	55
		계 21	25	113	138	1,694	-	1,694
간이실업학교	농업	공립 50	53	88	141	897	-	887
	수산	공립 2	1	7	8	38	-	38
	상업	공립 7	7	24	31	275	-	275
	공업	공립 10	12	30	42	151	-	151
		계 69	73	149	222	1,361	-	1,361
전문학교		관립 4	9	123	132	495	-	495
		계 4	9	123	132	495	-	495
사립각종학교	일반	사립 463	961	69	1,030	17,137	1,073	18,210
					1*			
	종교	사립 312	849	64	913	11,813	5,174	16,987
					57*			
		계 775	1,810	133	1,943	28,950	6,247	35,197
					58*			
합계		1,392	△3,588	△1,388	5,168	104,849	16,253	121,102
서당		23,369			23,613	260,146	829	260,975

[자료] 『朝鮮總督府統計年報』, 1918, pp. 974~1002에서 작성. 교원 수에는 겸무자(兼務者)를 포함.
*표시는 외국인을 나타냄. 교원 합계 수 중 △ 표시는 일부가 확실하지 않기 때문에 대략 수를 나타냄.

의 인구를 볼 때 일본의 경우는 학령인구의 98%가 취학하고 있음에 비해, 조선의 경우는 학령인구의 98%가 불취학不就學이었다는 브라운의 지적[24]은 학령인구가 인구의 10%인 170만 명이라고 가정해도 약간

지나치기는 하지만, 취학자가 학령인구의 10%에 미치지 못했음은 확실하다. 뿐만 아니라 총독부는 1919년 3월 현재 약 34만 명의 재조선 일본인을 위해 소학교(심상·심상고등·고등) 372개교, 중학교 5개교, 고등여학교 10개교, 상업전수학교 3개교, 간이상업전수학교 6개교, 전문학교 1개교, 각종학교 5개교에 이르는 다수의 학교를 설립·운영했다. 그리고 1918년 4월부터 다음 해인 1919년 3월까지 1년간의 초등학교 경비만을 보아도 재조선 일본인 소학교를 위해 1,400,485엔을 지출했음에 비해, 조선인 보통학교의 대부분을 점하는 공립보통학교에는 그것과 큰 차이가 없는 1,835,675엔을 지출했을 뿐이었다.[25] 더욱이 일반적으로 근대교육이 (1) 교육 기회의 보급과 균등, (2) 취학의 의무 및 무상화, (3) 교육과 종교의 분리, (4) 모국어주의, (5) 과학 중심의 교육 내용, (6) 학급·학년의 편성, (7) 공권력에 바탕을 둔 학교 체계의 정비 등을 지향하는 것이라고 한다면 국가신도체제에 편입되었던 '공교육'이 근대교육의 지향과는 동떨어진 것이었으며, 다른 한편 '공公' 권력 하에서 박해받은 사학교육이 근대적 민족교육의 내실을 지향하는 것이었음은 명백했다.

그런데 이 시기 국내와 마찬가지로 국외에서도 활발한 민족교육이 행해졌다. 거주 지역이 어디이든 정치적·경제적으로 아주 곤란한 조건이었던 이국異國에서도 재외조선인은 민족의 전통을 계승하는 교육기관을 설립·운영했다. 특히 조선인이 다수 이주했던 간도 지방 및 러시아령 연해주에서는 망명 인사, 민간인, 종교가宗教家 등이 많은 사립학교를 창설했으며 국권회복을 표방한 항일애국 교육을 실천하였다. 거기서 단기간에 3,000~4,000의 학교를 만들었던 애국계몽운동의 지속된 모습을 볼 수 있다. 간도 지방의 경우 1917년 12월 현재 조선인이 경영하는 학교는 〈표 4〉와 같았다. 여기서 기독교계 학교가 많은 것은 박해를 피해 온 기독교도가 이 지역에서 '자유공화국'의 건설을 꿈

〈표 4〉 간도 지방의 조선인 사립학교(1917년 12월 현재)

종별	학교 수(교)	학생 수(명)
기독교 계통	15	593
천주교 계통	3	117
대종교 계통	7	191
천도교 계통	1	27
순민간인 계통	56	1,717
합계	82	2,645

[자료] 동양척식주식회사 경성지점 편집, 『間島事情』, 1918, pp. 835~845에서 작성.

꾸었기 때문이고, 또 기독교를 포함한 종교는 일본의 탄압을 막는 종교적 외피의 역할도 맡고 있었기 때문이었다. 무관학교인 신흥강습소(나중에 신흥무관학교)의 설립에서도 상징되듯이 이들 민족교육은 독립군 운동과도 밀접한 관련이 있었다.

그렇지만 3·1독립운동으로 이어지는 항일 주체의 형성이라는 관점에서 볼 때 근대교육과의 관련 속에서 전위적 위치를 점했던 것은 일본 유학생이었다. 1910년대 매년 600명 전후를 헤아렸던 일본 유학생은 대다수가 사비 유학생이었고,[26] 또 50~60명이나 되는 고학생[27]을 포함한 대부분은 지주·상공업자본가·귀족 등 중산계급 이상의 자제들이었다.[28] 그들 대다수는 폭압 정치하의 본국에 비해 아직 자유로운 분위기였던 일본에서 법法·경經을 주로 한 사회과학과 인문과학을 배우고 근대지식을 섭취함으로써 새로운 민족사상을 확립할 수 있는 인격을 형성하고 있었다. 그리고 그들은 1912년에 설립된 학우회學友會를 중심으로 기관지 『학지광』을 간행했을 뿐만 아니라 신입생과 졸업생의 환영회나 친목회, 웅변대회 등을 개최하여 애국의 심정을 토로하고 민족적 단결을 강조했다. 더욱이 이들의 회합은 항상 일본 관헌의 감시를 받았는데 그 가운데에서도 유학생은 식민지 조국을 해방하기 위한 방도를 지속적으로 모색하였다. 이렇게 대부분의 유학생은 민족에 대한 자기의 사명과 의무를 통감하면서 조국의 자주독립을 주장하였는데 사상적으로는 기독교의 영향을 강하게 받고 있었다.

2. 항일 주체의 형성과 3·1독립운동

'무단통치'하의 1910년대, 조선민족의 항일 주체는 전술한 바와 같은 교육의 전개과정을 통해 형성되었다. 이 가운데 종교와 교육에서 활동의 장을 발견했던 부르주아 민족주의자는 자신의 위약성을 노정시키는 계기가 되는 일본제국주의와의 전면 충돌을 피하면서, 모든 애국 세력에 대해 일정한 정치적 영향력을 유지하고 있었다. 한편, 노동자·농민의 정치적 진출이 아직 본격화되지 않았던 조건하에서 새로운 세대에 속하는 지식인 및 청년학생이 항일투쟁의 전면에 등장했다. 특히 체계적인 근대교육을 받은 학생은 이미 1910년 이전부터 각종 학생단체를 설립하기 시작했고,[29] 또 일본 유학생과도 밀접한 연계를 가지고 항일민족운동을 이끄는 하나의 세력이 되고 있었다. 이러한 지식 청년이 민족해방운동의 선구자적 역할을 담당하는 가운데 기독교 및 천도교의 종교 세력을 기반으로 했던 민중이 항일 세력의 주체 부분을 형성했다.

지금 1910년대의 기독교에 대하여 논한다면 일본제국주의의 조선 '병합'은 기독교 선교회의 입장에서 정신적 지주를 구하는 조선 민중에게 '복음'을 전파할 수 있는 절호의 기회가 되었다. 그리고 기독교 선교회가 총독 데라우치에게 총독부 통치의 범위 내에서 선교와 교육을 행한다고 확약한[30] 가운데, 포교활동은 정치과학상의 지식 전달을 결여한 신앙 쪽으로만 기울어졌다.[31] 더욱이 선교사들은 자기의 교회 지배권이 붕괴되는 것을 두려워하여 전통적으로 조선인 교회 지도자에게 수준 높은 교육을 시키든가 혹은 근대사상을 접하는 것을 의식적으로 방해하는 체질을 갖고 있었다.[32] 이 경우 '무단통치'하에서 총독부와 선교회가 일시적으로 대립했던 경우도 있었지만, 감히 말한다면 미국인 선교사가 일본제국주의에 대해 했던 항의는 침략 방법의 차이에 관한 항의, 즉 식민지 권력의 가혹한 민중 탄압에 대한 항의였을 뿐, 자신과 똑같은 침략자인 일본의 조선 지배 그 자체에 대한 항의는 아니었다.

그럼에도 불구하고 일본에 대한 반발로 적지 않은 조선 민중, 특히 지식인은 기독교에 의존함으로써 자기의 처지를 타개하려고 했다. 실제로 이광수가 1917년에 "지금 30세 이상 된 인사 가운데 신교육을 받았던 사람은 대부분이 야소교회 학교 출신이다"[33]라고 서술했듯이 기독교도는 사상계, 언론계, 교육계는 물론 산간벽지에 이르는 전국 각지에서 일대 세력을 이루었다. 이는 과거의 존화적尊華的 사대주의 대신에 친미적 사대주의가 상당한 사회적 규모로 형성되었음을 의미한다. 그리고 그것이 기독교 선교사가 주도하였던 근대교육의 허약한 주체성 확립과 불가분한 관계를 가진 것이었음은 말할 필요도 없다.

한편, 이 시기에 천도교도 민중 속에서 가장 유력한 조직력을 갖고 있었다. 1910년대의 천도교는 재정 사정의 곤란, 총독부의 거듭되는 탄압, 그리고 보성학원의 경영권을 둘러싼 전前 교주 이종호와의 분규 등으로 적극적인 교육사업을 전개할 수 없었다.[34] 그러나 일관하여 외래의 근대와 대립하면서 조선의 민중이 독자적으로 키워온 동학=천도교운동은 전국 수백 개소에 설치된 강습소를 거점으로 단순한 종교운동으로서가 아니라 사회·정치·계몽운동으로 착실하게 대중화하고 있었다. 그리고 정교분리를 견지하는 천도교 간부가 날이 갈수록 광폭해지는 헌병경찰 앞에서 아무것도 할 수 없었던 상황[35] 아래, 본래 교화를 기본원리로 하는 천도교는 민중의 반제·반봉건 의식의 성과에 순응할 수 없는 경직성을 가지면서도 항일 주체의 형성에서 종교적 외피로서의 역할을 맡고 있었다.

이러한 가운데 1910년대 조선의 역사 주체=항일 주체를 지탱했던 민족주의사상은 민족 독립을 달성하기 위한 사상적 근거를 제시하는 것에 주된 관심이 있었다. 열렬한 항일투사였던 신채호가 고유의 민족문화에 절대적 가치를 부여하면서 항일독립운동의 지도적 이념을 제시했던 것이 그 전형적인 예이다. 그렇지만 조선이 식민지로 전락한 뒤 애국계몽사상의 내재적 발전이 저해되고 또 국가신도사상의 주입이 꾀해지는 가운데, 그들의 민족주의사상은 관념적 성격을 띠는 동시에 객관적 정치 상황을 비관한 나머지 패배주의로 빠지고, 그 반동으로 식민지적·봉건적 조선 사회의 현실이나 민중과는 동떨어진 이상주의로 달리는 자도 적지 않았다. 예를 들어 최남선은 민족의 우수성을 전제로 하면서도 정신주의에 중점을 두는 민족주의사상을 제시했고, 또 이광수는 민족성의 개조를 주장함으로써 도덕적 민족주의를 전개했다. 그리고 이러한 사상의 전개와 관련해서 부르주아 민족주의자, 특히 엘리트 지식인과 민중의 거리는 한층 벌어져갔고, 이 가운데 억압받고 착취당하고 토지를 빼앗겼던 노동자와 농민은 일체의 '근대문화'로부터 소외된 장소에서 침묵한 채 자기의 비참한 생활을 통해 항일 주체로 계속 성장해갔다.

이러한 가운데 1917년 러시아에서 10월혁명의 승리 소식이 전해지고 1918년 1월 미국 대통령 윌슨이 '민족자결주의'를 제창했던 정세를 배경으로, 1919년 2월 8일 일본 유학생 600여 명은 도쿄東京의 기독교 청년회관에 집결하여 일본 경찰의 만행으로 선혈이 낭자한 속에서도 소리 높여 독립선언서를 발표했다. 이어서 3월 1일 기독교도 16명, 천도교도 15명, 불교도 2명으로 이루어진 '민족대표' 33명은 서울에서 인류 평등의 대의와 민족자존의 권리를 호소하는 독립선언서를 전 세계를 향해 낭독했다. 이들 선언은 모두 조선민족이 유구한 역사적 전통을 가진 민족이고 조선 독립이 세계 평화와 인류에 공헌할 수 있는 정당한 것임을 주장했던 것인데, 당시의 부르주아 민족주의자, 특히 소부르주아 계급 출신인 지식인의 사상 경향을 반영해 일본제국주의에 대한 조선 민중의 분노를 올바르게 표현했던 것은 아니었다.

사실 3·1독립운동이 조선근대사에서 빛나는 민족의 대사업으로 기록되었던 것은 비폭력주의를 제창하며 선언문을 낭독했을 뿐인 '민족대표'를 뛰어넘어 모든 계층의 민중이 많은 희생을 기울이면서 맨손으로 일본제국주의에 과감한 투쟁을 전개했기 때문이었다. 박은식의 조사에 의하면 3·1운동의 3개월 동안 전국 각지 및 간도, 사할린樺太島에서 전개한 운동 상황은 집회 횟수 1,542회, 참가 총인원 2,023,098명, 사망자 7,509명, 부상자 15,961명, 체포된 사람 46,948명이었다.[36] 이 운동에서 사회의식과 민족의식이 발달했던 학생·교사·종교가 등의 지식층이 운동의 주도 세력이었고, 운동의 주체 세력 대부분은 서당 출신자였던 농민·노동자·상공업자였다.[37] 더불어 3·1운동에 참가했던 국내의 학교·학생 수는 일본의 관헌 자료에 따르면 관립 10개교 1,587명, 공립 75개교 3,778명, 일반 사립학교 37개교 1,549명, 종교계 사립학교 98개교 9,072명, 합계 220개교 12,986명이었으며, 이 외에도 공립보통학교 68개교 3,422명 등이 참가했다.[38]

결론적으로 말한다면 3·1독립운동은 개국 전후부터 전개되어왔던 조선근대 부르주아 민족운동, 특히 그 중핵을 이루었던 조선근대 교육운동의 총결산이며, 또 그 후의 노동자·농민을 중심으로 하는 새로운 민족해방투쟁의 출발점이 되었다.

• 주석

1. 村上重良, 『國家神道』, 岩波書店, 1970, 서문.
2. 村松武司, 앞의 『朝鮮植民者』, pp. 52~53.
3. 澤柳政太郎, 「鮮人同化と報忠君愛國主義」, 『朝鮮及滿洲』 第107號, 1916년 6월, pp. 48~49 참조.
4. 최린, 앞의 「자서전」, 앞의 『한국사상』 제4집, p. 159. 최린은 천도교 간부로 활약하였고, 3·1독립선언에서도 '민족대표' 33인의 한 사람으로 서명했다. 그리고 1920년대에는 부르주아 민족주의 운동에서 지도적인 역할을 맡았는데, 총독부의 압력에 굴복하여 결국 자치론을 부르짖기 시작했고 30년대에는 친일분자가 되었다.
5. 朝鮮總督府學務局, 『現行朝鮮教育令竝關係法規』, 1920, p. 1.
6. 小森德治, 앞의 『明石元二郎』 上, p. 452.
7. 유봉철(劉奉哲), 「일제하의 국민생활수준」, 앞의 『일제하의 민족생활사』, p. 411.
8. 朝鮮總督府學務局長 關屋貞三郎, 「朝鮮人の初等農業教育」, 『朝鮮公論』 1915年 4月號, p. 31.
9. 1911년 11월부터 시행된 '公立普通學校費用令' 제2조에는 다음과 같이 규정되어 있다. "공립보통학교의 설립·유지에 관한 비용은 임시 恩謝金 利子, 향교 재산 수입, 기본 재산 수입, 수업료, 기부금, 국고 보조금 및 지방비 보조금으로 충당한다. 전항(前項) 이외의 공립보통학교의 설립·유지에 필요한 비용은 학교 설립 구역 내의 조선인의 부담으로 한다"(教育史編纂會 編修, 『明治以降教育制度發達史』 제10권, 龍吟社, 제3판, 1904, p. 85).
10. 「教育關係宣教師團體ニ對スル內務部長官代理關屋學務局長談示要領」, 『朝鮮總督府月報』 第1卷 第6號, 1911년 11월, p. 55.
11. 김기석(金基錫), 앞의 『남강 이승훈』, p. 276.
12. 內田良平, 「朝鮮統治制度に關する意見書」, 1914(黑龍俱樂部 編, 『國士內田良平傳』, 原書房, 1977, p. 552).
13. 關屋貞三郎, 「小學校及普通學校の教育上特に注意すべき事項」, 『朝鮮彙報』, 1916년 3월, p. 93 및 「公立小學校教員夏季講習會狀況」, 『朝鮮總督府月報』 第2卷 第9號, 1912년 9월, p. 84.
14. 弓削幸太郎, 앞의 『朝鮮の教育』, p. 5.
15. 朝鮮總督府學務局, 『朝鮮人教育私立各種學校狀況』, 1920, p. 3.
16. 이광수, 「교육가 여러분에게」, 1916(앞의 『이광수 전집』 제17권, p. 72).
17. A. J. Brown, *The Mastery of the Far East*, p. 555.
18. '改正私立學校規則'의 적용에서 기존에 설립된 학교에는 10년 동안의 유예기간이 주어졌는데, 이는 총독부가 식민지 교육제도의 완성에 수반하여 일본 국내와 마찬가지로 조선에 있어서도 10년 이내에 보통교육에 종사하는 기독교계 학교가 모두 없어지기를 기대했기 때문이다(중추원 서기관 長小松綠, 「朝鮮に於ける教育と宗教」, 『朝鮮彙教』, 1915년 8월, p. 14 및 「朝鮮統治ニ關スル市俄古(ツカゴ) 大學スター教授の意見報告ノ件」, 『日本外交文書』 제45권 제1책, 1912, pp. 453~454).

19. 이광수, 「금일조선야소교회(今日朝鮮耶蘇教會)의 결점(缺點)」, 1917년(앞의 『이광수 전집』 제17권, p. 22).
20. H. G. Underwood, *Modern Education in Korea*, p. 106.
21. 朝鮮總督府學務局, 『騷擾と學校』, 1920, pp. 22~24.
22. 學務局長 關屋貞三郎, 「書堂規則の發布」, 『朝鮮彙報』, 1918년 4월, p. 1.
23. 「不穩文書發見と措置」(전라남도 경무부장 보고) 1916년 12월(『現代史資料』 25, 『朝鮮(一)』, みすず書房, 1976, p. 14).
24. A. J. Brown, *op. cit.*, p. 555.
25. 『朝鮮總督府統計年報』, 1918, p. 36, p. 540, pp. 962~963, pp. 1,170~1,171.
26. 1915년 현재의 일본 유학생은 모두 582명이었으며, 그중 남자가 561명, 여자가 21명이었다. 또한 조선총독부 관비 유학생은 여자 1명을 포함하여 48명이었으며, 사비 유학생은 534명이었다(渡邊報三郎, 「朝鮮留學生の現狀」, 『東洋時報』 第199號, 1915년 4월, pp. 54~55).
27. 負朝陽, 「先後取捨」, 『學之光』 第14號, p. 58.
28. 김영모, 「3·1운동의 사회계층분석」, 『아세아연구』 제33호, 1969년 3월, p. 60.
29. 상세한 것은 정세현(鄭世鉉), 『한일학생민족운동사연구』, 일지사, 1975, pp. 40~41를 참조.
30. 「宣川基督教徒逮捕竝米國宣教師ト會見ノ件」, 『日本外交文書』 제45권 제1책, 1911년 2월, pp. 454~458.
31. 海老名彈正, 「朝鮮の進化と宗教」, 『朝鮮公論』, 1915년 4월호, p. 23.
32. 백낙준, 앞의 『한국개신교사』, pp. 225~229.
33. 이광수, 「야소교가 조선에 준 은혜」, 1917(앞의 『이광수 전집』 제17권, p. 17). 기독교도였던 이광수는 1930년대에 친일분자가 되어 '황민화' 정책에 가담했다.
34. 앞의 『의암 손병희 선생 전기』, pp. 291~292.
35. 장효근(張孝根), 이현희(李炫熙) 역주, 『장효근일기(張孝根日記)』 1916년 12월 20일자 참조(『신인간(新人間)』 통권 348호, 1977년 8월, p. 64).
36. 朴殷植, 姜德相 譯註, 앞의 『朝鮮獨立運動之血史』 I, pp. 170~183.
37. 김영모, 앞의 「3·1운동의 사회계층분석」 참조, 3·1운동 참가자의 계급 구성은 아래 표와 같다(같은 논문, p. 78).

3·1운동 참가자의 계급 구성(단위: %)

계급 \ 내용	전국 호구	체포된 사람	처벌된 사람
농민	84.9	55.9	54.1
노동자	3.3	10.9	6.8
지식인	1.8	19.3	23.5
상공업자	8.6	11.2	14.1
기타	1.4	2.7	1.5
합계	100.0	100.0	100.0

[자료] 朝鮮總督府學務局, 앞의 『騷擾と學校』, pp. 8~10.

38. 朝鮮總督府學務局, 앞의 『騷擾と學校』, pp. 8~10.

결론

일반적으로 조선의 근대는 1860년대에 시작해 일본제국주의의 패배로 조선이 '해방'되었던 1945년에 끝난다. 따라서 이 책은 불완전하나마 조선근대의 대략 4분의 3에 이르는 기간에 관하여 서술한 셈이다. 더욱이 3·1독립운동 이후의 조선이 일본제국주의에 의해 철저히 식민지화되어가는 시대였음을 생각한다면 한국근대사의 기본적 특질은 3·1독립운동까지의 역사적 전개과정을 고찰함으로써 대략 파악될 수 있을 것이다.

지금까지 전체 논의를 통해 분명히 되었듯이 근대국가에서 보편적으로 나타났던 근대교육=국민교육이 조선에서는 진정한 의미로 확립되지 못하고 끝났다. 조선은 과감한 반봉건·반침략 투쟁의 전개에도 불구하고 결국 봉건적 잔재를 확실히 청산하지 못하고 일본제국주의의 지배를 받게 되었다. 따라서 근대교육=국민교육이 근대국가 건설의 중심축으로 국민적 규모에서 성립하지 못했던 근본적 이유는 국가권력의 와해, 즉 국가의 주권이 식민지로 전락했기 때문이었다. 그리고 자주적 국민교육제도의 창출에 실패함으로써 구교육·구학문에서 신교육·신학문으로의 구조적 전환은 불철저하게 되었고, 조선의 근대적 교육제도나 교육 내용 그 자체의 구조도 선명하지 못한 것이 되었다. 이러한 조건 속에서 역사 주체를 형성해야 할 근대교육의 기능은 단지 근대학교뿐만 아니라 구교육기관인 서당은 물론, 신문이나 잡지 등의 출판물, 더 나아가서는 근대를 지향하는 반봉건·반침략 민족운동이 담당하게 되었다.

본래 근대교육운동을 핵심으로 한 조선근대 부르주아 민족운동은 자주독립과 부국강병이라는 기본 과제를 달성하기 위해 역사변혁의 주체 형성에 최대의 목표를 두었다. 그러나 조선근대의 부르주아 민족사상은 다른 아시아 지역에서와 마찬가지로 서구 열강의 진출과 함께 생성되어 일본제국주의와 함께 성장했다. 그것은 열강의 침입에 반대하는 항쟁 속에서 저항의 민족주의로 발현하여 일본의 침략이 강화되면서 정치적 색채를 더욱 강력히 띠어갔다. 더욱이 '위정척사'·'동학'·'개화'의 세 사상이 대립하는 가운데 근대교육을 뒷받침하는 유일한 서구적 사상이었던 개화사상은 계속되는 정치적 혼란과 유교적·척사적 사상의 기반으로 인해 대중에 침투하는 것은 극히 곤란한 상태였다. 뿐만 아니라 반봉건·반식민지라는 조건하에서 반동적 집권층은 민족적 에너지를 창출하는 '공교육'의 보급을 추진하기는커녕, 외래 침략자와 결탁함으로써 근대교육을 뒷받침하는 사상과 운동을 억압하고, 결과적으로 조선의 식민지화를 초래했다. 이 때문에 민족사상과 민족운동의 통합·발전은 저해되었고 민족 주체 세력에 의한 근대교육사상의 발전 및 이에 기초한 민족교육의 구현은 충분히 성취될 수 없었다.

입장을 바꾸어, 주자학적 사상에서 근대적 사유로 거국적인 사상 전환을 꾀하는 강력한 무기였던 근대교육은 구교육의 내재적 발전을 전제로 하는데, 그것은 열강 세력의 조선 침략, 특히 사상 문화 공작의 일환이었던 교육 침략으로 크게 왜곡되었다. 열강의 조선 진출은 민족 내부의 대립과 항쟁을 격화시키고 근대를 지향하는 민족적 에너지의 결집과 성장을 방해했을 뿐만 아니라, 민족적 주체성의 확립 그 자체를 혼란에 빠뜨렸다. 더욱이 아이들의 권리와 발달을 보장하고 국민에게 과학이나 예술을 가르치며 모든 인간의 인간적 성장을 추구해야 할 근대교육은, 조선에서 자본주의 열강의 침략 도구가 되거나 혹은 민족운동 전개의 중요한 무기가 되면서 항상 정치적으로 최대한 이용되었다. 이는 각 시대와 사회가 당면한 정치, 경제, 문화 등의 현실적이면서 전반적인 과제를 해결해가는 역사 주체=국민을 창조해가는 국민교육의 기능이 열강 침략 세력과 민족 주체 세력의 긴장관계 때문에 출발에서부터 압박받고 왜곡되었다는 것을 의미한다.

이처럼 조선의 근대교육은 교육 내용의 과학화와 교육 기회의 양적 확대를 기초로 선진국의 국민교육 보급과 보조를 맞추는 '공교육'으로 실천되어야 했음에도 불구하고, 안으로는 주체적 역량 부족과 밖으로는 제국주의 침략 때문에 지극히 불충분한 형태로 실현될 수밖에 없었다. 거기서 '비교육'성을 철저하게 추구했던 일본의 식민지 교육은 물론이고, 기독교 선교사의 주도하에 조선 민중의 노력으로 전개되었던 기독교 교육 및 다수의 애국자가 추진했던 민족교육은 모두 근대교육이 본래 담당해야 할 내실을 충분히 갖출 수 없었다. 그것은 무엇보다 유럽의 근대 시민혁명을 통해 근대교육의 중핵적 이념으로 등장했던 '인권으로서의 교육'이 일부 논의가 있었다고는 해도, 조선근대교육의 역사에서 거의 문제시되지 않았던 것에서도 나타난다.

조선에서 교육은 정치·경제를 중심으로 하는 국가 건설에 종속하는 것으로 파악되었고, 또 침략 세력의 조선 진출이 격화한 후에는 열강의 식민지 지배의 도구로, 혹은 그것에 반대하는 민족운동 전개의 중요한 무기로 간주되었다. 그리고 조선근대의 민중은 자립적 내면 형성을 도모함으로써 개인의 독립을 달성하는 교육의 주체로서보다는 신흥 '민족 부르주아지'를 포함하는 새로운 민족 지도 세력 내지는 외래 침략자의 정치적 요구에 합치하는 교육의 객체로서 인식되었다. 거기에서 교육은 민중의 역사 주체 형성의 가능성을 끝까지 파고들기보다는 국가·민족의 진로를 좌우하는 사회적 세력의 효과성을 추구하는 것에 부심했다. 바꾸어 말하자면 조선의 근대교육은 사회진보로 이어지는 개인의 전면 발달을 문제로 하기보다는 내외의 역사 전개와 밀접한 관련을 가진 사회집단을 형성하고, 그것을 일정한 방향으로 통제하는 것을 문제로 삼았다.

이는 근대적 자아自我의 형성을 담당하는 교육이 조선에서는 특정한 정치나 종교 세력, 혹은 폐쇄성이 강한 지연적·혈연적 집단 등의 범주에서 수용되는 경향을 강하게 가지고, 집단 혹은 공동체에서 독립한 자유로운 개인을 육성하는 보편적 합리성을 갖는 데까지 이르지 못했음을 의미한다. 그것은 독립적 개인의 존재를 전제로 하는 근대국가의 건설이 일본제국주의의 침략으로 파괴되었음은 물론, 그 기둥이 되어야 할 근대교육이 당연히 담당해야 할 내실을 갖추지 못했기 때문이었다. 조선근대사를 외래 침략자에 저항하는 민족해방투쟁사로서만이 아니라, 봉건에서 근대로 전환하는 시기의 자기변혁사自己變革史로 파악할 때 조선근대교육의 결함은 한층 더 명료해진다.

그러한 의미에서 역사변혁의 주체인 민중을 중심에 두는 교육의 부재, 즉 교육의 민중적 발상의 결여는 조선근대교육사에서 지적되어야 할 매우 중요한 문제이다. 특히 반봉건·반침략의 민족운동 전개에서 아이들의 생활이나 교육의 문제를 정치투쟁의 차원에서만 파악하는 경향을 띠고, 그것을 극복할 수 없었던 데서 유래하는 교육의 독자적 이론의 결여는 개인을 무시하는 유교적 토양과도 관련하여 근대교육의 정상적인 발전을 더욱 어렵게 만드는 요인이 되었다. 게다가 이것은 봉건주의의 극복이 계급투쟁, 민족투쟁에서 불가결한 구성 요소였음에도 불구하고 침략자와의 치열한 투쟁 때문에 그 과제가 희석화될 수밖에 없었던 조선근대사의 특징과도 깊이 관련한 것이었다.

이렇듯 조선의 근대교육은 그 실태에서 몇 가지 기본적 결함이 있었지만, 다른 한편에서 그것은 봉건제도의 체제적 위기와 식민지로의 편입 과정에 저항했던 민중의 다양한 정치적 실천과 관계를 맺음으로써 새로운 역사를 개척하는 민족적 에너지의 창출에 가장 중요한 역할을 맡았다. 더욱이 세계사적으로 자주적 국민국가 형성의 역사가 공교육을 기반으로 하는 자국어(국가어)의 전국적 보급의 역사인 것처럼 조선어의 보급은, 설령 그것이 점차 왜곡·억압되고 있었다고는 해도, 조선 민중이 역사 주체(=국민)로 성장해가는 데 불가결한 매개체가 되었다. 그리고 조선의 근대교육은 3·1독립운동의 폭발로 상징되듯이 조선 사회의 구조 변화를 촉진시킴으로써 지배권력에 대해 근본적인 정책 전환을 촉구하는 원동력이 되었다.

다만 오늘의 시점에서 볼 때, 조선의 교육에 관철되고 있었던 것은 윤리와 도덕의 중시였고 그것을 기초로 한 교화의 사상이었다. 즉 민중 통치의 이데올로기인 유교사상이 일반서민의 생활규범까지도 전일적으로 지배했던 조선 사회의 구교육은 물론, 그 사상 풍토 속에서 출발했던 근대교육도 윤리와 도덕의 주입을 근간으로 하는 교화를 본질로 하였다.

본래 '위정척사'·'동학=천도교'·'개화'의 각 사상이 담당했던 조선근대 부르주아 민족운동은 우여곡절을 겪으면서도 궁극적으로는 자주독립하고 부국강병한 부르주아 민족국가의 건설을 꾀하였지만, 현실의 운동 과정, 특히 그 기반이 되었던 사상의 수준에서는 윤리적 국민국가의 형성을 의도하는 것이 되었다. 뿐만 아니라 조선의 지배권을 수중에 넣었던 일본도 스스로가 윤리적 실체로서 가치 내용을 독점적으로 결정하는 도덕국가였다. 이러한 측면에서 볼 때도 민족운동 전개의 중요한 무기가 되거나 혹은 식민지 지배의 도구로 이용되었던 조선의 근대교육은 특정 세력의 정치 지배를 가능하고 용이하게 하기 위한 교화를 그 본질로 했고, 그것은 윤리와 도덕에 대한 집착으로 표출되었다.

말할 필요도 없이 교화는 교육의 대상자를 오로지 외적 권위에 순화시키고, 또 지적 인식을 윤리·도덕적 경향이 강한 가치에 종속시킴으로써 권위에 무비판적으로 복종하고 예속하는 심리적 태도의 형성을 목적으로 했다. 요컨대 교화는 민중을 신뢰하지 못하는 데에서 비롯되어 궁극적으로는 민중이 위정자에게 절대 복종할 것을 요구하는 것으로 귀착한다. 더욱이 교화는 일시적인 '효과'를 거둘 수 있다고 해도, 결국 사람들을 타락시키고 불화와 침체를 초래하며 개인과 국가를 이간시킬 뿐이었다. 따라서 자본주의적 생산력의 미발달과도 관련해 유교나 동학=천도교, 기독교, 그리고 후에는 국가신도國家神道가 커다란 위치를 차지했으며, 더욱이 종교적 교화와 종교·신앙이 중시되었던 조선에서 교화의 사상을 극복하는 것은 휴머니즘에 뿌리내린 근대교육의 내실을 획득해가는 것과 연결되는 것이었다. 특히 민족운동의 전개 과정에서 강조되었던 종교·신앙에 대하여 말한다면, 그것이 인간 존재의 정신적 양식이 되고 반침략·반봉건 운동의 방패막이가 되는 경우는 있어도, 민족해방투쟁의 기본원리는 되지 못하고, 오히려 종교·신앙이 역사 주체의 형성을 왜곡하는 한 진정한 민족해방투쟁에서는 종교·신앙 그 자체가 투쟁 목표의 하나가 되었다.

이러한 문제와도 관련해 조선근대의 근대학문은 민중의 사상변혁에 결정적 의의를 가졌으며 자연히 민족운동 발전의 원동력이 되었다. 그리고 근대교육이 조선 민중의 진보에 공헌했다면 그것은 교육 내용의 중핵을 이루었던 근대학문이 직접 가져온 큰 성과 때문일 것이다.

이 경우 확실히 서학의 전통을 배경으로 쇄국주의 체제하의 폐쇄적 상황에서 시작되었던 근대학문의 수용 실태는 열강의 침략 세력과 하나로 인식되었던 서양문화 배척론이나 개화지상주의, 학문지상주의의 성격을 띠었던 개화사상의 사상적 약점, 혹은 뿌리 깊은 주자학적 사고에 근거한 근대적 학리學理의 자의적 해석 등의 영향을 받아 조선의 사회적 현실에 꼭 합치되지 않았던 측면도 있었다. 그렇다고 할지라도 근대학문은 조선 민중의 인간 형성을 풍부하게 했으며 조선민족의 새로운 문화 창조에 가장 본질적인 역할을 담당했다. 사실 반동 지배층과 일본 침략자가 교육과 학문을 떼어놓을 수 없게 결합시키는 것을 기반으로 하면서, 동시에 그것을 보장해야 할 국민교육의 제도적 확립을 소홀히 했던 것도, 또 국민교육의 내실 그 자체를 자기에게 유리한 방향으로 왜곡하는 기본적 수단으로 근대학문 특히 사회과학의 보급을 억압하고 윤리와 도덕을 새삼스럽게 강조했던 것도 역사변혁에서 차지하는 근대학문의 위력을 두려워했기 때문이었다.

아무튼 조선의 근대교육은 구교육의 내재적 발전을 전제로 했음에도 불구하고, 그것은 항상 외국 세력과의 결합을 통해 이루어졌으며 뒤에는 식민지 지배의 도구로서, 혹은 민족운동 전개의 중요한 무기로서 커다란 의미를 갖게 되었다. 이러한 가운데 그럭저럭 근대교육을 받았던 조선 민중은 역사변혁의 주체로서 성장함으로써 민족의 역사를 창조하는 선두에 서게 되었다. 그리고 교육의 궁극적 목표가 이성과 과학에 뿌리박은 휴머니즘을 기반으로 하여 인간의 기본적 인권을 실현하고, 그럼으로써 개인과 민족의 가능성을 추구하는 것이었으므로 고민에 가득 찬 조선근대교육의 역사는 바로 오늘날의 교육이 나아가야 할 길을 나타내는 것이기도 하다.

저자 후기

교토京都에서 태어나 그곳에서 성장했던 재일조선인 2세인 나는 교토대학京都大學 학부를 졸업하고 도쿄대학東京大學 대학원에 입학하여 '가갸거겨'의 초보부터 한국어를 본격적으로 배우면서, 조선인으로서의 주체성 확립과 내면적 자아 형성의 길을 걷기 시작했다. 그러나 그 이후 논문 집필을 결의하기까지에는 많은 시간이 걸렸다. 대학원 시기 나름대로의 암중모색과 시행착오를 거듭하였지만, 그것이 반드시 학문 연구 내지는 그 외의 창조적이고 생산적인 성과로 나타났던 것은 아니었다. 그렇게 청춘을 보냈던 나에게 대학원 박사과정을 '수료'하기 직전에 이루어진 결혼은 인생의 일대 전환의 계기가 되었다. 이럭저럭 생계를 꾸려갈 만한 일을 하고 있었던 나는 너무 늦은 청춘, 너무 늦은 학문 연구이기는 했지만 학위논문 집필이라는 목표를 설정함으로써 모든 에너지를 거기에 투입하게 되었다. 그때 이미 나는 30세를 넘어서고 있었다.

나에게 학위논문 집필이라는 목표는, 단지 어떠한 미개척 분야에 대한 도전만을 의미하진 않았다. 내가 염두에 둔 것은, 이 책의 주제가 봉건에서 근대로 나아가는 조선인의 자기변혁=역사 주체 형성이었듯이, 일본에서 학교교육을 받았으며 왜곡된 차별 사회에서 성장한 내가 한 인간으로서, 또한 한 사람의 재일조선인으로서 어떻게 참다운 자기변혁=주체성 확립을 성취해갈 것인가 하는 문제였다. 물론 논문 집필을 결정하기 전부터 그러한 노력을 해왔지만, 남북의 대립과 그것에 기인한 역사관·민족관의 상당한 차이 및 일본 사회의 배타적이고 폐쇄적인 체질 등과도 관련하여 자기변혁=주체성 확립에 대한 확고한 방향을 갖고 있지 못했다. 따라서 반봉건·반침략이라는 중요한 과제에 직면했던 선조들의 궤적을 밟아간다면, 그것이 바로 나의 현재의 역사적 위치를 알려주는 동시에 미래로의 길을 어렴풋하게 비춰주리라 기대했다. 그리고 그러한 작업 과정에서, 봉건에서 근대에 걸친 역사적 전환기에 조선 민중이 자주적 변혁을 쟁취하여 세계사적 발전에 순응하려 했던 것과 마찬가지로, 재일 한국인인 내가 주체성을 확립하고, 그럼으로써 어려운 오늘의 시대를 살아가는 데 필요한 자질을 획득할 수 있을 것이라 생각했다.

연구하는 학생의 입장에서 말한다면, 모든 인간에게 기본적 인권의 본질적인 부분으로서 교육의 실현, 인간의 전체성의 실현은 나의 학문적 과제이었기에, 한국근대사와 밀접한 관련을 갖는 일본근대의 국민 형성과 인간 형성에 대한 보다 원리적인 문제나 혹은 넓은 시야를 갖춘 학문론·지식인론·민족론 등에 대해 커다란 관심을 갖고는 있었지만, 이러한 문제들에 대해서는 이 논문 집필을 끝마친 뒤에야 비로소 몰두할 수 있었다.

실제 논문 집필에 이르기까지의 준비 작업은 나의 주제와 합치하는 선행 연구가 거의 없었기에 이리저리 더듬어가는 방식으로 진행되었다. 따라서 역사·사상·교육 등 이미 출판되어 있었던 통사적通史的 자료에서 시작하여, 주제와 관계가 있다고 생각되는 자료와 연구논문을 손에 닥치는 대로 독파했으며, 또한 점차 복간復刊되었던 신문·학회지 등의 기본 자료에도 열심히 눈을 돌렸다. 나는 이러한 것들을 모두 카드card에 정리하고 있었는데, 이러한 작업이 진행된 4년 동안 나는 그

작업이 도대체 어떻게 결말이 날 것인가에 대해서 전혀 예상할 수가 없었다. 오히려 그러한 작업을 계속할 수 있는 생활 조건을 유지할 수 있을 것인가가 더욱 큰 불안이었다. 어쨌든 나의 연구와 집필은 아카데미즘academism의 세계와 동떨어졌던 것으로, 연구회 등에 출석하는 일 없이 거의 고립적인 상황에서 이루어졌다. 그것은 한편으로 에너지의 집중을 가져왔지만, 그 반면 다른 사람의 의견과 비판을 받아들이는 것을 어렵게 만들었다. 다만 그러한 방법을 취할 수밖에 없었던 데는 내 개인적 이유뿐만 아니라, 일본의 대학과 그곳에서의 학문이, 스스로 '대학의 자치', '학문의 자유', '학문의 독립' 등을 고창하면서도 재일조선인 연구자도 포섭하는 진정한 보편성과 국제성을 갖고 있지 않았다는 것과도 결코 무관하지 않았다.

그렇지만 이 책을 완성시키기까지 많은 분들의 호의와 지원을 받았음은 말할 필요도 없다. 그중에서도 대학원 때의 지도교수였던 堀尾輝久는 대학원을 나온 후 몇 년 만에 갑자기 찾아간 나에게 귀중한 시간과 노력을 할애하여 논문 초고에 대한 지도와 조언, 논문의 심사, 그리고 출판사 소개 등 각별한 배려를 해주었다. 또한 한국근대사 연구자인 강상덕 씨는 문헌과 사실史實에 대한 귀중한 조언을 해주었으며, 梶村秀樹 씨는 논문 심사 완료 후에 인쇄 원고 전체에 걸쳐 많은 지적을 해주었다. 이 자리를 빌려 이분들에게 마음으로부터 감사를 드리고 싶다. 그리고 자료의 열람을 위해 국립국회도서관, 재단법인 동양문고, 도쿄대학 종합도서관, 동양문화연구소 도서실, 동 교육학부 도서실, 동 법학부 메이지유신明治維新 잡지문고, 사방조선문고四方朝鮮文庫 등 많은 기관으로부터 협력을 받았던 것에 대해서도 사의를 표하고 싶다. 또한 단지 학문 연구의 측면에서만 아니라, 그동안 생활 조건을 유지할 수 있도록 신경을 써주신 분에게 나는 깊은 감사의 뜻을 전하고 싶다.

이 책은 이렇게 많은 분들의 호의와 지원을 받아 겨우 출간될 수 있었던 것인데, 특히 나의 최대의 협력자는 가족이었다. 결혼 이래 10년 동안 아내 윤가자尹嘉子는 생계를 꾸리는 '일'과 논문 집필을 위한 '연구'로 인하여 매우 바쁜 나날을 보내야만 했다. 나의 가족에게 '생계'와 '연구'는 가정생활의 축이어서, '생계'를 꾸리는 짬짬이 '연구'를 했으며 '연구'를 하면서 '생계'를 꾸려야 했다. 이러한 생활 속에서 아내는 일상의 가사와 아이들을 키우는 일뿐만 아니라 '생계'를 꾸리는 데 있어서는 좋은 파트너가 되었고, '연구'에서는 믿을 만한 협력자가 되는 등 큰 역할을 했다. 내가 피로하여 일찍 쉴 때도 아내는 그날의 계획된 양을 달성하기 위하여 더욱 늦게까지 집안일과 카드 작성, 원고 정리를 했던 적이 종종 있었다. 그리고 우리 아이들 혜영慧瑛이와 형일炯一이도 매일 건강하게 보육원·학교·학동관學童館에 다님으로써 '생계'와 '연구'라는 우리들의 생활 구조를 뒷받침해주었다.

이러한 의미에서도 이 책은 너무 늦어진 우리들 청춘의 기념비인 동시에 결혼 10년의 총결산이기도 했다.

더불어 여기서 한 사람 더, 내가 많은 신세를 졌던 한국의 경영자에 관해 말해두고 싶다. 내가 대학원 박사과정을 수료했을 때, 나는 실은 논문도 한 편 없는 전도가 막막한 상태에 있었다. 당시 재일조선인은 취직이 거의 불가능했고, 대학원에서 공부한다는 것 자체도 아주 드문 시절이었다. 나 자신도 공부가 절실하여 도쿄대학에 들어갔다기보다는 갈 곳이 없어, 즉 취직을 할 수가 없어 어쩔 수 없이 대학원에 간 것이었다는 사실을 부정할 수는 없다. 일본의 장학금도 국적 조항에 따라 일본 국민 이외에는 받을 수 없도록 아주 차별적으로 지급되고 있었다. 당연히 대학원에서 배웠다고는 해도 그 현실은 연구자가 아니라 하루하루를 살기 위한 아르바이트생이었다. 여하튼 박사과정을 마치기는 했지만, 대학에 취직하기는커녕 보통의 민간 회사에서조차도 고용해주지 않았다.

그래서 여기저기를 방황하고 있던 차에 한국의 대영상사大英商事 사장인 이춘복李春福 씨가 나를 도쿄 사무소의 직원으로 고용해주었다. 이 회사는 자전거나 자전거용 타이어를 만드는 곳으로, 당시에는 종업원 2천여 명을 거느릴 정도의 규모를 자랑하였다. 사장은 정치에는 관심이 없었고 이해심이 많은 사람이었다. 많은 종업원을 먹여 살리기 위해 도쿄에서 미국의 유통회사 시어즈 등의 바이어를 접대해 하룻밤에 아카사카赤坂에서 100만 엔을 사용한 적도 있었다고 했다. 격심한 업무로 위를 절제하는 등의 모습을 보면서 한국의 자본가가 얼마나 힘들게 살아가고 있는지를 새기기도 했다. 도쿄 사무소는 그다지 바쁘지 않았고, 나는 거기에서 8년간 근무하면서 실질적으로 학위논문의 집필에 힘쓸 수 있었다. 바꿔 말하면 사무소는 연구실이고, 급료는 장학금이었다. 불행히도 회사는 이후 도산해버렸지만, 나는 지금도 이춘복 사장에게 아주 큰 신세를 졌다는 점을 마음에 새기며 살아가고 있다.

2016년 여름

윤건차

역자 후기

이 번역서는 윤건차尹健次의 『조선근대교육의 사상과 운동朝鮮近代教育の思想と運動』(1982)을 우리말로 옮긴 것이다.

이 책에서 저자는 1860년대부터 1919년 3·1운동까지의 교육사상과 운동을 통사적으로 정리하고 있다. 근대교육의 큰 흐름을 개화파의 계몽활동과 교육사상, 갑오농민전쟁과 동학운동에서 나타난 근대교육에 대한 인식, 갑오개혁에서 나타난 교육개혁의 성격, 독립협회의 교육계몽운동, 기독교계 학교의 교육사적 의의, 민족계 사립학교의 교육운동, 반일의병들의 애국계몽운동, 통감부의 교육정책, 한일병합 후의 교육사상과 민족운동 등으로 잡고, 그러한 흐름에 영향을 주었던 대내외적 요인들에 관해 검토하면서 조선근대교육의 사상 및 운동의 발자취를 더듬어가고 있다.

구체적으로는 조선근대교육이 형성되고 전개되는 과정에 영향을 주었던 일본·중국·미국·러시아 등 외세의 움직임과 이에 대해 때로는 저항하고 때로는 이용하고 이용당해갔던 당시의 지배세력과 지식인, 그리고 민중의 움직임을 다양한 자료를 섭렵해가며 논의하고 있다. 이 과정에서 새로운 시대의 변화를 읽지 못하고 민중을 지배의 도구로만 인식했던 지배층의 몽매함과 시대의 흐름에는 민감하게 대처하면서도 외세의 본질을 제대로 파악하지 못했던 개화 지식인, 그리고 '위로부터'의 수탈과 억압에 무력으로 저항하면서도 이를 자신의 권리 획득으로까지 이끌어가지 못했던 민중들의 노력과 한계가 무엇인지를 드러내주고 있다.

동시에 저자는 이러한 각 집단의 한계로 인해 조선의 근대가 일본의 식민지로 귀결되지 않을 수 없었다는 암울한 역사적 사실 속에서도 국가와 민족의 안위를 지키려 노력했던 지도적 지식인 및 민중들의 움직임을 부각시킴으로써, 조선의 근대 및 근대교육의 역사가 억압당하고 수탈당하는 역사가 아니라, 스스로의 힘으로 자신의 앞날을 개척하려 노력했던 주체적이고 진취적인 역사였다는 관점을 견지하고자 하였다. 즉, 이 책은 종래의 체제 지향적이고 현상 유지적 성격을 띤 교육사, 또는 정치적 차원에서 모순을 은폐하기 위해 외세의 침략과 조선 민중의 항쟁이라는 민족 간 대립을 부각시킨 저항적 교육사 서술이라는 연구 풍토에 안주하지 않고, 방대한 자료 제시를 통해 각 이해집단 간의 대립과 갈등, 그리고 협력의 과정을 서술하려 했다는 점에서 진일보한 교육사 서술이었다고 평가되어야 할 것이다.

이 책이 출간된 이후 한국에서는 근대교육의 등장, 기독교계 학교의 설립과 전개, 갑오개혁의 성격, 교육구국운동과 애국계몽운동의 실태와 의미, 그리고 일제강점기의 식민지 교육정책의 성격 규명 등을 주제로 많은 연구들이 박사학위논문 혹은 단행본으로 간행되었고, 이를 바탕으로 조선근대교육의 모습을 다양한 각도에서 깊이 있게 조망할 수 있는 기반이 마련되었다. 이와 함께 근대조선이라는 특수한 상황에서 근대교육의 맹아나 공교육의 의미를 어떻게 규명해야 하는가에 대한 문제의식도 나타났다. 그것은 곧 조선근대교육의 성격과 정체성에 대한 물음으로 이어졌고, 근대의 미완성이라는 문제의식으로 연결되기도 하였다. 이처럼 이 책은 한국의 근대교육에 관심을 가진 각 분야의 연구자들이 다양한 문제의식을 각성시키고 촉발시키는 데 중요한 계기가 되었으며, 이들이 근대시기에 머물지 않고 동시대사로서 한국현대교육의 문제를 연속성을 가지고 탐구하도록 하는 데 커다란 지적 동력이 되었다는 점에서 그 의미를 평가할 수 있다.

그리고 이 책이 우리에게 주는 학문적 의의를 하나 더 덧붙이자면, 현재 우리가 처해 있는 상황을 세계사적 차원에서 반성적으로 고찰해볼 수 있는 기회를 제공한다는 점이다. 국제적으로 중국·일본·미국·러시아 등과의 교류가 여전히 우리의 입지를 결정하는 데 지대한 영향을 미치고 있는 것이 현실이다. 이러한 상황 속에서 국내의 소위 지배층이 보여주는 전망은 진정으로 국가와 국민을 위한 것이라 단언할 수 있는가? 현재 우리 사회에 널리 수용되고 있는 21세기의 신자유주의적 정책과 전망은 세계시민이라는 틀을 표방하며 국가라는 경계를 넘어선 '세계화' 전략을 수행하고 있지만, 실질적으로 이 기조는 미개발·저개발 국가의 희생을 가속화시키면서 한결같이 선진국 중심의 세계 재편이라는 틀을 견지한다는 점이다.

100여 년 전의 세계질서가 국가와 민족이라는 거대 담론을 중심으로 선진국과 후진국으로 구분되었고, 후진국은 선진국을 따라잡기 위해 선진국의 논리를 그대로 따라가며 근대국가가 되기 위해 노력했다면, 오늘날의 우리는 경제적 부를 획득하기 위해 자본의 논리를 받아들이며 개인 간·집단 간·국가 간 경쟁에 드라이브를 걸고 있다. 이런 작동 논리는 언제나 지배층의 논리였으며 가진 자들의 논리였다. 이러한 사회 현실임에도 우리의 교육정책은 그들의 논리를 따라잡는 데 몰두하고 있다. 그런 교육의 끝자락이 무엇이었는가는 이 책을 통해 충분히 짐작할 수 있을 것이다. 이런 생각에 순간 긴장감이 감돌면서 다음과 같은 물음이 꼬리를 잇는다. 우리는 자본의 논리를 어떻게 인식하고 있는가? 우리 사회의 지배층이나 지도자들은 진정 국가와 국민의 안위를 걱정하고 있는가? 현 사회의 위기를 타개하기 위해 지식인층은 물론이고 시민이나 민중들은 올바른 자기인식/정체성과 역사의식을 자각하고 있는가? 우리의 교육, 특히 한국 공교육의 역할은 무엇이어야 하고, 그것은 어디를 향하고 있어야 하는가? 우리는 지금 제대로 가고 있는가?

이런 의미에서 출간된 지 30여 년이나 훌쩍 지난 지금도 여전히 이 책은 현재 우리 사회나 교육의 모습을 반추해볼 수 있는 훌륭한 자료적 가치를 지니고 있다. 여기서 저자가 마지막 부분에서 제시했던 구절을 다시 한 번 마음속에 새겨본다.

> 교육의 궁극적 목표가 이성과 과학에 뿌리박은 휴머니즘을 기반으로 하여 인간의 기본적 인권을 실현하고, 그럼으로써 개인과 민족의 가능성을 추구하는 것이었으므로 고민에 가득 찬 조선근대교육의 역사는 바로 오늘날의 교육이 나아가야 할 길을 나타내는 것이기도 하다.

이 책은 1987년 『한국근대교육의 사상과 운동』이라는 제목으로 심성보가 번역해 출간된 바 있다. 이번 번역작업은 윤건차의 일본판과 심성보의 번역본을 비교·대조해가며 번역본에서 나타났던 오역이나 누락된 부분을 바로잡는 데 초점을 두었다. 이 과정에서 발견된 일본판의 오자, 예를 들면 인물의 생몰연대나 한자 표기를 수정하였고, 편집의 일관성을 위해 등장인물의 생몰연대를 보충해 제시했다는 점을 밝혀둔다. 더불어 독자들의 가독성을 고려해 용어 및 문장을 수정했으며 '찾아보기'를 덧붙여 독자들이 이 책을 좀 더 편하게 볼 수 있도록 하였다. 그럼에도 불구하고 나타나는 '미진함'은 더 꼼꼼한 검토를 수행하지 못한 번역자의 탓이다. 이 점에 대해 저자와 독자의 양해를 구한다.

이러한 과정을 거쳐 이제 공동 번역이라는 방식으로 원래의 제목인

『조선근대교육의 사상과 운동』을 복원하여 다시 출간하게 되었다.

마지막으로 이번 개정 번역판 출간을 흔쾌히 허락해준 저자 윤건차 교수님에게 다시 한 번 고마움을 표한다.

2016년 8월

이명실·심성보

• 찾아보기

ㄱ

가부장주의 88, 125
가족주의 22
가쓰라·태프트 비밀협정 297
가츠우라 토모오 351
간이상업전수학교 471
갑신년 332
갑신정강 61, 106, 118, 125
갑신정변 54, 55, 61, 62, 66, 67, 74~76, 78~81, 86, 92, 99, 105~107, 119, 138, 140, 145, 170, 186, 271, 299, 456
갑오농민전쟁 74, 93, 95, 96, 98, 120, 137, 144, 191, 235, 252, 328, 491
강명의숙 387, 401
강유위 166, 317, 323, 324, 382, 428
강학회 166
강화도사건 331
강화보창학교 387
강화도조약 41
개국기년 117
개량주의 118, 383, 435
개량주의적 운동 337
개성학교 42, 43, 89, 247
개정사립학교규칙 466, 467
개창교 222
개항지 297
개화사상
개화지상주의 147, 148, 161, 227, 324, 484
개화파 정권 118~121, 123, 128, 129, 135, 170, 176, 193, 265
건건록 120
건백서 58, 67, 68, 71, 72, 105, 108, 118
검정 교과서 366
게일 198, 327
경사대학당 90
경성학당 162, 222~228, 261, 274, 285, 286, 443, 456
경신학교 111, 198, 203
경신학교대학부 465
경학원 81, 87, 112, 372, 381, 461
계명의숙 387, 449
계산학교 390
고노에 후미마로 223
고등여학교령 341, 348
고마츠 스스무 217
고무라 주타로 138, 339
고문관고빙협정 246
고부민란 95
고원훈 392
공립협회 316
공부대신 170
공사병행주의 370
공수학회 431
공업전습소 177, 249, 345
공자 19, 252, 287, 357
공자교 301, 427, 428
공진회 310
과명환록 23
과실상규 29
곽기락 47
관동학회 313, 314
관리등용제도 24, 125, 244
관리임용제도 125, 262, 263
관립사범학교 212
관립인천실업학교 345
관립일어학교 81, 93, 113, 217, 219, 222
관립한성고등여학교 348
관립학교 87, 127, 173, 185, 193, 225, 246~248, 253, 255~157, 265, 274, 465
관민공동회 164, 195
관비 유학생 127, 186, 187, 243, 246, 278, 289, 351, 352, 478
관습개량론 435
관존민비 210, 441
관진방회 314, 399, 411
광무국 75
광무학교 177
광무학우회 431
광무학회 431

광성학교 203, 247, 248, 290
광통방회 411
광학회 166
광혜원 80, 110
교과용 도서 검정규정 356, 358, 361, 362, 405, 415
교남교육회잡지 313, 322
교섭통상사무아문독판 82
교원심득 464
교육계몽운동 162, 309
교육구국운동 368, 370~373, 375, 378, 383, 385, 389~393, 395~407, 409~415, 417, 419, 424, 426, 429, 447, 450, 466, 492
교육시론 217, 230
교육월보 322, 387
교육입국조서 127~130, 133, 269, 270
교육정책사의 324
교육중앙총부 392
교육 진출론 217, 229
교육칙어 133, 216, 220, 291, 357, 380, 424, 464
교조신원 94
교학기관 21
교학성지 216
구결소학 376
구국단체 313, 393
구국운동 309, 316, 331, 335, 337
국가신도체제 465, 471
국권회복운동 296, 303, 304, 306, 309, 310, 311, 314, 326, 331, 335, 337, 401, 419, 421, 428, 434, 439, 449
국민신문사 312, 314
국어문전음학 420
국왕밀사사건 312
국왕친정 40
국유미간지이용법 298
국채보상운동 309, 321, 438, 464
군국기무처 117, 118, 124, 125
군수임용령 393
권동진 329, 330
권선교인설 172
권영진 118
근위보병영 42
글래드스턴 148
급진개화파 76
기독교청년회 327
기독교청년회관 475
기독교회 205, 208, 300, 328
기독신문 233
기포드 31, 88, 281
기호흥학회 313, 318, 319, 330, 374, 387, 390, 391, 404, 411, 429
기호흥학회월보 313, 322, 393, 399, 439, 440, 447, 449, 450, 453~455
길모어 81, 83~86, 89, 91, 112, 281
길버트 레드 79
길선주 425
김가진 118, 138, 387, 422, 440
김구 316, 327, 388, 438, 440, 450, 451
김기수 42, 43
김병시 136
김봉기 306, 307
김봉학 302
김송암 406
김옥균 51~57, 59~64, 67, 71~73, 79, 103~108, 138, 142, 144, 145, 154
김운곡 406
김유신전 322
김윤식 45, 62, 63, 75, 82, 107, 119, 244, 270, 321, 439
김정국 376
김주병 385
김학우 118
김호산 406
김홍집 43, 44, 65, 75, 117~119, 123, 136, 170, 255, 268

ㄴ

나카지마 219
낙동친목회 431

낙연의숙 247
낙영학교공업전수과 249
남감리파 선교회 190, 280
남궁억 138, 141, 145, 271, 312, 386, 387, 388, 464
남장로파 선교회 191
남한대토벌작전 304
내외아문당랑 82, 87
내정개혁방안강령 116, 126, 133, 134
내정개혁안 116
노동야학독본 409
노동야학회 407
노백린 316
노보에·브레미야 246, 260
노블 193
논어 173, 259
농담회 408
농림강습소 407, 452
농민야학회 407
농부학교 408
농학회 166

ㄷ
다나카 도사쿠 217
다루이 도키치 218
다와라 마고이치 338, 339, 359, 410, 413
다윈 324, 325
다카하시 하마키치 356
단발령 135, 136, 146, 255
달레 21, 33, 283
달성학교 222
당소위 75
당송문 27
대동공보 321
대동교 320, 428
대동역사 173
대동전수학교 387
대동학회 301, 314, 387, 427
대동합방론 218
대륙낭인 135, 298
대부흥운동 425
대성학교 324, 375, 387, 401, 402, 404, 451
대원군 39, 40, 77, 119
대일본해외교육회 161, 222, 223, 225, 270, 286, 443
대조선독립협회회보 141, 144, 148, 156, 271, 272, 273
대한국어문법 420
대한신보 223, 233
대한동인회 387
대한매일신보 289, 302, 309, 321, 325, 327, 331, 334, 335, 336, 358, 366, 368, 370, 371, 439, 440, 441~447, 372, 397, 405, 405, 409, 412, 413, 421, 423~425, 427, 432, 437, 438
대한문전 420, 451
대한신문사 314
대한신민회통용장정 316
대한유학생회 431
대한자강회 310~312, 315, 318, 324, 373, 374, 386, 410, 429, 440
대한제국대학회 321
대한학회 431
대한협회 312, 313, 314, 317, 330, 336, 374, 391, 411, 422, 428
덕업상권 29
덕육론 382
데라우치 328, 417, 433, 473, 461, 463
데라코야 26, 132, 264
데비우스방식
데카르트 324
도덕국가 483
도덕적 민족주의 475
도덕주의 436
도덕지상주의 100
도쿄고등사범학교 338, 375
도쿄대학 89, 350, 486, 488, 489
도쿄외국어학교 215
도쿠토미 소호 220
독립관 138, 162

독립문정초식 195
독립서고문 119
독립선언서 475, 476
독립신문 34, 35, 138, 139~146, 148~154, 156, 157, 161, 166, 167, 173, 177, 178, 181, 184, 185, 187, 194, 196, 223, 232, 255, 257, 258, 271, 272, 279, 282, 284, 286, 288~293
독립협회서 142, 271
독립협회운동 137, 139, 141, 142, 144, 148, 162, 164, 165, 167, 194, 195, 197, 204, 209, 232, 235, 247, 250, 255, 303, 308, 309, 331, 332, 375, 418, 420
독서계급 306
독서출신과 23
독어학교 179, 183, 184
동계 253, 412
동국사략 307, 322, 451
동덕여학교 330, 387, 398, 406
동도서기론 41, 47~49, 61, 77, 141, 145, 271
동몽선습 27, 259
동문관 75, 107
동문학 67, 75, 86
동문학영어학교 90, 178, 180
동본원사 222
동아동문회 222
동양도덕 48, 98
동양선린 223
동양척식회사 298, 346,423
동원의숙 387,406
동인사 46
동인학교 387
동인학회 431
동제회 317
동지사 41, 224
동학경전 101, 208
동학당 96
동학사 96
동학사상 19, 51, 60, 67, 93, 94, 96, 97, 100, 101, 136, 329, 434
동학상소단 95

ㄹ
로문관 90
루소 324, 325

ㅁ
만국정표 75
만국평화회의 312
만민공동회139, 164~167, 195, 288
만민평등 101, 157
매국단체 428
매일신문 142, 232, 292
매천야록 83, 111, 287, 292, 308, 364, 429, 438, 444, 447, 448, 454, 455, 456
맹자 173, 252, 259, 357
메가타 다네타로 296
메소디즘 197
메이지유신 40, 53, 215, 220, 292, 323, 488
매켄지 146, 354
면암문집 307
명신여학교 386, 406
모국어주의 377, 471
모범교육 338, 342, 343, 344, 349, 352, 356, 357, 360, 364, 366
모범양잠소 177
모화관 138
모화사상 20, 22, 172
모화주의 159
몽테스키외 324, 325
묄렌도르프 75, 76, 77, 86
무관학교 127, 164, 180, 257, 264, 292, 355, 445, 472
문관수임식 125, 262
문명주의 161, 219, 339, 424
문묘 21
문무병용정책 381
문무존비 117, 124

미국건국사 322
미션 스쿨 85, 108
미우라 고로 135
미츠이 추조 338, 361
민권사상 167
민립대학 464
민비시해사건 135, 175, 188, 227, 277, 299, 304
민영기 167, 308, 339
민영익 54, 77, 80, 105, 107
민영환 247, 248, 256, 259, 289, 302, 303, 409, 469
민영휘 308, 386
민족자결주의 475
민족주의사상 325, 475
민종묵 158, 174, 275
민족해방투쟁 476, 482, 484
민주교 409
민주주의사상 310
민중계몽운동 138
밀러 197, 198, 316

ㅂ
박규수 41, 52
박문국 63
박문사 372
박승봉 401
박영교 52, 53, 105
박영효 51, 53, 55~56, 58~61, 63~64, 67~69, 71~73, 103, 105~108, 118~120, 143, 145, 154, 189, 268, 278, 329
박은식 19, 33, 98, 141, 165, 167, 233, 235~237, 254, 258, 262, 287, 292, 293, 302, 304, 306, 312, 318, 323, 324, 328, 368, 369, 372, 373, 376, 377, 381, 382, 404, 408, 427, 428, 438, 440, 447, 448, 449, 452, 454, 453, 464, 476
박정양 46, 119, 174, 187, 271, 272, 455
박제순 248
박지원 33, 51, 52, 323
발휘조국 23
방적공장 46
방직공업 159
배영의숙 247, 248
배외사상 213
배일사상 362
배재학당 80, 86, 90, 91, 111, 112, 142, 146, 162, 192~197, 201~204, 212, 213, 242, 271, 279, 280, 282, 288
배화여학교 200
번서조소 89
법관양성소 127, 246, 263, 267
벙커 81, 86, 111, 195, 239
베어드 부부 198
베이컨 65, 324
베커 206, 211
벤담 105, 324
변법운동 166, 266
변법자강사상 323, 324, 325
변법자강운동 235, 382
별시 24
병식실업 221
병식 체조
병자호란 18
보광학교 411
보국안민 94, 100
보국회 166
보부상 167, 213
보빙사 54, 77, 107
보성관 314, 385
보성사 314, 330, 385, 438
보성전문학교 385, 398, 407, 409, 444
보성학교 385, 398
보성학원 409, 474
보안법 302, 312, 460
보은취회 95
보인학교 387
보인학회 387
보지신문 351
보창중학교 306, 404
보통교육학 371

복시 24
본원사 300
부기야학회 407
부르주아 민족국가 159, 235, 310, 332, 379, 483
부르주아적 개혁 55, 58, 62, 271, 427
부산학원 222
북감리파 선교회 80, 92, 108, 111, 191, 192, 201, 280
북장로파 선교회 80, 92, 191, 197, 199, 200, 202, 450
불문관 90
비스마르크 148

ㅅ
사관학교 76, 105, 265
사기 27
사립개성학교 345
사립실업학교 347
사립학교규칙 464, 466
사립학교 보조규정 356, 358, 365
사립학교령 302, 313, 341, 358, 359, 360, 361, 365, 390, 391, 415, 421, 446, 452
사문난적 26
사범강습소 404, 407
사범양성소 404
사범학교령 133, 341, 357, 445
사서 27, 113, 173
사서육경 19, 25, 258, 308, 399
사설 159, 187, 318, 452
사숙 104, 132, 264, 277, 309, 375, 399, 400, 450, 469
사역원 178
사은사 41
사회계약설 143
삼강오상 380
삼례역취회 94
삼림법 423
삼육지법 373
삼전론 329
삼정 39
삼종지도 199
상공학교 177, 276
상업전수학교 471
상업학교 164, 227, 352, 353
샌프란시스코 316, 321
생원진사과 24, 25, 27
서광범 52, 53, 119, 174
서당계 253, 412
서당규칙 469
서북학회 313, 317, 320, 337, 314, 372, 374, 394, 408, 411, 429, 454, 456
서북학회월보 322, 418, 439, 441, 447~449, 452~454, 456, 457
서서건국사 322
서우학회 323, 313, 317~320, 333, 404, 429
서원 39, 103, 159, 264, 375, 389
서유견문 52, 53, 119, 174
서재필 51, 161, 163, 138~141, 145, 146, 186, 194, 196, 262, 105, 106, 271, 273
서해교육총회 317
석촌소학교 398
선거조례 125, 262
선린상업학교 345, 443
성균관 25~28, 81, 128, 178, 262, 269, 349, 357, 448, 461
성균관관제 127, 178, 341
세계학설 236
세브란스의학전문학교 396, 409
세출 총액 260, 261
소년 317
소의학교 387
소중화 20, 144
손병희 329, 330, 398
송병준 298, 329
수심정기 98
수학·화학강습소 407
숙명고등여학교 386, 406
순성여학교 248, 259, 290
숭실학교 198

숭실학교대학부 396, 409, 464
스즈키 노부히토 217
스티븐스 296, 302
스크랜턴 80, 81, 85, 91, 108
스피어 198
시데하라 다이라 338, 339
시부사와 에이치 223, 227
시사신보 148, 221, 278
시사총보 249, 252, 264, 290, 293, 455
시정개선 298, 342
시천교회 314
식년시 24
신기선 170~174, 177, 255, 274, 275,
신명공업실습소 249
신문지법 302, 312
신민총보 324
신민회 315~317, 326, 328, 337, 387, 391, 394, 400, 401, 439, 449
신정국문6개조 420
신찬교육학 133
신채호 171, 235, 237, 288, 302, 306, 315, 372, 380, 407, 413, 423, 427, 438, 441, 454, 456, 475,
신해영 385, 444
신흥강습소 472
실업면려회 405
실업전습소 249
실업학교령 341, 355
실업학교증설안 345
심상소학 133, 379
심상익 233
심상훈 303

ㅇ

아관파천 136, 137, 170, 188, 238, 246, 266, 276
아리스토텔레스 324
아오키 슈조 189
아유가이 후사노신 133
아카데미즘 350, 432, 488
아카시 모토지로 464
아펜젤러 80, 86, 90, 111, 167, 192, 279
안경수 118, 138, 142, 271
안성학교 222
안악군면학회 317, 391, 404
안중근 182, 276, 281, 302, 307, 381, 425, 438
안창호 111, 238, 315~317, 323, 324, 331, 375, 387, 388, 401, 402, 426
안태국 316
알렌 80, 110, 146, 167, 176, 207, 212, 274, 280~283
애경상문계 412
야소교학당 197,198, 204, 212
야학강습소 406
양계초 166, 287, 317, 323, 324, 440
양규의숙 406
양기탁 302, 315, 323, 464
양만춘전 322
양명학 42, 427, 456
양무운동 45, 166, 235
양잠전습소 249
양정의숙 385
양청탐문 41
어용선 189
어윤적 420
어윤중 46, 109, 119, 136
언더우드 80, 81, 86, 91, 112, 207, 208, 269, 271, 280, 281, 409
언더우드 학당 81, 91, 197, 202, 238, 316
언해농서잡서 376
언해삼강이륜행실 376
언해정속 376
언해창진방벽온방 376
언해향약 376
엄귀비 386
엄주익 385
에노모토 다케아키 217
여병현 411, 441, 448
여자교육론 152
여자교육회 314, 406

여자사범학교 42
역사·지리강습소 407
연무공원 81, 87, 112, 381
연수학회 431
연암집 51
열하일기 323
염직전습소 249
영남만인소 45
영문관 89
영선사 45, 75
영어야학회 407
영은문 138
영일동맹협약 297
예속상교 29
오가키 다케오 312
오경석 52
오산학교 387, 401, 402, 462
오상규 312
오성학교 387
오세창 138, 312, 329, 387
오시카와 마사요시 223, 285
오중현 75
오카쿠라 요시사부로 81, 217
오쿠마 시게노부 226
오토리 게이스케 116, 123, 126
왜양일체관 41
외국어학교 107, 127, 173, 179~185, 215, 246, 262, 265, 343, 347~349, 375, 464
외국어학교관제 127, 178
외국어학교규칙 127, 180
외무아문 77
요코하마 밴드 223
용담유사 101, 113
우민관 70, 108
우산학교 247, 248
우치다 료헤이 298, 465
원세개 92, 105
월남망국사 322
위정척사사상 19, 39, 40, 42, 46, 51, 61, 67, 94, 103, 136, 155, 303, 305, 306, 355, 434
위친계 412
위탁생 193, 197, 213, 215
유게 고타로 357
유교구신론 33, 237, 427, 449, 456
유길준 46, 47, 51~57, 59~61, 64, 67~69, 71~73, 104~108, 118~121, 136, 138, 139, 143, 148, 154, 155, 323, 376, 387, 388, 390, 409, 420, 442
유년필독 307, 322
유니온 신학교 81
유대치 52
유성준 239
유승흠 391, 405
유영석 233
유정수 46, 53, 104
유지독영 253
유지조합 253
유학생구락부 429
육영공원 80~90, 111, 112, 132, 169, 178, 195, 269, 275, 279, 281
육영공원설학절목 82
윤선학 47
윤세용 189
윤치호 46, 47, 64, 77, 104, 107, 138, 141, 145, 167, 194, 271, 311, 327, 387, 401
윤효정 138, 311, 312, 336, 441, 442
융희학교 387
을미의숙 133, 270
을사오적 297, 373
을지문덕전 322
음빙실문집 323, 324
의무교육조례대요 410, 453
의학강습소 91
이각종 394
이건석 302
이광수 35, 329, 402, 430, 474, 475
이규승 189
이근명 303
이기 235, 245, 267, 324, 273, 373
이노우에 가오루 123, 223
이노우에 가쿠고로 63, 107

이단사설 26
이동휘 306, 307, 315, 387, 463
이만규 33, 252
이만손 45
이범윤 463
이상재 46, 138, 145, 239, 240, 271, 272, 288, 426
이상철 302
이순신전 322
이승교 376, 448
이승만 233, 239, 242, 280, 288
이승훈 287, 388, 401, 462
이와모토 요시하루 221
이와사키 고타로 222
이완용 135, 138, 164, 174, 184, 228, 297, 302, 312, 340, 422
이용익 385, 387, 388, 398
이용후생 33, 141, 171, 357
이재극 339
이종면 233
이종문 233
이종일 233
이종호 387, 401, 409, 474
이준 313
이태리건국사 322
이토 히로부미 116, 223, 225, 297, 299, 302, 307, 312
이튼 81
이하영 339
이화학당 81, 91, 199, 202, 203, 283
이화학당 대학과 464
인쇄국 46
인천일어학교 345
인평학교 411
일동기유 43
일부벽파론 372, 373
일어야학회 407
일어영어학교 249
일어학교 34, 112, 113, 176, 178, 179, 172, 183, 215, 222, 223, 228, 246, 251, 255, 262, 266, 276, 286
일요강습소 406
일진회 298, 312, 314, 330, 428, 438
임오군란 49, 103, 105, 106, 215
임진수 311
임진왜란 18, 20
입도지문 173

ㅈ
자강개혁사상 143
자강주의 324, 369, 440
자강회규칙 312
잡계 413
잡과 24, 25
장유유서 19, 29
장응진 375
장지연 141, 165, 233, 235, 237, 287, 292, 302, 311, 312, 323, 324, 331, 372, 373, 376, 387, 407,428, 438, 440, 441, 448
장통방회 411
장효근 233, 330, 478
재예견식 54
재정고문 296
전고국조례 125, 262
전문학교규칙 465
전문학무국 133, 269
전양묵 82
전주화약 95, 116
점진주의 356
정경민단 411
정교분리 330, 398, 474
정동그룹 206
정묘호란 18
정미칠조약 297, 304, 312, 338, 386, 425
정병하 135, 136, 273
정선여학교 248
정선토지측량법 423
정신여학교 200, 203
정운복 380, 386, 441
정한론 106, 215, 218
제국대학령 350

제국신문 232, 233, 234, 288, 321
제생원 464
제지공장 46
조동식 387
조병세 302, 303
조병직 116, 174
조병호 174
조의연 118
조선기문 217
조선민족열등론 461
조선사정 217
조선소 46
조선유교연원 237
조선책략 44, 45, 77, 103
조선팔도지 217
조칙 131, 164, 165, 177
조폐국 46
존왕상무 23
존왕애국 130
존왕항일 303
종교설 382
좌원 82
주시경 140, 152, 372, 376, 407, 420, 448
주자학 18~20, 22, 26, 33, 38, 40 ,43 ,48, 98, 101, 113, 234~236, 308, 427, 435, 456
주학신 406
중학교관제 127, 177
중학교령 133
증광시 24
지방자치운동 309, 335, 441, 442
지석영 49, 155, 276, 407, 420
지운영사건규탄상소문 57
진명여학교 386, 406, 411
진명회 310
진서 126
진임관 246
진하사 41
집강소 95

ㅊ
찬양회 248
참의교섭통상사무 62
척사상소 47
천당화복지설 172
천도교월보 330
천도태원경 330
천문관 25
천문지리 43
천문지리학 22
천자문 27, 259, 376
천주교 33, 38, 39, 77, 80, 94, 155, 241, 281, 314, 315, 328, 409, 417, 440, 472
천진조약 74
청년학우회 313
청풍학교 411
초등국어사전 420
초등보통교육 467
초시 24
초아학교 408
초현당 178
촌락공동체 253
촌사 264
최경환 173
최광옥 316, 420
최남선 316, 436, 439, 475
최린 418, 431, 436, 455, 462, 477
최익현 41, 303, 304, 307, 469
최시형 97, 329
최제우 38, 94, 97, 100
최재학 311
최한기 33, 51, 52
출판법 302
측량강습소 407
측량학 43, 405
칙령 127, 131, 313, 341, 359, 393
친목회 회보 187, 188
친미단체 206

ㅋ
코페르니쿠스 65

ㅌ
탈아론 218
태극교 330, 428
태극서관 316
태극학회 431
태양 211
태양력 172
태평천국 101, 113
토지조사사업 298, 346, 347, 443, 460
통감정치 310, 358, 386, 392, 419, 437, 445, 446
통신교육 386, 387
특명전권공사 117

ㅍ
파란망국사 322
판임관 355
페스탈로치 372
평양고등학교 349
평양민회 404
평양청년권장회 317
포교제일주의 409
포츠머스 297

ㅎ
하야시 곤스케 223
학계 253, 340, 389, 390, 394, 411, 450, 453
학교신론 382
학교조합령 353
학부령 127, 131, 180, 276, 321, 341, 351
학부서기관 361
학부 예산 258, 261, 262
학부차관 270, 338, 339, 344, 359, 410, 413
학부훈령 355, 356
학우회 289, 472
학정참여관 338, 339, 344, 361, 442
학지광 456,472
학회령 302, 313, 341, 356, 358, 415, 439
한국독립운동지혈사 167
한남학당 222
한문성서 193, 197, 208
한성고등학교 342, 349
한성사범학교 127, 130, 169, 176, 372, 373, 464
한성사범학교관제 127
한성사범학교규칙 175
한성순보 63~66, 74, 107, 140
한성의숙 247, 248
한성주보 74, 107, 140
한양학교 247
한어학교 179, 183, 276
한영복 311
한영서원 387
한일협약 296, 338
한철청년회 431
할리팍스 75, 86
합동소학교 398
합성신보 321
해국도지 52
해군무관학교 86
해산병사 304
해서교육총회 391
향교 26, 27, 28, 159, 264, 343, 375, 389, 390, 391, 393, 401, 415, 448, 477
향약계 29
향학 132
허치슨 86, 181, 184, 185
헌정연구회 310, 311
헐버트 81, 86, 111, 169, 175, 176, 185, 212, 234, 263, 275, 276, 327, 420
헤이그 297, 312
현모양처주의 152
현산학교 386
현채봉 193

협성회 142, 146, 163, 194, 195, 196, 197
협성회회보 142, 146, 183, 196, 232, 272, 275
호남학계 431
호남학보 313, 319, 322, 373, 439, 447, 448, 450, 454
호남학회 313, 314, 318, 319, 393, 404, 439
혼다 요이츠 223, 229
홉스 324
홍만식 302
홍문동사립소학교 247
홍범도 463
홍성학교 411
홍영식 46, 51, 52, 53, 105, 271
홍재붕 364
흥화학교 247, 248, 249, 289, 290, 370, 398, 407, 409
흥화학교측량과 249
화류회 185
화혼양재 48
환난상휼 29
황국협회 167, 283, 308
황성기독교청년회 327
황성신문 142, 144, 232, 233, 257, 284, 289, 290, 292, 302, 308, 321, 372, 376, 409, 438, 439, 442, 448, 455
황준헌 44, 103
황현 111, 233, 256, 287, 364, 438, 442, 444, 447, 448, 454, 455, 456, 469
후쿠자와 유키치 46, 53, 63, 76, 106, 161, 186, 189, 221, 383
훈도방회 411
훈민정음 64
훈장자영 253
휘문의숙 309, 386

▶ 비고츠키 선집 시리즈
발달과 협력의 교육학 어떻게 읽을 것인가?

생각과 말
레프 세묘노비치 비고츠키 지음
배희철·김용호·D. 켈로그 옮김 | 690쪽 | 값 33,000원

도구와 기호
비고츠키·루리야 지음 | 비고츠키 연구회 옮김
336쪽 | 값 16,000원

어린이 자기행동숙달의 역사와 발달 I
L.S. 비고츠키 지음 | 비고츠키 연구회 옮김
564쪽 | 값 28,000원

어린이 자기행동숙달의 역사와 발달 II
L.S. 비고츠키 지음 | 비고츠키 연구회 옮김
552쪽 | 값 28,000원

어린이의 상상과 창조
L.S. 비고츠키 지음 | 비고츠키 연구회 옮김
280쪽 | 값 15,000원

연령과 위기
L.S. 비고츠키 지음 | 비고츠키연구회 옮김
336쪽 | 값 17,000원

성장과 분화
L.S. 비고츠키 지음 | 비고츠키 연구회 옮김
308쪽 | 값 15,000원

관계의 교육학, 비고츠키
진보교육연구소 비고츠키교육학실천연구모임 지음
300쪽 | 값 15,000원

비고츠키 생각과 말 쉽게 읽기
진보교육연구소 비고츠키교육학실천연구모임 지음
316쪽 | 값 15,000원

비고츠키와 인지 발달의 비밀
A.R. 루리야 지음 | 배희철 옮김 | 280쪽 | 값 15,000원

수업과 수업 사이
비고츠키 연구회 지음 | 196쪽 | 값 12,000원

▶ 평화샘 프로젝트 매뉴얼 시리즈
학교 폭력에 대한 근본적인 예방과 대책을 찾는다

학교 폭력 어떻게 만들어지는가
문재현 외 지음 | 300쪽 | 값 14,000원

학교 폭력, 멈춰!
문재현 외 지음 | 348쪽 | 값 15,000원

왕따, 이렇게 해결할 수 있다
문재현 외 지음 | 236쪽 | 값 12,000원

젊은 부모를 위한 백만 년의 육아 슬기
문재현 지음 | 248쪽 | 값 13,000원

아이들을 살리는 동네
문재현·신동명·김수동 지음 | 204쪽 | 값 10,000원

평화! 행복한 학교의 시작
문재현 외 지음 | 252쪽 | 값 12,000원

마을에 배움의 길이 있다
문재현 지음 | 208쪽 | 값 10,000원

▶ 교과서 밖에서 만나는 역사 교실
상식이 통하는 살아 있는 역사를 만나다

전봉준과 동학농민혁명
조광환 지음 | 336쪽 | 값 15,000원

남도의 기억을 걷다
노성태 지음 | 344쪽 | 값 14,000원

응답하라 한국사 1·2
김은석 지음 | 356쪽·368쪽 | 각권 값 15,000원

즐거운 국사수업 32강
김남선 지음 | 280쪽 | 값 11,000원

즐거운 세계사 수업
김은석 지음 | 328쪽 | 값 13,000원

강화도의 기억을 걷다
최보길 지음 | 276쪽 | 값 14,000원

광주의 기억을 걷다
노성태 지음 | 348쪽 | 값 15,000원

선생님도 궁금해하는
한국사의 비밀 20가지
김은석 지음 | 312쪽 | 값 15,000원

교과서 밖에서 배우는 역사 공부
정은교 지음 | 292쪽 | 값 14,000원

팔만대장경도 모르면 빨래판이다
전병철 지음 | 360쪽 | 값 16,000원

빨래판도 잘 보면 팔만대장경이다
전병철 지음 | 360쪽 | 값 16,000원

영화는 역사다
강성률 지음 | 288쪽 | 값 13,000원

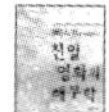
친일 영화의 해부학
강성률 지음 | 264쪽 | 값 15,000원

한국 고대사의 비밀
김은석 지음 | 304쪽 | 값 13,000원

조선족 근현대 교육사
정미량 지음 | 320쪽 | 값 15,000원

다시 읽는 조선근대교육의 사상과 운동
윤건차 지음 | 이명실·심성보 옮김 | 516쪽 | 값 25,000원

▶ 창의적인 협력수업을 지향하는 삶이 있는 국어 교실
우리말 글을 배우며 세상을 배운다

중학교 국어 수업 어떻게 할 것인가?
김미경 지음 | 340쪽 | 값 15,000원

토론의 숲에서 나를 만나다
명혜정 엮음 | 312쪽 | 값 15,000원

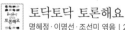

토닥토닥 토론해요
명혜정·이명선·조선미 엮음 | 288쪽 | 값 15,000원

이야기 꽃 1
박용성 엮어 지음 | 276쪽 | 값 9,800원

이야기 꽃 2
박용성 엮어 지음 | 294쪽 | 값 13,000원

인문학의 숲을 거니는 토론 수업
순천국어교사모임 엮음 | 308쪽 | 값 15,000원

▶ **4·16, 질문이 있는 교실 마주이야기**
통합수업으로 혁신교육과정을 재구성하다!

통하는 공부
김태호·김형우·이경석·심우근·허진만 지음
324쪽 | 값 15,000원

내일 수업 어떻게 하지?
아이함께 지음 | 300쪽 | 값 15,000원
2015 세종도서 교양부문

인간 회복의 교육
성래운 지음 | 260쪽 | 값 13,000원

교과서 너머 교육과정 마주하기
이윤미 외 지음 | 368쪽 | 값 17,000원

수업 고수들 수업·교육과정·평가를 말하다
박현숙 외 지음 | 368쪽 | 값 17,000원

도덕 수업, 책으로 묻고 윤리로 답하다
울산도덕교사모임 지음 | 320쪽 | 값 15,000원

체육 교사, 수업을 말하다
전용진 지음 | 304쪽 | 값 15,000원

교실을 위한 프레이리
아이러 쇼어 엮음 | 사람대사람 옮김 | 412쪽 | 값 18,000원

걸림돌
키르스텐 세룹-빌펠트 지음 | 문봉애 옮김
248쪽 | 값 13,000원

마음의 힘을 기르는 감성수업
조선미 외 지음 | 300쪽 | 값 15,000원

작은 학교 아이들
지경준 엮음 | 376쪽 | 값 17,000원

감성 지휘자, 우리 선생님
박종국 지음 | 308쪽 | 값 15,000원

대한민국 입시혁명
참교육연구소 입시연구팀 지음 | 220쪽 | 값 12,000원

교사를 세우는 교육과정
박승열 지음 | 312쪽 | 값 15,000원

주제통합수업, 아이들을 수업의 주인공으로!
이윤미 외 지음 | 392쪽 | 값 17,000원

수업과 교육의 지평을 확장하는 수업 비평
윤양수 지음 | 316쪽 | 값 15,000원
2014 문화체육관광부 우수교양도서

교사, 선생이 되다
김태은 외 지음 | 260쪽 | 값 13,000원

교사의 전문성, 어떻게 만들어지나
국제교원노조연맹 보고서 | 김석규 옮김 392쪽 | 값 17,000원

수업의 정치
윤양수·원종희·장군 지음 | 280쪽 | 값 14,000원

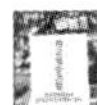
학교협동조합,
현장체험학습과 마을교육공동체를 잇다
주수원 외 지음 | 296쪽 | 값 15,000원

거꾸로교실,
잠자는 아이들을 깨우는 수업의 비밀
이민경 지음 | 280쪽 | 값 14,000원

교사는 무엇으로 사는가
정은균 지음 | 292쪽 | 값 15,000원

마을교육공동체란 무엇인가?
서용선 외 지음 | 360쪽 | 값 17,000원

21세기 교육과 민주주의
한국교육연구네트워크 번역 총서 05
넬 나딩스 지음 | 심성보 옮김 | 392쪽 | 값 18,000원
2016 세종도서 학술부문

교사, 학교를 바꾸다
정진화 지음 | 372쪽 | 값 17,000원

함께 배움
학생 주도 배움 중심 수업 이렇게 한다
니시카와 준 지음 | 백경석 옮김 | 280쪽 | 값 15,000원

공교육은 왜?
홍섭근 지음 | 352쪽 | 값 16,000원

▶ 더불어 사는 정의로운 세상을 여는 인문사회과학
사람의 존엄과 평등의 가치를 배운다

밥상혁명
강양구·강이현 지음 | 298쪽 | 값 13,800원

도덕 교과서 무엇이 문제인가?
김대용 지음 | 272쪽 | 값 14,000원

자율주의와 진보교육
조엘 스프링 지음 | 심성보 옮김 | 320쪽 | 값 15,000원

민주화 이후의 공동체 교육
심성보 지음 | 392쪽 | 값 15,000원
2009 문화체육관광부 우수학술도서

갈등을 넘어 협력 사회로
이창언·오수길·유문종·신윤관 지음 | 280쪽 | 값 15,000원

동양사상과 마음교육
정재걸 외 지음 | 356쪽 | 값 16,000원
2015 세종도서 학술부문

교과서 밖에서 배우는 철학 공부
정은교 지음 | 280쪽 | 값 14,000원

교과서 밖에서 배우는 사회 공부
정은교 지음 | 304쪽 | 값 15,000원

교과서 밖에서 배우는 윤리 공부
정은교 지음 | 292쪽 | 값 15,000원

좌우지간 인권이다
안경환 지음 | 288쪽 | 값 13,000원

민주 시민교육
심성보 지음 | 544쪽 | 값 25,000원

민주 시민을 위한 도덕교육
심성보 지음 | 500쪽 | 값 25,000원
2015 세종도서 학술부문

교과서 밖에서 배우는 인문학 공부
정은교 지음 | 280쪽 | 값 13,000원

오래된 미래교육
정재걸 지음 | 392쪽 | 값 18,000원

대한민국 의료혁명
전국보건의료산업노동조합 엮음 | 548쪽 | 값 25,000원

교과서 밖에서 배우는 고전 공부
정은교 지음 | 288쪽 | 값 14,000원

전체 안의 전체 사고 속의 사고
김우창의 인문학을 읽다
현광일 지음 | 320쪽 | 값 15,000원

▶ 살림터 참교육 문예 시리즈
영혼이 있는 삶을 가르치는 온 선생님을 만나다!

꽃보다 귀한 우리 아이는
조재도 지음 | 244쪽 | 값 12,000원

성깔 있는 나무들
최은숙 지음 | 244쪽 | 값 12,000원

아이들에게 세상을 배웠네
명혜정 지음 | 240쪽 | 값 12,000원

밥상에서 세상으로
김흥숙 지음 | 280쪽 | 값 13,000원

선생님이 먼저 때렸는데요
강병철 지음 | 248쪽 | 값 12,000원

서울 여자, 시골 선생님 되다
조경선 지음 | 252쪽 | 값 12,000원

행복한 창의 교육
최창의 지음 | 328쪽 | 값 15,000원

북유럽 교육 기행
정애경 외 14인 지음 | 288쪽 | 값 14,000원

▶ 남북이 하나 되는 두물머리 평화교육

분단 극복을 위한 치열한 배움과 실천을 만나다

10년 후 통일
정동영·지승호 지음 | 328쪽 | 값 15,000원

선생님, 통일이 뭐예요?
정경호 지음 | 252쪽 | 값 13,000원

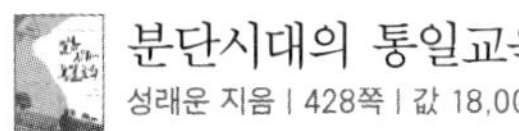

분단시대의 통일교육
성래운 지음 | 428쪽 | 값 18,000원

김창환 교수의 DMZ 지리 이야기
김창환 지음 | 264쪽 | 값 15,000원

▶ 출간 예정

근간 자기혁신과 공동의 성장을 위한
교사들의 필리버스터
윤양수 외 지음

근간 **대한민국 교육감 이야기**
최창의 엮음

근간 **음악과 함께 떠나는 세계의 혁명 이야기**
조광환 지음

근간 **미국의 진보주의 교육 운동사**
윌리엄 헤이스 지음 | 심성보 외 옮김

근간 **존 듀이와 교육**
한국교육연구네트워크번역총서 06 | 짐 개리슨 외 지음

근간 **한글혁명**
김슬옹 지음

근간 **민주시민을 위한 역사교육**
황현정 지음

근간 **왜 학교인가**
마스켈라인 J. & 시몬 M. 지음 | 윤선인 옮김

근간 **경기의 기억을 걷다**
경기남부역사교사모임 지음

근간 **핀란드 교육의 기적은 어떻게 만들어지나**
Hannele Niemi 외 지음 | 장수명 외 옮김

근간 **함께 만들어가는 강명초 이야기**
이부영 외 지음

근간 **역사 교사로 산다는 것은**
신용균 지음

근간 **고쳐 쓴 갈래별 글쓰기 1**
(시·소설·수필·희곡 쓰기 문예 편)
박안수 지음(개정 증보판)

근간 **고쳐 쓴 갈래별 글쓰기 2**
(논술·논설문·자기소개서·자서전·독서비평·설명문·보고서 쓰기 등 실용 고교용)
박안수 지음(개정 증보판)

근간 **민주주의와 교육**
Pilar Ocadiz, Pia Wong, Carlos Torres 지음 | 유성상 옮김

근간 **어린이와 시 읽기**
오인태 지음

참된 삶과 교육에 관한 생각 줍기